基于语义面向服务的
知识管理与处理

主编 董金祥

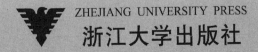

ZHEJIANG UNIVERSITY PRESS
浙江大学出版社

图书在版编目(CIP)数据

基于语义面向服务的知识管理与处理/董金祥主编.
杭州：浙江大学出版社，2009.8
ISBN 978-7-308-06913-7

Ⅰ.基… Ⅱ.董… Ⅲ.知识经济－应用－企业管理－
研究 Ⅳ.F270

中国版本图书馆 CIP 数据核字（2009）第 116461 号

基于语义面向服务的知识管理与处理
董金祥　主编

责任编辑　金更达
文字编辑　冯　骏
封面设计　陈　辉
出版发行　浙江大学出版社
　　　　　（杭州天目山路 148 号　邮政编码 310028）
　　　　　（网址：http://www.zjupress.com）
排　　版　杭州大漠照排印刷有限公司
印　　刷　杭州杭新印务有限公司
开　　本　787mm×1092mm　1/16
印　　张　28.5
字　　数　676 千
版 印 次　2009 年 8 月第 1 版　2009 年 8 月第 1 次印刷
书　　号　ISBN 978-7-308-06913-7
定　　价　49.00 元

内 容 提 要

　　目前国内外关于知识管理的著作虽已不少,但大都是以企业商务活动为主线,探索知识在其中所起到的作用;而国内外关于知识系统和人工智能的著作大都限于计算机支持的知识表示与处理。为填补这两类著作在如何运用计算机技术支持人类从事知识管理活动的空白,本书以知识管理领域最新的语义技术(本体论、语义 Web)为线索,以知识管理覆盖的知识处理活动为主线(即知识表示、知识获取、知识检索、知识推理优化、知识服务和知识服务工作流等),结合人工智能领域经典的知识处理技术,详细阐述知识管理领域中科学知识的语义处理前沿技术,深入探讨基于语义技术的知识管理系统的实现。全书共分为三篇:第一篇基础篇,介绍知识管理的相关概念,并引入知识管理最新的语义技术;第二篇技术篇,详细阐述知识管理中主要涉及的知识表示、知识获取、知识检索、知识推理优化、知识服务和知识服务工作流技术;第三篇实践篇,以几个典型应用为例,阐述上述技术的应用实践。

　　本书可以作为计算机或信息管理类专业研究生的选修课教材,同时也可供从事知识管理研究与应用的科技人员阅读和参考。

前　言

随着网络应用的迅速发展,竞争模式日益更新,速度、知识和网络改变了竞争规则,在全球范围内造就了一个利用信息技术,将速度和知识结合起来创造新价值的新经济时代。随之而来的,企业经营环境也发生了巨大的变化,企业之间的竞争已从原先以质量、价格为中心的竞争,转变为以知识为中心的竞争。以知识为基础的经济正在全球范围内兴起,并使知识管理迅速成为实业界和学术界都非常关注的焦点。

本书正是在面对滚滚而来的知识管理革命的新浪潮的基础上编撰而成的。本书的编写目的以知识管理领域最新的语义技术(本体论、语义 Web)为线索,以知识管理覆盖的知识处理活动为主线(即知识表示、知识获取、知识共享、知识推理优化、知识服务和知识服务工作流等),结合人工智能领域经典的知识处理技术,详细阐述知识管理领域中科学知识的语义处理前沿技术,深入探讨基于语义技术的知识管理系统的实现。

本书融知识性、理论性、实践性于一体,用通俗而严谨的语言深刻剖析了知识管理与知识处理的内涵,不仅使读者对如何利用计算机技术支持知识管理有了形象、清晰的认识,而且为读者在已有研究成果的基础上实现知识管理领域的进一步创新提供了空间。全书共分为三部分:第一篇为基础篇,介绍知识管理的相关概念,并引入知识管理最新的语义技术;第二篇为技术篇,详细阐述知识管理中主要涉及的知识表示、知识获取、知识检索、知识推理优化、知识服务和知识服务工作流技术;第三篇为实践篇,以几个典型应用为例,阐述上述技术的应用实践。

本书为浙江大学人工智能研究所董金祥教授研究小组在 2002 至 2008 年之间在基于语义与面向服务的知识管理与处理方面的研究成果。创新成果主要体现在以下方面:

在第 5 章,提出了一个面向网络化协同工作环境、基于加权语义超图的知识表示模型,使得知识表示模型具有机器可理解的深层次语义信息,同时也具有在网络化协同工作环境中知识导航和定位的能力;并提出了一个异构本体的集成机制,增强了知识管理系统的语义互操作性和柔性。

在第 6 章,提出了一个从关系数据库中获取遗留系统知识的方法,通过应用本体论实现对关系数据库的反求工程,在获取知识的同时也获取了知识的语义信息。

在第 7 章,综合了人工智能领域和心理学领域内的概念相关性计算模型,提出了六种概念相似度计算：关联规则相似度计算、词语相似度计算、义原相似度计算、参量相似度计算、结构相似度计算和基于心理学模型的相似度计算，作为实施高效率的知识检索和知识服务管理的前提。

在第8章，提出了一个基于本体和知识库的多层次知识智能检索模型，其层次结构依次为精确检索、语义检索、模糊检索和智能推理；设计了三种语义检索的交互方式，包括一阶谓词、图示化方式以及简单自然语言查询，使系统功能得以充分发挥；提出了一种基于节点关系的结构连接的B＋树索引，以快速定位结构查询中任意两个节点之间的关系；并对中心服务器做了一系列的适应性调整，以实现面向数据库的语义检索。

在第9章，提出了基于个体的概念包含判断优化，提出了基于语义计算的个体获取，提出了如何利用近似化的方法来处理目前还不能完全处理的描述逻辑SHOIQ(D)中的查询问题，最后描述了定性偏好语言以及分级知识库，以便较好地描述不同用户的个性和偏好。

在第10章，提出了将知识封装成Web服务的形式即知识服务，以作为实现网络化、分布式知识协作的一个切入点；阐述了知识服务管理实现的关键技术，包括知识服务建模及其有关本体、知识服务的分类、聚类、排序等。

在第11章，提出了通过知识服务工作流技术来实现知识服务的合成和分解，分析了静态和动态知识服务工作流的执行过程，探索了知识服务的发现方法和查找策略，并给出基于动态规划的知识服务查找策略的实例。

在第13章，探索了基于本体的汽车故障诊断知识的建模；然后分别以汽车故障自诊断、基于案例的推理(Case－Based Reasoning，CBR)和汽车知识学习系统的设计为例，分析了如何利用本体构建与汽车故障诊断相关的知识系统；最后探讨了基于本体论的汽车故障远程诊断系统的实现方法。

在第14章，结合语义网技术对网络化制造环境下的制造资源获取、本体建模、语义标注、智能检索、语义查询前端等问题进行了探索，提出了适合网络化制造开放环境的共享资源本体建模技术、网络化制造信息智能获取技术、半自动化的语义标注技术、多层次的网络化制造资源检索融合技术，以及易用、清晰、简洁的网络化制造资源检索语义查询前端技术。

在第15章，以复杂产品研制过程中产品知识在多个领域的传递、共享和重用为目标，融合本体论，以在概念层建立产品知识的形式化语义表达为基础，探索出一种语义驱动的集成产品知识建模方法和实践，有效地克服当前集成产品信息建模方法存在的局限性，支持各领域系统在知识重用基础上快速重构领域模型，实现多学科领域的产品知识集成。

在第16章，提出了一个基于知识服务面向网络化产品配置的本体结构，为建立跨平台的柔性的高性能、支持大批量企业级用户的网络化产品配置系统支撑平台，提供了一个明确的模型，从而提高了网络化产品配置系统实现的针对性。

本书是一本研究成果的学术专著，可作为计算机或信息管理专业研究生的选修课教材，也可供从事知识管理研究与实践的科技人员参考用书。本书的宗旨主要包括以下两点：一方面,对于计算机和信息管理专业的学生或从事知识管理研究与实践的科技人员,希望能通过阅读本书,对基于语义与面向服务的知识管理与处理方面的研究成果有一个全面和清楚的了解与认识;另一方面,在新技术革命冲击下的今天,知识和技术的更新速度大大加快,培养具有创新能力专业人才的需求尤为迫切,这就更加要求研究生具备坚实宽广的专业和非专业基础,因此对于非计算机和信息管理专业的技术人员而言,本书也不失为一本有助于拓宽视野、了解和掌握跨领域学科知识的可选之书。

在本书的编写以及对知识管理的研究过程中,得到了国家自然科学基金项目(60273056)的资助。

本书由董金祥主编,并负责全书的总体策划,张文宇负责全书的统稿和文字修改。林兰芬、尹建伟、蔡铭、吴健、易建军、高鹏、郭鸣、吴承文、方流、杨晗、楼轶超等教授博士参加了本书编写工作。因时间紧迫,水平有限,错误之处在所难免,敬请读者批评指正。

作　者

2009 年 5 月于求是园

目　　录

第二篇　技术篇

第三篇　实践篇

第一篇

基础篇

随着信息技术和全球化的发展,企业经营环境发生了巨大的变化,从前企业只要控制好成本与质量,以最小的成本制造出最好的产品,就可以击败竞争对手,在市场中占有一席之地。但随着网络应用的迅速发展,竞争模式日益更新,速度、知识和网络改变了竞争规则,在全球范围内造就了一个利用信息技术,将速度和知识结合起来创造新价值的新经济时代,这就是继农业经济、工业经济之后的知识经济时代。在知识经济时代,真正占主导地位的资源和生产要素,既不是农业经济时代的土地和劳动力,也不是工业经济时代的资产资本,而是能无限再生、传播和共享的知识资本。面对当今物质世界的人才缺乏、资源短缺、能源枯竭,知识作为一种新兴的资源和生产要素正逐渐与传统的人力、资金、能源一起,成为企业重要的生产要素。

本篇主要描述知识管理的背景、意义和一些基本内涵,并引入知识管理最新的语义技术,提出了基于语义 Web 的平台逻辑层次模型、体系结构和功能模型。该篇内容不仅使读者对如何利用计算机技术支持知识管理有了形象、清晰的基本认识,而且为读者在此基础上深刻理解、掌握和应用该书的技术篇和实践篇中所涉及的先进知识处理技术提供了保证。

本篇的第 1 章对知识管理产生的背景包括知识经济的新要求和知识处理技术的支撑作用作了较为详细的阐述,回顾了知识管理技术的历史发展,并对知识管理的定义和生命周期进行了总结。

在第 2 章中则论述了数据、信息和知识的基本概念及其相互关系,着重描述了知识在知识管理学科里所扮演的重要角色和在知识管理过程中常用的两种知识分类方法。

考虑到基于传统 Web 的知识管理系统的知识表达灵活性差、信息搜索不准确、知识处理智能性差、可集成性差、协同性差等不足之处,第 3 章从包括本体论、语义 Web 与语义网格在内的前沿技术着手,介绍其与知识管理的关系及其如何引导知识管理为适应信息全球化环境下协同工作所进行的革命性创新活动。

在第 4 章中首先介绍了国内外现有的典型知识管理系统,特别是基于本体论的知识管理系统,并分析了它们各自的特点。接着,在阐述通用知识管理平台的设计目标之后,提出了基于语义 Web 的平台逻辑层次模型、体系结构和功能模型。该知识管理平台包括了一系列支持知识共享以促进网络化协同管理的设施。

第1章　知识管理的兴起和内涵

1.1　知识管理的兴起

　　虽然知识管理是从 20 世纪 90 年代中期在知识经济的大背景下才开始蓬勃发展起来的,却正在以难以想象的速度进入社会、经济和生活的方方面面,成为各国政府、科教、企业界人士关注的重点。事实上,知识管理的产生并非偶然,而是由企业应对激烈市场竞争的需求、信息技术发展的冲击和管理思想的变革三方面因素共同促成的。

　　1996 年,联合国经济与发展组织(Organization for Economic Cooperation and Development,OECD)在其题为《以知识为基础的经济》的报告中提出:知识是经济发展的核心[①]。在这个报告的影响下,国内外兴起了研究与讨论知识经济的热潮,但大都局限于学术界。1997年 2 月,美国时任总统克林顿在一次公开演讲中对知识经济的推崇更在一定程度上加快了知识经济概念的深入人心,并拉动企业界实施有效的知识管理。1998 年 11 月,英国时任首相布莱尔在其一次公开演讲中也表示,他决心要使英国成为世界一流的基于知识的经济体。

　　细心的读者也许会发现,在 OECD 关于知识经济的报告发表以前,早在 1984 年,我国就已有人提出了知识经济的概念[②],并于 1992 年出版了知识经济方面的专著[③]。但是,知识经济的需求未能独力拉动知识管理的发展。知识管理系统离不开知识处理技术,使知识管理得以实施的支撑力量是各种知识处理技术在当代的加速发展(图 1-1)。

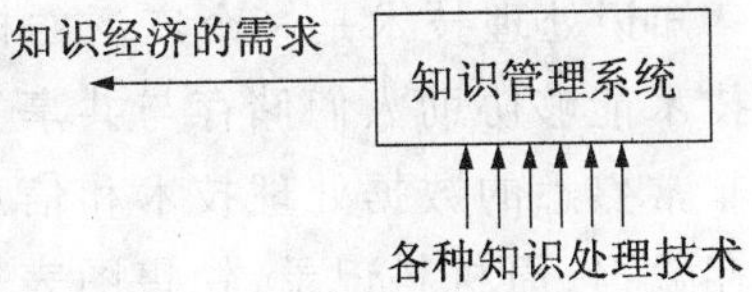

图 1-1　知识管理产生的背景

1.1.1　知识经济对管理的新要求

　　随着信息化和全球化浪潮风起云涌,伴随以现代科技为核心的生产力系统日益成为世界经济增长的推动力,知识经济作为一种崭新的经济模式已经登上人类社会发展的历史舞台。知识经济的本质是对创新的渴求,与其他经济模式相比,知识经济更加依赖于知识的积累、扩散和应用,更加强调创新的作用,只有不断创新,才能获得持续的竞争优势,弥补资源

---

①　联合国经济合作与发展组织(OECD).以知识为基础的经济.北京:机械工业出版社,1997.
②　郭强.反思知识经济.北京:中国经济出版社,1999.
③　张和生.知识经济学.沈阳:辽宁人民出版社,1992.

和资本的不足①。知识管理就是在知识经济的大背景下凸现、发展的②。

知识经济时代的企业不再是以单纯的金融资本或自然资源作为企业的战略资源，而是以知识作为新的竞争资源，以创新作为主要的竞争手段。知识包含人、财、物等硬资源和信息，以及时间、技术等软资源的结合体，以其无限性、边际收益递增的优势成为经济长期增长的动力。知识成为企业最重要的资源后，自然要求对企业运用资本运营的标准方法加以管理。

另外，在知识经济时代，企业的内外环境也都发生了巨大变化：

（1）市场竞争日益激烈，创新速度不断加快，企业要生存必须以更快的速度来吸收和利用知识。

（2）面对产品生产的巨大压力，员工能投入到获取和掌握知识的时间越来越少，而市场环境的瞬变却要求企业和员工进行切实有效的学习。

（3）企业生产的自动化程度的提高引发了员工数量的减少，而越来越高的员工流动性增加了企业失去有价值知识的可能性，这要求企业更多地使用显性知识替代隐性知识。

上述原因迫使企业依赖于知识资源的管理与应用，更多地需要借助知识管理以求在动荡的知识经济环境中获取竞争优势。可见，知识经济的到来催生并促进着知识管理理论与实践的发展。

1.1.2　知识处理技术的支撑作用

知识管理产生的主要支撑力量是知识处理技术在当代的加速发展。知识管理的成功与否决定于所选择的知识处理技术的合理性、智能性和灵活性。可以说，没有强大的知识处理技术支持，组织将很难实施有效的知识管理。作为知识管理的基础，知识处理技术同时又是知识经济最直观的表现。

知识处理技术是一个广泛的概念，是指获取、表达、传递和维护知识的技术，知识处理技术能够协助人们储存与共享知识并由此产生新的知识。知识处理技术不同于我们已非常熟悉的数据处理技术和信息处理技术。数据处理技术，是以数据为处理对象，如库存数据、原材料记录、销售图表等。典型的数据处理技术包括数据库系统、数据仓库、数据拾取、数据分析等。而信息处理技术，是以信息为处理对象，典型的信息处理技术包括管理信息系统（MIS）、事务处理技术、决策支持技术、信息集成技术等。但是，数据、信息处理技术仅能处理显性的、可以言传的信息，不能处理隐性的、只能意会不能言传的知识；仅能在人类的干预下实现资源共享，不能实现机器与机器之间的自动化的资源共享。

虽然知识处理技术与传统的数据、信息处理技术有很大区别，但二者并非互相排斥，而是互补的。后者是前者的基础，正如知识是基于数据和信息中升华而来一样。知识处理技

---

①　陈锐.公司知识管理.太原：山西经济出版社，2000.

②　Lynn G. S., Reilly R. R., and Akgun A. E.. Knowledge management in new product teams: practices and outcomes. IEEE Transactions on Engineering Management，47(2)：221－231，2000.

术是横跨多领域的多种技术体系的集成,在当代的发展主要包括但不局限于以下5个方面(图1-2)。

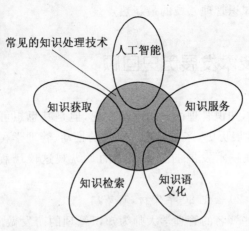

图 1-2 常用的知识处理技术

1. 人工智能领域的知识处理技术

人工智能是计算机科学的一个重要分支,是研究如何用人造的智能去模仿和扩展人类的自然智能,以实现信息的智能化处理的一项关键技术。知识经济时代对智能化管理的巨大需求使人工智能学科继其经典的知识处理技术之后又有了新一轮的发展。在人工智能领域,与知识管理有关的主要知识处理技术有知识表示技术和知识推理技术。前者包括非结构化的知识表示(如产生式表示等)和结构化的知识表示(如语义网络、框架表示和面向对象的表示等);后者包括谓词逻辑推理、非单调推理、非精确推理、基于实例的推理和定性推理等。

2. 知识获取技术

知识获取技术是在人工智能的基础上发展起来的,但至今仍无有效的方法支持自动化的知识获取。自知识管理学科诞生以来,知识获取技术一直是知识管理系统开发中的一个瓶颈。目前,在知识管理领域得到广泛应用的知识获取技术包括知识挖掘和隐性知识获取技术等。

3. 知识检索技术

在当前的知识经济时代,网络上出现了浩如烟海的庞大信息,乃至知识。对这些知识的有效检索,关系到知识管理实施的成败。目前因特网上广泛用于知识检索的搜索引擎技术仍有缺陷,因此给知识管理过程中的合作伙伴寻找与发现以及协作的建立造成了困难。新近在知识管理领域获得很大进展的语义检索技术,大大提高了智能检索的查全率和查准率。

4. 知识服务技术

作为一种松散耦合、可复用的分布式计算模型,知识服务技术以日趋成熟的 Web 服务(Web Service)方式为媒介,将知识加工逻辑封装成知识服务,即封装企业擅长的技能、经验和知识,通过注册、查找、绑定等手段,或生成动态的知识服务工作流,都可以很好地满足网络化协同管理过程对知识协作的需求。

5. 知识语义技术

目前因特网在信息表达和检索方面的缺陷,主要在于它的设计目的是面向用户直接阅读与处理,而没有提供计算机可理解的语义信息,因此限制了计算机在知识管理过程中实施自动分析处理以及进一步智能信息处理的能力。为解决此问题,以知识本体为核心的语义Web技术的研究已成为知识管理领域的最新热点。

1.2 知识管理技术发展历史回顾

20 世纪 90 年代中期,知识管理的概念逐渐兴起,但是其思想可以追溯到数十年前。分析知识管理几十年来的发展历史,产业界管理需求的推动、管理学科的进展和信息技术的提高,始终是促进知识管理技术发展的三大原动力。纵观这段历程,大致可将其分为三个阶段:

1. 20 世纪 70 年代～20 世纪 80 年代初,萌芽期

20 世纪 70 年代,一些著名的管理学大师为知识管理的萌发做出了重要的贡献,如美国的 Peter Drucker、Paul Strassmann 和 Peter Senge。Drucker 和 Strassmann 强调了信息和意会性知识作为组织资源的不断增长的重要性;Senge 着重突出了"学习型组织",即知识管理的文化因素。另外,Everett Rogers 在斯坦福大学关于创新扩散的研究以及 Thomas Allen 教授在麻省理工学院关于信息和技术转移的研究,也使学术界对于组织内知识的产生、扩散和利用的认识达到了一个更高的水平。

与此同时,计算机科学界也开始了对知识管理的探索。这期间,人们意识到将知识作为组织资产的过程中存在着信息过载的担忧,因此计算机科学界对知识管理的实践起始于对基于知识作问题求解的智能化软件系统——KB(Knowledge Based)系统的开发,但初衷并不是明确的知识管理,只是用于解决信息过载问题。KB 系统一崛起就逐步发展成为软件智能化的核心技术[①],引发了知识工程的研究浪潮。

2. 20 世纪 80 年代初～20 世纪 90 年代中,发展期

在这个阶段中,计算机科学中人工智能和专家系统技术的进步对知识管理的发展起了重要的作用,其大大推广和扩展了一些知识管理的基本概念,如知识表示(Knowledge Representation)、知识获取(Knowledge Acquisition)、知识推理(Knowledge Reasoning)、知识工程(Knowledge Engineering)、知识库(Knowledge Base)和知识本体(Knowledge Ontology)等。

经历了从 20 世纪 80 年代初"淘金热"到 20 世纪 80 年代中期的急速降温的波动后,KB系统在这个时期,随着学术界对应用领域和问题求解任务的深刻理解,得到了深入的研究而逐步走向成熟,并在商业环境和工业环境中得到了广泛的应用,为企业创造了可观的经济效益。

正是由于这些计算机科学界的学者们孜孜不倦的努力,知识作为一种组织资产的重要性在 20 世纪 80 年代中期逐渐被人们注意到。但是当时的大多数企业尚未开始正式的知识管理活动,管理学界和经济学理论中也完全忽略了知识作为组织资产的价值。直到 1989

---

① 高济.基于知识的软件智能化技术.杭州:浙江大学出版社,2000.

年,知识管理(Knowledge Management)一词才正式出现于学术界,与知识管理相关的文章陆续发表在一些著名的管理学学术刊物上,如《斯隆管理评论》、《哈佛商业评论》等。同时,第一批知识管理著作相继问世,如 Senge 的《第五项修炼》、Sakaiya 的《知识价值革命》等。1995 年,日本学者 Ikujiro Nonaka 和 Hirotaka Takeuchi 出版了《知识创造型公司:日本公司如何建立创新动力机制》,这本著作被公认为是对知识管理的宣传和普及做出了重大贡献。

3. 20 世纪 90 年代中至今,爆发期

在这个时期,信息技术发展的最主要特征是 Internet 及其相关技术的蓬勃发展。它不仅改变了人类的生活方式,还极大地影响了工业界、经济学界和管理学界的思维模式。Internet 技术消除了世界各地的空间距离和地域限制,促进了全球经济一体化进程,并加速了知识经济的发展。企业处于动荡的以知识作为竞争资源的外部环境中,基于知识的创新能力成为企业的核心竞争力,此时传统的管理方式已无法适应时代的要求,知识管理得到了空前的发展。

产业界产生了对知识管理产品和服务的巨大需求,全球知名的咨询公司如 Ernst & Young、Arthur Andersen 和 Booz-Allen & Hamilton 等的知识管理咨询业务量激增。与此同时,基准研究、最佳时间、风险管理、变革管理、情报学等领域的专业学术性组织也开始研究知识管理与其专业领域之间的关系。从此,知识管理迎来了一个大发展时期。

Internet 带给人们获取信息便捷的同时,也将人们引入了一片浩瀚的信息海洋,如何提高信息搜索的准确度以及如何从信息中提炼出有价值的知识成为计算机科学界研究的热点。数据挖掘、文本挖掘、Web 挖掘、数据仓库、基于内容的检索、智能检索、搜索引擎、本体论等技术相继被提出,并随着 Internet 及其相关技术的蓬勃发展而成为学术界和产业界广泛关注的焦点,并应用到一批知识管理的商品化软件中。

可以预见,伴随着信息技术的不断向前发展,以及管理学科对知识管理理论和实践的不断完善,产业界对适合自身实际的知识管理需求会越来越广,实施知识管理工程的途径和工具也会越来越有效,企业知识资本的收益占总体效益的比例会越来越大,并更加激发对知识管理的需求。"知识就是财富"这个理念渗透至各行各业的每个角落。

我国加入 WTO 后,国内市场逐步全球化,市场环境变得更加复杂,竞争压力也将更大,留给中国企业做好准备的时间已经不多。但中国企业同时也获得了走向世界、平等参与竞争、在竞争中分享环球蛋糕的机遇。对每一个中国企业来说,是利大于弊还是弊大于利将取决于该组织的综合素质和竞争力,并最终取决于该组织的经营管理,特别是知识管理能力。组织必须把经营力量的焦点从信息管理转向知识管理,坚持以知识利用和创新为目标,将知识看作是一种可开发资源的管理思想,建立并维持良好的知识管理平台。

1.3　知识管理的定义和生命周期

前两节论述了知识管理产生的背景和知识管理技术发展的历史回顾,那么什么是知识管理,它的基本内容和生命周期是什么? 本节将探索这些问题。

1.3.1 知识管理的定义

经济理论的发展史已经证明,知识管理作为信息化和知识化浪潮的产物,是推动知识经济发展的源动力。知识管理如今已经成为非常时髦的词汇,许多人经常挂在嘴边。知识管理要求政府、企业等各类组织机构除了重视土地、资本这些有形资产外,更着重于利用组织智力或知识资产来创造新的价值。

那么,什么是知识管理? 截止目前还没有一个被大家广泛接受的知识管理定义。比较有代表性的观点列举如下:

● 英国爱丁堡大学人工智能研究所的 Ann Macintosh 认为"知识管理是一项识别、分析可能的和必须的知识,并制定相应的计划,采取相应的行动来开发知识资产以实现企业目标的活动。"

● 美国的知识管理专家 Verna Allee 定义知识管理为"帮助人们对拥有的知识进行反思,帮助发展支持人们进行知识交流的技术和企业内部结构,并帮助人们获得知识来源,促进他们之间进行知识的交流。"

● 美国南加州大学教授 Daniel E. O'Leary 根据信息、知识和人在知识管理过程中的不同角色,认为"知识管理是将组织可得到的各种来源的信息转化为知识,并将知识与人联系起来的过程。知识管理是对知识进行正式的管理,以便于知识的产生、获取和重新利用。"

● 美国 Delphi Group 执行副总裁、企业知识管理咨询专家 Carl Frappaolo 认为"知识管理就是运用集体的智慧来提高整体的应变和创新能力,是让企业实现对于显性知识和隐性知识的共享而提供的新途径"。

● 被誉为"知识管理之父"的 Karl-Erik Sveiby 从认识论的角度对知识管理进行了定义,认为"知识管理是利用组织的无形资产创造价值的艺术"。

● 著名的 IT 咨询商 Gartner Group 公司认为"知识管理促成了一种确定、获取、检索、共享和评价公司信息资产(Information Assets)的集成途径,这些信息资产包括数据库、文献、政策、流程,以及存贮在员工头脑中的隐形知识"。

● 美国生产力与质量中心(American Productivity & Quality Center,APQC)将知识管理定义为"以增强竞争力为目标的识别、获取和利用知识的战略和过程[①]",认为"知识管理是一个包含三个阶段的动态过程:第一阶段主要是创造、发现企业内部的知识与技能;第二阶段是共享和理解收集来的知识与技能;第三阶段则是修正这些知识与技能并将其运用到新的环境中。"

● Lotus 公司认为"知识管理是对一个企业集体的知识与技能的捕获——而不论这些知识和技能是存在数据库中、印在纸上还是在人们的脑海中,然后将这些知识与技能传递到能够帮助企业实现最大产出的任何地方的过程"。

虽然目前国内外学术界和企业界对知识管理概念的理解出于不同的观测点或处在不同的应用领域,在定义上自然存在差异性的一面,但从战略观点上看知识管理的实质,作者认

---

① APQC (American Productivity & Quality Center). http://www.apqc.org/portal/apqc/site?paf_gear_id=1300011&paf_dm=full&pageselect=detail&docid=100832,1996.

为它是指为了提高组织竞争力而运用各种知识处理技术,把知识、信息、人力资源、市场与经营过程等协调统一起来,使一个组织和其他组织在一起开发产品和服务中促进知识共享,鼓励知识创新,实现知识增值的管理方式。因此,知识管理主要关注各种知识在企业内部与企业之间的工作、生产流程(包括员工本身)中的流动,最终目标是支持企业实现其战略目标。从这个角度,本书给出如下的定义:

知识管理是在知识处理技术的支撑和现代管理技术的指导下,对组织内部各种形式的知识资源进行管理,目标是实现知识的有效表达、识别、提炼、获取、开发、储存和传递,在组织内部和组织之间建立一个沟通所有知识个体的知识网络,控制知识在这个网络中的有序流动,实现最佳的知识在最恰当的时间出现在最需要的地方,为实现组织的战略目标提供支持。

1.3.2　知识管理的生命周期

知识管理的生命周期是知识工程师和领域专家协同运用知识处理技术的一个连续统一体。因此,对知识的管理实质上就是对知识处理过程的管理。一般来说,知识管理的生命周期在领域专家和知识工程师的共同参与下有 5 个基本的知识处理过程:知识汲取、知识建模、知识提炼、知识传递和知识维护(图 1-3)。需要注意这 5 个阶段并非严格按顺序进行的,而是互相交叉、时有反复的过程。

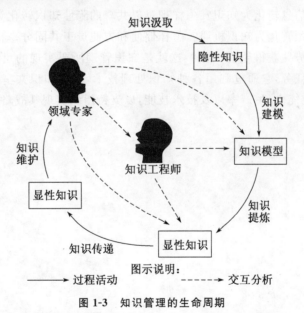

图 1-3　知识管理的生命周期

知识汲取阶段旨在通过人与人之间或人与外部信息源之间的交互作用而获取或生成新观点、新创意和新知识,其大部分是隐性知识。涉及的知识处理技术包括 E-mail、文字识别和隐性知识获取等。

知识建模阶段旨在组织在前一阶段获取的隐性知识并建立知识模型,以产生可用性较强的知识。涉及的知识处理技术包括知识聚类、知识分类、知识编码、数据仓库、知识仓库、知识本体、语义 Web 和语义网格等。

　　知识提炼阶段旨在把隐性知识转换成显性知识以利于知识传递、共享和推理,涉及的知识处理技术包括数据挖掘、知识挖掘、知识表示、知识可视化和知识的语义标注等。

　　知识传递阶段旨在通过建立组织内部和外部的网络系统,实现对知识的发布、分配、交流、共享、整合与内化,以充分利用知识资源。涉及的知识处理技术包括知识重用、知识检索、知识服务、工作流管理、Intranet 和 Extranet 等。

　　知识维护阶段旨在对知识的更新、评价和改进进行管理,对知识及其结构进行分析,提高知识编码率,并为知识管理提供价值依据。涉及的知识处理技术包括规则集测试、知识验证和知识过滤等。

1.4　小结

　　在知识经济时代,随着计算机技术和通信技术的日益发展与融合,特别是 Internet 技术的广泛应用和日益完善,信息技术革命的影响已由纯科技领域向企业管理各领域全面转变。这一转变对企业管理中的传统观念和行为产生了巨大的冲击,也为知识管理思想的普及和应用开辟了广阔的前景,将我们带入了一个全新的知识管理时代。知识管理的兴起是知识经济对知识创新的需求和现代知识处理技术发展的冲击共同促成的。

　　怎样把数据或信息转化为知识? 怎样把难以共享的隐性知识转化为易于共享的显性知识? 怎样把知识瓶颈转化为知识机遇? 怎样促使和方便员工共同分享他们的知识? 怎样运用知识夺取竞争优势并获得超值回报? 这就是知识管理所要实现的目的,也是知识管理生命周期所要完成的任务,它通过利用各种知识处理技术,实现知识共享和知识创新,提高组织的创新能力、反应能力、生产率以及技术技能,以支持组织实现其战略目标。

第 2 章 知识及其分类

在第 1 章里, 作者详细介绍了知识管理的产生背景及其内涵, 那究竟什么是知识呢? 知识又与数据、信息有什么区别和联系? 以下将从计算机科学的角度来探讨这些问题。

2.1 数据、信息和知识的概念及其相互关系

知识是从数据与信息中升华而来, 这决定了现在提倡的知识管理起源于数据管理与信息管理。未经处理的原始数据对我们来说并没有任何意义, 专家之所以成为专家是因为他们有能力把原始数据整合处理而成为信息, 再提炼成为包含智慧的知识, 最终使之成为非专家作决策时所依赖的力量。

2.1.1 数据

数据是指经实验、调查而来但未经组织或处理的事实, 是能进行计算与分析的静态资料 (如库存数据、原材料记录、销售图表、声音等), 它们能以各种形式储存于计算机之中。数据本身并不导致什么决定, 例如, 考试成绩 59 分, 就只是数据而已。但是, 对该数据进行分析而得知其意义后却意味着这是个不及格的成绩, 需要补考, 这便使原始数据转化成为有意义的信息。

数据往往描述一系列离散的事实, 如当一个产品投放市场后, 不同购买者的年龄、性别、学历、收入、购买次数都是原始数据。数据本身并不说明产品的质量、购买者的动机或购买者对产品的评价。但是当对这些数据进行统计分析后可以得出购买者的年龄、性别、学历、收入对产品质量、价格的敏感性和对新产品的接受程度的信息。由此可见, 信息是数据的延伸。

数据无处不在, 但大量的数据却常常让人如进迷宫而难以直接帮助管理者进行决策。因此, 计算机常被用来对各种数据进行有系统的组织以产生有意义的信息, 让管理者更容易做决定。典型的数据处理技术包括数据库系统、数据仓库、数据拾取和数据分析等。

2.1.2 信息

关于信息一词, 我们大家经常谈到, 计算机技术也常被叫做信息技术, 而非数据技术。由此可见计算机更关注的是信息而非数据。

信息来自对数据的萃取、过滤或格式化后而赋予数据一定的意义, 来自或根据特定主题而收集的事实及数据。例如, 律师依据检察官提出的指控, 对大量的案件资料即数据进行分析、

归纳而组织成有利于反驳指控的信息。此时,律师赋予原始数据一定的意义而构成了信息。

大量的数据会让人无从下手,但是信息却不同,人们掌握的关键信息越多,越有利于正确的决策。

信息管理的目标就是将数据转化为信息。典型的信息处理技术包括管理信息系统(MIS)、事务处理技术、决策支持技术、信息集成技术等。但是,信息处理技术仅能处理显性的、可以言传的信息,不能处理隐性的、只能意会不能言传的知识;仅能在人类的干预下实现资源共享,不能实现机器与机器之间的自动化的资源共享。

信息通常被用于有限的时间和有限的范围内。要使信息在较长时间内有效,需要经过一系列综合处理过程,综合后的信息构成知识。

2.1.3 知识

知识是一切智能行为的基础,更是科学管理的重要研究对象。要实施有效的知识管理,就必须使计算机具有知识,使计算机作为数据处理器或信息处理器转化为知识处理器。

正如信息是数据的子集一样,知识是信息的子集,也是信息的延伸。知识是经过学习或实践而得到的对于资讯、事实、想法、原则的理解或认知,是经过特殊处理的信息、验证过的信息或强化过的信息。作为人类的一种特定的精神产品,知识具有如下 5 点特征[①]:

(1) 知识是可以分享的,一个人掌握了某种知识,不排除其他人也可同时掌握这些知识;而物质产品不一定都具备这一特性。

(2) 知识是可以跨越时空传递的,过去的知识可以流传到现在,一个地方的知识可以传递到其他地方。

(3) 知识是可以重复使用的,不存在损耗。

(4) 知识是可以再生的,具有无限复制扩散的能力。

(5) 知识具有不可替代性,不像某些产品,能够找到替代品,如钢材可以替代木材,等等。

知识管理的成功与否决定于所选择的知识处理技术的合理性、智能性和灵活性。可以说,没有强大的知识处理技术支持,组织将很难实施有效的知识管理。作为知识管理的基础,知识处理技术同时又是知识经济最直观的表现。典型的知识处理技术包括人工智能领域的知识处理技术、知识获取技术、知识检索技术、知识服务技术和知识服务工作流技术等。

2.1.4 数据、信息和知识的相互关系

用一句话来描述它们之间的关系就是:信息是数据的延伸,知识又是信息的延伸。或换句话说:数据是信息的基础,信息又是知识的基础。就像矿产、钢铁和机械零件的关系那样,钢铁由矿产提炼而来,而钢铁又是生产机械零件的原材料或基础。机械产品的可靠性直接决定于机械零件的质量,而钢铁或矿产又是后者的基础。

一般而言,数据的概念比信息的含义较为宽广,信息的概念又比知识的含义较为宽广。

---

① 王众托.知识系统工程.北京:科学出版社,2004.

从数据到信息再到知识发展的方向,是渐趋向于精炼、理解、共享和重用的。这里给出它们三者之间关系的一种金字塔模型(图 2-1)。

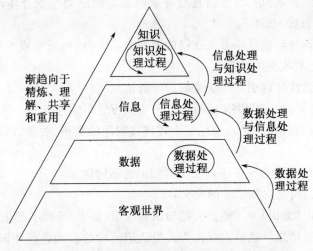

图 2-1 数据、信息和知识的相互关系

在金字塔模型中,人们根据自身的需求对客观世界中的事实采取符号化的描述,即通常所说的数据采集。常用的数据采集方法包括人工输入、传感器输入、网络搜索等。在获得数据后,可运用数据库系统、数据仓库、数据分析等数据处理技术来组织、过滤或分析数据,而赋予数据一定的含义以获得在某一特定主题上具有意义的信息。当信息积累到一定程度时,可运用管理信息系统(MIS)、事务处理技术、决策支持技术、信息集成技术等信息处理技术来产生出具有更高认识价值的、更为抽象和高度化的信息或进一步上升到知识。信息虽具备一定的含义,但并非所有信息都能被用来指导问题的解决,特别是难以用来指导作为非领域专家的普通人。知识作为经过特殊处理的信息、验证过的信息或强化过的信息使其更易于被执行、理解、共享和传递而成为非专家作决策时所依赖的力量。由于常规的信息处理技术仅能处理显性的、可以言传的信息,不能处理隐性的、只能意会不能言传的知识,因此面向知识创新的科学管理更需要加强在知识处理技术方面的探索,包括人工智能领域的经典知识处理技术、知识获取技术、知识检索技术、知识服务技术和知识服务工作流技术等,这些都是产生知识、利用知识的重要途径。

2.2　知识的定义

在人类进步的历史长河中,有关知识概念的探索一直没有停止过。可以说,一部人类发展史便是人类知识不断累积的过程。从原始人起便已开始探索并掌握如何制造工具的技能知识、如何进行分工协作的人际知识、哪些植物可以吃的事实知识等。可见,知识是各种人类实践活动的认知结果。但是,知识作为一个内涵丰富、外延广泛的概念,虽不乏感性的认识,却缺乏众所公认的统一定义。马克思将知识定义为:知识就是意识的存在方式以及对意识来说是某种东西的存在方式。国外其他比较有代表性的观点列举如下：

● 知识是以合理的格式在合理的时间与地点能支持决策的可执行的（相关）信息[①]。

● 知识是包括经验、价值、背景信息与专业洞察力的流动性混合体，以提供一个能评估与结合新经验、新信息的框架[②]。

● 知识是一种通过经验或学习而获得的理解力，是一种用来完成专门任务的技能，也是事实、过程规则或经验规则的积累[③]。

● 知识是其有效性经过测试与证实后的特殊信息[④]。

● 知识是在人们的脑海中用来联系信息与可执行应用的过程[⑤]。

● 知识来自数据和信息，是对表述一个领域或问题的情形、关系、因果现象、理论与规律的更为深刻的理解[⑥]。

我国学者从不同角度列举了下面几个对知识的不同定义[⑦]。

（1）从认识论的角度对知识下的定义：

● 知识就是认识（意识）。这种定义把知识和认识（意识）等同了起来。

● 知识是经验的结果。这种观点认为人类认识经验的总和就是知识。这是传统而且普遍的知识定义。例如，我国的《现代汉语词典》就把知识定义为"人们在改造世界的实践中所获得的认识和经验的总和"。

● 知识是对意识的反映，是对经过实践证明的客体在社会的人的意识中相对正确的反映。

● 知识是观念的总和，是人对自然、社会、思维现象与本质的认识的观念的总和。

（2）从本体论角度对知识下的定义：

● 知识是生命物质同非生命物质相互作用所产生的一种特殊资源。

● 知识是大自然进化到一定阶段所造成的文明资源。

（3）从经济学角度来给知识下定义：

● 知识是人类劳动的产品，是具有价值与使用价值的人类劳动产品。

● 知识是一种资本。

（4）从信息论的角度看知识的定义：

● 知识是同类信息的累积，是为有助于实现某种特定的目的而抽象化和一般化了的信息。

从上面列举的对知识的各种定义可以看出，要给知识下一个统一的定义绝非易事。由

---

① Tiwana A.. The Knowledge Management Toolkit, Upper Saddle River, NJ: Prentice Hall, 2000.

② Davenport T. H. and Prusak L.. Working Knowledge, Boston, MA: Harvard Business School Press, 2000.

③ Elias M. A. and Hassan M. G.. Knowledge Management, Upper Saddle River, NJ: Prentice Hall, 2002.

④ Liebesking J. P.. Knowledge, stategy, and the theory of the firm. Strategic Management Journal, pp. 93 - 107, Winter 1996.

⑤ Dixon N. M.. Common Knowledge, Bostong, MA: Harvard Business School Press, 2000.

⑥ Bennet A. and Bennet D.. Characterizing the next generation knowledge organization. Knowledge and Innovation: Journal of the KMCI, 1(1): 8 - 42, 2000.

⑦ 王众托. 知识系统工程. 北京: 科学出版社, 2004.

于目前国内外学术界和企业界对知识概念的理解出于不同的观测点或处在不同的应用领域,在定义上自然存在差异性的一面。但从战略观点上看知识的实质,作者认为知识既是一种过程又是一种认识论,它是在积累、抽象、验证、升华信息的过程中来获得对客观世界规律性的认识。

2.3 知识的类型

知识可以分为不同的类型,但从不同的角度来看知识的类型,会产生不同的分类方法。

2.3.1 面向知识经济的知识分类方法

1996 年,联合国经济与发展组织(OECD)在其题为《以知识为基础的经济》的报告中把对经济有着重要作用的知识分为 4 类[①]:知道是什么的事实知识(know-what)、知道是为什么的原理知识(know-why)、知道是怎样做的技能知识(know-how)和知道是谁的人际知识(know-who)。

事实知识(know-what)指的是关于事实方面的知识和所掌握的基本情况,比如人体有多少块骨头、月球离地球有多远、太阳系有哪些星球等。这类知识与通常所说的信息概念很难区分。许多领域的专业人士如医生、律师、教师都需要大量地掌握这类知识以很好地完成工作任务。

原理知识(know-why)指的是产生某些事情的原因,和对事物的客观原理、法则和规律性的科学认识,比如物种的起源、太阳能与电能的转换、充斥于宇宙的万有引力等。作为经济活动创新的源泉,这类知识往往产生于专业的科研机构,如研究院、大学、企业实验室等。

技能知识(know-how)指的是知道怎样做某件事情的方法、技能和诀窍等,属于通常所说的技术范畴。外科医生实施一项外科手术或者飞行员驾驶飞机都必须运用他们的技能。不仅从事实践工作的人需要这种技能,科学家同样离不开这项技能。例如,杨振宁和李政道提出的弱相互作用中宇称不守恒定律(know-why)便是由另一位科学家吴健雄运用她的实验技能(know-how)来证实的。杨李二人于 1957 年获诺贝尔物理学奖。

人际知识(know-who)指的是谁知道某事物和谁知道如何做某事的这一方面知识,因此包含了某种特定的人际关系,以便有可能获得并有效利用其他专家的专业知识、特长或经验。随着在知识经济活动中分工协作的日显重要,专家之间、专家与非专家之间的知识交换与共享便需要任何一个组织或个人具备人际知识(know-who)以便了解其他组织或个人所擅长的知识领域。

上述面向知识经济的知识分类方法使得人类对知识的认识上升了一个台阶。这种对知识的划分不仅使人类对于知识在经济活动中的作用和发展有了更深层次的认识,而且影响了人类对"知识就是力量"的重新认识。高智商者或称掌握事实知识和原理知识的人才在知

---

① 联合国经济合作与发展组织(OECD).以知识为基础的经济.北京:机械工业出版社,1997.

识经济成长中固然重要，但是事实知识和原理知识不应是仅有的推动知识经济的力量。高技商者（或称掌握技能知识的人才）、高情商者（或称掌握人际知识的人才）在知识经济成长中起到作用的趋势已越来越明显。

2.3.2 显性知识与隐性知识

知识的另外一个被广泛接受的重要分类是 Michael Polanyi 教授于 1966 年提出的，将知识区分为显性知识（Explicit Knowledge）和隐性知识（Tacit Knowledge）。所谓显性知识，就是可利用通用语言文字记录在一定物质载体上的知识。这些载体包括书籍、报刊、图纸、数据库、书面报告、音像、磁带、磁盘和光盘等。显性知识可以通过读书、听课、上网、查询数据库等途径来获得，通常能够利用文字、图形、计算机程序等对其进行系统化处理以方便交流、传递或扩散。所谓隐性知识，就是人们通过过往的实践而积累的经验、技巧、诀窍和灵感等隐藏在人的大脑内部而尚未公开的秘密知识，或者说是只可意会难于利用通用语言文字表达的知识。

联合国经济与发展组织（OECD）的年度报告[①]将事实知识和原理知识称为显性知识，把技能知识和人际知识归结为隐性知识。事实知识和原理知识主要通过正式的物质载体进行传播或扩散，而技能知识和人际知识主要通过亲身体验或身教来扩散。例如，企业的组织机构、人事档案、设备配置等事实知识作为显性知识可以在企业的数据库里、网站上或员工会议上获得；企业的发明、专利等原理知识作为显性知识可以在企业的专利文件中、发明者的口头传授下获得；企业里操作某一先进加工设备的技能知识作为隐性知识需要操作人员通过不断地亲身实践来获得；企业中的人际知识作为隐性的企业文化知识并不能单纯地从书本或企业网站里获得，而主要从企业的文化活动如开展运动会、互助会等让员工不断感悟而获得。

自 1966 年 Michael Polanyi 首次将知识划分为显性知识和隐形知识后，这种知识二分法就被广泛接受，成为知识管理的基础理论之一，并被应用到知识管理过程及职能分析上。例如，根据日本学者 Ikujiro Nonaka 的理论，知识创造的过程分为如下 4 种：共同化（隐性知识之间的转化）、外化（隐性知识到显性知识的转化）、内化（显性知识到隐性知识的转化）、组合（显性知识之间的转化）。美国 Delphi Group 执行副总裁 Carl Frappaolo 和 Delphi Group 知识管理系列研究项目首席研究员 Wayne Toms 采用类似的研究方法将知识管理职能归纳为 5 个方面：外化（Externalization）、内化（Internalization）、中介（Intermediation）、认知（Cognition）和评测（Measurement）。国内学者顾新建等[②]和仇元福[③]也主张利用类似的方法对知识管理工具进行分类。

现代知识处理技术已经能够把几乎所有的显性知识用计算机进行系统化处理，这使得显性知识越来越易于共享与重用，因而成为面向知识经济的企业信息化或电子政务化的支柱。隐性知识由于保存在人脑中易于丢失而难以交流或共享。例如我们购买松下电器时，

---

① 联合国经济合作与发展组织（OECD）.以知识为基础的经济.北京：机械工业出版社,1997.

② 顾新建,祁国宁.知识型制造企业—中国制造企业如何赢得知识经济时代的挑战.北京：国防工业出版社,2000.

③ 仇元福.知识管理理论与应用及其工具的研究,硕士学位论文.浙江大学,2003.

日本原装的往往比国内组装的质量要好,这说明松下日本总公司虽然向其中国分公司传递了设计文件、管理模式、组装程序等显性知识,但装配技工的技巧熟练程度作为隐性知识却无法传递。因此,现代知识管理的目的之一便是促使从隐性知识到显性知识的转化。

借助上述知识分类方法,我们可以利用显性知识与隐形知识之间的转换循环关系为线索[1],在技术层面上对知识管理进行解构,如图 2-2 所示。

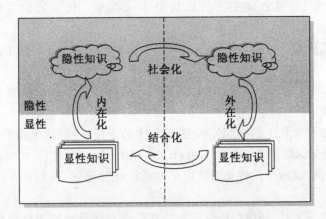

图 2-2　知识管理中的隐形知识与显性知识转换过程循环

(1) 社会化:是个体间分享隐性知识的过程,主要反映隐性知识在个体之间快速有效的扩散机制。相关知识管理技术包括:

● 知识碰撞:利用各种网络技术(Internet、Intranet、通信网、电视网),提供异地个体之间知识和思想的交流平台,扩大隐性知识交流的范围,以期实现面对面交流的效果,通过思维的碰撞来激发新的知识。

● 知识定位:研究如何快速寻找到掌握相关知识的个体,知识地图和知识黄页是常用的技术。

(2) 外在化:是个体头脑中的隐性知识向可共享的组织知识库知识的转化过程,有助于隐性知识的保留和在更大范围的共享,主要反映隐性知识捕获机制。相关知识管理技术包括:

● 知识发布:提供给个体表达个人思想、经验、诀窍的手段和工具。

● 隐性知识建模:对来源于个体头脑的经验、技巧等隐性知识进行形式化,以便于更好地重用。感知地图(Cognitive Map)是有效的隐性知识表达技术之一[2,3]。

● 管理模拟[4]:以计算机为基础,通过建立基本模型以清晰表达个体行为和企业行为的

① 顾新建,祁国宁.知识型制造企业——中国制造企业如何赢得知识经济时代的挑战.北京:国防工业出版社,2000.

② Noh J. B., Lee K. C., Kim J. K., Lee J. K. and Kim S. H.. A case-based reasoning approach to cognitive map-driven tacit knowledge management. Expert Systems with Applications,19:249－259,2000.

③ Lee K. C., Kim J. S., Chung N. H. and Kwon S. J.. Fuzzy cognitive map approach to Web-mining inference amplification. Expert Systems with Applications,22:197－211,2002.

④ 范玉顺,刘飞,祁国宁.网络化制造系统及其应用实践.北京:机械工业出版社,2003.

心智模型,有助于使创造性的思想变得清晰起来,可以通过共同演练,去感知真实的客观实践。

(3) 结合化:是一种将零碎的显性知识进一步整理进行系统化的过程。经过社会化和外在化过程形成的显性知识还比较零碎,也没有变成格式化的语言。将这些零碎的知识组合起来,并用专业语言表述出来,就完成了知识结合化的过程。并且,通过结合化,个体知识上升为组织知识,从而能更方便地为更多人共享。相关知识管理技术包括以下几项。

- 知识搜索:提供给个体在浩瀚的知识海洋中检索获取知识的便捷工具,主要包括网络上的搜索引擎技术。
- 知识建模、知识表示与知识模型:以计算机可以理解的形式化模型表达知识,是实现对知识自动处理首要解决的问题。
- 知识定位:与社会化中的知识定位强调个体的定位不同,这里主要指显性知识的搜索,常用技术主要是知识地图和知识地图集(Knowledge Atlas)[①]。
- 知识固化:对获取的知识转化为结构化和系统化的形式,有利于在组织内的共享,典型技术是知识仓库。
- 知识创造:提供工具,辅助个体对获取的现有多种信息和知识进行合成和创新,主要包括知识聚类、知识发现和知识挖掘技术,目标是从大量的数据中提取出可信、新颖、有效的模式,进而发现隐含的、有意义的知识。
- 知识审计和评价:对组织知识资源进行系统的、科学的考察和评估,分析企业已有的知识(知识基础)与缺乏的知识(知识需求),并做出对知识本身价值、知识利用效果及带来的效益的评价。

(4) 内在化:意味着显性的组织知识转化为组织中个体的隐性知识。相关知识管理技术包括以下三项。

- 网上培训:通过网络课堂、课件等形式将个体的培训课程在网络上发布,提供给个体学习知识的便利手段。
- 知识推送:网上培训是个体主动行为,知识推送是组织主动行为,采用广播技术,将组织内的重要知识推送给最需要的个体。
- 知识可视化:研究知识与个体的交互方式,采用多媒体、虚拟现实等技术可以帮助个体更形象、更深刻地学习知识。

2.4 小结

本章从计算机科学的角度论述了数据、信息和知识的基本概念及其相互关系。作者认为知识是对数据和信息的提炼和萃取,而知识管理则是对数据管理和信息管理的扩展和延

---

① Seemana P. and Cohen D.. The geography of knowledge: from knowledge maps to the knowledge atlas. Knowledge and Process Management, 4(4): 247-260, 1997.

伸。知识管理的成功与否决定于所选择的知识处理技术的合理性、智能性和灵活性。可以说，没有强大的知识处理技术支持，组织将很难实施有效的知识管理。

知识有多个定义，但从战略观点上看知识的实质，作者认为知识既是一种过程又是一种认识论，它是在积累、抽象、验证、升华信息的过程中来获得对客观世界规律性的认识。

获广泛接受的重要知识分类方法是把知识分为事实知识、原理知识、技能知识和人际知识，或分为显性知识和隐性知识。作者进一步利用显性知识与隐形知识之间的转换循环关系为线索，在技术层面上对知识管理解构为社会化、外在化、结合化和内在化 4 个知识过程。

第3章 知识管理的前沿技术

计算机技术与通信技术的日益发展与融合，特别是 Internet 技术的广泛应用和日益完善，已将我们带入了一个全新的知识管理时代。21 世纪初，作为下一代 Web 技术，语义 Web 的出现和发展已经成为推动知识管理技术发展新的驱动力之一。本章将从包括本体论、语义 Web 与语义网格在内的前沿技术着手，介绍其与知识管理的关系及其如何引导知识管理为适应信息全球化环境下协同工作所进行的革命性创新活动。

3.1 基于传统 Web 的知识管理系统的不足

现代知识处理技术的支持虽然使知识管理得到日渐广泛的应用，但是它们大都是在传统 Web 技术上开发而成，在信息全球化环境下的使用效率上存在如下不足之处。

1．知识表达灵活性差

对于动态结构即施加在知识模型上的操作考虑不多。

2．信息搜索不准确

由于快速发展的 Internet 上广泛存在着信息格式的异构性、信息语义的多重性以及信息关系的匮乏和不统一，基于关键字的信息搜索技术难以准确找到所需要的信息：信息中的一词多义使得查询结果不符合所需的语义，而信息中的一义多词使得查询结果漏掉语义相同的知识。因此，难以"在适当的时间把适当的知识提供给适当的接受者"。

3．知识处理智能性差

由于设计目的是面向用户直接阅读与处理，没有提供计算机可理解的语义信息，因此限制了计算机在利用组织知识模型进行基于知识推理的能力、对来自不同知识源的知识进行自动集成的能力以及进一步实施智能知识处理的能力。虽然现有的知识管理系统运用了传统的人工智能技术以加强知识的智能处理能力，但人工智能技术在其产生和最初的发展时并未考虑到 Internet 快速发展带来的知识资源的分布性和异构性，故无法满足信息全球化环境下对知识进行智能处理的要求。

4．可集成性差

这表现在偏重于在知识管理生命周期中的某一个阶段或几个阶段的应用，不能系统化地解决知识管理整个生命周期中的所有问题。当然，我们可以考虑由多个具有良好扩展性和可伸缩性的知识管理系统集成后来共同解决问题。但是，现有的知识管理平台工具缺乏统一的本体或本体服务，无法保证良好的扩展性或可伸缩性，进而无法使它们无缝地集成在一起。

5．协同性差

现代组织面临分布、开放、动态的计算环境及复杂、多变的计算任务，组织越来越需要进行大规模的协同知识处理,而基于传统 Web 的知识管理系统缺乏一个面向服务基于语义的分布式共享基础架构,以支持自治的异构应用之间的无缝集成、语义互操作和各种自动化任务,因此难以胜任知识经济时代面向资源采集整合、交换共享与创造创新的协同知识管理的要求。

本章将从包括本体论、语义 Web 与语义网格在内的新一代 Internet 技术着手,探讨语义驱动的知识管理系统,以此实现无障碍的知识积累和表达、无缝的知识集成和协作,以及智能的知识检索和推理。

3.2　本体论与本体的基本概念

3.2.1　本体论与本体的定义

本体论(Ontology)原是哲学的分支,是一种对于存在的系统化解释(Systematic Account of Existence),用于描述事物存在的本质,与认识论(Epistemology)相对应。认识论研究知识的本质、来源和主观认识,而本体论则侧重于研究客观存在。Aristotle 通过本体来描述客观事物的存在,并试图以此来进行事物的分类。从 20 世纪 90 年代开始,本体论逐渐成为知识工程、自然语言处理、知识表示等人工智能领域所关注的一个研究热点。现在,对本体论运用的研究已经扩展到智能信息集成、信息检索及知识管理等诸多领域。本体论之所以重要的一个原因是基于这样一个认识:对某个领域的概念的共识有利于知识的表达和传播。可见,本体论的出发点在于知识的共享和重用,正因如此,著名的 KSE(Knowledge Sharing Effort)项目提出了以本体作为不同知识库系统共享知识的方法,KSE 的目标就是建立一个为众多系统开发者所接受的可重用的本体库[1,2]。

虽然本体论的研究越来越为人们所关注,但是对于如何正确定义本体仍然众说纷纭。在牛津辞典中对本体的定义是"关于存在的科学与研究"。

在人工智能界最早给出本体定义的是 Neches 等人[3],他们将本体定义为:给出构成相关领域词汇的基础术语和关系,以及利用这些术语和关系构成的、规定这些词汇外延的规则的定义。换句话说,本体定义了构成主题范围的词汇的基本术语和关系,以及结合这些术语和关系来定义词汇外延的规则。斯坦福大学知识系统实验室的 Gruber 在概念化基础上最早给出了在信息科学领域被广泛接受的本体的定义:"本体是概念化的一个显式说明。"[4]他

① Gruber T. R.. A translation approach to portable ontology specification. Knowledge Acquisition, 5(2):199-221, 1993.

② Guarino R.. Formal ontology, conceptual analysis and knowledge representation. International Journal of Human-Computer Studies, 43:625-640, 1995.

③ Neches R., Fikes R., Finin T., Gruber R., Patil R., Senator T. and Swartout W. R.. Enabling technology for knowledge sharing. AI Magazine, 12(3):36-56, 1991.

④ Gruber T. R.. A translation approach to portable ontology specification. Knowledge Acquisition, 5(2):199-221, 1993.

认为：概念化是从特定目的出发对所表达的世界所进行的一种抽象的、简化的视图。每个知识库、基于知识库的信息系统和基于知识共享的智能代理都显式或隐式地内含一个概念化的世界；而本体是对这个概念化世界的显式说明，本体中的对象以及它们之间的关系通过知识表示语言的词汇来描述。因此，可以通过定义一套知识表示的专门术语来定义一个本体，以人可以理解的术语描述领域世界的实体、对象、关系以及过程等，并通过形式化的公理来限制和规范这些术语的解释和使用。严格地说，本体是一个逻辑理论的陈述性描述。

Guarino 明确指出本体论和概念化两者之间的差别，并以此为基础对 Gruber 的定义做了提炼和修订[①]。在 Guarino 的论述中，概念化的"内涵"成为讨论的重点，也是进一步理解信息系统中本体论概念的关键。Studer 等[②]在对本体进行深入研究后，提出了一个本体的概念界定：本体是共享概念模型的明确的、形式化的规范描述。"共享"指本体所表达的认识是在一定范围内得到公共认可的概念集；"概念模型"指通过对反映客观世界现象的一组概念抽象而形成的模型；"明确"指所使用的概念以及使用时的约束都有显式的定义，而不是隐式的存在于人脑或嵌入在软件中；"形式化"指这些概念和约束都是计算机可读的。

此外，Willem[③]在 1997 年、Chandrasekaran 等人[④]在 1999 年分别给出了对本体几乎相同的定义：

本体是共享的特定领域之概念化的一个形式化的显示说明。可以看成是在 Gruber 定义上的延伸，强调必须在概念化上达成一致。

不同的研究团体根据自身需求对本体给出了不同的解释和定义，但总的来说，基本没有超出 Gruber 和 Guarino 给出的本体定义。直观地讲，本体是一个实体，是对某领域应用本体论的方法分析和建模的结果，即把现实世界中的某个领域抽象为一组概念及概念之间的关系。下面，从本体构成的角度，作者给出一个较为通用的本体形式化定义：

本体是一类复杂的符号系统 $O:=(L,M,C,P,A)$，其中：

L：本体使用的符号集合。$L:=L_c \cup L_p$，L_c 表示描述概念的符号集合，L_p 表示描述概念间关系的符号集合。

M：符号与概念及其相互关系的映射函数。$M:=M_f \cup M_g$，M_f 表示符号与概念的映射函数，即 $2^{L_c} \to 2^C$，M_g 表示符号与概念间关系的映射函数，即 $2^{L_p} \to 2^P$；由语言学知识可知，由于一词多义、同义词等情况存在，因此符号与上述两者之间的映射是多对多关系，同时，M_f^{-1}、M_g^{-1} 也成立。

C：概念集合。概念通过逻辑语言对它自身需满足的约束进行描述。

① Guarino R.. Formal ontology, conceptual analysis and knowledge representation. International Journal of Human-Computer Studies, 43：625－640，1995.

② Studer R., Benjamins V. R. and Fensel D.. Knowledge engineering：principles and methods. Data and Knowledge Engineering, 25(1－2)：161－197，1998.

③ Willem N. B.. Construction of Engineering Ontologies for Knowledge Sharing and Reuse, University of Twente, The Netherlands, 1997.

④ Chandrasekaran B., Josepheson J. R. and Benjamins V. R.. What are ontologies, and why do we need them? IEEE Intelligent Systems, 14(1)：20－26，1999.

P：概念间关系集合。$P:=P_h\bigcup P_b$，P_h表示概念间的层次关系，层次关系是一种偏序关系，P_b表示概念间的二元关系。

A：公理集合。它是一组施加于概念和概念间关系集合上的永真命题，主要用于推理和有效性检测。

3.2.2　本体的主要构成

通常意义上，本体主要包括概念的定义、概念之间的关系、公理和实例，它们共同限制着术语在特定领域中的解释和应用。

(1) 本体中的概念是广义上的概念，除了可以是一般意义上的概念外，也可以是任务、功能、行为、策略和推理过程等。本体中的这些概念构成了分类层次。

(2) 本体中的关系表示概念间的关联，其中最典型的二元关联是概念间的蕴涵关系。本体关系使概念形成一个层次结构。

(3) 公理用于描述一些永真式，它是在领域中任何条件下都成立的断言。

(4) 实例是指概念的具体实例，本体中的所有实例构成了本体概念的特定领域的指称域。

3.2.3　本体的作用

构造本体的目的都是为了实现某种程度的知识共享和重用。有文献[1,2,3]认为，本体的作用主要有三个方面：

(1) 本体提供了一种新的知识获取手段，规范化的描述有利于确定知识系统的需求，澄清领域知识的结构。

(2) 采用形式化描述的本体作为核心，能提高知识系统的重用和可靠性，为知识更新和演化打下坚实的基础。

(3) 采用统一的术语和概念，使得不同的系统间的知识共享成为可能。

本体使得数据的语义能用一种机器可以理解的方式描述。Fensel[4]认为，目前，本体研究正处于类似于 20 世纪数据库从单机版向网络共享跨越的那样一个时刻。

3.2.4　本体类型

本体的类型有多种多样，根据本体的主题大致可以分为如下几种类型。

(1) 通用本体(Generic Ontology)：要覆盖多个领域，如 Cyc、中科院"常识知识的实用研究"中的结合 Agent 和本体的知识库等。

---

① Chandrasekaran B., Josepheson J. R. and Benjamins V. R.. What are ontologies, and why do we need them? IEEE Intelligent Systems，14(1)：20 - 26，1999.

② Uschold M. and Gruninger M.. Ontologies：principles，methods and applications. The Knowledge Engineering Review，11(2)：93 - 155，1996.

③ 郭文英. 基于 SWRL 推理的语义关联发现及其在本体映射与集成中的应用. 浙江大学博士学位论文，2006.

④ Fensel D.. Ontologies：A Silver Bullet for Knowledge Management and Electronic Commerce，2nd Ed.，Berlin：Springer-Verlag，2004.

（2）领域本体（Domain Ontology）：包含特定领域的相关知识，提供特定领域的概念定义和概念之间的关系、该领域中发生的活动及主要理论和基本原理等。如企业本体、医学概念本体和陶瓷材料机械属性本体等。

（3）表示本体（Representational Ontology）：提供用于描述事物的实体。

（4）任务本体（Task Ontology）：与上述本体不同的是，上述其他本体主要涉及静态知识，而任务本体主要涉及动态知识，包含了特定领域建模的全部知识（一般包括方法）。任务本体主要研究可共享的问题求解方法，其实质是从推理和问题求解的角度刻画领域知识。它有助于解决领域知识不能以与其使用方式无关的形式表示问题，对知识库系统的重用和组件化开发十分重要。

从不同侧面看，本体的分类是多种多样的，此处不再赘述。

3.2.5　建立本体的原则

任何本体都不可能把握复杂现实对象的全部，只能根据领域来刻画某些特定侧面，或限定在人们所关心的领域侧面中。本体在知识管理领域的一大用途是用于领域知识建模。一个本体对某个领域模型的支持取决于其中概念的表达能力，比如一个本体能够完全适合于某个领域模型，则仅需通过该领域的实例去实例化本体中的概念，以得到领域模型。建立领域本体的基本方法是对领域知识所涉及的概念、关系进行综合和抽象，并最终取得对该领域概念及关系的一致看法。其他方法包括对可重用本体的组合（Inclusion）、限制（Restrict）、求精（Refinement）。著名的 KACTUS 项目的目标就是对一些通用实体进行求精来描述技术系统本体[①]。建立领域本体一般遵循以下 5 个原则[②]。

（1）明确性和客观性（Clarity and Objectivity）：本体应该能有效地说明所定义术语的内涵。定义应该是客观的、与背景相独立的；定义应该是形式化的，即当定义可以用逻辑公理表达时，就应该用逻辑公理表达；定义应该尽可能得完整，完整的定义要比部分定义要好。另外，所有的定义应该用自然语言加以说明。

（2）一致性（Coherence）：一个本体应该是前后一致的，即由它推断出来的概念定义应该与本体中的概念定义一致。它所定义的公理及用自然语言说明的文档都应该是一致的。如果从一组公理中推断出来的一个句子与一个非形式化的定义或实例矛盾，那么这个本体就是不一致的。

（3）可扩展性（Extendibility）：本体应该为可预料的任务提供概念基础。一个本体提供一个共享的词汇，它应该在预期的任务范围内提供概念基础。人们应该能够在不改变原有定义的前提下，以这组存在的词汇为基础定义新的术语。

（4）最小编码偏差（Minimal Encoding Bias）：由于实际系统可能采用不同的知识表示

---

① Benjamin J., Borst P. and Akkrmans H.. Ontology construction for technical domains. In: Proceedings of the 9th European Knowledge Acquisition Workshop on Advances in Knowledge Acquisition, Berlin: Springer-Verlag, pp. 98－114, 1996.

② Gruber T. R.. Toward principles for the design of ontologies used for knowledge sharing. International Journal of Human-Computer Studies, 43: 907－928, 1995.

方法,本体不应该依赖于某一特殊化符号的表示方法,表示形式的选择不应该只考虑表示上或实现上的方便。

(5) 最小本体承诺(Minimal Ontological Commitment):本体的承诺应该最小,只要能满足特定的知识共享需求即可。本体应该对所模拟的事物产生尽可能少的推断,让共享者自由地按照他们的需要去专门化和实例化这个本体。由于本体承诺是以词汇的使用为基础,所以可以通过指定约束最弱的公理和只定义那些基本术语(如只定义通讯所需的术语)来实现本体承诺最小化。

以上原则仅仅是指导性的,比较概括和抽象,本体的建立需要按照这些原则来进行。但在实际构建本体时,还需要根据客观情况进一步细化这些原则。如有人提出尽可能使用术语,同层概念之间保持最小的语义距离和使用多种概念层次,以多重继承机制来增加表达能力等原则。关于本体的实现,目前也存在很多种方法。其中,最著名、并且表达能力最强的是 KSE 项目研制的 Ontolingua[①]。Ontolingua 的目标是本体的共享和重用,它以一种中性机制建立知识的统一描述格式,其语法和语义基于 KIF(Knowledge Interchange Format)[②],并通过使用类、关系和继承扩展了 KIF,可以作为知识描述的统一格式。Ontolingua 提供多种转换器,可以转化成 CORBA 的 IDL、CLIPS、LOOM[③] 和 KIF 等描述形式,从而使得各种实现系统都可以通过统一的格式来共享本体。Ontolingua 对于知识的描述是通过框架本体(Frame Ontology)来进行的,其核心的概念是 Class、Function、Relation、Instance 等。在处理上,Class、Function 最终又以关系的形式进行处理。Frame Ontology 通过 subclass、superclass-of、subrelation-of 等关系形成领域知识的分类化、层次化,用 instance-of、direct-instance-of 等关系表达类属与个体之间的关系,用 slot-value-type、slot-cardinality 等来表示概念的属性,用 Function 来表达类属之间及类属与关系之间的映射关系。另外,Ontolingua 还通过 Theory、Package 等概念来使领域知识模块化,有利于知识库的维护。Ontolingua 提供了 60 多个相关的函数、类、关系来表述本体[④]。Ontolingua 的语法相对简单,它由一个名字、参数列表、文档字符串,以及一组标识过的 KIF 语句组成。

3.3 从传统 Web 到语义 Web

自 1989 年 Internet 产生之后,网络技术飞速发展,主要体现在两个方面:网络上的信息量和使用人数的急剧膨胀与应用领域的急速扩张;网络应用方式越来越智能化,逐渐向复杂程度更高的应用集成方向转变。从应用模式的角度来看,Internet 应用基本上经历两个阶段:浏览

---

① Gruber T. R.. Ontolingua: A Mechanism to Support Portable Ontologies, Technical Report KSL-91-66, Knowledge Systems Laboratory, Stanford University, 1992.

② Gensereth M. R. and Fike R. E.. Knowledge Interchange Format Version 3.0, Technical Report Logic-92-1, CS Department, Standford University, 1992.

③ MacGregor, R.. Inside the LOOM classifier. SIGART Bulletin, 2(3):70-76,1991.

④ 韩伟力.分布式环境下的约束访问控制技术研究.浙江大学博士学位论文,2003.

（包括静态、动态页面）阶段和超越浏览阶段。在 Internet 发展初期，网站以静态页面的方式提供服务，如发布新闻、公告、论文等信息。后来为了便于用户和网站之间的信息交互，网站通过 ASP、JSP 等技术从后台数据库生成动态页面返回给用户，以提供交互功能。2000 年以后，Internet 除了继续为人们提供浏览交互信息，还为应用程序提供收集信息和集成应用的场所，开始进入超越浏览阶段，这一阶段体现出来的核心思想是资源共享与协同工作。资源包括网络上的硬件、软件、数据、信息和知识等多个层次上的资源，例如 CPU 计算能力、磁盘的存储空间、特定功能软件的服务资源、通用格式的数据、特定用途的信息、领域知识等。超越浏览阶段的代表性研究热点包括：Web 服务（Web Service）、智能代理（Intelligent Agent）、点对点技术（Peer to Peer，P2P）、语义 Web（Semantic Web）等[①]。

Internet 在信息表达和检索方面的缺陷主要在于它的设计目的是面向用户直接阅读与处理，而没有提供计算机可读的语义信息，因此限制了计算机在信息检索中自动分析处理以及进一步智能信息处理的能力。

针对因特网缺少语义信息和 Web 服务因缺少语义表达不能进行语义检索等问题，WWW 的创始人 Berners-Lee 在 1998 年提出语义 Web（Semantic Web）概念[②]。2000 年 12 月，他在 XML2000 会议上做了题为 "*Semantic Web Architecture*"[③] 的报告，并于 2001 年 5 月在 *Scientific American* 杂志上发表论文 *The Semantic Web*[④]。此文标志着语义 Web 技术已经开始从学术界进入公众的视野，也是研究团体开始向工业界推动语义 Web 技术努力的标志。

语义 Web 的目标是，为因特网上的信息提供具有计算机可以理解的语义，从而满足智能软件代理（Agent）对 WWW 上异构、分布信息的有效检索和访问，实现网上信息资源在语义层上的全方位互联，并在此基础上，实现更高层的、基于知识的智能应用。简单说来，语义 Web 项目就是对 WWW 中的信息的一种新型的组织方式[⑤,⑥]。

作为 Web 技术的演化与发展，语义 Web 代表了下一代 Web 的发展和趋势。语义 Web 将赋予信息资源更明确、更完备的语义，使得计算机能够对 Web 资源进行理解，进而实现 Web 数据和 Web 服务处理的语义化和智能化，将 Web 构建为普适的、功能强大的信息集成和交换平台。语义 Web 增强了 Web 资源的语义表示能力，实现了 Web 资源的内容含义和功能的描述，使语义得以显式表达，以满足分布式计算环境语义互操作的需要。

目前对于语义 Web 的研究正掀起一股热潮，如从第一届在 2001 年于 Stanford 大学召开的语义 Web 研讨会（SWWS2001）和第一届在 2002 年于意大利的撒丁岛召开的语义 Web

---

① http://www.w3.org/2003/01/Consortium.png.

② Berners-Lee T.. Semantic Web road map. http://www.w3.org/DesignIssues/Semantic.html，1998.

③ Berners-Lee T.. Semantic Web architecture. http://www.w3.org/2000/Talks/1206-xml2k-tbl/slide10-0.html，2000.

④ Berners-Lee T., Hendler J. and Lassila O.. The Semantic Web. Scientific American，284(5)：34 - 43，2001.

⑤ Miller E.. The Semantic Web. http://www.w3.org/2004/Talks/0120-semweb-umich/，2004.

⑥ Ivan H.. Introduction to the Semantic Web. http://www.w3.org/2003/Talks/1112-BeijingSW-IH/Chinese_English/Overview.html，2003.

国际会议(ISWC2002)开始,截至 2008 年已经召开 17 届的 WWW 会议等等。我们有理由相信:语义信息模型今后必将成为 Internet 上的主流信息模型,从而跨越 Web 信息检索和信息集成在语义模糊、语义异构等难点上的困扰,实现一系列智能化应用,如有效地发现资源,提供个性化服务,智能信息浏览、分级与过滤 Web 内容以及应用 Agent 进行网上信息和服务的智能代理等等。

总的来说,语义 Web 环境下的应用在事实的基础上,通过应用逻辑推理,会得出某种结论。这种推理的每一步对用户来说,都应该是可见的,或者说应该是可查的。这个推理的过程,就是证明最后得出的结论也应该是可以信任的。首先用户应该可以信任所见的数据,并且可以信任所做的推理过程,只有在这个基础上,用户才能最终信任得到的结论。然而,就用户所见的数据而言,语义 Web 模型允许任何人对资源进行任何描述,不同观点的人对同样的资源可能作出相反的描述。本体是使 Web 具有语义性的关键技术,在语义 Web 中起着重要的作用:它提供了一套对特定领域知识的共享和共同认识,帮助人们在语法和语义上与机器实现准确的交流,是对领域的形式化与结构化的描述,是人和机器、程序间知识交流的语义基础。

3.4 本体描述语言

为了让计算机能理解本体,通常采用具有推理能力的形式化描述语言来表示本体,自 20 世纪 90 年代以来,一些基于人工智能(AI)的本体实现语言陆续被提出,如 KIF、Ontolingua、Loom、OCML 等。随着 Web 的发展,又出现了一系列基于语义 Web 的本体语言,如 SHOW、XOL、RDF、RDF-S、OIL、DAML、DAML+OIL、owl、XTM 等,本小节对这些本体描述语言进行简单的阐述和分析。

3.4.1 基于 AI 的本体描述语言

1. KIF

KIF (Knowledge Interchange Format)[①]是由斯坦福大学开发的一种为在异构系统之间进行知识交换而设计的通用语言,并已成为美国国家标准。KIF 基于谓词逻辑且对其进行了扩展和约束,例如增加了处理非标准运算符的功能和对非单调推理和定义的支持。KIF 语法是面向 LISP 的,但增加了语义可理解性,它作为一种交换格式广泛地应用于企业应用集成。KIF 具有陈述性语义和元知识表示能力,这样就可以在不修改语言的情况下引进新的知识表示结构。

2. Ontolingua

Ontolingua[②]是由美国斯坦福大学知识系统实验室(KSL)开发的一种基于 KIF 和框架

---

① Gensereth M. R. and Fike R. E.. Knowledge Interchange Format Version 3.0,Technical Report Logic-92-1,CS Dept.,Standford Univ.,1992.

② Gruber T. R.. Ontolingua:A Mechanism to Support Portable Ontologies,Technical Report KSL-91-66,Knowledge Systems Laboratory,Stanford University,1992.

表示的本体语言,能使用类、实例、集合及二阶关系来表述本体,使得其格式更加简练。Ontolingua 的目标是本体的共享和重用,它以一种中性机制建立知识的统一描述格式。Ontolingua 提供多种转换器,可以转化成 Prolog、IDL、Corba、CLIPS、Loom、KIF 等描述形式,从而使得本体的维护能独立于它的目标系统,因此各种实现系统都可以通过统一的格式来共享本体。目前,美国斯坦福大学的本体服务器就是采用 Ontolingua 作为本体表示语言。

3. Loom

Loom[①] 是由美国南加州大学为构建智能应用系统开发的一种基于谓词逻辑的知识表示语言,允许表达定义、事实、概念、分类、功能、公理、规则以及缺省规则等,并支持语言的向前推理,包括面向对象的真值维护、一致化检查以及产生式规则的执行等。它由于集成了逻辑、规则和面向对象等知识表示的优点,并避免了单独使用它们中的一种知识表示方式所带来的表达局限性,因而已成功发布到超过 80 个大学和组织,在许多项目中使用。该语言后来发展成为 PowerLoom 语言。PowerLoom 是 Loom 的变体,它是基于描述逻辑的,具备很强表达能力的描述语言,支持语言的前后向推理。

4. OCML

OCML(Operational Conceptual Modeling Language)[②] 是由英国 Knowledge Media Institute 实验室开发的。OCML 与 Ontolingua 很相似,基于框架和谓词逻辑,但另外提供了定义本体和问题解决方案的机制,支持推断、产生式规则以及函数操作等,提供了比 Ontolingua 更为复杂的浏览、可视化和编辑能力。OCML 通过几种具体的构件如功能项、控制项、逻辑表示等来支持知识模型的建模机制,实现了对函数、关系、类、实例和规则的形式化操作。

上述基于 AI 的本体描述语言主要是为了在不同的计算机系统(例如:不同的程序员在不同的操作系统平台上采用不同的语言开发)之间交换知识而设计的语言,它们作为一种交换格式而更多地应用于企业级的知识应用集成,但没有被广泛地应用于 Internet 上的知识交换与共享。Web 技术的发展为世界范围的信息集成和知识交换提供了新的方法,作为以语义和共享为特征的本体论与 Web 技术的结合是必然趋势。在此背景下,基于 Web 标准的本体描述语言,即语义 Web 语言正成为本体论研究的热点。

3.4.2 基于语义 Web 的本体描述语言

传统的知识表示通常是集中式的,语义 Web 致力于建立一个支持知识在 Web 上的分布式表示但语义明确的知识空间。面向网络化应用又基于本体的知识表示语言的发展与 Web 语言标准本身的发展是分不开的。传统的 Web 是基于 HTML 语言来表示网上信息的,HTML 的简单性使其所表达的信息缺少逻辑性因而限制了其对网上知识在语义方面的互操作能力——即使用智能 Agent 进行推理、共享知识服务并自发解答问题的能力。为了

① MacGregor R.. Inside the LOOM classifier. SIGART Bulletin, 2(3):70-76, 1991.
② Motta E.. An overview of the OCML modeling language. In the 8th Workshop on Knowledge Engineering:Methods & Languages (KEML98), Karlsruhe, Germany, 1998.

解决这一问题,语义 Web 从不同组织机构提出的各种知识表示语言到 W3C 标准,经历了以下几个阶段。

1. SHOE

SHOE(Simple HTML Ontology Extension)是一种建立在 HTML 基础上的本体表示语言。SHOE 对 HTML 进行了扩展,支持描述本体,可以表示概念、概念的分类、n 元关系、常量以及推理规则等[1]。

2. OML

OML(Ontology Markup Language)是美国华盛顿州立大学在以 XML 作为语法的 SHOE 的基础上开发的。OML 建立在概念图[2]基础之上,采用一阶逻辑对概念、分类、关系以及公理进行表达。OML 由内到外由 4 个子语言组成:与逻辑有关的 OML 内核,与 RDF(S)映射的简单 OML,包含概念图特征的简化 OML,以及具有最大表示能力的标准 OML[3]。

3. XOL

XOL(XML-based Ontology Exchange Language)[4]是美国 SRI 人工智能中心于 1999 年开发的本体交换语言,最初用于生物信息学领域的知识交换。XOL 是在 Ontolingua 和 OML 基础上,结合 OKBC-Lite 较高的表示能力而开发的。XOL 能对概念、分类以及二元关系进行描述,但不具备推理机制。

4. RDF

RDF 是 W3C 于 1999 年制定的一个建立在 XML 基础上对 Web 信息进行语义描述的语言规范[5],具有简单、易扩展、开放性、可扩充性和易集成性等特点。它采用三种对象来描述事物,即资源、属性以及声明。资源可以是指任何所描述的事物,通常采用 URI 以及 ID 来指明,属性是所描述资源的特征、品质以及关系等,而声明就是由前面所描述的资源、资源的属性以及属性的取值所组成的集合。RDF 主要用来表达那些不仅被显示给人看而且可以被程序所处理的信息。RDF 使用 URIs 来标识资源,并且用简单的属性和属性值来说明资源,这使得 RDF 可以在一个图形中用节点来表达资源,用圆弧来表达资源的属性。

5. DAML+OIL

DAML(DARPA Agent Markup Language)是美国 DARPA 于 2000 年 8 月开始的为代理之间提供基于语义上的互操作能力而开发的一种语言。它也以 XML 为语法,以描述逻辑

---

① Luke S., Spector L. and Rager D.. Ontology-based knowledge discovery on the worldwide web. In: Proceedings of the Workshop on Internet-based Information Systems, AAAI'96, 1996.

② http://users.bestweb.net/~sowa/cg/.

③ Robert E. K.. Conceptual Knowledge markup Language, the central core. In: Banff, A. (ed.), Proceedings of the Twelveth Workshop on Knowledge Acquisition, Modeling and Management (KAW99), pp. 16-21, 1999.

④ Karp P. D., Chaudhri V. K. and Thomere J.. XOL: An XML-Based Ontology Exchange Language, Technical Report, 1999.

⑤ Manola F., and Miller E.. RDF Primer. http://www.w3.org/TR/2004/REC-rdf-primer-20040210/, 2004.

为理论基础,并建立在已有标准 RDF(S)之上。2000 年 12 月,美国 DAML 和欧洲 OIL 两个组织成立联合委员会将 DAML 和 OIL 合并成一种语言,命名为 DAML+OIL[①,②]。

DAML+OIL 对于客观世界的描述主要分为概念和属性两个方面进行,与其相应的描述手段是面向对象域(object domain)的方式和面向数据类型域(datatype domain)的方式[③]。面向对象域的描述方式采用 RDFS 和 DAML+OIL 自身的语法进行,用于描述概念间分类化、层次化的继承关系以及相互间的关联关系;在进行面向数据类型域的描述时,DAML+OIL 支持 XML Schema 的所有数据类型进行概念属性的定义与表达。因此,DAML+OIL 通过对概念、概念属性及其相互间关系的描述,构成概念的复杂关系网络。

6. owl

2002 年 7 月,W3C 在 DAML+OIL 基础上发展了 owl 语言,以使其成为国际通用的标准本体描述语言。owl 也建立在 XML/RDF 等已有标准基础上,通过添加大量的语义描述元语支持本体的描述与使用。owl 提供了描述属性和类的更丰富的表达方法[④],包括类之间的关系(如 disjointness)、重数之间的关系(如 exactly one)、更丰富的属性关系(如 symmetry)和枚举类。owl 包含三种逐步复杂但自动化推理能力逐步降低的子语言:owl Lite、owl DL 和 owl Full。

7. XTM

专门致力于 Topic Maps 在 WWW 上的应用和推广的国际组织 TopicMaps. Org,2001 年发布了基于 XML 实现的 Topic Maps 标准 XTM(XML Topic Maps),并成为 ISO 13250 的一部分。

主题地图(Topic Maps)是一个较新的 ISO 国际标准,用于描述知识结构并使之与信息资源建立关联关系。由于 Topic Maps 可以提供十分强大的在大规模互联知识资源中定位和导航的能力,因而被誉为是"信息世界的 GPS",进而作为一项使能技术正愈来愈引起知识管理学术界的关注[⑤]。

Topic Maps 研究的初衷来自于人们日常图书阅读中快速查找的体验,"一本没有索引的书就像一个没有地图的国家",书后索引(back-of-book index)为人们的内容查找提供了准确便捷的手段。研究开发电子信息的"书后索引"就成为了开发 Topic Maps 的出发点。

Topic Maps 的研究工作最早可追溯到 1993 年,Davenport Group 组织发布了第一个 Topic Maps 版本,目的是设计电子文档的索引结构。随后,1996 年,在 CapH(Conventions

---

① Manola F. and Miller E.. RDF Primer. http：//www. w3. org/TR/2004/REC-rdf-primer-20040210/，2004.

② Horrocks I., Patel-Schneider P. F. and Harmelen F.. Reviewing the design of DAML+OIL：an ontology language for the semantic web. In：Proceedings of AAAI-2002，2002.

③ http：//www. daml. org/daml+oil-index. html，2001.

④ McGuinness D. L. and Harmelen F. V.. owl Web ontology language overview. http：//www. w3. org/TR/2004/REC-owl-features-20040210/，2004.

⑤ Pepper S.. The TAO of Topic Maps：Finding the Way in the Age of Infoglut. http：//www. ontopia. net/topicmaps/materials/tao. html，2002.

for the Application of HyTime)的资助下，Topic Maps 成为 SC 34(SGML Committee 34)小组的一个研究项目。经过几年的努力，Topic Maps 作为 ISO 的一项标准确定下来(ISO/IEC 13250)。

书后索引可以看作是在对书的内容作了仔细研究后专门制作的地图，它除了完整地列出所有出现于该书内的重要关键词之外，更重要的是组织这些关键词之间的联系，也就是建立关键词之间"见(See)"以及"参见(See Also)"之参照关系，将具有关联性的关键词加以联结，使读者能够按图检索，找到需要的正确信息。据此，XTM 结合了传统索引、图书馆学与知识表达等技术优势，辅助以最新的 XLink 链接和地址技术，提供了一套基于 XML 的建立 WWW 上信息资源索引的语法结构，这个结构利用 BNF 可定义如下[①]：

```
<topicMap> ::= {<topic> | <association> }*
<topic> ::= <instanceOf> *  <subjectIdentity> ? { <baseName> | <occurrence> }*
<instanceOf> ::= <topicRef> | <subjectIndicatorRef>
<subjectIdentity> ::= <resourceRef> ? {<topicRef> | <subjectIndicatorRef> }*
<baseName> ::= <scope> ? <baseNameString> <variant> *
<variant> ::= <parameters> <variantName> ? <variant> *
<variantName> ::= <resourceRef> | <resourceData>
<parameters> ::= {<topicRef> | <subjectIndicatorRef> }+
<occurrence> ::= <instanceOf> ? <scope> ? { <resourceRef> | <resourceData> }
<association> ::= <instanceOf> ? <scope> ? <member> +
<member> ::= <roleSpec> ? { <topicRef> | <resourceRef> | <subjectIndicatorRef> }*
<roleSpec> ::= <topicRef> | <subjectIndicatorRef>
<scope> ::= {<topicRef> | <resourceRef> | <subjectIndicatorRef > }+
```

在上述定义中，最重要的三个元素是主题(topic)、关联(association)和资源指引(occurrence)。其中，topic 是 XTM 的基本信息单元，表示所讨论信息资源中的任何主题概念(subject)，具有一个基础名称 baseNameString 和多个其他名称(如 DisplayName，SortName 等)；association 定义 topic 之间的语义关系，在某一关系中，topic 作为其中的成员(member)扮演某种角色(role)；occurrence 链接与该 topic 相关的信息资源，这些资源可以是可寻址的(addressable)，也可以是不可寻址的(non-addressable)，并且可以在 XTM 文档内部，也可以在 XTM 文档外部。

可见，XTM 不仅具备了描述知识结构中的语义信息的能力，可以表达属性、类继承、类约束等语义关系，而且更重要的是将信息资源与知识结构建立了链接，为信息资源的导航和检索提供了便捷的途径。

下面给出了一个使用 XTM 表达 topic 的例子。其中包括了两个 topic："车床"和"车削"。前者是"♯device"的实例，具有属性"加工精度"。该两个 topic 通过 association"♯has-manufacturingmethod"的实例关联起来。其代码如下：

① Pepper S. and Moore G.. XML Topic Maps (XTM) 1. 0. http：//www. topicmaps. org/xtm/1. 0/, 2001.

```
<topic id= " man-device-lathe ">
    <instanceOf> <topicRef
xlink: href= " http: //ai.zju.edu.cn/netmanufacuring/ontology.owl# device "/> </instanceOf>
    <baseName> <baseNameString> 车床</baseNameString>    </baseName>
    <occurrence>
        <instanceOf> <topicRef
xlink: href= " http: //ai.zju.edu.cn/netmanufacuring/ontology.owl# rough "/>
        </instanceOf>
        <resourceDef xlink: href: >
    </occurrence>
</topic>
<topic id= " man-method-turn ">
    <instanceOf> <topicRef
xlink: href= " http: //ai.zju.edu.cn/netmanufacuring/ontology.owl# method "/> </instanceOf>
    <baseName> <baseNameString> 车削</baseNameString> </baseName>
</topic>
<association>
    <instanceOf> <topicRef xlink: href= "# has-manufacturingmethod "/> </instanceOf>
    <member>
        <roleSpec> <topicRef xlink: href= "# device "/> </roleSpec>
        <topicRef xlink: href= "# man-device-lathe "/>
    </member>
    <member>
        <roleSpec> <topicRef xlink: href= "# method "/> </roleSpec>
        <topicRef xlink: href= "# man-method-turn "/>
    </member>
</association>
```

XTM 的优势在于将信息资源以一种便于在分布式环境下导航的语义结构组织起来,这对于语义 Web 构建的知识网络是十分必要的,因而 XTM 也成为了语义 Web 的实现标准之一,吸引了学术界关注的目光。

综上,各语义 Web 表示语言在概念表达能力和推理支持方面的比较,见表 3-1 和表 3-2;各语义 Web 表示语言的内在逻辑系统支持比较见表 3-3;各语义 Web 表示语言均提供了一致的概念描述和事实表达的能力。通过比较可以看到,owl 和 XTM 语言的综合性能指标较好,因此作者在该书中主要以 owl 和 XTM 为例,用于构建面向网络化协同知识管理的本体结构。

表 3-1　各语义 Web 表示语言对概念的表达能力

概念	XOL	SHOE	OML ,	RDF	DAML＋OIL	owl	XTM
分区定义	×	×	√	×	√	√	√
文档注释	√	√	√	√	√	√	√

续　表

概念	XOL	SHOE	OML	RDF	DAML＋OIL	owl	XTM
实例属性	√	√	√	√	√	√	√
概念属性	√	×	√	×	√	√	√
局部属性	√	√	√	√	√	√	√
全局属性	√	×	√	√	√	√	√
默认值	√	×	√	×	√	×	×
类型约束	√	√	√	√	√	√	√
数量约束	√	×	×	×	√	√	√

表 3-2　各语义 Web 表示语言的推理支持

语义 Web 表示语言	XOL	SHOE	RDFS
具有推理支持	×	√	√
语义 Web 表示语言	OML	DAML＋OIL	owl
具有推理支持	×	√	√
语义 Web 表示语言	XTM		
具有推理支持	√		

表 3-3　各语义 Web 表示语言的内在逻辑系统支持

本体建模语言	XOL	SHOE	RDF
内在逻辑支持	框架逻辑	框架逻辑	语义网络
本体建模语言	OML	DAML＋OIL	owl
内在逻辑支持	概念图	描述逻辑	描述逻辑
本体建模语言	XTM		
内在逻辑支持	语义网络		

3.4.3　owl 规范

owl 是 W3C 推荐的标准本体描述语言,位于 W3C 绘制的本体语言协议栈的栈顶,是在 WWW 上发布和共享本体而提供的语义标记语言。owl 在 DAML＋OIL 基础之上发展起来,是 RDF/RDFS 的扩展,目的是提供更多的元语以支持更加丰富的语义表达,并更好地支持推理。

owl 分为 3 个层次,即 owl FULL, owl DL 和 owl Lite[①]。

----

① McGuinness D. L. and Harmelen F. V.. owl Web ontology language overview. http://www. w3.org/TR/2004/REC-owl-features-20040210/, 2004.

1. owl FULL

owl FULL 包括所有的 owl 词汇和 RDF/RDFS 提供的元语,能够提供最大程度的知识描述能力,但是由于过于复杂且不够成熟,因此还在不断更新中,用于支持那些需要尽管没有可计算性保证,但有最强的表达能力和完全自由的 RDF 语法的用户。例如,在 owl FULL 中,一个类本身可以作为一个个体,也可以被同时视为许多个体的一个集合。另外一个和 owl DL 的重要区别是 owl:DatatypeProperty(数据类型属性)能作为一个 owl:InverseFunctionalProperty(逆函数型属性)。owl FULL 允许一个本体增加预定义(RDF、owl)词汇的含义。这样,不太可能有推理软件能支持对 owl FULL 所有成分的完全推理。

2. owl DL

owl DL 提供大部分的 owl 词汇和 RDF/RDFS 支持,并且在语义上等同于描述逻辑,这也是称为 owl DL 的原因。支持那些需要最强表达能力的推理系统的用户,且这个推理系统能够保证计算的完全性(computational completeness,即所有的结论都能够保证被计算出来)和可判定性(decidability,即所有的计算都在有限的时间内完成)。它包括了 owl 语言的所有成分,但有一定的限制,如类型的分离,owl DL 旨在支持已有的描述逻辑商业处理(business segment)和具有良好计算性质的推理系统。

3. owl Lite

owl Lite 是 owl DL 中相对容易实现的那部分的一个子集合,只提供层次分类和简单的约束功能,用于提供给那些只需要一个分类层次和简单约束的用户。

在表达能力和推理能力上,每个子语言都是对前面的语言的扩展。这三种子语言之间有如下关系成立,但这些关系反过来并不一定成立:

(1) 每个合法的 owl Lite 本体都是一个合法的 owl DL 本体;

(2) 每个合法的 owl DL 本体都是一个合法的 owl FULL 本体;

(3) 每个有效的 owl Lite 结论都是一个有效的 owl DL 结论;

(4) 每个有效的 owl DL 结论都是一个有效的 owl FULL 结论。

owl 是基于 XML 和 RDF 基础之上,相应地,owl 在文档中的所有资源都可以用 RDF 三元组的形式来表达。owl 通常使用 RDF 图来表示一个本体。为了简洁表示,owl 定义了自己的句法作为 RDF 词汇的扩展。使用 owl 能更大程度地增强 owl 本体的可读性,同时也保持了相同的 RDF 图的语义。如下所示的 owl 表达和 RDF 表达是相同的。

```
owl 表达:
<owl: Class rdf: ID= " continent "/>


RDF 表达:
<rdf: Description rdf: about "# continent ">
<rdftype rdf: resource-http: //www.w3.org/2002/07/owl# class/>
</rdf: Description>
```

一个 owl 文档由以下 4 个部分内容组成。

(1) 本体首部:包含了文档的元数据,如导入信息、版本信息以及与其他 owl 文档的兼容信息。

（2）类的定义：包括了类的定义信息和子类关系的信息。通过＜owl：Class＞标签定义类，使用＜rdfs：subClassOf＞来继承一个或多个类，由此建立类的层次关系。类的语义用类的描述来表达。owl 区分了 6 种类的描述：一个类标识（一个 URI），一个详细的列举，一个属性限定，两个或多个类描述的交，两个或多个类描述的并，一个类描述的补。

（3）属性的定义：owl 存在两种类型的属性，即对象属性（Object Property）和数据类型属性（Datatype Property）。对象属性是用来表述两个类实例之间的关系，而数据类型属性则描述类的实例、RDF literals，以及 XML Schema 数据类型之间的关系。属性之间还能够定义子属性关系以及为属性声明额外的特征（传递属性和逆属性）。如能够定义 father 是 parent 的子属性，定义 ancestor 为传递属性，定义 child 为 parent 的逆属性。

（4）个体（实例）的定义：一个个体是一个特定类的实例，并与其属性相联系。

3.4.4　描述逻辑

描述逻辑（Desciption Logic，DL）是一种功能强大的基于逻辑的知识表达语言，也是一种基于对象知识表示的形式化语言，它是一阶谓词逻辑的一个可判定的子集[①]。和一阶谓词逻辑不同的是，描述逻辑提供可判定的推理服务，是 owl 的形式化基础，具有较强的推理能力，是实现语义 Web 的理论基础。

描述逻辑最重要的特征是具有很强的表达能力和可判定性，能保证算法必定有终止点，并且能够返回相应的正确结果。除了知识表示以外，描述逻辑还用在其他许多领域，在众多的知识表示的形式化方法中，描述逻辑一直受到研究者的特别关注。其原因在于，描述逻辑有清晰的模型理论机制，适合通过概念分类来表示相应的应用领域，并且有良好的推理逻辑能力。

在描述逻辑中，最基本的单位是概念（Concept）和角色（Role）。概念用于表示一类具有共同特性的对象，角色表示对象间的双向关系。概念构造算子（Concept Constructor）将概念和角色构造成新的概念和角色。

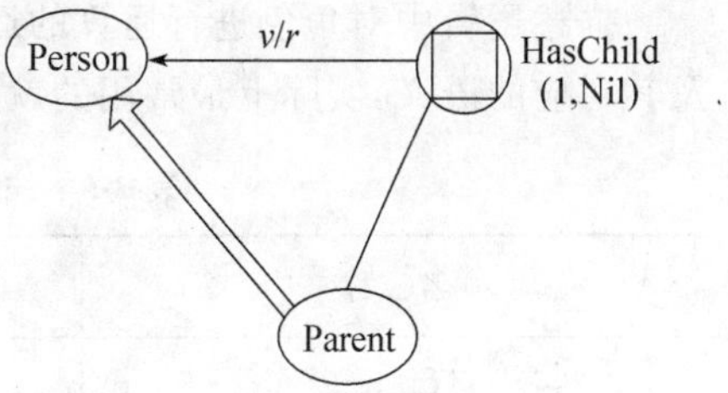

图 3-1　一个描述逻辑表示的例子

如在家庭本体中，Person 是一个原子概念，has-child 是一个角色，那么至少有一个孩子的一类人的概念 parent 可以如下表示[②]：

Parent≡Person⋂hasChild.Person

也可以用图 3-1 来表示。

1. 描述逻辑的语法和语义

不同种类的描述逻辑的区别在于使用不同的运算符。表 3-4 中列出了常见的描述逻辑

---

①　Baader F.，Calvanese D.，McGuinness D. L.，Nardi D. and Patel-Schneider P.．The Description Logic Handbook：Theory，Implementation and Applications，Cambridge：Cambridge University Press，2002.

②　Baader F.，Calvanese，D. McGuinness D. L.，Nardi D. and Patel-Schneider P.．The Description Logic Handbook：Theory，Implementation and Applications，Cambridge：Cambridge University Press，2002.

的概念构造语法和语义,其中 C 和 D 代表概念名称,R 是角色名,n 为自然数。

表 3-4   描述逻辑的概念构造语法和语义

名　称	语　法	语　义
Top	T	Δ^I
Bottom	$\bot$	$\varnothing$
Conjunction	$C \cap D$	$C^I \cap D^I$
Disjunction（$\cup$）	$C \cup D$	$C^I \cup D^I$
Negation（C）	$\neg C$	$\Delta^I - C^I$
Existential restriction（E）	$\exists R.C$	$\{x \in \Delta^I \mid \exists y.(x,y) \in R^I \wedge y \in C^I\}$
Value restriction	$\forall R.C$	$\{x \in \Delta^I \mid \forall y.(x,y) \in R^I \Rightarrow y \in C^I\}$
Number restrictions（N）	$\geqslant nR$	$\{x \in \Delta^I \mid \# \{y \mid (x,y) \in R^I\} \geqslant n\}$
Number restrictions（N）	$\leqslant nR$	$\{x \in \Delta^I \mid \# \{y \mid (x,y) \in R^I\} \leqslant n\}$
Qualified number restriction（Q）	$\geqslant nR.C$	$\{x \in \Delta^I \mid \# \{y \mid (x,y) \in R^I \wedge y \in C^I\} \geqslant n\}$
Qualified number restriction（Q）	$\leqslant nR.C$	$\{x \in \Delta^I \mid \# \{y \mid (x,y) \in R^I \wedge y \in C^I\} \leqslant n\}$

在描述逻辑中,语义通过一个解释 I 来定义。I 是一对$(\Delta^I, \cup^I)$,其中 Δ^I 称为解释域,是一个非空的集合;$\cup^I$ 是解释函数。解释函数$\cup^I$ 把一个概念 CN 映射为 Δ^I 的一个子集,即 $CN^I \subseteq \Delta^I$;把关系 RN 映射为关系 $\Delta^I \times \Delta^I$ 的一个子集,即 $RN^I \subseteq \Delta^I \times \Delta^I$。

描述逻辑中对角色进行运算的运算符并不多。表 3-5 中列出了常用的几种角色操作符及其对应的语义,实际上最常用的就是逆角色和传递角色。

表 3-5   描述逻辑角色操作符及对应的语义

名　称	语　法	语　义
Top role	$T \times T$	$\Delta^I \times \Delta^I$
Conjunction	$R \cap S$	$R^I \cap S^I$
Disjunction（$\cup$）	$R \cup S$	$R^I \cup S^I$
Composition	RoS	$R^I o S^I$
Identity	$\mathrm{id}(C)$	$\{<x, x> \mid x \in C^I\}$
Inverse	R^{-1}	$\{<x, y> \mid <y, x> \in R^I\}$
Transitive closure	R^+	$\bigcup_{1 \leqslant n} (R^I)^n$
Transitive reflexive closure	R^*	$\bigcup_{0 \leqslant n} (R^I)^n$

ALC 是最基本的一种描述逻辑语言,运算符包括合取、析取、否定、存在性限定和值限定。在 ALC 的基础上,新增数量限定,函数性约束或定性数量限定,就分别演变为 ALCN,ALCF,ALCQ,如果允许传递角色,一般用 S 来称呼。新增角色层次,就形成了 SH,逆角色用"I"来表示,如果增加了逆角色,则称为 SHI,在此基础之上,增加角色的数量限定,以及提名(Nominals)就形成了 SHIN、SHIQ,以及 SHIOQ 等。

(1) 描述逻辑知识库(Description Logic Knowledge Base,KB)。一个描述逻辑知识库由一个 TBox 和一个 ABox 构成,即 KB = < TBox,ABox >。其中,TBox 包含术语(Terminology)的描述,术语由概念(Concepts)和角色(Role)组成;ABox 包含则是对个体的断言。TBox 的推理工作主要是检查一个概念相对于一个 TBox 的可满足性(Satisfiability),概念的包含关系等都可以转换为可满足性测试,一般的描述逻辑推理器还会对 TBox 进行概念分类,即对 TBox 中的所有概念偏序关系进行测定。ABox 推理的主要工作包括给定一个概念,获取属于该概念的所有个体,给定一个个体,查找该个体对应的最具体的概念,以及判断一个个体是否属于一个概念等。

(2) 概念可满足性(Satisfiability)。对于一个 TBox T 和一个概念 C,如果存在一个 T 的模型 I,使得 C^I 不为空,那么称概念 C 关于 T 是可满足的,并且称 I 是 C 的一个模型。当 C 为 T 时,称 T 是可满足的。

(3) 概念间包含关系(Subsumption)。如果对于 T 的每个模型 I,都有 $C^I \sqsubseteq D^I$ 成立,那么称概念 D 关于 T 包含概念 C,记为:

$$C \sqsubseteq_T D$$

在 T 可以从上下文中得到时,也可以记作 $C \sqsubseteq D$。

概念间的包含关系可以通过下面的公式转换为可满足性问题:

$$C \sqsubseteq_T D \Leftrightarrow (C \cap \neg D)^I =_T \bot$$

因此,可满足性问题是描述逻辑推理中的核心问题。在 1991 年,德国计算机科学家 Schmidt-Schaub 和 Smolka 首先建立了基于描述逻辑 ALC 的 Tableaux 算法[①],为描述逻辑推理的新发展建立了基础。表达能力更强的描述逻辑,比如 SH、SHIO、SHIOQ 等判断算法,也都是建立在他们的算法基础之上。首先,该算法能够很好地运用在描述逻辑复杂度分析中,通过该算法,研究者们对描述逻辑的复杂性有了更好地分析和了解。其次,在实现算法时,该算法也被证明容易实现,并具有良好的效率。再次,该算法容易被扩展,使用在更高表达能力的描述逻辑当中。因此,目前比较知名的描述逻辑推理器比如 FACT++和 Racer 等都采用了该算法。

2. ALC 介绍

ALC 是描述逻辑众多语言中具有代表性的一个,它具有中等能力的表达能力和推理复杂度,因而常被研究者所采用。下面给出了 ALC 的语法、语义及其 Tableaux 算法。

(1) ALC 语法。

● 公理:$C \sqsubseteq D$,其中 C 和 D 都是概念表达式。

---

① Schmidt-Schauβ M. and Smolka, G.. Attributive concept descriptions with complements. Artificial Intelligence. 48(1):1-26, 1991.

- 概念表达式：

$$CN|\ \top\ |\bot\ |\neg C\ |\ C\cap D|\ C\cup D|\ \exists R.C|\ \forall R.C$$

其中，CN 是一个概念名，C 和 D 是概念表达式，R 是角色表达式。

- ALC 中不支持角色表达式，只能使用原子角色名。

用 C 和 R 分别表示概念和角色的集合。对于 $C=D$ 这样的概念表达式，一般用 $C\sqsubseteq D$ 和 $D\sqsubseteq C$ 来进行等价的表示。

（2）ALC 语义。设 ALC 的一个解释为 $I=(\Delta^I,\sqcup)$。函数 $\sqcup$ 将 ALC 中的每个概念映射为 Δ^I 的一个子集，将每个角色映射为 $\Delta^I\times\Delta^I$ 的一个子集，同时该映射必须满足以下语义：

$$(C\cap D)^I=C^I\cap D^I$$
$$(C\cup D)^I=C^I\cup D^I$$
$$(\neg C)^I=\Delta^I-C^I$$

$(\exists R.C)^I=\{x\in\Delta^I|$ 存在一个 $y\in\Delta^I$，满足 $<x,y>\in R^I$，而且 $y\in C^I\}$

$(\forall R.C)^I=\{x\in\Delta^I|$ 对任意 $y\in\Delta^I$，如果 $<x,y>\in R^I$，那么 $y\in C^I\}$

称概念 C 和 D 是等价的，当且仅当 C、D 互相包含，即 $C\sqsubseteq D,D\sqsubseteq C$，记作：

$$C=D$$

对于一个解释 I，称个体 $x(x\in\Delta^I)$ 是概念 C 的实例当且仅当 $x\in C^I$。

3. Tbox 推理

在研究算法之前，先定义如下概念。

（1）可展开的（unfoldable）。若一个 TBox T 是可展开的，需要满足以下条件：

- 所有概念公理都是都是以下形式：

$$CN=C\ |\ CN\sqsubseteq C$$

其中，CN 是概念名。

- 所有概念引入公理都是唯一的。比如，对于每一个概念名 CN，在 T 中最多只有一个 $CN=C$ 或者 $CN\sqsubseteq C$。

- 所有概念引入公理都是非循环的：

① 如果 CN_1 出现在 C 中，则称引入公理 $CN=C$ 或 $CN\sqsubseteq C$ 直接使用概念名 CN_1。如，$CN=CN_1\cap CN_2$ 直接使用 CN_1 和 CN_2；

② 如果引入公理直接使用概念名 CN_1 或者它直接使用概念名 CN_2，而 CN_2 使用 CN_1，则称引入公理使用概念名 CN_1；

③ 引入公理 $CN=C$ 或 $C\sqsubseteq CN$ 是非循环的除非它使用了 CN。

对于一个可展开的 TBox，展开一个概念表达式很简单。对于非根词概念引入公理（non-primitive concept introduction axiom），比如 $CN=C$，若 C 中使用了非根词名字 D，而 $D=E$，则在 C 中用 E 替换 D。继续此过程，直到 C 中只有原子概念为止。对于根词概念引入公理，如 $CN\sqsubseteq C$，可以将其转换为非根词引入公理 $CN=CN'\cap C$，其中 CN' 是一个原子概念。

（2）否定范式（Negation Normal Form，NNF）。当一个概念表达式中的非运算符仅运用于概念名字而没有用在复合术语上时，称这个概念表达式是 NNF。

任何概念表达式都可以通过 De Morgan 法则和以下等式转化为 NNF：

$$\neg(\exists R.C) = \forall R.(\neg C)$$

$$\neg(\forall R.C) = \exists R.(\neg C)$$

$$\neg(C \cup D) = C \cap D$$

$$\neg(C \cap D) = C \cup D$$

在下面对算法的分析中，假设所有的表达式都是否定范式。

(3) 产生规则。Tableaux 展开规则中创建新的节点的规则。

(4) 概念 D 的子概念集合 $\text{sub}(D)$。

- 如果 D 为下列形式之一：$\neg C$，$\exists R.C$ 或者 $\forall R.C$，那么 $\text{sub}(D) = \{D\} \cup \text{sub}(C)$；
- 如果 D 为：$C_1 \cup C_2$ 或者 $C_1 \cap C_2$，那么 $\text{sub}(D) = \{D\} \cup \text{sub}(C_1) \cup \text{sub}(C_2)$；
- 否则，$\text{sub}(D) = \{D\}$。

Tableaux 算法的基本思想是将概念 C 和角色层次 R 作为输入，通过构造一个 C 关于 R 的模型 I 来试图证明 C 关于 R 的可满足性。对 C 进行句法分解并对约束进行推理。举例来说，根据定义，C 的任何一个模型必须包含一些个体 x，x 是 C^I 的一个元素，并且如果 C 是 $\exists R.D$ 形式的，那么这个模型必须还要包含一个个体 y 使得 $<x,y> \in R^I$ 且 y 是 D^I 的一个元素；如果 D 是非原子的，则继续对 D 进行分解将会产生更多的约束。当这些约束中包含一个冲突（明显的矛盾 clash）时，这个构造失败，比如一个个体 z 必须既是 C 的元素也是 $\neg C$ 的元素。通常算法被设计为保证会结束，并且保证会创建一个模型（如果存在的话）。这样一个算法显然是判断概念可满足性的过程。

Tableaux 算法试图构造一个图（经常是一棵树）来表示这个模型。图的节点对应个体，并且被标记上一组概念，这些个体就是所标记的概念的实例（instance）。图的边对应个体间的角色关系，并且标记上一组角色名。作者将这样一个图叫做表（Tableau）。ALC 表定义如下：

设 D 是一个 ALC 概念（D 为否定范式），Rd 是出现在 D 中的角色集合，$Rd = \{R | R$ 出现在 D 中$\}$。定义 D 的 ALC 表 T 为一个三元组 (S, L, ε)：

S：个体的集合；

L：$S \to 2^{\text{sub}(D)}$ 将 S 中的个体映射为 $\text{sub}(D)$ 的子集；

ε：$Rd \to 2^{S \times S}$ 将 Rd 中的角色映射为个体—个体对的集合，同时要求存在某个个体 $s \in S$ 使得 $D \in L(s)$。

对任意 $s \in S, C, C_1, C_2 \in \text{sub}(D), R \in Rd$，ALC 表有下列 5 个性质：

- 如果 $C \in L(s)$，那么 $\neg C$ 不属于 $L(s)$
- 如果 $C_1 \cap C_2 \in L(s)$，那么 $C_1 \in L(s)$，而且 $C_2 \in L(s)$
- 如果 $C_1 \cup C_2 \in L(s)$，那么 $C_1 \in L(s)$，或者 $C_2 \in L(s)$
- 如果 $\exists R.C \in L(s)$，且 $<s,t> \in \varepsilon(R)$，则 $C \in L(t)$
- 如果 $\forall R.C \in L(s)$，则存在某个 $t \in S$ 使得 $<s,t> \in \varepsilon(R)$ 且 $C \in L(t)$。

对于 ALC 概念 D 如果存在算法能够构造出它的 ALC 表 T，那么就可以判定 D 是可满足的。通过 Tableaux 扩展一棵树可以实现这一目的。

分解和构造过程经常通过在节点标记的概念上使用 Tableaux 展开规则来实现，对语言中的每一个句法概念定义一个规则（否定关系除外，它可以通过比如 De Morgan 规则重写，直到只应用于原子概念为止）。举例来说，交关系的展开规则使得 C 和 D 加到那些已经包含 $C \cap D$ 的节点标记中（为了保证程序会结束，当规则并不改变图或其标记时，附加的条件阻止此规则的使用）。

表 3-6　ALC-Tableaux 算法规则

规则名	规则
$\cap$ 一规则	如果 1. $(C_1 \cap C_2) \in L(x)$ 　　 2. $\{C_1, C_2\} \not\subset L(x)$ 那么 $L(x) \rightarrow L(x) \bigcup \{C_1, C_2\}$
$\cup$ 一规则	如果 1. $C_1 \cup C_2 \in L(x)$ 　　 2. $\{C_1, C_2\} \cap L(x) = \varnothing$ 那么 　　a. 保存 T 　　b. 尝试 $L(x) \rightarrow L(x) \bigcup \{C_1\}$ 如果导致冲突则恢复 T，并且 　　c. 尝试 $L(x) \rightarrow L(x) \bigcup \{C_2\}$
$\exists$ 一规则	如果 1. $\exists R.C \in L(x)$ 　　 2. 不存在这样一个 y，使得 $L(<x,y>) = R$，且 $C \in L(y)$ 那么新增一个结点 y 和一个边 $<x,y>$ 　　满足 $L(y) = \{C\}$ 并且 $L(<x,y>) = R$
$\forall$ 一规则	如果 1. $\forall R.C \in L(x)$ 　　 2. 存在某个 y，使得 $L(<x,y>) = R$，且 $C \notin L(y)$ 那么 $L(y) \rightarrow L(y) \bigcup \{C\}$

树中的节点表示个体，每个节点都被一组概念标记 $L(x)$：

$$C \in L(x) => x \in C^I$$

树中的边 $<x,y>$ 表示一对个体之间的关系，并且被一个角色名标记：

$$R = L(<x,y>) => <x,y> \in R^I$$

为了证明一个概念表达 D 的可满足性，树 T 被初始化为一个节点 x_0，$L(x_0) = \{D\}$。然后运用表 3-6 中的规则对其进行展开。当没有规则可用时，T 就是完全展开的。当对于某个节点 x 和某个概念 C，$\bot \in L(x)$ 或者 $\{C, \neg C\} \in L(x)$ 时，T 包含明显的冲突（clash）。

基于 ALC 的 Tableaux 算法规则如表 3-6 所示。

只有当对形如 $\exists R.C$ 的概念进行扩展时，才会在树上增加一条边，同时增加一个新结点，这种规则是产生规则。其余扩展都是在结点 x 的标注集合中增加新的概念，其中只有 $\cup$-规则是非确定性的。

4. Abox 推理

ABox 中有如下四种断言组成：

$$C(a)$$

$$R(a,b)$$

$$a = b$$
$$a \neq b$$

其中，C 是一个概念表达式，R 是一个角色名称，而 a,b 称为 ABox 中的个体。

称一个 ABox 相对于一个 TBox 是可满足的，是指存在一个模型 $I = (\Delta^I, \sqcup^I)$，满足 TBox，并且对于 ABox 中的断言，有：

如果 $C(a) \in$ ABox，那么 $a^I \in C^I$

如果 $R(a,b) \in$ ABox，那么 $(a^I, b^I) \in R^I$

如果 $a = b \in$ ABox，那么 $a^I = b^I$

如果 $a \neq b \in$ ABox，那么 $a^I \neq b^I$

判断 ABox 的可满足性判断可以使用一种称为 precompletion 的技术，不同表达能力的描述逻辑，其方法也稍有不同[1,2,3,4]。

Precompletion 技术的思想是通过按照扩展规则来扩展现有的 ABox，使得形如 $R(a,b)$ 的角色断言可以被形如 $C(a)$ 的概念断言所蕴含。所有关于 a 的概念断言 $C_1(a)$，$C_2(a)$，$\cdots$，$C_n(a)$ 可以归并为 $C_1 \bigcap C_2 \cdots C_n(a)$。从而通过验证每一个概念断言 $C(a)$ 的可满足性来验证 ABox 的可满足性。

对于一个基于描述逻辑 ALC 的知识库 $\Sigma = (T, A)$，其 precompletion $\Sigma_{PC} = (T, A_{PC})$，其中 A_{PC} 可以通过对 A 按照以下规则进行扩展获得，当没有规则可以应用在 A 上时，过程停止：

$A \rightarrow \subseteq \{C(o)\} \bigcup A$，如果 o 是 ABox 中的一个个体，$T \subseteq C$ 是 TBox 中的一条公理，并且 $C(o)$ 不在 ABox 当中。

$A \rightarrow \bigcap \{C_1(o), C_2(o)\} \bigcup A$，如果 $C_1 \bigcap C_2(o)$ 在 A 中，并且 $C_1(o)$，$C_2(o)$ 都不在 A 当中。

$A \rightarrow \bigcup \{D(o)\} \bigcup A$，如果 $C_1 \bigcup C_2(o)$ 在 A 中，$D = C_1$ 或者 $D = C_2$，并且 $D(o)$ 不在 A 当中。

$A \rightarrow \forall \{C(o')\} \bigcup A$，如果 $\forall R.C(o)$，$R(o, o')$ 在 A 中，并且 $C(o')$ 不在 A 当中。

由于每条规则增加的断言相比于触发该规则的断言都要简单，而 ABox 中的断言是有限的，因此整个过程在有限的时间内停止。由于 $\bigcup$ 运算符的存在，使得一个 ABox 可能有指数级的 precompletion 存在，但是，对于其中任意一个 precompletion 来说，其大小相对于 ABox 来说，是多项式的。

在选择 precompletion 的过程中，如果 ABox 中出现了形如 $\neg C(a)$，$C(a)$ 这样的断言，那么显然该 precompletion 是不可满足的。但是，确定一个 precompletion 是否可满足，这是

---

① Hollunder B.. Algorithmic Foundations of Terminological Knowledge Representation System，Universitat des Saarlandes，1994.

② Donini F. M., Lenzerini M., Nardi D. and Schaerf A.. Deduction in concept languages：from subsumption to instance checking. Journal of Logic and Computation 4：423 - 452，1994.

③ Tessaris S. and Gough G.. Abox reasoning with transitive roles and axioms. In：Proceedings of the International Workshop on Description Logics - DL-99, pp. 101 - 104，1999.

④ Tessaris S. and Horrocks I.. Abox satisfiability reduced to terminological reasoning in expressive Description Logics. In：Proceedings of the 9th International Conference on Logic for Programming，Artificial Intelligence，and Reasoning, pp. 435 - 449, 2002.

不充分的。为了判断一个 precompletion 是否可满足，通过对个体概念断言进行归并，即对于任意一个个体 a，所有对于 a 的概念断言 $C_1(a)$，$C_2(a)$，$\cdots$，$C_n(a)$ 可以归并为 $C_1 \cap C_2 \cdots \cap C_n(a)$。并且不难看出，如果概念 $C_1 \cap C_2 \cdots \cap C_n$ 是可满足的，那么 $C_1 \cap C_2 \cdots \cap C_n(a)$ 是可满足的，因为 $C_1 \cap C_2 \cdots \cap C_n$ 是可满足的，那么在解释域中存在一个个体 o，使得 $o^I = (C_1 \cap C_2 \cdots \cap C_n)^I$，令 $a^I = o^I$ 即可。如果一个 precompletion Σ_{fx} 中的任意一个个体都是可以满足的，那么这个 precompletion 是可满足的。这主要通过对满足个体的所有模型进行融合，来证明融合后得到的模型是整个 Σ_{fx} 的一个模型，有关证明可参考①，②。

3.4.5　owl DL 的语法和语义

owl 采用 RDF/XML 语法序列化本体模型，方便数据信息的共享和交换。根据 XML 的语法特点，只要序列化的结果和 RDF 图的隐含含义相同，可以采用不同的 RDF/XML 语法形式，由于表达的是同一个 RDF 图，虽然表现形式不一，但都具有相同的实质。

1. owl 语法

RDF/XML 基于 XML 语法，owl 允许下列 3 种类型的数据值域规范：RDF datatype 规范、RDFS 类 rdfs：Literal、枚举类型。

(1) RDF datatype：owl 使用 RDF 的数据类型模式，提供了参考 XML Schema 数据类型的机制。

(2) rdfs：Literal：数据的值是 rdfs：Literal 的实例，Literal 可以是无类型的，在 RDF/XML 语法中，Literal 类型有 rdf♯datatype 的属性确定。在 RDF 语义文件中使用 XML Schema 内部简单的数据类型，如 xsd：string。

(3) 枚举数据类型：RDF 提供了枚举类型的构词来定义数据值。这个类型格式使用 enumerated class 的构词 owl：one of。

不同的开发工具对数据类型的支持程度不同，但是，开发工具必须支持 XML Schema 数据类型 xsd：string 和 xsd：integer 的数据支持。

2. owl DL 语义表达分析

owl 进行交换的标准语法是 RDF/XML，具有与 RDF 和 RDF Schema 最大的兼容性。但这只保证了 RDF/XML 在序列化本体时语句的正确性，统一了信息共享和交换的格式，并没有从语义上确定 Web 各信息资源间的关系。没有人和机器无歧义地理解序列化的本体模型，也就没有实现 owl 语句的智能化推理。

owl DL 本体以描述逻辑、模型理论为基础，通过定义类和类的属性来形式化领域、定义类的个体及其断言属性，再利用 owl 形式化语法对这些类和个体形式化，实现领域资源的语义模型的序列化。类、属性、个体表达概念的方法与 RDF 主体、谓词、客体类似，从领域的角度对事物概念及其之间的关系描述作了进一步扩展。

---

　　① Hollunder B.. Algorithmic Foundations of Terminological Knowledge Representation System, Universitat des Saarlandes，1994.

　　② Tessaris S. and Gough G.. Abox reasoning with transitive roles and axioms. In：Proceedings of the International Workshop on Description Logics - DL-99, pp. 101 - 104，1999.

3. 领域概念的描述

owl DL 使用的是类提供一个分组相似资源的抽象机制,每个类都有隐含的意义和相关的类扩展。owl DL 通过类描述表达领域的概念含义。描述类的方法有:类标识(URI)、个体枚举、属性约束、类描述的析取、合取、否定描述类。其中,属性约束 cardinality constraint 限制类属性的个数,属性约束 value constraint 约束类属性的值域。

4. 领域概念关系的描述

owl DL 通过类公理描述概念间的关系,这里公理表示定义,类描述是类公理的基石。类公理有三个语言构词 rdf : subClassOf,owl : equivalentClass, owl : disjointWith。

(1) rdf : subClassOf:表示类描述的类扩展是另一个类描述的类扩展的子集,是将一个较具体的类与一个较一般的类关联,用来表达类的层次关系,如下所示:

```
<owl: Class rdf: ID= " PotableLiquid ">
<rdfs: subClassOf rdf: resource= "# ConsumableThing " />
</owl: Class>
```

其中,作者把 PotableLiquid(可饮用的液体)定义为 ConsumableThing 的子类。

若 X 被定义成 Y 的子类,那么 X 的每个实例同时是 Y 的实例,类可以是自己的子集。

(2) rdf : subClassOf 关系是可以传递的,即如果 X 是 Y 的一个子类,而 Y 又是 Z 的一个子类,那么 X 是 Z 的一个子类。

(3) owl : equivalentClass:用来表示两个类有完全相同的实例。但是,在 owl DL 中,类仅仅代表个体的集合而不是个体本身;然而在 owl FULL 中,可以使用 owl : sameAs 来表示两个类在各方面均完全一致。如下所示是一个等价类实例。

```
<owl: Class rdf: ID= " Wine ">
<owl: equivalentClass rdf: resource= " &vin;Wine "/>
</owl: Class>
```

当我们要把一些本体组合在一起作为另一个新的本体的一部分时,能说明在一个本体中的某个类或者属性与另一个本体中的某个类或者属性是等价的,这往往很有用。在实际应用中我们这样做的时候要千万小心,因为如果要组合的那些本体是互相矛盾的(如所有 A 的都是 B 的,与 A 的并不全是 B 的),那么在组合得到的结果中就不会有满足条件的扩展(没有满足条件的个体或关系)了。

(4) owl : disjointWith:表示子类的不相关关系,用来表达一组类不相交,保证属于第一个类的个体不能同时又是另外一个指定类的实例。不相交的类声明如下所示:

```
<owl: Class rdf: ID= " Pasta ">
<rdfs: subClassOf rdf: resource= "# EdibleThing "/>
<owl: disjointWith rdf: resource= "# Meat "/>
<owl: disjointWith rdf: resource= "# Fowl "/>
<owl: disjointWith rdf: resource= "# Seafood "/>
<owl: disjointWith rdf: resource= "# Dessert "/>
<owl: disjointWith rdf: resource= "# Fruit "/>
</owl: Class>
```

该 Pasta 例子声明了多个不相交类。需要注意的是它只声明了 Pasta 与其他所有类是不相交的。例如,它并没有保证 Meat 和 Fruit 是不相交的。为了声明一组类是互不相交的,我们必须对每两个类之间都使用 owl：disjointWith 来逐一声明。

5. 领域概念属性及属性约束描述

owl DL 不仅提供了类的层次分类,还提供了对象属性和数据属性来约束类属性的值域和定义域,描述领域概念属性及其属性间的关系。

支持的属性构造算子有以下几类：

(1) RDF Schema 属性定义：包括 rdfs：subPropertyOf, rdfs：domain 和 rdfs：range。其中,rdfs：subPropertyOf 描述属性间的层次关系,rdfs：domain 描述概念属性的定义域,rdfs：range 描述概念的值域,如下所示。

```
<owl: ObjectProperty rdf: ID= " hasColor ">
<rdfs: subPropertyOf rdf: resource= "# hasWineDescriptor " />
<rdfs: range rdf: resource= "# WineColor " />
</owl: ObjectProperty>
```

(2) RDF Schema 属性关系。

(3) 概念属性逻辑表示。

6. 领域具体对象描述

owl DL 使用个体描述领域中最具体对象的描述,个体通过 Individuals（实例）来定义,它声明了个体的属性值、类成员和个体身份由于 Web 信息资源的特性,owl 不支持命名唯一性,owl DL 提供了三个构词描述个体。

从上述的几个小节可以看出,知识资源的表示的发展经历了较复杂的过程,每一个新出现的规范标准都是在前一个标准的基础上发展出来,但仍然不能满足当前海量知识资源的表示需要,而需要多种方法的互补才能完成表示工作。

3.5 网格与语义网格

随着 Internet 技术日新月异的发展,科学研究和相关应用借助网络环境获得了极大的进步。同时,在 Internet 上形成了大量以计算机系统为主的计算资源、存储资源、数据资源、信息资源、知识资源和仪器设备资源等。Foster 和 Kesselman 借鉴了能随时随地提供电力服务的电力网格概念提出了计算网格概念[①],使其作为一种新的信息技术和基础设施来充分集成、连通和共享所有可利用的资源,形成一个大规模的计算池。网格具有自优化、自配置、自管理、自诊断、自修复、自维护和自保护等自管理的特点。网格关心的是在动态变化的虚拟机构间共享资源和协同解决问题,其核心是实现在一组参与的节点（资源提供者或消费者）中协商资源共享管理的能力,利用协商得到的资源池来共同解决一些单个应用系统难以

---

①,④ Foster I. and Kesselman C.. The Grid：Blueprint for a New Computing Infrastructure, Morgan Kaufmann Publisher, 1999.

解决的问题[①]，如一台高性能计算机无法解决的大规模科学计算问题、需要多学科共同参与的重大应用研究问题等。网格不但有助于解决物理、气象、天文、生命科学等领域的大规模科学计算问题，同时也使医药、制造、勘探、设计等需要大型计算机功能的行业成为这一技术的受益者。

到目前为止，网格的发展大致经历了三个阶段[②]：第一阶段是 20 世纪 90 年代早期，这是网格的萌芽阶段，设计者致力于提供高性能的计算能力；第二阶段是 1998 年至 2001 年，由 Foster 和 Kesselman 提出了五层沙漏结构的网格体系结构[④]，设计者致力于解决网格平台的异构性、扩展性和适应性问题；第三阶段从 2002 年左右直到现在，网格体系结构演变成开放式网格服务架构 OGSA(Open Grid Service Architecture)，强调网格管理自动化、分布式共享体系与面向服务的知识集成。由美国 Argonne 国家实验室及 12 所国际著名大学和研究机构参与的 Globus 联盟为推动网格技术在 e-science 和 e-business 领域的应用，在 2004 年创立了 Globus Consortium (http：//www. globusconsortium. org/)，为企业提供面向网格服务的开放资源工具包 Globus toolkit(http：//www. globus. org/toolkit/)。

虽然网格被认为是通往对所有网络资源实现"即插即用"方式的途径，但是目前，就技术层面而言，实现网格目标尚存在很大的差距。当前网格缺乏机器可理解的具有语义的资源、需要太多的人类介入、难以达到真正"即插即用"所要求的高度易用性和无缝自动化的要求。这和语义 Web 所要解决的问题有一些相似，但语义 Web 却难以单独实现 Internet 上各种资源的全面共享。自 2001 年出现的语义网格技术[③]凭借其特点和应用模式，成为目前构建分布式异构资源在语义层面上无缝共享的适合选择。语义网格一方面结合了传统网格研究领域有关新一代 Internet 基础体系架构的标准和技术，另外一方面结合了近来语义 Web 研究领域有关网络资源本体建模的标准和技术，其目的是要为 Internet 提供一个基于语义面向服务的分布式共享基础架构，以支持自治的异构应用之间的无缝集成、语义互操作和各种自动化任务。

语义网格中的服务是一个广义概念，包括 Web 服务(Web Service)和网格服务(Grid Service)。Web 服务将业务逻辑封装成单个实体并发布到网络上以供其他程序使用，改善了传统的分布式系统集成，具有平台无关性和编程语言无关性等优点。网格服务是 Web 服务的扩展，它是符合特定规范(OGSI)的 Web 服务，相比一般的 Web 服务，它加入了服务实例的可控性和服务状态的可维护性等特性。在不引起误解的情况下，作者将 Web 服务和网格服务统称为 Web 服务。

语义网格通过定义一组基于语义的服务和功能，包括安全、资源管理、通信、目录管理、服务定位、执行、管理、监控和加密等，提供面向服务的智能化的创建、过滤、集簇、组织、定位

---

①　Kesselman C. and Tuecke S.. The anatomy of the Grid：enabling scalable virtual organization. International Journal of Supercomputer Application，15(3)：200 - 222，2001.

②　de Roure D.，Baker M. A.，Jennings N. R.，et al.. The evolution of the Grid. In：Berman，F.，Hey，A. J. G. and Fox，G. (eds.)，Grid Computing：Making the Global Infrastructure a Reality，John Wiley & Sons，pp. 65 - 100，2003.

③　de Roure D. and Jennings N.. The Semantic Grid：past，present，and future. In：Proceedings of the IEEE，93(3)：669 - 681，2005.

及选择的机制,从而实现服务的语义化和网格化。语义网格以非常松散的方式将 Web 服务无缝结合在一起,使它们作为一个巨大的虚拟应用来工作,具备极高的灵活性。

语义网格不仅提供了传统网格所擅长的数据技术服务和信息服务,更引入了知识层处理以提供更高级的知识共享和管理的基础设施。它提供的服务主要包括知识的获取、建模、重用、检索、发布等知识服务、面向知识服务的信息服务和面向知识服务的数据计算服务。因此,语义网格在促进基于下一代 Internet 之上的知识管理方面扮演着重要的角色。

3.6 新一代 Internet 技术在知识管理中的应用

目前因特网在信息表达和检索方面的缺陷,主要在于它的设计目的是面向用户直接阅读与处理,而没有提供计算机可理解的语义信息,因此限制了在信息全球化的环境下计算机在知识管理过程中实施自动分析处理以及进一步智能信息处理的能力。本体论作为一种以语义和共享为基础的概念建模工具,自从一开始提出来后便受到知识管理领域的研究者的关注,用来解决知识管理过程中知识获取、检索、查询、表示、建模、重用和共享等问题。此外,虽然传统的本体描述语言 KIF、Ontolingua、Loom 和 OCML 等注重在知识工程过程中知识的共享和重用,但缺乏在本体概念之上的推理功能,不能被广泛地应用于 Internet 上的知识交换与共享。为解决网络化协同工作环境下有效的知识管理这一问题,以知识本体为核心的语义 Web 和语义网格技术的研究已成为知识管理领域的最新热点所在。

3.6.1 基于语义的知识获取

知识获取是知识管理有效实施的基础,但知识源所提供的往往不是显性的知识,而是数据、信息与隐性知识。然而,本体表述的是共享的形式化的概念,自然是一种显性知识。因此,正确地使用本体建模,有利于知识挖掘、基于数据库的知识发现、显性知识的直接获取或从隐性知识到显性知识的转变。

传统的知识工程中已有一些成熟的基于本体的知识获取方法或工具,如斯坦福大学开发的 Protégé[①] 可以由人们输入结构化或半结构化的实体概念和属性信息然后输出本体化、语义化的知识模型。Protégé 为开放源码软件,由于其优秀的设计和众多的插件,已成为目前使用最广泛的本体论编辑器之一,应用于获取形式化的知识。

3.6.2 基于语义的知识检索

对于知识的有效检索,关系到知识管理实施的成败。传统的基于关键词的检索方法由于难以表达概念的深层次语义及内在关系,大大降低了知识检索的查全率和查准率,因此为知识管理过程中的合作伙伴寻找与发现以及协作的建立造成了困难。现在所使用的 HTML 网页单调枯燥,仅仅负责把一个网页链接到另一个网页,使整个网络混乱无序。

---

① Knublauch H., Musen M. A. and Rector A. L.. Editing description logics ontologies with the Protégé owl plugin. In: International Workshop on Description Logics, Whistler, BC, Canada, 2004.

XML 网页虽对网页进行了结构化描述,但仍无法对网页的内容进行语义标注,以至缺乏实现基于内容的知识检索的智能化和自动化功能。基于本体论,可以利用本体模型中概念以及概念之间的相互关系对知识库中的知识进行语义化的描述,包括根据用户需求对所要求检索的内容进行上下文的关联和扩展。在某些情况下由于用户难以表达其所想要的内容,即隐性知识,这时便可根据本体模型中所建立的语义关联如上下位关系、同类关系、从属关系等来帮助用户实现搜索元语的显性化,进而提高了查全率和查准率。语义 Web 技术将本体技术结合到 Web 技术中去,能够从 HTML 或 XML 中提取到具有语义的内容信息,实现自动化的知识挖掘、知识查询和知识搜索等,使智能化知识检索成为可能。

张东民等人[1]从支持产品设计过程的观点开发出基于本体的功能设计和结构设计知识检索视图,使得设计人员可以通过高度结构化、形式化的设计本体库容易地检索到所需要的知识条目,再进一步打开相应的知识载体(如文件、程序等)。

WebKB[2] 的主要目的是实现对 Web 信息的精确检索。它通过与 WordNet[3] 集成,建立了基于本体的系统语义模型,采用概念图(Conceptual Graph)对网页中的文本单元 DE (Document Element,包括文字、语句、段落、图象索引、完整文档)进行不同大小粒度的标注和索引,支持跨页面 DE 的链接描述,通过概念图的推理功能实现用户对于 Web 页面内容的精确查询。

HOWLIR[4] 是美国 Maryland 大学开发的一个用于检索大学校园内各类发生事件(Event)的原型系统。该系统内部建立了一个事件本体,采用自然语言理解工具 AeroText,因而能自动地从页面中提取事件信息。当用户查询提交后,系统通过推理实现对于特定事件的检索功能。

Ontobroker[5,6]是德国 Karlsruhe 大学 AIFB 研究所开发的一个面向 Web 信息资源,能通过推理进行精确查询问答的工具环境。该系统的中心思想是:使用基于框架逻辑的本体结构描述背景知识,并在 Web 页面中嵌入本体标记语言 HTML-A,使文档表达的语义清晰化,形成计算机可理解的事实信息,通过 Crawler 自动提取页面中的事实信息;同时,用户查询也以框架逻辑形式表达,将上述两部分信息在系统内部转换为谓词逻辑后,通过谓词逻辑推理回答用户提问。在 Ontobroker 的基础上,Maedche 等进一步实现了一个基于语义的信

① 张东民,廖文和,胡建,郭宇,程筱胜,黄晔. 基于本体的设计知识建模. 华南理工大学学报(自然科学版),33(5):26-31,2005.

② Martin P. and Eklund P.. Embedding knowledge in Web documents:CGs versus XML-based metadata languages, conceptual structures, standards and practice. In 7th International Conference on Conceptual Graphs (ICCS'99),1999.

③ Introduction to WordNet:An On-line Lexical Database,http://ww.cogsci.Princeton.edu,2002.

④ Shah U., Finin T. and Mayfield J.. Information retrieval on the Semantic Web. In the ACM Conference on Information and Knowledge Management,Nov. 2002.

⑤ Fensel D., Decker S., Erdmann M. and Studer R.. Ontobroker:the very high idea. In:Proceedings of the 11th International Flairs Conference (FLAIRS-98),1998.

⑥ Decker S., Erdmann M., Fensel D. and Studer R.. Ontobroker:ontology based access to distributed and semi-structured information. In:Database Semantics:Semantic Issues in Multimedia Systems,Kluwer Academic Publisher,1999.

息检索门户站点 SEAL(SEmantic portAL)①。

3.6.3　基于语义的知识重用

由于本体具有共享和可重用等特征,有良好的概念层次结构以及对逻辑推理的有效支持,并且能从语义和知识层次上描述信息系统的概念模型,因此成为知识重用的使能技术。

KACTUS 是欧洲 ESPRIT 项目,其目标是研究技术系统全生命周期的知识重用方法学②,通过 CML(Conceptual Modeling Language,概念建模语言)构造产品知识重用的本体,提供浏览、编辑与组织知识本体的互动环境。同时,它支持计算机集成制造方法和知识工程方法的集成,让知识库可以为设计、组织、规划、诊断、操作、维护等目的来重复使用。KACTUS 还进行了本体与 STEP 标准集成的尝试,提供对 EXPRESS 和 Ontolingua 的支持。

3.6.4　基于语义的 Agent 服务

面向知识管理的智能 Agent 服务正从语义 Web 技术中受益。各种知识资源在语义 Web 上不再具有其在传统 Web 上产生的无序化、非结构化的缺陷,而是由一种结构化、逻辑化、本体化、语义化的方式来表示。面向知识管理的智能 Agent 利用本体进行无歧义的语义级通讯,于是改进了其对网上资源进行搜索、获取和利用的方式。ITTALKS③ 是美国 Maryland 大学开发的一个基于语义 Web 技术的多 Agent 原型系统,它能利用智能 Agent 来自动搜集 Web 中各类 IT 会议信息,并根据用户喜好和个人时间安排,提供个性化的个人会议助理服务。虽然各类 IT 会议信息往往是非形式化表示的,但其内容能够被基于各个本体的索引进行形式化、结构化的语义标注。而且这些本体并不是相互独立的,它们根据语义彼此关联,进而能够使 ITTALKS 中的各智能 Agent 通过相互关联的各个本体为用户提供智能化的知识应用服务。

3.6.5　基于语义的知识集成

有效的知识集成是维持组织竞争力的关键因素,组织间的数据交换、数据传送、信息共享一直是基于 Web 的知识管理的重要组成部分,现有的一些知识管理项目逐渐开始有围绕着基于本体的语义标注和知识集成展开的趋势。知识集成的重要基础就是利用基于语义 Web 的元数据,对异构环境下具备不同数据格式和存储方式的应用系统和组织内部文档,通过语义标注后融合信息和概念,例如对组织信息数据库按照同义、反义、上位、下位等进行概

---

①　Maedche A., Staab S., Stojanovic R., Studer R. and Sure Y.. SEAL-a framework for developing SEmantic Web portals. In: Proceedings of the international Conference On Knowledge Capture, 2001.

②　Schreiber G., Wieling B. and Jansweijer W.. The KACTUS view on the O Word. In: Workshop on Basic Ontological Issues in Knowledge Sharing, International Joint Conference on Artificial Intelligence (IJCAI'95), 1995.

③　Cost R. S., Finin T., Joshi A., Peng Y., Nicholas C., Soboroff I., Chen H., Kagal L., Perich F., Zou Y. and Tolia S.. ITTALKS: a case study in the Semantic Web and DAML. Proceedings of the First Semantic Web Working Symposium (SWWS'0), California, USA, Aug., 2001.

念的分类和聚类等。倪益华等人[①]利用 owl 语言实现了基于本体的企业知识集成平台的构建,具体包括:知识分类、知识表示、知识构建、知识共享和知识集成。其本体结构以树形的层次目录结构显示,用户可以通过点击相应的项目来增加或编辑类、子类、属性、实例等,使用户在概念层次上实现了知识的集成。

3.6.6 基于语义的知识服务

以结构化为基础的信息管理技术难以胜任知识经济时代面向资源采集整合、交换共享与创造创新的协同知识管理的要求,而语义网格能通过促进分布式资源,特别是知识资源的共享、管理、协调和控制来全面提高协同知识管理的效率。Berman 于 2001 年首次提出"知识网格"这一概念来描述基于语义网格技术而生成的知识管理系统[②],它采用面向服务的体系结构。知识服务技术以日趋成熟的 Web 服务(Web Service)方式为媒介,将知识加工逻辑封装成知识服务,即封装企业擅长的技能、经验和知识,通过注册、查找、绑定等手段,或生成动态的知识服务工作流,可以很好地满足网络化协同管理过程对知识协作的需求。

目前对支持分布式知识管理的知识网格平台的探索在国内外已有一定的实际应用。例如,英国的 e-science 项目组中始于 2001 年底的 myGrid 项目致力于开发高级的面向服务的中间件系统,支持构造、管理和共享生物学中的数据密集型的实验[③];意大利知识网格项目组研究基于数据挖掘面向分布式知识发现的知识网格[④];由华中科技大学、清华大学、北京大学等国内 12 所高校联合承担的教育部公共服务体系建设项目"中国教育科研网格(ChinaGrid)"致力于把中国教育科研网(CERNET)中分散、异构、局部自治的巨大资源整合,利用工作流实现对知识网格上资源和构件的调用[⑤]。

中科院诸葛海研究员提出了一个用于管理全球分布知识资源的知识网格模型。该模型利用三维知识空间组织知识,知识的空间坐标表示为(知识种类(Category),知识等级(Level),位置坐标(Location)),其中知识等级分为四级:概念(Concept),原子项(Axiom),规则(Rules)和方法(Method)。为方便用户对知识网格进行操作,该模型提供了一个知识网格操作语言 KGOL,实现创建个人网格,填充知识,编辑知识,整体或局部开放网格,从其他个人网格获取知识等功能,有效实现了网格环境下的知识共享。同时,基于该模型开发了一个知识网格平台(http://kg.ict.ac.cn),该平台已经成为中国织女星知识网格计划的重要

① 倪益华,顾新建,吴昭同.基于本体的企业知识管理平台的构建.中国机械工程,16(15): 1353-1357,2005.

② Berman F.. From teragrid to knowledge grid. Communications of the ACM, 44(1): 27-28, 2001.

③ Goble C. A., Pettifer S., Stevens R. and Greenhalgh C.. Knowledge integration in Silico experiments in Bioinformatics. In: Foster, I. and Kesselman, C. (eds.) The Grid: Blueprint for a New Computing Infrastructure, Morgan Kaufman, pp. 121-134, 2003.

④ Cannataro M. and Talia D.. The knowledge grid. Communications of the ACM, 46(1): 89-93, 2003.

⑤ Jin H.. Grid computing and ChinaGrid project. In: Proceedings of International Conference on Parallel Processing Workshops, Oslo, Norway, pp. 81-84, 2005.

组成部分①~④。

浙江大学吴朝晖教授开发了一个建立在语义 Web 上的用于开发大规模知识库系统的通用的知识网格体系框架 KB-Grid,能够组织、发现、使用和管理 Web 知识资源。该框架包含了 4 个核心模块:用于检索和浏览语义信息的语义浏览器(Semantic Browser)、用于 Web 知识容器的知识服务器(Knowledge Server)、管理 Web 本体的本体服务器(Ontology Server)和用于管理知识库注册项的知识库目录服务器。并且基于 KB-Grid,开发了一个中医药知识管理系统,支持知识发布、知识共享、语义浏览、基于实例的病情诊断等功能⑤,⑥。

3.7 小结

现代知识处理技术的支持虽然使知识管理得到日渐广泛的应用,但是它们大都是在传统 Web 上开发的,在信息全球化环境下存在知识表达灵活性差、信息搜索不准确、知识处理智能性差、可集成性差以及协同性差等不足之处。新世纪初,作为下一代 Web 技术,语义 Web 的出现和发展弥补了上述不足,成为推动知识管理技术发展新的驱动力之一。

本章从包括本体论、语义 Web 与语义网格在内的前沿技术着手,介绍其与知识管理的关系及其如何引导知识管理为适应信息全球化环境下协同工作所进行的革命性创新活动,以此实现无障碍的知识积累和表达,无缝的知识集成和协作,以及智能的知识检索和推理。可以说,基于语义技术的网络就是一个庞大、有序、灵活且智能化的知识管理系统,构成了能充分有效管理全球分布知识资源的知识网格,采用了面向服务的体系结构。知识服务技术以日趋成熟的 Web 服务(Web Service)方式为媒介,将知识加工逻辑封装成知识服务,即封装企业擅长的技能、经验和知识,通过注册、查找、绑定等手段,或生成动态的知识服务工作流,可以很好地满足网络化协同管理过程对知识协作的需求。

① Zhuge H.. A Knowledge Grid model and platform for global knowledge sharing. Expert Systems with Applications,22(4):313 – 320,2002.

② Zhuge H. and Liu J.. KGOL:A Knowledge Grid operating language. ACM SIGPLAN Notices,38(4):57 – 66,2003.

③ Zhuge H.. Semantics,resource and Grid. Future Generation Computer Systems,20(1):1 – 5,2004.

④ 刘洁,郑丽萍,郭韦钰,时鹏,丁连红.中国织女星知识网格研究进展.计算机研究与发展,40(12):1672 – 1676,2003.

⑤ Wu Z. H.,Chen H. J. and Xu J. F.. Knowledge based Grid:A generic Grid architecture for Semantic Web. Journal of Computer Science and Technology,18(4):462 – 473,2003.

⑥ Chen H. J.,Wu Z. H.,Huang C.,et al.. TCM-Grid:weaving a medical Grid for traditional Chinese medicine. Lecture Notes in Computer Science,2659:1143 – 1152,2003.

第4章　知识管理平台

在第 1 章里,作者详细介绍了知识管理的产生背景及其内涵;在第 2 章里,作者介绍了知识与数据、信息的区别以及知识的分类。那么组织是如何导入知识管理解决方案,促进组织内部数据、信息到知识的转化和隐性知识到显性知识的转化,以向知识密集型组织发展的呢? 这就要求组织构建一个知识管理平台,充分利用现有和潜在的知识资源,促进组织的学习、进化与合作,以通过知识创新能力的不断提高来提升企业的核心竞争力。不断发展的现代知识处理技术和通讯技术为知识管理平台的实施提供了强大的技术支持。

由于知识管理研究的内容十分丰富,目前网络化协同工作环境下的知识管理平台应用一般多集中于某个特定领域,强调知识管理中的某些方面,因而各自的逻辑层次模型、功能模型和体系结构都具有不同的特点,例如知识门户系统、虚拟社区系统、知识地图系统、知识搜索系统等都有着自己特有的平台特点。

在第 3 章里,作者从包括本体论、语义 Web 与语义网格在内的前沿技术着手,介绍其与知识管理的关系及其如何引导知识管理为适应信息全球化环境下协同工作所进行的革命性创新活动。基于语义 Web 的知识管理应用研究正在积极开展中,知识管理技术与语义 Web的结合进一步增强了知识共享的分布性、有效性以及开放性等,同时也给知识管理平台的体系结构带来相应影响。

本章首先介绍国内外现有的典型知识管理系统,特别是基于本体论的知识管理系统;随后通过基于语义 Web 平台的开发特性和对知识管理系统结构的解析,以及对网络化协同工作环境下知识管理的内在本质需求的考虑,给出了一个支持语义 Web 上通用知识管理的逻辑层次模型、体系结构和功能模型,该知识管理平台包括了一系列支持知识共享以促进网络化协同管理的设施。

4.1　现有典型知识管理系统

4.1.1　国外知识管理系统研究现状

1. 知识管理项目

国外具有与知识管理相关内容的大型研究项目如下。

(1) KADS/CommonKADS。1983 年到 1994 年,欧共体 ESPRIT 计划资助了 KADS/CommonKADS 项目,目的是借鉴软件工程的思想,研究开发知识库系统(Knowledge Based System,KBS)的方法论。对开发 KBS 系统来说,KADS/CommonKADS 是一个完整的方法

框架,它支持 KBS 开发项目的大部分内容,例如:项目管理、组织管理(包含问题/机会识别)、知识获取(包含初始化项目范围)、知识分析与建模、获取用户需求、对系统集成问题的分析以及知识系统设计等。KADS/CommonKADS 由于提出了"知识模型"的结构而在研究中占有十分重要的地位,在问题求解模型研究方面有重要作用[1]。

(2) EXPECT。EXPECT 是美国南加州大学 ISI 研究所开发的用于建立领域知识库的知识获取环境,其核心思想是利用本体来辅助知识的获取,为非程序开发者提供可以建立知识库的知识获取工具。在 EXPECT 中,系统通过使用本体能判别出知识之间的关联,从而自动引导使用者输入所需的知识,并能对整个过程给出适当的解释[2,3]。

(3) TRELLIS。在 EXPECT 项目基础上,ISI 又启动了 TRELLIS 项目,研究基于语义 Web 的知识资产管理,主要用于实现两个研究目的:① 使用语义标注词汇(Semantic Markup Vocabulary)的可扩展集合实现信息项之间语义关系的捕获和处理;② 在用户输入新知识的渐进过程中,利用信息的语义标注实现从原始信息源和其他知识片断(Knowledge Fragment)生成新的知识片断[4]。

(4) CODE4(Conceptually Oriented Description Environment)。CODE4 是加拿大 Ottawa 大学 AI 实验室开发的一个通用的可定制的知识管理系统[5],用于领域知识的分析、调试和传播。CODE4 为辅助用户进行语义解释、知识概念分析以及知识检索,采用了框架类知识模型,并设计了十分灵活的图形化用户接口,超文本格式的知识浏览器,以及文档扫描和词汇管理工具。

(5) HPKB。1997 年,美国国防部 DARPA(Defense Advanced Research Project Agency)组织了 Stanford、MIT、CMU 等全美的十余所著名大学和科研机构开始实施 HPKB 的综合性研究。其研究目标是使知识库系统的开发者能够迅速地(几个月内)建立一个大容量(约 $10^5 \sim 10^6$ 条公理、规则和框架)的知识库,该系统的核心是一个包含有关领域综合知识的大型知识库,可同时被分布在世界各地的,采用不同问题求解策略的多个用户重用,并且能够在不断变化的环境中具有良好的可维护性[6]。

(6) Discovery Net。它是英国工程和自然科学研究委员会(The Engineering and Physical

① Schreiber G., Wielinga B. and Breuker J.. KADS: a principle approach to knowledge-based system development. Knowledge-Based Systems, London: Academic Press, 1993.

② Blythe J.. Integrating expectations to support end users to acquire procedural knowledge. In: Proceedings of the Seventeenth International Joint Conference on Artificial Intelligence (IJCAI-2001), Seattle, WA, August 2001.

③ Kim J. and Gil Y.. Knowledge analysis on process models. In: Proceedings of the Seventeenth International Joint Conference on Artificial Intelligence (IJCAI-2001), Seattle, WA, August 2001.

④ Gil Y. and Ratnakar V.. TRELLIS: an interactive tool for capturing information analysis and decision making. In: Proceedings of 13th International Conference on Knowledge Engineering and Management (EKAW 2002), Siguenza, Spain, October 1 – 4, 2002.

⑤ Skuce D. and Lethbridge T.. CODE4: a unified system for managing conceptual knowledge. International Journal of Human-Computer Studies, 43(4): 413 – 451, 1995.

⑥ Lenat D.. CYC: a large-scale investment in knowledge infrastructure. Communications of the ACM, 38(11): 33 – 38, 1995.

Sciences Research Council,EPSRC)资助 208 万英镑由伦敦帝国理工学院开发的世界上第一个 e-Science 平台。该平台作为英国国家级战略性研究项目,旨在建立世界上第一个用于科学研究及发现的信息网络平台,使科学家们有效地使用网上的大量科学数据来进行研究与发现,并进行知识共享[1,2]。

(7) Gnosis。"基于知识的制造系统(Gnosis)"(Gnosis,希腊语,意为"想知道")是日本和欧美的国际合作研究计划——智能制造系统中的研究项目之一,其研究目标是用大量的知识去替代生产中使用大量物质的情况,建立基于知识的新型制造系统的框架,有效利用整个产品生命周期各阶段的知识[3]。

(8) OKMS。OKMS 是由德国 Karlsruhe 大学 AIFB 研究所在欧盟资助的 Ontologging 项目下开发的一个基于本体的知识管理原型系统[4]。整个系统共分三层,底层是数据信息层,包括文件系统、数据库和已有系统的数据;中间层是核心集成层,包括智能 Agent 提供的智能服务,如本体库 API 函数服务、用户配置文件服务、信息封装服务、文档 API 函数服务等;最上层是前端应用层,提供给用户访问系统的友好的交互接口,包括本体管理 GUI 界面、企业知识门户和 MS Office 插件等。OKMS 主要侧重于三方面的研究:① 采用本体映射,建立分布式异构本体之间的集成机制;② 设计和开发管理本体演化过程的方法论;③ 采用封装机制将企业已有的大量的知识源提升到本体级。

(9) ODESeW[5]。ODESeW 是基于 WebODE 本体工程平台[6]开发的知识门户系统,其目标是在 Internet 和 Intranet 环境下建立一个语义 Web 的知识管理应用系统,可以自动地生成知识门户。ODESeW 共分为三层:应用服务器层、服务层和前端应用层。支持针对不同用户的本体信息的可视化配置、建立内容的访问控制机制、对门户信息和本体进行一致性检查等功能。

(10) On-to-Knowledge[7]。On-to-Knowledge 是由美国政府支持的知识管理项目,目标是

① Curcin V.,Ghanem M.,Guo Y.,Kohler M.,Rowe A.,Syed J. and Wendel P.. Discovery Net: towards a Grid of knowledge discovery. In Proceedings of the Eighth ACM SIGKDD International Conference on Knowledge Discovery and Data Mining (KDD-2002),Edmonton,Alberta,Canada,July 23 - 26,2002.

② Ghanem M.,Guo Y.,Rowe A. and Wendel P.. Grid-based knowledge discovery services for high throughput informatics. In:Proceedings of the 11th IEEE International Symposium on High Performance Distributed Computing,HPDC-11,Edinburgh,UK,July 24 - 26,2002.

③ Murtagh N. and Toyama M.. Gnosis - knowledge systemization:configuration systems for design and manufacturing. In:Proceedings of 16th IEEE/CPMT International Electronic Manufacturing Technology Symposium,1994.

④ Maedche A.,Motik B.,Stojanovic L.,Studer R. and Volz R.. Ontologies for enterprise knowledge management. IEEE Intelligent Systems,18(2):26 - 33,2003.

⑤ Corcho O.,Gómez-Pérez A.,López-Cima A.,López-García V.,and Suárez-Figueroa M. C. S.. ODESeW:Automatic generation of knowledge portals for intranets and extranets. ISWC 2003,Lecture Notes in computer Science,2870:802 - 817,2003.

⑥ Arjpírez J. C.,Corcho O.,Fernández-López M. and Gámez-Pérez A.. WebODE:a scalable ontological engineering workbench. In:Gil,Y. and Musen,S. J.(eds) Proceedings of the 1st International Conference on Knowledge Capture (KCAP'01),Victoria,Canada. New York:ACM Press,pp. 6 - 13,2001.

⑦ Fensel D.. Ontology-based knowledge management. IEEE Computer,35(11):56 - 59,2002.

利用本体论开发一套工具集以有效地处理 Internet 及 Intranet 中大量的异构的、分布的、半结构化的文档,实现自动获取、维护、访问非结构化的数据源。On-to-Knowledge 采用了三层结构:在最低层,采用自然语言查询形式从半结构化和结构化文档中抽取元数据;在中间层,一个标注过的数据仓库提供了自动访问元数据的接口,并且使用这个数据仓库可以维护在线资源;在最高层,用户和知识提供者都可以使用高级的推拉(push and pull)技术来浏览和修改知识域。

（11）ACI。新加坡南洋理工大学的 ICIS 研究所开发了一个基于本体的 Web 知识管理框架,该框架基于 DAML＋OIL Web 本体建模语言,支持面向内容(content-oriented)而不是面向文档(document-oriented)的知识管理,其中包含了三个主要层次:基于本体的标注(annotation)、基于知识的本体断言和 Web 资源获取(crawling)、基于规则的用于语义知识维护的推理系统(inference),命名为 A-C-I 方法,该方法可以灵活有效地支持 Web 知识共享[①]。

2. 知识管理产品

除上述科研项目外,市场上还涌现了许多商品化知识管理系统。从主要功能上看,商品化知识管理系统主要局限于文档管理和知识共享,其共同特点是以强大的文档管理和搜索技术为基础,通过知识共享以支持协作。典型的知识管理产品如下。

（1）IBM Lotus Knowledge Discovery System。IBM Lotus 公司认为仅仅将知识管理局限在从海量信息中提取有用资料是不够的,还要找到具有专业知识的人,这些人还要交流、互动、进行创造性的工作,并将数据、资料及处理过程定义为"事件(thing)",将建立在网上的虚拟工作环境定义成"场所(place)",将员工、客户、专家、合作伙伴等定义成"人(people)",而在人、场所、事务之间建立有机关联才是理想的知识管理环境。于是,紧紧围绕"人、场所和事件",IBM Lotus 推出了知识管理整体解决方案,包括前端知识工作站 K-Station 和后端的知识发现服务器 Discovery Server[②]。

（2）Microsoft SharePoint Portal Server。在建立和收集信息的过程中,组织必须花越来越多的时间在信息的查找、组织和管理上,从这一点出发,Microsoft SharePoint Portal Server 的设计目标定位于快速建立具备文件查找、文件管理和协同作业选项的企业门户网站。SharePoint Portal Server 通过文档管理和搜索技术,提供了一个简易的方式,让用户在建立企业门户网站的同时,还可以整合文件管理与查找能力[③]。

（3）BrainEKP(Brain Enterprise Knowledge Platform)。The Brain Technologies 公司开发了一种不同以往文件层次结构的界面的技术——上下文驱动交互界面技术,可以将各种文档、Web 信息等知识通过图形化的方式组织起来,并把信息和信息源进行连接并显示为可视界面,这为理解数据及数据源的相互关系提供了上下文提示。基于该项技术,The Brain Technologies 推出了一个界面非常友好、生动的、易使用的企业知识资源管理平台 BrainEKP[④]。

---

① Wang Y., Yang Z. H., Kong P. H. and Gay R. K.. Ontology-based Web knowledge management. In: Proceedings of the 2003 Joint Conference of the Fourth International Conference on Information, Communications and Signal Processing, pp. 1859－1863, 2003.

② Pohs W., Pinder G., Dougherty C. and White M.. The Lotus knowledge discovery system: tools and experiences. http://www.research.ibm.com/journal/sj/404/pohs.html, 2001.

③ Microsoft. http://office.microsoft.com/en-us/FX010909721033.aspx, 2005.

④ The Brain Corp. http://www.thebrain.com/, 2005.

(4) TelTech。TelTech 提供三类服务：① 专家服务，TelTech 拥有数千名签约专家，主要是有成就的学者、退休的资深专业人士和愿意提供资讯服务的专业人士，TelTech 并不试图将这些人的知识存入计算机，再以专家系统的方式提供服务，而是维护专家档案，当客户需要用服务时，TelTech 的知识工程师就帮助客户分析问题，并向客户推荐数位专家；② 专业文献检索服务，用户可以自己或在知识工程师的帮助下通过 TelTech 的门户网站进行检索；③ 产品与厂商检索，这种服务也是通过其门户网站提供[①]。

4.1.2 国内知识管理系统研究现状

知识管理的概念与思想是在 1998 年初，随着知识经济一同进入中国的。国内的计算机科学界对知识管理相关的核心技术做了非常深入的研究，已取得了瞩目的成就，并随着知识管理的前沿发展，在融合已有的成果的基础上，提出了一系列先进的知识管理技术，近年来的相关研究成果包括：

中科院诸葛海研究员提出了一个用于管理全球分布知识资源的知识网格模型。该模型利用三维知识空间组织知识，知识的空间坐标表示为(知识种类(Category)，知识等级(Level)，位置坐标(Location))，其中知识等级分为四级：概念(Concept)，原子项(Axiom)，规则(Rules)和方法(Method)。为方便用户对知识网格进行操作，该模型提供了一个知识网格操作语言 KGOL，实现创建个人网格，填充知识，编辑知识，整体或局部开放网格，从其他个人网格获取知识等功能，有效实现了网格环境下的知识共享。并且基于该模型，开发了一个知识网格平台 (http：//kg. ict. ac. cn)，该平台已经成为中国织女星知识网格计划的重要组成部分[②，③，④，⑤]。

浙江大学吴朝晖教授开发了一个建立在语义 Web 上的用于开发大规模知识库系统的通用的知识网格体系框架 KB-Grid，用于组织、发现、使用和管理 Web 知识资源。该框架包含了四个核心模块：用于检索和浏览语义信息的语义浏览器(Semantic Browser)、用于 Web 知识容器和知识服务器（Knowledge Server）、管理 Web 本体的本体服务器(Ontology Server)和用于管理知识库注册项的知识库目录服务器。同时，他基于 KB-Grid 开发了一个中医药知识管理系统，支持知识发布、知识共享、语义浏览、基于实例的病情诊断等功能[⑥，⑦]。

浙江大学高济教授领导的课题组根据知识管理的工作原理、功能结构和知识在企事业

① 孙定. 五大知识管理的产品与服务. http：//www. ccw. com. cn/，2002.

② Zhuge H.. A Knowledge Grid model and platform for global knowledge sharing. Expert Systems with Applications，22(4)：313 – 320，2002.

③ Zhuge H. and Liu J. KGOL：a Knowledge Grid operating language. ACM SIGPLAN Notices，38(4)：57 – 66，2003.

④ Zhuge H.. China's E-Science Knowledge Grid environment，IEEE Intelligent Systems，19(1)：pp. 13 – 17，2004.

⑤ 刘洁，郑丽萍，郭韦钰，时鹏，丁连红. 中国织女星知识网格研究进展. 计算机研究与发展，40(12)：1672 – 1676.

⑥ Wu Z. H.，Chen H. J. and Xu J. F.. Knowledge based Grid：A generic Grid architecture for Semantic Web. Journal of Computer Science and Technology，18(4)：462 – 473，2003.

⑦ Chen H. J.，Wu Z. H.，Huang C.，et al.. TCM-Grid：weaving a medical Grid for traditional Chinese medicine. Lecture Notes in Computer Science，2659：1143 – 1152，2003.

中的全过程,提出将知识过程分为俘获、保存和重用三个阶段,利用本体论的贯穿,并用知识的转化和连接机制衔接这三个环节。在此理论下,设计了一个基于本体论的知识管理系统基本框架 OKMF,深入阐述了将本体翻译为元知识结构、基于本体论的知识项检索以及人与知识的连接机制等方面,具有高度的知识集成、灵活的信息推送方式、可动态进化、知识检索具有智能功能等特点①。

上海交通大学学者王英林从开展知识管理工具及其可重构性研究角度,以系统的客户化配置和进化问题为目的,通过对知识管理系统的共性与差别分析,建立一种基于本体的可重构知识管理系统框架(Ontology-based Reconfigurable Knowledge Management System,ORKMS)。在该框架中,知识被视为本体概念的对象实例,通过本体配置,可建立新的知识类别,克服了以往知识类型不能扩充的问题;并且通过本体、知识处理模板以及内嵌机制,系统自动生成用户界面,从而可对不同类别进行区别或缺省处理。该框架解决了以往知识管理系统只能处理固定结构知识的局限性②。

浙江大学学者潘旭伟从实现显性知识和隐性知识的统一建模出发,提出了基于知识载体、知识内容信息和知识情境的知识建模技术,以支持知识与知识、知识与人以及知识与过程的集成。该技术体现了知识管理的基本思想,将知识的外在表现、内容概要和内在特性,通过知识载体、知识内容信息和知识情境相分离的建模方式集成在一起,并且能不断地适应企业知识结构和环境的不断变化③。

浙江大学顾新建教授领导的课题组开发了一个基于网络的协同知识管理系统(Networked Collaborative Knowledge Management System,NCKMS),为在网络环境中分布在不同地理位置的企业员工、客户等之间进行的协同的知识交流和共享提供支持,该系统分为用户界面层、Web 服务层、应用服务层和数据库应用层,利用该系统,用户可以方便地利用浏览器与异地用户共同在线进行文件编辑和讨论,使分散在异地的隐性知识得到有效的集成④。

北京航空航天大学学者潘星等提出了一种基于 Web 知识服务的知识管理系统架构,为基于 Web 的知识管理中知识共享和重用提供了一种新的方法和思路。该架构通过服务基础层、服务应用层和服务用户层 3 个层次,实现了基于 Web 的知识管理,并成功应用于航空制造业中的知识管理实践⑤。

纵观近来国内外典型的知识管理系统,大都利用了本体论带来的基于深层次语义的知识共享和知识重用特性,通过研究历史数据向本体的迁移、基于本体的语义检索、多本体集

① 李飞,高济,钟凌燕,周明健.OKMF:一个基于本体论的知识管理系统框架.计算机辅助设计与图形学学报,15(12):1538-1543,2003.
② 王英林,王卫东,王宗江.基于本体的可重构知识管理平台.计算机集成制造系统,9(12):1136-1144,2003.
③ 潘旭伟,顾新建,仇元福,程耀东.面向知识管理的知识建模技术.计算机集成制造系统,9(7):517-521,2003.
④ 战洪飞,李荣彬,顾新建.基于网络的协同知识管理系统(NCKMS)研究.计算机工程与应用,38(14):28-30,2003.
⑤ 潘星,王君,刘普.一种基于 Web 知识服务的知识管理系统架构.计算机集成制造系统,12(8):1293-1299,2006.

成和语义交互界面等技术,实现知识管理中分布式异构知识的捕获、共享及推送等功能,这对于我们设计通用的知识管理平台提供了很好的启示。

4.2　知识管理平台的逻辑层次模型

知识管理平台是一个以人的智能为主导,以知识处理技术为手段的人机结合的管理系统,它通过层次不同的知识活动为用户构建知识应用系统提供有用的开发工具。本书提出的通用知识管理平台定位于为支持网络化环境下协同工作而提供的知识共享平台,力求达到以下设计目标:

● 适应性广:适应网络化协同工作环境中种类繁多的知识组织需求,支持多种形式的知识表达,支持知识在不同企业内部的多视图表达,适应各企业内部的知识组织和描述的特性。

● 互操作性好:不同企业的知识之间具有良好的关联机制,支持知识的不同视图间的互操作。

● 开放性好:支持异地不同平台上的知识发布,参与知识共享平台的企业不受物理网络和操作系统的限制,具有良好的异构平台集成性。

● 共享程度高:采用本体论作为语义支撑实现知识的高共享性。

● 知识获取易且范围广:组织知识中经验知识非常重要,该平台应具有有效的隐性知识获取机制。同时,历史遗留的数据也是十分重要的知识来源,对于这部分知识获取的支持也是必要的。

● 耦合性弱:松散的耦合性利于异地异构实体之间的结盟和协作,由知识共享支撑的企业协作也应具备弱耦合性的特点。

● 知识检索查准率和查全率高:采用基于本体论的语义检索,克服以往关键字查询的种种先天不足。

虽然应用平台的拓展,以及各种不同应用领域对知识关系系统的体系结构有所影响,但是知识管理平台的捕获知识并充分共享这个核心功能是不变的。因而围绕这个核心,各种不同应用领域的知识管理平台的逻辑层次模型依下而上大致可以分为六层:资源层、本体层、模型层、服务层、引擎层和交互层(图 4-1)。

该通用层次结构遵循了这样一个逻辑过程顺序:即由知识资源萃取得到知识,再将知识加工整理成服务的形式呈现给用户。各层的具体功能和作用阐述如下:

(1) 资源层:位于最低层,蕴涵着待挖掘和发现的丰富的知识,包括各种结构化数据(例如数据库)、非结构化数据(例如各种电子文档)以及具有领域经验知识的专家等,并且以一种离散、分布的方式存在于网络化协同工作环境中的各个角落。其中既有历史积累沉淀的成功实践知识,也有富含智慧的创造性知识;既有依赖于种种介质存在的显性知识,也有孕育在头脑中的隐性知识。

(2) 本体层:是知识管理平台语义能力的具体体现。这一层中包含了多个本体库,分别应用于知识管理平台中知识获取、实例推理、服务检索等功能实现中,其中的每个本体库都

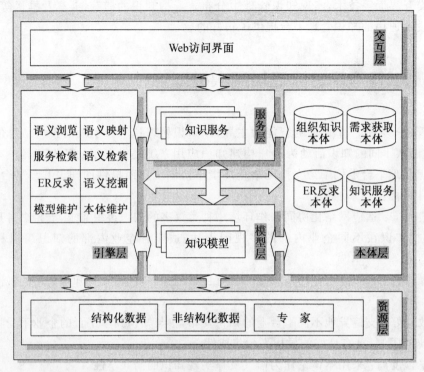

图 4-1　知识管理平台的逻辑层次模型

是由领域内常用的概念、术语通过约束关联、属性附加、公理定义等途径构建成具有网状结构的语义图，以揭示概念间的本质联系。本体层的引入不仅使得知识管理中的各种知识处理操作的共享程度和柔性提高，而且使得资源层的数据经本体提升后使之具备了机器可以理解的语义信息，从而为知识的语义检索、自动理解和处理、智能推理等实现奠定了基础。本体层采用了"本体汤"的组织形式，容纳了知识管理平台所需的多个本体库，并支持本体库之间的渗透和联结。本体汤根据知识管理平台发出的本体需求，启动启发式关联机制去选择"浸泡在汤中的菜"——遵循某种面向问题求解方法或任务的本体[①]。

（3）模型层：基于本体层，是知识管理平台的关键层，承载着知识管理系统加工、处理和管理的对象，旨在组织从资源层获取的数据、信息及隐性知识或把隐性知识转换成显性知识，建立积淀知识的工作模型，部署自动情报系统，构筑知识库，形成知识地图，以产生可用性较强的知识，以利于知识传递、共享和推理。由于采用语义 Web 实现技术，实现了知识的实现形式、内容和结构的分离，具备了机器可以理解的语义，使得知识具有良好的可重用性，而且还实现了与分布式信息资源的有效关联，具有优秀的知识导航和定位能力。知识建模的过程就是知识得以表达、储存、融合、序化、创新的过程，它是知识管理系统的命脉。涉及的知识处理技术包括知识聚类、知识分类、知识编码、数据仓库、知识仓库、知识表示、知识可视化、知识的语义标注等。

（4）服务层：基于模型层，旨在通过建立企业内部和外部的网络系统，实现对知识的分

---

① 高济.基于知识的软件智能化技术.杭州：浙江大学出版社,2000.

配、交流、共享、整合与内化,以充分利用知识资源,并支持知识资源的无缝发送、跟踪和知识创新。服务层往往以 Web Service 方式为媒介,以模型层为输入,将知识加工逻辑封装成知识服务,即封装企业擅长的技能、经验和知识,通过注册、查找、绑定等手段,实现知识的共享和传播。同时,为增强服务层的服务能力的识别和判定,在本体层引入了知识服务本体来清晰地表达刻画服务能力的语义,提供了一种松散耦合的协作方式,使企业可以通过这种跨越企业边界的服务方式,能够很好地实现企业间的协作,获得跨企业的经验和知识共享能力,涉及的知识处理技术包括知识服务、服务工作流管理、知识网格等。

(5)引擎层:是知识管理系统内部数据、知识、控制等各种信息流转的动力源,是知识管理系统中用于知识处理的核心构件,全面承担着知识获取、知识共享、知识传播等知识管理的核心任务,负责着整个系统内各种业务逻辑的协调和控制,包括语义浏览、本体映射、服务检索、语义检索、ER 反求、语义挖掘、模型维护和本体维护等。由于引擎层的总控和枢纽地位,因而该层与其他层都存在着密切联系,在该层的调控下,知识从资源中被挖掘、加工和发布,最终推送给用户。

(6)交互层:负责管理知识管理系统与用户之间的接口和界面。最新的知识管理平台往往采用基于 Web 实现的交互方式,使之不仅具有平台独立、可移植性强、瘦客户端、可扩展性强等特性,而且还可以作为基础构件,构建例如知识门户、知识社区等结构更复杂和功能更强大的知识应用。另外,采用 Web 实现方式还具有较强的集成性,可以集成到 OA 办公自动化系统、ERP 企业资源计划系统等企业信息化系统中,使之获得知识管理系统提供的知识共享平台的支持。

4.3　知识管理平台的体系结构

考虑当前网络化协同工作环境下的知识管理系统分布式及 Web 化的特性,本着方便各逻辑层次上的组件能单独更新、替换、增加或拆除以降低系统维护成本为原则,并提高系统的可靠性、安全性、可伸缩性和加强对异构数据库的访问能力,作者选用 J2EE(Java2 Platform Enterprise Edition)构架为例介绍一种通用的系统开发平台。

J2EE 是一个面向企业级应用的、基于 Java 的多层分布式计算模型,利用 Java 2 平台来简化企业解决方案的开发、部署和管理相关的复杂问题。它是一个由 Sun 公司领导、各厂商共同制订并得到广泛认可的工业标准,定义了整个标准的应用开发体系结构和部署环境,其最终目的就是成为一个能够使企业开发者大幅缩短投放市场时间的体系结构。在这个体系结构中,应用开发者的注意力集中在封装商业逻辑和商业规则上,一切与基础结构服务相关的问题和底层分配问题都由应用程序容器或服务器来处理。

为了解决传统两层模式(C/S)的客户端臃肿、伸展性差、难于升级或改进等弊端,J2EE 规范将应用系统划分为了五层[①]:用户界面层、表示逻辑层(Web 层)、业务逻辑层、基础设施

---

① Allamaraju S.,Buest C. and Davies J.. Professional Java Server Programming J2EE 1.3 Edition,Wrox Press,2001.

服务层和数据资源层。用户界面层运行在客户端机器上,用于处理用户与应用程序的交互,它可以是浏览器通过一个防火墙或是一个更复杂的桌面应用程序甚至是一个无线设备来浏览;表示逻辑层运行在 J2EE 服务器上,定义用户界面显示的内容以及对用户的请求如何进行处理,根据支持的是什么用户界面,可能需要稍有不同的表示逻辑版本来处理各种客户;业务逻辑层运行在 J2EE 服务器上,确定了应用程序的业务规则,程序经常通过业务逻辑与应用程序进行数据交互;基础设施服务层提供了应用程序要求的基础功能,如消息、事务、认证支持等;数据资源层是企业存储数据的地方,它包括关系数据库、文件服务器、XML 文档等[①]。

  EJB(Enterprise Java Beans)的体系结构是 J2EE 的基础和核心。EJB 是一个开发和部署分布式服务器端的、带事务处理的、安全的商业组件的规范和结构。这个体系结构定义了一个容器和一个服务器模型——容器是应用组件生存和执行的环境,而这个容器却又寄居在一个服务器之中。有两种类型的 EJB:Session beans 和 Entity beans。前者是一种作为单个 Client 执行的对象,代表了与客户端的互操作或者会话;后者对数据库中的数据提供了一种对象的视图,通过事务的上下文来访问或更新下层的数据[②]。

  图 4-2 给出了基于 J2EE 架构的通用知识管理平台的体系结构,共分为五层:

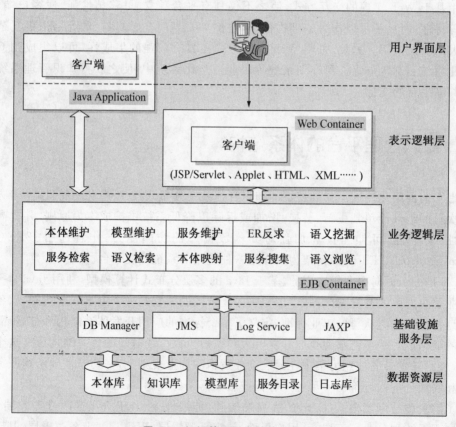

图 4-2　知识管理平台的体系结构

  ①　韩伟力.分布式环境下的约束访问控制技术研究,博士学位论文,浙江大学,2003.
  ②　袁平鹏.一种基于事件的支持协同的软件体系结构研究,博士学位论文,浙江大学,2002.

（1）数据资源层：为知识管理系统存放支撑系统运行的各种数据，包括本体库、知识库、模型库、服务目录和日志库等，这些数据通过上一层基础设施服务层提供的访问接口进行访问。

（2）基础设施服务层：为系统提供各种基础服务，包括安全管理、事务管理、目录寻址服务、日志、数据库连接池等，这些服务使得业务逻辑层中各项业务引擎可以专注于自身的逻辑封装和功能实现，而不必关心这些与基础结构服务相关的问题和底层分配问题。

（3）业务逻辑层：是系统的核心，由各种功能执行部件构成，涵盖了系统各业务引擎，其中的每个部件对应于一个运行于 EJB Container 中的 EJB，由于 EJB 的先进性，从而简化了业务逻辑的实现。

（4）表示逻辑层：主要由一系列运行于 Web Service 上的采用 Servlet/JSP 实现的 Web 组件构成，面向远程用户，使用浏览器接受用户请求，转递给业务逻辑层，并将系统响应的结果呈现给用户，即向用户展示系统管理的各种知识。

（5）用户界面层：负责与终端用户的交互，包括两种交互方式，一种是通过浏览器，主要由一系列放在 Web Server 上可下载的 Applet 组成；另一种是通过普通的 Java 程序，跨越表示逻辑层，直接与业务逻辑层交互。

4.4 知识管理平台的功能模型

前面论述了知识管理平台的层次模型和体系结构及其所涉及的相关知识处理技术，因应用领域或实现的功能不同，所采用的知识处理技术也会有所不同。图 4-3 所示的知识管

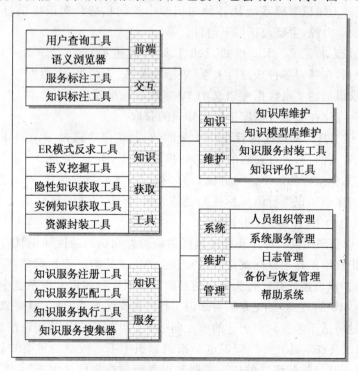

图 4-3 知识管理平台的功能模型

理平台的功能模型从功能的角度描述了知识管理平台内部及其与环境之间各种知识处理技术所扮演的重要角色及其相互关系,一般可以分为前端交互工具、知识获取工具、知识服务工具、知识维护工具和系统管理维护工具。

4.4.1 系统交互工具

系统交互工具提供给用户一系列便捷的交互手段,实现查询、浏览、服务能力的标注、知识标注等交互行为,包括以下组件。

(1) 用户查询工具:提供友好的用户查询交互界面,接受用户提交的查询请求,包括各种查询参数等,用户可通过该工具查找需要的知识和服务。用户查询工具支持多种查询方式,包括基于一阶谓词的查询、图示化查询、自然语言查询等,供用户灵活选择。

(2) 语义浏览器:由于知识管理平台拥有多个本体库以提供对组织知识的深层次的语义支撑,因而语义浏览器的功能是以友好的图示化和图形化的方式,向用户呈现本体的语义信息,包括语义结构、语义关联、语义层次等。用户可以以直观的方式,浏览、导航和定位各种语义信息。

(3) 服务标注工具:提供交互界面,并集成语义浏览器,方便用户对服务接口和服务能力描述标注语义。用户可以通过拖拉方式或者点选方式,直观便捷地完成标注过程。

(4) 知识标注工具:与服务标注工具功能类似,提供直观便捷的界面,方便用户对发布的各种知识进行语义标注。

4.4.2 知识获取工具

知识获取工具为知识管理系统从各种知识源中挖掘和捕获知识提供自动化或交互手段,是系统运转的动力源,主要包括以下组件。

(1) ER 模式反求工具。ER 模式反求工具对描述关系数据库语义的 ER(Entity-Relation)模式分析,包括对各种表显性关系、表隐性关系、表约束、表数据等 ER 模式结构性元素的解析,反求出描述关系数据库语义的本体,然后根据反求出的本体,利用表数据进行实例化,从而实现存储在关系数据库中历史知识的获取。

(2) 语义挖掘工具。知识挖掘旨在从大量的数据、信息中通过一定的算法挖掘出有效的、新颖的、潜在有用的、最终可理解的模式,如模型、规则、类别、关系、约束等。语义挖掘从两个方面来提高知识挖掘的效率。一方面,可以利用本体来指导传统 Web 挖掘过程;另一方面,可以把挖掘来的知识进行语义标注后建立语义 Web 以方便日后语义 Web 智能软件代理 Agent 进行自动化的语义 Web 挖掘。

(3) 隐性知识获取工具。专家头脑中蕴涵的经验性知识即隐性知识具有非常重要的应用价值,隐性知识获取工具的目标就是给专家提供界面友好的隐性知识捕获工具,使得专家可以以适合隐性知识表述的方式将头脑中的经验知识固化到知识管理系统中。为有效实现隐性知识向显性知识的转换,避免专家与知识工程师的交流鸿沟,该工具可以采用多级映射机制,实现逐步地将适于隐性知识表达的模型向适于显性知识表达的知识模型的转换。

(4) 实例知识获取工具。实例知识也是组织知识中不可或缺的重要知识内容之一,实例知识的优势在于其经过验证过的成功实践知识都蕴藏在实例之中,避免了传统的知识获取瓶颈。实例知识获取工具的目标就是从应用系统的历史数据中挖掘出实例知识模型,并提供友好的界面供给用户交互。

(5) 资源封装工具。资源封装工具用于接受其他结构化或非结构化资源作为知识来源,例如各种文档、Web 页面等,对于从这些知识源中获取知识是资源封装工具的主要任务,按照预设的知识模型,对这类知识封装,并转换成知识管理系统可以识别并管理的知识形式。

4.4.3　知识服务工具

知识服务工具提供有关知识服务注册、发布和检索等功能,是知识管理系统向用户推送知识的使能工具,主要包括以下组件。

(1) 知识服务注册工具:负责整理各种描述知识服务能力的参数,转换为知识服务目录中对注册服务的标识信息,并在知识服务目录中进行注册,同时负责知识服务的注销。

(2) 知识服务匹配工具:执行知识服务的语义匹配任务,即根据用户输入的知识服务检索请求,在知识服务目录中过滤出语义上最佳匹配的一个或多个知识服务,由于该工具采用的是语义匹配策略,相比于关键字匹配查准率和查全率都有较大提高。

(3) 知识服务执行工具:接受用户的知识服务请求参数,执行匹配的服务,将服务结果反馈给用户。

(4) 知识服务搜索工具:包括但不局限于下面两种服务注册机制。一种是采用直接在知识服务目录中注册的方式,即知识服务注册工具负责的活动;另外一种则是知识服务搜索工具负责的方式,即采用网络爬虫形式,启动网络资源搜集进程,自动从网络化协同工作环境中搜集并整理各种发布的知识服务。

4.4.4　知识维护工具

知识维护工具提供各种与系统语义知识维护及管理相关的技术支撑,封装对语义知识库的操作,主要包括以下组件:

(1) 本体库维护工具:负责管理本体库的创建、本体增加、删除、修改和一致性验证等功能。

(2) 知识模型库维护工具:与本体库维护工具功能类似,负责知识模型库的维护。

(3) 知识服务封装工具:采用有效的知识服务机制,按照知识服务的接口要求,包括输入、输出等参数格式,将知识模型封装成知识服务形式使之在网络化协同工作环境下得以共享。

(4) 知识评价工具:对纳入系统管理范畴的知识进行重要性、实用性等评估,为其他工具提供知识价值评价支持。

4.4.5　系统管理维护工具

系统管理维护工具提供支撑知识管理平台运转的所需各项有关系统管理的基本功能,主要包括以下组件:

(1) 人员组织管理:管理使用系统的组织和用户,包括对用户的权限和安全认证的管理。

（2）系统服务管理：负责管理系统运行所必需的一些系统服务的开启和维护等。

（3）日志管理：对使用系统的用户、时间、地点和操作等关键信息进行跟踪和记录。

（4）备份与恢复管理：为增加系统的安全性，对系统关键的库表进行备份和审计，并提供在发生故障时恢复系统的能力。

（5）帮助系统：为用户提供提供超文本格式的系统帮助，方便用户使用系统。

4.5　小结

本章首先介绍国内外现有的典型知识管理系统，特别是基于本体论的知识管理系统，并分析了它们各自的特点。接着，在阐述通用知识管理平台的设计目标之后，提出了相应的逻辑层次模型，该层次结构遵循着由知识资源萃取得到知识，再将知识加工整理成服务的形式呈现给用户的顺序，清晰地表达了系统内部各部分的逻辑组织关系，通过引入本体层并采用了本体汤的组织形式，可以使知识表达、获取、检索等系统功能逻辑都获得了深层次的语义支持，引入知识服务层后，为网络化环境提供了新的协作方式。然后，从系统实现和部署的角度，作者采用了 J2EE 架构作为系统的开发平台，给出了系统的体系结构，包括数据资源层、基础设施服务层、业务逻辑层、表示逻辑层和用户界面层等五层。最后，在此基础上，对知识管理平台的功能进行了划分，构建了系统功能模型，包括前端交互工具、知识获取工具、知识服务工具、知识维护工具和系统管理维护工具等五大功能模块。

第二篇

技 术 篇

为适应当前知识经济时代的需求,知识管理融合了管理职能环境化、管理信息化、营销网络化、管理组织扁平化、组织学习化、管理人本化、领导集体化、决策民主化与发展战略可持续化等一系列先进的管理思想[①]。但是,再先进的管理思想也必须通过技术来实现,知识管理的成功与否决定于所选择的知识处理技术的合理性、智能性和灵活性。归根到底,知识管理还是一个基于知识模型的应用软件系统。作为一个软件系统,无可避免地,就必须利用到目前的一些先进的知识处理技术。

作为全书的重点,本篇将对支撑知识管理实现的一些关键知识处理技术予以描述,并特别阐述基于语义与面向服务的知识管理与处理方面的一些创新成果,不仅使读者深刻理解与掌握一些关键的先进知识处理技术,而且为读者在已有研究成果的基础上实现知识管理领域的进一步创新提供了空间。

第 5 章首先介绍在传统人工智能领域中与知识管理有关的知识表达技术,包括非结构化的知识表示如状态空间表示、产生式知识表示等,以及结构化的知识表示如框架、语义网络等。其次,介绍本体驱动、结合了语义网络和 XML (Extensible Markup Language)思想的基于语义 Web 的知识表示。

第 6 章着重介绍与探索了两种新兴的智能知识获取技术:语义挖掘与 ER 模式反求,旨在实现智能软件代理对 WWW 上异构、分布信息的有效检索、访问、挖掘和语义标注。

第 7 章综合了人工智能领域和心理学领域内的概念相关性计算模型,提出了 6 种概念相似度计算方法:关联规则相似度、词语相似度、义原相似度、参量相似度、结构相似度和基于心理学模型的相似度,作为实施高效率的知识检索和知识服务管理的前提。

第 8 章对新兴的知识检索技术,特别是语义检索作了介绍。提出了一个基于本体和知识库、多层次的知识智能检索模型,探索了人机交互界面的设计方式,使检索功能得以充分发挥,阐述了基于 XML 数据的索引文件管理技术,并对中心服务器做了一系列的适应性调整,以实现面向数据库的语义检索。

第 9 章探索了基于描述逻辑的知识推理优化技术,并且提出了基于个体的概念,包含判断优化、基于语义计算的个体获取和如何利用近似化的方法来处理目前还不能完全处理的描述逻辑 SHOIQ(D)中的查询问题。最后描述了定性偏好语言以及分级知识库以便较好地描述不同用户的个性和偏好。

第 10 章提出将知识封装成 Web 服务的形式即知识服务,以作为实现网络化、分布式知识协作的一个切入点,阐述知识服务管理实现的关键技术,包括知识服务建模及其有关本体、知识服务的分类、聚类、排序等。

---

① 杜莹芳,知识经济与知识管理,广州:广东经济出版社,1999。

第 11 章提出通过知识服务工作流技术来实现知识服务的合成和分解,介绍静态和动态知识服务工作流的执行过程,探索知识服务的发现方法和查找策略,并给出基于动态规划的知识服务查找策略的实例。

　　要实现一个完整的知识管理系统,决不仅限于以上七大类知识处理技术。知识管理系统还与图形图像处理、计算机网络、计算机仿真、数据加密与信息安全、网络安全、应用服务提供商等技术有着千丝万缕的联系。限于篇幅,本书对这些技术不再详细论述,有兴趣的读者可以参看相关的文献资料。

第5章　知识表示

知识表示是利用计算机对知识进行管理时遇到的第一个问题,即如何采用计算机可理解的特定符号来描述知识。知识在人脑中的表示可以是自然语言、图形、符号、公式和图表等。这些表示形式在人脑中的储存和使用机理虽未完全揭开,但不影响它们成为人脑所能接受、理解和推理的形式。然而,计算机对知识的使用则不同,只有在计算机完全理解并遵循知识的某一表示形式时才能对知识进行智能化的处理。本书所探索的知识表示仅限于面向计算机的知识描述形式或表达方法,即用某种约定的形式结构把知识编码成一组计算机可以理解的内部数据结构,以支持计算机存储、检索、修改和推理。由于知识表示往往与计算机解决问题的方法和步骤密切相连,所以在研究知识表示方法时,要考虑同一知识可以存在不同的表示形式,并考虑相应的推理方法。

信息全球化环境下的知识分布式、异构性特点和协作性内涵,更为知识表达技术赋予了较之传统知识表达方法在共享性、灵活性、可发现性等方面更高的要求。本章首先介绍传统的知识表示方法,接着从网络化协同工作环境对共享知识模型的需求出发,通过对现有知识表达技术的归纳和分析,探索了基于语义 Web 的知识表示方法。

在知识管理领域,常见的知识表示方法可以归纳为三类:① 非结构化的知识表示方法,如状态空间表示、产生式知识表示等;② 结构化的知识表示方法,如框架、语义网络、面向对象的表示等;③ 以本体驱动,结合语义网络和 XML 思想的基于语义 Web 的知识表示方法。可以认为,实际应用的各种知识表示方法仅是这三类方法的进化、变异或集成。当然,这些知识表示仅是指知识的逻辑表示形式。那么,要把这些知识的逻辑形式转换为计算机所理解并进行推理的机器源代码,还需要有各种编程语言、建模语言和人工智能语言等的支持。例如,C++语言可以用于面向对象的知识表示,Prolog 语言可以用于产生式与谓词逻辑知识表示,CLIPS 语言可以用于产生式与面向对象的知识表示,owl 语言可以用于语义 Web 知识表示。

5.1　非结构化的知识表示

针对真实世界中日益增长的非结构化信息实际应用的需要,如何管理好非结构化信息就成为知识管理的重点。对非结构化信息最直观、简便的知识处理方法便是非结构化的知识表示方法,它也是结构化知识表示和元数据表示方法的出发点。最早在人工智能领域和知识管理领域得到广泛应用的非结构化知识表示方法,包括状态空间表示、产生式知识表示和逻辑表示等。

5.1.1　状态空间表示

1. 状态空间的概念

一个问题的知识表示,广义地说,都可以看作如何使用合适的状态空间来表示问题,并测试该表示方法能否表达该状态空间中目标状态是否出现。状态空间表示法作为知识表示的基本方法,是以状态和操作算子为基础来表示和求解问题的。

所谓状态,是用来描述系统状态、事实等叙述型知识的一组最少变量的有序集合 $[q_0, q_1, \cdots, q_r]^T$,式中每个元素 $q_j (j=0,1,\cdots,r)$ 为状态分变量。

所谓操作算子,是用来使问题从一种状态转变为另一种状态的过程型知识的一组函数 $\{f_0, f_1, \cdots, f_t\}$,式中每个元素 $f_j (j=0,1,\cdots,t)$ 为操作算子分函数。

问题的状态空间是利用状态和操作算子,表示求解问题的全部可能的状态及其转化过程的关系图,该关系图是一个由三元组 (S,O,G) 所构成的有向图,其中:

(1) S 为所有可能的状态集合 $(S_0, S_1, \cdots, S_n)$,其中 $S_i = [q_0, q_1, \cdots, q_r]^T$,$S_0$ 表示问题的初始状态。

(2) O 为所有操作算子的集合 $(O_0, O_1, \cdots, O_k)$,其中 $O_i = \{f_0, f_1, \cdots, f_t\}$。

(3) G 为所有可能的目标状态的集合 $(S_1, \cdots, S_m)$,是 S 的子集,即 $G \subset S, m < n$。

如图 5-1 所示,S_0 为初始状态,$S_1, S_2, \cdots, S_8$ 为所有可能的其他状态,即状态集合 $S = (S_0, S_1, \cdots, S_8)$。$S_7$ 与 S_8 为两个目标状态,即目标状态的集合 $G = (S_7, S_8)$,显然 $G \subset S$。$O_0, O_1, O_2, \cdots,$ O_{10} 为所有实施状态变化的操作算子,构成了操作算子集 $O = (O_0, O_1, \cdots, O_{10})$。从初始状态 S_0 到目标状态 S_7 或 S_8 可以采用不同的操作算子组合,如 $O_1 \rightarrow O_6 \rightarrow O_7$、$O_2 \rightarrow O_8 \rightarrow O_{10}$ 或 $O_1 \rightarrow O_6 \rightarrow O_9 \rightarrow O_{10}$,这构成了解决问题的不同路径。路径中不能包括会引起死循环的操作算子组合,如 $O_0 \rightarrow O_3 \rightarrow O_4 \rightarrow O_5$。合理的知识表示要方便于找出问题最优解,它可以是最短路径的解、花费最少资源的解或运用多目标决策方法而获得的解。

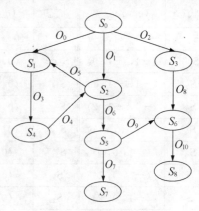

图 5-1　状态空间表示图例

2. 状态空间表示法举例

作为最基本的知识表示法,状态空间表示法有很多应用。现以状态空间表示法来表示一个吸尘清洁机器人在三个相邻房间之间的工作过程作为示例。如图 5-2,三个房间都可能有脏物需要打扫,机器人可以进行吸尘(Suck)、往左(Left)和往右(Right)三种操作。设初始状态是图 5-2 左边所示,有两个房间有脏物需要清洁而且机器人正在另外一个房间。目标状态则是图 5-2 右边所示,所有房间都已吸尘干净而且机器人可以处在任何一个房间,共有 3 个目标状态。

为了简便表示,作者将问题形式化,设房间里既无脏物又无机器人为状态 0,既有脏物又有机器人为状态 2,有脏物但无机器人为状态 -1,无脏物但有机器人为状态 1,用一个三元数组 $S = (q_1, q_2, q_3)$ 来表示这三个房间的状态。如表 5-1 所示,由于每个房间都有 4 种状态：0,2,−1 或 1,该问题空间可能有的状态数是 $4^3=64$ 个。但不是所有的状态对本问题来讲都是合法的(如表 5-1),如有 * 号注释的 32 种状态便是不合法的,因为不能有一个以上的房间同时具有机器人;有 ♯ 号注释的 8 种状态也是不合法的,因为不能有所有的房间都没有机器人;有 § 号注释的 32 种状态也是不合法的,因为中间的房间并无脏物。剩余的合法状态共有 12 种,其中 $S_8=(-1,1,-1)$ 为初始状态,$S_{22}=(0,0,1)$、$S_{25}=(0,1,0)$、$S_{37}=(1,0,0)$ 为目标状态,$S_6=(-1,0,1)$、$S_7=(-1,0,2)$、$S_9=(-1,1,0)$、$S_{23}=(0,0,2)$、$S_{24}=(0,1,-1)$、$S_{36}=(1,0,-1)$、$S_{52}=(2,0,-1)$、$S_{53}=(2,0,0)$ 为中间状态。

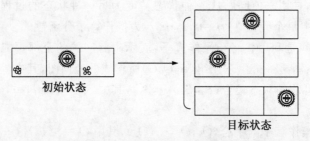

图 5-2　机器人清洁房间问题

表 5-1　机器人清洁房间问题可能有的所有状态

状态	(q_1,q_2,q_3)	状态	(q_1,q_2,q_3)	状态	(q_1,q_2,q_3)	状态	(q_1,q_2,q_3)
$S_0^{\#\S}$	$(-1,-1,-1)$	$S_{16}^{\#\S}$	$(0,-1,-1)$	$S_{32}^{\S}$	$(1,-1,-1)$	$S_{48}^{\S}$	$(2,-1,-1)$
$S_1^{\#\S}$	$(-1,-1,0)$	$S_{17}^{\#\S}$	$(0,-1,0)$	$S_{33}^{\S}$	$(1,-1,0)$	$S_{49}^{\S}$	$(2,-1,0)$
$S_2^{\S}$	$(-1,-1,1)$	$S_{18}^{\S}$	$(0,-1,1)$	$S_{34}^{*\S}$	$(1,-1,1)$	$S_{50}^{*\S}$	$(2,-1,1)$
$S_3^{\S}$	$(-1,-1,2)$	$S_{19}^{\S}$	$(0,-1,2)$	$S_{35}^{*\S}$	$(1,-1,2)$	$S_{51}^{*\S}$	$(2,-1,2)$
$S_4^{\#}$	$(-1,0,-1)$	$S_{20}^{\#}$	$(0,0,-1)$	S_{36}	$(1,0,-1)$	S_{52}	$(2,0,-1)$
$S_5^{\#}$	$(-1,0,0)$	$S_{21}^{\#}$	$(0,0,0)$	S_{37}	$(1,0,0)$	S_{53}	$(2,0,0)$
S_6	$(-1,0,1)$	S_{22}	$(0,0,1)$	S_{38}^{*}	$(1,0,1)$	S_{54}^{*}	$(2,0,1)$
S_7	$(-1,0,2)$	S_{23}	$(0,0,2)$	S_{39}^{*}	$(1,0,2)$	S_{55}^{*}	$(2,0,2)$
S_8	$(-1,1,-1)$	S_{24}	$(0,1,-1)$	S_{40}^{*}	$(1,1,-1)$	S_{56}^{*}	$(2,1,-1)$
S_9	$(-1,1,0)$	S_{25}	$(0,1,0)$	S_{41}^{*}	$(1,1,0)$	S_{57}^{*}	$(2,1,0)$
S_{10}^{*}	$(-1,1,1)$	S_{26}^{*}	$(0,1,1)$	S_{42}^{*}	$(1,1,1)$	S_{58}^{*}	$(2,1,1)$
S_{11}^{*}	$(-1,1,2)$	S_{27}^{*}	$(0,1,2)$	S_{43}^{*}	$(1,1,2)$	S_{59}^{*}	$(2,1,2)$
$S_{12}^{\S}$	$(-1,2,-1)$	$S_{28}^{\S}$	$(0,2,-1)$	$S_{44}^{*\S}$	$(1,2,-1)$	$S_{60}^{*\S}$	$(2,2,-1)$
$S_{13}^{\S}$	$(-1,2,0)$	$S_{29}^{\S}$	$(0,2,0)$	$S_{45}^{*\S}$	$(1,2,0)$	$S_{61}^{*\S}$	$(2,2,0)$
$S_{14}^{*\S}$	$(-1,2,1)$	$S_{30}^{*\S}$	$(0,2,1)$	$S_{46}^{*\S}$	$(1,2,1)$	$S_{62}^{*\S}$	$(2,2,1)$
$S_{15}^{*\S}$	$(-1,2,2)$	$S_{31}^{*\S}$	$(0,2,2)$	$S_{47}^{*\S}$	$(1,2,2)$	$S_{63}^{*\S}$	$(2,2,2)$

机器人可以进行的吸尘(Suck)、往左(Left)、往右(Right)三种操作可以用操作算子来表示,即 $O=(S,L,R)$,其中 S：吸尘；L：往左；R：往右。

图 5-3 是该问题的状态空间图,它表示了一切可能且合法的状态及其转化关系。从图中可以看出,从初始状态 S_8 到目标状态 S_{22}、S_{25} 或 S_{37} 有多条路径。这些路径解若用三元组表示,可表示为 $(S_8,(R,S,L,L,S),S_{37})$ 和 $(S_8,(L,S,R,R,S),S_{22})$ 等。

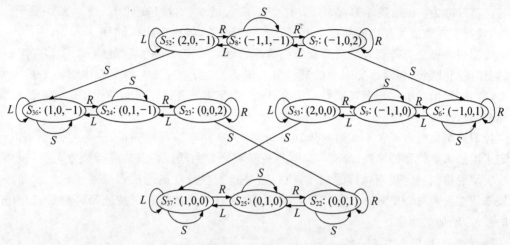

图 5-3　机器人清洁房间问题的状态空间图

5.1.2　产生式知识表示

1. 产生式知识表示的概念

产生式知识表示作为历史悠久且易为理解的知识表示方法,起源于美国数学家波斯特(E. Post)于 1943 年提出的作为组合问题的形式变化理论,而后被 Newell 和 Simon 于 1972 年称为产生式系统的计算模型。由于规则能"产生"出结果,Newell 和 Simon 在研究人类的认知模型中开发了基于规则的产生式系统[①]。

通常,一个产生式系统包括事实库、规则库、控制策略集三部分,其基本结构如图 5-4 所示。

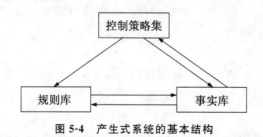

图 5-4　产生式系统的基本结构

事实库也称为综合数据库,是一个用来存放当前已知的与求解问题有关的各种知识、信息和数据,包括问题的初始状态和动态响应信息、推理得到的中间结果和最后结果。每个事实根据不同的应用范畴,可以表示为常量、变量、向量、数组、纪录和图像等。

---

① Newell A. and Simon H. A.. Human Problem Solving, Englewood Cliffs, NJ: Prentice-Hall, 1972.

规则库是一个用来存放针对有关问题的状态变换所需要的所有规则知识的集合。产生式规则的一般形式是：

$$\text{IF（条件 }1,\text{条件 }2,\cdots,\text{条件 }m）\rightarrow\text{THEN（动作 }1,\text{动作 }2,\cdots,\text{动作 }n）$$

这可以读为：如果条件 1，条件 2，…，条件 m 皆成立，则执行动作 1，动作 2，…，动作 n。其中，规则的左侧成为规则的前提条件，规则的右侧成为规则的执行部分。

规则的前提是否得到满足需要判断该前提是否与事实库中的某些已有事实相匹配。若是，则该规则被激活而对事实库中的某些事实进行删除、修改或在事实库中添加新的事实。如果规则推导出的事实与客观世界不符合，则需要反馈信息对规则库进行相应规则的修改、增加或删除。

控制策略集包含了关于如何对规则进行匹配、选择与执行的知识，或称控制型知识，它决定了问题求解过程的推理线路。其中，匹配策略负责判断规则条件是否成立，选择策略采用冲突消解机制决定规则执行的顺序，执行策略负责执行规则的动作或终止运行。如果控制型知识在推理过程中效率低下或导致死循环，则需要反馈信息对控制策略集进行相应知识的修改、增加或删除。

2. 产生式知识表示法举例

作为历史悠久的知识表示法，产生式知识表示法已获广泛应用，特别是在传统的专家系统领域。现以产生式知识表示法来表示级进模具设计知识库中的两条决定金属薄板件的弯曲半径的规则作为示例。

规则 1：

IF　材料类型＝钢 1008

AND　弯曲操作数 ≤ 2

THEN　弯曲半径＝1.5×材料厚度

规则 2：

IF　弯曲角度＝90°～135°

THEN　弯曲操作数＝2

为了描述上述规则的执行过程，假说当前的事实库里有两条事实，即

事实 1：弯曲角度＝120°

事实 2：材料类型＝钢 1008

由于事实 1 与规则 2 的前提匹配使得规则 2 先执行，产生了一个新的事实 3：弯曲操作数＝2。这时，事实 2 与事实 3 的同时存在使规则 1 的前提获得匹配而使其执行而获得一个新的事实 4：弯曲半径＝1.5×材料厚度，即凭此事实决定了金属薄板件的弯曲半径。该例可以看出产生式系统的推理线路不同于常规的程序，后者的数据流程与执行顺序固定有序，而前者的数据流程与执行顺序完全由事实库中的已有事实决定。

5.1.3　逻辑表示

数理逻辑又称为符号逻辑，是用数学的方法研究逻辑思维模型的科学，它把逻辑推理方法和使用的语言作为研究对象，应用数学的方法加以研究。它使用形式化语言（人造符号语言）来表达思维的形式结构和规律，把对思维规律的研究变换为对符号规律的研究，它既是

数学,也是逻辑学。一般认为德国数学家莱布尼茨(G. W. Leibniz,1646—1716)与英国数学家布尔(G. Boole,1815—1864)均为数理逻辑的创始人[①]。

数理逻辑主要包括经典逻辑和非经典逻辑两大部分,其中经典逻辑主要包括经典命题逻辑和经典一阶谓词逻辑。非经典逻辑泛指那些与古典逻辑不同的逻辑,它大体上可以划分为两大类:一类使用的语言与古典逻辑的语言基本相同,它们的差别在于古典逻辑中的某些定律在这些逻辑中不再成立,这类非古典逻辑包括直觉主义逻辑、多值逻辑和模糊逻辑等;另一类扩充了古典逻辑的语言和定理,扩大了古典逻辑的词汇表,增加了新的公理和新的算子,因而增强了它们的表达能力,使得那些难以用古典逻辑语言表达的定理推演变得容易了,同时扩大了古典逻辑的应用领域,这类逻辑包括模态逻辑、时态逻辑和动态逻辑等。

5.1.4　粗集表示

在表达不确定知识的方法中,由波兰大学的 Pawlak 教授提出来的粗集理论近年来得到了迅速发展,并已经成功地应用在社会生产和生活实践的各个领域中。粗集系统与其他系统有一个明显的不同,其他系统都需要若干的先验知识,比如在模糊系统中需要预先设定元素的隶属度函数;基于证据理论的系统需要提供基本概率分配函数;其他的如MYCIN 需要提供先验概率等。而在粗集信息系统中不需要先验知识,只依靠"内部"数据就可以提出隐含的模式,除去冗余的知识。粗集系统是数据驱动的,而其他系统是模式驱动的。当然,粗集系统也不排斥模式,它是在没有先验模式的情况下,从知识库中提取隐含的模式。

需要说明的是,Pawlak 在创立粗集理论之初就强调,它不仅仅是一种数据分析的手段和技术,从根本上讲,粗集理论是一种新的知识表达及处理思想。按照粗集理论的解释,我们对目标的认知程度取决于所拥有知识的多少,知识越多,则区分得越精细;知识越少,则目标间的区分越模糊。

5.2　结构化的知识表示

虽然非结构化的知识表示能够直观、简便、清晰地表示真实世界中的非结构化信息,但对揭示事物间千丝万缕的联系知识方面却无能为力。这就需要从多方面、多角度将具有结构关系的事物间的区别与联系表示出来。例如,对一个组织编号为 017 的企业,就需要描述它的企业性质、地理位置、产品范围、成立时间、年销售额等信息;还需说明它与其他事物间的关系,如它是企业类的实例、是另一家企业 033 的供应商等。为方便结构化地表示客观世界的各种结构化信息,语义网络、框架、面向对象的表示等结构化知识表示方法被广泛使用,并与非结构化知识表示方法相结合,以取长补短。

---

① 陈波. 逻辑学是什么? 北京:北京大学出版社,2002.

5.2.1　语义网络表示

语义网络最早由奎廉(J. R. Quillian)[①]于 1968 年研究人类联系记忆中提出心理学模型时提出的,以描述作为实现概念间相互联系的"记忆"事物。他将人的记忆模型画为一个联系网,其中的结点用来表示实体和概念,而连接则表示概念之间的联系。在这个模型中,某个概念的激活会沿着连接的方向传播开去,当某个结点接受到的刺激达到阀值以上,就形成了可以感知的思想。随后,在他自行设计的可教式语言理解器(Teachable Language Comprehenden,TLC)中,他将语义网络作为知识表示的模型,如被用在语言理解上的可表示单词、词组和含义之间的相互关系。语义网络可以表示为描述事物间关系的带标签有向图,它由节点和有向弧组成。其中,节点代表实体,用于表示事物、事件、状态、概念、对象和性质等,通过标签来标识实体的含义;有向弧代表语义关系如继承关系等,用于表示两个实体之间的某种关系或联系,通过标签来表示关系的语义。这些语义关系包括但不限于 is-a(是一个)、has-a(有一个)、a-member-of(是一员)与 is-a-kind-of(是一种)等。

5.2.2　框架表示

通过将相关的概念和属性进一步集群或组合成框架结构,语义网络的表达能力可以得到进一步的加强。框架表示法是一种关于事物内部结构化描述和事物之间动态关联的描述,最早由明斯基(Minsky)于 1975 年提出,作为视觉感知、自然语言理解和其他复杂行为的一种基础[②]。框架理论认为,在人类日常的思维及理解活动中早已在头脑中以类似于框架的结果存储了大量的抽象模型。当遇到到新事物时,人们不会重新去探索新情况,而是先从记忆中选择某个配对的框架,再根据实际情形去细化、丰富、修改而获得新的认识。同样地,该新认识也作为新获得的框架知识存储起来以备将来之用。例如,当一个人进入一家从未去过的电影院看电影,根据以前的经验,就会想象电影院有椅子、幕布、导引员、梯级台阶等。但至于电影的内容、椅子的摆设、导引员的年龄、梯级台阶的坡度等具体细节不可能事先知道而需要实地考察。这种可以预见的知识结构便构成框架,一个框架可以细化、丰富、修改、填充成一个框架实例。

作为对语义网络的扩展,框架由描述事物各个方面的关系(成为槽)组成,每个槽可以有多个侧面,每个侧面又可拥有若干个侧面值。可见,框架的槽比语义网络的节点有更丰富的表示结构,使得框架比语义网络更强调事物的内部结构。框架的一般形式如下:

<框架名>

槽名 1：　　侧面名 1_1：　　侧面值 1_{11},1_{12},…

　　　　　　侧面名 1_2：　　侧面值 1_{21},1_{22},…

　　　　　　　　$\vdots$

①　Quillian M. R.. Semantic memory, In：Minksy, M. L. （Eds.）, Semantic Information Processing. Cambridge, MA：MIT Press, pp：227－270, 1968.

②　Minsky M. L.. A framework for representing knowledge. In：The Psychology of Computer Vision. New York：McGraw-Hill, pp：211－277, 1975.

$$槽名 2：\quad 侧面名 2_1：\quad 侧面值 2_{11}, 2_{12}, \cdots$$
$$侧面名 2_2：\quad 侧面值 2_{21}, 2_{22}, \cdots$$
$$\vdots$$
$$槽名 n：\quad 侧面名 n_1：\quad 侧面值 n_{11}, n_{12}, \cdots$$
$$侧面名 n_2：\quad 侧面值 n_{21}, n_{22}, \cdots$$
$$\vdots$$
$$侧面名 n_m：\quad 侧面值 n_{m1}, n_{m2}, \cdots$$

框架的槽名主要用来表示框架的各种属性,而槽的侧面名除用来表示框架属性的各种子属性外,还经常使用默认值、范围、最大值和最小值的描述。槽或其侧面的取值除了可以是空值、数值、字符串、约束值等一般意义上的值之外,还允许是在满足某种条件时需调用的另一实例框架或需执行的动作与程序。

5.2.3　面向对象的表示

前面所讨论的语义网络、框架等结构性知识表示方法,旨在支持知识的陈述性表示和结构化描述,但在对信息的结构化处理方面的能力却嫌不足。近年来,面向对象技术蓬勃兴起,它对早期的语义网络和框架表示在语言特征和设计方法论方面作了结构化处理的扩展。该技术的核心概念是对象,它是对客观世界中实体或概念的抽象。对象有如下特征[1]:

● 识别性,使其区别于其他对象;
● 状态,指某一个特定时间的内部条件;
● 行为,指为改变对象的状态和同其他对象交流所进行的操作。

对象既包括了陈述性知识又包括了程序性知识。面向对象的系统由许多相互作用的对象所组成,每个对象可以执行一个或多个任务,并通过消息传递与其他对象进行通讯。所谓消息是某个对象执行另一对象中某个功能操作的构造,是实现对象之间传递数据流和控制流的唯一途径。对象之间的联系方式有三种:继承、聚合和合作。继承关系包括了 is-a(是一个)和 a-kind-of(是一种)关系,例如冲压模是一种模具,前者是后者的子类而继承了后者的所有特征。聚合关系包括了 has-a(有一个)和 contains(包含)关系,例如冲压模包含四个平台,后者构成了前者。合作关系包括了 uses(运用)和 depends-on(依靠)关系,例如电机依靠电能,后者是前者工作的前提。

面向对象的基本特征包括类属性、继承性、封装性和多态性。

类属性使数据和知识能按照专门事实和普遍事实被组织起来,这是通过面向对象的定义实现的。对象可以泛指一切事物,类则是对一类对象的行为和属性作出普遍定义而得到的抽象模型。换句话说,一个对象实例就是其所属类的专门事实,对象类是产生对象实例的工厂。

继承性所表达的是不同对象类之间的上下层关系,使一个子类能从其父类继承属性和行为并作改写、补充或删除。继承性使得代码的重用和扩充成为可能。

封装性使一个对象的属性和行为被集合在一起,形成一个封装体,使其实现细节屏蔽于

---

① 　Meyer B. . Object-Oriented Software Construction, New York, Prentice-Hall, 1988.

其他对象。这样,其他对象只需知道该对象的功能而不必知道实现细节即可调用该对象的行为。对象作为一个封装体,可以产生低层次的模块化,从而大大简化软件的设计、编码和测试。

多态性使不同对象为响应同样消息能分别实现各自适合的行为。利用多态性,对象中只需进行通用函数的调用,函数的实现细节由运算时的入口参数的性质来确定。多态性加强了软件的重用性,它能通过继承自动从父对象把属性和行为传递到子对象。

5.2.4 Agent 表示

Agent 的概念可以追溯到 1977 年 Carl Hewitt 提出的 CAM[①],其中定义了具有自兼容性、交互性和并发处理机制的对象,称为"actor"。Agent 一词最早可见于 M. Minsky 于 1986 年出版的《思想社会》(*Society of Mind*)一书。M. Minsky 在书中引入了"Society"和"Social Behavior"的概念:个体存在于社会之中,社会的个体在有矛盾的前提下通过协商或竞争的方法得到对问题的求解,这些个体被称为"Agent"。

目前存在的软件 Agent 大概可以分为以下几类:思考型 Agent、反应型 Agent、混合型 Agent、移动型 Agent 和学习型 Agent。多个 Agent 可以组成一个松散的组合体(MAS),这些 Agent 成员之间相互协同、相互服务,共同完成一个任务。各 Agent 的活动是自制和独立的,其自身的目标和行为不受其他 Agent 的指挥,它们通过协商和竞争的方式来协调 Agent 成员的目标和行为之间的矛盾和冲突。

5.3 知识资源的语义表示和存储方法

虽然目前获得广泛应用的非结构化或结构化知识表示技术已能满足单机环境下知识管理工作对知识表达的要求,但由于快速发展的 Internet 上广泛存在着信息格式的异构性、信息语义的多重性以及信息关系的匮乏和不统一,传统的知识表达技术难以实现网络化协同工作环境下对数据、信息或知识的共享、重用或互操作的要求。

随着网络技术的迅猛发展,积累的各个领域内的信息资源越来越丰富。相应地,基于网络的应用越来越多、使用范围越来越广泛,而使用范围越广泛,产生的网上信息资源就越多。资源种类的繁多和应用的广泛,给信息资源的管理和应用带来了诸多挑战,增大了机器理解信息资源的难度,也大大提高了对这些信息资源进行知识管理的难度。对这些网上信息资源进行知识标注后产生易于机器处理的知识资源并进行高效存储,成为有效实施知识管理的瓶颈之一。

由第 3 章所介绍的作为知识管理前沿技术的本体论和语义 Web 可知,本体提供了知识表示的语义基础,使数据存储与知识表示统一起来。本体所包含的元素属性与值之间的关系有助于建立起不同资源对象之间所存在的复杂的关联关系,并实现对非结构化、半结构化

---

① Hewitt C.. Viewing control structures as patterns of passing messages. Artificial Intelligence, Vol (8): 323 - 364, 1977.

信息的结构化知识处理。下面将通过知识资源的语义标注和存储方法,探索基于语义 Web 面向网络化协同工作的知识表示方法,它由本体驱动,结合了语义网络和 XML 表示的思想。

5.3.1　网上信息资源的产生和知识表示

在 Web 出现之前,信息资源是由独立的机器节点产生,信息资源的扩散范围小,信息的交换一般是通过磁盘进行交换的,同时这类少数节点之间的信息交换一般通过手工完成,交换过程中数据即使存在一定的异构性问题,也可以及时解决。

Web 的出现使得一切发生了变化,随着 Web 上的数据以指数级数增长,为了有效维护和高效利用这样一个有史以来最为庞大的信息资源,信息的自动化处理势在必行。当前 Web 上的信息超载和 Web 服务之间缺乏互操作性,不仅降低了 Web 的可用性,同时也成为 Web 进一步发展的障碍。要使计算机充分利用 Web 资源,实现 Web 服务之间的互操作性,这些海量信息资源对计算机来说必须是开放的和可理解的。因此,有必要以一种更加形式化的方式表示 Web 数据,使数据携带明确的语义信息,并提供相应的处理模型。本小节阐述了网络信息资源逐渐实现形式化知识表示的发展过程(表 5-2)。

表 5-2　网络信息资源逐渐实现形式化知识表示的发展过程

	Web-HTML 阶段	Web-XML 阶段	Semantic Web-RDF 阶段
信息主要描述格式	HTML	XML	RDF＋owl
信息描述主要特点	非格式化或半格式化	信息格式化、标准化,缺乏语义信息,信息可能有多重含义	基于本体的信息定义
动态交互技术	CGI 技术、ASP、JSP	Web 服务、SOAP、UDDI、WSDL 等	语义 Web 服务
动态交互特点	处理人机基于 Internet 的交互,机器之间难以交互	初步处理机器之间交互,难以进行智能化交互	机器、应用之间交互,能初步实现智能化交互
发展特点	应用非常广泛	技术日益成熟	从应用模式、理论研究、实现技术到行业规范仍在发展中

1. Web-HTML 阶段

在 Web-HTML 阶段,网络语言是 HTML。HTML 作为 SGML 的一个子集,极大地促进了 WWW 的蓬勃发展以及知识和信息的流通,带动了一波前所未有的信息革命,且随着网络和网络应用的急剧扩展,成为网络信息交流中一个应用最为广泛的标准格式。但是,尽管 HTML 在人机界面上有着不俗的表现(HTML 的目的正是如何将内容表达出来),却不利于应用之间的信息交换和信息传递。这是因为在 HTML 所有关键字中,除了有限几个(如 title,用于表达文档标题)能表达数据的内容外,其他的主要作用就是呈现文章的格局和外观。例如,没有一种将商业网站上的某种商品的数量以应用程序能够理解的方式明确表达出来的表示方法,或者说,HTML 在表示这些信息的时候将这些信息的含义和结构给丢失了,使得理解 HTML 所表达的 Web 信息资源只有通过一定的方式(如全文搜索等)将网页归类之后手工理解。这是因为浏览者可以阅读共享的文档,但是应用程序无法理解文档的含义,即使是从 DBMS 中查询出的数据,浏览者看到的仍是 HTML 形式,机器无法理解查询结果集。对于当今网络世界中的海量信息资源,这显然是不能尽可能多和尽可能准确地找到需要的信息,也就是说,无法确保查准率和查全率要求。

2. Web-XML 阶段

为解决 HTML 不能表达数据的信息结构的问题,W3C 提出了 XML(可扩展标记语言)。

XML 是一种简单的、具有弹性的文本格式语言,也是 SGML 的一个子集,最初用于大规模电子出版物。因其具有的下述特性,被广泛应用于数据交换、存储和查询等方面,被认为是下一代 Web 语言。甚至有人认为,XML 是 21 世纪的"世界语"。

(1) XML 是基于纯文本的,具备跨越硬件平台和软件平台的巨大潜力。

(2) XML 具有可扩展性。XML 基于 W3C 制定的开放标准,这使基于 XML 的应用均具有很好的可扩展性。XML 之所以能够越来越广泛地使用,就是因为它不仅仅允许自己定义一套标记(这些标记不局限于对于格式的描述),而且允许用户根据不同的规则来制定标记,如商业规则、数据描述或者数据关系等,从而实现了用自己定义的标记集来说明文档内容,而说明精确度是实现者自己制定的。

(3) XML 是自描述的,能够自我解释数据结构。XML 允许开发不同专业的特定领域的标记语言,有了这些语言,该领域的应用不论是否用特殊或专门的软件创建的数据,都可以相互地交换数据和信息而不用担心对方是否能够理解。目前,一些特定领域的标记语言已经被开发出了,如数学领域的一种标记语义 MathML。

(4) XML 数据内容和表现形式分离,这种分离的描述方式使得表现形式多元化,可以实现由不同的表现形式来表现某一个相同内容的 XML 文档。

(5) XML 支持对文档的验证。XML 文档的结构和内容是由其语法定义的。如 DTD 和 XML Schema[1] 等,有了文档模式,就可以方便有效地验证文档的有效性。
其中,DTD 是 XML 从 SGML 继承下来的,主要是为了描述文档而设计的,而在数据类型定义方面有所欠缺,特别是元素内容方面的定义。也就是说,这种描述问题方式在很大程度上和 HTML 一样,便于浏览,但是不便于程序理解。因此,有必要提出另外的文档定义方式,这就是 XML Schema 的由来。XML Schema 具有强大的数据类型表达功能,但是 XML Schema 也不能完全代替 DTD,在描述文档等传统领域 DTD 比 XML Schema 更合适,在这些领域中 DTD 的支持程度要比 XML Schema 高。

在文档定义上有两个不同的研究方向,一个研究方向是文档如何描述,文档可以根据模式定义文档,这些文档实际上就是该模式的一个实例,实例和模式是多对多的,一个模式可以描述许多有效的实例,如将一个数据表中的数据发布,就可以共用同一个模式,同一个实例也可以被多个模式描述;另外一个研究方向就是文档的验证,文档的验证是判断该实例是否符合模式中的约束,验证包括数据在内的文档的正确性和完整性。

---

① World Wide Web Consortium. XML Schema 1.1, Part 1: Structures. W3C Working Draft, http://www.w3.org/TR/xmlschema11-1, 2006.

（6）XML 支持多种搜索。由于 XML 文档由结构和内容两方面组成，因此既可以执行数据查询，也可以根据上下文搜索结构信息，从而也就能支持更准确更有效的搜索机制。

3. Semantic Web-RDF 阶段

在 Web-XML 阶段，XML 可以消除不同数据的内部差异，可以让不同机器的应用程序之间交换数据（如 Web 服务）。在此阶段，对于 n 个应用程序之间交换数据，其数据格式虽然都是 XML，却可能遵循 n 种 DTD（或 XML Schema），它们之间的数据交换需要进行映射。因此，理想的方式是大家都遵循同一个 XML Schema，但这显然是不现实的。在 Semantic Web-RDF 阶段，RDF 的引入屏蔽了格式问题，多个不同格式的 XML 文档可能表示同一个意思，且可以用同一个 RDF 文件描述。RDF 是一个元数据语言标准，用于表示数据的语义。RDF 支持互操作，类似于关系数据库系统，因为后者基于共同的关系模型，RDF 就是 Web 化的关系数据语言，使得 Web 上的数据都遵循一个数据模型。

事实上，数据交换所要达到的真正目的是得到所交换数据代表的含义，实现数据在含义上的交换，而不是单纯的数据本身的交换，这同人与人之间的信息交换类似。对于人类来说，可以通过相同的语言进行交互，交互双方以他们所共同遵守的语言组织规律（相当于语法）对所要表达的信息含义（相当于语义）进行组织才能使对方理解。人与人之间信息的传达并不需要非常严格的语法，即便是对方在语言表达上存在着一定的错误，人们仍然可能理解对方所要表达的意思。但对于计算机之间的信息交换来说，语法与语义缺一不可。数据以正确的语法表达是保证计算机之间能够进行信息交换和处理的前提，而数据语义的描述则是数据可被计算机正确理解和推理的基础。

对于今天的大部分计算机应用来说，其所产生的信息并没有采用统一的语法描述格式，信息在语法描述上存在着千差万别，这就造成了信息表达上的语法异构；而对于信息代表含义（即语义）的解释，则是以硬编码的方式写入到了应用中，这种所谓程序式语义的信息语义建模方法，将对信息的理解固化到特定的代码逻辑中，这分离了信息的语义和信息的语法描述。因此，程序式语义有很大的局限性，既不具备扩展性也不具备通用性，难于维护和集成。与程序式语义的信息建模方法不同的是声明式的语义建模方法，它通过将数据的语义描述与特定应用逻辑的分离，将数据的语义描述纳入到数据层，将数据语义的解释留给了通用的形式化系统（例如一阶逻辑、描述逻辑和 Datalog 等推理系统），而与具体的数据和应用逻辑无关，具有非常好的适应性和可重用性。数据基于语义的描述就是以声明式的语义建模方法对数据的语义进行描述，通过实现数据的语义描述可以大大减轻数据应用处理的压力。

RDF 规范提出了一个简单的模型用来表示任意类型的数据。这个数据模型由节点和节点之间带有标记的连接弧所组成，节点用来表示 Web 上的资源，弧用来表示这些资源的属性。因此，这个数据模型可以方便地描述对象（或者资源）以及它们之间的关系。RDF 的数据模型实质上是一种二元关系的表达，由于任何复杂的关系都可以分解为多个简单的二元关系，因此 RDF 的数据模型可以作为其他任何复杂关系模型的基础模型。

应用之间交换数据的问题可以通过 RDF 解决，每个应用均将其数据导出为 RDF 数据，需要数据输入的应用则只要写一个 RDF 数据抽取程序，这个程序对任意输入的 RDF 文件，在其中查询需要的数据。当然，可以实现这个方案的一个前提条件就是这些 RDF 文件是基于同一个词汇表,如大家都用"Book"这个词表示书籍。这个词汇表就是 RDF Schema,它和 XML Schema 的区别在于它不是约束 XML 数据的格式,而是描述 RDF 数据中词汇的含义。这样的策略屏蔽了同一含义中使用不同 XML 语法的问题,也就是说,RDF Schema 比 XML Schema 更容易为大家就词汇的含义达成一致性,因为它只关心领域的概念模型,而不关心这个概念模型用 XML 表示出来的格式。

与 XML 中的标记类似,RDF 中的属性集也是没有任何限制的。也就是说,可以用多种方式来描述同一个属性,这就是我们通常所说的同义词现象,即同一个概念可以以不同的词汇来描述。在实际应用中这个词汇并不一定要和词典中的词汇有一定的对应关系,例如英文语法中常见的缩写就属于此种情况。与同义词现象相对应的另一个问题就是一词多义,即同一个词汇在不同的应用背景下可以表示不同的意思。RDF 的模型不具备解决这两个问题的能力,而 RDF Schema 虽然可以为 RDF 资源的属性和类型提供词汇表,但是基于 RDF 的数据语义描述仍然可能存在语义冲突。为了消解语义冲突,作者在描述数据语义的时候可以通过引用本体的相关技术,对语义描述结果作进一步的约束。幸运的是,RDF (Schema)在提供了简单的机器可理解语义模型的同时,为领域化的本体语言(如 OIL 和 owl)提供了建模基础,并使得基于 RDF 的应用可以方便地与这些本体语言所生成的本体进行合并。RDF 的这一特性使得基于 RDF 的语义描述结果具备了可以更准确、形式化地描述知识资源并和更多的领域知识进行交互的能力,也使基于 XML 和 RDF 的 Web 数据描述具备了良好的生命力。

5.3.2　知识资源描述框架

领域知识本体是从领域知识到规范化的概念和术语的映射,它将领域知识以一种计算机可读的方式表示出来,完成对现实世界语义的建模。但随之会产生以下需要解决的重要问题:如何利用领域知识来对知识资源语义进行描述? 如何保证机器(应用程序)对知识资源语义描述的正确解释? 如何保证根据语义进行推理的形式上的正确性? 这些工作由知识资源描述框架来完成,资源描述框架的目标是实现机器可以理解的网络资源语义描述。

本小节将从形式化语法、形式化语义、形式化推演以及可靠性、完备性等多个不同的角度来分析知识资源描述框架形式化系统。

在领域本体库建立之后,RDF 可以基于该本体对知识资源语义进行描述,并保证机器对知识资源语义描述的正确解释和根据语义进行推理的形式正确性。RDF 系统先有形式化的语法,后来才有了基于多种逻辑的语义解释,W3C 采用了模型理论来解释 RDF 的语义。

1. RDF 形式系统概述

知识本体可以将现实世界语义知识用明确、形式化的方式表示出来,RDF 则可以在已定义领域知识的基础之上对资源语义进行描述,并保证机器对资源语义描述的正确解释和根据语义进行推理的形式正确性。RDF 系统先有形式化的语法,后来才有了基于多种逻辑的语义解释,W3C 采用了模型理论来解释 RDF 的语义。

RDF 作为一套完整的形式化体系,包括了形式语言和推理机制两个主要部分。要保证该形式化体系的正确性,需要从语法和语义两个层面上来研究这个形式化系统的性质。语法研究形式系统内符号和符号之间的关系,它涉及形式系统的构造,给出系统的字母表、形成规则、公理和变形规则,然后根据变形规则从公理推出定理。作为网络资源语义描述框架,形式系统语义层面的性质显得尤为重要。语义层面研究形式系统中符号和它所指称、所刻画的对象之间的关系。通过解释,可以将形式系统与特定的领域概念连接起来,从而赋予形式系统内的初始符号和公式一定的意义,最后机器可以理解利用该形式系统所作出的语义描述。此外,一个正确的形式系统必须具备语法和语义上的可靠性,其他特性如完备性、可判定性、独立性和范畴性皆是一个良好的形式系统所应该具备的特性。

2．RDF 形式语法分析

由于 RDF 是以一种建模的方式来描述数据语义的,这使得 RDF 可以不受具体语法表示的限制。但是 RDF 仍然需要一种合适的语法格式来实现 RDF 在 Web 上的应用。

RDF 数据模型主要有三种基本的序列化方式:图形、N3 和 XML。其中,图形方式直接明了,N3 方式更贴近一阶逻辑。

考虑到万维网环境下 XML 所具有的优良特性,XML 已经成为被广泛支持的 Web 数据表示标准,因此将 RDF 序列化为 XML 表示可以使 RDF 获得更好的应用可处理特性,并使得 RDF 数据可以像 XML 数据一样容易使用、传输和存储。因此,RDF 数据模型一般都考虑采用 XML 序列化来表示。

RDF 和 XML 是互为补充的。RDF 希望以一种标准化、互操作的方式来规范 XML 的语义,XML 文档可以通过简单的方式实现对 RDF 的引用。

因此,RDF 是定制 XML 的良伴,而不只是对某个特定类型数据的规范表示。XML 和 RDF 的结合,不仅可以实现数据基于语义的描述,也充分发挥了 XML 与 RDF 的各自优点,便于 Web 数据的查询和相关知识的发现。

最初,W3C RDF 工作组借鉴了 Guha 与 Bray[1]、Hopmann 等人[2]在元信息内容表示框架领域的研究成果,于 1999 年提出了 RDF/XML 模型和语法规范草案[3]。该草案自提出之日起,就因为其复杂性受到不少研究者的责难。

3．RDF 形式语义分析

RDF 语言语法的形式化定义能够明确地界定 RDF/XML 序列化语句的正确书写规则,但是仅有语法的形式化定义,还不能完全避免 RDF 语言实现者和开发人员对 RDF 语言理解上造成的歧义。为了做到无歧义地解释给定语言的合法表达式,并在特定解释下判断 RDF 语句是否为真,以实现 RDF 语句的自动推理,许多研究者采用不同的逻辑,根据不同的应用需要,先后给出了多种 RDF 形式化语义。

---

① Guha R. and Bray T.. Meta content framework using XML. http://www.w3.org/TR/NOTE-MCF-XML-970624/, June 1997.

② Hopmann A., Berkun S. and Hatoun G.. Web collections using XML. http://www.w3.org/TR/NOTE-XMLsubmit, 1997.

③ Lassila O.. Resource Description Framework (RDF) model and syntax specification. http://www.w3.org/TR/1999/REC-rdf-syntax-199990222/, 1999.

基于 Horn Clause 的解释[①],Conen 与 Klapsing[②] 很早就给了一个基于一价逻辑的公理化语义,随后 W3C 官方基于模型理论(Model Theory)给出了 RDF 的形式语义[③]。模型理论通过给该语言的合适表达式一个良好定义的解释,可以解释该语言的语句;并且在给定的解释之下,可以判断这些语句是否为真;还可以定义从这些语句中通过逻辑所得出的结论。

从抽象模型论的角度来研究一个形式系统的解释,通常可以分为两步:首先,为该形式系统的语言指定论域,并给出形式语言内个体常项、函数符号、谓词符号在该论域中所分别代表的特指个体、函数运算以及性质或关系,这些组合在一起成为一个"结构";然后,在这个结构的基础上,再指定个体变项所代表的个体,这称为指派。一个结构加上在这个结构上的语义指派,就构成了一个完整的语义解释。W3C 所采用的 RDF Model Theory 分别提出了简单解释、RDF/RDFS 解释、RDF/RDFS 蕴涵以及针对 RDF 语句的有效性等几个基本概念。

4. RDF 形式推演分析

模型理论语义本身并没有直接提供一个机器可以操作的推理定义,它只是提供了一种形式化的语义蕴涵定义,可以用来直观地检查证明理论的正确性。RDF 形式推演定义了 RDF 语句之间的机器可以验证的形式可推演性关系。

所谓计算机理解是指计算机能够对 RDF 描述进行语义推理,这种语义推理的基础在于 RDF/RDFS 语言本身所包含的语义规则。

5.3.3 知识资源的语义标注

在本体的建模阶段,大部分的建模工作都集中在领域知识的抽象表示上,即发现领域内的概念、概念的继承层次、潜在的关系和公理等。对于领域中的实例,在建模时一般不需要考虑它们,除非建模时就能确定该本体所涉及的所有实例。实际上,通常的本体都具有一定的通用性,表示特定领域内的知识,但由于领域内可能的实例数目无穷无尽且动态变化,因此只有本体和一个具体的应用结合时考虑实例才有意义。将现实应用中涉及的实例和抽象的本体概念相联系,这正是语义标注(Semantic Annotation)所要做的工作。和数据库类比,语义标注就如同为建立好的数据库表添加具体的纪录。

语义标注的目的,就是用本体对 Web 数据进行标识,这对 Web 智能的实现起着至关重要的作用。Erdmann 等人[④]给出了语义标注的一个定义:通过一种标记的手段,在 HTML 或者 XML 中把资源的元数据同相应的资源联系起来的过程,就称为是语义标注。

---

① Conen W. and Klapsing R.. A logical interpretation of RDFS-a compatibility guide. Working Paper, http://nestroy. wi-inf uni-essen. de/rdf/new interpretation/, 2001.

② Conen W. and Klapsing R.. A logical interpretation of RDF. Electronic Articles in Computer and Information Science, http://www. ep. liu. se/ea/cis/2000/013/, 2000.

③ World Wide Web Consortium. RDF semantics. W3C Recommendation, http://www. w3. org/TR/rdf-mt/, February 2004.

④ Erdmann M., Maedche A., Schnurr H. and Staab S.. From manual to semi-automatic semantic annotation: about ontology-based text annotation tools. In: Hasida, K. and Buitelaar, P. (Eds.) Proceedings of the COLING 2000 Workshop on Semantic Annotation and Intelligent Content, Luxembourg, August 2000.

对知识资源进行语义标注往往有两种方式。一是由发布文档的用户来创建,用户可以根据一定的本体,为知识资源添加语义信息。然而在这种语义标注方式中,标注问题就会受到多方面的影响,变得相当复杂,不同的用户会创建不同的本体来描述自己的知识资源,从而导致对相同的内容或者对象往往有不同的本体来进行描述,这些异构的本体造成在使用语义信息的过程中需要频繁执行处理本体异构的操作,给应用系统带来沉重的负担,而无法达到知识共享和机器可理解的目的。另外一种方式是让大型的机构,如著名的搜索引擎公司或权威的机构来提供通用的大本体,供普通用户在进行语义标注的时候使用。这种语义标注方式中也会导致一系列的问题,首当其冲的就是本体将会被少数机构所垄断;其次是构建如此庞大的涵盖各方面内容的大规模本体将是一件非常困难的事,即便是得到了这样的本体,获得用户的认可也比较困难。因此,领域本体采用的往往是由领域内的权威机构制定的本体库。

知识资源的语义标注的主要步骤有:

(1) 标注对象的导入和分析。将经过知识资源预处理程序处理的待存储的知识资源导入到语义标注系统,对待标注知识资源进行词法分析,得到标注对象的关键词。

(2) 提取文档中的本体概念。分析知识资源对象,与领域本体中的概念一一对比,可以抽取后进一步分析。此时得到的一系列概念并不能够真正体现知识资源的语义描述内容,而只是简单的概念罗列和堆砌,因此还需要作进一步的处理。

(3) 标注知识资源中的实例和抽取。针对知识资源中的名词所描述的对象,需要通过一系列的处理,获得它们所描述的实例,从而得到文档的语义对象。在语义实例的提取方法中,知识资源就是多个本体概念的实例组成,使用基于本体的方法进行标注,每一个标注的对象对应知识资源中具体出现的实例。

通过这样的步骤,就能够得到经过语义标注后的文档语义向量。语义标注对提高搜索的查全率和查准率的益处显而易见。目前,语义标注还处于研究阶段。

5.3.4 知识资源的存储

RDF 作为海量知识资源的表示方式,我们有必要考虑如何高效地存储 RDF 数据。自从 XML 作为 Web 信息表示、存储和交换的一个标准后,已经广泛地用于平台独立性的数据表达以及松散耦合的分离系统。RDF 数据一般序列化为 XML 数据,也可以说,RDF 数据的存储可以分为两个部分:一是将 RDF 数据序列化为 XML 数据,二是存储 XML 数据。

1. RDF 数据的存储

总得来说,以 RDF 格式表示网络海量的知识资源是一种较好的可选表示方案,接下来需要考虑的就是如何存储这些知识资源。在存储 RDF 数据前,首先要考虑几个准则。

(1) 可伸缩性:即根据应用的 RDF 数据量的大小,考虑是否需要存储和查询超过 G 级别的元组。

(2) 查询:需要进行哪些查询,能支持哪一类查询,它们是否能容易地公式化表述和处理。

(3) 效率:即考虑存储的效率如何、查询的耗费如何以及交付查询结果的耗费如何。

（4）组织：即如何在存储数据之上建立关联，对 RDF 模型进行混合并能判断元组的来源。

不同的应用场合有不同的存储方式，目前主要有基于文件系统、基于关系数据库和专门的管理工具三类存储方法。

基于文件系统纯文本方式存储策略实施起来较简单，但是这种方法不仅效率低，而且很难适应数据量较大的情况。基于文件系统的存储方式一般也只适合问题规模比较小的应用。由于成熟的关系数据库技术中，大多数的应用都采用关系数据库来存储和查询 RDF 数据，该方式都是将 RDF 按照一定的策略组织在数据库中，利用现有的数据库管理系统对数据的操纵和管理能力来存取 RDF。在此只考虑如何序列化 RDF 数据，在 RDF 规范标准中对序列化的方法和要求做了详细的规定。

2. XML 数据的存储

当数据序列化为 XML 数据后，需要考虑的就是 XML 数据的存储策略。目前，具体的 XML 数据存储策略是多种多样的，在不同的发展时期和不同的应用环境下，研究者提出了诸多的存储策略，根据存储管理的方式分类，主要有存储于文件系统、存储于专门系统和关系数据库管理系统（RDBMS）三类。下文中分别就三类存储策略作一个简要描述。

（1）基于文件系统的 XML 数据存储。在基于文件系统存储 XML 数据的存储策略中，XML 数据被放入文件并直接存储于文件系统中。将 XML 数据直接存储于文件系统时存储数据所耗费的时间最少，这是因为在此类存储策略中，除了操作系统访问文件外不需要任何额外的处理。这种策略常见于一些较小的应用程序或者教学目的。但是在这种存储策略中，文件系统无法提供有效的基于 XML 的查询支持，也就无法广泛使用于海量知识资源的应用。

（2）基于专门管理工具的 XML 数据管理系统。常用的专门管理工具有两种，一种是将 XML 数据存储于面向对象的数据库中，另外一种是将 XML 数据存储于专门管理 XML 文档的原生 XML 数据库管理系统（Native XML DBMS，NXD）。

首先，XML 数据可以存储在面向对象的数据库中（如 Excelon）。在面向对象系统中，利用对象的特征允许将 XML 元素和子元素聚集在一起，这种存储方式在某些特定的应用中效率很高，但是目前不成熟的面向对象的数据库管理系统无法支撑大型数据库上的复杂查询。因此，使用面向对象的数据管理系统来存储和查询 XML 数据还需要做很多的努力。

其次，可以使用专门管理 XML 数据的原生 XML 数据库管理系统存储 XML 数据，如 Tamino 系统[1,2]。Tamino 系统的 XML 服务器是 Software AG 公司开发的一个用于存储、管理、发布和交换 XML 文档的高性能的 XML 数据管理服务器，该系统支持 XML 数据类型，也就是支持 native XML。由于 XML 的模式与传统数据库的关系模式有很大的区别，XML 模式中只有比较弱的类型定义，甚至没有类型定义（如有的文档就没有对应的 XML 模式），而 RDBMS 中有预先定义的关系模式，所处理的数据依赖于已有的模式。因此，XML

---

① Tamino. http://www.softwareag.com/corporate/products/tamino/default.asp, 2000.

② Schoning H.. Tamino-A DBMS designed for XML. In: Proceedings of the 17th International Conference on Data Engineering (ICDE2001), pp: 149-154, 2001.

文档根据结构来划分是很难的,要么所分的类别多,要么无法分类,这也是 XML 和传统 DBMS 结合的难点所在。Tamino 系统处理 XML 数据时,一般预先定义几个模式集合,文档分组时就可以根据这些 XML 模式来进行划分。分组时的文档可以包括预定义文档类型中未申明的节点,但是必须包含已经申明的节点。

(3) 基于 RDBMS 的 XML 数据存储。该方法就是利用已有的成熟的关系数据库管理系统(RDBMS)来存储和查询 XML 数据。然而,即使是使用 RDBMS,也有不同的存储策略。

一种存储策略是使用 BLOB 或者 CLOB 类型将 XML 数据作为一个整体存储于表中。将 XML 数据整体存储于数据库中经历了一段漫长的时期[1,2,3,4,5,6]。在 XML 和 RDBMS 刚刚结合的阶段,数据库作为存储数据的角色存在,储存 XML 数据时通过中间件[7,8,9]将 XML 打包发送给数据库进行保存,该时期的应用主要是将存储于数据库中的数据发布到网络上,例如将保存在数据库中的图书、论文信息按照给定的样式表发表,发表的过程就是从数据库中取出存储于表中的信息,然后通过中间件进行格式化发布,这个阶段只有少量的基于 XML 的查询。接下来的阶段就是增加了基于 XML 数据上的查询。在这个阶段和前述阶段一样,存储和查询都是通过中间件来完成,在数据库中存储的信息结构由中间件来管理,RDBMS 本身并不清楚存储在数据库中的 XML 数据的文档结构等相关信息。在收到一个 XML 查询时,中间件从数据库中取出相应的 XML 数据,查询完毕后返回给应用程序。这两个阶段主要工作都是由中间件完成,数据库并不能发挥应有的作用。

另外一种存储策略就是将 XML 数据映射到数据库特定的表中。随着 XML 的应用不断推广,各数据库竞相增加对 XML 的支持,修改数据库中心服务器适应应用程序的变化。

① 孟小峰,王宇,罗道峰.OrintX:一个 Native XML 数据库系统的实现策略.第 20 届全国数据库学术会议,计算机科学,30(10):111 - 115,2003.

② 罗道峰,孟小峰,安靖.OrientStore:Native XML 存储方法。第 20 届全国数据库学术会议,计算机科学,30(10):105 - 110,2003.

③ Deutsch A., Fernandez M. and Suciu D.. Storing semistructured data with stored. In: Proceedings of the 28th SIGMOD International Conference on Management of Data, pp. 431 - 442, 1999.

④ Dyreson C. E., Bohlen M. H. and Jensen C. S.. Capturing and querying multiple aspects of semistructured data. In: Proceedings of 25th International Conference on Very Large Data Bases, pp. 290 - 301, 1999.

⑤ Nicola M. and Van der Linden B.. Native XML support in DB2 universal database. In: Proceedings of 31th International Conference on Very Large Data Bases, pp. 1164 - 1174, 2005.

⑥ Benzaken V., Castagna G., Colazzo D. and Nguyen K.. Type-based XML projection. In: Proceedings of 32th International Conference on Very Large Data Bases, pp. 271 - 282, 2006.

⑦ Wan C. X. and Liu Y. S.. X-RESTORE: middleware for XML's relation storage and retrive. Wuhang Univ. Journal of Natural Sciences, 8(1A):28 - 34, 2003.

⑧ Abiteboul S., McHugh J., Rys M., Vassalos V. and Wiener J. L.. Incremental maintenance for materialized views over semistructured data. In: Proceedings of 24th International Conference on Very Large Data Bases, pp. 38 - 49, 1998.

⑨ Shanmugasundaram J., Shekita E. J., Barr R., Carey M. J., Lindsay B. G., Pirahesh H. and Reinwald B.. Efficiently publishing relational data as XML documents. In: Proceedings of 24th International Conference on Very Large Data Bases, pp. 65 - 76, 1998.

将 XML 文档映射到数据表中[1,2,3,4,5,6]。这种存储策略的起点是系统接受到存储 XML 文档的请求,然后开始扫描和分析这些文档然后进行存储。

下面是经典的映射 XML 文档简要过程:一个 XML 文档可以被当作一棵有序的树,文档本身是树的根节点,每一个元素是该树中的一个节点,元素的子元素是该元素的子节点,元素和子元素之间的关系可以用树中的边表示。

这种映射的方式在将文档映射到表中时会丢失一部分信息,如元素的顺序;在文档中的元素被储存到表中之后,由于关系表中的元素是无序的,自然也就丢失了文档中各元素之间的固有顺序。如果要在映射的物理表中保存这些顺序,方法之一是给每一个元素分配一个唯一的序号,通过序号来标识元素的顺序。这些唯一的序号同时也是表的主键,在返回查询结果集后,由这些元素序号通过排序的方法就可以重建元素的顺序。但是,增加元素的序号来标识顺序,在查询的过程中必然会增加大量的连接次数,降低查询效率;而且,这种映射方式还会丢失文档结构信息和文档样式信息,如映射到表中的是一个个的节点,文档的信息无法存储到这些节点中。因此,需要通过额外的处理方式来保存相应的信息,在向用户返回查询结果时,根据额外方式保存在数据库中的文档结构信息和文档样式信息来重建相关文档。

尽管使用 RDBMS 存储和查询 XML 文档有着这样那样的缺点,但是其带来的各种优点也是明显的,尤其是文档映射到数据库时,可以充分利用 RDBMS 的数据管理功能和查询处理能力。此外,在数据管理方面,首先,由于 RDBMS 有完善的事务管理机制和日志恢复机制,保证了文档的完整性和一致性;其次,由于 RDBMS 的安全机制,完全可以通过 RDBMS 来保证用户只能访问获得授权的数据,保证数据不被非法访问和非法破坏;最后,由 RDBMS 的不同级别的加锁机制,可以最大限度地提高在 XML 文档上的并发访问。在查询方面,可以充分利用 RDBMS 强大的查询能力和数据操纵能力。首先,可以使用 RDBMS 强大的查询引擎和查询优化能力,在调整查询引擎使其适应基于 XML 查询后,其强大查询引擎就可以转移到基于 XML 数据的查询;其次,一旦 XML 数据映射到数据库之后,可以使用不同的存储策略来提高查询性能,如有效的索引管理能力。多个不同的索引策略相互配合可以极大地提高基于 XML 文档的查询能力。

---

① Shanmugasundaram J., Tufte K., Zhang C., He G., DeWitt D. J. and Naughton J. F.. Relational databases for querying XML documents: limitations and opportunities. In: Proceedings of 25th International Conference on Very Large Data Bases, pp. 302 – 314, 1999.

② Miller R. J., Haas L. M. and Hernández M. A.. Schema mapping as query discovery. In: Proceedings of 26th International Conference on Very Large Data Bases, pp. 77 – 88, 2000.

③ Tatarinov I., Viglas S., Beyer K. S., Shanmugasundaram J., Shekita E. J. and Zhang C.. Storing and querying ordered XML using a relational database system. In: Proceedings of SIGMOD Conference, pp. 204 – 215, 2002.

④ Jiang H. F., Lu H. J, Wang W. and Yu J. X.. XParent: an efficient RDBMS-based XML database system. In: Proceedings of the 18th IEEE ICDE International Conference on Data Engineering, pp. 335 – 336, 2002.

⑤ 万常选,刘云生. 基于关系数据库的 XML 数据管理. 计算机科学, 30(8), pp. 64 – 68, 2003.

⑥ 万常选. XML 数据库技术. 北京: 清华大学出版社, 2005.

将文档映射到物理表中一直是而且将来也会是一个极其重要的 XML 文档存储策略,但是这种存储方式除了上面提到的序号缺陷以外还有一个很重要的缺憾,RDBMS 本身并不了解 XML 文档,而是将文档当作一个被理解的复杂数据结构(树结构),并不能理解文档所隐藏的丰富信息。

例如,在 SQL Server 2000 中提供了在数据库和 XML 数据模型之间的映射以及在 XML 数据上的强大查询功能和客户端的可编程平台①。

在服务器端,理想情况下服务器和网络服务应用程序之间的交互情况如下所述:服务器将 XML 数据映射到物理表中,查询时使用一个专门为 XML 数据使用的 FOR XML 语句来完成 XML 查询,并将查询结果重建为 XML 数据返回给查询用户。FOR XML 是一个叫做 OpenXML 的元组集合生成工具的转换结果,它从 XML 数据中提取映射到物理表的值,使用 XPath1.0 表达式来完成查询。OpenXML 主要用于将 XML 数据分割(Shred)并映射到表中或者事务 SQL 查询语言这两类应用。

在客户端,SQL Server 2000 的可编程支持也就是 SQLXML 技术(这个技术的核心是 XML 视图)能够支持 XML 模式和关系表之间的双向映射,在 SQL Server 2000 中还只能支持 XDR 模式(不过,在其后续的版本中加入了对 XSD 的支持)。XML 视图支持基于 XPath1.0 的一个子集的查询,它是通过将路径表达式转换为基于映射表上的 SQL 查询,然后将查询结果重建成 XML 数据返回给查询用户。SQLXML 能够创建 XML 模板,模板创建之后就可以使用模板创建 XML 文档,在文档中甚至可以包含动态片断。在文档里面可以嵌入 FOR XML 查询,也可以嵌入基于数据所对应的映射表上的 XPath1.0 表达式查询。当该 XML 模板被执行时,查询语句块将被查询结果所替代,这种方式可以创建包含有静态内容和一些数据驱动的动态内容的 XML 文档,该方法在新闻网站、新书发布网站等情况下特别合适,这些应用中,发布所需要的模板基本相同,不同的是发布的内容不一致。在 SQL Server 2000 中,访问 SQLXML 的功能主要有两种:一种是利用 SQLXMLOLEDB 提供的 (SQLXMLOLEDB 是 OLE DB 中的一种,通过 ADO 向使用者提供 SQLXML 的功能);另外一种是通过 HTTP 方式访问,使用者可以通过 SQLXML 的 ISAPI 程序接口以 HTTP 方式访问 SQL Server 2000 提供的 SQLXML 功能。

随着 XML 应用的日益广泛,应用场景也在不断变化,将文档数据映射到物理表里面的存储策略已经不能适合所有的情况。

有些 XML 数据难以通过映射到物理表的方式将其存储到数据库中。首先,含有递归结构的数据难以映射,这是因为关系数据库只有通过外键的方式提供部分递归支持,使得含有递归结构的数据难以映射。其次,一个 XML 实例中,其内部的节点按照其出现的顺序自然排序,在有些实例中,这种顺序关系必须要被保存完好(这在包含工作流程类的数据中很常见),相应的查询结果中也要保留这些顺序;与此相反的是关系数据,它是无序的。为了解决这个问题,针对每个节点必须分配一个额外的序号用于保存节点顺序,而且返回的查询结果还需要重新排序,这增加了存储额外的序号所需要的存储代价,更降低了查询性能。查询性能的降低主要体现在两个方面,分别是需要增加序号所带来的额外的表链接和查询返回时

① SQLXML. http://www.microsoft.com/china/sql/2000/techinfo/xml/default.asp,2000.

返回结果集的排序。在实际的工程应用中，XML 模式是复杂多变的，在大型应用中这种增加的表链接将急剧降低查询性能；并且在利用查询返回结果重建 XML 文档时，若文档结构复杂或者查询结果集合庞大，针对查询结果集合中的节点排序又是一个不可忽略的代价损失。

在这种情况下，我们需要 RDBMS 增加对 XML 的支持程度，目前各个商用数据库供应商也竞相提供对原生 XML 的支持，这种情况是整体存储策略的延伸。在原生 XML 的存储策略中，XML 数据的存储方式是将 XML 当作一个整体存储在物理表中，存储方式一般是通过 RDBMS 提供的 CLOB 和 BLOB，但是和原始的第一种存储策略不一样的时候，这个时候 RDBMS 能够理解存储在其中的 XML 数据，作者称之为 XML 数据类型。

在 SQL Server 2005 版本中开始提供原生 XML 支持，用户可以创建包含一个或者多个 XML 类型属性列的物理表[1,2,3]，而且 XML 数据类型可以作为参数传递或者当作变量使用。XML 数据在存储时以内部格式 BLOB 形式保存，能够保持 XML 数据模型的特征，如前文所述的文档顺序问题和递归问题，都能够如实的保持。

一般情况下，为了更好地支持 XML 类型，需要在数据库中保存 XML 模式，模式集合就是其中之一。模式集合是将 XML 模式当作元数据来进行管理，当插入一个 XML 数据的时候，就可以依据这个模式集合对等待储存的数据进行验证。等待储存的数据在模式集合中有一个模式和其相对应，也就是说，该实例通过了模式验证，是一个已知类型的 XML 数据，否则就是一个未知类型的 XML 数据。不管已知类型还是未知类型的 XML 数据，都可以这样存储。这种本地化支持使得系统能够理解 XML 数据所表达的结构，在 RDBMS 内部，XML 数据和关系就有了交互的可能。这种存储策略也极大地推动了 XML 应用前景。

在 SQL Server 2005 中，可以通过事务 SQL 中的 SELECT 语句来选取 XML 数据，除了查询存储在数据库中的 XML 数据外，还可以像传统的存储于数据库的关系数据一样进行更新；可以通过 W3C 推荐的标准语言 XQuery 进行查询 XML 类型的数据；可以修改 XML 数据，例如增加或者删除 XML 的子树、更新节点中的标量数据。嵌入式的 XQuery 和数据修改操作相结合，提供了丰富的手段来操作 XML 数据。和映射存储策略一样，当服务器接受一个查询时，若查询是基于一个大而结构复杂的 XML 文档，或者是基于一个牵涉到大量元组的情况下，查询性能将急剧下降，有必要采用一些策略来提高查询性能，索引机制就是其中之一。在索引当中，通过扩展 B＋树索引机制将极大地提高查询性能。主要索引通常是对一个 XML 数据列创建一个包含 XML 数据中所有的标记、值、路径等信息的 B＋树索引。另外，还可以创建一些辅助索引，如路径索引可以提高基于路径的查询，值索引可以提高基

① 从 SQL Server 2005 中处理 XML. http：//www. microsoft. com/china/msdn/library/data/
sqlserver/SqlXmlADO. mspx？ mfr＝true,2005.

② Pal S.，Cseri I.，Seeliger O.，Schaller G.，Giakoumakis L. and Zolotov V.. Indexing XML data stored in a relational database. In：Proceedings of 30th International Conference on Very Large Data Bases，pp. 1134－1145, 2004.

③ Pal S.，Fussell M. and Dolobowsky I.. XML support in Microsoft SQL Server 2005. http：//msdn. microsoft. com/xml/default. aspx？ pull＝/library/en-us/dnsql90/html/sql2k5xml. asp, 2005.

于值的查询。

无独有偶,IBM 的 DB2 9.0 也提出了 pureXML 的技术与概念[①],诉求原生的 XML 数据型态,一改过去作法,直接保留原来树状结构的数据形态,同时也支持 XML 索引功能和 XQuery 查询。此外,在查询技术上,DB2 9.0 整合中间件的技术,让开发人员可以忽略底层的数据是关系型数据还是 XML 数据,从而使开发人员可以通过擅长的 SQL 或 XQuery 语言进行查询,取得所需的结果。关系型数据库的成熟度加上 XML 的阶层式特性协助关系型数据库在处理数据时更为全面。同样,关系型数据库也能为 XML 带来好处。

由于数据库技术的介入,使得基于 XML 进行存储和交换的信息也越来越多,反过来也促进了 Internet 的发展,Internet 上面的各种各样的信息也越来越丰富。但是 Internet 带给人们获取信息便捷的同时,也将人们引入了一片浩瀚的信息海洋。如何提高信息搜索的准确度,如何从信息中提炼出有价值的知识成为计算机科学界研究的热点。数据挖掘、文本挖掘、Web 挖掘、数据仓库、基于内容的检索、智能检索、搜索引擎、知识服务和知识服务工作流等技术相继被提出,并随着 Internet 及其相关技术的蓬勃发展而成为学术界和产业界广泛关注的焦点,并应用到一批知识管理的商品化软件中。

5.4　基于语义 Web 的知识表示实例

5.4.1　本体构建及语义标注实例

传统的知识表示通常是集中式的,而语义 Web 致力于建立一个支持知识在 Web 上的分布式表示但语义明确的知识空间。我们采用语义 Web 语言来构建面向网络化协同知识管理的本体结构,我们作者以企业知识管理过程中三类重要的知识本体:制造本体、资源本体和组织本体为例来探讨本体构建及其语义标注。

1. 制造本体及语义标注

为避免采用语义 Web 语言,如 owl 等的描述过于庞大且不直观的情况,作者用图示方法表达(如图 5-5 所示)一个制造知识本体实例。对该本体片断我们分别从概念实体、概念属性和概念间关系进行介绍,如表 5-3 和 5-4 所示。在图示表达中:

● 省略了概念的完整上位关系,如"设备"属于"制造对象",而"三爪卡盘"则属于"制造资源"中"工艺装备"子类下"夹具"分类等。

● 概念间的关系大都存在相应的反义关系,如"拥有设备"和"生产厂商"等,而图中只表示了单向关系。

● 省略了对概念约束的表达,如"设备"只有一个"型号"属性的数量约束。

● 省略了对公理定义的表达,包括概念间关系的对称性和传递性,如"车床"与"三爪卡盘"的"相关对象"关系是对称关系、"企业"与"地域"的"所处地域"关系是传递关系。

---

① Vella S.. DB2 9.0: pureXML overview and fast start. http://www. redbooks. ibm. com/abstracts/SG247298. html? Open.

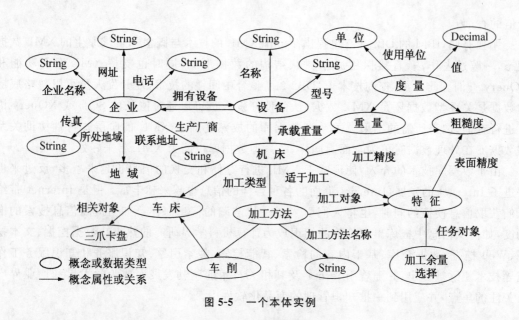

图 5-5 一个本体实例

表 5-3 概念实体及其属性

概念名称	概念类别	具有属性	属性类别
企业	企业	企业名称	附属属性
		传真	附属属性
		网址	附属属性
		联系地址	附属属性
		电话	附属属性
设备	制造资源	名称	附属属性
		型号	附属属性
机床	设备	加工精度	度量属性
		承载重量	度量属性
车床	机床、车削加工①	继承设备和机床属性	
三爪卡盘	制造资源		
加工方法	制造方法	加工方法名称	附属属性
车削	加工方法	继承加工方法属性	
特征	制造对象	表面精度	度量属性
加工余量选择	制造任务		
度量	基础概念	值	度量属性

---

① 车床是一个多重继承概念,描述逻辑表达为:车床＝机床∩加工类型.车削.

概念名称	概念类别	具有属性	属性类别
粗糙度	度量	继承度量属性	
重量	度量	继承度量属性	
地域	基础概念		
单位	基础概念		

表 5-4　概念间关系表示

概念间关系名称	概念间关系类别	相关概念名称	相关概念名称
所处地域	空间关系	企业	地域
拥有设备	归属关系	企业	设备
生产厂商	来源关系	设备	企业
相关对象	关联关系	车床	三爪卡盘
适于加工	工具—客体关系	机床	特征
加工类型	活动—工具关系	加工方法	机床
加工对象	活动—客体关系	加工方法	特征
任务对象	活动—客体关系	加工余量选择	特征
使用单位	关联关系	度量	单位

本体实例化是指根据本体中定义的概念、属性和关系,将页面中的事实信息进行标注的过程,其中每个概念实体的实例,都被赋予唯一 URI 作为标识。标注采用 owl 语言编写并嵌入页面的注释中。通过这样一个步骤,Web 页面的信息就可以分为两大部分,即符合HTML 语法的、适于显示以供用户直接阅读的信息,以及采用 owl 标注的、适于计算机分析处理的信息,这就是语义 Web 技术所提倡的——将数据表现形式及其语义进行分离的具体体现。

在对页面语义标注时,可能出现相关概念实体信息分布在不同页面中的情况,而它们的语义部分应该维持延续以便于检索。对此,在页面标注中可以采取跨页面的概念实体引用,也就是使用远程对象的 URI,这为跨越页面边界的知识检索提供了基本保证。

下面以某公司发布来料加工信息为例,说明如何进行本体实例化。该企业将具备高精度、大承载能力的车床作为一种核心资源进行发布,并主要以此吸引客户来料加工,因此在页面中应对这些车床的特性进行完整标注。

介绍公司概况的页面标注如下所示,其中,webmanu 是网络化制造本体所在的名字空间:

```
<rdf: RDF xmlns: rdf= " http: //www.w3.org/1999/02/22-rdf-syntax-ns# "
    xmlns: xsd= " http: //www.w3.org/2001/XMLSchema# "
    xmlns: rdfs= " http: //www.w3.org/2000/01/rdf-schema# "
```

```
        xmlns: webmanu= " http: //ai.zju.edu.cn/cimslib/WebManu.owl# "
        xmlns = " http: //www.machine-trade.com/jeray/gsjs.html # "
  >
  ...
  <- - 以下对企业进行描述,其中,所处地域和拥有设备两项采用了跨页面对象引用- - >
  <webmanu: 企业 rdf: ID= "四川精锐机电有限公司">
    <webmanu: 企业名称> 四川精锐机电有限公司</webmanu: 企业名称>
    <webmanu: 电话> 028 - 7750122</webmanu: 电话>
    <webmanu: 传真> 028 - 7786410</webmanu: 传真>
    <webmanu: 联系地址> 成都市西安南路 63 号金座大厦 503 室</webmanu: 联系地址>
    <webmanu: 所处地域  rdf: resource= " webmanu# 成都"/>
    <webmanu: 网址> http: //www.machine-trade.com/jeray/gsjs.html</webmanu: 网址>
    < webmanu: 拥有设备  rdf: resource = " http: //www.machine-trade.com/jeray/gssb.
                        html# 立式车床 C5120C "/>
  </webmanu: 企业>
</rdf: RDF>
```

发布来料加工信息的页面标注如下所示:

```
<rdf: RDF xmlns: rdf= " http: //www.w3.org/1999/02/22-rdf-syntax-ns# "
      xmlns: xsd= " http: //www.w3.org/2001/XMLSchema# "
      xmlns: rdfs= " http: //www.w3.org/2000/01/rdf-schema# "
      xmlns: webmanu= " http: //ai.zju.edu.cn/cimslib/WebManu.owl# "
      xmlns = " http: //www.machine-trade.com/jeray/gssb.html# "
  >
  ...
<webmanu: 车床 rdf: ID= "立式车床 C5120C ">
  <webmanu: 所属企业 rdf: resource= " http: //www.machine-trade.com/jeray/gsjs.html#
              四川精锐机电有限公司"/>
  <webmanu: 生产厂商 rdf: resource= " http: //www.whzxjcc.com.cn/index.html# 武汉重型
              机床厂"/>
  <webmanu: 名称> 立式车床 C5120C </webmanu: 名称>
  <webmanu: 型号>  C5120C </webmanu: 型号>
  <webmanu: 加工精度>
    <webmanu: 粗糙度 rdf: ID= "立式车床 C5120C 加工表面粗糙度">
    <webmanu: 值> 0.8</webmanu: 值>
      <webmanu: 使用单位 rdf: resource= " webmanu# 微米"/>
    </webmanu: 粗糙度>
  </webmanu: 加工精度>
  <webmanu: 承载重量>
    <webmanu: 重量 rdf: ID= "立式车床 C5120C 承载重量">
      <webmanu: 值> 1.2</webmanu: 值>
```

```
        <webmanu: 使用单位 rdf: resource= " webmanu# 吨"/>
      </webmanu: 重量>
    </webmanu: 承载重量>
    ...
  </webmanu: 车床>
</rdf: RDF>
```

2. 资源本体及语义标注

知识管理过程中的资源是指完成知识管理活动所需要的所有物质和服务。按照不同的分类方法,资源可以分为静态资源和动态资源,可重用资源和不可重用资源,共享资源和不可共享资源,定义及语义标注如下:

Resource：＝{AP, O, RT, D, RA, AL, WL},其中:

AP:可用阶段(Available Period)给出资源可用的时间段。

O:操作(Operation)定义可以对资源进行的操作。

RT:资源类型(Resource Type)表明资源是共享还是互斥,是静态还是动态,是可重用的还是不可重用的。

D:分布(Distributed)给出访问控制中的资源（包括组织本体类）在系统中的位置,包括物理分布和逻辑分布。

RA:资源数量列表(Resource Amount List)记录当前剩余的可用资源数量,当前正在使用的不可重用资源数量不记入可用资源数量。

AL:使用资源的活动实例列表(Activity List)记录正在使用该资源的所有活动实例集。

WL:等候资源的活动实例列表(Wait List)记录正在等候该资源的所有活动实例集。

```
<owl: Class rdf: ID= "资源本体">
    <owl: subClassOf rdf: resource= "# 知识管理本体"/>
</owl: Class>
<owl: Class rdf: ID= "可用阶段">
    <owl: subClassOf rdf: resource= "# 资源本体"/>
    <rdfs: domain rdf: resource= "# 时间"/>
    <rdfs: range rdf: resource= "# 可用时间"/>
</owl: Class>
<owl: Class rdf: ID= "资源类型">
    <owl: subClassOf rdf: resource= "# 资源本体"/>
    <rdfs: domain rdf: resource= "# 资源"/>
    <rdfs: range rdf: resource= "# 资源分类"/>
</owl: Class>
<owl: 资源分类>
    <owl: distinctMembers rdf: parseType= " Collection ">
        <owl rdf: about= "# 共享资源"/>
        <owl rdf: about= "# 互斥资源"/>
        <owl rdf: about= "# 静态资源"/>
```

```
        <owl rdf: about= "# 动态资源"/>
        <owl rdf: about= "# 可重用资源"/>
        <owl rdf: about= "# 不可重用资源"/>
    </owl: distinctMembers>
</owl: 资源分类>
<owl: Class rdf: ID= "资源分布">
    <owl: disjointunionOf rdf: parseType= " Collection ">
        <owl: Class rdf: about= "# 资源物理分布"/>
        <owl: Class rdf: about= "# 资源逻辑分布"/>
    </owl: unionOf>
</owl: Class>
```

3. 组织本体及语义标注

组织本体描述系统参与者间的相互关系,由层次化的组织单位构成,在知识管理中起非常重要的作用。在知识管理应用中,用户间的关系相对较为复杂,用户隶属于不同部门,在各部门中担任不同职位、扮演不同角色,既隶属于静态组织,也隶属于因项目而调整的动态组织。因此,该组织本体由以下类组成:用户、部门、职位、角色和项目,并语义标注如下:

Organization:{US,DP,PO,RO,PR},其中:

US:用户(User)是构成组织本体最基本的单位。用户类包含以下信息:名称、住址、邮件和电话等。

DP:部门(Department)构成了组织本体中的静态组织部分,一般呈树状结构。部门是区别用户的属性中信息熵差别较大的一个属性。

PO:职位(Position)揭示了组织本体中的权力关联,一般呈网状结构,因为一个用户可以拥有多个职位。职位中有名称、描述等属性。

RO:角色(Role)是组织中非实例化的概念,表示参与某个活动的实体。角色可以是人、某个组织机构或某个应用程序,其主要属性有:名称,组织实体,角色能力等。它描述的是一个工作流程中参与操作的一切实体。

PR:项目(Project)构建组织本体中动态组织部分,其内容与部门相似。

```
<owl: Class rdf: ID= "组织本体">
    <owl: subClassOf rdf: resource= "# 知识管理本体"/>
</owl: Class>
<owl: Class rdf: ID= "用户">
    <owl: subClassOf rdf: resource= "# 组织本体"/>
</owl: Class>
<owl: Class rdf: ID= "部门">
    <owl: subClassOf rdf: resource= "# 组织本体"/>
</owl: Class>
<owl: Class rdf: ID= "职位">
    <owl: subClassOf rdf: resource= "# 组织本体"/>
```

```
</owl: Class>
<owl: Class rdf: ID= "角色">
    <owl: subClassOf rdf: resource= "# 组织本体"/>
</owl: Class>
<owl: Class rdf: ID= "项目">
    <owl: subClassOf rdf: resource= "# 组织本体"/>
</owl: Class>
```

5.4.2　基于加权语义超图的知识表示模型

本体的优势在于知识的共享和重用,其构建的概念之间的语义关系网络推理能力强,可叠加复杂的公理定义;而 XTM 的特点是知识导航和定位能力强,可关联相关信息资源。采用某种机制将两者的优势集成起来,可以很好地适应网络化协同工作环境下知识管理的需求。著名的 XTM 研究学者 Steve Pepper 就认为,XTM 和本体建模语言之间的关系不是竞争关系,而是一种互补关系,并主张应将两者综合在一起使用[1,2]。因此,在本节作者探讨采用加权有向语义超图(Weighted Directed Semantic Hyper Graph)的形式将本体和 XTM 的优势综合起来建立一种基于加权语义超图的知识表示模型。

1. 模型结构

图 5-6 给出了网络化协同工作环境下基于加权语义超图的知识表达模型的结构。

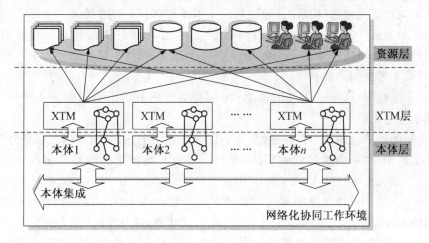

图 5-6　基于加权语义超图的知识表达模型结构

如图 5-6 所示,模型在逻辑上依下而上共分为三层:本体层、XTM 层和资源层。

(1) 本体层。本体层是模型的语义层,由知识领域内常用的概念、术语、永真命题,通过概念蕴涵、属性关联、相互约束和公理定义等方法,组织成具有网状结构的、可共享的形式化本体表示,用以揭示概念间的本质联系。网络化协同工作往往包含了众多的知识领域,因而

---

① Pepper S.. The TAO of Topic Maps: finding the way in the age of Infoglut. http://www.ontopia. net/topicmaps/materials/tao. html, 2002.

② Vatant B.. Ontology-driven topic maps. http://www. mondeca. com/, 2003.

在本体层中容纳了众多领域的知识本体,组织与组织之间的差异造成了同一知识领域本体的差异,因而本体层采用本体集成机制来实现组织间本体的互操作。

(2) XTM层。XTM层是模型的知识展现层,由知识本体的实例按照XTM语法组织在一起。XTM起着三方面作用:一是表达知识,通过组织实例化的知识本体,表达各种领域知识;二是索引知识,在网络化协同工作环境中编制各种分布式知识的索引,增加知识间的互操作性和语义关联性;三是将领域知识的各种相关资源链接在一起,包括文档、数据库、专家、企业等,增强知识的导航能力,支持网络化协同知识管理协作能力的表达。

(3) 资源层。资源层主要包括与领域知识相关的数据资源,例如各种文档(手册、图档、标准等)、数据库和专家等,这些资源一方面作为知识来源,另一方面供领域知识作引用和参照。

在上述三层结构中,非语义化的知识数据经过本体的实例化,实现了表现形式、结构、内容和资源的分离,从而成为机器可理解和导航的组织形式。其中,本体层和XTM层的结合是该模型的核心,如何采用统一的方式描述两者的结构和内容,进而实现两者有机融合,是使模型易于被机器处理的关键。为此,作者定义了模型的概念模型。

2. 概念模型

概念模型的引入可为高层的应用提供模型一致性和有效性检查的手段,本节为上一节提出的知识表达模型定义了一个形式化的概念模型,以统一的方式描述了本体层和XTM层的结合。

图结构是用来描述本体和XTM的最直观形象的数据结构。图结构一般由节点和连接节点的边(有向边或无向边)构成,这分别对应了本体和XTM中的概念/Topic和概念关系/Association,因而被广泛用于本体和XTM的建模,但是常规的图结构只能表达两元关系,不支持多元关系,难以适应复杂一些的知识结构,而且很难将本体和XTM统一起来,造成高层应用对模型处理的困难。

本节引入了超图(Hyper Graph)概念[1]来实现对上一节给出的知识表达模型的概念建模,可以克服上述困难。

超图是对图的概念的推广,是一种广义的图。在超图中,图的边可以关联任意数目的顶点,而在狭义的图中,一条边只能关联两个顶点[2]。首先给出超图的形式化定义如下[3]:一个超图是一个五元组 $HG=(V, \lambda_V, E, \lambda_E, I)$,其中:

- V、E、I 表示 HG 中三个不相交的有限集合。V 表示 HG 的顶点(Vertex)集合,E 表示 HG 的边(Edge)集合,I 表示 HG 的 incident 边的集合,并且 $V \cap E \cap I = \varnothing$;
- λ_V 表示集合 V 到集合 I 幂集的映射,即:$\lambda_V: V \to P(I)$,其中 $P(I)$ 表示集合 I 的幂集,并且满足:

$$\forall v \neq v' \in V, \lambda_V(v) \cap \lambda_V(v') = \varnothing, 且 \bigcup_{v \in V} \lambda_V(v) = I$$

即对于任意一个 $\alpha \in I$,存在唯一一个顶点 $v \in V$,使得 $\alpha \in \lambda_V$,作者称 v 为 α 的顶点端点(vetex-endpoint);

①,③ Auillans P., Mendez P. O., Rosenstiehl P. and Vatant B.. A formal model for Topic Maps. In: Proceedings of the 3rd International Semantic Web Conference (ISWC 2002), LNCS, 2342:69-83, 2002.

② 董颖. 知识服务机制研究,博士学位论文,中国科学院研究生院,2003.

● λ_E 表示集合 E 到集合 I 幂集的映射,即: $\lambda_E : E \rightarrow P(I)$,同样满足:

$$\forall e \neq e' \in E, \lambda_E(e) \bigcap \lambda_E(e') = \varnothing, \text{且} \bigcup_{e \in E} \lambda_E(v) = I$$

即对于任意一个 $\alpha \in I$,存在唯一一个边 $e \in E$,使得 $\alpha \in \lambda_E$,作者称 e 为 α 的边端点(edge-endpoint);

已知一个超图 $HG = (V, \lambda_V, E, \lambda_E, I)$,若其中 I 中的 incident 边是有向边,则称 HG 为有向超图(Directed Hyper Graph),记为 DHG。

对于顶点 $x \in V$,边 $e \in E$,若 $\lambda_V(x) \bigcap \lambda_E(e) \neq \varnothing$,则称 x 与 e 具有 incident 关系。

对于 $x \in V \bigcup E$,则以 x 为源点的连通子图(Connected Component)$HG[x]$ 定义为:对于 $HG[x]$ 上的任一元素 $y \in V \bigcup E$,皆满足如下条件: $y = x$;或者,存在一个有限序列 z_1 , $z_2, \cdots, z_k$,其中 $z_1 = x, z_k = y$,且 z_i 与 $z_{i+1}(1 \leqslant i < k)$ 具有 incident 关系。

参照本体和 XTM 的结构,从上述定义可以看出:使用超图来描述本体和 XTM,可以用顶点定义概念和 Topic,用边定义概念关系和 association,用 incident 边定义概念与概念关系之间和 Topic 与 association 之间的关系,这样通过引入 incident 边使得表达概念之间的关系更加的抽象和通用,并且摆脱了只能表达二元关系的束缚。同时,连通子图 $HG[x]$ 将本体和 XTM 划分为多个不同的语义层次,每一个连通子图表示一个语义层次。例如,本体中互联的概念,XTM 中互联的 Topic,本体中的属性域,以及 XTM 中的 role、topic name、topic occurrence 等,但是这些语义层次之间根据超图的定义是独立不连通的。因此,要想利用超图概念全面对本体和 XTM 建模,需要提供可以在语义分支中进行跳转的机制。

针对上述问题,Auillans 等人[①]定义了一个通用的 Topic Map 的超图模型,其中给出了在语义分支间跨越的机制,对 Topic Map 的概念模型进行了形式化描述。本节对该定义做了扩展,引入了加权和有向边等特性,给出了基于加权有向语义超图的知识表达概念模型,可以清晰地描述本体层和 XTM 层融合,为上一节刻画的复杂知识表达模型提供了一个一致性的形式化表达方法。

一个知识表达模型 KRM(Knowledge Representation Model)可视为一个五元组,即,KRM = (ODHG, ODHG′, θ_0 , φ_0 , XHG, XHG′, θ_x , φ_x , Φ)

$$ODHG = (C_0, \lambda_{C0}, R_0, \lambda_{R0}, I_0)$$

● ODHG 是一个有向超图,称为 KRM 的本体基础有向超图,并且作者称:
● ODHG 的顶点集合 C_0 为 KRM 的本体基础概念集;
● ODHG 的边集合 R_0 为 KRM 的本体基础概念关系集;
● ODHG 的 incident 边集合 I_0 为 KRM 的本体基础 incident 边集。
● ODHG′是一个有向超图,ODHG′ = (X_0 , λ_{x0} , M_0 , λ_{m0} , I'_0)称为 KRM 的本体语义跳转超图,并且作者称:
① ODHG′的顶点集合 X_0 为 KRM 的本体元素集,且

$$X_0 = C_0 \bigcup R_0 \bigcup I_0$$

---

① Auillans, P., Mendez, P. O., Rosenstiehl, P. and Vatant B.. A formal model for Topic Maps. In: Proceedings of the 3rd International Semantic Web Conference (ISWC 2002), LNCS, 2342: 69 – 83, 2002.

② ODHG′ 的边集合 M_0 为 KRM 的本体元关系集；

③ ODHG′ 的 incident 边集合 I'_0 为 KRM 的本体元 incident 边集；

● C_0, R_0, I_0, M_0, I'_0 满足 $C_0 \bigcap R_0 \bigcap I_0 \bigcap M_0 \bigcap I'_0 = \varnothing$；

● 在 ODHG′ 中,连接顶点和边的 incident 边只允许存在一条,即满足

$$\forall (x, m) \in X_0 \times M_0, 且 |\lambda_{x0}(x) \bigcap \lambda_{m0}(m)| \leqslant 1$$

● θ_0 是权值函数,为 ODHG 节点添加权值,即 $\theta_0 : |C_0 \times R_0| \rightarrow \mathbf{R}$,其中 $\mathbf{R}$ 表示实数集。

● $\varphi_0 : M_0 \rightarrow C_0$,表示从本体元关系集到本体基础概念集的映射,该映射是单射,即 $\forall m \neq m' \in M_0$,都有 $\varphi_0(m) \neq \varphi_0(m')$,作者称 φ_0 为 ODHG 的本体语义跳转函数。

● $\forall m \in M_0$, $x \in X_0$,若 x 与 m 在 ODHG′ 中是 incident 关系,则 m 的本体语义跳转函数值 $\varphi_0(m)$,即 m 的本体语义跳转结果 $\varphi_0(m)$,不属于 x 的连通子图 ODHG$[x]$:

$$\forall m \in M_0, \forall x \in X_0, 若 \lambda_{x0}(x) \bigcap \lambda_{m0}(m) \neq \varnothing, 则 \varphi(m) \notin ODHG[x]$$

● XHG 是一个超图,XHG $= (C_x, \lambda_{CX}, R_x, \lambda_{RX}, I_x)$ 称为 KRM 的 XTM 基础超图,并且作者称:

① XHG 的顶点集合 C_x 为 KRM 的 XTM 基础 topic 集；

② XHG 的边集合 R_x 为 KRM 的 XTM 基础 association 集；

③ XHG 的 incident 边集合 I_0 为 KRM 的 XTM 基础 incident 边集。

● XHG′ 是一个有向超图,XHG′ $= (X_x, \lambda_{xx}, M_x, \lambda_{mx}, I'_x)$ 称为 KRM 的 XTM 语义跳转超图,并且作者称:

● XHG′ 的顶点集合 X_x 为 KRM 的 XTM 元素集,且

$$X_x = C_x \bigcup R_x \bigcup I_x;$$

● XHG′ 的边集合 M_x 为 KRM 的 XTM 元关系集；

● XHG′ 的 incident 边集合 I'_x 为 KRM 的 XTM 元 incident 边集；

① C_x, R_x, I_x, M_x, I'_x 满足 $C_x \bigcap R_x \bigcap I_x \bigcap M_x \bigcap I'_x = \varnothing$；

② 在 $XHG′$ 中,连接顶点和边的 incident 边只允许存在一条,即满足

$$\forall (x, m) \in X_x \times M_x, 且 |\lambda_{xx}(x) \bigcap \lambda_{mx}(m)| \leqslant 1$$

③ θ_x 是权值函数,为 XHG 节点添加权值,即 $\theta_x : |C_x \times R_x| \rightarrow \mathbf{R}$,其中 $\mathbf{R}$ 表示实数集。

④ $\varphi_x : M_x \rightarrow C_x$,表示从 XTM 元关系集到 XTM 基础 topic 集的映射,该映射是单射,即 $\forall m \neq m' \in M_x$,都有 $\varphi_x(m) \neq \varphi_x(m')$,作者称 φ_x 为 XHG 的 XTM 语义跳转函数。

⑤ $\forall m \in M_x$, $x \in X_x$,若 x 与 m 在 XHG′ 中是 incident 关系,则 m 的 XTM 语义跳转函数值 $\varphi_x(m)$,即 m 的 XTM 语义跳转结果 $\varphi_x(m)$,不属于 x 的连通子图 XHG$[x]$:

$$\forall m \in M_0, \forall x \in Xx, 若 \lambda_{xx}(x) \bigcap \lambda_{mx}(m) \neq \varnothing, 则 \varphi(m) \notin XHG[x]$$

⑥ $\Phi : M_0 \rightarrow C_x$,表示从 ODHG 中本体元关系到 XTM 基础 topic 集的映射,与上述的语义跳转函数不同,该映射是多射,即 $\forall m \neq m' \in M_0$,可能有 $\Phi(m) = \Phi(m')$,作者称 Φ 为 KRM 的跃层语义跳转函数。

由上述定义可知,作者采用超图来分别抽象和组织本体层和 XTM 层的语义信息,不同语义层次的语义信息在超图中使用连通子图来表示。KRM 中的语义层次整体上分为两层:

本体层和 XTM 层,每一层也都被细分为粒度更小的语义层。在同一语义层次内部,概念和概念关系被建模成节点,两者的关系由 incident 边来描述,蕴涵的语义信息通过由节点和 incident 边构成的网状结构来表达;在不同语义层次之间,利用语义跨越函数相联,这样复杂的知识被清晰地解构成纵横交错的语义结构,作者称之为语义超图。这种数据结构相比通常的图结构更具有一般性和灵活性,可描述概念间更复杂的语义关系,并可满足知识多样性的表达需求。

具体来说,描述本体层的语义加权有向超图的构成如下:

● 超图节点表达本体概念和本体概念关系,incident 边表示概念与概念关系之间的关联。

● incident 边的方向指示概念关系的方向,以二元关系 $F(x,y):x \to y$ 为例,在超图中将被表示成三个节点 x, y, F,以及 incident 边 $x \to F$ 和 $F \to x$。incident 边的方向可为概念关系映射到 association 时提供确定 association 角色的依据。图 5-7 例示了 is-a 和 part-of 两个概念关系的 incident 边的方向性设置。

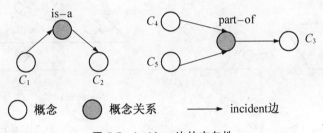

图 5-7 incident 边的方向性

● 本体层的语义层次包括三层:概念与概念关系、概念属性以及一些由永真命题构成的公理,因而本体层的语义跳转函数 φ_0 是为概念叠加概念属性和叠加公理。

● 本体层的权值体现在节点和 incident 边上:附加在概念节点上的权值表示与其连接的 incident 边的数目,权值越大,说明该概念与其他概念关联越密切,重要性也就越大;附加在概念关系节点上的权值表示该关系对两个概念间相似性的贡献度;附加在 incident 边上的权值表示参与概念关系中各概念具有的重要性,取值区间为 $[0,1]$,并且一个概念关系涉及的所有 incident 边的权值和为 1。

描述 XTM 层的语义超图的构成如下:

● 超图节点包括 topic 节点和 association 节点,incident 边表示 topic 与 association 的关系。

● 语义层次包括:topic 和 association;topic 属性,主要包括 topic name 及 topic 自身的特有属性;association 属性,主要包括 role specification;上下文 scope;资源指引 occurrence。语义跳转函数 φ_0 用来定义这些语义层次之间的关联。

● XTM 层的权值体现在 incident 边上,用以标明一个 association 中不同角色(role)所占的重要性,取值区间为 $[0,1]$,与一个 association 相连的所有 incident 边的权值和为 1。

描述本体层和 XTM 层之间跃层语义跳转函数 Φ 主要包括:

● instance-of:本体层提供类型定义,XTM 层是本体层的实例化,这是两层之间最为普遍的语义跳转关系,例如,概念节点被实例化成 topic 几点,概念关系节点被实例化成 association 节点等。

● x-ref：包括 resourceRef，subjectIdentityRef，topicRef 等，即本体层为 XTM 层提供一致性的标准参照概念。

● role-as：本体层超图中的 incident 边的方向性指出了概念关系的方向性，因而 role-as 函数的作用就是将这种方向性映射成 XTM 层连接 association 节点的 incident 边的角色（topic role）属性。

在上述概念模型中，本体层采用了有向超图形式，这是为了标识概念关系中概念的不同角色，因为在 XTM 层，association 节点具有角色属性，通过引入有向超图，可以很好地支持由本体层自动生成 XTM 层的能力。

图 5-8 给出了一个简化的采用语义超图表达的知识概念模型实例。其中，本体层描述了由特征、槽、直槽、凹槽、面、孔等概念，以及 is-a、part-of、has-bottom-face 等概念关系构成

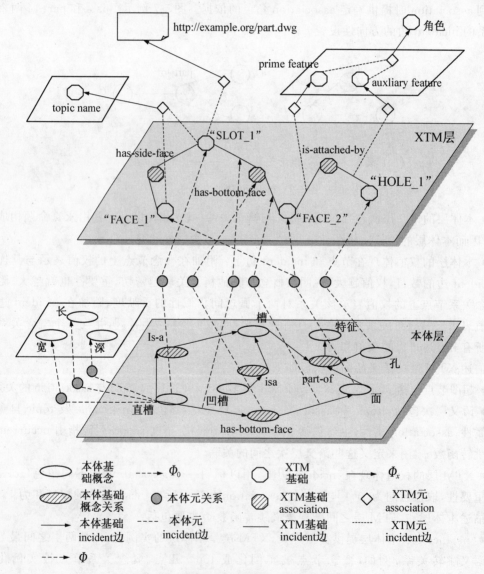

图 5-8　基于语义超图的知识概念模型实例

的本体片断；XTM 层描述了下述知识：直槽（"SLOT_1"）的底面（"FACE_2"）上含有一个辅特征孔（"HOLE_1"）。图中，采用不同的标记表示了各种语义层次，以及语义层次之间的跳转机制，例如，XTM 层中的 topic 是本体层概念的实例化，概念"直槽"具有属性"长"、"宽"、"高"，本体层的 has-bottom-face 关系跳转到 XTM 层时 incident 边的方向确定了 association 的角色等。

3. 异构本体集成

知识本体是知识管理系统管理知识的语义基础，是通过对知识领域所涉及的概念、关系进行综合和抽象，最终取得对知识领域概念及关系的一致看法。本体的构建通常是通过对本体开发者提炼的常用概念和术语进行概念抽取、关系定义和公理描述等过程实现的[1,2]，具有一定的特异性，即不同的开发者对相同领域的本体具有不同的理解。在网络化协同工作环境中，组织的情况更是千差万别，采用统一共享的本体实现协同知识管理是不现实的，因而研究异构本体的集成机制非常有必要[3,4]。

目前相关的解决方法主要集中为四种：

（1）通过将所有异构本体组合成一个"大"的集成本体来实现本体集成，其中要解决的问题包括本体重叠、语义一致性等，典型系统见参考文献[5]，[6]，[7]。

（2）采用将局部的本体统一映射到一个更通用（generic）的本体上来实现本体集成，典型的应用有 ONIONS 系统。ONIONS 系统提出了一个应用于大规模医学术语的本体分析和集成方法，其中本体集成机制是通过将形式化描述的概念经由一个通用的本体集合映射来实现[8]。在德国 Karlsruhe 大学 AIFB 研究所开发的 OKMS 系统中，分布式异构本体的集成是其研究的重点之一。OKMS 系统采用本体映射技术实现源本体（source ontology）向目

① Uschold M. and Gruninger M.. Ontologies：principle, methods and applications. The Knowledge Engineering Review，11(2)：93－155，1996.

② Uschold M., King M., Moralee S. and Zorgios Y.. The enterprise ontology. The Knowledge Engineering Review，Special Issue on Putting Ontologies to Use，13(1)：31－89，1998.

③ O'Leary D. E.. Different firms, different ontologies, and no one best ontology. IEEE Intelligent Systems，15(5) 72－78，2000.

④ Maedache A., Motik B., Stojanovic L., Studer R. and Volz R.. Ontologies for enterprise knowledge management. IEEE Intelligent Systems，18(2)：26－33，2003.

⑤ Bergamaschi B., Castano S., De Capitani di Vermercati, Montanari S. and Vicini M.. An intelligent approach to information integration. In：Guarino N. (ed.)，Proceedings of the first International Conference of Formal Ontology in Information Systems，pp.253－268，1998.

⑥ Kashyap V. and Sheth A.. Semantic heterogeneity in global information systems：the role of metadata, context, and ontologies. In：Papazoglou M. and Schlageter G. (eds.)，Cooperative Information Systems：Tends and Directions，pp.139－178，1998.

⑦ Mena E., Kashyap V. and Sheth A.. OBSERVER：an approach for query processing in global information systems based on interoperation across pre-existing ontologies. Distributed and Parallel Databases，8(2)：223－271，2000.

⑧ Gangemi A., Pisanelli D. and Steve G.. Ontology integration experiences with medical terminologies. In：Guarino N. (ed.)，Formal Ontology in Information Systems，IOS Press，pp.163－178，1998.

标本体(target ontology)的转换,其中的本体映射采用五步实现:信息提升和语义标准化、相似性抽取、语义映射规则制定、执行映射、后处理[①]。

(3)采用查询协调器(Mediator)机制[②],实现多异构本体的组合集成,其基本思想是由查询协调器接受用户的查询请求,然后按照各地本体的概念元素,重写该请求,并发往相应本体处,在得到所有回答后经由查询协调器集成后反馈给用户。这种方法按照集成本体与子本体之间的通讯方式还可以分为两类:按全局视图(global-as-view)[③]和按局部视图(local-as-view)[④]。前者把集成本体看作是所有子本体的视图,后者把子本体看作是来自于集成本体中一个查询。

(4)采用计算异构本体之间概念的相似性实现本体集成。该方法不同于上述三种方法必须存在一个集成本体,而是通过计算异构本体对应概念的相似度来达到本体集成目的,其核心思想是将所有异构本体看作是从同一个虚拟根概念衍生下来的分支,然后根据本体概念相对于根概念的层次,以及本体概念的一些公共属性(例如描述、同义词、近义词、is-a 关系、part-of 关系等)来计算相似度,典型方法见参考文献[⑤],[⑥]。

总结上述异构本体集成成果,作者采用基于本体协调器和本体映射的本体集成策略,将异地异构的本体映射为系统内部统一的集成本体,这种策略具有以下优势:

(1)系统内部存在一个较为通用的本体,可以指导和辅助用户快速设计和开发适合自己的本体。

(2)本地本体与集成本体的映射关联只需在本地本体加入系统时创建一次,即可重复使用,提高了系统应用本体映射时的效率。

(3)在网络化协同工作各领域中,存在着一些国家或行业标准,因而为集成本体的设计提供了可能。

图 5-9 描述了知识管理系统的一种本体集成框架的适合选项。

---

① Maedache A., Motik B., Silva N. and Volz R.. MAFRA-a mapping framework for distributed ontologies. In: Proceedings of the 13th European Conference on Knowledge Engineering and Knowledge Management EKAW02, Sigüenza, Spain, pp. 235 – 250, September 2002.

② Wiederhold G.. Mediators in the architecture of future information systems. Computer, 25(3): 38 – 49, 2002.

③ Garcia-Molina H., et al.. The TSIMMIS approach to mediation: data models and languages. Journal of Intelligent Information Systems, 8(2): 117 – 132, 1997.

④ Levy A. Y., Rajaraman A. and Ordille J. J.. Querying heterogeneous information sources using source descriptions. In: Proceedings of the 23rd International Conference of Very Large Databases, Morgan Kaufmann, pp. 251 – 262, 1996.

⑤ Rodríguez M. A., and Egenhofer M. J.. Determining semantic similarity among entity classes from different ontologies. IEEE Transactions on Knowledge and Data Engineering. 15(2): 442 – 456, 2003.

⑥ Mena E., Kashyap V. and Sheth A.. OBSERVER: an approach for query processing in global information systems based on interoperation across pre-existing ontologies. Distributed and Parallel Databases, 8(2): 223 – 271, 2000.

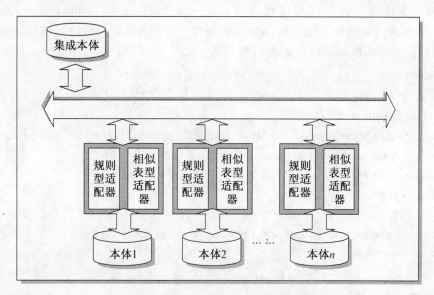

图 5-9　知识管理系统的一种本体集成框架

从图中可以看出,异地的本体通过各自的本体适配器实现与集成本体的映射,本体适配器用于执行映射过程,其中根据实现机制不同可以分为规则型本体适配器和相似表型本体适配器两种。

规则型本体适配器是一个三元组 RuleAdapter$=(E,C,A)$,其中

E:触发规则的一系列事件集合,每个事件是一个二元组(e,p),e 为事件标识,p 为事件的产生者,它是可选部分。

C:规则触发的条件列表,只有这些条件表达式都满足时,本体映射规则才会触发。

A:规则的行为部分,它在规则满足时由适配器触发。

规则型适配器通过定义一个本体映射规则集合来实现本体映射。其中的规则可以分为如下几类:

(1)直接映射。源本体与目标本体之间存在一一对应关系的概念实体之间的映射,即两个概念实体语义相同,可直接相互转换。

(2)共轭映射。源本体与目标本体之间存在着共轭关系的概念实体,这是个 $m:n$ 关系,其中 $m,n \geqslant 1$;后者可以由前者经过推理得到。

(3)附属映射。在源本体中有一些概念实体具有固定的关联关系,当其中的某些概念实体出现在映射结果中时,与其关联的概念实体作为附属也将一起出现。

(4)空映射。源本体中与目标本体无关的概念实体,将不参与映射。

若设源本体的概念实体数为 n,则相似表型本体适配器是一个由 n 个映射三元组(src_con,end_con,sim)构成的集合。其中,src_con 表示源本体的概念,end_con 表示目标本体对应的概念,sim 表示两者的相似度,相似度的评价标准包括所在类层次结构中的位置、属性、涉及的概念关系等综合指标。

相似表型本体适配器相对于规则型本体适配器构造简单,但推理能力弱,而且映射结果不如后者完善,适用于对映射效率要求较高的本体集成。

上述两种本体适配器在应用过程中将新建一个"adaptor"的 topic，在该 topic 中以 occurrence 的形式链接到领域知识 XTM 中，使得各种应用逻辑在可以通过链接下载获取适配器，进而获得本地本体与集成本体的映射关系。如下述 XTM 语句定义了一个规则型适配器的获取路径：

```
<topic id= " adpator ">
  <subjectIdentity>
    <subje ctIndicatorRef xlink: href= " http: //ai.zju.edu.cn/netmanufacuring/ontocase/
        example/ # rule_adpator "/>
  </subjectIdentity>
  <occurrence>
    < resourceData > < topicRef xlink: href = " http: //ai.zju.edu.cn/netmanufacuring/
        adaptor/ example/# rule_adpator "/> </resourceData>
  </occurrence>
</topic>
```

4. 知识本体网上表达

本体网上表达的目的是建立一个基于 Web 的本体库，为基于 Web 的本体应用提供本体引用的路径。作为 ISO 推荐的标准，XTM 中 topic 和 association 的结构可以描述本体语义超图中的概念节点和概念关系节点，具备了本体建模能力。

采用 XTM 描述本体语义超图模型的主要规则如下：

（1）概念节点映射为 topic(<topic>标记)，概念间的 is-a 关系节点映射为 topic 中的<instanceOf>标记，概念的名称属性映射为 topic 中<baseName>标记中的名称，对于概念其他属性映射为 topic 中的<occurrence>标记；

（2）除 is-a 关系节点外的概念关系节点映射为 topic 标记，并在 association 标记中<instanceOf>引用，概念关系名称属性映射为 topic 中的<baseName>标记中的名称，incident 边映射为 association 中的成员(<member>标记)，incident 边的方向映射为<member>中角色说明(<roleSpec>标记)，概念关系节点的权值映射为 topic 中的<occurrence>标记，incident 边的权值映射为<member>标记中的<occurrence>标记。

例如，图 5-8 中的本体语义超图模型可以用 XTM 语法建模如下：

```
<? xml version= "1.0"? >
  <! DOCTYPE topicMap
    PUBLIC "- //TopicMaps.Org//DTD XML Topic Map (XTM) 1.0//EN "
      " file: //usr/local/home/gromit/xml/xtm/xtm1.dtd ">
<topicMap xmlns= ' http: //www.topicmaps.org/xtm/1.0/'
          xmlns: xlink= ' http: //www.w3.org/1999/xlink '
          xml: mancasetm = ' http: //ai.zju.edu.cn/netmanufacuring/ontology/'>

  <topic id= " feature ">
    <basename> 特征</basename>
    <subjectIdentity>
```

```
        <subjectIndicatorRef xlink: href= " http: //ai.zju.edu.cn/netmanufacuring/ontocase/
            example # ex_feature "/>
        </subjectIdentity>
    </topic>

<topic id= " slot ">
    <basename> 槽</basename>
    <instanceOf>
     <subjectIndicator xlink: href= " # feature "/>
    </instanceOf>
     <subjectIdentity>
            <subjectIndicatorRef xlink: href = " http: //ai. zju. edu. cn/netmanufacuring/
                ontocase/example# ex_slot "/>
        </subjectIdentity>
    </topic>

<topic id= " face ">
    <basename> 面</basename>
    <instanceOf>
     <subjectIndicator xlink: href= " # feature "/>
    </instanceOf>
     <subjectIdentity>
            <subjectIndicatorRef xlink: href = " http: //ai. zju. edu. cn/netmanufacuring/
                ontocase/example# ex_face "/>
        </subjectIdentity>
    </topic>

<topic id= " hole ">
    <basename> 孔</basename>
    <instanceOf>
     <subjectIndicator xlink: href= " # feature "/>
    </instanceOf>
     <subjectIdentity>
            <subjectIndicatorRef xlink: href = " http: //ai. zju. edu. cn/netmanufacuring/
                ontocase/example# ex_hole "/>
        </subjectIdentity>
    </topic>

<topic id= " throughslot ">
    <basename> 直槽</basename>
```

```
        <instanceOf>
         <subjectIndicator xlink: href= " # slot "/>
        </instanceOf>
         <subjectIdentity>
             <subjectIndicatorRef xlink: href = " http: //ai. zju. edu. cn/netmanufacuring/
                ontocase/example# ex_tslot "/>
        </subjectIdentity>
        <occurrence>
            <instanceOf> <topicRef xlink: href= "# length "/> </instanceOf>
            <resourceData> 长</resourceData>
         </occurrence>
         ... ...
    </topic>


    <topic id= " concaveslot ">
        <basename> 凹槽</basename>
        <instanceOf>
         <subjectIndicator xlink: href= " # slot "/>
        </instanceOf>
         <subjectIdentity>
             <subjectIndicatorRef xlink: href = " http: //ai. zju. edu. cn/netmanufacuring/
                ontocase/example# ex_cslot "/>
        </subjectIdentity>
      </topic>


    <topic id= " has_bottom_face ">
        <subjectIdentity>
             <subjectIndicatorRef xlink: href = " http: //ai. zju. edu. cn/netmanufacuring/
                ontocase/example# ex_has_bottom_face "/>
        </subjectIdentity>
      </topic>


    <association>
        <instanceOf> <topicRef xlink: href= "# has_bottom_face "/> </instanceOf>
        <member>
            <roleSpec> <topicRef xlink: href= "# ass_slot "/> </roleSpec>
            <topicRef xlink: href= "# through_slot "/>
        </member>
        <member>
            <roleSpec> <topicRef xlink: href= "# ass_bottom_face "/> </roleSpec>
```

```
        <topicRef xlink: href= "# face "/>
    </member>
    <occurrence>
        <instanceOf>  <topicRef xlink: href= "# Similarity_Weight "/>  </instanceOf>
        <resourceData> 0.88</resourceData>
    </occurrence>
</association>
… …
</topicMap>
```

5. 基于 XTM 的知识表示

基于 XTM 的知识表示主要采用 XTM 语法实现下述三个功能：

（1）描述知识，由于 XTM 基于 XML 语法，可以通过定义 DTD 约束文档格式，实现 XML 表达各种形式知识的需要。

（2）描述知识表达模型中本体层与 XTM 层的跨越，具体跨越的内容已在前面的5.3.2. 小节中做了讨论。

（3）采用 XLink 机制，负责将分布在各处的资源链接在一起。

例如，仍然以图 5-8 中的语义超图模型为例，其 XTM 层描述如下：

```
<? xml version= "1.0"? >
  <! DOCTYPE topicMap
      PUBLIC "- //TopicMaps.Org//DTD XML Topic Map (XTM) 1.0//EN "
        " file: //usr/local/home/gromit/xml/xtm/xtm1.dtd ">
<topicMap xmlns= ' http: //www.topicmaps.org/xtm/1.0/'
          xmlns: xlink= ' http: //www.w3.org/1999/xlink '
          xml: mancasetm= ' http: //ai.zju.edu.cn/netmanufacuring/xtm/'>


  <topic id= " slot ">
    <basename> SLOT_1</basename>
    <instanceOf>
      <subjectIndicator xlink: href= " # throughslot "/>
    </instanceOf>
    <subjectIdentity>
        <subjectIndicatorRef xlink: href = " http: //ai. zju. edu. cn/netmanufacuring/
          ontocase/example# exxtm_tslot "/>
    </subjectIdentity>
    <occurrence>
        <instanceOf>  <topicRef xlink: href= "# dwgfile "/>  </instanceOf>
        <resourceRef xlink= ' http: //example.org/part.dwg ">  </resourceRef>
    </occurrence>
  </topic>
```

```
<topic id= " face1 ">
    <basename> FACE_1</basename>
    <instanceOf>
      <subjectIndicator xlink: href= " # face "/>
    </instanceOf>
    <subjectIdentity>
            <subjectIndicatorRef xlink: href = " http: //ai. zju. edu. cn/netmanufacuring/
            ontocase/example# exxtm_face1 "/>
    </subjectIdentity>
</topic>

<topic id= " face2 ">
    <basename> FACE_2</basename>
    <instanceOf>
      <subjectIndicator xlink: href= " # face "/>
    </instanceOf>
    <subjectIdentity>
            <subjectIndicatorRef xlink: href = " http: //ai. zju. edu. cn/netmanufacuring/
            ontocase/example# exxtm_face2 "/>
    </subjectIdentity>
</topic>

<association>
    <instanceOf> <topicRef xlink: href= "# has_bottom_face "/> </instanceOf>
    <member>
        <roleSpec> <topicRef xlink: href= "# slot "/> </roleSpec>
    </member>
    <member>
        <roleSpec> <topicRef xlink: href= "# face2 "/> </roleSpec>
    </member>
</association>
... ...
</topicMap>
```

6. 基于加权语义超图的知识表达模型评价

　　模型采用了分布式结构。其中,在每一终端采用本地本体描述本地语义,采用 XTM 描述知识,同时采用本体集成机制实现异地本体的互联。采用这种结构,一方面实现了结构与内容的分离,利于机器理解;另一方面兼顾了本地语义与全局语义的双方需求。

　　模型采用的异构本体集成,在适应网络化协同工作环境企业差异方面具有较强的柔性。同时,XTM 结合了传统索引、图书馆学等技术优势,以主题(topic)的形式对知识加以组织,可覆盖复杂的知识表达和组织需求[①]。

XTM 的语法基于 XML 语法实现,因而具有 XML 内在的可扩展性和通用性,可以通过定义 DTD 约束文档格式,实现 XML 表达各种形式知识的需要。例如,张国钢等人[②]提出了可表达规则和框架知识的 XML 语法。

模型中的本体层使得模型继承了本体内在的可重用性和共享性,在个体内部之间以及在协作伙伴之间实现知识的充分共享。

模型中的本体层描述了模型的语义信息,使得机器可以理解模型语义,支持基于语义的知识搜索,因而模型的可发现性较强。

XTM 层的引入使得模型具备了知识导航和定位能力,并且使得各种相关的知识资源得以互联。

模型采用语义超图这种图的数据结构描述知识语义,具有友好的交互性,可清晰向用户展示知识的复杂语义。

模型采用语义超图作为描述知识的载体,知识管理的操作可以转换为对图的一系列操作。例如,董颖[③]详细给出了上述转换的内容,如此在模型中实现了静态信息和动态信息的融合,使得我们可以以形象的图结构形式对知识管理问题进行研究。

5.5　小结

知识表达模型是利用计算机对知识进行管理遇到的第一个问题。在知识管理领域常见的知识表示方法可以归纳为三类:非结构化的知识表示方法如状态空间表示、产生式知识表示等,结构化的知识表示如框架、语义网络、面向对象的表示等,以及本体驱动、结合了语义网络和 XML(eXtensible Markup Language)思想的基于语义 Web 的知识表示。

从网络化协同工作环境对共享知识模型的需求出发,本章在对现有知识表达技术的归纳和分析基础上,通过知识资源的语义标注和存储方法、本体构建和语义标注实例以及基于加权语义超图的知识表示模型实例,探索基于语义 Web 面向网络化协同工作的知识表示方法。

知识资源的表示方法和存储策略随着网络技术的发展和应用要求不断发展变化。本章着重介绍了作为语义标注的关键技术的 RDF 及其相关知识,从形式化语法、形式化语义、形式化推演以及可靠性、完备性等多个不同的角度来分析知识资源描述框架的形式化系统。阐述了知识资源的存储策略,特别是 RDF 数据的存储。

本体构建及语义标注实例中介绍了企业知识管理过程中三类重要的知识本体:制造本

---

①　朱海峰. 面向主题的知识获取与知识管理研究,机械科学研究院,硕士学位论文,2003.

②　张国钢,王建华,陈德桂等. 支持异地协同产品设计的知识服务模型. 计算机辅助设计与图形学学报,2003,15(11):1404-1408,2003.

③　董颖. 知识服务机制研究,博士学位论文,中国科学院研究生院,2003.

体、资源本体和组织本体的构建和语义标注。

　　基于加权语义超图的知识表示模型采用本体论技术和 XTM 技术实现，结构上分为三层：本体层、XTM 层和资源层。本体层明确了领域知识的语义，XTM 层将知识相关资源链接在一起，并使得知识表达模型拥有了良好的知识导航和定位能力。为使高层应用易于对模型进行有效性和一致性检查，该部分采用超图数据结构形式化地定义了上述模型的概念模型，一致性地定义了上述模型的语义层次以及语义层次之间的跳转，并提出了一个异构本体的集成机制，增强了知识管理系统的语义互操作性和柔性。

第6章　知识获取

知识获取的过程就是把用于问题求解的专门知识从某些知识源中提炼出来,转化为计算机可理解的形式的过程。知识获取是基于知识的应用系统的核心技术之一,由于其存在技术难度,从而成为长期以来阻碍开发基于知识的应用系统的"瓶颈"。知识管理系统需要知识获取技术将各种来源的知识吸纳进其管理体系中,有效的知识获取技术可以大大提升知识管理系统的应用深度和广度。研究知识获取技术是构建知识管理系统需要面对的挑战。

随着计算机、网络和通讯等信息技术的高速发展,各种数据源、信息源每天都在提供呈爆炸性增长的海量数据和信息。它们主要来自于数据库、文档、政策、协同工作流程、员工头脑中的智慧和经验等,但大都不是显性的知识。如何从数据、信息的海洋中通过理解、分析、筛选、归纳或转化而抽取出似淡水般宝贵的知识就是知识获取的任务。面对这么一个庞大的数据源和信息源,仅仅依靠传统的由领域专家和知识工程师合作进行人工的知识获取方法已经远远不能满足知识经济时代的需要了。因此,新兴的各种智能知识获取技术如语义挖掘、ER 模式反求等应运而生,并在近年来得到了日渐广泛的应用。由于传统的人工的知识获取方法已在很多专家系统书籍中有所介绍,因此本章主要讨论各种新兴的智能知识获取技术。

6.1　基于语义的知识挖掘

知识挖掘,顾名思义就是从大量的数据、信息中挖掘出有意义的知识的过程。如何不被数据或信息的海洋所淹没,反而能抽取出似淡水般宝贵的知识,便是知识挖掘的目的。所挖掘出来的知识类型包括模型、规则、类别、关系和约束等。

知识挖掘起源于基于数据库的知识发现(Knowledge Discovery in Database,KDD)。KDD 于 1989 年 8 月在底特律举行的第 11 届国际联合人工智能学术会议上,由 Fayyad 等定义为"是从数据集合中辨别出有效的、新颖的、潜在有用的、最终可理解的模式的非平凡过程[①]。"人们有时不加区别地使用知识挖掘和 KDD 两个术语,但严格地说,两者是有不同的。从 Fayyad 的定义中可见,知识挖掘是 KDD 的一个最重要的处理步骤,没有通过知识挖掘来提取有意义的知识,就谈不上 KDD 所要求的对知识的理解、分析、筛选、归纳或转化。

[①]　Fayyad U., Piatetsky-Shapiro G. and Smyth P.. Advances in Knowledge Discovery and Data Mining, MA: Prentice-Hall, 1996.

6.1.1 传统知识挖掘技术

对应于输入的数据源或信息源的不同,如数据库、文本文件或 Web 信息,知识挖掘可分为数据挖掘、文本挖掘与 Web 挖掘。

1. 数据挖掘

数据挖掘是指从大量数据集合中提取出有效的、新颖的、潜在有用的、最终可理解的模式的非平凡过程[①]。数据挖掘结合了数据库、机器学习、数理统计、可视化等多学科的研究成果,是实现把数据管理升华到知识管理的一个核心要素。

虽然当前获得广泛应用的联机分析处理,即 OLAP(Online Analytical Processing)能够通过多维的系统化方法对数据库或数据仓库中的多维数据进行切片、钻取、切块、旋转等在线分析过程,却缺乏对大量的数据进行归纳以获取一般性的规律等知识的能力。而数据挖掘擅长于非实时地挖掘潜在的知识,因此数据挖掘往往和 OLAP 联合起来对海量数据进行处理。数据挖掘的结果可以作为特别的知识型数据存储起来,继续供 OLAP 去进行更高层次的智能型在线决策。

如图 6-1 所示为 OLAP 与数据挖掘的集成模型。数据获取层包括各种数据源,如关系数据库、应用数据库、空间数据库、多媒体数据库、遗留数据库以及事务数据库等。各数据源的数据经过清理、集成、继承、选择及变换等处理后集成到数据仓库,即数据存储层中去。在知识处理层,OLAP 对数据仓库中的数据进行在线多维分析,分析后获得的汇总数据或细化数据提交给用户或存储到数据仓库中去以加快以后的查询速度;数据挖掘旨在从数据仓库中抽取出隐含的、潜在有用的知识,它把挖掘的结果提交给用户、或作为知识型数据存储到

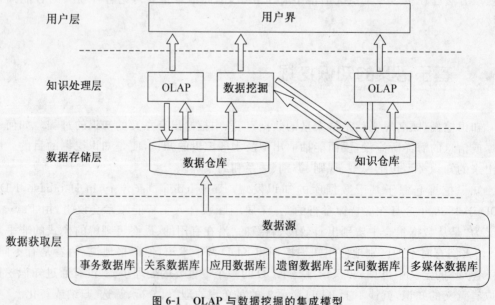

图 6-1　OLAP 与数据挖掘的集成模型

[①] Fayyad U., Piatetsky-Shapiro G. and Smyth P.. Advances in Knowledge Discovery and Data Mining, MA: Prentice-Hall, 1996.

知识仓库中去以实现 OLAP 的智能型在线决策或进一步的知识型数据挖掘。

数据挖掘方法是由人工智能、机器学习的方法发展而来,它结合传统的统计分析方法、模糊数学方法以及科学计算可视化技术,以数据库为研究对象,形成了数据挖掘方法和技术。数据挖掘方法和技术主要分为 4 大类[①]:归纳学习的信息论方法如 ID3 方法和 IBLE;归纳学习的集合论方法如正例排斥反例的方法(典型的方法是 AQ 系列方法)、概念树方法、粗糙集(rough set)方法和关联规则挖掘方法;仿生物技术的神经网络方法和遗传算法;数值数据的公式发现和可视化技术。

2. 文本挖掘

数据挖掘技术主要是为支持非文本数据,如通话数据、邮件订单地址、销售历史记录、POS 数据和工资纪录等的知识发现而发展起来的。但近年来,文本数据如新闻文章、研究论文、书籍、数字图书馆、电子邮件和人事档案等的数量急剧增长。文本挖掘作为数据挖掘过程的有力延伸,将使用户能够迅速提取非结构化或半结构化文档集合中所包含的有效的、新颖的、潜在有用的、最终可理解的模式,以获取结构化的知识如概念、关键词、意图和对象等。但是,文本挖掘是一项比传统数据挖掘还要复杂的任务,因为非结构化或半结构化文本中包含很多模糊的事实定义和多层次的词汇歧义,所以它是一个多学科混杂的领域。除了充分利用数据挖掘的研究成果外,它还结合了语言学上的研究成果如自然语言处理、计算语言学、文本信息处理和模式识别等。

文本挖掘是应用驱动、知识使能的。它在知识管理、商业智能和信息检索等方面都有广泛的应用,如数字图书分类、论文关键词提取、自动简历评审和商业信息分析等。例如,某家公司急聘数名计算机人才从事下一代文本挖掘软件的开发,它收到了几千份个人简历。为加快简历的分析,该公司采用当前的文本挖掘软件提取每份简历中的概念如"文本挖掘",凭此分析"文本挖掘"该词出现的次数、该词是否在其工作经历部分中出现及其次数、该词的相关词汇"数据挖掘"、"知识挖掘"或"知识获取"是否在其工作经历部分中出现及其次数等。经过文本挖掘软件的初筛,公司负责人可以仅仅分析小部分最有可能性的简历而选出适合招聘职位的人才。

如图 6-2 所示是文本挖掘的功能模型,它由三部分组成:底层是文本挖掘的基础领域,包括数据挖掘、自然语言处理、计算语言学、模式识别;之上是文本挖掘的基本技术,包括面

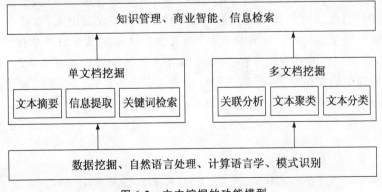

图 6-2 文本挖掘的功能模型

---

① 陈文伟.数据仓库与数据挖掘教程.北京:清华大学出版社,2006.

向单文档挖掘的文本摘要、信息提取、关键词检索和面向多文档挖掘的关联分析、文本聚类、文本分类;在基本技术之上是主要应用领域,包括知识管理、商业智能和信息检索。

文本挖掘技术由数据挖掘、自然语言处理、计算语言学和模式识别等方法发展而来,目前研究和应用最多的几种文本挖掘技术有:关联分析、文本聚类、文本分类[①]。

3. Web 挖掘

Web 是一个巨大的、广泛分布的、高度异构的、半结构化的、超文本/超媒体的、相互联系并不断进化的信息仓库;是一个巨大的文档累积的集合,包括超链信息、访问使用信息[②]。由于传统的数据挖掘技术不能有效处理 Web 上的非结构化或半结构化的信息,传统的文本挖掘技术也不能有效处理高度异构的、动态变化的 Web 文本、Web 日志、Web 结构等信息,Web 挖掘作为数据挖掘和文本挖掘技术的有力延伸,将使用户能够迅速提取 Web 信息集合中所包含的有效的、新颖的、潜在有用的、最终可理解的模式,以获取隐含的结构化的知识。

Web 挖掘是 Web 应用驱动、知识使能的。它在电子商务中的知识管理、智能信息检索等方面都有广泛的应用,如 Web 日志分析、智能搜索引擎发展、自动 Web 信息提取和 Web 爬虫等。例如,某猎头公司使用 Web 爬虫软件从 Web 上定期搜索各种简历,这些简历有的是 Word 文档、有的是 Excel 文档、有的是 PDF 文档,且动态更新。Web 爬虫软件搜索到简历后首先剔除无用的广告信息,再通过 Web 内容挖掘建立分类索引如性别、职称、专长、毕业院校、工作经历等的索引,最后将数据组织成规整的逻辑信息或关系表而存入结构化的知识库。而且,通过 Web 结构挖掘可以分析不同 Web 简历之间的关系如超链接关系,这样可以发现某位擅长"Web 挖掘"技术的专才是另一位擅长"人工智能"技术的专才的学生,由此可以推断出那位擅长"人工智能"技术的专才也一定擅长"Web 挖掘"技术。

根据对 Web 数据感兴趣的程度不同,Web 挖掘一般可以分为 3 类:Web 内容挖掘(Web Content Mining)、Web 结构挖掘(Web Structure Mining)和 Web 用户挖掘(Web Usage Mining)[③]。而结构本来就蕴藏在内容中,是内容的骨架,因此有些分类方法又分为 Web 内容挖掘和 Web 用户挖掘。

6.1.2 语义挖掘

Web 中的信息通常用传统的半结构化的 HTML 语言来表示。但是,来自 Web 服务提供方的有意义的信息无法通过无特定意义的 HTML 标记来表示出来,这使得 Web 服务接受方只能是人而不能是机器。显然,因特网的语义缺失性无法满足智能软件代理 Agent 对 WWW 上异构、分布信息的有效检索和访问,更谈不上有效的知识挖掘了。

针对因特网缺少语义信息、Web 服务因缺少语义表达不能进行语义检索等问题,WWW 的创始人 Berners-Lee 在 1998 年提出语义 Web(Semantic Web)概念[④]。2000 年 12 月,他

---

① 陈文伟. 数据仓库与数据挖掘教程. 北京:清华大学出版社,2006.

② 朱琳玲,胡学钢. 基于 Web 的数据挖掘研究综述. 电脑与信息技术,10(6),2002.

③ 朱福喜,朱三元,伍春香. 人工智能基础教程. 北京:清华大学出版社,2006.

④ Berners-Lee T.. Semantic Web road map. http://www.w3.org/DesignIssues/Semantic.html, 1998.

在 XML2000 会议上做了题为 *Semantic Web Architecture*[①] 的报告,并于 2001 年 5 月在 *Scientific American* 杂志发表论文 *The Semantic Web*[②]。

语义 Web 所产生的结构化知识表示使得智能软件代理 Agent 能够自动化地处理 Web 信息,如以机器可理解的方式进行自动化的 Web 知识挖掘。

由于常用的 Web 挖掘技术包括 Web 内容挖掘、Web 结构挖掘和 Web 用户挖掘的出现早于语义 Web 的产生,它们不能直接应用于语义 Web 挖掘的领域。语义挖掘从两个方面来提高知识挖掘的效率。如图 6-3 所示,一方面,可以利用本体来指导传统 Web 挖掘过程;另一方面,可以把挖掘来的知识进行语义标注后建立语义 Web 以方便日后语义 Web 智能软件代理进行自动化的语义 Web 挖掘。这是一个良性循环的过程,本体驱动的 Web 挖掘有助于发展语义 Web,语义 Web 的发展不仅加快了知识挖掘的步伐而且产生了更多的知识本体来指导传统 Web 的挖掘。

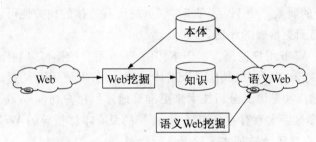

图 6-3 语义挖掘与传统 Web 挖掘的关系

1. 基于本体的 Web 挖掘

利用本体来指导传统的 Web 挖掘,有助于联系 Web 内容、理解 Web 结构以及更适应于多样化的 Web 用户,下面从 Web 内容挖掘、Web 结构挖掘和 Web 用户挖掘三方面来说明。

(1)基于本体的 Web 内容挖掘。Web 内容包括文本、图像、音频和视频等。利用本体技术,Web 文本挖掘如自动文摘、文本分类、文本聚类与关联规则等的挖掘结果将更具语义相关性和语义一致性。例如,Cheng 等人提出了一种基于本体的对非结构化文本进行语义分类的方法[③],其基本思想是利用本体对文本中的领域知识进行预处理后再进行文本分类来改善分类的结果。用户背景和喜好都通过本体模型反映出来,这有利于使分类结果更具用户个性化。同时,设计了一种基于上下文的自由文本翻译器对句子进行语法分析和词语的语义处理,这有利于使分类结果与用户的背景知识相关。所建立的本体词汇和自然语言词汇之间的直接和间接的映射关系成为其开发自然语言处理系统的关键。

目前,图像、音频、视频、多媒体的 Web 挖掘技术还不成熟,其中的一个原因便是这些非文本的 Web 内容更容易造成语义缺失。例如,一张比较模糊的动物图片,经图像对比分析

---

① Berners-Lee T.. Semantic Web architecture. http://www.w3.org/2000/Talks/1206-xml2k-tbl/slide10-0.html, 2000.

② Berners-Lee T., Hendler J. and Lassila O.. The Semantic Web. Scientific American,284(5):34-43,2001.

③ Cheng C. K., Pan X. S. and Franz K.. Ontology-based semantic classification of unstructured documents. Lecture Notes in Computer Science,3094:120-131,2004.

即像猫又像老虎。附有文字说明"这是一种猫科动物,是一种老虎",可见文字中既有"是一种猫"又有"是一种老虎"。这样就存在把该图片到底是归到猫类还是虎类的问题。利用动物本体,可以发现"猫科动物"是一个本体词汇而不能将其分割为"猫"和"科动物",并且"老虎"是"猫科动物"的子类。因此,利用本体技术有助于理解该图片的语义信息而很容易地将其归到虎类。

(2) 基于本体的 Web 结构挖掘。Web 结构挖掘的对象是人为的 Web 链接结构、文档的内部结构和路径结构。利用本体技术,可以把超链接的语义关系考虑进去,得到的挖掘结果将更为精确。文档之间基于本体的超链接不仅可以反映文档之间的包含、引用或者从属关系,而且可以通过本体结构反映出其与主题和环境相关的程度。例如,Ganesh[①] 提出了基于本体的 Web 爬行方法来挖掘 Web 结构。其基本思想是在现有的如 Page Rank 等著名的链接分析算法基础上,利用领域相关本体来衡量 URL 及其页面的面向主题的语义内容,由此改善了 URL 排序的质量。当下传某页时,该页的所有链接的相关性可以从其语义内容和链接的环境两方面得到更精确的评估。

(3) 基于本体的 Web 用户挖掘。基于本体的 Web 用户挖掘可以利用本体将 Web 使用纪录的数据、信息进行语义标注或其他基于本体的预处理,再使用语义蕴涵、语义扩展、语义推理或其他语义挖掘算法等语义分析技术来更准确地辨别用户访问 Web 页面的行为模式。Web 使用纪录的数据量巨大且存在分布异构,传统的没有本体指导的 Web 用户挖掘难以理解用户的真正意图,有时还会被某些恶意用户所欺骗。

例如,有一个出售图书的 Web 站点,它包括一定数量的静态页面和大量的根据用户查询请求自动生产的动态页面。利用本体可以在语义层面上处理该 Web 日志中所含有的大量用户信息。假设某用户使用了"电脑"关键词寻找图书,又访问了含有《电脑组装技术及实践》图书介绍的网页,使用领域本体可以使系统理解"电脑"和"计算机"在语义上相似而自动向用户推荐含有《计算机组装技术及实践》图书的网页。

为实现智能化的 Web 用户挖掘,Khasawneh 与 Chan[②] 提出了基于用户和本体的 Web 日志预处理算法以进行用户识别。该算法使用了网站本体,从语义层面上分析网站结构以及用户浏览行为的断点,进而通过 IP 地址和有限的用户非活跃时间来实现对用户的语义识别。

2. 挖掘语义 Web

随着语义 Web 的快速发展,Internet 上出现了越来越多的语义 Web 页面和本体库,其中的知识通常用结构化的网页语言如 RDF(S)、owl 等表示,这使得 Web 服务接受方可以是人或机器,其中丰富的语义信息使得挖掘效率相比于挖掘传统 Web 大大提高。特别地,由于结构化的语义 Web 语言实现了智能软件代理之间的自动化的通讯、交流和推理,挖掘语

① Ganesh S.. Ontology-based Web crawling-a novel approachs. Lecture Notes in Computer Science, 3528: 140 - 149, 2005.

② Khasawneh N. and Chan C. C.. Active user-based and ontology-based Web log data preprocessing for web usage mining. In: Proceedings of the 2006 IEEE/WIC/ACM International Conference on Web Intelligence, pp. 325 - 328, 2006.

义 Web 的工作往往可以采用多代理系统来实施。下面从挖掘语义 Web 内容、挖掘语义 Web 结构和挖掘语义 Web 用户三方面来简单说明。

（1）挖掘语义 Web 内容。语义 Web 的内容通常指语义 Web 上的结构性 Web 文档或本体库。各种传统的 Web 文本挖掘技术如自动文摘、文本分类、文本聚类与关联规则仍可以应用在语义 Web 文档上，且在已经良好组织的结构性文档上进行文本挖掘将使挖掘效率更高，挖掘结果更具语义一致性。各种传统的数据挖掘技术如归纳学习的信息论方法、归纳学习的集合论方法、仿生物技术的神经网络方法、仿生物技术的遗传算法、数值数据的公式发现方法和可视化方法等可以直接应用在已经良好组织的本体库上，可排除针对非结构化数据挖掘容易产生的语义不兼容性、数据冗余性、规则不确定性和关联可信度差等缺陷。

（2）挖掘语义 Web 结构。语义 Web 结构中的资源通过基于本体的 URIs 唯一确定，资源之间的关系也通过一个唯一确定的基于本体的 URIs 描述。对于给定的 Web 文档集合，可以通过语义查询、语义推理发现它们之间的连接情况如超链接的面向主题的质量，从而发现页面的语义相关性。语义 Web 用户包括人和计算机可以在这样的网络中得到更多的机器可读、可理解的信息（资源之间的语义关系），这使得这样的网络结构更其易于进行有效的面向主题的自动化的挖掘。

（3）挖掘语义 Web 用户纪录。语义 Web 的用户纪录支持语义被显性地包含在服务器的日志纪录、浏览器终端日志、注册信息、网页要求等一切用户访问页面的信息。在这样已经组织良好的语义 Web 用户纪录上进行挖掘，将使挖掘效率更高、挖掘效果更具语义一致性。

挖掘语义 Web 用户纪录的作用之一，是可以更有效地建立具有相同忠实度、喜好、满意度等的用户的聚类，比如零售客户和批发客户，爱好电子新产品和爱好时装的客户，赞美和投诉的客户。不同的访问者访问同一网站的目的是不一样的，比如访问一个零售店网站的人的目的可能是浏览、购物或寻找创业机会。假如一个人近期非常多次地访问某电子新产品网站，语义 Web 的用户日志已事先归类该用户为不是"爱好新产品的用户"。通过本体推理，网站因知道"电子新产品"是"新产品"的子类而知道该用户不是"爱好电子新产品的用户"。由此，该用户的频繁访问网站不可能是有兴趣零售购买，而可能是寻找创业机会自己开店。这样，经销商便可以主动去联系这样一个潜在的电子新产品批发商。

6.2 基于反求工程的关系数据库语义知识获取

在知识管理过程中，有一类知识具有重要的推广价值，即企业长期积累的已经存储在数据库中的历史知识。这类知识是在长期生产实践中沉淀形成的，蕴涵了某些经过验证有效的能代表企业技术水平的知识资产。有效挖掘并形式化这些知识，可以使之得到广泛共享并持续发挥效能，同时能够将很多遗留系统蕴藏的知识纳入到知识管理体系中。

自从 IBM 公司的 Ted Codd 博士在 20 世纪 70 年代初提出关系数据库理论之后，关系数据库成为各种企业应用平台的数据存储基础,广泛应用到各个领域中。对于企业,伴随集成制造、敏捷制造等先进理念的引入,关系数据库承担了绝大多数企业数据的存储任务,其中包括了大量的宝贵历史数据。同时,相比静态网页,目前发布在网页上的信息也多数是来自关系数据库的动态网页。因此,研究从关系数据库存储的历史数据中获取知识,并使之具有语义信息,对于企业的知识管理具有较高实用意义。

实体关系(Entity Relation,ER)模式是关系数据库语义知识的形式化基础,因而,从关系数据库中获取知识的过程实质上就是 ER 模式向知识表达模型映射的过程。本节探索基于反求工程的关系数据库语义知识获取方法,使之可以较好地转化成基于语义的知识表示。

6.2.1 相关工作

本体是语义基础。目前,有关从关系数据库中获取本体的研究工作,正随着语义 Web 体系中本体语义标注技术的发展逐渐引起关注。

德国 AIFB 研究所的 Volz 等人[①]开发了一种深标注(deep annotation)方法,给出了一个框架用于从关系数据库中直接或间接生成语义 Web 的元数据(metadata),实现存储在数据库中的历史数据向语义 Web 的映射和移植。其中,包括了两种语义标注过程:(1)直接对数据库模式进行语义标注;(2)对来源自数据库内容的动态网页进行语义标注。

Xu 等人[②]提出了一种形式化方法用于将 ER 模式转换为 owl 本体,并开发了软件工具自动地实现该转换过程。该工具首先读入由 ER CASE 工具(如 PowerDesigner)生成的基于 XML 描述的 ER 模式,然后根据预定义的 ER 模式与 owl 本体之间的映射规则,自动地将 ER 模型翻译成 owl 的抽象语法或 RDF/XML 语法。

Astrova[③] 从反求工程(Reverse Engineering)角度出发,深入分析了关系数据库中主键、数据、属性的关联关系,提出了一种新的方法实现从关系数据库获取本体。与其他方法相比,该方法具有抽取语义丰富(包括继承关系和优化结构等)、用户干预少等优势。

目前,方法的共同的出发点是为语义 Web 上基于关系数据库的动态网页的发布提供手段,深入分析了关系数据库模式与本体之间的联系和区别,在理论和应用等方面都为本节提出的方法提供了很好的技术准备。

6.2.2 关系数据库语义知识获取过程

关系数据库语义知识获取过程的起点是关系数据库,终点是知识表达模型如基于 XTM

---

① Volz R., Handschuh S., Staab S., Stojanovic L. and Stojanovic N.. Unveiling the hidden bride: deep annotation for mapping and migrating legacy data to the Semantic Web. Journal of Web Semantics,11: 187-206,2004.

② Xu Z. M., Zhang S. C. and Dong Y. S.. Mapping between relational database schema and owl ontology for deep annotation. In: Proceedings of the IEEE/WIC/ACM International Conference on Web Intelligence, pp. 548-552,2006.

③ Astrova I., Reverse engineering of relational databases to ontologies. In: Proceedings of the 1st European Semantic Web Symposium, Heraklion, Crete, Greece, pp. 327-341,2004.

的知识表达模型,其中语义知识的转换过程可以用图 6-4 描述。从图中可见,整个过程可以分为三个阶段:

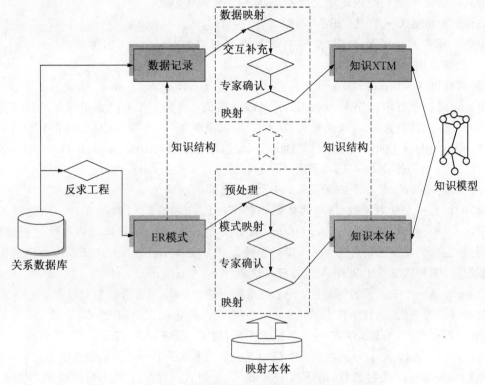

图 6-4　关系数据库语义知识获取过程

(1) 反求工程阶段。在这个阶段中,根据已有的关系数据库内容,反求推理出其内在的 ER 模式。其中,相关的关系数据库内容包括表、表主键、表之间关系(即外部键)、属性和约束等。

(2) ER 模式向知识本体映射阶段。这个阶段是从 ER 模式中挖掘本体的过程。ER 模式是关系数据库语义的最终体现者,因而这个阶段是整个知识获取过程的核心,实现了 ER 模式和本体这两种语义知识表示结构之间的过渡和转换。其中,作者利用了本体论方法设计了映射本体来描述映射规则,以诱导映射的实现。这个阶段分为三个步骤:预处理、模式映射和专家确认,其中模式映射又可以细分为表关系映射、表属性映射和表约束映射。

(3) 数据记录向知识 XTM 的映射阶段。这个阶段是在 ER 模式向知识本体映射的驱动下完成的。上一阶段已经完成了语义知识结构的转换,因而,该阶段完成的是具体知识实例展现形式的转换,即按照知识本体的语义知识结构重新组织关系数据库的数据记录。这个阶段分为三个步骤:数据映射、交互补充和专家确认。

6.2.3　ER 模式定义

ER 模式描述了关系数据库的语义知识,首先给出 ER 模式的形式化定义。

在给出 ER 模式定义前,为避免语义歧义,作者约定以下讨论的关系数据库 ER 模式皆满足第三设计范式 3NF，即 ER 关系模式中的所有非主属性对任何候选主键都不存在传递信赖。

ER 模式是表达关系数据库语义知识的概念模型，Xu 等人给出了一个比较完整的 ER 模式形式化定义[①]，我们引用此定义为参考，给出 ER 模式定义。

集合映射向量 $X \rightarrow_m Y$：已知两个有限集合 $X = \{x_1, x_2, \cdots, x_m\}$，$Y = \{y_1, y_2, \cdots, y_n\}$，若对于任意 $x_i \in X$，都存在 $y_j \in Y$，使得 x_i 与 y_j 之间存在对应关系 $x_i : y_j$，则称集合 $\{x_1 : y_{k1}, \cdots, x_m : y_{kn}\}$ 为集合映射向量 $X \rightarrow_m Y$。

ER 模式（ER Scheme）：是一个五元组 ER $= (L_s, isa_s, att_s, rel_s, card_s, fun_s)$，其中：

（1）L_s 是一个有限的字符表，由以下六部分构成：实体（Entity）标识符集合 E_s，属性（Attribute）标识符集合 A_s，ER 关系角色（Role）标识符集合 U_s，关系（Relationship）标识符集合 R_s，属性域（Attribute Domain）标识符集合 D_s，以及属性基础域（Attribute Basic Domain）标识符集合 B^D；并且，对于任意 $D \in D_s$，都存在一个基础域标识 $B_i^D \in B^D$ 与之对应。

（2）$isa \subseteq E_s \times E_s$，是一个二元关系，表示实体之间的继承关系（isa）。

（3）att_s 是一个映射函数，描述实体标识符 $E \in E_s$ 与集合映射向量 $A_s \rightarrow_m D_s$ 之间的映射关系，$att_s(E) = \{A_1 : D_{k1}, \cdots, A_m : D_{kn}\}$，其含义是对表达实体所具有的属性进行建模。其中，若存在一个属性子集合 $A \subseteq A_s$，若对于任意两个实体 $E_1 \in E_s$，$E_2 \in E_s$，其属性子集合 A 都不相同，则称该属性子集合 A 为关键属性集（Key Attributes）。

（4）rel_s 是一个映射函数，描述每一个关系标识符 $R \in R_s$ 与集合映射向量 $U_s \rightarrow_m E_s$ 之间的映射关系。为不失一般性，作者假定：① 每一个关系角色仅仅对应唯一一个关系；② 对任意一个 $U_1, U_2, \cdots, U_m \in U_s$，存在一个关系 $R \in R_s$，以及 $E_{k1}, E_{k2}, \cdots, E_{kn} \in E_s$，使得 $rel_s(R) = \{U_1 : E_{k1}, \cdots, U_m : E_{kn}\}$。$rel_s$ 函数实质上是为每一个关系赋予了一个关系角色集合。

（5）$card_s$ 是一个映射函数，描述从 $E_s \times E_s \times U_s$ 到 $N_0 \times (N_1 \cup \{\infty\})$ 的映射，其中，N_0 表示非负整数，N_1 表示正整数，并且满足对于一个关系 $R \in R_s$，有 $rel_s(R) = \{U_1 : E_{k1}, \cdots, U_m : E_{kn}\}$。$card_s(E, R, U)$ 中，$U = U_i$，$i = 1, 2, \cdots, m$，且 E $isa^* E_{kj}$，$j = 1, 2, \cdots, n$，其中 isa^* 表示 E_{kj} 的自反传递闭包。$card_s$ 函数值域中第一部分记为 $min\_card_s(E, R, U)$，缺省值为 0，第二部分记为 $max\_card_s(E, R, U)$，缺省值为 ∞。$card_s$ 函数用于确定数量约束（cardinality constraints），即确定一个关系中，通过关系角色参与关系的实体实例数量的最大值和最小值。

（6）fun_s 是有关关系计算的函数集合，包括 $attr(R)$，$R \in R_s$，返回关系 R 的属性集；$type(A)$，$A \in A_s$，返回属性 A 的域；$key(R)$，$R \in R_s$，返回关系 R 的主键。

由上述定义可见，ER 模式的核心是实体、实体属性、实体关系以及约束，这与第 3 章给出的本体的语义超图模型有很多相似之处，因而作为本体挖掘、本体学习的来源，受到了本体研究学者的关注[②]。

① Xu Z. M., Cao X., Dong Y. S. and Su W. P.. Formal approach and automated tool for translating ER schemata into owl ontologies. In: Proceedings of 8th Pacific-Asia Conference of Advances in Knowledge Discovery and Data Mining, PAKDD 2004, Sydney, Australia, pp. 464-476, May 26-28, 2004.

② Meersman R.. Ontologies and databases: more than a fleeting resemblance. In: d'Atri A. and Missikoff, M. (eds), Proceedings of the International Workshop on Open Enterprise Solutions: Systems, Experiences, and Organizations (OES/SEO), Rome, 2001.

6.2.4 基于本体论的关系数据库语义反求工程

ER 模式包含有丰富的语义信息,可以通过 EER(Extended Entity Relationship)、OOM (Object-Oriented Modeling)、UML(United Modeling Language)等概念建模工具建模。使用这些工具设计关系数据库时,ER 模式完整丰富的语义得以保留,因而利用上述工具作为来源,可以较好地实现本体的获取,例如 Volz 等人[1]、Xu 等人[2]提出的方法。

然而,当生成数据库后,ER 模式被转化成一张张数据库表,其中的一些语义信息也随之丢失,例如 is-a 关系、关系角色等。并且,企业拥有的历史数据库普遍较少保留了最初数据库设计时采用的概念模型,或者经过时间的变迁,数据库与当初的设计相比发生了或多或少的变化,因而采用直接利用概念建模工具的 ER 模式结果获取本体,灵活性和实用性都比较欠缺。

关系数据库的语义反求工程指通过分析已有的关系数据库内容,具体来说是分析一张张数据库表的内容和结构,来重构出该数据库的 ER 模式主要结构,进而构建描述数据库语义知识的本体的过程。在关系数据库中,SQL DDL 语言用来定义关系数据库表、视图、索引等模式信息,是反求工程的重要的信息提供者。由于语义反求工程方法的信息源仅是历史数据库中的表信息,因而兼容性、适应性和实用性都较好,较典型的研究方法有 Astrova 等人[3]、Stojanovic 等人[4]、Kashyap 等人[5]和 Dogan 等人[6]的方法。

但是,目前提出的反求方法普遍都存在着反求出的关系数据库语义不够全面的不足,而且有些方法需要用户过多的交互,影响了语义反求的自动化。本节提出的方法是用本体论对 Astrova 等人给出的方法进行改进、扩展和丰富,并结合基于语义 Web 的知识表达模型,实现关系数据库语义的深层次全面挖掘。

① Volz R., Handschuh S., Staab S., Stojanovic L. and Stojanovic N.. Unveiling the hidden bride: deep annotation for mapping and migrating legacy data to the Semantic Web. Journal of Web Semantics, 11: 187 - 206, 2004.

② Xu Z. M., Cao X., Dong Y. S. and Su W. P.. Formal approach and automated tool for translating ER schemata into owl ontologies. In: Proceedings of 8th Pacific-Asia Conference of Advances in Knowledge Discovery and Data Mining, PAKDD 2004, Sydney, Australia, pp. 464 - 476, May 26 - 28, 2004.

③ Astrova I.. Reverse engineering of relational databases to ontologies. In: Proceedings of the 1st European Semantic Web Symposium, Heraklion, Crete, Greece, pp. 327 - 341, 2004.

④ Stojanovic L., Stojanovic N. and Volz R.. Migrating data-intensive Web sites into the Semantic Web. In: Proceedings of the 17th ACM Symposium on Applied Computing (SAC), Madrid, Spain, pp. 1100 - 1107, 2002

⑤ Kashyap V.. Design and creation of ontologies for environmental information retrieval. In: Proceedings of the 12th Workshop on Knowledge Acquisition, Modeling and Management (KAW), Banff, Canada, October 1999.

⑥ Dogan G. and Islamaj R.. Importing relational databases into the Semantic Web. http://www.mindswap.org/webai/2002/fall/Importing_20Relational_20Databases_20into_20the_20semantic_20web.html, 2002.

下面,作者具体探讨一下关系数据库的语义反求过程。

从一个关系数据库中,我们可以直接获取的信息包括两部分:表定义和表数据。通过解析这两部分内容,我们可以识别出 ER 模式中重要的语义信息。这个语义反求过程可以用图 6-5 来描述。

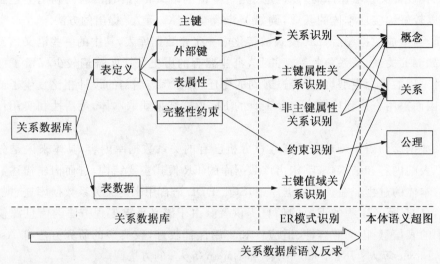

图 6-5 关系数据库语义反求过程

关系数据库语义反求工程通过对关系数据库的内容进行反求处理,为后续的 ER 模式与本体的映射提供概念准备。这个反求处理过程可分为两个过程:表定义反求和表数据反求。

1. 表定义反求

若已知关系数据库中的一张表,则用 SQL 语句形式表示该表定义的格式内容可通过 DBMS 系统提供的工具方便地获得,创建一张数据库表的完整 SQL 语句的定义如下:

```
CREATE TABLE table_name (
column_name column_type
[ NULL | NOT NULL ] [ UNIQUE ] [ DEFAULT value ]
[column_constraint_clause | PRIMARY KEY} [...] ]
[,... ]
[, PRIMARY KEY (column_name [,...]) ]
[, FOREIGN KEY (column_name) REFERENCES table_name(column_name) [, ...]]
[, CHECK (condition) ]
[, table_constraint_clause ]
);
```

从上述定义中,我们可以直接获取如下信息:主键、外部键、表属性和完整性约束,再通过对这些信息的进一步深入分析,可以识别出 ER 模式中与后续本体映射相关的各种结构性元素,为后续的映射做初始准备。因此,表定义反求过程可以分成表关系识别、主键属性关系识别、非主键属性关系识别和约束识别等四个识别阶段,其反求的结果可用映射本体来建模。

（1）表关系识别。在上述 SQL 表定义语句中，FOREIGN KEY 子句定义了两表之间的关联关系，作者将这种通过 FOREIGN KEY 子句定义的表关联关系称之为显性关系，其中包含以下几种类型，作者在映射本体中分别加以定义。

NullRelation（空关系）　若一张表没有外部键定义，则称该表为空关系。空关系意味着该表语义显性独立，不与其他表存在显性地关联，但有可能与之存在隐性关联，该类型关系参数比较特殊，只有一个参数，定义如下。

```
(define-relation NullRelation (? t)
  :def (and(instance-of ? t SQL-Table)
      not(existing ? c (=>  and((instance-of ? c SQL-Column)
                     (is_foreignkey ? c ? t))))))
```

KeyDepRelation（关键依赖）　若表 A 的某一主键字段是表 B 的外部键，并且该外部键属于表 B 的主键集合中，则称表 A 与表 B 通过该外部键具有关键依赖关系。

```
(define-relation KeyDepRelation(? t1, ? t2)
  : def(and(instance-of ? t1 SQL-Table)
    (instance-of ? t2 SQL-Table)
    existing ? c (=>  and((instance-of ? c SQL-Column)
                 (is_key ? c ? t1)
                 (is_foreignkey ? c ? t2)
                 (member ? c (keylist-of ? t2))))))
```

其中，针对多个表的关键依赖关系，还可以根据主键集合的构成，分为完全关键依赖和部分关键依赖两种。

FullKeyDepRelation（完全关键依赖）　若某表的主键集合中的主键完全由外部键构成，则称该表与形成关键依赖关系的多表之间构成完全依赖关系。

```
(define-relation FullKeyDepRelation(? t, ? tlist)
  : def(and(instance-of ? t SQL-Table)
    (instance-of ? tlist SQL-Table-List)
    forall ? tt (=>  and((member ? tt ? tlist)
                 (KeyDepRelation ? t ? tt))))
      not existing ? k (=>  and(not(is-foreignkey ? k ? t)
                     (is-key ? k ? t))))))
```

PartKeyDepRelation（部分关键依赖）　若某表的主键集合中的主键由本身主键和外部键构成，则称该表与形成关键依赖关系的多表之间构成部分依赖关系。

```
(define-relation PartKeyDepRelation(? t, ? tlist)
  ...
```

RefDepRelation（参照依赖）　若表 A 的某一外部键来自表 B 的主键，并且该外部键不属于表 A 的主键集合中，则称表 A 与表 B 通过该外部键具有参照依赖关系。

```
(define-relation RefDepRelation(? t1,? t2)
  : def(and(instance-of ? t1 SQL-Table)
    (instance-of ? t2 SQL-Table)
    existing ? c (= >  and((instance-of ? c SQL-Column)
                          (is_key ? c ? t2)
                          (is_foreignkey ? c ? t1)
                          not(member ? c (keylist-of ? t1))))))))
```

　　隐性关系不是通过 SQL 语句声明的，而是通过分析主键属性集关系、主键值域集关系和非主键属性集关系得出的，其中的每一个集合关系对应一个两表之间的隐性关系，隐性关系对于本体的获取也起着十分重要的作用。下面分别就这三种集合关系做了详细定义[①]。

- 主键属性集关系识别

KeyEqualityRelation（主键属性集相等）

```
(define-relation KeyEqualityRelation(? k1,? k2)
    : def(and(instance-of ? k1 SQL-KeySet)
        (instance-of ? k2 SQL-KeySet)
        (＝? k1 ? k2)
    : constraints(= >  KeyEqualityRelation(? k1,? k2)
            KeyEqualityRelation(? k2,? k1)))
```

KeyIncRelation（主键属性集包含）

```
(define-relation KeyIncRelation(? k1,? k2)
    : def(and(instance-of ? k1 SQL-KeySet)
      (instance-of ? k2 SQL-KeySet)
      (⊂ ? k1 ? k2)))
    : axioms (transitive KeyIncRelation)
```

KeyIntersectRelation（主键属性集相交）

```
(define-relation KeyIntersectRelation(? k1,? k2)
    : def(and(instance-of ? k1 SQL-KeySet)
      (instance-of ? k2 SQL-KeySet)
      not(null(∩ ? k1 ? k2))
      not(KeyIncRelation ? k1 ? k2)
      not(KeyIncRelation ? k2 ? k1))
    : constraints(= >  KeyIntersectRelation (? k1,? k2)
KeyIntersectRelation (? k2,? k1))
```

---

① Astrova I.. Reverse engineering of relational databases to ontologies. In: Proceedings of the 1st European Semantic Web Symposium, Heraklion, Crete, Greece, pp. 327－341, 2004.

KeyDisjointRelation（主键属性集分离）

```
(define-relation KeyDisjointRelation(? k1, ? k2)
    : def(and(instance-of ? k1 SQL-KeySet)
        (instance-of ? k2 SQL-KeySet)
        null(∩ ? k1 ? k2)
    : constraints(= >  KeyDisjointRelation (? k1,? k2)
                    KeyDisjointRelation (? k2,? k1)))
```

● 非主键属性集关系识别。同上述定义类似地，作者可以给出非主键属性集关系，即：**NonKeyEqualityRelation**（非主键属性集相等）、**NonKeyIncRelation**（非主键属性集包含）、**NonKeyIntersectRelation**（非主键属性集相交）和 **NonKeyDisjointRelation**（非主键属性集分离）。

● 约束识别。完整性约束是为防止语义上不正确的数据进入数据库而定义的限制性控制语句，是关系数据库语义的重要组成之一，主要可以分为实体完整性、参照完整性和用户定义的完整性三种。

实体完整性主要指构成表中主键的属性不能为空，并且主键不能取重复值，另外还可以指定任一列中不能存在重复值，或不能取空值（NULL）。实体完整性在用 SQL 定义表的语句中可以通过 PRIMARY KEY、NOT NULL 和 UNIQUE 等来识别。

参照完整性是指两个表的主键和外部键的数据应对应一致，即外部键的取值只有两种情况：要么取空，要么取参照关系中的主键值。它确保了有主键的表中对应其他表的外部键的行存在，即保证了表之间的数据的一致性，防止了数据丢失或无意义的数据在数据库中扩散。参照完整性在用 SQL 定义表的语句中可以通过 FOREIGN KEY 以及 table_constraint_clause 子句中的定义的完整性约束保证策略来识别，其中的完整性保证策略包括：RESTRICT、CASCADE 和 SET NULL。

用户定义的完整性主要在 SQL 定义表的语句中通过 CHECK 子句中的条件表达式来定义，包括对表属性的值域的约束（CHECK(age≥18 AND age≤65)）、表属性之间关系的约束（CHECK(Insure＋Fund＜Basepay)）等。

2. 表数据反求

表数据反求是指根据对两个表中的数据记录进行分析，得出两者之间关系的语义信息的过程。因为主键属性集反映了数据库表记录的唯一性，可以体现表记录的特质，所以作者选取了主键属性值域集关系来作为表数据反求的目标，同时以指定的非主键属性值域集之间的关系作为补充。

（1）主键属性值域集关系识别。与主键属性集关系识别和非主键属性集关系识别中的集合关系定义类似，主键属性值域集关系也分为四种：**KeyValEqualityRelation**（主键属性值域集相等）、**KeyValIncRelation**（主键属性值域集包含）、**KeyValIntersectRelation**（主键属性值域集相交）以及 **KeyValDisjointRelation**（主键属性值域集分离）。

（2）非主键属性值域集关系识别。与上述定义不同，对于指定的非主键属性集，非主键属性值域集关系仅分为两种：**NonKeyValEqualityRelation**（非主键属性值域集相等）和 **NonKeyValUnEqualityRelation**（非主键属性值域集不等）。

6.2.5　ER 模式与知识本体的语义映射

在经过上述关系数据库语义反求工程后,数据库中的一张张表信息就转化成了构成 ER 模式的各种结构性元素,然后以这些结构性元素为蓝本,根据下述定义的语义映射规则,实现 ER 模式空间与本体空间之间的语义转换。如图 6-6 所示,整个过程大致可以分为如下几个阶段。

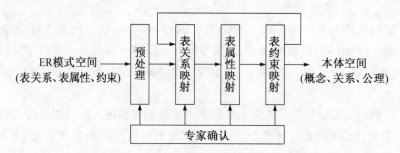

图 6-6　ER 模式与知识本体的语义映射过程

(1)预处理阶段。负责过滤 ER 模式中仅用于消除关系模型中结构性限制或由于某些性能上的原因而存在的 ER 元素①,这些元素与 ER 模式的语义无关,忽略它们将有助于提高后续映射的效率。

(2)表关系映射阶段。该阶段是映射过程的主干,根据反求出的显性关系和隐性关系,匹配表关系映射规则,生成本体空间中的概念以及概念之间的关系。

(3)表属性映射阶段。在上一阶段映射结果的基础上,根据表属性映射规则,将表属性映射到本体空间中相应概念的属性中。

(4)表约束映射阶段。实现在上述映射中相关表中的约束到本体空间中的公理之间的转换。此后,如果还存在未映射的表关系,则返回表关系映射阶段,重新进入下一映射循环,直至所有表关系映射完毕。可见,表关系映射阶段、表属性阶段和表约束映射阶段是逐步递进和叠加的。

在上述各阶段中,会按照某种约定自动生成一些中间结果或自动对获取的本体空间元素进行命名,为保证获取的本体有效、完整和一致,上述阶段中的结果都需要专家来做确认,并适当进行交互修改。其中,表关系映射、表属性映射和表约束映射三个阶段是整个映射过程的核心,下面作者详细探讨这三个阶段中定义的映射规则。

1. 表关系映射

表关系映射的主要任务是根据反求得出的各种显性关系和隐性关系,执行经匹配而筛选的映射规则,以生成本体的概念和概念关系,从而搭建本体的框架。作者采用了语义超图作为知识本体的架构。因此,具体来说,表关系映射就是将识别出的显性关系和隐性关系映射到本体语义超图中的顶点、边和 incidence 边。正由于作者采用了语义超图,使得映射的

---

① 　Volz R., Handschuh S., Staab S., Stojanovic L. and Stojanovic N.. Unveiling the hidden bride: deep annotation for mapping and migrating legacy data to the Semantic Web. Journal of Web Semantics,11: 187 - 206,2004.

结果较之与 Astrova 等人[①]的方法可以更好地反映出关系数据库的语义,不仅可以描述多元关系,还可以描述关系的属性,更加直观有效,语义信息也更加丰富。

下面,作者分别从显性关系映射规则和隐性关系映射规则两个方面探讨表关系映射,由于篇幅关系,作者简化了对于超图边和 incidence 边的讨论。

首先,为叙述方便并不失一般性,作者给出数据库表的简化定义形式,即,表 A 定义为 $A[AP_1,AP_2,\cdots,AP_m,AF_1,AF_2,\cdots,AF_n,AO_1,AO_2,\cdots,AO_k]$,其中 $AP_m(m=1,2\cdots)$ 为主键,$AF_n(n=1,2\cdots)$ 为外部键,$AO_k(k=1,2\cdots)$ 为除主键和外部键之外的属性。

（1）显性关系映射规则。

映射规则 1　对于表 A、表 B,如果存在关键依赖,即 $A[AP_1,BP_1,\cdots,AP_m,BP_1,AO_1\cdots]$,KeyDepRelation$(A,B)$ 为真,则表 A、表 B 在本体语义超图中映射为三个顶点:概念顶点 A、B,和关系顶点 BP_1。表 A 和表 B 的属性分别映射为概念 A 和 B 的属性,关系 BP_1 包含了指向概念 A 和 B 的成员属性。例如:

```
CREATE TABLE A(
    AP1 INTEGER,
    BP1 INTEGER REFERENCES B,
    CONSTRAINT A_pk PRIMARY KEY(AP1, BP1))
CREATE TABLE B(
    BP1 INTEGER PRIMARY KEY)
                    ⇓
(define-class A(? a)
  : def(and(value-type ? a has-AP1 integer)
      (value-type ? a has-BP1 integer)))
(define-class B(? b)
      : def(value-type ? b has-BP1 integer))
(define-relation BP1(? a, ? b)
  : def(and(instance-of ? a A)
      (instance-of ? b B)))
```

映射规则 2　对于表 A、B、C,如果存在完全关键依赖,即 FullKeyDepRelation(A,B,C) 为真,则表 A、B、C 在本体语义超图中映射为四个顶点:概念顶点 A、B、C,关系顶点 ABC。表 A、B、C 的属性分别映射为概念 A、B、C 的属性,关系 ABC 包含了指向概念 A、B、C 的成员属性,因为作者采用了语义超图模型,所以映射成多元关系就成为了可能。例如:

```
CREATE TABLE A(
    BP1 INTEGER REFERENCES B,
    CP1 INTEGER REFERENCES C,
    CONSTRAINT A_pk PRIMARY KEY(BP1, CP1))
```

---

①　Astrova I. . Reverse engineering of relational databases to ontologies. In: Proceedings of the 1st European Semantic Web Symposium, Heraklion, Crete, Greece, pp. 327－341, 2004.

```
CREATE TABLE B(
    BP1 INTEGER PRIMARY KEY)
CREATE TABLE C(
    CP1 INTEGER PRIMARY KEY)
                    ⇓
(define-class A(? a)
  : def(and(value-type ? a has-BP1 integer)
      (value-type ? a has-CP1 integer)))
(define-class B(? b)
        : def(value-type ? b has-BP1 integer))
(define-class C(? c)
 : def(value-type ? c has-CP1 integer))
(define-relation ABC(? a,? b, ? c)
  : def(and(instance-of ? a A)
      (instance-of ? b B)
      (instance-of ? c C)))
```

映射规则 3　对于表 A、B、C，如果存在部分关键依赖，即 $A[AP_1, BP_1, CP_1, \cdots,$ $AP_m, BP_1, CP_1, AO_1 \cdots]$，$\mathrm{PartKeyDepRelation}(A, B, C)$ 为真，则表 A、B、C 在本体语义超图中映射为五个顶点：概念顶点 A、B、C，和关系顶点 BP_1 和 CP_1。表 A、B、C 的属性分别映射为概念 A、B、C 的属性，关系 BP_1 和 CP_1 包含了指向概念 A、B、C 的成员属性。例如：

```
CREATE TABLE A(
    AP1 INTEGER,
    BP1 INTEGER REFERENCES B,
    CP1 INTEGER REFERENCES C,
    CONSTRAINT A_pk PRIMARY
KEY(AP1, BP1, CP1))
CREATE TABLE B(
    BP1 INTEGER PRIMARY KEY)
CREATE TABLE C(
    CP1 INTEGER PRIMARY KEY)
                    ⇓
(define-class A(? a)
  : def(and(value-type ? a has-AP1 integer)
      (value-type ? a has-BP1 integer)
      (value-type ? a has-CP1 integer)))
(define-class B(? b)
  : def(value-type ? b has-BP1 integer))
(define-class C(? c)
  : def(value-type ? c has-CP1 integer))
```

```
(define-relation BP1(? a,? b)
  : def(and(instance-of ? a A)
      (instance-of ? b B)))
(define-relation CP1(? a,? c)
  : def(and(instance-of ? a A)
      (instance-of ? c C)))
```

映射规则 4   对于表 A、B，如果存在参照依赖，即 $A[AP_1, \cdots, AP_m, BP_1, \cdots, BP_i, AO_1 \cdots]$，$B[BP_1, \cdots, BP_m, BO_1, \cdots]$，$RefDepRelation(A,B)$ 为真，则表 A、B 在本体语义超图中映射为三个顶点：概念顶点 A、B，和关系顶点 BP_1。表 A、B 的属性分别映射为概念 A、B 的属性，关系 BP_1 包含了指向概念 A、B 的成员属性。例如：

```
CREATE TABLE A(
  AP1 INTEGER PRIMARY KEY,
  BP1 INTEGER REFERENCES B
  )
CREATE TABLE B(
  BP1 INTEGER PRIMARY KEY)
            ⇓
(define-class A(? a)
  : def(and(value-type ? a has-AP1 integer)
      (value-type ? a has-BP1 integer)))
(define-class B(? b)
  : def(value-type ? b has-BP1 integer))
(define-relation BP1(? a,? b)
  : def(and(instance-of ? a A)
      (instance-of ? b B)))
```

（2）隐性关系映射规则。由于隐性关系由主键属性集关系、主键属性值域集关系、非主键属性集关系和非主键属性值域集关系来确定，因而隐性关系映射规则的触发条件由上述关系的组合来构成。这样的组合共有 $4 \times 4 \times 4 \times 2 = 128$ 种，去除其中某些无意义的组合，以及合并某些具有相同映射结果的组合，隐形关系映射规则共有以下几种。

映射规则 5   对于表 A、B，若 KeyEqualityRelation $\bigcap$ KeyValEqualityRelation（$\bigcap$（NonKeyIncRelation $\bigcup$ NonKeyIntersectRelation）为真，并且对于非主键属性的交集，满足 NonKeyValEqualityRelation 为真，则表 A、B 在本体语义超图中被映射为五个顶点：概念顶点 $SuperAB$、A、B 和两个关系顶点 Subclass-of。其中，概念 $SuperAB$ 的属性由表 A、B 的属性交集映射构成，概念 A 和 B 的属性分别由表 A 和表 B 中除 $SuperAB$ 属性外的属性映射构成，关系顶点 Subclass-of 描述 $SuperAB$ 和 A 以及 $SuperAB$ 和 B 的继承关系。例如：

```
CREATE TABLE A(
  AP1 INTEGER PRIMARY KEY,
  AO1 INTEGER,
```

```
    AO2 INTEGER)
CREATE TABLE B(
    AP1 INTEGER PRIMARY KEY,
    BO1 INTEGER,
    AO2 INTEGER)
                    ⇓
(define-class SuperAB(? sab)
  : def(and(value-type ? sab has-AP1 integer)
      (value-type ? sab has-AO2 integer)
      (value-type ? sab has-BO1 integer)))
(define-class A(? a)
  : def(value-type ? sab has-AO1 integer))
(define-class B(? b)
  : def(value-type ? sab has-BO1 integer))
(define-relation Subclass-of(? a,? sab)
  : def(and(instance-of ? a A)
      (instance-of ? sab SuperAB)))
(define-relation Subclass-of(? b,? sab)
  : def(and(instance-of ? b B)
(instance-of ? sab SuperAB)))
```

映射规则 6 对于表 A、B，若 KeyEqualityRelation ∩ KeyValEqualityRelation ∩ KeyValDisjointRelation 为真，则表 A、B 在本体语义超图中被映射为一个顶点：概念顶点 AB，其中概念 AB 的属性由表 A、B 的属性并集映射构成。例如：

```
CREATE TABLE A(
    AP1 INTEGER PRIMARY KEY,
    AO1 INTEGER)
CREATE TABLE B(
    AP1 INTEGER PRIMARY KEY,
    BO1 INTEGER)
                    ⇓
(define-class AB(? ab)
  : def(and(value-type ? ab has-AP1 integer)
      (value-type ? ab has-AO1 integer)
      (value-type ? ab has-BO1 integer)))
```

映射规则 7 对于表 A 和 B，若 KeyEqualityRelation ∩ KeyValIncRelation 为真，则表 A、B 在本体语义超图中被映射为三个顶点：概念顶点 A、B，以及关系顶点 Subclass-of。其中，概念 A、B 的属性分别由表 A、B 的属性映射构成，关系顶点 Subclass-of 描述 A 与 B 的继承关系。例如：

```
CREATE TABLE A(
  AP1 INTEGER PRIMARY KEY,
  AO1 INTEGER)
CREATE TABLE B(
  AP1 INTEGER PRIMARY KEY,
  BO1 INTEGER)
              ⇓
(define-class A (? a)
  : def(and(value-type ? a has-AP1 integer)
      (value-type ? a has-AO1 integer)))
(define-class B (? b)
  : def(and(value-type ? b has-AP1 integer)
      (value-type ? b has-BO1 integer)))
(define-relation Subclass-of(? b,? a)
  : def(and(instance-of ? b B)
  (instance-of ? a A)))
```

映射规则 8　对于表 A 和 B，若 KeyEqualityRelation $\bigcap$ KeyValIntersectRelation (NonKeyIncRelation $\bigcup$ NonKeyIntersectRelation)为真，并且对于主键属性值域集交集部分，满足 NonKeyValEqualityRelation 为真，根据条件可知，表 A、B 的某些共同元素具有某些相同属性，则表 A、B 在本体语义超图中被映射为 8 个顶点：概念顶点 A、B、SuperAB 和 AB，以及四个关系顶点 Subclass-of。其中，概念 SuperAB 的属性由表 A、B 的属性交集映射构成，A、B 的属性分别由表 A、B 的特有属性映射构成，概念 AB 由概念 A、B 的属性并集构成，关系顶点 Subclass-of 描述 SuperAB 与 A、B 的继承关系以及 AB 与 A、B 的多继承关系。例如：

```
CREATE TABLE A(
  AP1 INTEGER PRIMARY KEY,
  AO1 INTEGER,
  AO2 INTEGER)
CREATE TABLE B(
  AP1 INTEGER PRIMARY KEY,
  AO1 INTEGER,
  BO1 INTEGER)
              ⇓
(define-class SuperAB (? sab)
  : def(and(value-type ? sab has-AP1 integer)
      (value-type ? sab has-AO1 integer)))
(define-class A (? a)
  : def(value-type ? a has-AO2 integer)))
(define-class B (? b)
  : def(value-type ? b has-BO1 integer)))
```

```
(define-class AB (? ab))
(define-relation Subclass-of(? a,? sab)
  : def(and(instance-of ? a A)
      (instance-of ? sab SuperAB)))
(define-relation Subclass-of(? b,? sab)
  : def(and(instance-of ? b B)
      (instance-of ? sab SuperAB)))
(define-relation Subclass-of(? ab,? a)
  : def(and(instance-of ? ab AB)
      (instance-of ? a A)))
(define-relation Subclass-of(? ab,? b)
  : def(and(instance-of ? ab AB)
      (instance-of ? b B)))
```

映射规则 9 对于表 A、B，若 KeyEqualityRelation $\cap$ KeyValIntersectRelation $\cap$ NonKeyDisjointRelation 为真，并且对于主键属性值域集交集部分，满足 NonKeyValEqualityRelation 为真，则表 A、B 在本体语义超图中被映射为五个顶点：概念顶点 A、B、AB，以及两个关系顶点 Subclass-of。其中，概念 AB 的属性由表 A、B 的属性并集映射构成，A、B 的属性分别由表 A、B 的属性映射构成，关系顶点 Subclass-of 描述 AB 与 A、B 的多继承关系。例如：

```
CREATE TABLE A(
  AP1 INTEGER PRIMARY KEY,
  AO1 INTEGER)
CREATE TABLE B(
  AP1 INTEGER PRIMARY KEY,
  BO1 INTEGER)
                ⇓
(define-class A (? a)
  : def(and(value-type ? a has-AP1 integer)
      (value-type ? a has-AO1 integer)))
(define-class B (? b)
  : def(and(value-type ? b has-AP1 integer)
    (value-type ? b has-BO1 integer)))
(define-class AB (? ab))
(define-relation Subclass-of(? ab,? a)
  : def(and(instance-of ? ab AB)
      (instance-of ? a A)))
(define-relation Subclass-of(? ab,? b)
  : def(and(instance-of ? ab AB)
      (instance-of ? b B)))
```

映射规则 10 对于表 A、B，若 KeyEqualityRelation $\cap$ KeyValDisjointRelation $\cap$ NonKeyEqualityRelation 为真，则表 A、B 在本体语义超图中被映射为一个顶点：概念顶点 A，其实例是两个表记录的并。例如：

```
CREATE TABLE A(
    AP1 INTEGER PRIMARY KEY,
    AO1 INTEGER)
CREATE TABLE B(
    AP1 INTEGER PRIMARY KEY,
    AO1 INTEGER)
                ⇓
(define-class A (? a)
  : def(and(value-type ? a has-AP1 integer)
    (value-type ? a has-AO1 integer)))
```

映射规则 11 对于表 A、B，若 KeyEqualityRelation $\cap$ KeyValDisjointRelation $\cap$ (NonKeyIncRelation $\cup$ NonKeyIntersectRelation) 为真，则表 A、B 在本体语义超图中被映射为五个顶点：概念顶点 A、B、$SuperAB$，以及两个关系顶点 Subclass-of。其中，概念 $SuperAB$ 的属性由表 A、B 的属性交集映射构成，A、B 的属性分别由表 A、B 的特有属性映射构成，关系顶点 Subclass-of 描述 $SuperAB$ 与 A、B 的继承关系。例同映射规则 5。

映射规则 12 对于表 A 和 B，若 KeyEqualityRelation $\cap$ KeyValDisjointRelation $\cap$ NonKeyDisjointRelation 为真，则表 A、B 在本体语义超图中被映射为五个顶点：概念顶点 A、B、AB，以及两个关系顶点 Subclass-of。其中，概念 AB 的属性由表 A、B 的属性并集映射构成，A、B 的属性分别由表 A、B 的属性映射构成，关系顶点 Subclass-of 描述 AB 与 A、B 的多继承关系。例同映射规则 9。

映射规则 13 对于表 A 和 B，若 KeyIncRelation $\cup$ KeyIntersectRelation 为真，并且对于两表主键的交集，满足 KeyValEqualityRelation $\cup$ KeyValIncRelation $\cup$ KeyValIntersectRelation 为真，即 $A[AP_1, AP_2, \cdots, AP_m, AO_1, \cdots]$，$B[BP_1, \cdots, AP_i, \cdots, AP_j, \cdots, BP_m, BO_1, \cdots]$，则表 A、B 在本体语义超图中被映射为下述几个顶点：概念顶点 A、B、$ComAB$，以及 $(j-i+1)$ 个关系顶点 $AP_i, \cdots, AP_j$。其中，概念 $ComAB$ 的属性由表 A、B 属性的交集映射构成，A、B 的属性分别由表 A、B 的属性映射构成，关系顶点 $AP_i, \cdots, AP_j$ 描述 $ComAB$ 与 A、B 之间的通过 $AP_i, \cdots, AP_j$ 建立的关联关系。例如：

```
CREATE TABLE A(
    AP1 INTEGER,
    AP2 INTEGER,
    CONSTRAINT A_pk PRIMARY
KEY(AP1, AP2))
CREATE TABLE B(
    BP1 INTEGER,
    AP2 INTEGER,
```

```
    CONSTRAINT A_pk PRIMARY KEY(BP1, AP2))
                        ⇓
(define-class ComAB(? cab)
  : def(value-type ? cab has-AP2 integer))
(define-class A(? a)
  : def(and(value-type ? a has-AP1 integer)
        (value-type ? a has-AP2 integer)))
(define-class B(? b)
  : def(and(value-type ? b has-BP1 integer)
        (value-type ? b has-AP2 integer)))
(define-relation AP2(? a, ? cab)
  : def(and(instance-of ? a A)
        (instance-of ? cab ComAB)))
(define-relation AP2(? a, ? cab)
  : def(and(instance-of ? a A)
      (instance-of ? cab ComAB)))
```

映射规则 14 对于表 A 和 B，若 KeyIncRelation $\bigcup$ KeyIntersectRelation 为真，并且对于两表主键的交集，满足 KeyValDisjointRelation 为真，即 $A[AP_1, AP_2, \cdots, AP_m, AO_1, \cdots]$，$B[BP_1, \cdots, AP_i, \cdots, AP_j, \cdots, BP_m, BO_1, \cdots]$，则表 A 和 B 在本体语义超图中被映射为下述几个顶点：概念顶点 A、B、ComAB，以及 $(j-i+1)$ 个关系顶点 $AP_i, \cdots, AP_j$。其中，概念 ComAB 的属性由表 A、B 的属性的交集映射构成，ComAB 的实例由表 A、B 记录的并集构成，A、B 的属性分别由表 A、B 的属性映射构成，关系顶点 $AP_i, \cdots, AP_j$ 描述 ComAB 与 A、B 之间的通过 $AP_i, \cdots, AP_j$ 建立的关联关系。例同映射规则 13，与其区别在于概念实例的构成不同。

映射规则 15 对于表 A，若上述映射规则条件皆不满足，则其在本体语义超图中被映射为一个概念顶点 A，概念 A 的属性由表 A 的属性映射构成。

2. 表属性映射

表属性映射的目的是将表属性映射到本体语义超图中概念顶点或关系顶点的属性，这个过程在上述表关系映射规则讨论中已经介绍了。表属性主要包括两部分内容：属性名称和属性类型，因而该映射过程包括属性名称映射和属性类型映射两部分。映射采用一一对应的方式，但对于主键属性的映射则应区分该主键是否具有语义，例如有些主键只是通过递增形式起简单的唯一标识符作用，而并无有意义的语义，对于这样的主键属性，只用在表关系映射阶段做识别表关系用，而在表属性映射阶段再将被忽略掉。

3. 表约束映射

完整性约束是关系数据库的重要语义之一，表约束映射的目的是实现完整性约束向本体语义超图中的公理的转换，根据表约束识别的结果，该映射分为下述三种过程，这里作者采用 KIF 逻辑描述映射的本体语义超图中的公理。

（1）实体完整性约束映射。实体完整性约束主要针对表的主键属性，约束主键属性不能为空，并且不能取重复值。实体完整性约束通过表定义 SQL 语句中的 PRIMARY KEY

来识别,这种约束映射到本体语义超图中,使用 KIF 语言表达为(为定义方便,下述定义假定主键只包含一个属性,同理可以方便地推广到主键包含多个属性的情况):

```
(forall(? p ? t) (= > (instance-of ? t SQL-Table)
                      (instance-of ? p SQL-Column)
                      (is-primarykey ? p ? t)
                      (and(forall ? v (and(member ? v (list-of ? p))
                                          (not(NULL(value-of ? v)))
                         (existing(? v1 ? v2)(= >  (member ? v1 (list-of ? p))
                      (member ? v2 (list-of ? p))
                                                   (=(value-of ? v1) (value-of ? v2))
                                                   (=? v1 ? v2))

                      ))))))
```

另外,实体完整性约束还可以定义任意一列不能存在重复值,或不能取空值(NULL),这些可以通过 SQL 定义语句中的 NOT NULL、UNIQUE 等关键字来识别。对于这种约束的映射结果的 KIF 语言表达,请参见上述关于主键完整性约束的映射部分。

(2)参照完整性约束映射。参照完整性约束包含了两层含义,一是指两个表的主键和外部键的数据应对应一致,即外部键的取值只有两种情况:要么为空,要么取参照表中的主键值;二是当对表进行修改而违反第一层参照完整性约束时所采取的限制修改策略,以及当参照表的记录发生变化时,被参照的表中相应外部键对应的数据采取的适应变化策略。可见,参照完整性约束包括了静态约束和动态约束两方面。

对于第一层参照完整性约束的映射,采用 KIF 语言表达如下:

```
(forall(? f ? t) (= >  (instance-of ? t SQL-Table)
                       (instance-of ? f SQL-Column)
                       (is-foreignkey ? f ? t)
                       (and(forall ? v (and(member ? v (list-of ? f))
                                           (or(NULL(value-of ? v))
                           (member (value-of ? v) (reference-key-of ? f)))))))))
```

对于第二层参照完整性约束的映射,以 ON UPDATE SET NULL 为例,采用 KIF 语言表达如下:

```
(forall(? f ? t)(= >  (instance-of ? t SQL-Table)
                      (instance-of ? f SQL-Table)
                      (is-foreignkey ? f ? t)
                      (forall ? v) (and(member ? v (list-of ? f))
                                       (existing ? rv(value-of ? rv (reference-key-of ? f))
                                       (≠ ? rv ? v)))
                      (NULL(? v))))
```

(3)用户定义完整性约束映射。用户定义完整性主要通过 SQL 语句中的 CHECK 字句定义的条件表达式来约束表属性值域取值范围,或者约束表属性之间的关系。以 CHECK(AGE≥18 AND AGE≤65)为例,用户定义的完整性约束映射到本体语义超图中,采用 KIF

语言表达为：

```
(forall ? a)(= >  (member ? a (list-of AGE))
                (and(≤ 18 (value-of ? a))
                (≤ (value-of ? a) 65)))
```

6.2.6　数据映射

数据映射过程是关系数据库中表记录向应用 XTM 转换的过程，是数据表达形式的转换过程。由于 ER 模式与本体之间的语义映射已经为数据映射提供了知识结构框架，因而数据映射可以在 ER 模式与本体之间的语义映射的驱动下，通过概念实例化和关系实例化等过程，较方便地实现。整个过程可以分为两个阶段：

（1）概念实例化阶段。根据通过映射得到的本体概念结构，使用相应的表记录对其进行实例化。在这个阶段中，表记录存在三种划分方式：纵向划分（指一个表中的属性被划分到了多个概念中，如映射规则）、横向划分（指表记录被划分为多个部分，每个部分被实例化到不同的概念中，如映射规则）和综合划分（是纵向划分和横向划分方式的综合）。

（2）关系实例化阶段。通过对概念之间的关系的实例化，实现概念实例之间关系的建立，进而构建概念实例之间的语义网络。

在上述映射过程中，应用 XTM 为本体概念的实例数据的网上描述提供了手段，进而可以建立知识表达模型。

6.3　小结

随着计算机、网络和通讯等信息技术的高速发展，各种数据源、信息源每天都在提供呈爆炸性增长的海量数据和信息。面对这么一个庞大的数据源和信息源，仅仅依靠传统的由领域专家和知识工程师合作进行人工的知识获取方法已经远远不能满足知识经济时代的需要了。本章着重介绍与探索了两种新兴的智能知识获取技术：语义挖掘与 ER 模式反求。

语义挖掘从两个方面来提高知识挖掘的效率。一方面，可以利用本体来指导传统 Web 挖掘过程；另一方面，可以把挖掘来的知识进行语义标注后建立语义 Web 以方便日后语义 Web 智能软件代理进行自动化的语义 Web 挖掘。

网络化协同工作环境中由于计算机技术的广泛应用，大量的知识被存储在关系数据库中，为了探索如何从遗留系统的关系数据库中获取带有语义信息的知识，提出了本体论驱动的基于反求工程的关系数据库语义知识的获取方法。因为实体关系（ER）模式是关系数据库语义知识的形式化基础，所以该方法的核心思想是实现 ER 模式向知识表达模型的映射。

第7章　概念相似度计算

概念相似度计算是知识管理实现的关键技术之一。知识检索过程中搜索匹配概念的操作以及知识服务管理中搜索匹配服务都是建立在概念间相似度计算基础上的。

知识本体可以对领域知识进行概念化描述,然后利用资源描述框架以具备形式化的概念描述 Web 上的知识资源。通过这些描述,机器可以理解被标记内容的语义。在机器可以理解知识资源语义的基础上,便可以根据领域知识进行概念间的相似性和相关性度量分析。

本体概念的语义相似性,顾名思义包含三个要素:本体概念、语义和相似性。本体概念是相似性度量的对象,语义是相似性度量的依据,而相似性是人对概念语义产生的一种心理反应,因此分析本体所表述的语义特点是建立本体概念语义相似性度量模型的基础。本章分析了语义相似性和相关性之间的辩证关系,综合了人工智能领域和心理学领域内的概念相关性计算模型,提出了六种概念相似度计算方法,它们既可单独使用,也可互相结合使用。

7.1　概念相似性

在讨论语义相似性之前,首先要明确相似性和相关性两个概念的含义。心理学家认为,相似性是一种存在于两个感知对象间的关系,它是人的一种心理反应。由于对它内在的形成机理尚不明确,因此心理学者只能通过观察它的外在表现来描述相似性所具有的性质[1],这也是没有给出相似性严格定义的原因。

在知识检索、自然语言理解、语义描述与推理等有关的研究中,不可避免地要用到相关性这个概念[2,3]。在知识检索中人们研究用户如何对查询结果寻求相关性,但是不同的用户对查询结果的相关与否有着不同的评价,而且查询结果也不存在一定相关或者不相关这样的二值对立关系,因其在不同环境下有不同的结果,甚至在确定相关性究竟是客观标准还是主观标准也难以把握,造成难以对相关性进行定量分析。

---

① Blough D. S.. The perception of similarity. In Cook R. B. (Ed), Avian Visual Cognition, Department of Psychology, Brown University, http://www.pigeon.psy.tufts.edu/avc/dblough/, 2006.

② Chien S. and Immorlica N.. Semantic similarity between search engine queries using temporal correlation. In: Proceedings of the 14th International Conference on World Wide Web, Chiba, Japan, pp. 2-11, 2005.

③ 宋峻峰,张维明,肖卫东. 基于本体的信息检索模型研究. 南京大学学报(自然科学版),41(2): 189-196,2005.

一些研究者从相关性的主观角度出发提出解决方法。这些研究者在知识检索过程中强调用户的自身判断,提出相关反馈技术。该技术的核心思路是用户对查询结果进行反馈,后续查询对初始查询结果集逐步进行细化和具体化,相当于用后续的查询为过滤器对初始结果集进行过滤,不断缩小已检索的结果集,最终达到相关性尽可能最大的查询结果集。但是,用户的主观性存在差异,特别是后续查询意图和初始查询的理解可能存在差异,查询条件也有可能发生细微的变化,一旦这些细微的变化积累到一定程度就会影响到过滤器,使得后续查询不能起到过滤器作用,从而影响反馈查询技术的有效性和正确性。

另外,一些研究者考虑到相关性的复杂程度,主张从多个角度来建立相关性的评价标准。Saracevic[①]从多个角度入手,深入细致地分析相关性的概念和含义。这种结合相关性的主客观因素进行综合考虑,引导了对相关性研究的深入研究,但是其可操作性不强,目前还没有具体实现的系统。

从这些研究者对相关性的研究表明,相关性之所以复杂的原因在于知识检索领域中体现的是用户人脑内的主观概念化体系和应用内的概念化体系之间的匹配问题。由于目前对人脑的认知研究非常粗浅,没有将人脑的认知形成一个概念化的体系结构,相关性必然还是一个主观性比较强的概念,从而导致知识检索在概念相关中不可避免地存在了模糊性,但是对于应用和应用之间(或者说机器和机器之间)来说,语义相关性的可操作性要强,可以设计出相应的计算模型来实现语义检索。

概念的相关性和相似性是两个容易混淆的概念。文献[②]中用小汽车、汽油和自行车的例子形象的描述了两者之间的区别。

"小汽车依赖于汽油作为燃料,显然它们之间的相关性比小汽车与自行车更为紧密,但人们却普遍认为小汽车与自行车之间的相似性大于汽车与汽油,这个例子表明,相关性不能等同于相似性。即使小汽车与汽油是紧密相关的,但由于这两者之间没有共同的特性,人们也不会认为它们是相似的,而小汽车和自行车都是交通工具,都有轮子并且可以载人,因此它们是相似的。"

从中可以看出,是否存在共同的特性是相似性存在的前提。

7.2　概念相似性研究

概念的相似性度量是对概念语义相似性的定量分析,是实现语义检索和语义 Web 服务发现的理论基础,经过广大研究者的深入研究,有了不少可操作性的成果,本小节中将作简要阐述。

———————————

①　Saracevic T. , Relevance reconsidered. In: Ingwersen P. and Pors N. O. (Eds.). Proceedings of 2nd International Conference on Conceptions of Library and Information Science: Integration in Perspective, Copenhagen: Royal School of Librarianship, pp. 201 - 218, 1996.

②　Resnik P.. Using information content to evaluate semantic similarity in a taxonomy. In: Proceedings of the International Joint Conference on Artificial Intelligence, Montreal, Canada, pp. 448 - 453, 1995.

7.2.1 概念相似性度量

相似性与相关性并不是互斥的关系。相似性可以被视为一种特殊的相关性——对象间基于蕴涵关系的相似性。图 7-1 形象地表现了汽车的相似性概念和相关性概念之间的关系。对象间的蕴涵关系体现了对象的共同性,因此蕴涵关系的相关性等同于相似性。

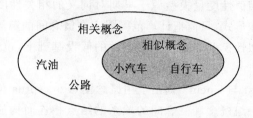

图 7-1 汽车的相似概念和相关概念之间的关系

总得来说,相关性和相似性之间存在密切的联系。从另外一个角度来看,如果两个概念非常相似,那么这两个概念的相关性程度也会很高;相似概念间一般都是相关的,反过来不一定成立,即相关不一定相似,如前文所说的汽油和小汽车两个概念间相关性非常高,但是并不存在相似性。

从这些描述可以看出,存在相似性的两个概念之间,从某一个角度看,总存在着一定的共同特性,这些共同特性受到人的主观因素影响。而相关性则是客观存在的,不受主观因素影响,只受到人的认识水平影响。

刘群等人辨析了语义的相关性和相似性之间的关系[①],认为概念的相似性反映的是概念之间的聚合特点,概念的相关性反映的是概念之间的组合特点。

在刘群等人提出的模型中,将概念的相似性定义为概念之间的依赖关系。概念之间的相关度是相关的程度,值域为 $[0,1]$,如果两个概念相关且可以计算相关度时,相等的两个概念之间的相关度为 1,如果两个概念之间不存在任何关系,则这两个概念的相关度为 0。

Lin 在 1998 年提出的基于信息学的具有广泛意义的相似性定义[②]值得借鉴,在该文中提出了相似性的定义应符合如下的四个相似性直觉(intuition)。

(1)直觉 1:概念 a 和 b 的相似性与它们的共同点有关,共同点越多,相似性越大。

(2)直觉 2:概念 a 和 b 的相似性与它们的差异有关,差异越大,相似性越小。

(3)直觉 3:当概念 a 和 b 只存在共同点而没有差异点时,则概念 a 和 b 相同,相似性最大。

(4)直觉 4:概念 a 和 b 只存在差异点而没有共同点时,则概念 a 和 b 互斥,相似性最小。

① 刘群,李素建. 基于"知网"的词汇语义相似度计算. Computational Linguistics and Chinese Language Processing,2:59-76,2002.

② Lin D. K.. An information-theoretic definition of similarity. In:Proceedings of the 15th International Conference on Machine Learning,San Francisco,CA,pp. 296-304,1998.

Lin 所定义的相似性直觉也表明,共同点是相似性存在的关键,两个对象没有共同点也就没有相似性。差异性是相似性的补充,它影响着相似性的大小。Lin 所定义的四点相似性直觉具有广泛的意义,在很多相似性模型中都用到了该相似性直觉的定义。

7.2.2 人工智能领域的概念相似度研究现状

在人工智能领域的相似性度量模型源于早期对词义的相关性度量,由于相似性可以被认为是相关性的一种特殊形式,只需把计算范围限定在概念间的蕴涵关系,计算的就是相似性。人工智能领域的相似性模型建立在对相似性的假设基础上,也经历了若干个发展阶段和发展方向。

Berners-Lee[①]、Genest 与 Chein[②] 提出了用概念图(Conceptual Graph)来表现文本的内容。一个概念图通常由一组概念和概念间的关系的结点相连而构成,由概念图表示知识可以用来计算概念的相似性。根据概念图计算的相似性 S 包括两个部分:概念相似性 S_c 和关系相似性 S_r。该算法的核心思路是根据图的结构来计算。若存在 G_1、G_2 两个概念图,两图的交集 $G_i = G_1 \bigcap G_2$。

计算 G_1 和 G_2 的概念相似性度量公式如下所述:

$$S_c = \frac{2n(G_i)}{n(G_1 + G_2)}$$

其中:$n(G_i)$,$n(G_1)$,$n(G_2)$ 分别表示图 G_i,G_1,G_2 中概念的节点个数。

$$S_r = \frac{2m(G_i)}{m_{G_i}(G_1) + m_{G_i}(G_2)}$$

其中:$m(G_i)$ 表示图 G_i 中的边数,$m_{G_i}(G_1)$、$m_{G_i}(G_2)$ 分别表示图 G_1,G_2 中至少有一端与图 G_i 相连的边数。

基于概念图的概念相似性计算是从图的结构考虑,这种计算方法片面强调了结构上的相似性,但是对概念的语义特征不够重视。

刘群等人[③]提出的针对知网(知网是一个以汉语和英语的词语所代表的概念为描述对象,以揭示概念与概念之间以及概念所具有的属性之间的关系为基本内容的常识知识库)中概念基于元语(Primitive)的概念相似性计算方法,关键算法如下所述。

假设两个元语在这个层次体系中的路径距离为 d,那么这两个元语之间的语义距离为:

$$\text{Sim}(P_1, P_2) = \frac{\alpha}{d + \alpha}$$

其中:P_1,P_2 表示两个元语,d 是两个元语 P_1,P_2 在元语体系中的路径长度,是一个正整

---

① Berners-Lee T.. Conceptual graphs and the Semantic Web. http://www.w3.org/DesignIssues/CG.html,2001.

② Genest D. and Chein M.. An experiment in document retrieval using conceptual graphs. In: Lecture Notes in Computer Science,1257:489-504,1997.

③ 刘群,李素建. 基于"知网"的词汇语义相似度计算. Computational Linguistics and Chinese Language Processing,2:59-76,2002.

数,α 是一个可调节的参数。

在该算法中,将两个概念的语义表达式分成了 4 部分:

(1) 第一独立元语描述式:两个概念的这一部分相似性记为 $\mathrm{Sim}_1(S_1,S_2)$。

(2) 其他独立元语描述式:语义表达式中除第一独立元语以外的所有其他独立元语(或具体词),两个概念的这一部分相似性记为 $\mathrm{Sim}_2(S_1,S_2)$。

(3) 关系元语描述式:语义表达式中所有的用关系元语描述式,这一部分相似性记为 $\mathrm{Sim}_3(S_1,S_2)$。

(4) 符号元语描述式:语义表达式中所有的用符号元语描述式,这一部分相似性记为 $\mathrm{Sim}_4(S_1,S_2)$。

根据以上分析,可以计算由实词组成的表达式的整体相似性。

两个实词概念语义表达式的整体相似性如公式所示:

$$\mathrm{Sim}(S_1,S_2) = \sum_{i=1}^{4} \beta_i \prod_{j=1}^{i} \mathrm{Sim}_j(S_1,S_2)$$

朱礼军[①]借用语言学中词语距离的研究方法来对概念相似性展开研究。在语言学研究中,词汇之间的距离是词汇之间的一种重要关系。一般而言,词语距离是一个 $[0,\infty)$ 之间的实数;一个词语与其本身的距离为 0。词语距离与词语相似性之间有着密切的关系,两个词语的距离越大,其相似性越低;反之,两个词语的距离越小,其相似性越大。二者之间可以建立一种简单的对应关系,当两个词语距离为 0 时,其相似性为 1,两个词语距离为无穷大时,相似性为 0。在其提出的 AO 概念模型中,对两个被称为概念或者特性 t_1,t_2,$\mathrm{Sim}(t_1,t_2)$ 表示术语之间的相似程度,如下公式所示:

$$\mathrm{Sim}(t_1,t_2) = \sum_{i=1}^{n} \delta_1(t_1,t_2)\theta_i$$

其中:

n 是 t_1,t_2 在概念模型中所具有的最大深度,

θ_i 是权重$\left(\text{最简化的情况下,可以取 } \theta_i = \dfrac{1}{n}\right)$,$\delta_i(c_1,c_2) = \begin{cases} 1, \text{当 } c_1,c_2 \text{ 前 } i \text{ 个父类相同时} \\ 0, \text{当 } c_1,c_2 \text{ 前 } i \text{ 个父类不同时} \end{cases}$

采用词语距离计算相似性时,词语距离有两类常见的计算方法,一种是利用大规模的语料库进行统计,一种是根据某种同义词典来计算。

词语相似性的计算方法可以利用大规模的语料库来统计[②]。这种算法的前提是假设凡是语义近似的词语,它们的上下文也应该相似,其核心是利用词语的相关性来计算词语的相似性。计算时先选择一组特征词汇,根据这组词在实际的大规模语料库中上下文里出现频率来计算这一组特征词汇与每一个词的相关性,这样对于每一个词都可以得到一个相关性的特征词向量,利用这些向量之间的相似性来计算两个词的相似性。

---

① 朱礼军.万维网环境下基于领域知识的信息资源管理模式研究.中国农业大学博士学位论文,2004.

② Chatterjee N.. A Statistical approach for similarity measurement between sentences for EBMT. In:STRANS-2001 Symposium on Translation Support Systems,Kanpur,India,2001.

词语语义距离还可以根据同义词词典来计算[①]。这种算法的思路是将所有的词组织在一棵或者几棵树状的层次结构中。在一棵树状图中,任何两个节点之间有且只有一条路径,用这条路径长度也就可以度量这两个词汇的语义距离。在此基础上也有一些扩展的研究,如在计算词语的语义相似性时,除了结点间的路径长度外,还考虑到了其他的一些因素,如概念层次树的深度和概念层次树的区域密度。

根据语料库和同义词典来计算语义相似性各有特点,基于语料库的方法比较客观,综合反映了词语在句法、语义、语用方面的相似性和差异性。但是,这种方法比较依赖于训练所用的语料库,计算量大,计算方法复杂;另外,若受到稀疏数据和数据噪声的干扰较大,就很可能出现明显的度量错误。基于同义词典的方法简单有效,比较直观,也比较容易理解,但是这种方法得到的结果受到使用者的主观意识的影响非常大,从而不能准确反映客观事实。基于同义词典的方法一般能准确地反映词语语义之间的相似性和差异性,但是对于词语之间的语法和语义特点考虑得较少。

不论是基于词典还是基于语料库的模型或者基于信息学的模型,都要依赖于词典或语料库的统计数据,这也是这类计算相似性模型的主要缺陷。为了保证相似性度量的正确性,就必须建立一个完整而有效的词典或语料库,这一基础工作不可或缺而且工作量大;并且概念是在不断进化的,因此已有的统计数据往往难以跟上概念的变化速度。另外,从词典或者语料库中获得统计数据也是一项耗时的工作。这些因素限制了此类模型的应用前景。

基于语义距离的模型是计算概念相似性最简单自然的方法。然而,如前文提到的知网等,该模型也存在着许多问题,如其中的边的权值问题,受到概念在分类结构体系中的深度和密度等非客观因素影响较大,在不同的方法中,计算出的结果也是不尽相同。

7.3 概念相似度模型与计算

本节综合了人工智能领域和心理学领域内的概念相关性计算模型,提出了六种概念相似度计算方法:关联规则相似度计算、词语相似度计算、义原相似度计算、参量相似度计算、结构相似度计算和基于心理学模型的相似度计算。这些相似度计算方法之间并不互斥,是相辅相成的关系,既可单独使用,也可互相结合使用。

7.3.1 关联规则相似度计算

关联规则相似度基于鲁松的假设:语义相似的词,它们的上下文也相似[②]。鲁松通过选择一组特征词,首先在大量领域文档中统计这组特征词在待测词的上下文中出现的频率作

---

① Agirre E. and Rigau G.. A proposal for word sense disambiguation using conceptual distance. In: International Conference of Recent Advances in Natural Language Processing (RANLP'95), Tzigov Chark, Bulgaria, 1995.

② 鲁松. 自然语言中词相关性知识无导获取和均衡分类器的构建. 中国科学院计算技术研究所博士论文,2001.

为该待测词与这组特征词间的相关性向量。然后,通过计算各待测词与特征词间相关性向量的欧氏距离或向量夹角余弦来确定待测词间的相似度。该算法只统计已知的待测词与特征词间的出现频率,每增加一个新的待测词,需要重新扫描数据库。对于常常需要增加一些待测词的系统来说,为新增的少量待测词频频扫描海量的数据,效率颇低。如果需要重新选取一组特征词,则需重新统计各待测词与新特征词间的相关性向量以及各待测词间的相似度。

关联规则是从大量数据中发现数据项间相关联系的有效方法,扫描数据库生成频繁集后,新增待测词无需重新扫描数据库,搜索频繁集即可得到数据项间相似度。选取新的特征词组也无需重新扫描数据库。关联规则相似度还能提供更高维的待测词与特征词间相关性向量,使待测词间相似度计算更精确。

Agrawal 等人[①]于 1993 年首先提出了挖掘顾客交易数据库中项集间的关联规则问题,以后诸多的研究人员对关联规则的挖掘问题进行了大量的研究。关联规则按数据类型分为布尔型与数量型,按规则涉及的数据位数分为单维和多维,按规则集涉及的抽象层次分为单层和多层,按模式与规则间的相互关系分为完全型、最大型和闭合型。关联规则问题还可拓展为顺序模式、周期性片断规则和空间关联规则等。

关联规则问题基本定义:设 $I=\{i_1,i_2,\cdots,i_m\}$ 是项集,其中 $i_k(k=1,2,\cdots,m)$ 是所有词语的集合,包括待测词和特征词。此时,无需指明集合中词语哪些是待测词哪些是特征词,可留待计算词语相似度时扫描频繁集前定义。设任务相关的数据 D 是领域文档集,T 是 D 中一段上下文,使得 $T\subseteq I$。设 A 是词语,且 $A\subseteq T$。

关联规则是如下形式的逻辑蕴涵:$A\Rightarrow B,A\subset I$,$B\subset I$,且 $A\cap B=\varnothing$。关联规则具有如下两个重要的属性:

(1) 支持度(Support):$P(A\cup B)$,即 A 和 B 这两个词语在领域文档集 D 中同时出现的概率。

(2) 置信度(Confidence):$P(B|A)$,即在出现词语 A 的领域文档集 D 中,词语 B 也同时出现的概率。

同时满足最小支持度阈值和最小置信度阈值的规则称为强规则。关联规则相似度问题就是产生支持度和可信度分别大于用户给定的最小支持度和最小可信度的关联规则,也就是产生强规则的问题。

Apriori 算法[②,③,④]是挖掘关联规则的最基本、最具影响的算法。Apriori 算法的核心思

① Agrawal R., Imielinski T. and Swami A.. Mining association rules between sets of items in large databases. In:Proceedings of the ACM SIGMOD Conference on Management of Data, pp. 207 – 216,May 1993.

② Agrawal R. and Srikant R.. Fast algorithms for mining association rules. In:Research Report RJ 9839, IBM Almaden Research Center, San Jose, CA June 1994.

③ Mannila H., Toivonen H. and Verkamo A. I.. Efficient algorithms for discovering association rules. In:Proceedings of AAAI'94 Workshop Knowledge Discovery in Database (KDD'94),Seattle, WA, pp. 181 – 192,July 1994.

④ Agrawal R., Mannila H., Srikant R., Toivonen H. and Verkamo A. I.. Fast discovery of association rules. In:Fayyad U. M., Piatetsky-Shapiro G., Smyth P. and Uthurusamy R. (Eds.) Advances in Knowledge Discovery and Data Mining, AAAI/MIT Press, pp. 307 – 328,1996.

想是：频繁集的所有非空子集也必须是频繁的。依据上述思想，很容易构造 Apriori 算法：首先找出包含一个元素的频繁集，记为 F_1；使用 F_1，寻找包含两个元素的频繁集 F_2；类似地，用 F_k 寻找 F_{k+1}，逐层迭代，直到不能找到更大的频繁集。

关联规则相似度方法中，最小支持度的选择比较关键。最小支持度值选得相对较小，可能产生大量候选集，容易出现组合爆炸，并出现大量的"长规则"，使扫描数据库的代价增加；最小支持度值选得相对较大，则会过滤过多的规则，使频繁集的在相似度计算中的可用性降低。

关联规则相似度方法可以从两方面入手进行改进：其一，提高 Apriori 算法效率；其二，对领域文档进行更好地理解。

在提高 Apriori 算法效率方面已有如下一些改进：

（1）使用 Hash 表压缩要考察的候选集规模，提高关联规则挖掘效率[①]。

（2）使用事物压缩技术提高数据库扫描效率，其主要想法是不包括 k 个元素频繁集的数据在计算 $k+1$ 个元素频繁集时不再需要扫描[②]。

（3）使用划分技术将对数据库扫描的次数降低到两次。第一次扫描时将数据库划分为 n 个非重叠部分，对于每个部分分别求局部频繁集，得到全局频繁集的候选项集。第二次扫描数据库时，给出每个候选频繁集的实际支持度和置信度，以确定是否能成为全局频繁集。

此外，还有选样法、动态项集计数等不一而足。其主要思路都是控制候选集的规模和减少数据库扫描次数。对领域文档的更好理解可以从智能分词、语义理解、知识管理和知识检索入手，进行语义、语境以至语用的分析。

7.3.2 词语相似度计算

词语相似度计算使用词语距离作为度量两个词语关系的重要指标。两个词语的距离越大，其相似度越低；反之，两个词语距离越小，其相似程度越大。两个词语距离为 0 时，其相似度为 1；两个词语距离为无穷大时，其相似度为 0；相似度为词语距离的单调递减函数。两词语 O_1 和 O_2 的相似度记为 $\mathrm{Sim}_{\mathrm{Word}}(O_1, O_2)$，其词语间距离记为 $\mathrm{Dis}(O_1, O_2)$。

词语相似度定义如下：

$$\mathrm{Sim}_{\mathrm{Word}}(O_1, O_2) = \frac{\alpha \times (l_1 + l_2)}{(\mathrm{Dis}(O_1, O_2) + \alpha) \times \max((l_1 - l_2), 1)}$$

其中 l_1、l_2 是 O_1、O_2 分别所处的层次，α 是相似度为 0.5 时 O_1、O_2 之间的距离[③]，α 是一个可

① Park J. S., Chen M. S. and Yu P. S.. Efficient parallel mining for association rules. In: Proceedings of the 4th International Conference of Information and Knowledge Management, Baltimore, MD, pp. 31-36, Nov. 1995.

② Agrawal R., Imielinski T. and Swami A.. Mining association rules between sets of items in large databases. In: Proceedings of the ACM SIGMOD Conference on Management of Data, pp. 207-216, May 1993.

③ 刘群，李素建. 基于"知网"的词汇语义相似度计算. Computational Linguistics and Chinese Language Processing, 2: 59-76, 2002.

调节的参数，一般 $\alpha > 0$。同样距离的两个词语，词语相似度随着它们所处层次的总和的增加而增加，随着它们之间层次差的增加而减小。因为，层次总和的增加意味着分类趋向细致，其相似程度就越高；两词语间层次差越大，其相似程度则越小。

词语距离可以利用现有的语义词典中词语的上下位来计算。《知网》($HowNet$)、《同义词词林》和 $WordNet$ 是比较详尽的词语语义知识词典，在 $WordNet$ 和《同义词词林》中所有同类得语义项，如：$WordNet$ 的 Synset 或《同义词词林》的词群构成一个树状结构，词语之间的距离，可从树状结构中相应节点的距离计算而得。

如图 7-2 所示，O_{10} 与 O_{16} 间的距离为 $\mathrm{Dis}(O_{10},O_{16})=6,l_{10}=3,l_{16}=3$，因此相似度为 $\mathrm{Sim}_{\mathrm{Word}}(O_{10},O_{16})=\dfrac{6\times\alpha}{6+\alpha}$，而 O_{12} 与 O_3 间的距离为 $\mathrm{Dis}(O_{12},O_3)=4,l_{12}=3,l_3=1$，因此相似度为 $\mathrm{Sim}_{\mathrm{Word}}(O_{12},O_3)=\dfrac{4\times\alpha}{(4+\alpha)\times 2}$。因为 $\alpha > 0$，所以 $\mathrm{Sim}_{\mathrm{Word}}(O_{10},O_{16}) > \mathrm{Sim}_{\mathrm{Word}}(O_{12},O_3)$。

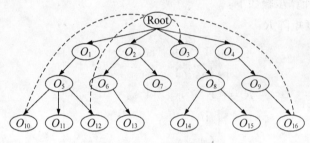

图 7-2　语义分类树形图

Agirre 与 Rigau[1] 在计算 $WordNet$ 词语相似度时，不仅考虑节点间的路径长度，还考虑到概念所处的节点的深度和该深度上节点密度。路径长度相同的两个节点，其语义距离较大的概率较大；路径长度相同的两个节点，在节点密度高的区域比在节点密度低的区域，其语义距离较大的概率较大。如：

$$\mathrm{Sim}_{\mathrm{Word}}(O_1,O_2)=\frac{2\times\alpha}{2+\alpha}$$

而

$$\mathrm{Sim}_{\mathrm{Word}}(O_{14},O_{15})=\frac{6\times\alpha}{2+\alpha}$$

7.3.3　义原相似度计算

《知网》中强调词语可以表达为一个或多个义项（概念），义项由称为"义原"（Sememe）的知识表示语言来描述，义原是用于描述概念的最小意义单位[2]。

---

① Agirre E. and Rigau G.. A proposal for word sense disambiguation using conceptual distance. In: International Conference of Recent Advances in Natural Language Processing（RANLP95），Tzigov Chark，Bulgaria，pp. 258－264，1995.

② 刘群，李素建. 基于《知网》的词汇语义相似度计算. Computational Linguistics and Chinese Language Processing，2：59－76，2002.

WordNet 和《同义词词林》仅仅将所有的概念组织到一个树状的层次结构中,而《知网》还使用一组义原对每个概念进行描述。树状层次结构中仅仅包含上下位关系,而义原之间的关系复杂的多,共有 8 种:上下位关系、同义关系、反义关系、对义关系、部分整体关系、属性宿主关系、材料成品关系和事件角色关系。Li 等人[①]在计算义原相似度时考虑了包括上下位关系在内的义原间多种关系,但是将各种关系所得的关联度加权平均后计入义原相似度中,其合理性有待进一步考证。义原间关系最主要的还是上下位关系,计算义原相似度建立在由上下位关系组成的义原树状层次结构的基础上。

假定概念 S_1 的名称 W_1 有 m 个义项 $C_{11}, C_{12}, \cdots, C_{1m}$,概念 S_2 的名称 W_2 有 n 个义项 C_{21}, $C_{22}, \cdots, C_{2n}$,概念间的相似度可以表示为 $\text{Sim}(S_1, S_2) = \max\limits_{i=1\cdots m, j=1\cdots n} (\text{Sim}_{\text{Concept}}(C_{1i}, C_{2j}))$,即取两概念间义项相似度的最大值。义项由一组义原描述,因此义项相似度可以细化的看作义原相似度计算。

假定义项 C_1 由 m 个义原描述 $s_{11}, s_{12}, \cdots, s_{1m}$,义项 C_2 由 n 个义原描述 $s_{21}, s_{22}, \cdots, s_{2n}$。义项间相似度算法计算步骤如下:

(1) 计算相似度矩阵 R

$$
R = \left\{ \begin{matrix} 1 & r_{12} & r_{13} & \cdots & r_{1n} \\ r_{21} & 1 & r_{23} & & \\ r_{31} & r_{32} & 1 & & \\ \vdots & & & \ddots & \\ r_{m1} & & & & r_{mm} \end{matrix} \right\}
$$

其中,r_{ij} 是义原 s_{1i} 与 s_{2j} 的相似度。

(2) 取相似度最大的 r_{ij},删除该 r_{ij} 所在的行与列得到矩阵 R'。重复执行上一步,直至 R' 为空。取得的相似度 r_{ij} 序列记为 $t_1, t_2, \cdots, t_p$,其中 $p = \min(m, n)$。该步骤实质是取 $C_1 C_2$ 的义原相似度配对结果中最大的一对 $s_{1i} s_{2j}$,然后删去这两个义原,继续寻找剩余义原中相似度最大的一对,直至 C_1 或 C_2 的义原集合成为空集。

(3) 计算 $t_1, t_2, \cdots, t_{\min(m,n)}$ 加权平均值 $\text{Sim}_{\text{Concept}}(C_1, C_2) = \sum\limits_{i=1}^{p} w_i \times t_i$ 即得义项相似度。加权平均时取权值 w_i 为 1 得到比较一般性的义项相似度。想得到乐观相似度则给出递减序列的权值如 $w_1 = 1, w_2 = \dfrac{p-1}{p}, w_3 = \dfrac{p-2}{p}, \cdots, w_p = \dfrac{1}{p}$,即增加更为相似的义原对相似度的权重,减小较不相似的义原对的相似度权重。反之,想得到悲观相似度则给出递增序列的权值。

义项间相似度计算步骤(1)中计算 r_{ij} 是义原 s_{1i} 与 s_{2j} 的相似度,义原相似度定义如下:

$$
\text{Sim}_{\text{Sememe}}(s_1, s_2) = \frac{\alpha \times (l_1 + l_2)}{(\text{Dis}(s_1, s_2) + \alpha) \times \max((l_1 - l_2), 1)}
$$

---

① Li S. J., Zhang J., Huang X. and Bai S.. Semantic computation in Chinese question-answering system. Journal of Computer Science and Technology, 1716):933 – 939,2002.

其中，l_1、l_2 是 s_1、s_2 分别所处的层次，α 是相似度为 0.5 时 s_1、s_2 之间的距离，$\alpha>0$。词语相似度计算可以归结为计算树状结构中词语间的距离，类似的义原相似度的计算则可归结为计算树状的义原层次体系中义原间的距离。义原相似度计算具体可参照 7.3.2 节中词语相似度的计算。

7.3.4　参量相似度计算

计算复杂概念如知识服务之间相似度时可供度量的参量有输入参数、输出参数、服务质量参数和本体属性等。参量相似度对服务分类、聚类、查找、匹配、组成工作流都有重要意义。例如对于输入输出参数，服务的分类、聚类、查找、匹配需要两服务分别计算输入输出参数相似度；而组成工作流时，需要计算流程中前一节点服务的输出参数与后一节点服务的输入参数相似度。作者将在第 10 章和第 11 章分别介绍知识服务和知识服务工作流。

1. 参量相似度求解算法

本节中参量相似度计算以知识服务的输入参数为例。

假定服务 S_p 有 m 个输入参数 $S_{p_{\text{input}}}=(I_{p_1},I_{p_2},I_{p_3},\cdots,I_{p_m})$，服务 S_q 有 n 个输入参数 $S_{q_{\text{input}}}=(I_{q_1},I_{q_2},I_{q_3},\cdots,I_{q_n})$。函数 $p\text{sim}(I_{p_i},I_{q_j})$ 计算 $S_{p_{\text{input}}}$ 中输入参数 I_{p_i} 和 $S_{q_{\text{input}}}$ 中输入参数 I_{q_j} 间的相似度。引入变量 $x_{ij}=\begin{cases}1,& I_{p_i} \text{ 和 } I_{q_j} \text{ 配对}\\ 0,& \text{其他}\end{cases}$

输入参数相似度计算问题可以表述如下：

$$\text{Sim}_{\text{Parameter}}(S_{p_{\text{input}}},S_{q_{\text{input}}})=(\max\sum_{i=1}^{m}\sum_{j=1}^{n}p\text{sim}(I_{p_i},I_{q_j})\times x_{ij})/\min(m,n)$$

$$(AP)\,s.t.\sum_{j=1}^{n}x_{ij}=1,\quad i=1,2,\cdots,m$$

$$\sum_{i=1}^{m}x_{ij}=1,\quad j=1,2,\cdots,n$$

AP 中第一个约束表示 S_p 中第 i 个参数 I_{p_i} 只能和 S_q 中的参数匹配一次，AP 中第二个约束表示 S_q 中第 j 个参数 I_{q_j} 只能和 S_p 中的参数匹配一次。

简而言之，求参量间相似度问题，即将两服务间参数一一匹配并求相似度，取其相似度和的最大值作为参量间相似度。求解参量相似度问题，等价于求解线性规划问题，因而是多项式时间可解的。

参量间相似度求解算法：

(1) 构造相似矩阵：计算 S_p 中第 i 个参数和 S_q 中第 j 个参数之间的相似度，并赋值到相似矩阵的第 i 行第 j 列。

(2) 用各行元素的最大值减去各行元素。

(3) 把每列元素减去本列中的最小值，此时每行及每列中必然都含有 0 元素。

(4) 确定独立零元素，并作标记：

首先逐行判断是否有含有独立 0 元素的行，如果有，则按行继续处理；如没有，则要逐列判断是否有含有独立 0 元素的列，若有，则按列继续处理。若既没有含有独立 0 元素的行，也没有含有独立 0 元素的列,则仍然按行继续处理。

在按行处理时,若某行有独立 0 元素,把该 0 元素标记为 a,把该 0 所在的列中的其余 0 元素标记为 b;否则,暂时越过本行,处理后面的行。把所有含有独立 0 元素的行处理完毕后,再回来处理含有 2 个以及 2 个以上的 0 元素的行:任选一个 0 做 a 标记,再把该 0 所在行中的其余 0 元素及所在列中的其余 0 元素都标记为 b。

在按列处理时,若某列有独立 0 元素,把该 0 元素标记为 a,把该 0 所在的行中的其余 0 元素标记为 b;否则,暂时越过本列,处理后面的列。把所有含有独立 0 元素的列处理完毕后,再回来处理含有 2 个以及 2 个以上的 0 元素的列:任选一个 0 做 a 标记,再把该 0 所在列中的其余 0 元素及所在行中的其余 0 元素都标记为 b。

重复上述过程,即得到独立零元素(标记 a 的"0")。

若矩阵的行列数不等时,则可能在最后一次做标示时有多行对应一列或多列对应一行。如有 m 行 n 列,且 $m < n$,则在最后一次标记时出现 $|n-m|+1$ 列对应 1 行的情况,此时标记剩余元素时需要查看它们在最初的相似矩阵中对应的元素,选取其中数值较大元素做标示。

(5) 若独立零元素等于矩阵阶数,则已经得到最优解,若小于矩阵阶数,则继续以下步骤:

对没有标记 a 的行作标记 c。

在已作标记 c 的行中,对标记 b 所在列作标记 c。

在已作标记 c 的列中,对标记 a 所在的行作标记 c。

对没有标记 c 的行划线,对有标记 c 的列划线。

(6) 在未被直线覆盖的所有元素中找出一个最小元素,未被直线覆盖的行(或列)中所有元素都减去这个数(注:若未被直线覆盖的部分是行数<列数,则是按行减,反之则按列减)。

(7) 对产生的负元素,将其所在列(或行)中各元素都加上这一最小元素($X_{\min}$)以消除负数。返回步骤(4),再次确定独立零元素个数。

(8) 重复执行步骤(4)~步骤(7),直到步骤(5)找出最优解,返回结果。

步骤(1)构造相似矩阵时需要计算 S_p 中第 i 个参数和 S_q 中第 j 个参数之间的相似度 $p\text{sim}(I_{p_i}, I_{q_j})$。$p\text{sim}(I_{p_i}, I_{q_j})$ 的计算可以分两种情况:I_{p_i}、I_{q_j} 可以映射到同一个本体;I_{p_i}、I_{q_j} 分属不同本体。

$$p\text{sim}(I_{p_i}, I_{q_j}) = \begin{cases} \text{similaritySameOnto}(I_{p_i}, I_{q_j}) \\ \text{similarityDistinctOnto}(I_{p_i}, I_{q_j}) \end{cases}$$

I_{p_i}、I_{q_j} 可以映射到同一个本体,则可考虑使用词语相似度或义原相似度对其进行相似度计算;如 I_{p_i}、I_{q_j} 分属不同本体则可使用:

$$\text{similarityDistinctOnto}(I_{p_i}, I_{q_j}) = \begin{cases} \text{Sim}_{\text{Sememe}}(I_{p_i}, I_{q_j}), & Ip_i, Iq_j \text{ 配对} \\ \alpha \times \text{Sem}RS(I_{p_i}, I_{q_j}), & \text{其他} \end{cases}$$

如 I_{p_i}、I_{q_j} 都有语义化描述,可以考虑使用义原相似度 $\text{Sim}_{\text{Sememe}}(I_{p_i}, I_{q_j})$ 进行计算,见 7.3.3 节。如不全为可语义化描述的,则计算 $\alpha \times \text{Sem}RS(I_{p_i}, I_{q_j})$,其中:

$$
SemRS(Ip_i, Iq_j) = \begin{cases}
1 & I_{p_i} = I_{q_j} \\
\\
1 & \begin{aligned} I_{p_i} &= \text{Integer}, I_{q_j} = \text{string} \\ I_{p_i} &= \text{string}, I_{q_j} = \text{Integer} \end{aligned} \\
\\
0.66 & \begin{aligned} I_{p_i} &= \text{double}, I_{q_j} = \text{string} \\ I_{p_i} &= \text{string}, I_{q_j} = \text{double} \\ I_{p_i} &= \text{long}, I_{q_j} = \text{string} \\ I_{p_i} &= \text{string}, I_{q_j} = \text{long} \end{aligned} \\
\\
0.33 & \begin{aligned} I_{p_i} &= \text{long}, I_{q_j} = \text{Integer} \\ I_{p_i} &= \text{Integer}, I_{q_j} = \text{long} \\ I_{p_i} &= \text{double}, I_{q_j} = \text{Integer} \\ I_{p_i} &= \text{Integer}, I_{q_j} = \text{double} \end{aligned} \\
\\
0 & \text{otherwise}
\end{cases}
$$

α 为调节相似度用的权重，一般使相似度计算 $\text{Sim}_{\text{Sememe}}(I_{p_i}, I_{q_j})$ 的值大于 $\alpha \times SemRS(I_{p_i}, I_{q_j})$ 的计算结果。

2. 参量相似度求解实例

假定服务 S_p 有 4 个输入参数 $S_{p_{\text{input}}} = (Ip_1, Ip_2, Ip_3, Ip_4, Ip_5)$，服务 S_q 有 5 个输入参数 $S_{q_{\text{input}}} = (Iq_1, Iq_2, Iq_3, Iq_4, Iq_5)$，执行步骤(1)，经过相似度计算得相似矩阵 R：

$$
R = \begin{bmatrix}
1.00 & 0.90 & 0.77 & 0.50 & 0.28 \\
0.90 & 0.95 & 1.00 & 0.80 & 0.60 \\
1.00 & 0.90 & 0.75 & 0.10 & 0.12 \\
0.80 & 0.97 & 0.85 & 0.78 & 0.94
\end{bmatrix}
$$

执行步骤(2)，得相似矩阵 R'：

$$
R' = \begin{bmatrix}
0 & 0.10 & 0.23 & 0.50 & 0.72 \\
0.10 & 0.05 & 0 & 0.20 & 0.40 \\
0 & 0.10 & 0.25 & 0.90 & 0.88 \\
0.17 & 0 & 0.12 & 0.19 & 0.03
\end{bmatrix}
$$

执行步骤(3)，得相似矩阵 R''：

$$
R'' = \begin{bmatrix}
0 & 0.10 & 0.23 & 0.31 & 0.69 \\
0.10 & 0.05 & 0 & 0.01 & 0.37 \\
0 & 0.10 & 0.25 & 0.71 & 0.85 \\
0.17 & 0 & 0.12 & 0 & 0
\end{bmatrix}
$$

执行步骤(4)～步骤(8)，得最优解：

$$p\text{sim}(Ip_1, Iq_1) = 1.00$$
$$p\text{sim}(Ip_2, Iq_3) = 1.00$$
$$p\text{sim}(Ip_4, Iq_2) = 0.97$$
$$p\text{sim}(Ip_3, Iq_4) = 0.75$$

由此得到服务 S_p 和服务 S_q 的输入参数相似度：

$$\text{Sim}_{\text{Parameter}}(S_{p_{\text{input}}}, S_{q_{\text{input}}}) = 0.93$$

由输入参数相似度定义可知参量相似度类似于组合优化问题中的指派问题（Assignment Problem）。参量相似度问题还可看成一个定义如下的特殊匹配问题：构造一个二分图 $G = (V, E)$，其中 V 分划为 S, T；S 表示 $S_{p_{\text{input}}}$ 中的所有元素，即 $\{I_{p_1}, I_{p_2}, I_{p_3}, \cdots, I_{p_m}\}$，$T$ 表示 $S_{q_{\text{input}}}$ 中的所有元素，即 $\{I_{q_1}, I_{q_2}, I_{q_3}, \cdots, I_{q_n}\}$。给 S 和 T 中每个元素都连一条边。边 $\{I_{p_i}, I_{q_j}\}$ 的权就是 I_{p_i} 和 I_{q_j} 的相似度 $p\sin(I_{p_i}, I_{q_j})$。这样，求服务间参量相似度问题就等价于求二分图 G 上使总权值最大的最大权匹配问题。

7.3.5　结构相似度计算

结构相似度考查两对象间的结构相似程度，本书中的算法使用逐层递归方式计算相似度。S_1, S_2 分别为两个对象 O_1, O_2 的根节点（要保证根节点不是叶节点；如果用本体描述对象，而该本体只有一个节点，即该节点既是根节点，又是叶节点，则没有用本体描述该对象的必要了），则两对象间结构相似度为：

$$\text{Sim}_{\text{Structure}}(O_1, O_2) = \text{StructureSimilarity}(S_1, S_2);$$

结构相似度算法：

（1）StructureSimilarity(S_1, S_2){
（2）　partnership = findPartnership(subSet(S_1), subSet(S_2));
（3）　while(partnership.hasNextElement()){
（4）　　partnership.next();
（5）　　if(subSet(partnership.subSetS_1)! = Null && subSet(partnership.subSetS_2))){
（6）　　　return Sim$_{\text{Word}}$(partnership.subSetS_1, partnership.subSetS_2) +
（7）　　　levelCoefficient(partnership.subSetS_2)
（8）　　　* StructureSimilarity(partnership.subSetS_1, partnership.subSetS_2);
（9）　　}else{
（10）　　　return Sim$_{\text{Word}}$(partnership.subSetS_1, partnership.subSetS_2);
（11）　　}
（12）　}
（13）}

如图 7-3 所示，算法首先对两根节点的子节点两两配对进行相似度计算，并寻找最大相

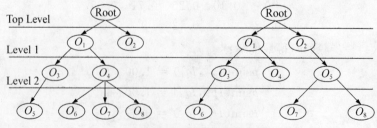

图 7-3　结构相似度计算

似度组合,见算法中(2)。对于最大相似度组合中的每个配对,如果它们不都有子节点,则返回相似度值为 Sim_{Word} 或 $Sim_{Concept}$,其他情况则继续计算以子节点为根的树的结构相似度。

7.3.6　基于心理学模型的相似度计算

上面所分析的各类语义相似度模型都建立在人工智能领域中对相似性的假设基础之上。这些假设是对相似性的直观判断,并没有坚实的理论基础和实验数据支持,更多的是研究人员根据应用和各种领域形成的经验公式。另外,相似性是人对事物的一种客观认识,心理学上根据这一特点进行了深入的研究和探索,并在大量的实验基础上建立了许多相似性模型。本节将结合心理学和人工智能领域的相似度研究成果,提出改进的相似度模型。

1.　心理学领域的概念相似性研究

心理学领域的最初的概念相似性研究可以追溯到 Osgood[①] 于 1952 年提出的语义微分方法。Osgood 用一组含义相反的形容词构成一个特征空间,分别用这些形容词度量单词的语义,从而形成单词在特定空间的坐标,Osgood 定义两个单词在特征空间中的几何距离为单词之间的语义距离。Osgood 的语义分析方法的核心思路是用空间坐标中的点表现对象,用点之间的距离反映对象间的相似性。心理学领域将这一类模型统称为几何相似模型,这种相似性模型主导了初期相似性分析的发展,在此模型基础上曾引导出很多相似性分析模型。在 Osgood 的几何相似模型中用到了 4 个度量公理:自相似的常数性、最小性、对称性和三角不等性。几何相似模型能大大地降低模型计算的复杂度,但是由于这些公理的约束,几何相似模型不能表现与相似性有关的心理现象,如在二维空间中计算长方形的相似性。另外,其他模型也表明人对相似性的认识不一定满足对称性、三角不对等性和最小性的定义。

其后,心理学家提出了很多非几何相似性模型,最为著名的是 Tversky 模型。1977 年,Tversky 提出了非几何相似模型来度量相似性[②],他认为,对象的一些属性的相似性不能用定量方式进行比较,如性格就无法用数字来量化,这些属性更适合定性的方式来描述。在该模型中,用集合描述对象的特性,即每个对象 a 由一组属性组成,记做 A。那么,两个对象的属性间的关系可以分成 3 个部分,如图 7-4 所示。其中:

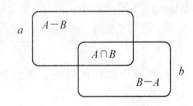

图 7-4　a、b 两个对象属性间的关系图

$A \cap B$:对象 A 和 B 共同的属性集合;

$A - B$:存在于对象 A 中的属性集合,但是该属性不存在 B 中;

$B - A$:存在于对象 B 中的属性集合,但是该属性不存在 A 中。

在提出的模型中,将两个对象 a, b 的相似性定义为这两个对象在共同性和差异性上的

① Osgood C. E.. The nature and measurement of meaning. Psychological Bulletin, 49 (3): 197 - 237, 1952.

② Tversky A.. Features of similarity. Psychological Review, 84(4): 327 - 352, 1977.

一个函数,记做 $s(a,b)$,Tversky 模型认为,对象间的相似性应满足匹配性、单调性和独立性,这些性质是 Tversky 模型相似性度量研究的公理。

定义 1 设存在 a、b 和 c 三个对象,A、B 和 C 分别是相应对象的属性集合,$s(a,b)$ 是 a 和 b 间的相似性度量函数。若具有以下性质,则称相似性函数 s 为匹配函数。

匹配性:$s(a,b)=F(A\bigcap B,A-B,B-A)$

单调性:

当 $A\bigcap C\subseteq A\bigcap B,A-B\subseteq A-C,B-A\subseteq C-A$ 时,有

$$s(a,b)\geqslant s(a,c)$$

定义 2 两任意对象 a,b 的属性集合 A 和 B,$S_{tvr}(a,b)=\theta f(A\bigcap B)-\alpha f(A-B)-\beta f(B-A)$

其中,θ,α,β 非负,S_{tvr} 是对象间相同性和差异性的线性函数。

定义 3 设任意对象 a,b,c,d

$$S_{tvr}(a,b)\geqslant S_{tvr}(c,d)\Leftrightarrow s(a,b)\geqslant s(c,d)$$

S_{tvr} 与对象间相似性函数 s 有相同的排序顺序,上面的定义 2 和 3 就是 Tversky 模型,心理学认为相似性是不可以直接测量的,但不同的相似性可以相互比较。因此,对象间相似性的排序比相似值的差距更有意义。Tversky 模型正是基于这一点用函数 S_{tvr} 来间接度量相似性函数 s 的排序关系。

在 Tversky 模型中,相似函数满足匹配性表明对象的相似程度由对象间的相同性和差异性共同决定,单调性则表示相似程度随着共同性的增加和差异性的减少而增加,独立性表示决定相似程度的三个因素(相同性、a 对 b 的差异性和 b 对 a 的差异性)之间互不影响。

Tversky 模型中的相似性度量函数 S_{tvr} 不是一个标准式,也就是不满足 $0\leqslant S_{tvr}\leqslant 1$,Rodriguez 和 Egenhofer 将 Tversky 模型扩展为一个标准式:

$$S_{RE}=\frac{f(A\bigcap B)}{f(A\bigcap B)+\alpha f(A-B)+\beta f(B-A)}$$

其中,A,B 是本体中的概念 a,b 的属性集合,f 为一个非负函数,α 和 β 表示不同的相异性特征,且 $0\leqslant\alpha,\beta\leqslant 1$。

2. 改进的基于心理学模型的相似度

心理学领域研究的目标是模拟实验中观察到的心理现象,并通过这些模拟建立模型,通过模型模拟度量相似性。这种模拟更接近于人对相似性的判断,这种心理学上的概念度量相似性模型与人的心理感受实际契合性较高。但其不足在于,它是一个抽象相似性模型,和度量的对象无关。因此,心理学的相似性模型在实现上难度较高,不能直接用于语义相似性的度量中,需要进行具体化,而在具体化的过程中,不同的应用会产生不同的偏差。

但是在心理学模型中,无论是几何相似模型还是非几何相似模型,都忽略了一个重要的因素,即选择对象的哪些性质用于相似性比较,以及如何确定这些性质的权值。从理论的角度而言,忽略对象性质的选择,会使得模型空洞化且难以实现。从知识工程的角度而言,对象在某一方面的相似性等同于对象在某一表述方法下的相似性,因此在知识工程领域,相似

性不再被视为对象间的关系,而是两个对象的表述间的关系。相似性算法的目标是从两个对象的表述中计算出对象的相似性。

因此,将心理学的成果应用于人工智能领域的研究是未来的发展方向,目前已有研究者[①]在这个方面进行不少的有益尝试,本文借鉴这些有益的尝试,以 Tversky 模型为基础,结合人工智能领域的概念分析,建立改进的相似度模型。

分析第 3 章所描述的本体的四个构成部分可知,其中公理和实例主要用来保证概念的一致性,概念定义的内容是用已存在的概念来描述引入的概念,即新概念与已存在概念的关系构成新概念。因此,概念的相似性研究的主要内容就是概念的定义,它是概念语义的载体;同时,只需把计算范围限定在概念间的蕴涵关系,计算的就是相似性。

在心理学中,通常根据实验目的不同,选取对象的部分属性作为对象的特性,如选取菜肴的香味、颜色、口感和营养作为菜肴的特性。对于本体中的概念而言,不会也不可能将所有的特性都纳入到相似性模型的考虑范围。本文将本体概念的特性局限于概念在本体中的定义里。而概念的定义由概念间关系构成,故构成概念定义的关系可视为概念所具有的特性。

在 Tversky 模型中,两个对象的相同性用其属性集合的交集表示,差异性用属性结合的差集表示,也就是说,相同和差异是截然分开的。然而,在现实生活中,人对相同性和差异性的认识并不这样。例如,比较多人的身高时,若这些人的总体身高差异区域为 5cm,那么两人身高相差 4cm,则两者身高差异性很大;但是若总体身高差异区域为 50cm 的时候,两人身高差异 4cm 就会觉得两者身高差异性很小。再如"年轻"这个概念,20 岁和 30 岁都是年轻,两者虽然都是年轻,但年轻的程度不同。也就是说认识的界限是模糊的,因此用模糊的集合[②·③]来表示更为合适。

下面述说所建立的改进的基于心理学模型的相似度及其相关基础定义。

定义 1　设在论域 U 上给定映射 μ:

$$\mu_{\widetilde{A}}: U \rightarrow [0,1], x \alpha \mu_{\widetilde{A}}(x) \in [0,1]$$

则说映射 μ 确定了 U 上的一个模糊集合 $\widetilde{A}$,简称作 U 上的模糊集 $\widetilde{A}$。映射 μ 叫做 $\widetilde{A}$ 的隶属函数,亦写作 $\mu_{\widetilde{A}}$。$\mu_{\widetilde{A}}(x)$ 叫做 x 对 $\widetilde{A}$ 的隶属度,它表示 x 对 $\widetilde{A}$ 的隶属程度,简称作隶属度。

在定义中,模糊集 $\widetilde{A}$ 是隶属函数 $\mu_{\widetilde{A}}$ 唯一确定的,那么模糊集 $\widetilde{A}$ 和隶属函数 $\mu_{\widetilde{A}}$ 是等同的,则可以用 $\widetilde{A}(x)$ 来代替 $\mu_{\widetilde{A}}(x)$ 以简便程序。

当 $\mu_{\widetilde{A}}(x) = 1$ 时,表示 x 完全属于模糊集 $\widetilde{A}$,$\mu_{\widetilde{A}}(x) = 0$ 时,表示 x 完全不属于模糊集 $\widetilde{A}$。$\mu_{\widetilde{A}}(x)$ 越接近 1,则 x 属于 $\widetilde{A}$ 的程度越大。

λ 截集是模糊集中的一个重要概念,它表示的是隶属度不小于 λ 的成员所构成的集合,定义如下。

定义 2　设 $\widetilde{A}$ 是论域 U 的模糊集,对 $\forall \lambda \in [0,1]$,记作:

$$\widetilde{A}_{\lambda} = \{[x, U(x)] \mid \mu_{\widetilde{A}}(x) \geqslant \lambda\}$$

---

①,②　邱明. 语义相似性度量及其在设计管理系统中的应用. 浙江大学博士学位论文,2006.

③　杨纶标. 模糊数学原理及应用. 广州:华南理工大学出版社,2005.

则称 $\widetilde{A}_\lambda$ 是 $\widetilde{A}$ 的 λ 截集,其中 λ 叫做阀值。

以模糊集定义 1,2 为基础可以定义模糊集的属性集合的交集和差集,为建立语义相似性度量模型提供理论基础。

定义 3 设 TBox T 中的概念 A 和 B 的属性集合为 Ψ_A 和 Ψ_B,则 Ψ_A 和 Ψ_B 两属性集合的模糊交集为 $\widetilde{\Psi}_{A\cap B}$,它是一个论域为 Ψ_A,隶属函数为 $\mu_{\widetilde{\Psi}_{A\cap B}}$ 的模糊集,且满足:

$$\mu_{\widetilde{\Psi}_{A\cap B}}(x)=\max(\mathrm{SR}(x,y)),\forall y\in\Psi_B$$

其中,$\mathrm{SR}(x,y)$ 是概念 A 和 B 中 x,y 所表示的概念关系的相似值。

定义 4 设 TBox T 中的概念 A 和 B 的属性集合 Ψ_A 和 Ψ_B,则 Ψ_A 和 Ψ_B 两属性集合的模糊差集为 $\widetilde{\Psi}_{A-B}$,它是一个论域为 Ψ_A,隶属函数为 $\mu_{\widetilde{\Psi}_{A-B}}$ 的模糊集,且满足:

$$\mu_{\widetilde{\Psi}_{A-B}}(x)=1-\max(\mathrm{SR}(x,y)),\forall y\in\Psi_B$$

其中,$\mathrm{SR}(x,y)$ 是概念 A 和 B 中 x,y 所表示的概念关系的相似值。

定义 5 设概念 x 和 y 分别是 TBox T 中概念 A 和 B 的蕴涵概念子项,则 A 中以 x 标识的蕴涵关系与 B 中以 y 标识的蕴涵关系间的相似值 $\mathrm{SR}(x,y)=\mathrm{Sim}(x,y)$,其中 $\mathrm{Sim}(x,y)$ 为概念 x 和 y 间的相似值。

根据以上定义和相似性度量关系,建立相似性度量函数:

定义 6 TBox T 中不互斥(disjointed)的两个概念 A 和 B 的相似性度量函数为:

$$\mathrm{Sim}(A,B)=\frac{f((\widetilde{\Psi}_{A\cap B})_\lambda)}{f((\widetilde{\Psi}_{A\cap B})_\lambda)+\alpha f((\widetilde{\Psi}_{A-B})_\lambda)+(1-\alpha)f((\widetilde{\Psi}_{B-A})_\lambda)}$$

其中,$(\widetilde{\Psi}_{A\cap B})_\lambda$ 是 Ψ_A 和 Ψ_B 模糊交集的 λ 截集,$(\widetilde{\Psi}_{A-B})_\lambda$ 是 Ψ_A 和 Ψ_B 模糊差集的 λ 截集,$(\widetilde{\Psi}_{B-A})_\lambda$ 是 Ψ_B 和 Ψ_A 模糊差集的 λ 截集,α 为相对显著性系数,且 $0\leqslant\alpha\leqslant1$。

很明显,当两个概念互斥的时候,概念相似性度量函数 $\mathrm{Sim}(A,B)=0$,即两者的相似性为零。

在使用该模型计算概念的相似性时,常使用迭代方法以获得尽可能准确的值。在给出迭代法计算概念相似性公式前,先给出有关定义:

定义 7 设 TBox T 中的概念 A 和 B 的属性集合 Ψ_A 和 Ψ_B,则第 k 次计算 Ψ_A 和 Ψ_B 两属性集合的模糊交集为 $\widetilde{\Psi}_{A\cap B}^k$,它是一个论域为 Ψ_A,隶属函数为 $\mu_{\widetilde{\Psi}_{A\cap B}}^k$ 的模糊集,且满足:

$$\mu_{\widetilde{\Psi}_{A\cap B}}^k(x)=\max(\mathrm{SR}^k(x,y)),\forall y\in\Psi_B$$

其中,$\mathrm{SR}^k(x,y)$ 是概念 A 和 B 中 x,y 所表示的概念关系间第 k 次计算的相似值,且 $k\geqslant1$。

定义 8 设 TBox T 中的概念 A 和 B 的属性集合 Ψ_A 和 Ψ_B,则第 k 次计算 Ψ_A 和 Ψ_B 两属性集合的模糊差集为 $\widetilde{\Psi}_{A-B}^k$,它是一个论域为 Ψ_A,隶属函数为 $\mu_{\widetilde{\Psi}_{A-B}}^k$ 的模糊集,且满足:

$$\mu_{\widetilde{\Psi}_{A-B}}^k(x)=1-\max(\mathrm{SR}^k(x,y)),\forall y\in\Psi_B$$

其中,$\mathrm{SR}^k(x,y)$ 是概念 A 和 B 中 x,y 所表示的概念关系间第 k 次计算的相似值,且 $k\geqslant1$。

定义 9 设概念 x 和 y 分别是 TBox T 中概念 A 和 B 的蕴涵概念子项,则 A 中以 x 标识的蕴涵关系与 B 中以 y 标识的蕴涵关系间的第 k 次计算的相似值 $\mathrm{SR}^k(x,y)=\mathrm{Sim}^{k-1}(x,y)$,其中 $\mathrm{Sim}^{k-1}(x,y)$ 为概念 x 和 y 间第 $k-1$ 次计算的相似值,且 $k\geqslant1$。

根据以上定义和相似性度量关系模型,建立迭代法计算相似性度量函数模型:

定义 10　TBox T 中不互斥(disjointed)的两个概念 A 和 B 的相似性度量函数为:

当 k 为 0 时,

$$\mathrm{Sim}^0_{(A,B)} = \begin{cases} 1, A = B \\ 0, A \neq B \end{cases}$$

当 $k \geqslant 1$ 时,

$$\mathrm{Sim}^k(A,B) = \frac{f((\widetilde{\Psi}^k_{A \cap B})_\lambda)}{f((\widetilde{\Psi}^k_{A \cap B})_\lambda) + \alpha f((\widetilde{\Psi}^k_{A-B})_\lambda) + (1-\alpha)f((\widetilde{\Psi}^k_{B-A})_\lambda)}$$

其中,$(\widetilde{\Psi}^k_{A \cap B})_\lambda$ 是 Ψ_A 和 Ψ_B 第 k 次计算模糊交集的 λ 截集,$(\widetilde{\Psi}^k_{A-B})_\lambda$ 是 Ψ_A 和 Ψ_B 第 k 次计算模糊差集的 λ 截集,$(\widetilde{\Psi}^k_{B-A})_\lambda$ 是 Ψ_B 和 Ψ_A 第 k 次计算模糊差集的 λ 截集,α 为相对显著性系数,且 $0 \leqslant \alpha \leqslant 1$。

当两个概念互斥的时候,显然概念相似性度量函数 $Sim(A,B)=0$,即两者之间相似性为零。

通过不断地迭代循环计算,逐渐产生概念间的相似值,且这些值都在区间[0,1]里。

7.4　小结

知识管理的优势之一是各协同企业能查找并使用服务网格上所需的各种资源,高效、高质量、低成本地为客户提供满足其需要的个性化服务。知识检索以及知识服务的管理、查找、匹配由此成为知识管理研究的重点。相似度计算是知识检索以及服务管理、查找、匹配的核心,因此本章是本书的重点。

本章首先辨析了概念相似性和相关性两个概念的含义。相似性和相关性是两个容易混淆的概念,相似概念间一般都是相关的,反过来不一定成立,即相关不一定相似,但当将概念间的关系限定为蕴涵关系时,计算的就是相似性。随后综合了人工智能领域和心理学领域内的概念相关性计算模型,提出了六种概念相似度计算方法:关联规则相似度计算、词语相似度计算、义原相似度计算、参量相似度计算、结构相似度计算和基于心理学模型的相似度计算。

关联规则相似度计算是从大量数据中发现数据项间相关联系的有效方法。词语相似度计算使用词语距离作为度量两个词语相似度的重要指标。义原相似度计算更进一步考查词语间相似程度计算,一个词语一般有多个义项,每个义项由多个义原组成,计算义原间相似程度,取相似度值最高的配对情况作为词语间相似度。参量相似度计算主要计算复杂概念如知识服务间可供度量的参量(包括输入参数、输出参数和服务质量参数等)的相似度。结构相似度计算度量两概念本体结构间的相似程度,本体节点间相似度用词语相似度和义原相似度计算。基于心理学模型的相似度计算是以 Tversky 模型为基础,结合人工智能领域的概念分析所建立的改进的相似度模型。这些相似度计算方法之间并不互斥,是相辅相成的关系,既可单独使用,也可互相结合使用。

第8章　知识检索

在第6章里,作者讨论了知识获取技术。但在信息爆炸的今天,大量的知识经获取并存储在知识库后,如要想在里面寻找满足特定要求的知识却同样是一件艰难的任务。不依靠任何检索工具,而从海量信息资源如 Internet 上浏览想要的信息无异于大海捞针。因此,要有效、快速地找到所需要的知识,就必须利用适当的知识检索技术。

所谓知识检索就是从集中或分布式信息资源集合中找出满足特定要求的知识的过程。从广义上讲,它包括两个过程:一是信息资源的索引,是对一定范围内的信息资源进行筛选,并对信息特征进行系统化的描述、标注、标引和组织成有序化的知识集合,即建立索引知识库,这是知识检索的基础;二是对知识资源的检索,即采用一定的策略从知识库中找出满足特定要求的知识,这是知识检索的目的。人们通常所说的即狭义的知识检索是指后者。但由于 Internet 的迅速发展,网上知识主题越来越多、知识库越来越大且越来越分散,若不事先对海量知识建立有效的标注或索引而直接进行搜索,即在线查询,无异于愚公移山,虽有可能达到目标却要消耗无法承受的时间成本。因此,对海量信息的检索技术的研究需要同时研究信息的标注、索引和组织。

现有的检索技术包括传统的数据检索和新兴的语义检索。数据检索属于传统的检索方式,通常使用关键词进行精确匹配的方式,却不能满足用户在语义层面的检索需求。数据检索工具中最有代表性的就是搜索引擎,如现在正流行的 Google、Yahoo 等。为弥补数据检索技术的不足,新兴的语义检索技术应运而生,并在近年来在知识管理系统中得到了日渐广泛的关注。此外,检索技术需要提供多种用户交互方式,实现灵活和便捷的系统检索支持。

8.1　搜索引擎

作为代表性的数据检索工具,搜索引擎是在 Internet 上进行搜集、分析、索引并提供检索服务的一类信息服务系统,它起源于 Internet 早期的文件检索工具 Archie。早在 1990年,万维网尚未出现时,为了帮助用户在遍及全世界的千余个 FTP 服务器中寻找其标题满足特定条件的文档,加拿大 Montreal 的 McGill 大学的学生 Alan Emtage、Peter Deutsch 和 Bill Wheelan 发明了 Archie。Archie 是第一个自动索引 Internet 上匿名 FTP 网站文件的程序,但它仅能查询注册过的 FTP 服务器的目录和文件名而不能自动捕获所有未注册的网页,因此还不是真正意义上的搜索引擎。

真正意义上的搜索引擎,应该能够使用自动搜索技术软件(例如 Robot、Spider、Crawler、Wander 等)来遍历 Internet,将 Internet 上大量的网页下载到本地数据库,然后对网页中的每一个词建立索引(如通过倒排文档)并产生索引数据库;当用户查找某个关键词的时候,若某网页的索引包含该关键词的就会被搜索出来;最后,根据检索词在文档中出现的次数、链接网页的数量和链接网页的重要性等指标通过复杂的算法将候选页面进行相关性高低排序输出。在国外,有代表性的搜索引擎包括 Lycos、Yahoo、Google、Altavista、Infoseek 等。在国内,有代表性的搜索引擎包括百度、一搜网、新浪网、网易等。由于单个搜索引擎的搜索结果往往不够全面、准确,元搜索引擎技术于 1995 年应运而生,它集成了多个独立搜索引擎的优势,将多个独立搜索引擎的检索结果进行处理后再返回给用户。

独立搜索引擎采用了直接的信息获取方式,即采用 Spider 利用 HTTP、FTP 等标准协议,沿着超链遍历 Web 文档集合,读取页面进行存储,提取其中的相关信息建立索引,然后又沿着文档中的新超链继续访问新的文档,并如此继续进行。元搜索引擎利用现有的搜索引擎作为分布式的数据引擎,通过向各个数据引擎的查询接口发送检索请求并获取信息,采用这种方式不需要为页面建立索引,也不需要维护庞大的索引数据库。这些自动资源信息搜集方式在信息获取的自动化程度、搜索广度方面都比独立搜索引擎要优越。但由于目前计算机还无法从所搜集的页面中准确分离信息,更无法理解这些信息中所包含的语义,因此资源信息检索的查准率低,即信息的利用率不高。

从现有的、提供给用户使用的系统来看,搜索引擎在知识检索方面还存在着不少问题,如:

(1) 搜索模式中的查询条件、查询结果组合单一,只能按照固化的几种方式,如分类、名称等进行检索,无法实现对相关概念、属性进行动态组合查询,以及查询结果的自定义,不接受非系统预定模式的查询定义,如"查询位于杭州市、车床加工精度>IT4 的所属企业名称及联系地址"。

(2) 无法实现模糊搜索,如"查询具有高加工精度车床的所属企业名称"、"查询加工精度满足精车要求的车床所属企业名称",而在实际知识管理过程中模糊量的使用是比较频繁与广泛的。

(3) 搜索以关键词匹配和布尔查询为主,无法实现同义概念(如粗糙度、表面粗糙度、光洁度、表面光洁度)、上下位概念(如机床、车床)的检索。

(4) 搜索智能化程度不高,无法通过简单推理进行检索,如"查询位于杭州市、车床加工精度>IT4 的所属企业名称及联系地址",可能把位于萧山、余杭的企业遗漏,这主要是由于缺乏对区域关系的传递性规则进行利用和推理的能力。

分析这些知识检索效果不够理想,或者说还只是停留在基于关键词的表层检索系统上的原因,主要在于以下一些方面:

(1) 系统内部缺乏语义模型的支持,因此难以实现复杂概念层次和数据结构情况下的精确查询。

(2) 系统缺乏知识管理领域中的一些基本领域知识和常识,因此难以进行模糊查询并提供简单推理功能。

(3) 系统与用户的交互方式单一,并且不够自然,缺乏部分、但强壮的自然语言理解功能。

8.2 语义检索系统框架、模型和方法

8.2.1 语义检索系统框架

为满足网络化协同知识管理对知识资源整合的需求,作者提出基于语义 Web 的知识检索系统框架,如图 8-1 所示。整个系统共分为四部分:知识获取与标注、基础知识维护、知识检索以及人机交互。系统处理的大致流程为:首先由 Spider 获取知识,通过基于本体的页面标注,使知识的语义清晰化,在此基础上,采用智能语义检索技术,实现知识资源的准确定位。该系统结构的主要特点如下:

(1)通过页面标注,实现知识的精确和清晰化表达,对于知识的多页面分布情况,通过采用远程 URI 引用,能够维持语义信息的跨页面延续。因此,页面标注为实现知识的精确检索和跨页面检索提供了根本保障。

(2)在本体库支持下,实现基于语义的检索,如同义、语义蕴涵、语义外延和语义联想检索等。

(3)通过结合知识库和推理技术,能进一步实现模糊检索和基于智能推理的检索功能。

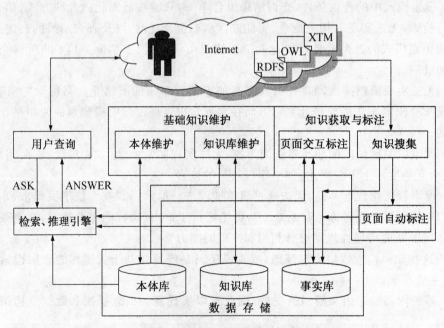

图 8-1 基于语义 Web 的知识语义检索系统框架

8.2.2 知识获取与语义标注

在语义检索系统中,知识获取可以采用由 Spider 直接自动搜集的方式。考虑到我们只需获取知识管理所需要的信息,如果任由 Spider 漫无目的地漫游,不但会造成在系统处理上

的低效,而且对存储等资源开销巨大。因此,系统采用一种"引导+漫游"的方式对 Spider 作定向性的引导。例如,以一系列面向应用领域的 URL 和用户提交的企业 URL 作为搜索起点,限定 Spider 对页面中新发现 URL 漫游的深度,从而保证 Spider 在信息搜索的高效性,同时也不会对系统存储、索引和检索等造成过高的压力。知识获取与标注的具体流程如图 8-2 所示。

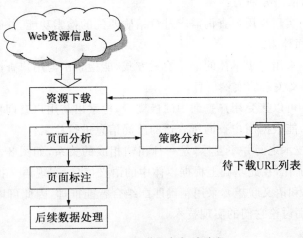

图 8-2 知识获取与标注流程

(1) 资源下载器(Page Fetcher):用于下载给定 URL 所指向的资源文件。资源文件类型包括 HTML 文档、各类 XML 文档、RDF 文档、owl 和 XTM 文档。资源下载器作为客户端程序,通过 HTTP 协议与 Web Server 通讯,请求指定 URL 的资源。资源下载器将它与 Web Server 通讯以及页面下载情况作日志,以便日后管理员分析与处理。

(2) 页面分析器(Page Parser):分析下载资源文件的文档语法结构,主要完成如下两类信息的提取和分离:

● 分别从 4 类文件中提取分离出带有语义标注的信息,包括:纯 RDF 文件、owl 和 XTM 文件(后缀以 rdf、daml 和 xtm 为标志)、嵌入语义标注的 HTML 文件以及嵌入语义标注的 XML 文件。对于后两种语义标注与其他信息混合的情况,可以通过使用语义分离器如 RDF API[①] 分别进行分离。

● 根据系统设定的下载深度参数,有选择地提取当前文档与其他文档之间的超文本链接(URL),并据此生成新的 URL 漫游列表。

(3) 策略分析器(Path Finder):根据搜索策略,对待下载 URL 表进行排序,资源下载器每次取出列表中的第一个元素进行下载。常用的搜索策略有:广度优先、深度优先和启发式搜索。

(4) 页面标注(Page Annotation):对于没有语义标注的 HTML 文档,可以采用系统自动标注和人工交互标注两种方式补充语义信息。

(5) 后续数据处理(Page Processing):根据页面的语义标注,生成相应的实例以及索引

---

① RDF API. http://www-db.stanford.edu/~melnik/rdf/api.html,2002.

信息存入事实库,以便用户检索。

8.2.3 语义检索模型和方法

作者建立了一个多层次的语义检索模型完成知识查询,其智能化程度逐级递增,用户可以用一种统一的查询方式进行检索,系统内部处理过程对用户完全透明。该检索模型结构可以分为 4 个层次,依次分别为:

(1) 精确检索:实现与用户查询需求进行精确匹配的检索功能,并解决相关实例信息处于分布状态的跨页面检索。

(2) 扩展检索:采用基于本体的语义检索方式,能检索出与用户查询中所表达的概念具有同义、上下位等语义关系的实例信息。

(3) 模糊检索:可以接受用户查询中的模糊量,检索出与用户查询相符的实例信息。

(4) 智能推理:能根据用户查询所表达的蕴涵信息进行检索。

上述各种检索技术之间并不互斥,是一种相辅相成的关系,如图 8-3 所示。通过模糊扩展对模糊查询量精确化,在此基础上根据本体中的语义信息,实现语义扩展(包括同义扩展、语义蕴涵、语义外延和语义联想),采用精确匹配结合智能推理,因此可以完成许多复杂的检索任务。本节将分别讨论它们的实现技术。

图 8-3 多层次语义检索模型

1. 精确检索

精确检索的设计思想是:将页面标注生成的实例化信息和用户查询均表达为图结构形式,通过对图的节点和弧进行匹配,查找所需的信息。

首先,作者将本体结构表示成图的形式进行存储,记为 SN,形式化表达为:

SN:=(N,E),其中:

N:代表本体结构中概念实体或属性节点的集合;

E:代表连接 N 中各节点的、带标识的有向边集合,标识描述了该有向边代表的语义信息。

带有标注信息的本体结构图,记为 ISN,可以形式化表示为:

ISN:=(SN,IL,CL,RL),其中:

SN:是一个本体结构图,描述了本体中概念、属性以及相互间关系;

IL:是一个链表,描述 SN 中每个概念属性节点的实例化信息,链表中每一项都维护了实例化标识 ID[①]以及实例化的具体取值;

CL:是一个链表,描述 SN 中每个概念实体节点的实例化信息,链表中每一项都维护了

---

① 位于相同祖先概念实体内标注后的概念、属性及概念间关系,都被赋予同一个标识 ID。

实例化标识 ID 以及概念实体的 URI；

RL：是一个链表，描述 SN 中概念间关系的实例化信息，链表中每一项都维护了实例化标识 ID 以及关系所连接概念实体的 URI。

一个实例化的本体结构图例子如图 8-4 所示。从图中可以看到，对于同一实例的信息，即使分布在不同页面，在本体结构图中仍然可以保持语义上的关联和延续，这就为跨页面的知识检索提供了基本保证。

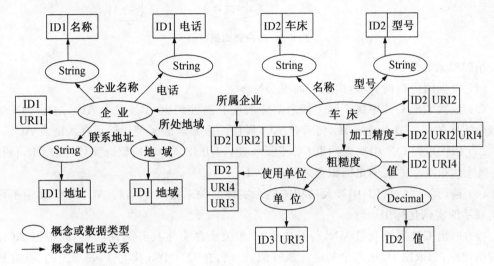

图 8-4　实例化的本体结构图

用户查询图 QN 可形式化表达为：

QN：=（NQ，E），其中：

NQ：代表查询图中概念实体或属性节点的集合，可以分为四种类型的节点，NQ＝CE∪CC∪AC∪VN。CE 表示非约束概念实体，CC 表示概念约束，AC 表示属性值约束，VN 表示属性变量节点。CC 采用"名字空间♯概念类型"表示，AC 的语法结构用 EBNF 描述为

<AC> ::=［<关系符号>］<属性值> {<布尔符号>［<关系符号>］<属性值> }
<关系符号> ::=>|<|≤|≥|≠|=|Like
<布尔符号> ::=AND| OR
<属性值> ::=字符串|整型|浮点型

对不带有关系符号的属性值来说，默认为相等关系。

E：代表连接 NQ 中节点、带标识的有向边的集合，标识描述了该有向边所代表的语义信息。

一个用户查询图的例子如图 8-5 所示。其中，"企业"、"车床"和"粗糙度"代表非约束概念实体，"ns♯微米"表示对"单位"概念的约束，粗糙度值为属性约束，其中"≤"是关系符号，带"?"的节点代表属性变量。该查询图用自然语言可以表达为"查询车床的型号以及所属企业的企业名称、联系地址，满足车床加工精度的粗糙度≤2.5 微米"。

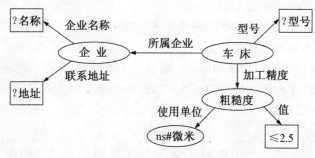

图 8-5 用户查询图实例

精确检索算法：

（1）根据用户查询要求，构造查询图 QN。

（2）依次取出 QN 中属于同一概念实体的所有属性约束 AC，记为 AC_i，遍历 ISN 中相应概念实体的属性节点链表 IL，将符合 AC_i 属性约束要求的实例化标识存入链表 ACI_i。

（3）依次取出 QN 中概念约束 CC，记为 CC_i，遍历 ISN 中相应概念实体链表 CL，将符合 CC_i 概念约束要求的实例化标识存入链表 CCI_i。

（4）遍历步骤（2）、（3）中涉及的相关概念实体间关系链表 RL，将 ACI 和 CCI 中不存在实例联系的实例化标识删除。

（5）取出 QN 属性变量 VN，若其中 VN_i 相关概念实体具有属性约束，则根据 ACI_i 中的实例化标识，取出 IL 中与之相应的属性值；否则，在 QN 中寻找与 VN_i 相关的、具有属性约束的最近概念实体，从与之相应的 ACI_i 中提取实例化标识，通过概念间关系表 RL 以及 VN_i 相关概念实体链表 CL 中获取实例化标识，并从相应 IL 中取出属性值，再将上述属性值汇总即形成检索结果集。

通过上述算法步骤（2）、（3）和（4）分别实现实例化本体结构图 ISN 与用户查询图 QN 的节点和弧匹配，构造满足约束要求的实例集合，步骤（5）则根据检索要求，从上述实例集合中构造返回结果集。

2. 扩展检索

扩展检索是在精确检索基础上，通过语义扩展，实现对同义、上下位和平级概念的检索，下面分别介绍。

我们知道许多概念都具有相应的同义词，并由此组成同义词集合；概念间关系也同样具有同义关系，并由此组成同义关系集合。例如，在建立本体时，它们可以分别通过 owl 语言的 sameClassAs 和 samePropertyAs 进行定义。对同义概念和同义关系的检索，根据不同的本体结构图对它们的表达方式差异，可以采用两种方式实现。

一种方法是，在本体结构图中将同义概念和同义关系分别建立不同的节点和弧，通过建立同义关系映射表进行联系。在用户检索需求提交后，系统根据查询图 QN 中出现的概念和关系，分别用它们各自的同义概念和同义关系替换并组合，从而形成一系列的同义查询图，对这些同义查询图分别进行检索，将返回结果求并后形成同义检索的最终结果。

另一种方法是，在本体结构图中只建立同义概念或同义关系集合中的一个元素，通过在该元素上维护同义集合表来存储同义元素。这样实质上是对同义集合中的元素赋予同样的标识,进行了标准化,从而屏蔽它们相互间形式上的差异。在检索时,将查询图 QN 中出现的概念和关系分别用各自的标准形式替换后,形成一个标准化的查询图再进行精确检索,以此形成同义检索的结果集。

在介绍上下位和平级概念检索之前,先引入几个重要的语义操作函数:

● 细化操作(Find-Son Operator,FSO):由当前概念出发,查找所有下位概念的操作,一般细化操作只查找一层,若无子概念,返回空。

● 泛化操作(Find-Father Operator,FFO):由当前概念出发,查找所有上位概念的操作,由于在本体中的概念允许多重继承,因此上位概念会超过一个。一般泛化操作只查找一层,若无父概念,返回空。

● 平级扩展操作(Find-Brother Operator,FBO):由当前概念出发,查找所有平级概念的操作,可以通过一次泛化操作 FFO 和一次细化操作 FSO 组合实现本操作,若无兄弟概念,返回空。

(1) 语义蕴涵检索算法。语义蕴涵检索是一种对概念及其子概念进行检索的方式,执行步骤如下。

① 根据用户查询要求,构造查询图 QN。

② 依次取出 QN 中的 CE 项,若已取空,则转④,记新取出的 CE 项为 CE_i,对 CE_i 进行一次 FSO 操作,若返回回结果不为空,结果集记为 SSet;否则,转②继续执行。

③ 依次取出 SSet 中 CE_i 的子概念,记为 $SSet_j$,复制查询图 QN,并将其中的 CE_i 替换为 $SSet_j$,得到一个新的查询图 QN_{ij},若 SSet 子概念已取空,则转②;否则,转③继续执行。

④ 将上述方式产生的所有新查询图与原先查询图,一并进行精确检索,对返回结果求并就形成语义蕴涵检索的结果集。

(2) 语义外延检索算法。语义外延检索是一种对概念及其父概念进行检索的方式。和语义蕴涵检索相比,语义外延检索需增加一项检测,即当前概念与其父概念之间属性及关系的比较,应确保查询图中与当前概念相关联的属性和关系,在父概念中仍存在,这样新生成的查询图才能与原查询图同构,执行步骤如下。

① 根据用户查询要求,构造查询图 QN。

② 依次取出 QN 中的 CE 项,若已取空,则转⑤,记新取出的 CE 项为 CE_i,对 CE_i 进行一次 FFO 操作,若返回结果不为空,结果集记为 SSet;否则,转②继续执行。

③ 依次取出 SSet 中 CE_i 的父概念,记为 $SSet_j$,检测 QN 中与 CE_i 关联的属性和关系,在 $SSet_j$ 中是否都保留,若是转④,否则,转③继续执行。

④ 复制查询图 QN,并将其中的 CE_i 替换为 $SSet_j$,得到一个新的查询图 QN_{ij},若 SSet 子概念已取空,则转②;否则转④继续执行。

⑤ 将上述方式产生的所有新查询图与原先查询图,一并进行精确检索,对返回结果求并就形成语义外延检索的结果集。

(3) 语义联想检索算法。语义联想检索是一种对概念及其兄弟概念进行检索的方式,执行步骤如下。

① 根据用户查询要求,构造查询图 QN。

② 依次取出 QN 中的 CE 项,若已取空,则转⑤,记新取出的 CE 项为 CE_i,对 CE_i 进行

一次 FBO 操作,若返回结果不为空,结果集记为 SSet;否则,转②继续执行。

③ 依次取出 SSet 中 CE_i 的兄弟概念,记为 $SSet_j$,检测 QN 中与 CE_i 关联的属性和关系,在 $SSet_j$ 中是否都保留,若是转④,否则,转③继续执行。

④ 复制查询图 QN,并将其中的 CE_i 替换为 $SSet_j$,得到一个新的查询图 QN_{ij},若 SSet 子概念已取空,则转②;否则转④继续执行。

⑤ 将上述方式产生的所有新查询图与原先查询图,一并进行精确检索,对返回结果求并就形成语义联想检索的结果集。

3. 模糊检索

为实现模糊检索功能,我们需要运用领域知识对查询中的模糊量明确化,并以查询扩展的方式来实现。下面首先分析一下在用户检索中,可能出现模糊量的类型及其解决方法。

第一种情况是,查询中出现的模糊量有较为明确的精确量可以对应。因此,这种类型问题的解决方法可以通过知识库中的映射规则,将模糊量替换为精确值,从而构造出有效的查询图。例如,"高加工精度的车床,它的加工精度中表面粗糙度一般应≤0.8 微米"这样一条规则,就可以将"加工精度高的车床"映射到车床的加工精度中表面粗糙度上进行量化处理。

第二种情况是,查询中出现的模糊量,没有很确切的对应量,但它的上下界是较为明确的。因此,可以将相关的模糊量划分为若干个词集,并分别映射到相应的区间值来处理。

上述两类问题,模糊量主要出现在概念或者概念属性中,是概念及其属性的模糊化。此外还有另一类问题,属于一种所谓的概念指代情况,即用户对于查询需求的表达,通过与相关的另一个概念进行对比来获得,这种情况也经常可以看到,如"查询加工精度满足精车的车床"中,"精车"是一个加工方法的概念,它与加工精度相关,因此被用作对车床加工精度的一种衡量。对于这种概念指代情况,也可以通过在知识库中建立相应规则,对指代概念进行量化定义,如对"精车"的量化规则为"精车的加工精度中表面粗糙度一般为 0.8～1.6 微米"。

综合上述三种情况,我们可以对支持模糊量精确化的映射规则语法结构用 EBNF 定义如下,规则以产生式的形式表达:

```
<映射规则集> ::=<产生式规则> {<产生式规则> }
<产生式规则> ::=if<前提>  then<结论>
<前提> ::=<前提类型 1> |<前提类型 2>
<前提类型 1> ::='('<概念连接符> ,<概念类型> ,<模糊字符序列> ')'
<前提类型 2> ::='('<概念类型> ')'
<结论> ::='('<概念间关系> ,<概念类型> ,<概念类型> ')'{and '('<概念间关系> ,<概念类型> ,<概念类型约束> ')'}{and '('<概念属性> ,<概念类型> ,[<关系符号> ]属性值> {<布尔符号> [<关系符号> ]<属性值> }')'};
<概念连接符> ::=<概念间关系> |<概念属性>
<概念类型约束> ::=<名字空间> # <概念类型>
<模糊字符序列> ::=字符串
<关系符号> ::=>|<|≤|≥|≠|=|Like
```

```
<布尔符号>::=AND| OR
<属性值>::=字符串| 整型| 浮点型
<名字空间>::=字符串
```

其中,"前提类型 1"和"前提类型 2"分别与上述分析的一、二以及三类情况对应;"概念类型"指本体中的概念实体;"概念连接符"包括本体中概念属性和概念间关系,通过"概念类型"和"概念连接符",建立了映射规则与本体库中相关概念的联系。以下分别是采用这种描述方式,表示"高加工精度车床"和"精车"的映射规则:

if(加工精度,车床,高)then(加工精度,车床,粗糙度)and(使用单位,粗糙度,ns# 微米)and(值,粗糙度,≤0.8);

if(精车)then (加工精度,车床,粗糙度)and(使用单位,粗糙度,ns# 微米)and(值,粗糙度,≤1.6AND≥0.8);

因此,模糊检索的处理过程可以通过上述映射规则,对用户查询中出现的模糊变量精确化,构造形成完整的用户查询图 QN,再进行精确匹配的方法实现。

4. 智能推理

页面信息通过本体实例化进行表达,可以使其语义清晰化,在此基础上,充分利用本体定义的公理,也就是一系列推理规则,通过演绎推理寻求概念间蕴涵的关系,能够实现更高智能化程度的信息检索。

例如,在 owl 语言中对于公理的定义主要通过 subClassOf、sameClassAs、subPropertyOf、samePropertyAs、disjointWith、transitiveProperty、inverseOf 等进行,其中 subClassOf、sameClassAs、subPropertyOf、samePropertyAs 表达概念间同义和上下位关系,在前文介绍的扩展检索中已经能较好地支持,因此本节将讨论其他几种公理的推理实现,重点针对在检索中较为常见的传递关系 transitiveProperty。

目前,语义 Web 语言的推理功能主要集中在包含和分类两个方面,在公理演绎方面较弱,因此基于语义 Web 的应用中具有这类推理功能的系统极少。美国 Maryland 大学在这方面做了有益的尝试,他们的思路是基于 DAML+OIL 的公理语义[1],将 DAML+OIL 语言表达的内容转化为其他逻辑语言形式再进行推理的方法,如在 ITTALKS[2] 中将 DAML+OIL 转换为 XSB,在 HOWLIR[3] 中将 DAML+OIL 转换为产生式规则。

对于推理功能的支持,作者采用将语义 Web 语言,如 owl 转化为一阶谓词的方法。转换工作分为两部分进行,一部分负责将 owl 语言转化为等价的一阶谓词形式;另一部分则根据 owl 的公理语义,逐一显式地表达出公理蕴涵的推理规则。作者采用基于一阶谓词的产

① Fikes R. and McGuinness D. L.. An sxiomatic semantics for RDF, RDF-S, and DAML+OIL. http://www.w3.org/TR/daml+oil-axioms, 2001.

② Cost R. S., Finin T., Joshi A., Peng Y., Nicholas C., Soboroff I., Chen H., Kagal L., Perich F., Zou Y. and Tolia S.. ITTALKS:a case study in the Semantic Web and DAML. Proceedings of the First Semantic Web Working Symposium (SWWS′0), California, USA, Aug., 2001.

③ Shah U., Finin T. and Mayfield J.. Information retrieval on the Semantic Web. In:Proceedings of the 2002 ACM CIKM International Conference on Information and Knowledge Management, McLean, VA, USA, November 4 - 9, 2002.

生式,表达推理规则,这主要是考虑到产生式的规则形式自然,推理功能也已相对较为成熟。下面将分别介绍这两部分转换工作。

owl 语言建立在 RDF 基础上,而所有的 RDF 子句都能表达为基于一阶谓词的三元组(Triple)形式,因此 owl 也都能转化为一阶谓词的三元组表达。三元组标准形式为(P S O)。其中,P,S,O 分别表示 predicate,subject,object。如下所示,采用三元组将"制造资源"和"设备"转化为等价的一阶谓词形式。其中,webmanu 是它们所处的名字空间。

```
<owl: Class rdf: ID= "制造资源">
</owl: Class>
<owl: Class rdf: ID= "设备">
    <owl: subClassOf rdf: resource= "# 制造资源" />
</owl: Class>
```

⇕

```
(owl:    type   webmanu: 制造资源 daml: class)
(owl:    type   webmanu: 设备 daml: class)
(owl: subClassOf   webmanu: 设备 webmanu: 制造资源)
```

对于 owl 语言中的公理定义转换为推理规则部分,作者以同义关系 sameClassAs、samePropertyAs 和传递关系 transitiveProperty 为例,将相应的部分产生式规则分别表达如下。规则的前件和后件部分均采用三元组表达,其中 PropertyValue 是一个表示全称关系的三元哑谓词:

sameClassAs 的产生式规则之一:

```
(defrule sameClassAsIsReversible    //sameClassAs 的产生式规则之一
    (PropertyValue sameClassAs ? class ? syn)
= > (assert(PropertyValue sameClassAs ? syn ? class)))
```

samePropertyAs 的产生式规则之一:

```
(defrule samePropertyAsProperties    //samePropertyAs 的产生式规则之一
    (PropertyValue samePropertyAs ? class ? syn)
    (PropertyValue ? class ? sub ? obj)
= > (assert(PropertyValue ? syn ? sub ? obj)))
```

transitiveProperty 的产生式规则之一:

```
(defrule transitiveProperties                //transitiveProperty 的产生式规则
    " Properties can be transitive: P(x, y)∧P(y, z)=>  P(x, z)"    //注释部分
    (PropertyValue    type ? prop transitiveProperty)
    (PropertyValue   ? prop ? sub ? obj)
    (PropertyValue   ? prop ? obj ? val)
= > (assert (PropertyValue ? prop ? sub ? val)))
```

可以看到,上述规则表达明确地描述了 sameClassAs、samePropertyAs 和 transitiveProperty 分别所具有的对称关系、等价关系和传递关系。将 owl 中的公理部分逐一表示为类似的规则

形式,从而形成一个完整的规则库,在此基础上,采用产生式系统的推理方法,实现智能推理功能。例如,事实库中存在下述知识,通过式上面的产生式规则,采用正向推理的方法,可以得出"企业位于浙江"或"企业所处地域为浙江"的结论。

> (owl: type　webmanu: 位于　owl: transitiveProperty)
>
> (owl: type　webmanu: 所处地域 owl: transitiveProperty)
>
> (owl: samePropertyAs　webmanu: 所处地域 webmanu: 位于)
>
> 　(owl: 所处地域　webmanu: 企业　webmanu: 杭州)
>
> 　(owl: 位于　webmanu: 杭州　webmanu: 浙江)
>
> = > (owl: 位于　webmanu: 企业　webmanu: 浙江) ⋃
>
> (owl: 所处地域　webmanu: 企业　webmanu: 浙江)

系统的推理流程如图 8-6 所示。其中,公理推理规则库内置于系统中。将事实库、本体库和知识库(主要是常识库)转化为一阶谓词的三元组形式作为系统推理的基本事实;同时,将用户查询也转变为一阶谓词形式,并作为推理的初始状态,采用数据驱动、目标驱动或者混合的方法进行推理,产生式推理技术已在第 5 章中介绍,此处不再介绍。

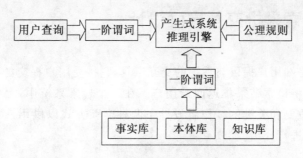

图 8-6　系统推理流程示意图

在 owl 的公理部分中,传递关系是一类重要的,也是常见的描述概念间关系的公理,它在进行关于时间、空间关系的信息检索中被经常用到。

在 8.2.3 节中的精确检索中,作者把用户查询图 QN 中的概念约束 CC 与实例化本体结构图 ISN 中的相应节点直接匹配,以此作为概念约束与实例匹配的充分条件,当引入传递关系并支持推理后,应扩充概念约束匹配的充分条件,在此基础上增加"概念—关系—概念"的蕴涵关系,定义如下。

概念约束匹配条件

$((P_i, C_i, IC_i) \rightarrow (P_i, C_i, CC_i)) \bigcup (IC_i \equiv CC_i)$

$\Rightarrow match(IC_i, CC_i)$,其中:

CC_i:表示用户查询中的概念约束;

IC_i:表示实例中与 CC_i 相应的概念实体;

P_i:表示用户查询中与 CC_i 相关联的概念间关系;

C_i:表示用户查询中通过 P 连接的、与 CC_i 相关联的概念;

→:表示三元组间的蕴涵关系;

≡:表示直接匹配,即等价关系;

match：表示概念约束与实例的匹配关系。

根据上述定义，作者将精确检索算法中第 3 步对概念约束的匹配细化为如下支持传递关系的概念约束匹配算法。

支持传递关系的概念约束匹配算法：

（1）依次取出 QN 中概念约束 CC，记为 CC_i，遍历 ISN 中相应概念实体链表 CL，记 CL 中的当前概念实体为 IC_i，若 CC_i 与 IC_i 直接匹配，将满足约束要求的实例化标记存入链表 CCI_i 中，并转（1）；否则，转（2）继续执行；

（2）提取与 CC_i 的相关概念 C_i 及概念间关系 P_i，若 P_i 为传递关系或其子类，转（3）继续执行；否则，转（1）；

（3）分别构造三元组（P_i,C_i,IC_i）和（P_i,C_i,CC_i），加入产生式系统，并以（P_i,C_i,IC_i）为初始条件，（P_i,C_i,CC_i）为目标，进行双向混合推理；

（4）若推理成功返回，则表明该实例满足匹配要求，将实例标记存入链表 CCI_i 中，并转（1）；否则，认为实例不匹配，直接转（1）继续执行。

8.3　语义检索人机交互界面设计

人机交互层为终端用户提供与系统的交互工具，它接受用户提交的查询参数，向检索引擎发出查询请求，并将检索结果集返回给用户。在一个检索系统中，提供方便、灵活的交互方式给用户是非常重要和关键的。作者设计了两种交互方式以供用户灵活选用，可以支持语义检索，下面分别进行介绍。

8.3.1　语义基于一阶谓词的查询

该方式主要采用一阶谓词逻辑表达用户查询请求。在上一节中已说明语义 Web 语言如 owl 能完全转换为一阶谓词表示形式，只需用一元谓词指示个体的类属，并用二元谓词描述个体间的关系即可[①]。

采用一阶谓词逻辑表达的用户查询语法结构，可以用 EBNF 描述如下，其中 Predicate 中的 type 是表示概念类型的一元谓词，概念属性和概念间关系是参照本体中的定义，描述概念属性和概念相互间关系的二元谓词：

<用户查询>∷=<事实> => <查询>
<事实>∷='('<Subject> ,<Predicate> ,<Object> ')'{and '('<Subject> ,<Predicate> ,<概念类型约束> ')'}{and '('<Subject> ,<Predicate> ,[<关系符号>]<属性值> {<布尔符号> [<关系符号>]<属性值> }')'}
<查询>∷='('<Subject> ,<Predicate> ,? <VarObj> ')'{and '('<Subject> ,<Predicate> ,? <VarObj> ')'}
<关系符号>∷=>|<|≤|≥|≠|=|Like

---

① 高济.基于知识的软件智能化技术.杭州：浙江大学出版社,2000.

```
<布尔符号> : : =AND| OR
<Subject > : : =[X－Z]
<Predicate > : : =type | 概念属性 | 概念间关系
<Object > : : =[X－Z] | 概念类型
<VarObj > : : =[x－z]
<概念类型约束> : : =<名字空间> # <概念类型>
<属性值> : : =字符串| 整型| 浮点型
<名字空间> : : =字符串
```

一阶谓词逻辑查询方式将查询内容划分为两大部分,即事实部分和查询部分。事实部分定义了查询部分要用到的概念,而查询部分则具体标注出用户需返回的内容。

采用一阶谓词逻辑描述法,对于"查询车床的型号以及所属企业的企业名称、联系地址,满足车床加工精度的粗糙度≤2.5 微米"表达如下:

(X,type,车床)and(Z,type,企业)and(X,所属企业,Z)and(X,加工精度,Y)and(Y,type,粗糙度)
and(Y,使用单位,ns# 微米)and(Y,取值,≤2.5)
= > (X,型号,? x)and(Z,企业名称,? y)and(Z,联系地址,? z)

根据以上表达,可以较为方便地构造出如图 8-7 所示的用户查询图。查询图 QN 的构造分为两个阶段进行:根据查询表达中的事实部分可以构建 QN 中的概念实体 CE、概念约束 CC、属性值约束 AC 以及 CE、CC 和 AC 间的有向边;根据查询部分能构建变量节点 VN,以及 CE 与 VN 间的有向边。

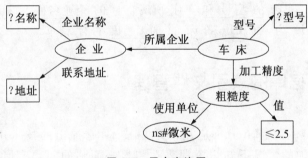

图 8-7　用户查询图

基于一阶谓词的查询方法,查询内容完全由用户输入,比较繁琐且不够直观,但通过这种方式构造查询图是方便的。因此,另一种查询方式在内部处理时,是采用先转化成一阶谓词表达,再构造查询图的方法。

8.3.2　自然语言查询

为提供更自然和直接与知识管理系统交互的方式,作者提供了一种基于本体的简单自然语言 OBL,它的设计主要依据以下几点:

(1) 在本体设计时,从概念实体、概念属性到概念间关系,都采用了自然语言进行表达,因此为自然语言查询提供了一个直接可用的词汇表,可以省略由外模式词汇向内模式词汇转化环节,实现效率高。

（2）本体的设计在一定程度上，已经建立并明确了词汇间的语义关系，简化了由于一词多义、同形异义等带来的歧义问题，而这正是汉语自然语言处理中的难点之一。

（3）在工程领域中的用语一般比人文和日常用语要规范和直接，因此自然语言处理难度较低。

OBL 语法结构用 EBNF 可以描述如下：

<查询语句>∷=查询<查询部分>；满足<约束部分>

<查询部分>∷=<子查询>{(和|，)<子查询>}

<子查询>∷=<概念类型>［的］(<概念属性>|<概念间关系>){［的］(<概念属性>|<概念间关系>)}{、<概念属性>}

<约束部分>∷=<子约束>{(和|，)<子约束>}

<子约束>∷=<概念类型>［的］(<概念属性>|<概念间关系>){［的］(<概念属性>|<概念间关系>)}<关系词汇>(<概念类型约束>|<字符序列>|<整型数值>|<浮点数值>){<布尔词汇><关系词汇>(<概念类型约束>|<字符序列>|<整型数值>|<浮点数值>)}{、(<概念属性>|<概念间关系>)<关系词汇>(<概念类型约束>|<字符序列>|<整型数值>|<浮点数值>){<布尔词汇><关系词汇>(<概念类型约束>|<字符序列>|<整型数值>|<浮点数值>)}}

<概念类型约束>∷='('<概念类型>')'

<关系词汇>∷=为|是|符合|等于|大于|小于…

<布尔词汇>∷=且|或

其中，对于概念类型约束，采用了默认的名字空间。根据以上语法结构构造的一个查询例子及其分词结果如下所示：

查询语句=查询 车床 的 型号 和 车床 所属企业 的 企业名称 、联系地址 ；满足 车床 所属企业 的 所处地域 为（浙江），车床 的 加工精度 符合 精车

8.4　面向数据库的索引文件管理

语义 Web 是一项面向 Internet 应用的通用技术，它提出的技术用于解决目前网络中知识资源急剧增加的情况下知识资源表达与检索面临的问题。但是，它也带来了和 XML 一样的问题：如何为其建立环境，特别是如何存储这些海量知识资源和领域本体信息。

随着知识资源的急剧增加，正如 5.3.4 节所述，必须首先寻求已有的成熟技术来存储这些信息，其中关系数据库管理系统（RDBMS）的作用不可估量。这些应用将数据保存在数据库中也就是为寻求 RDBMS 的更多支持，如期待 RDBMS 能支持基于语义的查询。

在 ORACLE 11g 中已有部分的语义支持[①]，如提供 ONT_RELATED，ONT_EXPAND，ONT_DISTANCE，ONT_PATH等操作符，并且提供了一种建立在该类型上的新的索引 ONT_INDEXTYPE。

---

①　Das S.，Chong E.，Eadon G. and Srinivasan J.．Supporting ontology-based semantic matching in RDBMS. In：Proceedings of the 30th VLDB Conference，Toronto，Canada，pp. 1054 – 1065，2004.

IBM 的 DB2 和 Microsoft 的 SQL Server2008 的商用数据库也开始提供对语义检索的支持。

一般情况下,RDF 资源以 XML 形式序列化,而这些以 XML 形式序列化的 RDF 知识资源一旦存储在 RDBMS 中,就可以充分利用 RDBMS 中心服务器强大的查询处理、事务管理和存储管理等功能辅助管理这些知识资源。利用中心服务器强大的查询分析和查询优化能力可以提高在这些 RDF 资源上查询的效率,利用事务管理功能可以维护知识资源的一致性,利用存储管理功能可以高效安全地维护资源保存资源,还可以充分地利用索引来管理知识资源以提高查询效率。作者在本节中阐述基于 XML 数据的索引管理,并提出了一种基于节点关系的结构连接算法管理基于映射存储策略存储的 XML 数据,最后对原生 XML 存储策略的索引管理做了一个简要的描述。

8.4.1　基于 XML 文档的索引技术

1. 基于 XML 文档的索引技术背景

毫无疑问,一旦海量的 RDF 知识资源被保存到 RDBMS 中,就可以充分利用 RDBMS 的各项技术来促进查询效率,在本节将详细描述如何利用索引技术来提高查询效率以及一些常见的基于 XML 数据的索引技术。

在讨论索引技术时候,首先要考虑两个方面的问题:一个是索引对象,也就是在什么数据上面建立索引;二是索引的组织结构。

在关系数据库中,和效率有关的索引组织形式主要是 B+树及其变体。这是因为 B+树有着诸多优点:

首先,它是平衡的,索引上的访问代价基本确定且每次访问时间大致相同。

其次,它是扁平的,因而每次的搜索深度不大,I/O 也就不会太多。而且 B+树的扇出很大,一般索引树的上层页面都可以缓冲在内存中,使得每次访问该索引的 I/O 量最多也就在一到两个页面左右。

最后,在索引树上的查询、插入、删除和更新的效率很高,也就是说综合效率会很高。

因此,一般和效率有关的索引,常常使用 B+树索引。但是,用传统的 B+树索引技术管理 XML 数据的结构信息存在一定的困难。例如,当一个 XML 数据的结构改变时,数据上的索引常常要做很大的修改;另外,如果要在大量长且重复较少的数据项上面建立索引,B+树不再扁平而且可能膨胀得很快,从而导致访问时 I/O 量急剧增加和更新时经常涉及页面分裂等复杂而效率低的算法。因此,必须要经过改进以适应管理 XML 数据的路径信息。

在传统的关系数据库中,索引对象简单,是元组属性的一个组合,这是因为在关系数据库中的查询就是在关系表上面的查询,或者说是属性的某些组合,这种索引就是值索引。然而,在 XML 上的查询不仅仅基于值的查询,而是多种多样的,有时候是基于文档中的关键字查询,这种搜索可以通过值索引方式来提高查询效率;但是更多的情况是类似于 XPath 和 XQuery 的查询,这种查询不仅涉及值,还涉及 XML 数据的结构。这时候值索引显得无能为力,而且由于结构信息往往分裂在多个表中,无法对路径建立索引,查找特定路径常常需要通过几个表链接来完成,这就是导致用关系引擎查询 XML 效率低下的根本原因之一。

　　综上所述，基于 XML 数据查询的特殊要求导致索引技术向两个方向发展。一个方向是在传统的关系数据库中改进 B＋树索引机制，本小节作者将着重介绍这点；另外一个方向就是逐步发展原生 XML 数据库管理系统及其相关技术，或者在传统的 RDBMS 中引入新的索引机制。作者将先简要描述一下原生 XML 数据库的部分索引技术。

　　我们首先描述一些新的索引机制，如 Fabric 等。这些索引结构一般都针对 XML 数据的某些特点进行了优化，因而在相应的应用环境中会发挥较好的性能。

　　Fabric 索引[①,②]是一种全新索引机制，基本思想是将半结构化数据之间的关系表示成路径，将路径编码成字符串，然后在这些字符串上面建立一种索引结构。这种索引结构能够很好地适合复杂字符串的快速搜索，且代价比较低，能够管理大量长而复杂的字符串，结构平衡，本身结构高效。将路径索引和值索引合二为一，也成为研究者的一个研究热点。Fabric 索引是从 Patrica Trie 树发展而来的，尽可能地把一些结构信息编码成字符串，然后利用 Patrica Trie 树强大而灵活的字符串管理能力来维护这些字符串。文献②将 Fabric 索引与现有的关系数据库索引技术进行比较，在某些方面的应用中处理 XML 数据的性能要好。

　　另外，可以使用相对区间坐标索引[③,④,⑤,⑥,⑦]，这种技术不仅仅是索引技术，而且是一种存储技术，区间坐标编码方案是 Dietz[⑧,⑨]首先提出的。相对区间坐标是从绝对区间坐标演化而来的。绝对区间坐标是一种区间编码方案，给每一个节点分配一个二元组＜start，end＞（在作者研究的索引技术中也应用了区间坐标技术），分别表示节点的开始位置和结束位置，是节点在文档中的绝对位置。这种机制能够很好地支持查询操作，特别是包含查询。显然，这种机制对更新操作的效率不好，原因在于插入、删除或者更新的时候，可能导致改变

①　Cooper B. and Shadmon M.. The index Fabric: technical overview. Technical Report，http://www. rightorder. com/technology/overview. pdf，2000.

②　Cooper B，Sample N. , Franklin M. J. , Hjaltason G. R. and Shadmon M. A.. Fast index for semistructured data. In: Proceedings of 27th International Conference on Very Large Data Bases，pp. 341 – 350，2001.

③　Li Q. Z. and Moon B.. Indexing and querying XML data for regular path expressions. In: Proceedings of 27th International Conference on Very Large Data Bases. September，pp. 361 – 370，2001.

④　Grust T.. Acceleating XPath location steps. In: Proceedings of 21th ACM SIGMOD International Conference on Management of Data，pp. 109 – 120，2002.

⑤　Christophides V. , Plexousakis D. , Scholl，M. and Tourtounis S.. On labeling schemes for the Semantic Web. In: Proceedings of the 12th International World Wide Web Conference（WWW03），pp. 1 – 12，2003.

⑥　Tatarinov I. , Viglas S. , Beyer K. , Shanmugasundaram J. , Shekita E. and Zhang C.. Storing and querying ordered XML using a relational database system. In: Proceedings of 21st ACM SIGMOD International Conference on Management of Data，pp. 204 – 215，June 2002.

⑦　Bruno N. , Koudas N. and Srivastava D.. Holistic twig joins: optimal XML pattern matching. In: Proceedings of 21th ACM SIGMOD International Conference on Management of Data，pp. 310 – 321，June 2002.

⑧　Dietz P. F.. Maintaining order in a linked list. In: Proceedings of the 14th annual ACM symposium on Theory of computing，pp. 122 – 127，1982.

⑨　Dietz P. F. and Sleator D.. Two algorithms for maintaining order in a list. In: Proceedings of the 19th Annual ACM Conference on Theory of Computing（STOC′87），pp. 365 – 372，1987.

大量节点的区间坐标。相对区间坐标就是在绝对区间坐标上面演化而来，在这种方法中，也给每个节点分配一个二元组＜start，end＞，但是这里的坐标不再是文档中的绝对位置，而是在父节点中的相对位置，在更新的时候，节点坐标的改变仅仅影响父节点下的相关节点，因此更新性能相应大大提高。

下面简述一下基于这种技术的索引机制。在一个节点需要更新操作时，只会使有限个节点受到影响。如果把那些受到影响的节点存储在一起，例如放入到一个页面中，在这种存储策略下发生更新的时候，访问的仅仅是这一个页面，I/O 量也就相应减少，从而提高更新效率。另外，这些节点还可以尽可能地保持树的组织结构以保持相对位置，避免查询过于复杂，子树之间也需要保持相对位置。在这种索引机制中，将 XML 文档划分为若干子树，结果是相应节点能够聚集存储，每个子树的大小尽可能相等，然后再将这些子树串起来，形成一棵树，在这样的树上面进行查询和更新操作都能够达到不错的效率。

在区间坐标索引方式中，处理查询时候无法直接得到节点在文档中的节点位置，需要经过多次运算得出相应的结构信息，降低了查询效率，特别是处理基于结构复杂的 XML 文档的查询效率会急剧下降。因此可以得出，划分子树的合理性是该算法效率的关键点，特别是在文档上有大量插入的时候，如何保持子树划分合理更为关键。该方法在提高更新效率的同时也降低了查询效率，如何找到合理的折中点，需要更多的实验验证。

接下来，讨论一下原生 XML 数据库中的索引技术，以目前比较成熟的 Lore[1][2]为例。Lore 中有如下的 4 种索引：

(1) 链接索引。Lore 提供基于一种对象交换模型的图状模型，也没有提供访问双亲节点的方法，不过可以通过链接方式来进行。链接索引根据节点的 ID 和一个标记确定该节点的父节点。因为链接索引只能做等值查询，所以用可扩展的哈希表实现。链接索引是系统根据整个数据图所产生的。

(2) 值索引。值索引的对象是原子类型的对象，Lore 中主要是整型、实型和字符串型对象。在 Lore 中的值索引与一般的索引不同的是，除了建立在上述对象上，还可以建立在经常进行值查询的标记上，如查询论文的作者数"paper. authorNumber ＝ 3"，在标记 authorNumber 和值 3 上建立索引的查询效率肯定比单独在值上面建立索引高；而且一般的查询总是跟特定的标记联系起来，在该系统中就可以根据实际情况将标记和值对应。系统中的值索引是通过 B＋树索引实现，值索引所支持的 3 种类型是整型、实型和字符串型，用于值索引比较的时候需要进行强制类型转换。相对应地，该系统中维护了 3 种不同的值索引：串值索引，它负责所有基于字符串（包括 STRING、HTML、URL 等）上的索引；实型索引，负责所有基于数值的索引；强制为实型的串值索引，包含了所有能够被强制转换为整型或者实型的串值。一旦在某个标记上面建立了值索引，3 个不同的 B＋树索引结构就可以建立，每个 B＋树索引对应一种索引结构。当有一个基于索引值进行比较的查询到达时，如果

① McHugh J. , Abiteboul S. , Goldman R. , Quass D. and Widom J. . Lore：A database management system for semistructured data. SIGMOD Record，26(3)：54－66，1997.

② Muhugh J. , Widom J. and Abiteboul S. . Indexing semistructured data. Technical Report，http://infolab. stanford. edu/lore/pubs/，1998.

对象是字符串型，则在串值索引中查询；如果能够被转换为实数，则在实型索引中查询转换后的值，否则在强制转换为实型的串值索引中检索。

（3）文本索引。值索引可以支持一些诸如等值比较或者不等值比较的查询。但是，在很多情况下会涉及复杂的文本查询，如在文章中查找某一个关键字，值索引就不能支持这样的查询，因此有必要提供另外的索引机制。Lore 中使用了文本索引，文本索引能够找到含有特定关键字以及该关键字在文本中的位置，它与传统的文本检索系统使用的索引结构相同，都使用倒排表来实现文本索引。

（4）路径索引。Lore 的查询语言 Lorel 中会经常用到路径表达式，如"papar. author. address＝road"。如果没有路径索引，这种路径查询只有通过从根节点开始的自上而下的遍历方式来得到查询结果，这种遍历的方式在路径长度和复杂度大的时候，效率会急剧降低。因此，Lore 当中建立了路径索引，从而路径查询可以通过路径索引快速得到正确查询结果。

2. 基于 XML 文档的索引技术算法

基于 XML 文档上面的查询一般被转换为两类查询。一类是转换为基于值的查询，基于值的查询可以通过查找元素的名字、标记来实现，相应地，在这些对象上可以建立基于值的值索引来加速这些查询；另外一类是转换为基于两个节点列表之间的包含关系或者文档位置关系的结构连接，基于结构连接的查询可以通过在文档结构树上的遍历来完成，为了高效地完成这类查询，快速地找到所有适合的节点，有必要快速地确定两个节点的关系从而找到满足条件的节点。目前，在结构连接方面已经有了大量卓有成效的研究，提出了一系列有效的结构连接算法，这些算法大都是基于归并的思想，充分利用 XML 数据的结构特点来减少连接时的扫描代价。有些算法是建立在归并的基础上，并在这些 XML 数据上建立索引，从而更为有效地减少结构连接时的扫描代价。

在结构连接查询中，效率最为低下的方式是扫描该 XML 数据结构的所有子树，并逐层连接来确认节点是否符合查询要求。在这种方法中，所有节点被一次或多次地访问，毫无疑问，这增加了大量的 I/O 访问和 CPU 时间。因此，目前有很多种基于索引的方式辅助查询以提高查询效率，常见的主要有以下两类。

（1）包含关系的结构连接问题。

● 直接归并结构连接算法，包括 EE-Join/EA-Join 算法[①]、MPMGJN 算法[②]、IIMGJN 算法[③]和 Tree-Merge 算法[④]等。

---

① Li Q. Z. and Moon B. Indexing and querying XML data for regular path expressions. In: Proceedings of 27th International Conference on Very Large Data Bases，pp. 361－370，2001.

② Zhang C，Naughton J.，DeWitt D.，Luo Q. and Lohman G.. On supporting containment queries in relational database management systems. In: Proceedings of 20th ACM SIGMOD International Conference on Management of Data，pp. 426－437，June 2001.

③ 刘云生，万常选，徐升华. 基于关系数据库有效地实现 RPE 查询. 小型微型计算机系统，24（10）：1764－1771，2003.

④ Al-Khalifa S.，Jagadish H. V.，Patel J. M.，Wu Y.，Koudas N. and Srivastava D.. Structural joins: a primitive for efficient XML query pattern matching. In: Proceedings of the 2002 International Conference on Data Engineering，IEEE Computer Society，pp. 141－152，2002.

● 基于缓存的归并结构连接算法，包括 Stack-Tree-Desc 算法[①]、Anc_Desc_B＋算法[②]、XR-Stack 算法[③]、Skip-Join 算法[④]、Hold-Join 算法[⑤]和 TwigStack[⑥] 算法等。

● 基于区域划分的结构连接算法，如 RangePartitioningJoin 算法[⑦]。

（2）文档位置关系的结构连接问题，包括 Pre-Fol-Sib-Join 算法和 XPath Accelerator 索引技术[⑧]等。

这些算法大多数采用了一种节点序号的技术，最早是 Dietz[⑨] 将节点序号用于树的遍历，从而能够确定两个任意节点之间的祖先/后代关系。Dietz 在该算法中提出，给定的一棵树 T 上的两个节点 x,y，当且仅当满足以下条件时，x 是 y 的祖先：

在先序遍历树 T 时，x 出现在 y 之前，后序遍历树 T 时，x 出现在 y 之后。

在这种通过判断节点的先序序号和后序序号来判定祖先/后代关系的算法中，判定的时间明显是恒定的，很多结构连接算法就是基于这种节点序号或者改进的技术。但是，Dietz 的节点序号技术在树的扩展方面缺少弹性，因为树的结构一旦改变，很多节点的先序序号和后序序号都需要重新计算，这在文档经常发生改变的应用中，必将导致更新操作复杂，效率不高，影响应用的总体性能。因此，在 Dietz 的节点序号算法上有很多改进版本，在此就不作详细说明。

结构连接算法在处理祖先列表（以下简称 AList）中存在许多同名嵌套节点的包含关系的结构连接时，会对连接操作的内表（对于按照后代有序的连接方式，内表是祖先列表 AList，而按照祖先有序的连接方式，内表是后代列表 DList）执行多次重复扫描，连接操作的 I/O 量在某些情况下性能比较差。为了避免对内表的重复扫描，研究者提出了各种基于缓

---

① Al-Khalifa S., Jagadish H. V., Patel J. M., Wu Y., Koudas N. and Srivastava D.. Structural joins: a primitive for efficient XML query pattern matching. In: Proceedings of the 2002 International Conference on Data Engineering, IEEE Computer Society, pp. 141–152, 2002.

② Chien S. Y., Vagena Z. and Zhang D., Tsotras V. and Zaniolo C.. Efficient structural joins on indexed XML documents. In: Proceedings of 28th International Conference on Very Large Data Bases, pp. 263–274, 2002.

③ Jiang H. F., Lu H. J., Wang W. and Ooi B. C.. XR-Tree: indexing XML data for efficient structural joins. In: Proceedings of the 19th International Conference on Data Engineering (ICDE' 03), Bangalore, India, pp. 253–264, 2003.

④ Lam F., Shui W. M., Fisher D. K. and Wong R. K.. Skipping strategies for efficient structural joins. In: Proceedings of the 9th DASFAA International Conference on Database System for Advanced Applications, pp. 196–207, 2004.

⑤ 万常选,刘云生,徐升华,刘喜平,林大海.基于区间编码的 XML 索引结构有效实现结构连接.计算机学报,28(1)：113–127,2005.

⑥ Bruno N., Koudas N. and Srivastava D.. Holistic twig joins: optimal XML pattern matching. In: Proceedings of 21th ACM SIGMOD International Conference on Management of Data, pp. 310–321, June 2002.

⑦ 王静,孟小峰,王珊.基于区域划分的 XML 结构连接.软件学报,15(5)：720–729,2004.

⑧ Grust T.. Accelerating XPath location steps. In: Proceedings of 21th ACM SIGMOD International Conference on Management of Data, pp. 109–120, 2002.

⑨ Dietz P. F.. Maintaining order in a linked list. In: Proceedings of the 14th Annual ACM Symposium on Theory of Computing, pp. 122–127, 1982.

存的归并连接算法,包括基于栈的和基于队列的归并连接算法。

在 Stack-Tree-Desc 算法中,节点序号是 Dietz 节点序号算法的改进版本,在该算法中,给树中的每一个节点分配两个序号——开始序号和结束序号。在进行结构连接的时候,所有参与的节点保存在堆栈里面,在进行连接操作中的连接内表就不需要重复扫描,这些相应的 I/O 操作时间就可以节省下来。Stack-Tree-Desc 算法中有后代先序和祖先先序两类,其 CPU 时间和 I/O 复杂度均和祖先/后代以及输出结果的大小成正比,对 AList 和 DList 均只要扫描一次,栈的大小就是树的高度。但是祖先先序的方法中,除栈底节点之外,栈中其他节点的连接结果并不能直接输出,需要进行缓存。栈中每个节点需要缓存空间的大小与它的连接结果集的大小成正比,与后代先序算法相比,需要增加缓存列表的大小。但是,在 Stack-Tree-Desc 算法中还是要顺序扫描所有的节点从而形成节点堆栈,很多不参与的节点也需要访问,因此这种顺序扫描还是会增加很多不必要的节点访问量。

在 Anc_Desc_B+算法中提出了一种改进算法,在该算法中,为每一个节点分配一个开始序号和结束序号,然后利用 XML 数据的结构特点,事先判定参与连接的祖先列表 AList 和后代列表 DList 中有些节点不参与连接,如果把这些节点从连接操作中删除,那么会大大地加快连接操作。另外,在该算法中为了提高查询效果,将索引树的叶节点当作一个有序列表,而在有更新操作时,会维护一个动态的森林,森林由文档树的一部分子树组成。由此可见,当更新操作比较多的时候,动态森林的维护将是一个昂贵的开销,所以该算法在静态的 XML 文档上面的查询效率较高,但是在更新较多的 XML 上面操作时,算法性能会急剧降低。

在 Stack-Tree-Desc 算法中,结构连接的时候,会扫描并连接相应的祖先列表。而 Anc_Desc_B+算法中利用 B+树的结构特点,即在 B+树中叶节点互相连接在一起,在叶节点中的元组堪称一个有序的列表,当系统接受到一个查询,根据查询节点的开始序号确定其在索引树的位置,然后将保存在叶节点中所有拥有相同的 DID 的元组分为祖先列表 AList 和后代列表 DList,最后根据其算法执行相应的结构连接获得查询结果。

8.4.2　基于节点关系的结构连接索引

1. 索引基本结构

在本书中,作者提出了一种新的基于归并结构连接的节点关系连接的算法。在本算法中,给每一个节点分配三个数值:起始序号、结束序号和层号。如果是多文档,则只需要再为每个文档分配一个文档号,在此情况下,通过增加的文档号能够唯一地标识任意文档中任意一个节点。根据这些序号,算法就可以在恒定的时间内确定树内任意两个节点的祖先/后代关系,在分配起始序号和结束序号的区域节点序号中,可以通过这种方法来确定节点的祖先/后代关系。作者做如下两个定义。

定义 1　对于树中的任意两个节点 x,y,当且仅当 x 的起始序号比 y 的起始序号小且 x 的结束序号比 y 的结束序号大时,x 是 y 的祖先。

定义 2　定义节点序号间隔为该节点的起始序号与该节点的结束序号组成的序号区间。

对于每一个节点都有一个起始序号和结束序号,相应地,每一个节点都有一个序号间隔。序号间隔有如下特征:

（1）节点 x 是节点 y 的祖先时，x 节点的间隔（start(x)，end(y)）包含了 y 节点的间隔（start(x)，end(y)）。

（2）节点 x 是节点 y 的父节点时，除了有（1）中的特征外，节点 x 的层号还要比节点 y 的层号大 1。

（3）由（1）、（2）得出，所有子节点的间隔的合集被包含在父节点之中。

（4）对任意两个兄弟节点 x,y，如果在先序遍历时 x 是 y 的先导，那么节点 x 的结束序号比 y 节点的开始序号要小。

（5）任意两个节点的间隔只存在两种关系：一个节点的间隔完全在另外一个节点的间隔之前或者之后；一个节点的间隔完全包含或被包含于另外一个节点的间隔。在这两种间隔关系中，节点关系可能是第一种中的祖先/后代关系也可能是第二种的父子关系。也就是说，任意两个间隔不存在交叉的情况，若存在交叉，一定是存在错误。

如下所示的是一个简单的示例 XML 文档，其开始序号、结束序号分配示例如图 8-8 所示。

```
<book>
<booktitle>  The Selfish Gene </booktitle>
<author id = " dawkins ">
<name>
<firstname>  Richard </firstname>
<lastname>  Dawkins </lastname>
</name>
<address>
<city>  Timbuktu </city>
<zip>  99999 </zip>
</address>
</author>
</book>
```

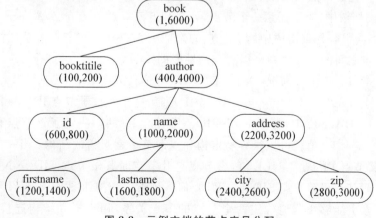

图 8-8　示例文档的节点序号分配

为了简化图形,图中并没有显示每一个节点的层号。从图中我们可以看出:若一个节点有一个或多个子节点时,其开始序号要比其最左子节点的开始序号要大;若一个节点有兄弟节点,左兄弟节点的结束序号要比其右兄弟的开始序号要小。采用这种存在间隔的序号分配策略的原因是:一旦在这些地方插入新的节点时,只需在这个空闲的间隔中分配一个子集给新插入的节点,不需要重构整个文档树的节点序号,并且在某些可能经常发生更新的地方,可以优先分配一个比较大的间隔。这在 XML 文档中是可以预先判定的,这种分配策略可以满足一定程度的更新,只有在进行较多更新操作的时候,才需要重构序号,同时重构索引树。

在这种基于映射方式的节点关系连接算法中,需要创建两个索引,一个是节点索引,一个是节点关系索引。

在节点索引中有 3 个查询键:文档 ID(DID,该键值只有在多文档中才生效)、节点 ID(NID)和节点标记。文档 ID 唯一标识了某一个 XML 文档,每一个文档分配一个唯一的文档 ID。节点 ID 标识某一个节点,在文档内部是唯一的。在多个 XML 文档情况下,两者结合就可以唯一地标识任意的节点,在单个 XML 文档时,节点 ID 就可以唯一地标识任意节点。节点标记表示文档的内容,用于一些基于值的查询。节点索引结构如图 8-9 中所示。

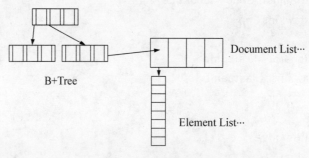

Document List···

B+Tree

Element List···

图 8-9　节点索引结构

正如前文所述,基于 XML 数据的查询可以分为基于值的查询和基于文档结构的查询。基于值的查询可以通过建立如图 8-9 所示的索引来提高查询性能,而基于文档结构的查询可以通过详细描述的节点关系索引来提高查询性能。

在 XML 文档树中,对于任意一个节点,如果知道该节点的父节点、最左子节点和第一个右兄弟节点,将会很容易重构树中所有节点的亲戚关系;相应地,节点关系连接算法就是通过建立这种节点之间的亲戚关系来提高查询性能的。

节点关系索引有 5 个查询键:文档 ID(DID,可选)、节点 ID(NID)、父节点 ID(PID)、第一个右兄弟节点(the first Sibling node ID, SID)和第一个左孩子节点 ID(the first left Child node ID, CID)。DID 和 NID 标识节点;PID、SID 和 CID 共同决定了该节点和其他节点的节点关系,由这 3 个 ID 值就可以很容易重构和查询整个索引树的结构。当一个节点是树的根节点时,其父节点 PID 是 NULL 值,当节点是叶节点时其子节点 CID 是 NULL 值,当节点是最右节点时其右兄弟节点 SID 是 NULL 值。该索引结构如图 8-10 所示。

节点关系索引能够快速地确定两个节点的节点关系,用于提高结构连接的查询速度。节点关系连接是一种结构连接,查询的过程也是依靠节点的父/子或祖先/后代关系。

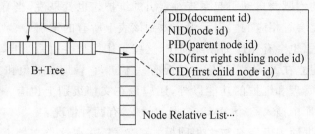

DID(document id)
NID(node id)
PID(parent node id)
SID(first right sibling node id)
CID(first child node id)

B+Tree

Node Relative List…

图8-10 节点关系索引

2. 利用关系连接的索引查询关键算法

在节点关系连接算法中,和大多数算法一样,先将查询分解成基于值的查询和基于结构的查询。对于值查询,可以通过节点索引来提高查询效率。对于结构查询,可通过节点关系索引来实现,对于节点亲戚中的父节点、最左子节点和右兄弟节点可以直接通过索引获取,然后根据这些节点亲戚关系,可以很容易地获取实际的祖先节点或后代节点,从而得出节点关系路径。一旦有符合查询条件的节点出现,则选择并返回该节点;否则返回 NULL。如果需要,由查询模块构建出结果集的 XML 数据。

节点关系算法详细步骤如下:

(1)将查询条件分为基于值的查询和基于结构的查询。

(2)根据基于值的查询选择符合条件的节点。

(3)while(第二步的查询结果集非空)

从结果集中选择一个节点,然后根据节点关系索引生成关系路径;

判定节点关系路径;

如果关系路径符合路径查询条件,将路径缓冲到结果集中;

跳转到步骤(3)。

(4)返回查询结果。

(5)如果需要,根据要求构建查询结果集形成的 XML 数据。

从上面所述步骤中,可以得出,在结构查询过程中,所访问的节点仅在查询节点所在的路径之上。在访问节点数上,Stack-Tree-Desc 算法中由于顺序访问节点,造成大量的不必要的节点访问,相应地也就增加了连接代价。在 Anc_Desc_B+ 中,由于只能跳过祖先列表或者后代列表当中的一个,虽然比 Stack-Tree-Desc 算法要跳过很多节点,但是还是有许多不必要的节点访问,只能在一定的程度上降低 I/O 量和减少 CPU 的操作。节点关系连接算法中根据节点关系,只访问和查询节点有亲戚关系的节点,完全跳过了不参与连接的所有节点,除了访问节点数减少外,相应的连接代价也降低到了最低,从而减少了查询时的 I/O 量和连接操作时大量的 CPU 使用。

3. 基于关系连接索引维护的关键算法

在索引建立之后,如何有效管理和维护索引记录也是影响索引性能的一个重要因素。在 XML 上的索引的管理和维护不仅仅是节点插入和删除时索引的管理和维护,还包括由于节点的增删引起文档语义的变化。在关系数据库里面,关系模式自创建始就是固定不变的,因此储存其中的数据都受到模式的无所不在的严厉限制,一旦在关系表上为某个属性创建了索引之后,节点的增删会自动引起系统对索引的维护。也就是说,当有新的元组(数据)插入到关系表上时,就会有相应的索引元组插入到该表上所有的索引中;数据从关系表中删除时该表上所有的索引也会有相应的删除动作,这些工作都是会由系统自动完成,不需要用户手工干预。但是,建立在 XML 上的索引情况有些不同,它管理的对象和文档有关,除了在元组级别上面有自动管理和维护的功能以外,还应该在文档级别上也有一定的自动管理和维护功能。当向数据库中插入一个 XML 数据的时候,有两种情况:

一种情况是数据库中已经有与之相同模式的文档,并在这类文档上面创建了索引。根据前面数据储存的有关介绍可知,拥有相同的模式,就可能会有相同的索引模式。因此,用户希望当新插入了这类文档时,系统会为之自动创建索引,也就是说,系统具有"一次创建,多次重用"的功能;否则,这些工作都由手工干预,其效率显然比较低。

另外一种情况就是系统中没有相同模式的文档,那么可以根据默认情况创建相应索引。

在下面的叙述中,将详细地解释在节点关系算法中如何管理和维护索引的插入和删除操作。

在实际工程应用中,有很多场合需要对文档进行更新,对于文档节点内容的更新,在映射策略中仅仅需要将对应元组的内容更新就可以完成相应的更新。然而,其难点在于节点本身的更新操作,比如某出版社记录其出版的书籍信息时,每出版一本新书,就需要向文档中插入一个节点;而在某些应用中,可能需要删除或者更改某一个节点。这一类应用不仅仅要改变节点的内容,还影响到相应的索引内容,特别是涉及记录文档结构索引时,更新操作将是一件比较复杂的工作。在 Stack-Tree-Desc 算法中,需要保存一个有序的列表;在 Anc_Desc_B+算法中,为了提高查询速度,会维护一个动态的森林。在这两种算法中,除了维护索引本身的代价之外,还需要维护这些附加的关系信息,在 XML 数据上的操作主要是插入/删除操作,其代价难以估计,在达到一定程度之时,将会超过重构索引的代价。

在向 XML 文档插入或者删除一个节点时,需要对所有建立在该文档上的索引进行更新。在节点关系连接算法中,在 XML 文档上面建立了两个索引——节点索引和节点关系索引。节点索引是一个普通的 B+树索引,在插入和删除节点时,只要向该索引中插入新构造的索引元组或者将相应的元组从索引中删除即可,不需要维护额外的信息。这些是传统的 RDBMS 所具有的索引维护功能,在这里就不再赘述节点索引的更新操作。

在节点关系连接算法中,将一个节点更新(Update)的操作视作一个删除(Delete)操作和一个插入(Insert)操作的集成。因此,在索引维护中不再为节点更新操作单独考虑,而只考虑索引的删除操作和索引的插入操作。下面将先描述如何向节点关系索引里面插入一个新节点,然后解释删除节点时该节点对应的索引元组的删除算法。

在向文档中插入或者删除一个节点引起索引变化时,不论是何种结构连接算法,首先都需要确定该节点和其他节点的亲戚关系,这是因为维护基于 XML 数据的结构信息的索引时,不仅仅需要插入或者删除因文档修改而生成的索引元组,还影响到和该节点有关系的其他节点,并把这些影响传播到这些节点上。如插入一个新节点时,首先要确定该节点亲戚关系,包括父节点、子节点、兄弟节点,以便在插入节点对应的索引元组之后更改所有指向该节点的节点关系。

(1) 索引节点插入关键算法。当一个节点被插入到文档中,有一系列的操作需要完成。首先,文档需要被修改,也就是说,需要修改存储文档所对应的表,在映射存储中,要向所有存储和该节点有关的映射表中插入对应的元组。其次,需要确定该节点在文档中的位置以及相关信息,确定该节点在文档中的位置之后,就可以给该节点分配节点序号、起始序号、结束序号和层号。这些序号需要遵循如下所述的要求:

① 节点序号在文档内部具有唯一性。

② 节点的层号是父节点的层号加 1。

③ 起始序号要比父节点的起始序号大,结束序号比父节点的结束序号小。

④ 如果该节点有左兄弟节点,开始序号比左兄弟节点的结束序号要大,而且中间需要留出一定的间隔,用于新插入节点之后分配起始序号和结束序号。

⑤ 如果该节点没有左兄弟节点,即该节点是父节点的最左子节点,其开始序号要比父节点的起始序号大,中间要保留一定的间隔。

⑥ 如果该节点有右兄弟节点,该节点的结束序号比右兄弟的开始序号要小,并保留一定的间隔。

⑦ 如果该节点没有右兄弟节点,即该节点是父节点的最右子节点,其结束序号要比父节点的结束序号小,目的是保留一定的间隔,用于下次的节点插入。

按照上述要求分配了节点序号之后,将生成节点索引元组;其次,向节点关系索引中插入该节点对应的索引元组;最后,更改和该节点有亲戚关系的节点关系。

索引插入关键算法执行顺序如下:

① 根据要求生成节点序号、起始序号、结束序号和节点的层号。

② 从节点关系索引中检索和该节点有关系的节点:父节点、左兄弟节点、右兄弟节点,如果没有,则对应域的值为 NULL。

③ 向节点索引中插入节点索引元组。

④ 向节点关系索引中插入节点关系索引元组。

⑤ if(插入索引元组导致索引树叶页面溢出):

● 生成一个新的索引页面;

● 将准备被插入的原页面上的索引元组按比例分配到新页面和原页面上;

● 修改原页面的页面链接;

● 更新原页面的兄弟页面的页面链接(如果新页面在原页面之后,更新原页面右兄弟页面的页面链接,使得该页面的前向链接指向新页面。如果新页面在原页面之前,更新原页面左兄弟页面的页面链接,使得该页面的后向链接指向新页面);

● 生成指向新页面的索引元组并将其插入到父页面上,如果引起父页面的溢出,则一直回溯,直至父页面能够插入。

⑥ 修改由于新插入节点引起文档树的亲戚关系的改变:

● 如果该新节点是父节点的最左孩子,更新父节点的最左孩子链接;

● 如果该新节点存在左兄弟,则更新左兄弟的右兄弟节点链接。

在节点关系索引中节点插入的核心步骤是步骤⑤和步骤⑥。步骤⑤主要处理在插入新索引元组后由于叶页面已满从而引起叶页面的分裂,需要将该页面分裂并回溯,直至不引起父页面的分裂为止,这种回溯情况可能引起 B+树的层数增加(这是因为有可能引起原索引的根页面也要溢出而分裂)。步骤⑥需要更改和新节点有亲戚关系的节点链接,一般利用索引的插入和删除的方式来完成这些操作,但是可以通过下面的方式来加速处理和新节点有亲戚关系的节点链接,这种方式在文档不是特别复杂的时候效率更好。由于 XML 文档中所有的节点都有序地保存在 B+树索引的叶页面上,因而可以把这些叶页面视作有序列表,通过查询并修改这些列表来完成。

(2) 索引节点删除关键算法。从文档中删除一个节点的操作和插入操作有所类似,首先,获取该节点的节点 NID;然后,从节点关系索引中搜索和该节点有亲戚关系的节点;再次,从索引树中分别删除和该节点有关的索引元组;最后,更新和该节点有亲戚关系的节点链接。详细的节点删除关键算法如下:

① 获取需要删除的节点的节点 ID。

② 根据节点 ID 和文档 ID(两者组合能够唯一标识节点)在节点关系索引中查询即将删除节点的亲戚关系,即获取该节点的父节点、右兄弟节点和子节点。

③ 从节点索引和节点关系索引中删除掉和该节点有关系的元组。

④ if(索引元组的删除导致该页面为空):

● 从索引树中将该叶页面删除;

● 将叶页面的父页面中指向该页面的索引元组删除;

● 如果父页面也为空,则将父页面删除,直到父页面不为空为止,在极端情况即 XML 文档为空的情况下,可能将索引树清空,需要注意的是,索引树是处于清空状态,即索引树中不包含任何一个索引元组,而不是删除索引。

⑤ 调整节点删除引起的节点关系链接的改变:

● 如果该节点拥有子节点,将该子节点指向父节点链接改为删除节点的父节点(一般情况下,这种情况并不会出现,因为相当于将该节点的子节点提升一级,子节点提升一级之后会和文档 DTD 或者文档模式不匹配,但是在嵌套节点的情况中有可能出现);

● 如果该节点是父节点的最左子节点,更改父节点的子节点链接,使其指向删除节点的右兄弟节点,如果该节点是父节点的唯一子节点,则设置父节点的子节点为 NULL;

● 如果该节点有左兄弟节点,则更改左兄弟节点的右兄弟节点链接,使其指向删除节点的右兄弟节点,如果该节点是最右节点,则设置该左兄弟节点的右兄弟节点链接为 NULL。

在节点关系索引中节点删除的核心步骤是步骤④和步骤⑤。步骤④主要处理在删除叶页面上最后一个索引元组后导致叶页面为空从而引起叶页面的删除,需要将该页面删除并回溯,直至不引起父页面的删除为止,这种回溯情况可能引起 B+树的清空(这是因为有可能引起原索引的根页面也为空,从而删除了索引的根页面)。步骤⑤需要更改和新节点有亲戚关系的节点链接,一般利用索引的插入和删除的方式来完成这些步骤,但是也可以通过下面的方式来加速处理和新节点有亲戚关系的节点链接,这种方式在文档不是特别复杂的时候效率更好。由于 XML 文档中所有的节点都有序的保存在 B+树索引的叶页面上,因而可以把这些叶页面视作有序列表,通过查询并修改这些列表来完成。

前文详细地描述了在节点增删时的索引树维护,阐述了当向一个文档增加或者删除一个节点时索引树所需要的更改。在实际应用中,更多的情况下不是单个节点的增删,而是多个节点的增删。在这种应用环境中,众多节点的增删可以分为两类。一类是所有删除的节点不存在父子的节点关系,在这种情况下,众多节点的增删相当于单个节点增删的累计,至多是在增删的时候更改节点链接的时候能够互相影响。另外一类情况就是增删的节点存在直系的血缘关系，即这些节点可以组成一棵子树，而这种应用占有相当大的比例，比如前文所述的出版社记录其书籍出版情况的文档，每出版一本新书就需要向文档及其建立在文档上的索引插入该书的信息，这些信息明显是一棵子树，在这种应用中，增删的顺序是有要求的，否则性能难以达到实际的要求。

在多个节点的增删应用中，如果不按照一定的顺序增删节点，那么每插入或删除子树中的一个节点都需要检索并可能更改和该节点有关系的节点的一些指向链接，如父节点的最左子节点链接、左兄弟节点的右兄弟节点链接和子节点的父节点链接等，这些关系指向链接的更改会极大地影响增删等索引更新操作效率。但在实际情况中，子树上除了根节点以外，其他所有节点的节点关系都是预先知道的，从而可以根据子树这个特点在增删子树时做一些相应的优化以便达到满意的子树更新速度。在增删子树的时候，按照一定的索引增删顺序，将达到只需要查询并修改子树根节点有亲戚关系的节点指向链接，因此可以根据预先判定的子树节点之间的相互关系决定增删节点的顺序，如图 8-11 所示就是解决这类问题的一个顺序。

在删除一个子树中若按照图 8-11 的删除顺序，在前面删除的节点都是子树内部节点，不需要和整个文档树交换信息，即相当于一颗封闭的树，也就不需要查询并确定该节点在整个文档树中所处的位置，自然也就不需要确定和该节点有关系的节点的指向链接，从而节省了大量的确定节点关系指向链接更新所耗费的代价。在整个子树删除操作中，只需要确定子树处于文档中的位置，并且这一点无论如何是无法节省的，因为只有将子树的根节点定位，才能将子树有效地加入到文档树中。当然，如图 8-11 中给出的仅仅是其中一个顺序，可能存在其他的达到同样性能要求或者性能更高的删除顺序。

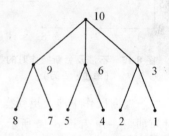

图 8-11　删除子树时对应的删除节点顺序

在增加一个子树的时候，有两种插入方法。一种是按照前面所述的增加一个节点的方式，逐个地把子树中所有节点对应的元组向索引树中插入。另外一种就是批量插入的方法，该方法则相对地要简要得多，只要根据该树的信息生成树中所有节点对应的索引元组批量插入索引树中。两种方法相比，在对中心服务器的影响上，前者是建立在单个节点元组的基础上，不需要对中心服务器进行调整；而后者需要专门的处理程序，也就是说，需要修改中心服务器使之能够适应这类应用程序。在性能上，在前者的算法中，每一个节点的插入都需要确定该节点在整个文档树中的节点关系，需要完成很多附加的查询来确定这些关系，因而在复杂或者庞大的文档中，性能下降得比较快；而后者先将整个待插入的文档子树处理好，因为子树内部节点之间的节点关系是已知的，不需要和子树之外的节点交换信息，可以预先生成对应的索引元组，在向索引树插入的时候，仅仅是插入一些和其他索引元组无异的索引元组，在这类插入方法中唯一例外的节点是该子树的根节点，因为该子树在整个文档中所处的位置是由该子树根节点确定的，因此需要确定该节点在文档中的节点关系。综合考虑，在处理简单的应用中，可以使用第一种方法；但是在处理复杂的应用中，毫无疑问，第二种方法能够实现高效快速的处理，而且目前商用数据库都有批量处理索引的功能（也就是我们常常看到的 bulk load 和 bulk delete 功能)。

4. 实验分析

在原型系统中,为了验证节点关系的结构连接索引的有效性,设计了 3 个数据集(Data Set,DS),DS_1 中的数据是一些结构复杂且数据量大的数据;DS_2 中的数据则相反,是一些结构简单且数据量小的数据;DS_3 是 DS_1 和 DS_2 中数据的混合。实验类比对象是根据两个影响较大的结构连接索引 Stack-Tree-Desc 和 Anc_Desc_B+ 介绍的模型所实现的模型系统。Node_Rel_B+ 为所提出的基于节点关系的结构连接索引。

如图 8-12 和图 8-13 所示是一些不涉及更新操作的查询效率分析,实验表明,查询所需要的时间和扫描的节点数符合模型中的分析。

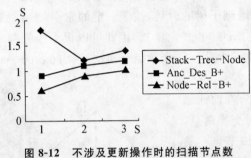

图 8-12 不涉及更新操作时的扫描节点数(单位:百万)

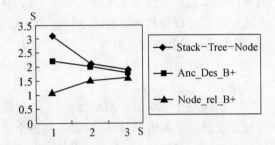

图 8-13 不涉及更新操作时的数据集合的查询处理时间(单位:秒)

当查询操作中涉及更新操作的时候,效率的提高更为明显,查询时扫描的节点数和扫描时间如图 8-14 和图 8-15 所示。

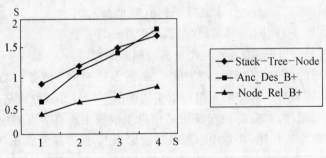

图 8-14 涉及更新操作时的扫描节点数(单位:百万)

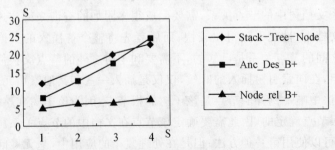

图 8-15 涉及更新操作时的数据集合的查询处理时间(单位:秒)

实验表明,节点关系索引在处理结构查询的时候,参与连接的节点就是实际需要的节点,跳过了不相关的祖先节点和后代节点。

8.4.3 原生 XML 支持的索引技术

在映射存储 XML 数据的存储策略中,数据被映射到对应物理表中,会丢失 XML 数据中的一些固有信息。如在 XML 数据中,各元素是有序的,但是在映射到物理表后,由于物理表的无序性,明显地,元素之间的顺序在映射过程中被丢弃。为了保护该有序性,通常是给元素添加序号,这些序号就会被映射到对应映射表中。很明显,这种方式会大大地增加很多本来不必要的连接操作用于保证元素的有序性。

主流的商用数据库厂商也相继推出对原生 XML 的支持[1,2],用于解决映射存储策略无法解决的诸多问题。

在作者提出的原生 XML 支持中,可以采用以下两类索引。

1. XML 值索引

XML 值索引的建立用于加速基于节点值的查询,如需要查询某本书的作者名字,或者查询某作者所有的书等,就可以为该类 XML 数据建立值索引。

一般情况下,用来描述 XML 数据的路径的文本比较长,且中心服务器对于变长文本的处理能力远远弱于定长的整型数据,因此会对 XML 数据中每一个唯一的路径都分配一个路径 ID(PathID),在查询中,可以将 PathID 的映射信息缓冲以提高查询效率。

在 XML 值索引中,索引键值包括 PathID、节点的值、NodeID(节点 ID)和 ROWID(包含 XML 数据的行 ID,也就是物理存储位置)。

2. XML 全文索引

在以文档为中心和内容为中心的 XML 应用中,全文搜索是最常见的操作,将中心服务器支持的文本查找扩展到新型的 XML 列上是一项非常必要的扩充。建立在 XML 数据列上的全文索引可以是全文索引也可以部分索引,如对一些预先知道的全文搜索。

文本搜索在特定文档操作中非常关键,除了标准的文本搜索外,还需要提供对查询结果集进行分类和记分操作,提供如同基于字典的同义词搜索。

为了提高文本搜索索引的 XML 数据上的索引插入和索引删除操作的效率,多采用一种异步更新的策略。

8.5 面向数据库基于语义的查询处理

实现面向数据库的语义检索,首先需要建立目标领域的领域本体,领域本体库是实现基

---

① Nicola M. and van der Linden B.. Native XML support in DB2 universal database. In: Proceedings of 31th International Conference on Very Large Data Bases,pp. 1164 – 1174,2005.

② Pal S., Cseri I., Seeliger O., Rys M., Schaller G., Yu W., Tomic T., Baras A., Berg B., Churin D. and Kogan E.. XQuery implementation in a relational database system. In: Proceedings of 31st International Conference on Very Large Data Bases,pp. 1175 – 1186,2005.

于本体的语义检索中推理的知识库,也是对知识资源进行语义标注的基础;其次,需要建立查询对象的数据库,也就是存储海量知识资源;最后,需要 RDBMS 对语义检索的支持。实现面向数据库的语义检索,需要对中心服务器的以下模块做一系列的适应性调整:SQL 语句分析模块、查询计划生成和优化模块、查询计划执行模块以及存储层管理模块。

8.5.1 语义检索过程

对于中心服务器来说,语义检索的查询处理过程和普通的 SQL 语句一样,中心服务器在接收到客户端发送过来的查询语句后,将其传递给语法分析和词法分析模块,将正确的语义检索 SQL 语句分析为一棵语法树,语法树传递到查询计划生成模块,根据相关信息生成查询计划树,并向系统表查询和该语句有关的统计信息,如物理表占用空间、是否有索引等信息,优化器依靠这些信息对查询计划进行优化,生成一棵查询执行树。该查询计划树被查询计划执行模块执行,并向客户端返回查询结果。下面讲述和处理基于语义的查询处理的相关流程。

1. 基于语义的查询处理流程

基于语义的查询处理的主要流程为:

(1) 语法分析、词法分析阶段。作为中心服务器的入口,语法分析和词法分析模块的作用是判断 SQL 语句的语法语义正确性,并将中心服务器接受的 SQL 语句生成一棵语法树。对于不正确的 SQL 语句则直接返回。

(2) 查询计划生产和优化阶段。该阶段查询优化模块根据(1)中的语法树和系统统计表中与该查询有关的统计信息,生成查询计划树,由优化器在这些查询计划树进行优化并生成适合的查询计划树。

(3) 查询计划执行阶段。该阶段查询计划执行模块根据查询计划树,根据统计信息提供的有关物理表、索引信息决定加锁策略,并依次访问查询计划中的表、索引(如果需要访问),并返回查询结果集。

(4) 存储层管理。存储层是整个中心服务器的底层,但是和查询层有接口的一般是物理表模块和索引模块,事实上,这两个模块也是还能够看到存储信息的语义的最底层的两个模块。

物理表模块是按照执行模块传递过来的存储策略将信息保存到元组中,而索引模块处理的是如何在以 XML 形式表达的数据上建立索引,在索引管理模块已有详细地介绍如何建立基于节点关系连接的结构连接索引。

2. 系统模型

对于 RDBMS 来说,系统的简要模型可以简单地用图 8-16 来表示。客户端接受用户的输入的查询语句,服务器端响应查询请求。

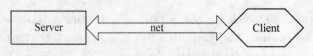

图 8-16　RDBMS 系统简要模型

在 RDBMS 中,可以通过以下方式向服务器端发送查询请求。

(1) SPI：服务器端编程接口,由中心服务器提供的一系列编程函数接口,操纵数据。

(2) ODBC：可以用 C、VB 等编程语句和中心服务器交互数据。

(3) JDBC：通过 Java 编程语言和中心服务器交互数据。

(4) 嵌入式：通过嵌入式的编程接口和中心服务器交换数据。

基于语义检索的 SQL 语句和其他的 SQL 语言一样,除了需要对查询结果集做特殊的处理外不需要针对客户端做特别的处理。在服务器端,需要针对系统体系结构做一定的适应性调整。

在接下来的一个小节里将简要地介绍中心服务器中各个模块处于的位置,在后续的小节里,将详细地阐述和语义检索有关的各个模块所做的适应性调整。

3. 系统体系结构

在本小节,作者将简要地介绍 RDBMS 系统的体系结构以及各个模块之间的交换的数据信息。系统体系结构如图 8-17 所示。

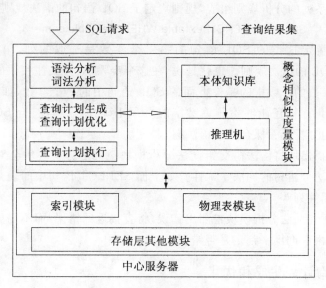

图 8-17　系统体系结构

在系统各个模块之间以及中心服务器与客户端之间交换的信息主要有如下几个部分。

(1) 服务器和客户端之间：客户端向服务器发送查询请求的方式有通过 ODBC、JDBC、客户端(SPI 接口)和嵌入式等。请求的主体内容是语义检索 SQL 语句。服务器端向客户端返回的是查询结果集,结果集可以以集合返回,也可以以游标的方式逐个返回符合条件的信息。在实际应用中,服务器端向客户端返回查询结果集合时,应该将从物理表中获取的元组信息重新规范化成符合条件的 XML 数据形式。

(2) 语法分析和词法分析模块：该模块接受的信息是从客户端发送来的 SQL 语句,向后续模块发送的信息是经过语法分析和词法分析的语法树。

(3) 查询计划生成和查询计划优化模块：该模块从词法分析和语法分析模块接受语法分析树,根据系统字典中有关的统计信息,生成并优化查询计划,并将该查询计划传递到执行模块。

（4）查询计划执行模块：从查询计划生成和计划优化模块接受查询计划，从物理表中检索合适的元组，如果计划中使用索引辅助，则由索引来完成查找合适的元组。在执行过程中，需要向推理机发送本体信息和本体推理信息，由推理机返回推理结果。

（5）索引模块和物理表模块：接受查询层中（主要是执行层）发出的查询请求，完成查询后将查询结果集返回给请求发出者。

（6）推理模块：接受从执行模块发出的信息，根据保存在数据库中的知识库进行推理，并将结果返回给执行模块。

8.5.2　SQL 语句分析

SQL 语句分析阶段包括语法分析和词法分析两个阶段，是 RDBMS 中心服务器的入口点。接下来简单地介绍一下中心服务器中的语法分析和词法分析的作用。

一旦接收到从客户端发送的 SQL 语句查询请求，中心服务器就将该语句交给语法分析模块，该模块由一系列的分析规则组成，规则规定了 SQL 语句的语法规则。如 SQL 语句：

SELECT ＊ FROM extable WHERE extable.com＝3;

语法规则会指定这类的 SQL 语句的第二个参数是选取的列，第三个参数必须是 FROM，这就是 SQL 的语法规则。也就是说，在这个步骤，只会关注参数的个数以及指定关键字的正确性。参数的个数指的是像上面的 SQL 语句中的 7 个参数，如果不足，就属于语法错误。另外，语句分析还能够检测关键字的拼写正确性。一旦符合 SQL 制定的语法规则，就将 SQL 语句分析成一棵合格的语法树。

随后，语法分析模块将语法树交给词法分析模块。词法分析模块会对语法分析树进行词法检查，检查词法分析树的词法正确性。如上面 SELECT 语句中的表是否确实存在以及是否存在这样的属性列等。

如在语法分析和词法分析模块检测出错误，将直接返回错误，而不需要将错误的语法树传递到查询层，再由查询层来判定是否错误。

8.5.3　查询计划生成和优化

在客户端发送的 SQL 语句请求被中心服务器的语法分析和词法分析模块分析生成一棵语法树后，将分析后的语法分析树交给查询计划生成和优化模块，由计划生成和优化模块生成查询计划树，并对该计划树进行优化。

查询计划生成模块由查询重写器接受语法分析树，将其转换为一棵原始查询树（即逻辑查询计划），并利用各种等价变换规则、物化视图等，将该查询树转换成结构不同但语义相等的更有效的形式以便于后续处理。查询优化器接受刚生成的查询树，根据当前数据库管理系统支持的表访问模式、连接方式等，将其转换成对应的查询计划（转换后的查询计划可能有多个），不同的查询计划代表了查询的不同执行方式和执行路径，但它们输出的查询结果集相同。优化器则负责从这多个查询计划中选取一个最优的查询计划交给查询执行器。查询执行器执行被查询优化器选择的查询计划，从数据库中选取符合查询要求的数据返回给客户端。

查询计划代表了数据库管理系统处理 SQL 查询的流程。给定一条 SQL 语句，对应的

查询计划的数目可能是巨大的,它随 SQL 查询的复杂度呈指数级增长。这是因为:

(1)给定查询的代数表示可以被转换成多种逻辑相等的其他代数表示形式,如:

$$Join(Join(A,B),C)= Join(Join (B,C),A)$$

(2)对于同一种代数表示形式,有多种可行的操作方式可以实现它。例如,数据库系统通常支持多种连接方式,如 Nestloop Join、Hash Join 和 Merge Join 等。

不同的查询计划在处理查询的效率上可能会有数个数量级的差别,因此选择高质量的查询计划来处理查询对提高查询处理性能是至关重要的。尽管优化器在实现上有很多变种[1,2,3],但都多少受到 System-R[4] 的影响。在数据库管理系统中,优化器以一种基于代价的方式,在所有查询计划组成的空间中启用搜索策略,如动态规划[5,6]、随机选择[7,8],以找到最优的查询计划。各查询计划的准确代价在不使用该计划执行查询前是不能预先获知的,优化器基于代价选择查询计划时,使用的是各查询计划的估计值。该估计值依赖于系统中现有的统计信息,如表中的总元组数目、平均的元组宽度、属性上不同值的个数、属性上的数据分布等。统计信息通常存放在数据字典中,在需要时读进内存。数据库管理系统会提供相应的工具来让用户访问和维护这些统计信息,如 Oracle 中的 Viewing Statistics 命令等。精确的统计信息有利于优化器正确估计各查询计划的代价,进而选择出最优的查询计划。相反,不精确的、过时的统计信息可能导致较大的估计误差,使得优化器可能选择一个低质量的查询计划,从而延长查询处理时间,降低系统性能[9]。

如果这些统计信息比较准确,优化器就能较精确地估计出满足条件的元组数目,进而正确选择出执行效率高的查询计划。相反,如果这些统计信息不准确,优化器就会作出错误的估计值进而做出错误的选择,从而可能选择一个较差的查询计划。因此,统计信息的准确与

① Graefe G.. The cascades framework for query optimization. IEEE Data Engineering Bulletin, 18(3): 19-29, 1995.

② Haas L. M., Freytag J. C., Lohman G. M. and Pirahes H.. Extensible query processing in starburst. In: Proceedings of ACM SIGMOD International Conference on Management of Data, pp. 377-388, 1989.

③ Graefe G. and DeWitt D. J.. The EXODUS optimizer generator. In: Proceedings of ACM SIGMOD International Conference on Management of Data, San Francisco, California, pp. 160-172, 1987.

④,⑤ Astrahan M. M., Blasgen M. W. and Chamberlin D. D.. System R: relational approach to database management. ACM Transactions on Database Systems, 1(2): 97-137, 1976.

⑥ Selinger P. G., Astrahan M. M., Lorie R. A. and Price T. G.. Access path selection in a relational database management system. In: Proceedings of ACM SIGMOD International Conference on Management of Data, Boston, Massachusetts, pp. 23-34, 1979.

⑦ Ioannidis Y. E. and Wong E.. Query optimization by simulated annealing. In: Proceedings of ACM International Conference on Management of Data, San Francisco, California, pp. 9-22, 1987.

⑧ Ioannidis Y. E. and Kang Y. C.. Randomized algorithms for optimizing large join queries. In: Proceedings of ACM International Conference on Management of Data, Atlantic City, NJ, pp. 312-321, 1990.

⑨ Christodoulakis S.. Implications of certain assumptions in database performance evaluation. In ACM Transactions on Database Systems, 9(2): 163-186, 1984.

否,将直接影响到优化器选择的查询计划的质量,进而影响到查询执行的效率。所以,保证统计信息的准确性,使之尽可能精确地反映物理数据的分布情况,是非常必要的。

李晓敬提出了一种自适应的统计信息管理技术 SASM[①],通过对查询负荷进行检测来推荐统计信息,利用查询计划的特性来收集查询反馈信息,并利用查询反馈信息来更新数据库中心服务器中过时的统计信息。这是一种中心服务器实现的自适应统计信息管理架构,利用查询计划特性进行统计信息收集的策略。

通过查询优化器进行优化之后,从语法分析和词法分析模块传递来的语法分析树变成了一棵查询计划树,查询计划树将会被传递到执行模块来执行查询计划,并由计划执行模块根据请求方式发送查询结果集。

8.5.4 查询计划执行

查询计划执行模块是根据查询生成和优化模块传递来的经过优化的查询计划树,并按照查询计划顺序执行。

查询计划执行模块是系统的核心模块之一,需要访问众多的模块并和这些模块进行信息的交互以完成基于语义的查询,主要包括:

(1) 与事务管理模块进行交互。根据当前语句的事务类型和语句的操作类型,决定并发控制时的加锁策略。在支持行级锁(为提高并发访问效率,一般都会支持行级锁)的情况下,需要将加锁策略通知到存储模块的索引模块和物理表模块,由这两个模块完成对即将访问的行加上对应的锁。

(2) 与物理表模块进行交互。除聚簇索引的存储方式外,所有的访问数据都需要通过物理表模块来完成,传递到物理表模块的信息通常有查询条件、加锁信息等,返回的信息一般是查询结果集。

(3) 与索引模块进行交互。索引是提高访问效率和访问性能的关键技术,在 RDBMS 中是一个非常关键的重点内容。目前,索引研究方向主要有两个,一个是如同 8.4 节所描述的如何设计索引的模式,这在不需要修改现有索引访问策略的前提下就可以实现,是语义检索、XML 技术研究领域中的一个热点问题;另外一个研究方向是研究新型索引,添加索引种类,专门用于索引基于 XML 标准的数据。传递到索引模块的信息通常是查询条件、加锁信息等,返回的信息一般是符合查询条件的实际元组(集)。

(4) 与网络通讯模块的交互。在中心服务器中都有一个和客户端进行交互的模块,即通讯模块,与之交互的信息流是单向的,将查询结果由计划执行模块流向通讯模块。

(5) 与概念相似性度量模块的交互。是实现基于语义查询的关键信息交互。

接下来将详细介绍在计划执行模块中涉及的实现基于语义的查询处理的相关技术。

1. 本体库的建立

不论以何种方式实现基于本体的语义查询,前提都是要建立该领域的本体库。

IT 系统使用关系数据模型、大文件、面向对象模型和私有数据模型来对本体库进行组织。随着时间的流逝,业务需求的变化需要向关系数据模型或面向对象模型中添加新的实

---

① 李晓敬.面向自治数据库的统计信息管理技术研究.浙江大学博士论文,2006.

体和关系。

此外,如果一个组织使用了各个供应商提供的很多应用程序,就可能在应用程序数据库之间复制相同的模型。比如说,一个银行提供了很多产品来为各种类型的客户服务。企业客户可能需要防骗机制,而普通客户可能只使用在线银行的功能。通常,会有多个供应商为银行提供应用程序,但是每个应用程序都会在应用程序特有的数据库中复制相同的通用信息,如帐号、客户等。随着组织不断增加产品来满足日益增长的业务需求,相同的冗余信息在企业中会变得更加分散。

有很多服务对于正在开发的所有应用程序来说都是通用的,例如查看银行交易和电汇款项。每个服务都要复制成应用程序所喜欢使用的方式,这就需要点到点地进行集成。

如果银行采用一种本体驱动的方法,就可以使用一种自然语言的方式来捕获并表示自己的全部产品知识,并将这些知识部署到一个集中的仓库中。使用这种共享的、适应性的本体,组织就可以为所有应用程序提供一种单一、统一的数据视图。采用这种统一的视图,我们就可以精确地检索信息,无缝地进行企业系统集成,因为业务处理过程和各种数据源都可以通过一种通用的元数据模型相互进行映射。因此,共享的本体避免了点到点的集成,并简化了应用程序的集成过程,降低了数据的冗余性,并在应用程序之间提供了相同的语义意义,这可以降低银行的维护和升级成本。

在本体的建模阶段,大部分的建模工作都集中在领域知识的抽象表示上,即发现领域内的概念、概念的继承层次、潜在的关系和公理等。对于领域中的实例,在建模时一般不需要考虑它们,除非建模时就能确定该本体所涉及的所有实例。实际上,通常的本体都具有一定的通用性,表示特定领域内的知识,但由于领域内可能的实例数目无穷无尽且动态变化,因此,只有本体和一个具体的应用结合时考虑实例才有意义。将现实应用中涉及的实例和抽象的本体概念相联系,这正是语义标注(Semantic Annotation)所要做的工作。和数据库类比,语义标注就如同为建立好的数据库表添加具体的纪录。如果将本体看作简化了的知识库,那么从本体的角度来看,添加实例,即进行语义标注,可视为丰富本体的过程。

此外,在目前的应用环境下,本体的建立并不一定需要一个统一的标准,应该针对具体的应用场景,就如各种软件和各种数据库很多内容不被共享,很多本体也不是为了通用而建立的。一般情况下,在某一个具体的项目中如果发现使用本体会有比较好的效率,才会去建立这么一个领域专用本体;而不应该是空空地去建立一个本体,然后为这个本体去寻找一个用途,因为这实际上是本末倒置了。根据不同的需要,建立不同的本体。就如中国人看中文网页,美国人看英文网页道理一样,没有必要做到统一的标准,只要有统一的语言和正确的过程,就可以了。

只有当两个不同本体之间需要共享和交流时,才需要考虑到本体的映射与集成。本体集成是为了解决不同本体之间的共享和交流,而本体映射是本体集成的一个关键环节。当两个本体之间存在语义级的概念关联时,本体映射是指通过语义关联,实现将源本体的实例映射到目标本体的过程。

2. 本体的存储

一旦本体库建立之后,就需要考虑到如何存储本体库。根据不同的应用,会有不同的存储方式,目前主要有基于内存、专门的管理工具、基于文件系统和基于 RDBMS 的 4 类本体存储方法[1],[2],[3],[4]。

（1）基于内存的方法存储本体。这一类本体数据管理工作的特点是将本体数据全部放入内存，按照某种结构组织本体库，在内存结构上执行基于语义的查询。这种方法具有极高的运行效率，但由于内存本身的限制，只能处理有限规模的数据，目前基于内存的本体存储管理系统有 OWLim[5] 和 OWLJessKB[6] 等。

（2）专门管理系统存储本体。目前也有一些开源软件，比如 OMM[7] 支持对 RDF、owl 的存储管理，还提供各种接口，可以使用查询语言对 RDF 或者 owl 进行查询。

（3）基于文件系统的纯文本方式存储本体。基于文件系统的纯文本方式存储策略实现起来相对简单，很多本体工具都支持纯文本格式的本体存储策略，如 Protégé 可以直接生成 owl 文件，且可以直接使用 Protégé 对所建立的 owl 文件进行管理。当然，也可以使用 Jena 进行开发，采用这种方式对于 owl 的建立与维护、推理、查询均需要有相关工具的支持或者自行使用 Jena 开发。

但是这种存储策略不仅效率低，而且很难适应数据量较大的情况，一般也只适合问题规模比较小的本体。处理在大规模本体上的语义查询时需要大量的内存管理工作，如果处理直接以 XML 形式为树形结构的大型 RDF 数据，在构造树的信息掌握模型全局结构的步骤中，就需要不断地反复扫描文件，这必然导致大量的不必要的 I/O 操作，急剧降低访问性能和访问效率。在多用户访问本体库的应用中，由于文件系统不支持并发管理，必须要建立一个并发控制和事务管理系统来进行并发访问控制。早期的本体数据管理工作大多是基于文件系统用纯文本方式保存本体，这些应用用简单的文件格式存储本体并支持一些基本的操作，目前主要是在建立和编辑本体的环节中采用纯文本方式保存本体，而不是为了大规模本体数据的存储和查询服务的，如 OntoEdit[8] 等。

（4）基于 RDBMS 方式存储本体。该方式是将本体按照一定的策略组织在数据库中，利

---

① 邓志鸿，唐世渭，张铭，杨冬青，陈捷. Ontology 研究综述. 北京大学学报（自然科学版），38（5）：730－738，2002.

② Studer R., Benjamins V. R. and Fensel D.. Knowledge engineering, principles and methods. Data and Knowledge Engineering，25(1-2)：161－197，1998.

③ Perez A. G. and Benjamins V. R.. Overview of knowledge sharing and reuse components：ontologies and problem-solving methods. In：Proceedings of the IJCAI99 workshop on Ontologies and Problem-Solving Methods, pp. 1－15，1999.

④ Uschold M.. Building ontologies：towards a unified methodology. In：Proceedings of 16th Annual Conference of the British Computer Society Specialist Group on Expert Systems，Cambridge，1996.

⑤ Kiryakov A., Ognyanov D. and Manov D.. OWLIM-a pragmatic semantic repository for owl. In Proceedings of International Workshop on Scalable Semantic Web Knowledge Base Systems（SSWS），New York，USA，pp. 182－192，November 2005.

⑥ Kopena J. and Regli W. C.. DAMLJessKB：a tool for reasoning with the Semantic Web. In：Proceedings of the 2nd International Semantic Web Conference, Sanibel Island, FL, USA, pp. 628－643，October 2003.

⑦ Ontology Middleware Module（OMM）. http：//www. ontotext. com/omm/index. html.

⑧ OTK tool repository：Ontoedit. http：//www. ontoknowledge. org/tools/ontoedit. html.

用现有的数据库管理系统对数据的操纵和管理能力来存取本体。

由于关系数据库技术发展日益成熟，大多数的本体管理工具都采用关系数据库作为存储和管理本体库，如 Sesame[①]、Rstar[②]、Jena[③] 和 3store[④] 等。现有的存储本体模式主要有水平模式、垂直模式、分解模式、混合模式以及 Sesame for RDB 模式和 Sesame for ORDB 模式（Object-Retation Data Base）。

● 水平模式：把本体都统一地存储在数据库中的一个物理表中，表中的列是本体的属性，本体有多少属性，存储它的物理表就有多少列。本体的每个实例是该物理表中的一个记录。水平模式的缺陷是该类方式存储本体的属性列太多。

● 垂直模式：采用三元组结构，表中的每个实例对应于一个 RDF 三元组，在这种模式下需要将本体中的所有信息都使用 RDF 三元组来表示，本体的每个实例的一个属性值，就是垂直模式的一条记录。该模式设计简单，模式稳定，特别是基于 RDF/XML 表示的本体知识。但是对于开发人员来说，这种模式可读性差，难以设计查询的 SQL 语句。

● 分解模式：该模式与水平模式和垂直模式的不同在于这种存储方式采用多个物理表，基本思想是将数据库进行模式分解，主要有基于类的分解模式和基于属性的分解模式。

● 混合模式：将以上几种模式混合使用，如文献[⑤]提出的基于类的分解模式和基于属性的分解模式混合使用的存储模式，方法是为本体的每个类创建一个表，在本体中定义的每一个属性也创建一个物理表。但是在该方法中一个很明显的问题：会为本体创建的物理表非常多，这对于大型本体库来说，将是一个不可接受的问题。

● Sesame for RDB 模式及 Sesame for ORDB 模式：Sesame 实现了基于关系数据库 MySQL 及基于对象关系数据库 PostgreSQL 的存储方法，对应两种不同的存储模式。这两种存储模式的区别是：Sesame for RDB 模式用一张表存储了所有实例的类型信息；Sesame for ORDB 模式为每个类单独建立一张关系表，专门单独存储这个类的实例。

3. 本体库和推理规则的建立

上述简要地描述了本体的建立方式和存储方法，这两个步骤实质上是抽取领域内的知

① Broekstra J. , Kampman A. and Harmelen F. . Sesame：a generic architecture for storing and querying RDF and RDF Schema. In：Proceedings of the 1st International Semantic Web Conference, Sardinia, Italy, pp. 54 – 68, June 2002.

② Ma L. , Su Z. , Pan Y. and Liu T. . RStar：an RDF storage and query system for enterprise resource management. In Proceedings of the 13th ACM International Conference on Information and Knowledge Management (CIKM), New York, NY, USA, pp. 484 – 491, 2004.

③ Carroll J. J. , Dickinson I. , Dollin C. , Reynolds D. , Seaborne A. and Wilkinson K. . Jena：implementing the Semantic Web recommendations. In：Proceedings of the 13th international World Wide Web Conference, pp. 74 – 83, 2004.

④ Harris S. and Gibbins N. . 3store：efficient bulk RDF storage. In：Proceedings of the 1st International Workshop on Practical and Scalable Semantic Systems, Sanibel Island, Florida, USA, pp. 1 – 15, 2003.

⑤ Pan Z. X. and Heflin J. . DLDB：extending relational databases to support Semantic Web queries. In：Workshop on Practical and Scalable Semantic Systems, ISWC 2003, Sanibel Island, Florida, USA, pp. 109 – 113, 2003.

识形成领域本体,同时将领域本体储存,其过程如图 8-18 所示。

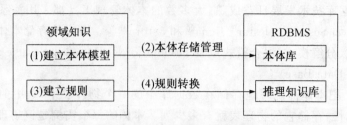

图 8-18　本体库的建立和存储

其中,步骤(1)和(3)是知识库和推理的来源,步骤(2)是将本体存储于 RDBMS 中形成本体库,步骤(4)形成推理的规则库。

4. 基于语义的查询处理

当一个基于语义的查询 SQL 语句被提交到中心服务器后,由语法分析和词法分析模块分析形成语法树并将其传递到查询计划生成模块,生成并优化之后形成查询优化树,该树在本模块被执行。

执行的关键步骤之一就是计算概念的相似性,概念相似性的计算由执行模块使用概念相似性度量模块提供的接口来计算。而概念相似性度量模块能够计算相似性的前提条件是 RDBMS 已经存储了该领域内的本体并建立了该本体推理知识库,在建立了本体库和推理库之后,根据第 7 章描述的概念相似性度量模型,计算概念相似性。

该模块的体系结构如图 8-19 所示。

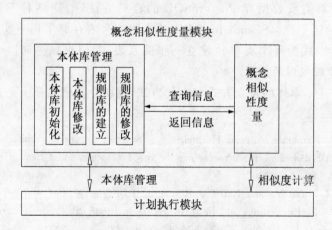

图 8-19　概念相似性度量模块体系结构

该模块实际上包括两个部分,一个是本体库管理,提供建立本体库、本体库修改等公用接口和规则库管理的公用接口;另外一个就是概念相似性度量。

本体库管理模块包括本体建立、规则库建立两个部分的内容。

概念相似性度量模块向查询执行层提供计算概念相似性的公用接口,当查询计划执行模块接到基于语义检索的查询计划树后,首先调用概念相似性度量模块提供的概念相似性接口,计算相似性;然后根据相关性规则和查询条件判断是否符合查询条件,获得查询结果集;最后向网络通讯模块发送查询结果集,由该模块向客户端发送查询结果。

8.5.5　存储层访问

存储层是管理数据、实现数据的物理存储的模块,包括物理表模块、索引模块、日志恢复模块等,而且在这些模块中还需要看到数据的逻辑信息,或者说,还需要处理数据的逻辑信息。下面简要地介绍物理表模块和索引模块,该模块和查询层的关系如图 8-20 所示。

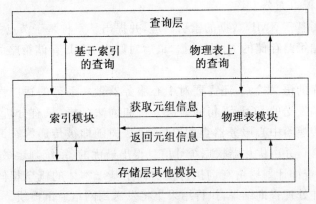

图 8-20　存储层体系结构

物理表模块的功能是将数据存储到表中和从表中获取指定的数据,这些请求的主要发出者是查询计划执行层。

存储数据时,不考虑数据内容间的逻辑关系,只关心数据的存储效率问题,常见的处理方式是压缩数据、定长和变长数据分类等存储策略,一个优秀的物理表模块必然是一个能够尽可能高效地存储数据的模块。这是因为,访问数据时都需要将数据从外存读取到内存中,而 I/O 速度远远慢于 CPU 的访问速度。

物理表模块的另外一个功能就是查询数据,通常有两类:一类给出查询键值,物理表模块根据查询键值顺序扫描物理表然后返回数据,这种访问策略在大数据量应用中效率明显低下;另外一类,就是根据指定元组 ID 获取该元组的内容,通常是通过索引查询然后从物理表模块获取数据。

存储层另外一个和查询层交互的是索引模块,索引模块是提高数据库访问效率的最关键技术之一,常见的索引有 B+树索引、Hash 索引和位图索引等。在 8.4 节中,作者已详细描述了基于 XML 形式的索引文件管理,在这里不再赘述。

8.6　小结

由于当前知识经济时代的信息、知识呈爆炸性增长,要想从海量信息资源里面寻找满足特定要求的知识必须依靠高效准确的知识检索。本章对现有的检索技术,主要包括搜索引擎和语义检索作了介绍。

传统的搜索引擎通常使用关键词进行精确匹配的方式,却不能满足用户在语义层面的检索需求,因此作者详细探索了基于语义 Web 的知识检索技术,即语义检索。

　　语义检索系统框架由知识获取与标注、基础知识维护、智能检索以及人机交互查询四大部分组成。提出了一个基于本体和知识库、多层次的知识智能检索模型，能充分发挥各种技术的优势，其层次结构依次为精确检索、语义检索、模糊检索和智能推理，并分别详细讨论了它们的实现技术。

　　为更好地使用户与语义检索工具交互，设计了两种交互方式，即一阶谓词和简单自然语言查询，使系统功能得以充分发挥。

　　本章同时阐述了基于 XML 数据的索引管理，并提出了一种基于节点关系的结构连接算法管理基于映射存储策略存储的 XML 数据，最后对原生 XML 存储策略的索引管理做了一个简要的描述。

　　实现面向数据库的语义检索，还需要对中心服务器做一系列的适应性调整。中心服务器的入口是对客户端发送的 SQL 语句的语法分析和词法分析，只有分析正确的 SQL 语句才能以语法树形式传递给中心服务器查询层，该语法树随即被传递给查询计划生成和优化模块，生成查询计划树，并由优化器根据统计信息得出最优的（系统判定最优，实际上可能不是）查询计划树。该查询计划树由查询执行模块调用基于本体的概念相似性度量模块提供的接口计算相似性并处理查询结果，执行结果集将发送到网络通讯模块。

第9章　知识推理优化

　　在第 8 章里,作者对新兴的知识检索技术,特别是语义检索作了介绍。为了处理 Internet 上的语义信息,语义 Web 技术在网页中增加了元数据知识表示,用以对网页中的资源进行说明。如果要运用这些元数据来提高搜索的质量,必须要根据这些知识,进行推理,以发掘隐式的知识。

　　语义 Web 的逻辑基础是描述逻辑(Description Logic,DL)。目前的研究表明,对于表达能力较弱的描述逻辑语言 ALC 来说,其复杂度是 pspace-complete[①],因此如果不加以优化,很难应用在网络化的环境当中。虽然很多的优化策略被采用,比如缓冲(cache)、延迟展开(Lazy Unfolding)等,但是描述逻辑的应用因其时间复杂度而受到了很大的制约。对于网络搜索来说,对结果的正确性并不要求非常严格,因此通过近似推理来减小描述逻辑的事件复杂度,提高推理的效率将会有很大的意义以及很高的应用价值。因此,本章将探索基于描述逻辑的知识推理优化技术(描述逻辑基础已在 3.4.4 小节作了介绍)。

9.1　基于个体的推理优化

　　TBox 推理提供的服务主要包括:TBox 的一致性检查,一个概念(Concept)对于一个 TBox 是否可满足,两个概念之间的包含关系,对 TBox 中的概念进行分类(Classification)以及其他的一些服务。ABox 推理提供的服务包括:ABox 的一致性检查,个体和概念之间的关系测试,给定一个个体,找出这个个体对应的最具体的概念(the Most Specialized Concept),给定一个概念,获取所有的对应的个体,等等[②]。

　　概念的分类,即计算 TBox 中的概念互相之间的包含关系,是 TBox 推理的基本任务之一,并且在 ABox 一致性检查以及 ABox 查询中,也是基础和优化手段之一[③,④,⑤,⑥]。在目

　　①　Schmidt-Schauβ, M. and Smolka G.. Attributive concept descriptions with complements. Artificial Intelligence. 48(1):1-26,1991.

　　②　Baader F., Calvanese D., McGuinness D., Nardi D., and Patel-Schneider P.. The Description Logic Handbook:Theory, Implementation and Applications, Cambridge University Press,2003.

　　③　Horrocks I.. Optimizing Tableaux Decision Procedures for Description Logics, Manchester:University of Manchester,1997.

　　④　Baadder F., Franconi E., Hollunder B., Nebel B. and Profitlich H. J.. An empirical analysis of optimization techniques for terminological representation systems, or:Making KRIS get a move on. Applied Artificial Intelligence, Special Issue on Knowledge Base Management,4:109-132,1994.

　　⑤　Chen C. M., Haarslev V. and Wang J. Y.. LAS:extending Racer by a large ABox store. In:Proceedings of International Workshop on Description Logics, Edinburgh:CEUR-WS. org, pp. 200-207,2005.

　　⑥　Haarslev V. and Moller R.. Incremental query answering for implementing document retrieval services. In:Proceedings of International Workshop on Description Logics, Rome:CEUR-WS. org, pp. 85-94,2003.

前的描述逻辑推理器中,比如 FaCT++[①],Racer[②],Pallet[③] 等,都包含对概念的分类。

由于测试一个概念相对于 TBox 是否满足,在表达能力相对较弱的描述逻辑 ALC 中,其复杂度已经是 NExpTime,而概念之间的相互包含关系的计算,需要大量的概念可满足性的判断,因此概念的分类的优化,主要在于减少不必要的概念包含关系的测试[④]。为了利用推理过程中的信息,以减少概念包含关系的测试次数,本节描述了一种称为基于个体的优化方法,主要包括如何提取推理过程中的信息来获取知识库的模型,并利用该模型进行部分概念包含关系的判断。

9.1.1 基于 BOX 的分类算法

有关概念可满足性的判断,以及在存在求补操作(complements)的情况下,概念的包含关系转化成概念的可满足性问题,这里不再赘述。下面将说明已有的 TBox 的分类算法以及其优化[⑤]。

概念之间的包含关系⊑是 TBox 中所有概念上的一个偏序,因此计算概念之间的包含关系的最差复杂度显然是 $O(n^2)$。因为对于每一个概念,都要和其他的概念进行一次比较,共需要 $n \times (n-1)$ 次比较。为了获得概念的层次,一般进行两次遍历:自顶向下查找(Top Search)和自底向上查找(Bottom Search)。自顶向下查找计算所有概念的直接前驱父概念(The Immediate Predecessor),所谓直接前驱,即如果 x 是 y 的直接前驱,那么 $y \sqsubseteq x$,并且不存在 z,使得 $y \sqsubseteq z \sqsubseteq x$;自底向上查找计算所有概念的直接后继(The Immediate Successor),所谓直接后继,即如果 x 是 y 的直接后继,那么 $x \sqsubseteq y$,并且不存在 z,使得 $x \sqsubseteq z \sqsubseteq y$。由于两次遍历类似,在后面的讨论中,有时会把自底向上查找省去。下面介绍 4 种计算方法:BFM(The Brute Force Method)、STM(The Simple Travel Method)、ETM(The Enhanced Traversal Method)和 CIM(The Chain Inserting Method)。

1. BFM

设 TBox 中概念的集合为 X,其中已经计算好的概念 X' 可以划分为 n 个集合 X_1,$X_2, \cdots, X_n$,包含关系在 $X_i (1 \leqslant i \leqslant n)$ 上是全序关系。对于一个新的概念 $c \in X, c \notin X'$,比较 c 和 X_i 中的每一个概念 x,以检查其在 X_i 中的位置,如果对于所有 X_i 中的概念,包含关系测试都失败,那么 $X' = X' \cup \{c\}$,并且 $X_{n+1} = \{c\}, n = n+1$。不难得到,这种方法的复杂度是 $O(n^2)$。

① http://owl.man.ac.uk/factplusplus.

② Haarslev V. and Möller R.. RACER system description. In: International Joint Conference on Automated Reasoning, IJCAR'2001, Siena: Springer-Verlag, pp. 701 – 705, 2001.

③ Sirin E., Cuenca Grau B. and Parsia B.. From wine to water: optimizing description logic reasoning for nominals. In: International Conference on the Principles of KR (KR-2006), Lake District: AAAI Press, pp. 90 – 99, 2006.

④,⑤ Baadder F., Franconi E., Hollunder B., Nebel B. and Profitlich H. J.. An empirical analysis of optimization techniques for terminological representation systems, or: Making KRIS get a move on. Applied Artificial Intelligence, Special Issue on Knowledge Base Management, 4: 109 – 132, 1994.

2. STM

显然,BFM 方法中的很多包含测试是可以避免的,当测试 c 在 X_i 中的位置时,不必测试 X_i 中的所有概念和 c 的包含关系。由于包含关系在 X_i 上是全序的,那么将 X_i 排好序后,如果采取自顶向下的方法对 X_i 遍历,一旦测试失败,便不需要对其余的概念进行测试;如果采取自底向上的方法对 X_i 遍历,一旦测试失败,便停止对其余的概念进行测试。另外,一旦 x 和 c 的包含关系确定,便做好标记,以避免对 $x \in X'$ 的多次测试。

从统计的角度来看,这种方法较之于 BFM,可以省去一半的测试步骤。

3. ETM

虽然对于 BFM 来说,STM 已经有了很大的效率上的提高,但是在做概念 c 和 X_i 中的概念进行包含测试的时候,并没有用到以前的测试结果;其次,在进行自底向上查找阶段,没有用到自顶向下阶段的测试结果。ETM 的主要思想就是利用前面的测试结果来进一步提高效率。

在自顶向下阶段,如果要测试 $c \sqsubseteq y$,并且已经知道 y 的直接前驱 z,$c \not\sqsubseteq z$,那么 $c \sqsubseteq y$ 的测试就可以省略。因此,在 ETM 中,如果要测试 $c \sqsubseteq y$,那么先检查 c 是否包含于 y 的所有直接前驱,如果有一个 y 的直接前驱 z,有 $c \not\sqsubseteq z$,那么可以直接得出 $c \not\sqsubseteq y$。同样,在自底向上查找阶段,如果有测试 $c \sqsupseteq y$,那么先检查 c 是否包含 y 的所有直接后继。

对于实际的知识库,使用这种方法较之与 BFM,测试包含关系的数目可以降低到原来的 $20\% \sim 30\%$。

4. CIM

由于包含关系在 X_i 上是全序,因此可以用二分法查找 c 在 X_i 中的位置。当然,在判断包含关系的时候,也会利用 ETM 中的部分方法,即如果要测试 $c \sqsubseteq y$,并且已经知道 y 的直接前驱 z,且 $c \not\sqsubseteq z$,那么 $c \sqsubseteq y$ 的测试就可以省略。

使用 CIM 方法,对于实际应用的知识库来说,效率上并没有提高,这是因为实际中的知识库 $|X_i|$,即链的长度,往往都比较小,因此二分法查找的效果并不明显。

9.1.2　基于 ABox 的一致性检查和推理过程的优化

在进行 ABox 的一致性检查以及概念可满足性测试的过程中,有很多信息可以记录下来,以减少分类过程中的概念包含测试来优化分类,但是上面所述的优化方法都没有利用到。比如 TBox 中有概念:$A = \exists R.B$,R 指所有角色的集合,B 是一个复杂概念,其定义中不涉及 A,并且 GCI 中不出现 A 和 B。ABox 为 $\{A(a)\}$,在检查 ABox 的一致性时,有如图 9-1 所示的一棵树。

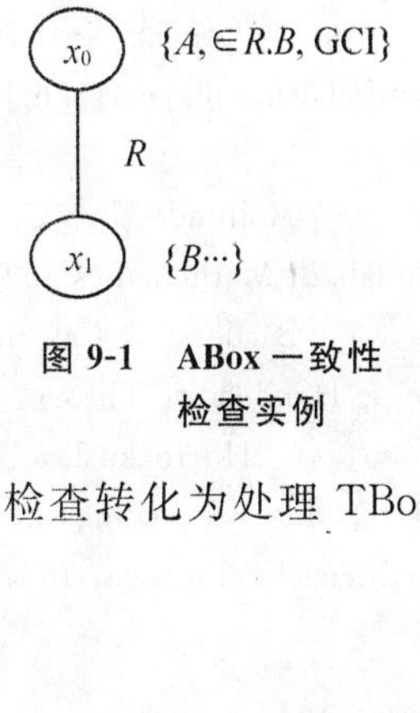

因此,$x_0 \in A^I$,$x_1 \in B^I$,从而我们可以得到 $A \not\sqsubseteq B$,$B \not\sqsubseteq A$,A 和 B 之间的包含测试可以省略。当 B 是一个复杂概念时,可以节省不少时间。

图 9-1　ABox 一致性检查实例

ABox 的一致性检查一般有两种方法,其一为将 ABox 的一致性检查转化为处理 TBox

一致性的问题[①,②,③]；其二为修改 TBox 中的概念可满足性算法，使之能处理 ABox 一致处理性问题[④,⑤]。为了表述的方便，本文采用 Horrocks 提出的方法来检查 ABox 的一致性[⑥]。

1. ABox 的一致性检查

下面的介绍中，如果不特意说明，则：C,D 代表概念，R 表示角色层次（Role Hierarchy），A 表示一个 ABox，R_A 是出现在 A 和 R 中的角色以及这些角色的逆，I_A 表示出现在 A 中的个体。

用 $\sim C$ 来表示 $\neg C$ 的 NNF。clos(C) 表示构成 C 的子概念的以及它们的 NNF 的集合。

$$\text{clos}(A) : = \bigcup_{a:C\in A}\text{clos}(C)$$

根据文献[⑦]中的定义，$T=\{S,L,E,J\}$ 是一个 ABox A 相对于 R 的 Tableau，当且仅当：S 是一个非空集合，$L: S\rightarrow 2^{\text{clos}(A)}$ 是 S 中的一个元素到一个概念集合的映射，$E: R_A\rightarrow 2^{S\times S}$ 是一个角色映射到 S 中的一个元素对的集合的映射，$J: I_A\rightarrow S$ 是一个个体到 S 中的一个元素的映射，并且还要满足其他 14 条规则，这 14 条规则这里不再赘述，读者可以参考文献[⑧]。

ABox 一致性检查 Tableau 算法就是构造了这样的一个 Tableau，当构造一个 Tableau 成功时，那么显然就已经得到了 ABox 相对于 R 的一个解释 $I=(\Delta^I, \sqcup^I)$：

$$\Delta^I : = S$$

对于 clos(A) 中的每一个概念 C：$C^I : = \{s \mid A\in L(s)\}$

对于每一个个体 $a\in I$：$a^I : = J(a)$

对于每一个角色 R：如果 R 是传递的，$R^I : = E(R)^+$，否则 $R^I : = E(R)\cup\bigsqcup_P P^I$，其中 P 是 R 的子角色。

并且，当 ABox 是一致的时候，肯定可以构造这样的一个 Tableau。

2. 分类优化

当 ABox 一致性检查算法完成时，如果 ABox 是一致的，那么得到一个森林，这个森林

① Haarslev V. and Möller R.. Expressive ABox reasoning with number restrictions, role hierarchies, and transitively closed roles. In: A. G. Cohn, F. Giunchiglia and B. Selman (Eds.) Proceedings of the 7th International Conference on Knowledge Representation and Reasoning (KR2000), Morgan Kaufmann Publishers, 273-284, 2000.

② Tessaris S. and Horrocks I.. Abox satisfiability reduced to terminological reasoning in expressive Description Logics. In: Proceedings of the 9th International Conference on Logic for Programming, Artificial Intelligence and Reasoning (LPAR 2002), Lecture Notes in Artificial Intelligence, 2514: 435-449, 2002.

③ Hollunder B.. Consistency checking reduced to satisfiability of concepts in terminological systems. Annals of Mathematics and Artificial Intelligence, 18(2-4): 133-157, 1996.

④ Baader F., Calvanese D., McGuinness D., Nardi D., and Patel-Schneider P.. The Description Logic Handbook: Theory, Implementation and Applications, Cambridge University Press, 2003.

⑤,⑥ Horrocks I., Sattler U. and Tobies S.. Reasoning with individuals for the Description Logic SHIQ. In: Proceedings of the 17th International Conference on Automated Deduction, Lecture Notes in Artificial Intelligence, 1831: 482-496, 2000.

就是一个 Tableau,其所有的节点构成了解释域 Δ^I,对于 ABox 中的概念 C,D,我们有如下定理:

定理 1 如果 $C^I \not\subseteq D^I$,那么 $C \sqsubseteq D$ 是不成立的。

证明:根据 $C \sqsubseteq D$ 的定义,必须对所有的解释,都有 $C^I \sqsubseteq D^I$,而根据假设有 $C^I \not\subseteq D^I$,所以 $C \sqsubseteq D$ 是不成立的。

注意,$C^I \sqsubseteq D^I$,并不能得到 $C \sqsubseteq D$,因为根据 Tableau 得到的解释,只是有限或者无限的解释中的一个,不能保证其他的解释 I' 有 $C^{I'} \sqsubseteq D^{I'}$。

根据定理 1,在推理过程,记录森林中的每一个节点中的概念,然后根据概念 C 以及 C^I 的定义,计算 C^I,然后根据各个概念的解释,可以得到概念之间是否有 $\not\subseteq$ 的关系。但是,如果记录所有的节点,对于 ALC 等描述逻辑,其空间复杂度本来是 PSpace 的,而节点的个数可能是 ABox 的大小的指数级别[①],因此对于节点数目过多的森林不进行计算,以免增加过多的额外开销。如何决定是否进行计算,可以根据本体的具体情况进行。

另外,由于推理的优化,最后的森林并不可以直接作为解释用,需要根据概念的定义进行重构。例如,TBox:$\{B \equiv A \sqcup C\}$,ABox:$\{a : A\}$,在检查 ABox 的一致性的时候,由于优化的原因,B 并不会出现在森林中,但不能据此得出 $A \not\subseteq B$。这是在进行一次一致性检查时,不被该概念包含的概念不会出现在推理的过程中。因此,需要根据定义来把这些未在森林中的概念添加进去。为了解决该问题,提出如下定义:

定义 1 如果概念 B 不出现在 GCI 中,也不出现在概念 A 的展开后的形式当中,称概念 A 不依赖于概念 B,反之称为概念 A 依赖于 B。

显然,概念的依赖不是对称的,即 A 依赖于 B,并不能说明 B 依赖于 A。

在概念的依赖的定义的基础上,给出如下定理:

定理 2 如果概念 A 不依赖于 B,那么在判断概念 A 的可满足性时,概念 B 不会出现在 Tableaux 算法中;反之,如果概念 A 依赖于概念 B,则概念 B 必然出现在 Tableaux 算法中。

证明:假设概念 A 不依赖于概念 B,并且 B 出现在判断 A 的可满足性的 Tableaux 算法中,证明假设有矛盾。

根据 Tableaux 算法的五条规则,逐一证明,规则如表 9-1 所示。

表 9-1 上述定理 2 证明规则

$\sqcap$-规则:	如果 1. $(C_1 \sqcap C_2) \in L(x)$ 2. $\{C_1, C_2\} \not\subseteq L(x)$ 那么 $L(x) \rightarrow L(x) \cup \{C_1, C_2\}$ 如果 $C_1 = B$ 或者 $C_2 = B$,那么 $C_1 \sqcap C_2$ 要么出现在 GCI 当中,要么包含于 A 概念本身,矛盾

① Schmidt-Schaubβ M. and Smolka G.. Attributive concept descriptions with complements. Artificial Intelligence,48(1):1-26,1991.

续　表

∪-规则：	如果 1. $C_1 \cup C_2 \in L(x)$ 　　　2. $\{C_1, C_2\} \cap L(x) = \varnothing$ 那么 a. 保存 T 　　　b. 尝试 $L(x) \rightarrow L(x) \cup \{C_1\}$ 如果导致冲突则恢复 T，并且 　　　c. 尝试 $L(x) \rightarrow L(x) \cup \{C_2\}$ 如果 $C_1 = B$ 或者 $C_2 = B$，那么 $C_1 \cup C_2$ 要么出现在 GCI 当中，要么包含于 A 概念本身，矛盾
∃-规则	如果 1. $\exists R.C \in L(x)$ 　　　2. 不存在这样一个 y，使得 $L(<x,y>) = R$，且 $C \in L(y)$ 那么 新增一个结点 y 和一个边 $<x,y>$ 满足 $L(y) = \{C\}$，并且 $L(<x,y>) = R$ 如果 $C = B$，$\exists R.C$ 那么要么出现在 GCI 当中，要么包含于 A 概念本身，矛盾
∀-规则	如果 1. $\forall R.C \in L(x)$ 　　　2. 存在某个 y，使得 $L(<x,y>) = R$，且 $C \notin L(y)$ 那么 $L(y) \rightarrow L(y) \cup \{C\}$ 如果 $C = B$，$\forall R.C$ 那么要么出现在 GCI 当中，要么包含于 A 概念本身，矛盾

如果 A 依赖于 B，则根据依赖性的定义性，要么 B 出现在 GCI 中，要么出现在 A 的展开后的定义中。如果概念 B 出现在 GCI 中，则在算法中，概念 B 会出现在 Tableaux 算法形成的模型的每一个节点当中；如果 B 出现在概念 A 展开后的定义当中，那么根据上面的规则，B 必然会出现在模型当中。

因此，如果概念 A 不依赖于概念 B，则 B 不会出现在判断 A 的可满足性时得到的模型中；反之，如果概念 A 依赖于概念 B，则概念 B 必然会出现在判断 A 的可满足性时得到的模型中。

如果概念 B 对于概念 A 无关，那么无法得到 A 和 B 之间的包含关系。此时有两种选择，要么在判断 A 的可满足性之后，在利用其模型时，不考虑 A 是否包含于 B，要么通过重构得到 B 的模型，然后判断 B 是否包含 A。

重构是由于 Tableaux 算法的优化和设计，在判断某个概念 A 可满足之后，根据 Tableaux 得到的模型并不是整个 TBox 的模型，而是概念 A 依赖的概念以及所有 GCI 的模型，为了得到所有概念 A 不依赖的概念模型，对这些概念进行重构。

定义 2　设 T 为 TBox，A 为 ABox，I 是根据在判断概念 C 的可满足性时，根据 Tableaux 得到的模型，概念集 CS 是所有 C 不依赖的概念的集合。扩展 I 得到 I'，使得 $I' \models (T, A)$，这个过程称为重构。

重构根据下面的规则来进行：

重构规则 1：如果 $C = C_1 \cap C_2$，那么 $C^I = C_1^I \cap C_2^I$；

重构规则 2：如果 $C = C_1 \cup C_2$，那么 $C^I = C_1^I \cup C_2^I$；

重构规则 3：如果 $C = \neg C_1$，那么 $C^I = \Delta^I - C_1^I$；

重构规则 4：如果 $C = \exists R.C_1$，那么 $C^I = \{x \in \Delta^I \mid$ 存在一个 $y \in \Delta^I$，满足 $<x,y> \in R^I$，而且

$y \in C_1^I$};

重构规则 5：如果 $C = \forall R.C$，那么 $C^I = \{x \in \Delta^I \mid$ 对任意 $y \in \Delta^I$，如果 $<x,y> \in R^I$，那么 $y \in C^I$}；

重构规则 6：如果 R 是一个传递角色，并且有 $(a,b) \in R^I$，$(b,c) \in R^I$，那么 $(a,c) \in R^I$。

定理 3 重构过程是完备的，即重构得到的 I' 是 T 和 A 的一个模型，并且重构过程在有限的时间内结束。

证明：设 ND 为 A 不依赖的概念的集合，R_d 是出现在 D 中的角色集合，$R_d = \{R \mid R$ 出现在 D 中}，R 是所有角色的集合。定义 D 的 ALC 表 T 为一个三元组 (S,L,ε)，其中

S：个体的集合；

L：$S \to 2^{\text{sub}(D)}$ 将 S 中的个体映射为 $\text{sub}(D)$ 的子集；

ε：$R_{d^-} \to 2^{S \times S}$ 将 R_d 中的角色映射为个体 — 个体对的集合，同时要求存在某个个体 $s \in S$，使得 $D \in L(s)$。

因为 ND 中的概念不依赖于 D，因此这些概念并不属于 $2^{\text{sub}(D)}$，从而 L 并不能将 S 映射到所有的概念。为了使得 ND 中的概念也能够得到映射，我们对 S 进行扩展：

定义新的三元组 (S',L',ε')：

$S' = S$：个体的集合

L'：$S^- \to 2^{\text{sub}(D)} \bigcup \text{ND}$ 将 S 中的个体映射为 TBox 中的所有概念。

$\varepsilon' = \varepsilon$：$R^- \to 2^{S' \times S'}$ 将 R 中的角色映射为个体-个体对的集合，同时要求存在某个个体 $s \in S'$ 使得 $D \in L'(s)$。

按照重构的 6 条规则，很容易构造 L'：$S \to 2^{\text{sub}(D)} \bigcup \text{ND}$，即：

① 如果 C_1 和 C_2 都在 $L'(s)$ 中，并且有概念 $C = C_1 \bigcap C_2$，$C \in \text{ND}$，那么将 C 添加到 $L'(s)$ 中；

② 如果 C_1 或者 C_2 在 $L'(s)$ 中，并且有概念 $C = C_1 \bigcup C_2$，$C \in \text{ND}$，那么将 C 添加到 $L'(s)$ 中；

③ 如果 C_1 不在 $L'(s)$ 中，并且有概念 $C = \neg C_1$，$C \in \text{ND}$，那么将 C 添加到 $L'(s)$ 中；

④ 如果 $<s,t> \in \varepsilon(R)$，并且 $t \in L'(t)$，并且有概念 $C = \exists R.C_1$，$C \in ND$，那么将 C 添加到 $L'(s)$ 中；

⑤ 对于 $C = \forall R.C$，转化为 $C = \neg \exists(R.\neg C)$ 来进行计算。

⑥ 如果 $<s,t>,<t,u> \in \varepsilon(R)$，那么 $<s,u> \in \varepsilon(R)$。

对任意 $s \in S, C, C_1, C_2 \in 2^{\text{sub}(D)} \bigcup \text{ND}$，因为添加的都是概念名称，因此新得到的 Tableaux 满足以下 5 个性质：

① 如果 $C \in L'(s)$，那么 $\neg C$ 不属于 $L'(s)$

② 如果 $C_1 \bigcap C_2 \in L'(s)$，那么 $C_1 \in L'(s)$，而且 $C_2 \in L'(s)$

③ 如果 $C_1 \bigcup C_2 \in L'(s)$，那么 $C_1 \in L'(s)$，或者 $C_2 \in L'(s)$

④ 如果 $\forall R.C \in L'(s)$，且 $<s,t> \in \varepsilon(R)$，则 $C \in L'(t)$

⑤ 如果 $\exists R.C \in L'(s)$，则存在某个 $t \in S$ 使得 $<s,t> \in \varepsilon(R)$ 且 $C \in L'(t)$。

因此重构得到的 I' 是 (T,A) 的一个模型。

假设 $|S| = n$，即解释域中个体的个数，$|\text{ND}| = m$，因为对于 $s \in S, C \in \text{ND}, C$ 最多只

被添加到 $L'(s)$ 中一次，因此这个重构的复杂度是 $O(mn)$。

3. 算法

设 ABox 中的概念个数为 n，二维数组 $CNC[n][n]$，其中数组元素 $CNC[i][j]$ 表示概念 C_i, C_j 同时出现在一个节点中的次数，当 $i=j$ 时，表示概念 C_i 在推理过程中，包含概念 C_i 的节点的个数。

下面是构造计算 $CNC[n][n]$ 的算法：

对每个概念进行编号，$C_0, C_1, \cdots, C_{n-1}$
数组 $CNC[n][n]$ 清零。
for(森林中的每一个节点 i)
if (节点不包含 clash&& 没有 backjumping 跳过)
{
           根据 9.1.3 小节中的定义 2 中的重构规则，进行重构
         }
for (森林中的每一个节点 i)
    if (节点不包含 clash&& 没有 backjumping 跳过)
    {
        如果概念 i, j 在节点当中，则 $CNC[i][j]++$ ；
        注意，i, j 可以相同；
    }

其中的 backjumping 是 Tableaux 的优化算法 Dependency Directed Backtracking 中的一个步骤，读者可以参考①，②。

在计算出 CNC 之后，对于所有 $CNC[i][j] < CNC[i][i]$ 的 i, j，有 $C_i \not\sqsubset C_j$。

$CNC[i][j]$ 的大小对优化也有指导作用，TETM 方法中，在自顶向下阶段，如果要测试 $c \sqsubseteq y$，并且已经知道 y 的直接前驱 $z, c \not\sqsubset z$，那么 $c \sqsubseteq y$ 的测试就可以省略。显然，尽早地发现 $c \not\sqsubset z$，可以减少不必要的测试，特别是对于有着大量直接前驱的 y。CNC 为我们提供了一个启发式的排序策略，因为 $CNC[i][j]$ 的数值越小，说明概念 $C_j \sqsubseteq C_i$ 的可能性越大，因此假设需要和 C_i 测试的概念为 $C_{i1}, C_{i2}, \cdots, C_{ik}, \cdots, C_{im}$，把 $CNC[ik][i]$ 按递增的顺序排序，然后按照这个顺序对 $C_i \sqsubseteq C_{ik}$ 进行测试。

在检查 TBox 的一致性以及检查两个概念之间的包含关系时，也会产生一个 Tableau 森林（对于某些描述逻辑来说，是一棵树）。因此，使用上面的方法，CNC 会被更新。而这并不会影响算法的正确性，因为 $CNC[i][j]$ 不可能大于 $CNC[i][i]$，所以两个 Tableau 的 CNC 合并在一起，并不会影响概念 i, j 等之间形如 $C_i \not\sqsubset C_j$ 的判断。并且，数据的更新可以让启发式的排序策略更加准确。

① Baader F., Calvanese D., McGuinness D., Nardi D., and Patel-Schneider P.. The Description Logic Handbook：Theory, Implementation and Applications, Cambridge University Press, 2003.

② Horrocks I.. Optimizing Tableaux Decision Procedures for Description Logics, Manchester：University of Manchester, 1997.

9.1.3　实验结果及分析

试验环境：

CPU：Inter Pentium Ⅳ 2.40G Hz

Memory：716MB

OS：Red Hat Linux 9（Kernel 2.4.20）

在 FaCT ++1.1.3 的基础上，修改了分类算法。FaCT ++ 是 FaCT（Fast Classification of Terminologies)的改进版本，增加了表达能力，并用 C++语言实现，以进一步提高效率，其主要的功能包括概念的分类以及概念相对于一个 TBox 的可满足性的测试等。由于 FaCT++有开源、相对易于理解以及效率高等特性，因此选择了 FaCT++作为算法实现的基础。得到的结果如表 9-2。

由于 not-galen 在分类过程中，在判断部分概念包含关系时出现超时导致分类失败，因此修改了 not-galen，去掉了部分概念。由于本文的重构只涉及 ALCR，因此本体中的层次角色，以及形如 $R \geqslant n$，$R \leqslant n$ 的概念被去除。

从表 9-2 中可以看出，对于 Wine & food 本体，概念之间的比较次数是原来的 1/3，时间效率提高了 133.5%，效果较好。而 not-galen 比较次数虽然减少了 36.5%，但其时间效率却只提高了 11.7%，一方面是由于重构过程的开销（4.9%），另外对于一些耗时的操作，不是能够较好的优化，特别是，在测试中，最复杂的比较操作（即节点最多的）都没有能够被优化，这其中的原因之一是，最复杂的概念包含的个体较少，而这些最复杂的概念实际上所具有的属性是最多的，因此较少的个体无法代表这些属性，从而很少能够被优化。

为了控制重构过程中的开销，需要对于森林的节点进行限制，当节点数过多的时候，不对该森林进行统计。当前的经验计算方法是：统计定义中出现存在量词和全称量词的概念的个数，依此作为节点数的限制。

表 9-2　本体的分类测试结果

本　体	概念及个体数	FaCT++的比较次数	改进后的比较次数	FaCT++的分类时间（s）	改进的分类时间（s）	效　率
Travel①	48	38	29	0	0	31.0%（按比较次数）
Wine&food②	345	2218	720	256.4	109.8	133.5%
not-galen③	1977	25078	15935	1518.1	1355.8	11.7%

由于本文的方法只直接支持 ALCR，如果要本体的描述语言超过 ALCR，需要对本体进行部分修改，而诸如 Galen 以及 NCI 等本体，本体本身非常庞大，修改的工作量也较大，对这

---

①　http://protege.cim3.net/file/pub/ontologies/travel/travel.owl.

②　http://protege.cim3.net/file/pub/ontologies/wine/wine.owl.

③　http://protege.cim3.net/file/pub/ontologies/not.galen/not-galen.owl.

些大本体,如何更好地进行支持,也是进一步工作之一。

在一些应用当中,会有一些动态的概念,对这些动态概念进行分类,需要重构这些概念的解释,因此不能仅仅保存 $c[n][n]$,而需要保存每一个森林,这显然对时间和空间,都有较大的开销。如何选择典型的森林加以保存,以重构动态的概念的解释,来进行概念之间的包含关系判断的优化,将在后续的研究工作中进行。

9.1.4 基于本体的模块依赖检测

由于目前的实时嵌入式系统在更新模块时需要重新编译整个系统,包括内核,这就需要彻底停止正在运行的系统。为了解决这个问题,作者使用了在轨维护的方法[①]。在进行在轨维护时,需要更新的模块以及与被更新模块有依赖关系的模块将被重新启动。

但是,由于依赖关系有数据依赖、代码依赖与时序依赖等多种,在进行更新之时,需要维护人员进行查找并发现这些依赖关系。这一方面要求维护人员对整个操作系统以及应用程序都比较了解,另外一方面容易造成疏漏和错误。为此,作者使用本体来表示模块之间的依赖性。通过对嵌入式系统中的数据结构和数据流等进行建模,可以使用描述逻辑进行推理,发现各个模块的依赖性,提高在轨维护的自动化程度。由于本体规模相对较小,使用本节的技术,可以优化推理的过程,有效地加快在轨维护的速度,对于实时系统来说,是有益的。

9.2 描述逻辑推理近似化

上节中通过推理得到的 TBox 与 ABox 的模型,可以得到部分概念之间的不包含关系,基于此,实现了基于个体的分类优化,并且通过实验证明了该方法的有效性。但是对于大规模的本体,这种方法的意义不大。在本节中,将介绍采用近似化的方法来提高大规模本体的处理能力。

近似计算是指在计算结果允许一定误差范围的前提下对计算方法的简化。近似计算在很多领域有着重要的应用,比如数值计算中的方程求解,定积分中的利用矩形法、梯形法和抛物线法来进行近似积分,等等。工程计算中所进行的大部分计算,由于误差的存在,其结果本身就是近似的,可以说,近似计算占据计算中的很大一部分。

近似化在本体的推理中也已经有了一些应用。比如,Amato 等介绍了利用概念间的相似度来判断一个个体是否属于某一个概念[②];Ma 等在本体映射中(Ontology Mapping),提出了本体上界(upper bound)和下界(lower bound)的概念,并利用本体上下界来对代理之间

① Fang L., Cai M., Dong J. X. and Xu M. R.. An OBSM method for real time embedded system. In: Proceedings of Proceedings the 10th International Conference on Computer Supported Cooperative Work in Design, Nanjing, China, pp. 1444-1449, 2006.

② Amato C. D., Fanizzi N. and Esposito F.. Analogical reasoning in description logics. In: Proceedings of the 2nd ISWC Workshop on Uncertainty Reasoning for the Semantic Web, Athens, Vol. 218, pp. 1-10, November 2006.

的查询进行近似[①]。

本节主要介绍描述逻辑中的近似化推理,近似化的个体获取,基于分区的近似化,以及如何对近似化结果进行改良的问题。

9.2.1　个体获取的语义计算

个体获取是描述逻辑知识库的基本服务之一。个体获取可以定义如下:

定义 1　个体获取(Instance Retrieval)

给定描述逻辑知识库(T, A),T 表示 TBox,A 表示 ABox,个体获取是指给与一个概念C,得到一个个体的集合 $CI = \{a \mid (T,A) \models C(a)\}$;

定义 2　最具体概念(The Most Specific Concept)

对于某一个体 a,概念 C,如果 $C(a)$ 成立,并且对于任意概念 D,如果有 $D(a)$,那么 $D \sqsubseteq C$,则称 C 为 a 的最具体概念。

个体获取一般有以下两种方法:

(1) 对于 ABox 中的个体 a,在 ABox 中增加断言 $\neg C(a)$,如果导致 ABox 不一致,那么说明个体 a 是概念 C 的一个实例。因此遍历 ABox 中所有的个体 a,就可以得到概念 C 的所有个体的集合。

(2) TBox 中的概念被分类得到一个层次。TBox 中的每一个概念都有一个个体集合,该概念是该集合中的个体的最具体概念。如果要获取概念 C 的对应的个体,那么通过分类,可以得到概念 C 的所有子概念 CSub,CSub 的所有对应的个体的和即概念 C 对应的个体集合。

这两种方法各有优缺点。如果 TBox 比较稳定,那么一般会采取方法(2),因为对 TBox 进行分类,并且构造所有个体的最具体概念是一个比较耗时的过程,如果 TBox 经常会被更新,那么就没有一个稳定的层次。TBox 的大小也会对方法的选择产生影响。当然,方法的最终选择还是要靠对具体的 TBox 和 ABox 的分析和实验。

个体获取的语义计算依赖于方法(2),其主要思想是根据描述逻辑的运算符进行计算,其方法如下:

设需要进行个体获取的概念为 C,概念 C 对应的个体集合为 C^I,所有个体集合为 O,R^I 为个体之间的角色关系集合。

规则 1:如果 $C = C_1 \bigcap C_2$,那么 $C^I = C_1^I \bigcap C_2^I$;

规则 2:如果 $C = C_1 \bigcup C_2$,那么 $C^I = C_1^I \bigcup C_2^I$;

规则 3:如果 $C = \neg C_1$,那么 $C^I = O - C_1^I$;

规则 4:如果 $C = \exists R.C_1$,那么 $C^I = \{x \in O \mid$ 存在一个 $y \in O$,满足 $<x,y> \in R^I$,而且 $y \in C_1^I\}$;

规则 5:如果 $C = \forall R.C_1$,那么 $C^I = \{x \in O \mid x \in O$,并且 $x \in \forall R.C_2$,并且 $C_2 \sqsubseteq C_1\}$;

---

① Ma Y. L., Wu K. H., Jin B. H. and Liu S. H.. Approximate semantic query based on multi-agent systems. In: Proceedings of International Conference on Rough Sets and Knowledge Technology (RSKT2006), Lecture Notes on Artificial Intelligence, 4062: 735 – 741, 2006.

个体获取的语义计算的缺陷在于通过该方法获得的个体是不完全的,其不完全性可以从下面的例子中看出:

> TBox:
>
> 机床
>
> 车床⊑机床
>
> 普通车床⊑车床
>
> 数控车床⊑车床
>
> 钻床⊑机床
>
> 摇臂钻床⊑钻床
>
> 铣镗床⊑机床
>
> …
>
> 普通车床= 普通卧式车床∪马鞍车床∪仿型车床∪精密车床…
>
> 数控车床= 数控卧式车床∪数控立式车床∪数控专用机床
>
> 数控卧式车床= CAK 系列∪CKH 系列∪CKG 系列∪CKQ 系列∪C 系列∪CKS 系列∪CKL 系列∪e-CA 系列
>
> …
>
> ABox:
>
> 数控卧式机床(CKG6132)
>
> CAK 系列(CAK6116V)
>
> CKH 系列(CKH6116)
>
> 生产(沈阳第一机床厂,CAK6116V)
>
> …

如果要获取概念数控机床=CAK 系列∪CKH 系列∪CKG 系列∪CKQ 系列∪C 系列∪CKS 系列∪CKL 系列∪e-CA 系列∪TH 系列∪GMB 系列…对应的个体,则根据上面的语义计算规则,只能获取到型号 CAK6116V 和 CKH6116,而不能获得型号 CKG6132。

造成通过语义计算来获取个体的不完全性的主要原因就是规则 2 与规则 5,以及概念定义的不完备性。因为描述逻辑是开放世界假设的,其知识库的信息是不完全的。在 ABox 中声明 CKG6132 是数控卧式机床,而并没有声明其具体系列。但是,这种不完备性是符合很多应用的需要的,因为在某些时候,我们对客观世界的认识是有限的。

由于其不完全性会造成正确性上的问题,比如要获取概念"¬数控机床"对应的个体,得到的结果中将包含了 CKG6132,而 CKG6132 是数控卧式车床中的一个型号。因为根据语义计算得到的结果,CKG6132 不是数控机床。

造成正确性问题的原因是¬操作,因为如果一个概念 C 对应的个体是不完全的,那么根据规则 3,求得的¬C 的个体中包含了属于 C 的个体,为了避免这种情况的发生,在获取个体是,¬操作将根据德摩根定律,使得¬运算符仅出现在原子概念前。因为原子概念所对应的个体是根据对 TBox 进行分类,以及对 ABox 中的个体进行求最具体概念时建立的,属于预处理的过程,都是完备的,从而可以避免正确性问题。

通过上面的例子我们也可以得出:不完备性可以影响正确性,比如如果根据结果,在 ABox 中增加如下断言:

¬数控机床(CKG6132)

将导致 ABox 不一致,因此通过语义计算得到的结果并不能够添加到知识库当中,其结果只能够临时性的加以运用。

虽然通过语义计算来获取概念对应的个体有着不完备性的缺点,但是有着如下的好处:

(1) 不难看出,通过语义计算来获取概念的个体,其时间复杂度很低,其时间复杂度是 $O(|\text{TBox}|+|\text{ABox}|)$,即相对于 TBox 和 ABox,其时间复杂度是线性的。$|\text{TBox}|$ 表示 TBox 中概念和角色的数量,$|\text{ABox}|$ 表示 ABox 中的个体的数量。

(2) 其结果是正确的,因此在近似化计算的应用当中,正确的结果可以首先予以显示。总的结果可以分成几部分,通过语义计算得到的结果由于可以被快速地计算,因此可以首先被显示,而其他的结果需要更长的计算时间,可以在部分结果被显示之后再逐渐显示。

(3) 通过语义计算得到的结果有着语义上的清晰性,即容易被用户所理解。因为语义计算是直接根据概念的表达式进行运算的,$\cap$、$\cup$、$\neg$、$\exists$ 和 $\forall$ 等表达式的运算符的含义都很容易理解。因此,通过语义计算得到的结果在结果的显示中,也应该在排序时获得更高的优先级。

虽然通过语义计算来获取个体有着上述好处,但是在搜索等应用中,对准确性的要求没有对完全性的要求高,即检索结果不一定要完全正确,但是正确的,或者相关性比较强的结果以完全为佳,即需要较高的召回率。

下面几个小节介绍通过牺牲准确性来提高计算速度,并且尽可能地提高结果的完全性。

9.2.2　基于概念泛化和窄化的近似计算

在 Schaerf 等[①]的方法基础之上,Groot 等[②]进行了扩展,并且进行了试验,他们认为,前者的方法并不能很好地适用于描述逻辑。这主要是因为他们的目的在于通过逐步近似化,达到一个完全正确的结果,在近似化的过程中,如果能保证结果的正确性,那么可以省略部分步骤,从而提高效率。

Donini 等指出[③],嵌套的存在量词 $\exists$,全称量词 $\forall$ 是复杂度的主要来源之一。基于这个思想,Schaerf 等[④]与 Groot 等[⑤]对存在量词和全称量词的深度进行了分析,提出了下面的方法:

一个子概念 D,以及一个包含 D 的概念 C,D 的深度被定义为 D 被嵌套的全称量词的次数;而一个概念 C 的深度被定义为存在量词嵌套的最大次数。通过在概念的深度的定义,一系列的更加宽泛的近似概念 C_i^T 可以被定义:如果子概念 $\exists.D$ 的深度大于等于 i,其中 D 为任意概念,那么把 $\exists.D$ 替换为 $\top$,即概念 C 被泛化。同样,更加具体的概念 $C_i^\perp$ 也可以类

①,④　Schaerf M. and Cadoli M.. Tractable reasoning via approximation. Artificial Intelligence 74:249-310, 1995.

②,⑤　Groot P., Stuckenschmidt H. and Wache H.. Approximating description logic classification for Semantic Web reasoning. In: Proceedings of the European Semantic Web Conference, pp. 318-332, 2005.

③　Donini F., Hollunder B., Lenzerini M., Spaccamela A. M., Nardi D. and Nutt W.. The complexity of existential quantification in concept languages. Artificial Intelligence, 53: 309-327, 1992.

似地定义,即如果子概念$\exists.D$的深度大于等于i,那么可以把$\exists.D$替换为$\perp$。这些讨论导致如下定理:

定理 1 对于每一个i,如果$C_i^\top$是不可满足的,那么所有$j \geqslant i$的$C_j^\top$也是不可满足的。对于每一个i,如果$C_i^\perp$是可满足的,那么所有$j \geqslant i$的$C_j^\perp$也是可满足的。

Groot等把这个思想应用在了TBox的概念分类中,通过验证$C_i^\top$的不可满足性及$C_i^\perp$的可满足性,可以提前发现概念之间直接的包含关系;也尝试了同时使用$C_i^\top$、$C_i^\perp$来判断概念之间的包含关系。但是,他们发现使用这种方法并不能较好地减少概念包含之间的判断时间。这主要是因为他们试图通过近似化来达到一个完备的结果。

另外,他们的算法没有考虑存在GCI的情况,由于GCI的存在,深度的计算变得更加复杂。本文通过定义推理深度,当推理达到一定的深度时,把部分概念替换为$\top$或者$\perp$来对推理进行近似化。

定义 1 推理深度

推理深度是指根据Tableaux的扩展规则,得到的树中,从树的根节点,到达正在被扩展的节点的R路径的长度。

当推理深度$d > i$时,把当前待扩展节点中的$\exists.D$替换为,得到$C_i^\top$。同理,可以得到$C_i^\perp$。

如果使用这种方法来进行近似化,那么i与$i+1$之间减少的计算复杂度,与提高的准确率,是需要控制的。关于复杂度的估算,可参见后面的小节。

9.2.3 个体获取的近似计算

如9.2.1小节所述,个体获取的第二个方法是通过概念之间包含关系的计算,得到概念在TBox分类层次中的位置,更精确地说,当需要求概念C的个体集合时,需要通过概念之间包含关系的判断,得到概念C的所有子概念,这些子概念对应的个体集合之和就是概念C对应的个体集合。而在TBox中的这些子概念对应的个体集合,是预先通过最具体概念求得的。

由于计算概念包含关系是一个NP问题,因此通过近似计算来近似地得到概念包含关系,可以极大地提高个体获取的速度。

为了避免与所有的概念进行比较,可以通过预处理减少需要进行比较的概念的个数。有下面几个方法减少概念包含关系的判断次数:

(1) 根据9.1.1小节中的方法,假设我们要获取个体的概念为C,如果要测试$D \sqsubseteq C$,并且已经知道D的直接后继E,$E \not\sqsubseteq C$,那么$D \sqsubseteq C$的测试就可以省略。因此,在ETM中,如果要测试$D \sqsubseteq C$,先检查C是否包含D的所有直接后继,如果有一个D的直接后继E,有$E \not\sqsubseteq C$,那么可以直接得出$D \not\sqsubseteq C$。

(2) 如果概念C的形式可以转化为$C = C_1 \cap C_2$,并且概念C_1是TBox中的一个概念,由于概念C的个体$C^I = C_1^I \cap C_2^I$,而C_1对应的个体可以直接获得,因此问题转化为求概念C_2对应的个体,这样,对于复杂的概念C_1,能够较好地减小问题的规模。

(3) 根据9.2.1小节求出的结果可以排除部分概念。如果要进行个体获取的概念为C,根据9.2.1小节得到的在判断TBox中某C的个体集合为C^I,概念D是否是C的子概念时,如果 D 的个体包含于 C^I,那么这一步可以省略,并且可以 D 可以近似化为 C 的子概念。

(4) 在判断概念之间的包含关系时,可以用 9.1.3 小节中的技术作近似化。实际上,在判断概念 D 是否被包含于概念 C,即判断 $D \sqsubseteq C$ 是否成立时,如果 Tableaux 中的节点当中,如果所有出现 D 的节点,都出现了 C,那么当这种节点的数目达到一定量的时候,可以近似化地认为 $D \sqsubseteq C$。这个量可以以知识库中,每个概念包含的个体数目的平均值来作为参照。

对于一 TBox T,ABox A,一概念 C,获得概念 C 的对应的个体可以用算法描述如下:

步骤一:按照 9.2.1 小节所述,计算出部分的结果 C^I。

步骤二:使用德摩根定律,将概念 C 转换成 $= C_1 \cap C_2$ 的形式,其中 C_1 是 T 中的一个概念,从而 C_1^I 可以直接获取。

步骤三:对于 T 中的任意一个概念 D,如果 D 的后继都包含于概念 C_2,那么检查 $D \sqsubseteq C_2$。如果 D 的个体包含于 C^I,那么 $D \sqsubseteq C_2^I$,检查下一个概念。

步骤四:根据 9.1.3 小节,如果 $D^I \not\subset C_2^I$,那么 $D \not\subset C_2$,其中 C^I 和 D^I 是推理中获得的属于概念 C 和 D 的个体。

步骤四:根据 9.1.3 小节,如果 $D^I \sqsubseteq C_2^I$,并且 D^I, C_2^I 的个体数超过 ABox 中每个概念拥有个体数的平均值,那么推理结果近似化为 $D \sqsubseteq C_2$。对于个体较少的 ABox,应当提高其标准。

步骤四:采用推理器进行 $D \sqsubseteq C_2$ 的判断。

步骤五:得到 C_2 的所有子概念集合 $\{CSub\}$,C_2 的个体集合 C_2^I 为所有子概念的个体的总和。

步骤六:$C^I = C_1^I \cap C_2^I$。

9.2.4 推理过程的复杂度估计

ALC 满足问题的推理过程可以视为一个扩展 AND-OR 树的过程[1]。其中 AND-分支对应于一个节点的所有后继,OR-分支对应于非确定性规则的应用时的不同选择。由此可见,ALC 指数级时间复杂度的来源有两方面的原因:AND-分支对应于单个模型的指数级规模以及 OR-分支对应于指数级的概念的模型个数。

OR-分支因为 $\cup$ 运算符的存在而产生。$\cup$ 运算符使得同一概念可能存在着多个模型。ALU 是分析复杂度的来源一个较佳语言,其由交 $\cap$,并 $\cup$,$\forall R.C$,$\exists.T$ 以及对概念名称的求补操作组成。实际上,ALU 的复杂度,可以由将 ALU 归约为命题逻辑的可满足性来获得。许多包含问题的复杂度都是通过发掘时间复杂度的这个来源,把问题归约为非包含问题来获得证明[2,3]。

---

[1] Baader F., Calvanese D., McGuinness D., Nardi D., and Patel-Schneider P.. The Description Logic Handbook: Theory, Implementation and Applications, Cambridge University Press, 2003.

[2] Levesque H. J. and Brachman R. J.. Expressiveness and tractability in knowledge representation and reasoning. Computational Intelligence, 3: 78 – 93, 1987.

[3] Nebel B.. Computational complexity of terminological reasoning in BACK. Artificial Intelligence, 34(3): 371 – 383, 1988.

AND-分支的产生主要是因为存在量词 $\exists$ 和全称量词 $\forall$ 的互相作用。通过下面的例子，可以看出，AND-分支使得 Tableaux 算法具有指数级的时间复杂度，考虑概念 $C_n(n \geqslant 1)$[①]：

$$C_1 = \exists R.A \cap \exists R.B$$
$$C_2 = \exists R.A \cap \exists R.B \cap \forall R.C_1$$
$$C_3 = \exists R.A \cap \exists R.B \cap \forall R.C_2$$
$$\cdots$$
$$C_{n+1} = \exists R.A \cap \exists R.B \cap \forall R.C_n$$

显然，概念 C_n 是 $O(n)$ 的。但是，根据可满足性 Tableaux 算法，判断 C_n 的可满足性，产生了一个以 $\{C_n\}$ 为根节点，高度为 $n+1$ 的满的二叉树。因此，整棵树有 $2^{n+1}-1$ 个节点，从而其时间复杂度是指数级的。但空间复杂度可以简化，因为在扩展的时候，只需要一条路径被保存，这里不再详细地介绍和证明。有关 ALC 是 PSpace-complete 的证明请参见文献[②]。

虽然，Tableaux 算法以及上面提到的 AND-分支和 OR-分支对于理解和证明描述逻辑的时间复杂度是极为有效的，但是其并不能分析和确定单个概念相对于某个 TBox 的可满足性判断的时间。为了提高近似化计算的准确程度，对于某些比较简单的可满足性判断，应该利用 Tableaux 算法进行常规的计算，而对于特别复杂的概念，可以采用近似化的方法进行判断，这样做有如下好处：

(1) 由于个体获取等问题最终都归约为概念可满足性判断，因此简单的概念可满足性需要有更高的准确性；或者说，准确性需要达到 100%，因为对于简单的概念，用户本身容易理解，较为容易发现其中的不正确性。

(2) 对于复杂的查询，用户对部分结果的错误有一定的心理预期。用户在使用目前的搜索引擎时，这点已经得到证明，复杂的查询很难得到完全正确的结果，因此对复杂的查询进行近似化处理不会损害用户的体验。

(3) 对于计算时间来说，简单的概念可满足性判断问题的近似化，并不能节省很多的时间。从 Galen 本体的分类来看，简单的概念包含占其中的多数，但是最复杂的概念包含部分，却占据时间的多数。因此，对于耗时的计算进行近似化，将更加有效。

(4) 简单的查询比复杂的查询更加难以近似化。对于复杂的查询或者概念可满足性的判断来说，个体获取的语义计算、概念包含的近似化计算及概念的泛化等方法更加容易应用。但是，对于简单的查询或者概念可满足性判断来说，对其近似化容易造成结果的准确性大为降低。

由此可见，对复杂的查询或者复杂的概念可满足性判断进行近似化，是语义搜索近似化处理的重点之一，但是目前对查询或者概念可满足性的判断的时间估算算法并不多。下面

---

① Baader F., Calvanese D., McGuinness D., Nardi D., and Patel-Schneider P.. The Description Logic Handbook: Theory, Implementation and Applications, Cambridge University Press, 2003.

② Schmidt-Schauß M. and Smolka G.. Attributive concept descriptions with complements. Artificial Intelligence. 48(1): 1-26, 1991.

从 TBox 和 ABox 推理两方面进行讨论。

　　1. TBox 推理的复杂度估算

　　为了对提高近似化的效果和效率,在 TBox 进行推理之时,如果预测一个概念的可满足性判断的时间复杂度比较高,那么就可以在推理的过程中及时地采用近似化。

　　Wache 等提出了利用概念表达式中的运算符来对概念可满足性的判断进行复杂度估算[①]。对于概念可满足性进行正确的计算是没有意义的,因为除了利用算法证明了可满足或者不可满足之前,并没有办法得到计算时间的有效方法。

　　为了估算概念可满足性的计算时间,Wache 等认为,现在描述逻辑推理算法以及推理器大部分基于 Tableaux 算法,因此对于一个概念可满足性的时间复杂度的估算,可以以 Tableaux 算法为基础进行。如 3.4.4 小节所介绍,Tableaux 算法尝试构造一个可以满足该概念的模型,如果成功构造了一个模型,并符合该概念,那么说明概念可满足;否则,说明该概念不可满足。Tableaux 构造的模型的大小可以视为所需的最大时间。对于描述逻辑 ALC,Wache H. 定义了如下启发式的 Φ 函数,来估算概念 E 的计算时间[②]:

$\Phi(A)=1$

$\Phi(\neg A)=0$

$\Phi(C\cap D)=2+\Phi(C)+\Phi(D)$

$\Phi(C\cup D)=\psi+2+\Phi(C)+\Phi(D)$,其中 ψ 是当前的 $\Phi(E)$ 的值

$\Phi(\exists R.C)=2+\Phi(C)$

$\Phi(\forall R.C)=n+n\times\Phi(C)$,其中 n 是 E 当中的存在量词的数目

说明:

A 和 $\neg A$:原子概念增加到一个 Tableaux 算法的一个节点中,不会增加时间复杂度,求补操作只是影响到检查是否有冲突。

$C\cap D$:两个新的约束加到当前节点当中。C 和 D 有可能是复杂的概念,因此需要进行递归计算。

$C\cup D$:由于 $\cup$ 运算符引发的 $\cup$-规则是不确定的规则,从当前节点可能会产生两个不同的模型,因此表达式当前的时间估算值被加倍。

($\exists R.C$):$\exists$-规则的运用导致一条边被产生(即角色 R)和一个新的节点产生(概念 C),因此时间加 2。概念 C 在新的节点当中,需要被递归的计算其时间复杂度。

($\forall R.C$):只要有 xRy 的边存在 Tableaux 算法产生的树当中,那么 $\forall$-规则就会被应用,并且概念 C 被加到了 y 节点中。由于无法预料到有多少形如 xRy 的边,因此,把表达式中所有的存在量词的数量作为代替。这实际上是一个上界。因为概念 C 被添加到 y 节点中,并且需要递归的计算,所以是 $n\times\Phi(C)$。

　　但是,这种估算方法并没有考虑到 GCI 的存在。由于 GCI 的存在,概念不能完全展开,因此,上述这种方法的估算是不完全的。示例如下:

---

①,② Wache P., Groot H. and Stuckenschmidt H.. Scalable instance retrieval for the Semantic Web by approximation. In:Proceedings of Web Information Systems Engineering-WISE 2005 Workshops, Lecture Notes in Computer Science, 3807:245 – 254, 2005.

TBox:

$$A \sqsubseteq B$$
$$B \sqsubseteq \exists R.(B \cup C)$$
$$C \sqsubseteq \exists R.(B \cap E)$$
$$E = A \cap F$$

如果需要判断概念 $A \sqsubseteq C$ 是否成立,即 $A \cap \neg C$ 是否不可满足时,由于 B 概念和 C 概念存在环,不能展开。由此可见,GCI 对计算时间的影响很大,因此其对于时间的估算是必须的。

由于 GCI 在判断任何概念的可满足性时都必须增加到 Tableaux 算法所产生的每一个节点当中,因此其对于概念可满足性的时间的直接影响可以省略。只需考虑不同概念由于 GCI 存在而额外产生的影响。

为了增加对 GCI 的考虑,上述的 $\Phi(\exists R.C)$ 和 $\Phi(\forall R.C)$ 计算方法改为如下:

$\Phi(\exists R.C) = 2 + \Phi(C) \times n$,其中 n 是 GCI 中 $\forall R.D$ 这样的表达式的个数。

$\Phi(\forall R.C) = n + n \times \Phi(C)$ 其中 n 是 E 当中的存在量词的数目以及 GCI 当中形如 $\exists R.D$ 这样概念的个数。

说明:

($\exists R.C$):$\exists$-规则的运用导致一条边被产生(即角色 R)和一个新的节点产生(概念 C),并且因为 GCI 会被添加到任意一个节点中,因此包含 $\exists R.C$ 的这个节点中,也会包含 GCI,根据 $\forall$-规则,在 GCI 中的所有的 $\forall R.D$ 都会对代表 C 的节点产生影响,即 D 会被添加到代表 C 的节点当中去。虽然概念 D 会被添加进去,但是因此更准确的计算方法是 $\Phi(\exists R.C) = 2 + \Phi(C + D) \times n$。由于 D 并不是同一概念,并且较难计算,所以这里并不包括。

($\forall R.C$):只要有 xRy 的边存在 Tableaux 算法产生的树当中,那么 $\forall$-规则就会被应用,并且概念 C 被加到了 y 节点中。和($\exists R.C$)一样,GCI 中的所有概念也会出现在 $\forall R.C$ 所在的节点当中,因此 GCI 中的形如 $\exists R.D$ 这样的概念会产生新的节点 D,从而引发 $\forall$-规则。

另外,Wache 的方法没有考虑如下情况:

$$A = D \cap C, \ B = E \cap C$$
$$F = A \cap B$$

这种情况下,在估算概念 F 的可满足性之时,C 被重复计算了两次。而这种情况在本体的定义当中是常见的,并且这种重复计算会导致很多概念的复杂度增长的非常快。因此,在计算一个概念表达式可满足性判断的复杂度之时,需要消除那些重复的部分。

缓冲对于估算有一定的影响,即缓冲的存在可能使某些复杂概念的可满足性判断变得简单。但是,简单的概念在缓冲的作用下有着更高的变得简单的概率,因此从这点来说,缓冲对估算的影响不大。由于测试缓冲对估算的影响,需要获取各种各样的本体以及对知识库的多种实际应用来增加真实性,因此缓冲对估算的实际影响不在本文中进行讨论。

2．ABox 推理的复杂度估算

根据 3.4.4 小节的 ABox 推理所述，ABox 中的推理，一般会归约到 TBox 的概念可满足性判定。这个归约过程，使用一种称为 Precompletion 的技术，Precompletion 技术在第 3 章已经有了解释，这里不再赘述。归约之后的 TBox 概念可满足性判定可以使用前节所述的方法进行近似化的计算。这里主要研究如何对 Precompletion 过程进行估算。下面分析 Precompletion 的各条规则并且对每条规则产生的复杂度进行估算。给定 TBox TB，ABox AB，用函数 $T(C(a))$ 表示对 $TB,AB|=C(a)$ 判定的时间估算。下面根据 Precompletion 的规则逐条进行分析和估算：

$$A \to \sqsubseteq \{o:C\} \cup A: T(C(a))=0$$

这条规则表明：个体 o 应该是所有由 GCI 形成的概念 C 的个体，因为对于一个公理 $C \sqsubseteq D$，可以转化为 $T \sqsubseteq \neg C \sqcup D$，因此所有的个体 o 都是概念 $\neg C \sqcup D$ 的个体。但是，任意的概念 D 对任意的个体 o 的断言 $D(o)$，都会引发所有个体被添加到所有的断言中，因此所有的 Precompletion 过程中都有这一部分时间，并且这部分时间的估算可以忽略，而当计算估算的时间之间的比例时，则需要计算这一部分时间。

$A \to \bigcap \{o:C_1, o:C_2\} \cup A: T(C(a))=2+T(C_1(a))+T(C_2(a))$，其中 $C=C_1 \bigcap C_2$

这条规则表明：如果概念 $C=C_1 \bigcap C_2$，那么它将会分解为 $C_1(a)$ 和 $C_2(a)$ 两条断言。这两条断言的时间会被递归计算。

$A \to \bigcup \{o:D\} \cup A: T(C(a))=2+T+T(C_1(a))+T(C_2(a))$，其中 T 表示当前的 $T(C(a))$ 的值，$C=C_1 \bigcup C_2$，$D=C_1$ 或者 $D=C_2$。

这条规则表明：如果概念 $C=C_1 \bigcup C_2$，那么会有 Precompletion 的扩展有两个不同的选择，即 $C_1(a)$ 或者 $C_2(a)$。因此当前的值会被加倍计算，并且两条分支也将被递归的进行计算。

$A \to \forall \{o':D\} \bigcup A: T(D(a))=n+n \times T(D(a))+T(\sum_{i=1}^{n} C_i(a))$，其中 $C=\forall R.D$，并且在 ABox AB 中有 n 个断言 $R(a,o_i')$，$Ci(a)$。由于全称量词的关系，概念 D 被添加到有关 o' 的断言，即 $D(o')$。这是对原有断言影响最大的一个规则，因为 C_i 和 D 的冲突会引起 $\bigcup$ 规则选择不同的分支。因此在这里对 C_i 进行了估算。

为了减少估算的时间，需要估算 $T(C(a))$，其中 C 是一个出现在 TBox TB 中的概念时，便停止进行估算，此时 $T(C(a))$ 取值 $\Phi(C)$。而 $\Phi(C)$ 只需要计算一次，在以后的计算中，可以使用以前的值。

在此，Precompletion 过程本身没有被近似化，ABox 推理的时间复杂度有两个方面的来源，即获得一个没有冲突的，即可满足的 Precompletion。这在最坏的情况下，是一个指数级的问题。通过优化，可以获得性能上很大的提高，但仍然是一项耗时的操作。另外，Precompletion 并不是验证 ABox 一致性的最终结果，为了验证 ABox 的一致性，需要根据可满足的 Precompletion，对新形成的概念进行可满足性的判断。由于可能有大量的概念需要进行可满足性的判断，而每个概念的可满足性判断，因此这也是一个耗时的过程。但是对 Precompletion 作时间估算，可以指导 Precompletion 后的步骤的近似化程度。Precompletion 过程的近似化在本书中并不作深入的研究。

9.2.5　基于分区的近似化

随着本体论、语义网络、本体编辑工具等研究的逐渐发展,本体的规模不断增长,并且不同的本体之间的交互也越来越多。owl 还定义了本体的版本,本体包含、交叉引用等语法。本体规模的扩大对描述逻辑提出了严峻的挑战。因为目前的描述逻辑推理器,特别是对ABox 的支持,还处于小规模的阶段,对于大本体、大知识库的支持,还在研究当中。比如,Chen 等利用数据库来存储一些推理过程中的一些信息,这些信息在推理的时候可以重复进行利用,由此来提高推理效率,他们这种方法实际上是目前的缓冲方法的一个改进,因为目前的方法一旦推理器关闭,其缓冲就被释放[①]。Horrocks 等提出了一种处理大规模的 ABox 处理方法,但是这种方法局限性很大,即不能处理带有形如 $R(a,b)$ 这种角色断言的 ABox,而只能处理带有形如 $C(a)$ 这种概念断言的 ABox,或者能够经过简单化简,使之不带有角色断言的 ABox[②]。Bresciani 提出的方法是把数据库和描述逻辑知识库结合在一起的一个尝试[③],利用描述逻辑的推理能力,结合数据库的大规模数据处理能力,来对大规模的 ABox 进行处理,不过到目前为止,两者的结合方式并未成熟。

为了应用大规模的本体,研究者们相继提出了分区[④]的概念,在有的文献中,也称之为分段(Segmentation)[⑤],或者模块化(Modulization)[⑥]。应用分区技术,可以把大本体分割成较小规模的本体,减小问题的大小,有着如下的好处:

易维护性: 由于建立本体,一般需要领域的专家参与,对于一个大知识库来说,大的本体肯定会涉及不同的领域知识,因此知识库不可能由一个或者少数几个人来完成,甚至不太可能由一个小的团体来完成,而需要世界各地的不同组织、不同的研究者共同参与。正因为如此,owl 才会提供本体引用、本体包含等语法支持本体之间的交互,创建大的本体。Protégé 等本体编辑软件也支持着本体的分布式编辑。

易发布性: 大本体一般用来对整个领域的知识进行建模,其覆盖面比较广,也比较全面。与大本体的创建相比,大本体的使用者往往只是关注其中的一部分,即使用者只涉及领域中具体的一部分。比如,人体器官本体就会涉及人体的所有器官,而心血管病专家一般只关注心脏、血管等部分器官。因此,如果本体只能够整个被引用,那么对使用者来说,是非常不方

① Chen C. M., Haarslev V. and Wang J. Y.. LAS: extending Racer by a large ABox store. In: Proceedings of International Workshop on Description Logics, Edinburgh: CEUR-WS. org, pp. 200 - 207, 2005.

② Horrocks I., Li L., Turi D. and Bechhofer S.. The instance store: DL reasoning with large numbers of individuals. In: Proceedings. of the 2004 Description Logic Workshop (DL 2004), pp. 31 - 40, 2004.

③ Bresciani P.. Querying database from Description Logics. In: Proceedings of the 2nd Workshop on Knowledge Representation meets, pp. 1 - 4, 1995.

④ Grau B. C., Parsia B. and Sirin E.. Tableau algorithms for e-connections of Description Logics. University of Maryland Institute for Advanced Computer Studies (UMIACS) Technical Report, 2004.

⑤ Seidenberg J. and Rector A.. Web ontology segmentation: analysis, classification and use. In: Proceedings of the 15th International Conference on World Wide Web, New York: ACM Press, pp. 13 - 22, 2006.

⑥ Stuckenschmidt H. and Klein M.. Structure-based partitioning of large class hierarchies. In: Proceedings of the 3rd International Semantic Web Conference, pp. 289 - 303, 2004.

便的。如果有多个本体之间有联系,那么把多个大的本体整体引用更是让使用者却步。

易验证性:本体是领域知识的一个建模,因为这个模型是对领域概念的显示定义,因此其质量要求很高。为了建立这样一个高质量的通用模型,需要由相关领域的不同专家来验证。如果本体很大,那么由于认知能力方面的限制,即使是专家,也很难理解这个模型,也就很难对这个模型的有效性进行验证。需要一个方法能够对整个模型进行总体上的概览,以及对模型的一个具体部分,分别进行阅读和验证。

易处理性:从技术的角度来说,一个很大的本体会引起很多问题。按目前的技术,对小本体的推理,时间已经是一个非常关键的问题了,更不论大本体。比如目前的有关癌症的本体 NCI,即使是查看和创建,工具已经力有不逮了,现在还没有任何一个建模工具能够方便地对 NCI 这种规模的本体进行编辑。对于推理来说,处理这么大的本体,更是一个长期的事情。大本体在发现本体的不一致性时,其故障诊断和调试,都是一件很吃力的事情。

易近似化:大本体分割成小的本体,不仅在常规推理方面是极为有用的,同样,对于近似化技术也同样有效。大本体被分为不同规模的小本体之后,在进行概念包含、个体获取以及语义查询等知识库推理时,一方面可以根据用户对不同本体的重视程度,即对结果的关心程度,进行不同程度的近似化;另外一方面,对不同本体之间联系的分析,也给近似化提供了手段和依据。

1. 分区方法

关于分区技术,目前可以根据其目的,使用的方法,进行分类。在文献①的归纳整理基础上,结合新的一些分区技术,大致可以分为如下几类。

(1) 分段:Sedienberg 等人提出的本体分段技术,目的在于从大本体中抽取跟目标本体相关的部分,构造出一个新的小的本体。他们通过分析本体概念的上下位关系,本体概念之间的关系(角色关系),自上而下以及从底向上的遍历概念层次结果,来获得与目标本体最相关的部分。并且可以通过边界概念来控制概念层次结构的深度,从而控制最终目标本体的大小。用他们的这种方法,使用了元信息(meta-information),比如概念之间的包含关系,角色之间的包含关系等等,所以具有语义性。但是他们的方法主要是抽取一个目标本体,而不是将原来的本体分割为不同的,更小的部分。如果使用他们的方法对本体进行分割,那么分割后的本体会出现冗余部分。

(2) 基于查询的方法:主要应用在 RDF 处理中。比如 SparQL② 是一种和 SQL 类似的查询语言,使用这种语言,可以抽取从本体中抽取部分本体;Volz 等在 RQL③ 查询语言的基础上定义了本体视图,这种方法称为 KAON Views。视图是本体中概念的一个抽象,通过视图,可以更加方便地了解整个本体。Magkanaraki 等人使用的 RVL 也是一种类似

① Seidenberg J. and Rector A.. Web ontology segmentation: analysis, classification and use. In: Proceedings of the 15th International Conference on World Wide Web, New York: ACM Press, pp. 13 - 22, 2006.

② Seaborne A. and Prud'hommeaux E.. SparQL query language for RDF. W3C Working Draft 21 July 2005, http://www.w3.org/TR/2005/WD-rdf-sparql-query-20050721/.

③ Alexaki S., Christophides V., Karvounarakis G., Plexousakis D., Tolle K., Amann B., Fundulaki I., Scholl M. and Vercoustre A. M.. Managing RDF metadata for community webs. In: Proceedings of the Workshops on Conceptual Modeling Approaches for E-Business and The World Wide Web and Conceptual Modeling, pp. 140 - 151, 2000.

的技术[①]。基于查询的本体抽取方法的缺点在于缺乏语义，即它们在抽取本体时，没有将目标本体的语义考虑在内。

（3）基于概念图的方法：Stuckenschmidt 和 Klein 提出了基于概念图的本体分割方法[②]，其主要思想是以概念为节点，概念之间的依赖关系为边，创建了本体的概念图。通过公式：

$$P_{ij} = \frac{a_{ij} + a_{ji}}{\sum\limits_{k} a_{ik} + a_{ki}}$$

来计算节点 c_i 和 c_j 之间的连接程度。其中 a_{ij} 是 c_i 和 c_j 之间的连接的权重。通过连接程度，可以求出概念孤岛（Concept Islands），概念孤岛有着如下特性：

$$\max_{(u,\,v) \in V,\, v \notin T} w(u,\,v) < \min_{(u,\,v) \in T} w(u,\,v)$$

即如果一个概念孤岛内的所有概念对外概念的程度都小于孤岛内概念之间的连接程度。他们还提供了控制孤岛数目和大小的方法。不过他们的方法主要是基于结构的，而并不是基于逻辑和语义的。

（4）基于 E-Connections 的方法：Grau 等提出了一种称之为 E-Connection 的分区方法。他们定义了本体的分区词汇表（Partitioned Vocabulary）和两种程度的本体一致性，即分割前和分割后的本体的一致性，前者是结构的一致性，后者是语义的一致性；并提出了一个分区算法。另外，他们还提出了一种基于 E-Connection 的 Tableaux 算法[③]。Stuckenschmidt 等[④] 提出的分区方法和 Grau 等的方法类似，两者的区别在于 Grau 等的方法不会破坏原有本体的结构。虽然他们的方法是准确的，但是，对于复杂的大本体，他们的方法并不太适用。比如，对于从 GALEN 本体中抽取的，大概 3000 个概念的一个本体，他们的方法已经不能够进行本体分割[⑤]。因此，他们提出的方法的实用性受到了很大的限制。这主要是因为 E-Connection 分割后的各个本体之间不能存在着包含关系，这对分割造成了困难。

（5）基于包的描述逻辑（Package-based Description Logics）[⑥]：也称为分布式描述逻辑（Distributed Description Logics）[⑦]，其主要思想是把一个大的本体分割为许多小的本体，在

---

① Magkanaraki A., Tannen V., Christophides V. and Plexousakis D.. Viewing the Semantic Web through RVL lenses. Journal of Web Semantics, 1(4): 29, 2004.

②,④ Stuckenschmidt H. and Klein M.. Structure-based partitioning of large class hierarchies. In: Proceedings of the 3rd International Semantic Web Conference, pp. 289－303, 2004.

③ Grau B. C., Parsia B., Sirin E. and Kalyanpur A.. Automatic partitioning of owl ontologies using E-Connections. In: Proceedings of the International Workshop on Description Logics, 2005.

⑤ Grau B. C., Parsia B., Sirin E. and Kalyanpur A.. Modularizing owl ontologies. In: Proceedings of the KCAP Workshop on Ontology Management, Banff, Canada, October 2005.

⑥ Bao J., Caragea D. and Honavar V.. Towards collaborative environments for ontology construction and sharing. In: International Symposium on Collaborative Technologies and Systems, Las Vegas, Nevada, USA, pp. 99－108, 2006

⑦ Borgida A. and Serafini L.. Distributed description logics: directed domain correspondences in federated information sources. In: Proceedings of the Confederated International Conferences of On the Move to Meaningful Internet Systems-DOA/CoopIS/ODBASE pp. 36－53, 2002.

推理之时，各个小的本体的推理可以同时进行，并且，各个推理器之间能够互相传递信息，以表达各个小的本体之间的相互联系。这样做，一方面可以减小推理的规模，另外一方面可以应用当前的多核技术，充分利用多核 CPU 进行并行计算的优势。

MacCartney 等也提出了类似的方法，应用在了一阶谓词逻辑的推理器当中[①]。他们把一个大的知识库分解为小的自包含的模块，这些模块之间也可以进行消息传递。利用这个技术，在对大知识库进行推理和查询时，可以有效提高推理的效率。

Tsarkov 和 Horrocks 也利用了类似的想法，对名为 Vampire[②] 的一阶谓词逻辑推理器，进行了概念分类优化[③]。

不同的方法有着不同的应用场合，就对于推理应用来说，分布式描述逻辑由于没有分割本体之间不能有概念包含的限制，并且能够进行分布式，并发的推理，对于推理来说，更为适用，因此，在下一节当中，作者对分布式描述逻辑进行近似化。

2. 分布式描述逻辑的近似化

分布式描述逻辑的思想在于把大的本体分割为小的单元，这些小的单元可以并行地进行推理。在需要时，这些单元之间可以进行消息的传递，以表示这些单元之间概念的互相影响。

根据文献[④]，有如下定义：

定义 1　包（Package）

令 $O=(S,A)$ 是一个本体，其中 S 是术语的集合，A 是这些术语上的公理的集合。一个包 $P=(\Delta_S,\Delta_A)$ 称之为本体 O 的包，如果其满足 $\Delta_S\subseteq S,\Delta_A\subseteq A$。一个术语 $t\in\Delta_S$，或者一个公理 $t\in\Delta_A$，被称之为 P 的成员，表示为 $t\in P$。P 被称之为 t 的源包（home package），表示为 $HP(t)=P$。

一个术语可以是类的名称（比如概念），也可以是属性的名称（比如角色），或者实例的名称（比如个体）。一个包可以使用定义在其他包中的术语，即一个包可以引用其他的包。

定义 2　外部术语和引用（Foreign Term and Importing）

一个术语 t 在一个包 P 中被使用，但是它的源包为 Q,Q 和 P 不同，则术语 t 在 P 中被称为外部术语。我们称 P 引用了 Q 中的 t，以 $Q\overset{t}{\longrightarrow}P$ 表示。如果 Q 中有任何术语被 Q 引用，那么我们就称 P 引用了 Q，以 $Q\longmapsto$ 表示。

一个包 Q 的引用闭包 $I\longmapsto(Q)$ 包含所以直接或者间接被 Q 引用的包，即满足以下两个条件：

①　MacCartney B., McIlraith S., Amir E. and Uribe T. E.. Practical partition-based theorem proving for large knowledge bases. In: Proceedings of the 19th International Conference on Artificial Intelligence (IJCAI-03), pp. 89 – 96, 2003.

②　Riazanov A. and Voronkov A.. Vampire 1. 1 (system description). In: Proceedings of 1st Internaitonal Joint Conference on Automated Reasoning, Lecture Notes in Artificial Intelligence, 2083: 376 – 380, 2001.

③　Tsarkov D. and Horrocks I.. DL reasoner vs. first-order prover. In: Proceedings of the Description Logic Workshop, Vol. 81, pp. 152 – 159, 2003.

④　Bao J., Caragea D. and Honavar V.. Towards collaborative environments for ontology construction and sharing. In: International Symposium on Collaborative Technologies and Systems, Las Vegas, Nevada, USA, pp. 99 – 108, 2006

（直接引用：direct importing）$R \mapsto Q \Rightarrow R \in I \mapsto (Q)$

（间接引用：indirect importing）$P \mapsto R$ and $R \in I \mapsto (Q) \Rightarrow P \in I \mapsto (Q)$

如果一个概念的定义只使用 P 和 P 的引用闭包中的术语，那么这个概念对于 P 来说，是可理解的(understandable to P)。如果一个概念 C 对于一个包 P 来说，是可理解的，那么 P 对于 C 来说是完全的(P is complete w. r. t C)，否则，称 P 对 C 是不完全的(imcomplete)。

定义 3　环引用和非环应用(Cyclic and Acyclic Importing)

对于一个基于包的本体 P-DL $\{P_i\}$，如果对于任意的 $i! = j$，有 $P_j \in I \mapsto (P_i)$($P_i \in I \mapsto (P_j)$)，那么，称本体 P-DL 是非环引用的；否则，称 P-DL 是环引用的。

分布式描述逻辑的语义可以定义如下：对于一个本体($\{P_i\}$, $\{P_i \xrightarrow{t} P_j\}$, $i \neq j$)，一个分布式的模型为 $M = (\{I_i\}, \{r_{ij}\}, i \neq j)$，其中 $I_i = (\Delta_i, (.)_i)$ 是包 P_i 的一个模型，$r_{ij}^i \subseteq \Delta_i \times \Delta_j$ 是 P_j 对 P_i 的引用的模型。对于任意的个体 $d \in \Delta_i$ 以及一个从 Δ_i 到 Δ_j 的关系，$r(d)$ 表示集合 $\{d' \in \Delta_j | <d, d'> \in r\}$。对于属于 Δ_i 的一个子集 D，$r(D)$ 表示 $\bigcup_{d \in D} r(d)$，称为 D 的象集(the image set of D)。

对于各个包之间的关系来说，需要满足下面三个条件：

(1) 任意一个引用关系都是一对一的，即对于引用关系 $P_i \xrightarrow{t} P_j$ 来说，t^{li} 在 P_j 中有个唯一的 t^{lj} 与之相对应。

(2) 引用关系对于不同的术语是一致的，即对于任意的 $i: t_1 \neq i: t_2, x, x_1, x_2 \in \Delta_i$，$r_{ij}^{t1}(x) = r_{ij}^{t2}(x)$，如果有 $r_{ij}^{t1}(x_1) = r_{ij}^{t2}(x_2) \neq \varnothing$，那么 $x_1 = x_2$。即，对于源包中(引用的包)的任意一个对象，在任意的解释下，对目标包(被引用的包)中的对象的映射都是相同的。

(3) 合成的引用是一致的：如果 $r_{ik}^{i_i \ t1}(x) = y_1, r_{ij}^{i_i \ t2}(x) = y_2, r_{jj}^{j_i \ t3}(x) = y_3$，并且 y_1, y_2, y_3 都是非空集合，那么 $y_1 = y_3$。

上面的限制是为了分布式推理算法的正确性。一个概念 $i: C$ 相对于一个本体 $O(\{P_i\}, \{P_i P_j\}, i \neq j)$ 是可满足的，如果存在这一个 O 的分布式模型，满足 $C^{li} \neq \varnothing$。包 P_k 能够证明 $i: C \sqsubseteq i: D(i, j, k$ 可以不同，C, D 对于 P_k 来说，是可理解的)，当且仅当 $r_{ik}^C(C^{li}) \sqsubseteq r_{ik}^D(D^{li})$ 对于 P_k 以及 P_k 的引用闭包的模型都是成立的。

对分布式的本体进行推理时，各个分布的本体之间的推理是并发的，并且由各自的独立的包对应的局部推理器自行维护。局部的 Tableaux 存在于它们对应的推理服务器当中，并且以端对端的方式进行交互，传递信息。局部 Tableau T_j 和局部 Tableau T_i 之间，有如下消息可以进行传递。

(1) Membership $m(y, C)$：给定一个个体 y，一个 i-concept C，查询是否存在着一个 y 的象或者原象(pre-image)y'，满足条件 $C \in L_i(y')$，其中 L_i 是由第 3 章中的 3.4.4 小节中的 ALC Tableaux 算法中定义的 L 映射，并且由包 P_i 对应的局部推理器所维护。

(2) Reporting $r(y, C)$：给定一个个体 y，一个 i-concept C，如果在 T_i 中的 y 有一个象或者原象 y'，并且 $C \notin L_i(y')$，那么 $L_i(y') = L_i(y') \bigcup \{C\}$；如果不存在 y 的原象 y'，那么创建一个 y'，使得 $L_i(y') = \{C\}$，并在关系 r_{ij} 中增加 (y', y)。

(3) Clash $\perp(y)$：T_j 中的一个个体 y 包含了一个冲突。

(4) Model $\top(y)$：如果对于 y，以及 y 的祖先个体，已经没有可以扩展的规则。

为了能够对分布式描述逻辑进行近似化,首先需要进行复杂度估计,假设概念 D 对于 P_i 是可理解的,那么在判断概念 D 对于包 P_i 的可满足性时,(D, P_i) 相对于包 P_j 的复杂度定义 T_{ij} 为:

$$T_{ij}(D, P_i) = \sum r(y, C)_i, \text{其中 } P_j \xrightarrow{C} P_i$$

如果分布式描述逻辑的引用为非环引用,即引用中不能存在环,那么 $r(y, C)$ 是可以被递归的计算的。为了解决环引用中的循环,在计算时,保存计算过的本体,如果被计算复杂度的本体需要引用这些已经被引用的本体,那么该引用不会被计算,而采用 $T = 2T$ 这样的计算方式,其中 T 为当前的计算时间,可以采用如下递归算法进行描述:

计算 $T(D, P_i)$:

步骤 1:按照 9.2.3 小节中的方法对 P_i 进行复杂度的估算。

步骤 2:发现 $P_j \xrightarrow{C} P_i$,如果 (P_i, P_j) 不在堆栈 S 中,那么将 (P_i, P_j, t) 压入堆栈 S,计算 $T(C, P_j)$,否则堆栈 S 中增加 (P_i, P_j, t'),其中 t 为当时的时间估计值。

步骤 3:返回 $T(P_i)$。

递归完之后,进行最终的计算:

步骤 4:弹出 (P_i, P_j),$T(P_i) \mathrel{+}= T(P_j) *$ 次数 $+ \max(t)$。

步骤 5:返回 $T(P_i)$。

为了估计整个计算过程的复杂度,需要计算 P_i 的引用闭包 $I \mapsto (P_i)$ 的时间复杂度 T_i,通过以下公式进行估算:

$$T_i = \max(T_{ij}, T_i)$$

其中,T_{ij} 为包 P_j 的时间复估算,T_i 为包 P_i 的局部推理时间估算。

实际上,只需要求被 P_i 直接引用的包的时间复杂度,间接引用的包的时间复杂度肯定小于这些直接引用的包的时间复杂度的最大值。这是因为在递归计算中,直接引用的包的时间复杂度包含了间接引用的包的时间复杂度。

对于不同的包,在计算的时候,需要分配不同的权重,即对结果正确性的估计。这个权重和估算的复杂度没有必然的联系。

设包之间的权重为:

$$(P_1, W_1), (P_2, W_2), \cdots, (P_n, W_n)$$

$$\sum_{i=1}^{n} W_i = 1$$

可见,对各个包的时间复杂度的预期可以用权重和估算的时间复杂度进行计算,其计算公式如下:

$$E_i = W_i * T_i$$

因此,为了在分布式的计算当中,进行近似化,需要增加新的消息,进行通信,新增加的消息如下:

(1) $E(et, at)$:在进行 Reporting $r(y, C)$ 时,如果不存在 y 的原象 y',那么创建一个 y',使得 $L_i(y') = \{C\}$,并在关系 r_{ij} 中增加 (y', y),这时如果 y' 不在本地的推理器中,那么,需要

告知 y' 所在的推理器,其中 et 表示预期的时间,at 表示估算的时间。

(2) $A(t)$:当本地的推理器进行近似化计算以后,近似化对时间的影响比较大,即进行了一个近似的步骤,可能在很大的程度上减少了计算的时间,并且由于一开始对时间的估算可能不准确,因此需要对 P_i 的推理器进行反馈,告知本次计算大致剩下的时间。

(3) $App(C)$:因为计算时间的估算也是需要分布式的,因此分布式的推理器之间需要进行消息传递,以获取外部术语的可满足性的计算时间的估算,C 是一个外部术语。

(4) $Appt(C,t)$:当外部术语的可满足性的计算时间计算完毕时,通过该消息告知术语 C 所需要的计算时间。

上面进行的是时间估算上的描述,下面对分布式描述逻辑计算的近似化过程作以说明。

对于局部推理器来说,其局部的近似化可以按前几小节所述,进行近似化。在各个局部推理器之间,在以下几种情况下,可能会引发 Reporting $r(y,C)$,当 C 是一个引用术语时,会引发局部推理器之间的交互:

(1) $\bigcap$-rule:if $C_1 \bigcap C_2 \in L_i(x)$,$x$ 没有被 blocked,那么

① 如果 $m(x,C_1)=$false,那么 $r(x,C_1)$

② 如果 $m(x,C_2)=$false,那么 $r(x,C_2)$

(2) $\bigcup$-rule:如果 $C_1 \bigcup C_2 \in L_i(x)$,$x$ 没有被 blocked,但是 $m(x,C_1) \wedge m(x,C_2)=$false,那么 $r(x,C_1)$ 或者 $r(x,C_2)$

(3) $\exists$-rule:如果 $\exists R.C \in L_i(x)$,x 没有被 blocked,并且 x 没有个 R 后继 y,使得 $m(y,C)=$true,那么创建一个新的节点 y,使得 $L_i(<x,y>)=\{R\}$,并且 $r(y,C)$。

在局部推理器之间,不能通过 9.2.2 小节所说的概念包含的近似化计算方法来进行近似化计算,可以通过以下三种方法来进行:

(1) 概念的泛化:局部推理器之间需要使用消息短语 $r(y,C)$ 来进行传递消息时,可以通过概念的泛化来进行近似化,假如概念 C 有外部父概念有 C_i 和局部概念集合 $\{C_j\}$,那么可以用 $C_i \bigcap \{C_j\}$ 来进行对近似化。这样,可以防止循环引用,因为 C 本身的定义中包含了 C_j,而 C_j 的定义对于 C 的源包来说,是一个外部术语。

(2) $\exists$-rule 的近似:虽然 $\exists$-rule 引发的消息传递跟其他的两个规则引发的消息传递引发的结果是一样的,但是产生了一条边 R,可以根据所在节点的路径的长度来对该消息进行近似化。

在进行近似化时,一个是要根据该术语的重要性,一个是根据时间的估算来进行。重要性可以通过 $E(et,at)$ 消息进行计算,因为 at 是估算的时间,et 是预期的时间,所以 et/at 就是它的权重。当局部推理器进行推理,发现估算的时间很大,并且做了近似化时,需要对所需时间进行重新预测。

9.2.6 近似化的修正

通过近似化得到的结果,通常是不准确的,虽然在搜索引擎中,不准确的信息在很大的程度上能够被接受,有时还是必须的(比如搜索结果得到的数量比较少,那么相似的结果可以帮助用户发现其搜索关键字的不足,从而进一步改善他的搜索关键字)。但是,在某些时候由于描述逻辑推理近似化造成了搜索结果的不准确性,会给用户带来很大的困惑,从而影响用户的体验。比如有以下 TBox 以及 ABox:

TBox：

机床

车床⊑机床

普通车床⊑车床

数控车床⊑车床

钻床⊑机床

摇臂钻床⊑钻床

铣镗床⊑机床

…

普通车床＝普通卧式车床∪马鞍车床∪仿型车床∪精密车床…

数控车床＝数控卧式车床∪数控立式车床∪数控专用机床

数控卧式车床＝CAK 系列∪CKH 系列∪CKG 系列∪CKQ 系列∪C 系列∪CKS 系列∪CKL 系列∪e-CA 系列

…

ABox：

数控卧式车床(CKG6132)

CAK 系列(CAK6116V)

CKH 系列(CKH6116)

普通车床(CA6104A)

…

如果要进行下面的查询：数控车床

得到的正确答案为{CKG6132,CAK6116V,CKH6116}。

此时如果对此概念进行近似化为车床,则得到的答案为{CKG6132,CAK6116V,CKH6116,CA6104A}。虽然正确的答案都被选择出来,但是这里的主要问题在于,用户需要的是数控车床,而结果给出的答案包含普通车床,而普通车床和数控车床是两个不相交的概念集合,因此对于重点在于搜索数控车床的用户来说,此时概念的近似的方向有所偏差。因此需要进行近似化修正,所谓的近似化修正,是指对近似化的结果进行处理,使之更准确,或者更符合用户的需求。因此,主要从两个方面进行：

（1）近似化的结果的准确化,如果是进行个体获取,假如要进行个体获取的概念为 C,TBox T, ABox A,并且通过近似化获取的个体集合为$\{t\}$,那么此时可以通过再次验证 T, $A \models C(t)$ 来进行,近似化过程可以认为是一个预选的过程,这样也可以降低判断的次数。另外,通过前几小节所述的几种近似化方法,如果每种方法获得的集合为$\{t_i\}$,并且每种方法获得的个体是全面的(即召回率为100%,但准确率<100%)。那么,通过求交集来去掉不正确的答案：

$$\bigcap_{i=1}^{n}\{t_i\}$$

（2）如果用户对结果有着偏好,比如上述例子中的数控车床,偏好问题可以通过自然语言理解,用户设定等方法进行获取。在近似化之后,通过刷选与用户搜索中的概念相离的概念的个体来改善搜索的结果。有如下定义：

定义 1　相离：给定一 TBox T，如果概念 C 和 D 满足 $T|=C\cap D=\perp$，则称概念 C 和 D 相离。

另外，用户也可以从结果中选择他不想要的部分结果，从而，与这部分结果有着相同属性的实例都将从结果中被排除。如何获得与某个实例具有相同属性，或者类似属性的实例集合，将在下一小节描述抽象（abstraction）的时候再进行具体的讨论。

如何根据用户的搜索结果，提供更为语义化的改进方法，即用户如何完善他的搜索目的，这里不再详细讨论。

9.2.7　实验

为了检验上述方法的有效性，进行了实验检测和分析，试验环境如下：

CPU：Inter Pentium Ⅳ 2.40 GHz

Memory：716MB

OS：Red Hat Linux 9 (Kernel 2.4.20)

1. 基于语义计算的个体获取

表 9-3 是基于语义计算的个体获取的实验结果：

表 9-3　基于语义计算的个体获取的召回率

操作符　本体	travel	Wine&food	meconto	not-galen
$\cap$	100%	100%	100%	100%
$\cup$	100%	100%	83.7%	100%
$\exists$	90.7%	80.3%	66.1%	73.2%
$\forall$	—	25.0%	23.2%	—

实验测试了直接根据表达式进行语义测试得到的个体与该表达式对应的个体的比率。其表达式形如 $A*B$，$\exists R.(A*B)$，$\forall R.(A*B)$，$*$ 表示 $\cap$ 或者 $\cup$ 操作符，其中 A,B 都是 TBox 中的概念，并且 A,B 对应的个体已经计算完毕。

显然，对于 $A\cap B$ 来说，A,B 对应的个体集合为 A^I，B^I，那么根据语义求得 $A\cap B$ 的个体集合为 $A^I\cap B^I$，其结果是完备的。

对于 $A\cup B$ 来说，由于 travel，wine&food，not-galen 本体中，表达式中 $\cup$ 的操作符运用的非常少，仅在 wine&food 本体中出现，并且对于 wine&food 本体来说，其对于水果的定义为 Fruit＝SweetFruit $\cup$ NonSweetFruit，在定义个体时，并没有定义 Fruit 的个体，而是定义 SweetFruit 或者 NonSweetFruit 的个体，因此，不会因为 $\cup$ 的出现，而导致语义计算的不完全。

对于 $\exists$ 运算符来说，测试表达式为 $\exists R.(A*B)$，其中 R 为 TBox 中的角色名称，A,B 为其中的概念名称。如果直接根据其语义计算，召回率相对较低，但是，在判断一致性的过程中，保存了部分与角色有关联的个体，见 9.1.3 小节，即如果一个个体与一个隐式个体有角色关系 R，那么在推理的过程中间，这个角色关系被显示化了。

对于 $\forall$ 运算符来说，测试表达式为 $\exists R.(A*B)$，其中 R 为 TBox 中的角色名称，A,B 为其中的概念名称。由于 travel 本体中并没有 $\forall$ 运算符的定义，而 $\neg$ 运算符只出现一次，并且该概念没有相关的个体,因此对于任意的 $\forall R.C$,都不会有相应的个体存在。

从上面可以看出,对于 $\forall$ 运算符来说,如果其概念是一个复杂表达式,那么其召回率是较低的。但是,在现有的网络搜索中,关键字多为两至三个[①],因此,在语义化的搜索中,简单的语义计算仍然有一定的应用价值。

2. 概念包含的近似化计算

9.2.3 小节中个体获取的近似计算,主要是概念包含的近似计算。为了验证概念包含的近似化计算,对四个本体进行了实验,其结果如表 9-4 所示:

错误率有两方面的来源:一方面,在获得推理过程中的个体时,对于传递角色,没有进行重构,即 9.1.3 小节中的重构规则六未被使用,因此概念 C 对应的个体并不是完备的。另外,在判断 $D \sqsubseteq C$ 时,根据其个体来判断,根据 9.2.3 小节所述,这个判断是一个近似化的步骤,会造成一定的错误。

从错误率来看,算法的效果除了 Travle 之外,保持在 10% 以下,Travle 本体由于概念较少,对算法不具有良好的代表性。

表 9-4　概念包含的近似化计算结果

结果 / 本体	FaCT++的测试次数	改进的测试次数	FaCT++的时间(s)	改进的时间(s)	错误率
Travle	38	10	0	0	17.9%(5/28)
Wine & food	2218	360	255.4	31.9	4.6%(85/1868)
meconto	9467	2432	646.8	156.2	9.3%(654/7035)
not-galen	25078	5384	1518.1	852.6	6.9%(1359/19694)

3. 基于推理复杂度估算的近似化

从上节中的实验结果来看,对于大的本体,概念包含的近似化计算效果并不是特别理想。比如,对于 not-galen 来说,时间效率提高了 84.4%,但拥有 6.9% 的错误率。为了进一步提高推理的速度和推理的效率,对于估算时间复杂度超过一定值的概念,忽略其部分推理,来提高推理的效率。实验的结果显示在表 9-5 之中:

表 9-5　基于推理复杂度估算的近似化

结果 / 复杂度限制	FaCT++的时间(s)	采用估算的时间(s)	估算的推理次数	错误率
2000	1518.1	584.8	241	0.89(223/25078)
1000	同上	404.9	620	2.34%(588/25078)
500	同上	317.5	1168	4.28%(1074/25078)
200	同上	171.8	4056	14.05%(3524/25078)

---

① Arasu A. and Cho J., Garcia-Molina H., Paepcke A. and Raghavan S.. Searching the Web. ACM Transactions on Internet Technology, 1(1): 2-43, 2001.

表 9-5 的第一列表示当测试 $D \sqsubseteq C$,即 $D \cap \neg C$ 是否可满足时,如果推理过程中,复杂度超过 2000,1000,500 或者 200 时(按照 9.2.4 小节中 TBox 可满足性复杂度估算中的方法得到),直接返回 $D \cap \neg C$ 不可满足,即 $D \sqsubseteq C$ 成立。

第四列表示推理过程中被估算的次数,241 表示在推理的过程中,估算的复杂度超过 2000 的次数有 241 次。

第五列表示估算得到的结果中,错误的推理次数和总的推理次数的比值。0.89(223/25078)表示在 241 次的估算当中,如果都认为是不可满足的,那么有 223 次是错误的。当复杂度超过设定的界限,近似为不可满足的原因在于,如果判断 $D \sqsubseteq C$,即 $D \cap \neg C$ 是否可满足之时,如果是不可满足的,那么得到 $D \sqsubseteq C$,这样,在个体获取时,召回率将为 100%。对于不同的应用,可以近似化为不同的值。

从表 9-5 可以看出,虽然复杂度超过 2000 的推理只有 0.96%,但却占据了推理时间的 61.5%。因此,采取估算的方法,可以有效提高推理的效率。

9.3　查询近似化

随着本体建模、描述逻辑等技术的发展,描述逻辑在软件开发、数据库的语义化、医学信息处理、科学计算等方面都取得了明显的效果。TBox 中的概念可满足性判断、概念分类,ABox 的个体获取、最具体概念计算以及实例检测等服务,已经不能满足日益复杂的需要。

新的服务应该能够像数据库中的查询语言,比如 SQL 一样支持复杂的查询。数据库能够成功的原因之一,是因为在代数和逻辑基础之上,提供了结构化的查询语言。Horrocks 等指出,当前的推理服务最终都可归约为知识库的可满足性的判定(一致性的判定),但是无法提供对于类似 <John, Bill> 是 Brother 这样的一个角色的实例的查询[①]。因为目前对于逻辑上的隐含知识的推理,一般都采用"反证法"。比如,为了判定一个 TBox T,ABox A,是否有 $C(a)$ 成立,其中 C 为 T 中的一个概念,a 为 A 中的一个个体,即验证:

$$\{T, A\} \models C(a)$$

为了验证 $C(a)$,采取在 A 中增加 $\neg C(a)$,然后判断 A 是否可满足,如果 A 不可满足,即由于 $\neg C(a)$ 导致了 ABox 产生了冲突,则说明 $C(a)$ 是 T, A 的一个必然结果,也就是说,T, A 蕴含了 $C(a)$。但是,对于角色来说,现在的语言并没有对角色进行否定的能力,因此无法采取类似的"反证法"。但是,这种用法是必要的。因为不能把查询仅仅限制于一个概念表达式,而应当能够处理兄弟 $<x, y>$,即在知识库中查询兄弟,通过角色,更复杂的查询表达式才能够被方便地构建。

为了达到这个目的,描述逻辑的研究者们从数据库中借鉴了经验,提出了描述逻辑中的查询问题。早在描述逻辑(当时还没这个称呼,一般称为概念语言(Concept Language)等)

---

① Horrocks I. and Tessaris S.. A conjunctive query language for Description Logic ABoxes. In: Proceedings of the 17th National Conference on Artificial Intelligence (AAAI 2000), pp. 399-404, 2000.

发展的初期,就有了查询,它最初在 Loom[①] 中出现。Loom 是支持完全的一阶谓词逻辑推理,不过其结果是不完全的。随着对 TBox 推理,特别是 ABox 推理复杂度的认识越来越明确,研究者不满足于已有的 TBox,ABox 推理功能之后,在 20 世纪 90 年代后期,逐步地进行分析描述逻辑中的查询问题。从文献[②]、[③]中可以看出,描述逻辑在数据库中的应用,以及从 Datalog 中借鉴了查询来对描述逻辑进行扩充。但是,最初,研究者对于描述逻辑中的查询问题认识非常模糊,对于各种表达能力的描述逻辑中的查询问题是否可判定,是否有解决的方法也都非常模糊,并对于查询本身也有很多限制,比如查询结构中不能存在着环等。

即使对描述逻辑中的查询问题的研究也有十余年了,但是对于网络本体语言 owl 来说,其子语言 owl DL 中的查询问题仍然是一个难题,研究者们目前还不能断定其是否可判定,更遑论有效的实现,即使对于表达能力稍低的描述逻辑语言,在实现中,对查询的支持也是有着很大的限制的[④]。因此,本节尝试用近似化的方法来解决 owl DL 中的查询问题,并用近似化来提高描述逻辑中查询问题的效率,来探索查询在语义搜索中的应用。

9.3.1　描述逻辑中的查询

Horrocks 等研究了使用描述逻辑 DLR 的 ABox 推理服务来解决查询包含的问题[⑤,⑥]。受到了这些工作的启发,Tessaris 在他的博士论文中对描述逻辑 SHf 中的推理和查询问题进行了深入的研究,使得对查询的研究进入了一个新的时期[⑦]。Tessaris 的创新主要有如下两点:

(1) rolling up 的技术。一个查询语句可以被转化为一张查询树,利用 rolling up 技术,可以消去一个查询树中的边,把整个查询树转化为一个概念节点,从而将描述逻辑中的查询问题转化为 TBox,ABox 中的普通推理问题。

(2) 环的去除。查询中包含环,使得查询变得难以处理。为了去除查询中的环,Tessaris 证明了任何 SHf 表达能力的 TBox 如果是可满足的,那么其必有一个树形的模型,并且证明了,如果 TBox 有一个满足它的模型,那么必然有一个满足它的树形结构的模型。

① MacGregor R. M. and Brill D.. Recognition algorithms for the LOOM classifier. In: Proceedings of the 10th National Conference on Artificial Intelligence (AAAI 1992), pp. 774 – 779, 2000.

② Bergamaschi S., Sartori C. and Vincini M.. DL techniques for intensional query answering in OODBs. In: Proceedings of the 2nd Workshop KRDB'95, Reasoning about Structured Objects: Knowledge Representation Meets Databases, Bielefeld, Germany, Septtember 11 – 12, 1995.

③ Beeri C. and Levy A.. Rewriting queries: using views in Description Logics. In: Proceedings of the 16th ACM Symposium on Principles of Database Systems (PODS'97), pp. 99 – 108, 1997.

④ Riazanov A. and Voronkov A.. The design and implementation of Vampire. AI Communications, 15(2 – 3): 91 – 110, 2002.

⑤ Horrocks I., Sattler U., Tessaris S. and Tobies S.. Query containment using a DLR ABox. LTCS-Report 99-15, LuFG Theoretical Computer Science, RWTH Aachen, Germany, 1999.

⑥ Calvanese D., De Giacomo G. and Lenzerini M.. On the decidability of query containment under constraints. In: Proceedings of the 17th ACM SIGACT SIGMOD SIGART Symposium on Principles of Database Systems (PODS-98), pp. 149 – 158, 1998.

⑦ Tessaris S.. Questions and Answers: Reasoning and Querying in Description Logic, PhD thesis, University of Manchester, 2001.

这样,仅仅 TBox 断言是不可能使得所有模型都存在环的,因此查询中的环必然是因为 ABox 中的断言而形成,比如:

$$供货<A 企业,B 企业>$$
$$供货<B 企业,C 企业>$$
$$供货<C 企业,A 企业>$$

就构成了一个环。因为这个原因,查询中的环中的节点,必然是 ABox 中的个体。为了去除查询中的环,可以将查询环中的节点用 ABox 中的 个体代入,从而断开这个环。当然,在尝试将个体代入环中的节点,应该是有选择的,以降低尝试的次数,从而提高效率。

从 Tessaris 之后,对查询的研究主要集中在如何在更强表达能力的描述逻辑中应用查询。比如文献①是对查询在语义网中应用的一个探索;在文献②中,Glimm 和 Horrocks 研究并解决了 DLR_{reg} 中的带环的查询问题,描述逻辑 DLR 主要用于数据库中模式(Schema)和查询的定义,它能够描述任意元之间的关系,扩展了描述逻辑的表达能力;Glimm 等在 2006 年又相继地解决了描述 SHQ,SHOQ 中的查询问题,特别是在查询中使用传递角色的问题③;描述逻辑 SHIQ 中的查询问题④,即对逆角色的问题进行了研究和解决;描述逻辑 SHOIQ 中的查询问题⑤,但是对于描述逻辑 SHOIQ,他们的方法对于在查询中使用传递角色是有限制的,为了算法能够停止,他们的方法限制了传递角色在查询中的环中的应用,即传递角色只能用在查询中的非环部分中。他们的方法也第一次解决了查询在包含 Nominals 的描述逻辑中的应用问题;在 2007 年,他们又成功地解决了描述逻辑 SHOQ 中的查询应用问题,这与描述逻辑 SHOIQ 中的查询不同,是没有传递角色不能出现在查询中的环中的这个限制的,因此是查询问题在带有 Nominal 的描述逻辑中的第一次完全解决。

其他的对查询的研究没有像 Glimm 和 Horrocks 这样集中,形成了一个比较完整的系列。比如 Jeff 等在模糊逻辑中查询应用进行了研究,虽然他们的研究还局限在 DL-Lite 当中,表达能力相对较弱,但是这也给查询的应用带来了新的方向⑥。Fadhil 等提出了一种新

① Horrocks I. and Tessaris S.. Querying the Semantic Web:a formal approach. In:Proceedings of the 1st International Semantic Web Conference (ISWC 2002), Lecture Notes in Computer Science,2342: 177 - 191,2002.

② Glimm B. and Horrocks I.. Handling cyclic conjunctive queries. In:Proceedings of the 18th Description Logic Workshop (DL 2005), volume 147 of CEUR (http://ceur-ws.org/),2005.

③ Glimm B., Horrocks I., Lutz C. and Sattler U.. Conjunctive query answering for SHIQ. Technical report,University of Manchester,2006.

④ Glimm B., Horrocks I. and Sattler U.. Conjunctive auery answering for Description Logics with transitive roles. In:Proceedings of the 2006 Description Logic Workshop (DL 2006), Volume 189 of CEUR (http://ceur-ws.org/),2006.

⑤ Glimm B., Horrocks I. and Sattler U.. Conjunctive Query Answering for the Description Logic SHOIQ. Technical report,School of Computer Science,University of Manchester,2006.

⑥ Pan J. Z., Stamou G., Stoilos G. and Thomas E.. Expressive querying over fuzzy DL-Lite ontologies. In:Proceedings of the 20th International Workshop on Description Logics,Brixen-Bressanone, Italy,2007.

的基于图的查询语言[①]。

目前,owl-DL 对应的描述逻辑 SHOIQ(D)的查询问题已经得到了一定的研究,其判定问题和复杂度问题也只剩下 SHOIQ 这最后的一步了,Glimm 和 Horrocks 也正在对这最后一个难题进行着研究。相信在最近的几年之内,他们一定会有所突破。

有关 owl 中的子集 owl-DL,owl-Lite 以及 RDFSchema 等中的推理问题、查询问题的复杂度,可参见文献[②],其中对 owl 语言中的可判定问题部分进行了复杂度的描述。

9.3.2　描述逻辑 SHOIQ 中查询的近似求解

为了解决 SHOIQ 中的查询问题,Glimm 和 Horrocks 等打破了以前解决查询问题的惯性思维。查询问题的难解支持在于查询中可以存在环,环的存在使得查询语句不能通过 rolling up 技术来转化为一个概念。在解决 ALC,SHF,SHIQ 等描述逻辑中的查询问题时,主要的思路都是证明该描述逻辑语言描述的本体,如果存在模型,那么必然有树形(严格地说,是森林)的模型,因此可以将查询环中的变量用 ABox 中的个体去枚举替换,从而打破这个环。而对于 SHOIQ 中的查询,Glimm 和 Horrocks,在经过很长时间的探索,放弃了以前的思路,采用了增加有限制的绑定操作符(binder operator)↓,来解决这个问题。

定义 1　描述逻辑 SHOIQ↓ 的语法

设 N_C 是概念名的集合,$N_I \subseteq N_C$ 是 Nominals,N_V 是一个有限的变量集合,并且 $N_V \bigcap N_C = \varnothing$,$R$ 是角色集合,$r \in R$ 是任意角色,$s \in R$ 是简单角色,即 s 的所有子角色都是非传递的。$A \in N_C$,$y \in N_V$,n 是自然数,则一个 SHOIQ↓ 可以被递归地定义如下:

$$C_{::} = \top \mid \bot \mid A \mid \neg C \mid C_1 \bigcap C_2 \mid C_1 \bigcup C_2 \mid \forall r.C \mid \exists r.C \mid \leqslant ns.C \mid \geqslant n.C \mid y \mid \downarrow y.C$$

其中 C_1,C_2 是一个 SHOIQ↓ 概念。

所有的概念都转化为了 negation normal form(NNF),$\neg \downarrow y.C = \downarrow y.\neg C$,可以从下面的语义看出:

对于一个解释 $I = (\Delta^I, \bigsqcup^I)$,$d \in \Delta^I$,$y \in N_V$,$I_{[y/d]}$ 表示扩展 I 使得 $y^I = \{d\}$。SHOIQ↓ 概念的语义可以定义如下:

$\top^I = \Delta^I$,$\bot^I = \varnothing$,$(C \bigcap D)^I = C^I \bigcap D^I$;$(C \bigcup D)^I = C^I \bigcup D^I$,$(\neg C)^I = \Delta^I - C^I$

$(\forall r.C)^I = \{d \in \Delta^I \mid$ 对于所有 $d' \in \Delta$,如果 $(d, d') \in r^I$,那么 $d' \in C^I\}$

$(\exists r.C)^I = \{d \in \Delta^I \mid$ 如果存在 $d' \in \Delta$,使得 $(d, d') \in r^I$,并且 $d' \in C^I\}$

$(\leqslant ns.C)^I = \{d \in \Delta^I \mid \sharp \mid r^I(d, C) \mid \leqslant n\}$

$(\geqslant ns.C)^I = \{d \in \Delta^I \mid \sharp \mid r^I(d, C) \mid \geqslant n\}$

$(\downarrow y.C)^I = \{d \in \Delta^I \mid d \in C^{I[y/d]}\}$

其中,$\sharp(M)$ 表示集合 M 的势,$r^I(d, C) = \{d' \in \Delta^I \mid (d, d') \in r^I$,并且 $d' \in C^I\}$

---

① Fadhil A. and Haarslev V.. Ontovql: a graphical query language for owl ontologies. In: Proceedings of the 2007 International Workshop on Description Logics (DL-2007), Brixen-Bressanone, Italy, pp. 267 – 274, June 2007.

② Grau B. C.. owl 1. 1 Web Ontology Language Tractable Fragments. http://www. w3. org/Submission/owl11-tractable/#3, 2006.

这样，由于增加了↓，可以使得查询中的环被打破，其方法如下：

对于一个环 c，选择一个短语 $r(v,v')$，使得除该短语之外，c 不再构成环，并用短语 $\exists r.\{C\}$ 代替 $r(v,v')$，其中 C 是一个概念，并在查询中有短语 $C(v')$；

这样，查询中的环被消除以后，可以通过 rolling up 技术把查询转化为一个概念。

但是，Glimm 和 horrocks 等提出的方法有限制：即环中的角色 r 不能是传递角色。在近似化的方法中，查询的近似化处理是通过逐渐扩展查询树来进行的，即通过舍弃部分节点来达到近似化的目的[①]。

因此，显然可以通过舍弃查询中的某些项来消除查询中的环，去掉 SHOIQ 查询环中不能使用传递角色的限制，不难得到如下定理：

定理 1 给定一个知识库 K，以及查询 q_1 和 q_2，如果 q_1 中的项 $\{item_{s_{q1}}\}$ 包含于 q_2 中的项 $\{item_{s_{q2}}\}$，即 $\{item_{s_{q1}}\} \sqsubseteq \{item_{s_{q2}}\}$，那么如果 $K \models q_2$，则 $K \models q_1$。

证明： 因为 $K \models q_2$，则根据定义，对于任意的模型 $I = (\Delta^I, \sqcup^I)$，都有 $\sqcup^A$。由于 $\{item_{s_{q1}}\} \sqsubseteq \{item_{s_{q2}}\}$，显然 $\sqcup^A$ 也满足 q_1 在定义中的所有条件，因此 $K \models q_1$。

根据上面的定理，可以通过减少查询中的项来消除查询中的环，消除了环之后的查询中的解包含了原有的解。这符合我们前面所设立的高召回率的目标。

因此，对于一个 SHOIQ 查询，问题转化为如何进行项的选择来消除查询中的环。在一个查询中，其中的变量的权重可能有所不同，所以在进行项的选择时需要考虑优先级。为此，做如下定义：

定义 2 查询图中边的权重

给定一个查询，其中的变量的权重为 $\{w_i\}$，并满足 $\sum_{i=1}^{n} w_i = 1$，常量的权重为 0。如果查询图的某条边对应的项为 $r(v,v')$，v,v' 的权重为 $w_v, w_{v'}$ 则该边权重为 $wr = (w_v + w_{v'})/(\sum_{i=1}^{n} wr_i)$。

为了尽可能地减少近似化的影响，提出如下定义：

定义 3 传递角色环的消除

传递角色环的消除，是指在查询图中，除去某些边，使得所有的传递角色都不在环中，并且所有边的权重之和最大。

消除传递角色的环，用基于最小生成树的算法（将每条边的权重取倒数之后应用算法）并不完全准确，如图 9-2 所示。其中，边 CG 代表的角色是一个传递角色，用最小生成树算法得到的结果是边 AI 和边 DE 被除去（以虚线表示），但是显然应该是 CG 被除去，而保留 AI, DE，因为 $(0.06+0.05) > 0.08$，并且保证了传递角色不在环中。图 9-2 说明了，最小生成树不完全被包含在结果当中。

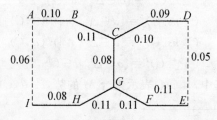

图 9-2 传递角色环的消除

---

① Groot P., Stuckenschmidt H. and Wache H.. Approximating description logic classification for Semantic Web reasoning. In: Proceedings of the European Semantic Web Conference, pp. 318–332, 2005.

但是,为了减低消除传递角色环的复杂度,减少计算的时间,仍然采用最小生成树算法来消除环中的传递角色。此外,消除环中的传递角色是对查询图的一种近似化处理方法,因此可以通过对不同的消除办法计算结果,并取其结果的交集,来提高计算的精确度。

9.3.3 基于优先级的查询近似化

1. 带优先级的查询树及其遍历

在上一小节中介绍了如何利用近似化解决 SHOIQ 中的查询问题,在这一小节中,主要讨论如何对查询进行近似化的计算。

Groot 等提出了通过基于查询图进行深度优先遍历或者宽度优先遍历的算法[①]。但是,他们这种算法并没有考虑到查询中的项的权重,而在查询时,不同的变量(关键字)一般具有不同的优先级。因此,本小节介绍基于优先级的查询近似化。

在查询中的环被消除后,形成一个查询树(如果是个森林,可以对每棵树分别进行处理),以其中权重最大的变量作为这个查询树的根节点,进行基于优先级的遍历。

定义 1　查询树路径权重

一个查询树的路径权重是指两个树节点 n_1, n_2,其中 n_1 是 n_2 的祖先节点,则 n_1 到 n_2 的路径权重即路径上的节点权重之和与路径长度的比。即

$$\sum_{i=1}^{n} w_i / n$$

其中,n 表示路径的长度,即路径中的边的数量,w_i 是路径中节点的权重。

查询树的路径权重表明两节点之间所有节点的"重要程度",计算树的路径权重是为了避免如图 9-3 情况的出现:

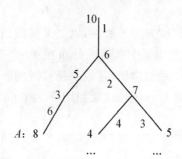

图 9-3　基于优先级的简单遍历

在上图 9-3 中,小号字体的数字表示遍历的次序。可以看到,节点 A 的权重为 8,但是它的父节点权重为 3,在遍历中,节点 A 的遍历落后于其他的节点。为此,在进行节点遍历时,需要寻找那些不是当前节点的直接子节点。但是,权重较大的节点,在待扩展节点

①　Stuckenschmidt H. and Harmelen F. V.. Approximating terminological queries. In: Proceedings of the 5th International Conference on Flexible Query Answering Systems, Copenhagen, Denmark, pp. 329 - 343, October 2002.

中选取可以从这些待扩展节点出发,沿着路径权重值最大的一个节点进行扩展。遍历的算法描述如下:

输入:给定一个查询 tree T;

步骤 1:找到其根节点;

步骤 2:建立一个待扩展节点的集合 S,把根节点加入该集合;

步骤 3:计算待扩展节点及其子孙的路径权重;

步骤 4:从 S 中取出路径权重最大的一条路径,沿着这条路径进行扩展,到达节点 n,并把 n 的子节点加入到 S 中。如果 S 不为空,则到步骤 3;

步骤 5:遍历完成。

应用上述算法,图 9-4 的节点遍历顺序如下:

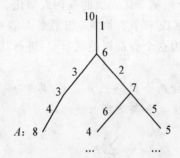

图 9-4　基于优先级的查询树遍历

遍历形成的查询序列 Q_i 有 $Q = Q_n \subseteq Q_{n-1} \subseteq \cdots \subseteq Q_i \subseteq Q_1$。因此,可以根据复杂度的判断取其中的一个 Q_i 作为对原查询 Q 的一个近似解。

2. 效率分析

为了评估基于优先级的查询树遍历的效率,以二叉树做测试,树包含 40 个节点,其节点的权值取值范围为 1 至 100,并且 1 至 100 随机分布在 40 个节点当中。对于随机的权重来说,实验发现,深度优先和宽度优先的遍历,其效果是接近的。因此,下面仅比较深度优先和基于优先级的遍历两种算法的效果。比较结果如图 9-5 所示:

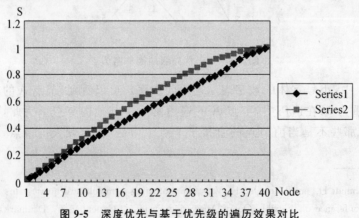

图 9-5　深度优先与基于优先级的遍历效果对比

其中,浅色线表示基于优先级的遍历效果,深色线表示深度优先的遍历效果。对于线上的某一点(x,y)来说,x表示已经遍历的节点数,y值表示所有遍历的节点的权重与所有节点的权重之和的比。从图 9-5 中可以看出,基于优先级的遍历效果明显好于深度优先的遍历效果。

9.3.4　基于概化的查询近似化

TBox 与 ABox 的关系,可以类比为一个数据库 ER 图和这个数据库中数据的关系。数据库中同一张表中的数据在结构上是相同的。同样,ABox 中的许多个体,在性质上也非常相近。比如一个描述学校的知识库中,在描述学生时,其姓名,学号,班级等信息,对于所有的学生来说,都是具备的。因此,在进行 ABox 推理时,这些信息可以以一个学生的信息作为代表。基于这种思想,IBM 的研究人员提出了基于概化的描述逻辑查询处理方法[1,2,3]。概化可以被形式化的定义如下:

定义 1　(Summary ABox,Dolby 等[4])

两个 ABox A'、A,A'称为 A 的 Summary ABox,如果存在一个从 A 到 A'的映射 f,并且满足如下条件:

(1) 如果 $a:C\in A$,那么 $f(a):C\in A'$

(2) 如果 $R(a,b)\in A$,那么 $R(f(a),f(b))\in A'$

(3) 如果 $a\neq b\in A$,那么 $f(a)\neq f(b)\in A'$

令 L 是从 A 中个体到一个概念集合的映射,即 $a:C\in A$ 当且仅当 $C\in L(a)$。称 $L(a)$为个体 a 的概念集合。如果两个个体 a,b 具有相同的概念集合,并且没有 $a\neq b$ 的声明,那么,这两个个体可以用一个个体来代表,即 $f(a)=f(b)$。这样的 f 称为一个规范的函数(a canonical function)。通过这样构造得到的 Suammary ABox 称为一个规范的 Summary ABox(canonical Summary ABox)。可以形式化地定义如下:

定义 2　(canonical Summary ABox,Dolby 等[5])

两个 ABox A'、A,A'称为 A 的 canonical Summary ABox,如果 A'是 A Summary ABox,并且映射 f 满足如下条件:

[1]　Fokoue A., Kershenbaum A., Ma L., Patel C., Schonberg E. and Srinivas K.. Using abstract evaluation in abox reasoning. In: Proceedings of the 2nd International Workshop in Scalable Semantic Web Knowledge Base Systems, pp. 61-74, 2006.

[2]　Fokoue A., Kershenbaum A., Ma L., Schonberg E. and Srinivas K.. The summary abox: cutting ontologies down to size. In: Proceedings of the International Semantic Web Conference, pp. 136-145, 2006.

[3]　Dolby J., Fokoue A., Kalyanpur A., Kershenbaum A., Ma L., Schonberg E. and Srinivas K.. Scalable semantic retrieval through summarization and refinement. In: Proceedings of the 21st Conference on Artificial Intelligence (AAAI 2007), pp. 299-304, 2007.

[4],[5]　Dolby J., Fokoue A., Kalyanpur A., Kershenbaum A., Ma L., Schonberg E. and Srinivas K.. Scalable semantic retrieval through summarization and refinement. In: Proceedings of the 21st Conference on Artificial Intelligence (AAAI 2007), pp. 299-304, 2007.

(4) 如果 $R(a',b') \in A'$，那么 A 中存在着个体 a,b，并且满足 $a' = f(a)$，$b' = f(b)$，$R(a,b) \in A$

(5) 对于所有 $x \in A$，有 $a \neq x \notin A$，$b \neq x \notin A$，并且 $L(a) = L(b)$，那么有 $f(a) = f(b)$

(6) $f(a) \neq f(b) \notin A'$，那么在 A 中存在着唯一的个体 a，a 映射到 $f(a)$

其中 a 称为 $f(a)$ 的象(image)。

同时，Fokoue 等证明了，如果 A' 是一致的，则 A 也是一致的[①]。

对于一个查询，通过 rolling up 或者上节所述的近似化方法，可以转化为为一个概念表达式。对于一个 TBox 和一个 ABox，以及一个概念表达式 Q，为了获取 Q 的个体，可以同时对多个个体进行测试，有如下定义：

定义 3[②] 设 A 是一个 ABox，Q 是一个概念表达式，S 是 A 中个体的一个子集，并且对于任意的 $s \in S$，有 $s: \neg Q \notin A$，那么一个 tested ABox $\text{tested}(A,Q,S) = A \bigcup \{s: \neg Q \mid s \in S\}$。

定义 4[③] 设 A' 是一个 ABox A 通过映射 f 得到的 Summary ABox。Q 是一个概念表达式，S 是 A' 中的个体的一个子集，并且对于任意 $x \in S$，$x: \neg Q \notin A'$。H 为 $\text{tested}(A',Q,S)$ 的一个子集，对于 $s \in H$，称 s 是 precies 的，当且仅当：

(1) 对于任意的 $t \in H$，R，$R(s,t) \in H$（或者 $R(t,s) \in H$），如果任意 $a \in A$，$f(a) = s$，那么存在一个个体 $b \in A$，满足 $f(b) = t$ 并且 $R(a,b) \in A$（或者 $R(b,a) \in A$）；

(2) 对于任意的 $t \in H$，$s \neq t \in H$（或者 $t \neq s \in H$），任意的个体 $a \in A$，有 $f(a) = S$，那么存在一个个体 $b \in A$，满足 $f(b) = t$ 并且 $a \neq b \in A$（或者 $b \neq a \in A$）；

(3) 存在一个个体 $a \in A$，满足 $f(a) = s$；

(4) 对于任意 $s: C \in H - \{x: \neg Q \mid x \in S\}$，任意 $a \in A$，如果 $f(a) = s$，那么 $a: C \in A$

如果 H 中的所有个体都是 precise 的，那么称 H 是 precise 的。

为了获取 Q 相对与 ABox A 的个体，需要判断 tested A' 是否是一致的，如果一致，则说明 A 中没有 Q 的个体，但是，tested A' 不一致，并不能证明导致 A' 不一致的个体是 Q 的个体，因为不一致可能发生在 summary 的过程中。如果 tested A' 不一致，需要对 tested A' 进行提炼。

定义 5 提炼[④] 设 A' 和 A'_R 是 ABox A 的两个 Summary Aboxes，其映射分别为 f，和 f_R。设 I' 是 A' 中个体的集合，I'_R 是 A'_R 中的个体集合。令 s 是 A' 中的一个个体，a 是 A 中的一个个体。称 A'_R 是 A' 的一个提炼，当且仅当在 A'_R 中存在个体 $s_1, \cdots, s_n$，$n > 1$，并且满足：

(1) $I'_R = (I' - \{s\}) \bigcup \{s_1, \cdots, s_n\}$，其中 $s_1, \cdots, s_n \notin I'$

(2) 如果 $f(a) \neq s$，那么 $f_R(a) = f(a)$

---

① Fokoue A., Kershenbaum A., Ma L., Schonberg E. and Srinivas K.. The summary abox: cutting ontologies down to size. In: Proceedings of the International Semantic Web Conference, pp. 136 - 145, 2006.

②,③,④ Dolby J., Fokoue A., Kalyanpur A., Kershenbaum A., Ma L., Schonberg E. and Srinivas K.. Scalable semantic retrieval through summarization and refinement. In: Proceedings of the 21st Conference on Artificial Intelligence (AAAI 2007), pp. 299 - 304, 2007.

（3）如果 $f(a)=s$，那么存在 $1 \leqslant i \leqslant n$，有 $f_R(a)=s_i$；

（4）对于任意 $1 \leqslant i \leqslant n$，至少存在一个 $a \in A$，满足 $f_R(a)=s_i$

为了获取当一个 Summary Abox 不一致时，Q 的个体，有如下定理：

定理 1[①]　设 f 是 ABox A 到 ABox A' 中的一个 summary function。Q 是一个概念表达式，S 是 A' 中个体的子集，并且对于任意的 $s \in S, s: \neg Q \notin A'$。对于一个个体 $t \in S$，如果 $f(a)=t$ 并且满足以下条件，那么 a 是 Q 的个体：

（1）存在一个 tested(A',Q,S) 的子集 IC，并且 IC 是不一致的；

（2）IC 是 presice 的；

（3）$\{s \in S| \ s: \neg Q \in IC\}=\{t\}$；

（4）IC 对应的图中不包含环。

根据上述的定义和定理，有如下定义：

定义 6　提炼个体（refined individual）

设 A' 和 A'_R 是 ABox A 的两个 Summary Aboxes，其映射分别为 f 和 f_R。设 I' 是 A' 中个体的集合，I'_R 是 A'_R 中的个体集合。令 s 是 A' 中的一个个体。称 s 是 A' 中相对于 A'_R 的一个提炼个体，当且仅当：

（1）A'_R 是 A' 的一个提炼；

（2）$s \notin A'_R$。

如果一个个体 s 是一个提炼个体，在 A 中 $\{s_1, \cdots, s_n\}$ 是 s 的象，在 A'_R 中，$\{s_1, \cdots, s_n\}$ 是 $\{t_1, \cdots, t_m\}$ 的象，其中 $1<m<n$，如果以 s 是 A' 中 Q 的一个个体，那么 $\{s_1, \cdots, s_n\}$ 可以近似化为 A 中 Q 的 n 个个体，此时，$\{t_1, \cdots, t_m\}$ 也将是 A'_R 中 Q 的 m 个个体，即如下定理：

定理 2　设 A' 和 A'_R 是 ABox A 的两个 Summary Aboxes，其映射分别为 f 和 f_R。Q 是一个概念表达式。设 I' 是 A' 中个体的集合，I'_R 是 A'_R 中的个体集合。s 是 A' 中相对于 A'_R 的一个提炼个体。S 是 I'_R 的一个子集，并且对于任意 $x \in S, x \notin I'$，那么如果 tested(A'_R, Q, S) 不一致，则 tested$(A', Q, \{s\})$ 是不一致的。

证明： 用反证法来证明。

假设 tested(A'_R, Q, S) 不一致，而 tested$(A', Q, \{s\})$ 是一致的，那么存在着一个模型 $(\Delta^I, \bigsqcup^I)$，满足 tested$(A', Q, \{s\})$。由于 s 是一个提炼个体，根据定义，在 A'_R 中存在 $s_1, \cdots, s_n$，$n>1$，并且满足：

（1）$I'_R=(I'-\{s\}) \bigcup \{s_1, \cdots, s_n\}$，其中 $s_1, \cdots, s_n \notin I'$；

（2）如果 $f(a) \neq s$，那么 $f_R(a)=f(a)$；

（3）如果 $f(a)=s$，那么存在 $1 \leqslant i \leqslant n$，有 $f_R(a)=s_i$；

（4）对于任意 $1 \leqslant i \leqslant n$，至少存在一个 $a \in A$，满足 $f_R(a)=s_i$。

其中 a 是 A 中的一个个体。

由于对于任意 $x \in S, x \notin I'$，因此 S 是 $\{s_1, \cdots, s_n\}$ 的子集。

①　Dolby J., Fokoue A., Kalyanpur A., Kershenbaum A., Ma L., Schonberg E. and Srinivas K.. Scalable semantic retrieval through summarization and refinement. In: Proceedings of the 21st Conference on Artificial Intelligence (AAAI 2007), pp. 299-304，2007.

对于 tested(A'_R, Q, S)，通过如下方法构造一个模型 $(\Delta^{IR}, \lfloor^{IR})$：

$\Delta^{IR} = \Delta^I, C^{IR} = C^I, R^{IR} = R^I$。对于个体 $a \in I'_R$，分为两种情况：

(1) 如果 $a \in I'$，则 $a^{IR} = a^I$。

(2) 如果 $a \notin I'$，那么根据定义，$a \in \{s_1, \cdots, s_n\}$，此时 $a^{IR} = s^I$。

下面说明 $(\Delta^{IR}, \lfloor^{IR})$ 是 A'_R 的一个模型。对于个体 $a \in I'_R$，如果 $a : C \in A'_R$，分两种情况：

(1) 如果 $a \in I'$，显然 $a^{IR} = a^I \in C^I = C^{IR}$；

(2) 如果 $a \notin I'$，则 $a^{IR} = s^I \in C^I = C^{IR}$。

因此 $(\Delta^{IR}, \lfloor^{IR})$ 满足 $a : C$ 这样的断言。同理可证 $(\Delta^{IR}, \lfloor^{IR})$ 满足 (a, b) 这样的断言，其中 $a, b \in I'_R$。

对于 TBox 中的公理，由于 $(\Delta^I, \lfloor^I)$ 满足 tested(A', Q, S)，以及 $\Delta^{IR} = \Delta^I, C^{IR} = C^I$，$R^{IR} = R^I$。而 tested$(A'_R, Q, S)$ 与 tested(A', Q, S) 的 TBox 是相同的，所以 $(\Delta^{IR}, \lfloor^{IR})$ 满足 TBox 中的所有公理。

为了对基于概化的查询进行近似化，作下面的定义：

定义7 最大不一致的 tested ABox

设 A' 是 ABox A 的一个 Summary Aboxes，其映射为 f。Q 是一个概念表达式。设 I' 是 A' 中个体的集合，S 是 I' 的一个子集。称 tested(A', Q, S) 是一个最大不一致的 tested ABox，如果 tested$(A', Q, \varnothing)$ 是一致的，而 tested(A', Q, S) 是不一致的，并且 S 满足：

(1) 对于任意 $s \in I'$，如果 tested$(A', Q, \{s\})$ 是一致的，那么 $s \notin S$；

(2) 对于任意 $s \in I'$，如果 tested$(A', Q, \{s\})$ 是不一致的，那么 $s \in S$。

当得到一个最大不一致 tested ABox tested(A', Q, S) 时，对于所有 $s \in S$，取其象 i_s 作为概念表达式 Q 的解 $\{i_s\}$，称为 A 相对于 A' 的近似解。下面的定理说明了随着提炼过程，Q 的解将变得逐步精确化。

定理3 设 A' 和 A'_R 是 ABox A 的两个 Summary Aboxes，其映射分别为 f，和 f_R。Q 是一个概念表达式。设 I' 是 A' 中个体的集合，I'_R 是 A'_R 中的个体集合。如果 A'_R 是 A' 的一个提炼，那么 A 相对于 A' 的近似解 QA' 包含 A 相对于 A'_R 的近似解中，即：$QA'_R \subseteq QA'$。

证明：根据提炼定义，在 A' 中存在 s，在 A'_R 存在 $\{s_1, \cdots, s_n\}$，并且对于个体 $a \in A$，满足上述定义4中的4个条件。对于 a，分下面两种情况进行讨论：

(1) $f(a) \neq s$，那么 $f_R(a) = f(a)$，根据上述定理2的同样证明方法，容易得到如果 tested$\{A'_R, Q, \{f_R(a)\}\}$ 不一致，那么 tested$\{A', Q, \{f(a)\}\}$ 是不一致的。即如果 $a \in QA'_R$，则 $a \in QA'$。

(2) $f(a) = s$，那么那么存在 $1 \leqslant i \leqslant n$，有 $f_R(a) = s_i$，如果 tested$\{A'_R, Q, \{s_i\}\}$ 不一致，根据上述定理2，有 tested$\{A', Q, \{s\}\}$ 是不一致的。同样有 $a \in QA'_R$，则 $a \in QA'$。

因此对于所有的 $a \in A$，都有 $a \in QA'_R$ 蕴含 $a \in QA'$。即 $QA'_R \subseteq QA'$。

定理得证。

根据上述定理3，可以构造一系列的近似解 QA_i，其中 QA_i 对应于第 i-1 次提炼。最终通过提炼可以使得一个 Summary ABox 还原为原有的 ABox，其解为 QA_n。当然，在提炼过

程的中间,一般就可以得到所有的正确结果。如何决定是否需要进行提炼,可以参考文献①。这一系列的近似解满足:

$$QA_n \subseteq \cdots \subseteq QA_i \subseteq \cdots \subseteq QA_1$$

并且 QA_n 是完备的。

为了减少 tested(A,Q,S) 的 S 集合中的个体,需要对 S 中的个体进行预处理。预处理主要是快速地得到 Q 的部分个体,以及快速地排除非 Q 的个体。对于一个概念表达式 Q,可以先得到满足 Q 的个体,然后再通过语义计算满足 $\neg Q$ 的个体。由于这种计算方法是非完备的,因此需要注意 $Q \cup \neg Q$ 并不是全集。

为了进一步减少待测试的个体,有如下定义和定理:

定义 8   ABox 中个体的偏序 $\leqslant$

如果在一个 ABox 中,对于个体 a,b,如果对于任意断言 a：C,$R_1(a,c)$ 都存断言 b：D,$R_2(b,c)$,且 $D \subseteq C$,$R_2 \subseteq R_1$,其中 C,D 为概念表达式,R_1,R_2 为角色名,则称 $a \leqslant b$。

定理 4   如果在一个 ABox 中,$a \leqslant b$,那么如果 tested$(A,Q,\{b\})$ 是一致的,则 tested$(A,Q,\{a\})$ 是一致的。

证明：由于 tested$(A,Q,\{b\})$,即 $A \cup \{b$：$\neg Q\}$ 是一致的,那么必然存在一个一致的 precompletion PC。即存在一个模型 $I=(\Delta^I, \lfloor^I)$ 满足 $A \cup \{b$：$\neg Q\}$,

对于 PC 中的每一个 b：$(D \cap \neg Q)$,由于 $D \subseteq C$,b：$(D \cap \neg Q)$ 等价于 b：$(C \cap D \cap \neg Q)$,所有 b：$(D \cap \neg Q)$,以 a：$(C \cap \neg Q)$ 替换,因此如果 b：$(D \cap \neg Q)$ 是可满足的,那么 a：$(C \cap \neg Q)$ 也是可满足的。从而替换得到的 precompletion PC' 也是一致的。

这个替换得到新的模型 $I'=(\Delta^I, \lfloor^I)$,I' 与 I 的不同之处在于:

(1) $b^{I'} \notin Q^{I'}$;

(2) $a^{I'} \in Q^{I'}$。

因此,tested$(A,Q,\{a\})$ 是一致的。

根据上述定理 4,当计算得到一个概念表达式 Q 的个体 a 时,对于所有个体 b,如果满足 $a \leqslant b$,那么 b 也是 Q 的个体。相反,如果 a 不是 Q 的个体,那么对于所有个体 b,满足 $b \leqslant a$,那么 b 也不是 Q 的个体。

如果 TBox 上概念已经进行分类,那么 ABox 上个体的偏序可以根据定义直接进行计算,得到个体之间的部分 $\leqslant$ 关系。个体之间的 $\leqslant$ 关系全面性有赖于 ABox 中个体的定义,例如在 TBox 中有如下定义。

TBox:

...

车床＝普通车床 $\cup$ 数控车床

车床生产企业＝普通车床生产企业 $\cup$ 数控车床生产企业

杭州地区车床生产企业＝车床生产企业 $\cap$ ∃位于.{杭州}

---

① Dolby J., Fokoue A., Kalyanpur A., Kershenbaum A., Ma L., Schonberg E. and Srinivas K.. Scalable semantic retrieval through summarization and refinement. In: Proceedings of the 21st Conference on Artificial Intelligence (AAAI 2007), pp. 299 - 304, 2007.

Transitive(位于)：即位于角色是一个传递角色

……

在 ABox 中有如下断言：

ABox：

……

杭州地区车床生产企业(杭州机床厂)

车床生产企业∩∃位于.{富阳}(杭州富阳神火仪表机床厂)

数控车床生产企业∩∃位于.{杭州}(杭州金格数控机床有限公司)

位于(富阳,杭州)

……

虽然杭州机床厂,杭州富阳神火仪表机床厂,杭州金格数控机床有限公司三个个体对应的概念都是杭州地区车床生产企业,但由于采取了不同的方式,使得它们之间的≤关系难以直接计算。在建立 ABox 中,应当尽可能地采用 TBox 中已有的概念,而不是重新定义这些概念。如何对 ABox 中的断言进行规范化,这里不进行讨论。另外,ABox 中对个体进行断言时,也会形成一些概念,这些概念并不存在与 TBox 中,对这些概念进行分类,是一个耗时的过程,特别是对于 ABox 更新较快的知识库,会成为一个瓶颈。因此并没有必要得到 ABox 中个体的所有≤关系。

通过上面的讨论和分析,对于一 ABox A,查询 Q,基于概化的查询近似化的过程可以总结如下：

(1) 通过语义计算,得到 Q 的部分个体 A_1,该部分结果返回给查询器,以及部分不属于该 Q 的个体 B_1。

(2) 根据上述定理 4,对 A_1 进行扩展,得到 A_2,A_2-A_1 的结果返回给查询器,对 B_1 进行扩展,得到 B_2。

(3) 根据 9.2 节的方法,对 Q 进行近似的计算,得到一个近似的结果 C。C 是完全的。

(4) 利用概化方法,计算 tested(A',Q,S),其中 A' 为一个 Summary ABox,S 为 A 中的个体集合,并且对于任意 $s \in S$,都有 $s \notin B_2$,$s \in S$。并根据上述定理 3,进行近似化处理。

(5) 在判断 tested(A',Q,S)是否一致时,利用 9.2 节的方法,对 Tableuax 算法进行近似化。

实际上,9.2 节的方法可以对 ABox 中的个体进行预选,以缩小检查的范围,然后利用概化技术,来获得完备的结果。因此,近似化方法,结合概化方法,可以得到正确和全面的结果。

9.4 偏好的 owl 表示和推理

偏好是计算机科学中处理决策和选择问题时遇到的一个基础性问题。在决策理论中,偏好用来帮助对人们情感行为的建模;在人工智能领域,偏好常用来帮助构造 Agent 的目标;在数据库和浏览器中,偏好可以用来帮助用户减少返回的信息。

综述性文章①介绍了偏好建模(Preference Modeling)的一些基础问题,特别是偏好的表达以及对应的偏好推理,比如采用经典逻辑还是非经典的逻辑(如 Fuzzy Sets)。基于不同偏好表达的实现和计算复杂性在②,③,④,⑤,⑥作了介绍。但是,传统的一阶谓词,模态逻辑的推理器,比如 Vampire⑦ 等,实际的应用较少,因此偏好的表达和推理并不能很好的结合。

刘晓光等通过利用本体来表达领域知识,分析网络服务的输入输出,提出了网络服务功能的四种匹配度,改进了网络服务匹配的自动化程度,提高了精确度⑧。蔡铭等从基于本体和语义的角度出发,对网络化制造环境中分布式制造资源信息的智能发现技术进行了研究和验证⑨。本体论提供了一个通用的框架,允许跨越不同应用程序、企业和团体的边界共享和重用数据⑩。随着网络化制造的发展,将会有更多的资源和服务会以本体的方式出现,但是在搜索服务和资源时,客户的个性化并没有得到考虑。语义网的本体描述语言 owl 基于描述逻辑,有着良好的表达能力和推理能力⑪。同时,描述逻辑推理器,JENA、FaCT++、Racer,以及 Pallet 等,现在已经得到比较好的应用。因此,本文提出用 owl 来表示偏好,在进行资源和服务的检索时,帮助客户过滤以及排序服务和资源。

Brewka 提出一种能够描述问题求解中复杂定性偏好的语言 LPD(Logic Preference Description)⑫,用分级知识库表达偏好的优先级,并且提供了偏好算子,使得偏好可以自

---

① Meltemö Alexis T, Philippe V.. Preference modeling. In: Ehrgott M., Figuiera J. and Gandibleux X. (Eds.), State of the Art in Multiple Criteria Decision Analysis, Berlin, Springer-Verlag, pp. 27 – 72, 2005.

② Lang J.. Logic preference representation and combinatorial vote. Annals of Mathematics and Artificial Intelligence, 42: 37 – 71, 2004.

③ Lafage C. and Lang J.. Logical representation of preferences for group decision making. In: Proceedings of the 7th International Conference on Knowledge Representation and Reasoning (KR2000) pp. 457 – 468, 2000.

④ Lehmann D.. Nonmonotonic logics and semantics. Journal of Logic and Computation, 11: 299 – 256, 2001.

⑤ Konczak K. and Lang J.. Voting procedures with incomplete preference. In: Proceeding of 19th International Joint Conference on Artificial Intelligence, Edinburgh, Scotland, pp. 124 – 130, 2005.

⑥ Rossi F., Venable K. B. and Walsh T.. mCP nets: representing and reasoning with preferences of multiple agents. In: McGuinness D. L. (Eds.) Proceedings of the 19th National Conference on Artificial Intelligence, San Jose: AAAI Press, pp. 729 – 734, 2004.

⑦ Riazanov A. and Voronkov A.. The design and implementation of Vampire. AI Communications, 15(2 – 3): 91 – 110, 2002.

⑧ 刘晓光,金烨.网络服务自动化中服务功能匹配研究.计算机集成制造系统,12(5): 782 – 787, 2006.

⑨ 蔡铭,林兰芬,陈刚.网络化制造环境中制造资源的智能发现技术研究.计算机集成制造系统,9(7): 589 – 594, 2003.

⑩ Berners-Lee T., Hendler J. and Lassila, O.. The Semantic Web. Scientific American, 284(5): 34 – 43, 2001.

⑪ Jeff H.. owl web ontology language use cases and requirements. http://www.w3.org/tr/webont-req, 2004.

⑫ Brewka G.. A rank based description language for quelitative preference. In: Saitta, L. (Eds.) Proceedings of the 16th European Conference on Artificial Intlelligence, Valencia: IOS Press, pp. 303 – 307, 2004.

然、简洁、灵活的计算。张志政等[①]在 Brewka 等基础上，提出了采用逻辑链表示偏好的方法，使得简单和复杂的偏好都一致地表示为逻辑链，有利于偏好重用。但是，LPD 和偏好的逻辑链表示方法在网络化协同知识管理的环境中，存在如下缺点：(1) 缺乏条件偏好；(2) 无法处理因地域、新老标准以及工艺习惯等原因形成的同一概念，不同表示方法的问题，比如垫片和瓦丝，表面粗糙度和表面光洁度等；(3) 无法处理概念的上下文以及概念之间的关系，比如车床和机床，车床与其加工能力等。因此本文在他们的基础上，尝试用 owl 来表示偏好，并把偏好的 LPD 转化 owl 表示，来说明偏好的 owl 表示和构造方法以及以及在网络化制造环境中的应用。

9.4.1 定性偏好描述语言

Brewka[②] 提出了 LPD 语言，LPD 可定义如下：

给定如下集合：

给定布尔变量集 V；

给定的背景知识 B 是一个命题公式集；

偏好集 $F = \{K_1, \cdots, K_N\}$，其中 K_I 是采用分级知识库表示的第 I 个偏好关系；

偏好策略集 S，包括一元取优算子 $O = \{T, K, \subseteq, \sharp\}$ 和偏好联结算子 $C = \{\wedge, \vee, >, -\}$。

那么 LPD 语句可以递归地定义为：

K^O 是一个基本偏好 LPD 语句，其中 $K \in F, O \in O$；

如果 D_1, D_2 是 LPD 语句，那么 $(D_1 \wedge D_2), (D_1 \vee D_2), (D_1 > D_2), -D_1$ 也是 LPD 语句。

一个决策或者问题的解就是一个模型 m，满足对于任意 $f \in B$ 都有 $m | = f$，并且 m 在相关偏好和偏好策略上都是最优的。

1. 分级知识库

一个分级知识库(Ranked Knowledge Base, RKB)，是一个命题谓词公式的集合 F 以及在 F 上的满前序 $\geqslant$。所谓前序，是指满足自反的和传递的关系；而"满"是指对于任意 $F_1, F_2 \in F$，有 $F_1 \geqslant F_2$，或者 $F_2 \geqslant F_1$。通常，RKB 可以用下面的两种等价的方法来表示：

一个命题公式集的序列 $(F_1, \cdots, F_n)$，当且仅当存在 $i, j, F_1 \in F_I, F_2 \in F_j$ 并且 $i \geqslant j$ 时，使得 $F_1 \geqslant F_2$。

分级的命题公式的集合 (F, K)，其中 F 是一个命题公式，K 是一个非负整数，表示 F 的权值，使得 $F_1 \geqslant F_2$，当且仅当 $RANK(F_1) \geqslant RANK(F_2)$。

为了叙述上的便利，采用第二种方法来表示 RKB。并且 K 得值越大，F 的重要性越高，即越受偏爱。

2. 基本偏好和偏好算子

为了在 RKB 上表示偏好策略，定义如下四个基本策略算子：

---

① 张志政，翟玉庆，邢汉承. 偏好推理的逻辑链实现. 软件学报，17(12)：2518-2528，2006.

② Brewka G.. A rank based description language for qualitative preference. In: Saitta, L. (Eds.) proceedings of the 16th European Conference on Artificial Intlelligence, Valencia: IOS Press, pp. 303-307, 2004.

$$STRAT = \{T, K, \subseteq, \#\}$$

定义　偏好描述

一个基本的偏好描述是一个二元组 (S, K)，其中 S 是一个基本策略算子，K 是一个分级知识库。也常常用 KS 来表示基本的偏好描述。

令 $K = \{(F_I, V_I)\}$ 为一个 RKB，S 是一个基本策略。用 $\geqslant_S^K$ 来表示 (S, K) 代表的模型上的前序。进一步做如下定义：

$$K_N(M) = \{F \mid (F, N) \in K, M \mid= F\}$$

$$MAXSATK(M) = -\infty \text{ if } M \mid\neq F_I \text{ for all } (F_I, V_I) \in K,$$

$$MAX\{I \mid (F, I) \in K, M \mid= F\} \text{ else.}$$

$$MAXUNSATK(M) = -\infty \text{ if } M \mid= F_I \text{ for all } (F_I, V_I) \in K,$$

$$MAX\{I \mid (F, I) \in K, M \mid\neq F\} \text{ else.}$$

使用上面的定义，模型上的序可以定义如下：

$M_1 \geqslant_T^K M_2$ 当且仅当 $MAXSAT^K(M_1) \geqslant MAXSAT^K(M_2)$；

$M_1 \geqslant_K^K M_2$ 当且仅当 $MAXUNSATK(M_2) \geqslant MAXUNSATK(M_1)$；

$M_1 \geqslant_\subseteq^K M_2$ 当且仅当对于所有的 N，有 $K_N(M_1) = K_N(M_2)$；或者存在 N 使得 $K_N(M_1) \Leftrightarrow K_N(M_2)$ 并且对于所有的 $J > N$，有 $K_J(M_1) = K_J(M_2)$；

$m_1 \geqslant_\#^K m_2$ 当且仅当对于所有的 n，有 $|K_n(m_1)| = |K_n(m_2)|$；或者存在 n 使得 $|K_n(m_1)| > |K_n(m_2)|$，并且对于所有的 $j > n$，有 $|K_j(m_1)| = |K_j(m_2)|$。

3. 偏好语言

为了在一个偏好表达中使用多种偏好策略，就需要对偏好策略进行组合。下面给出逻辑偏好语言 LPD(Logical Preference description language)。

定义 1　逻辑偏好语言 LPD 定义

每一个基本偏好描述是一个 LPD，如果 D_1，D_2 是一个 LPD，那么联结算子 $(D_1 \wedge D_2)$，$(D_1 \vee D_2)$，$(D_1 > D_2)$ 和 $-D_1$ 都是 LPD。

定义 2　联结算子

令 D_1，D_2 代表模型上的两个前序，TR(R) 表示关系 R 的传递闭包，ORD(LPD) 表示 LPD 在模型上所确定的前序，那么定义 2 中的四个联结算子的含义定义如下：

$$ORD(D_1 \wedge D_2) = R_1 \bigcap R_2$$

$$ORD(D_1 \vee D_2) = TR(R_1 \bigcup R_2)$$

$$ORD(D_1 > D_2) = \{(M_1, M_2) \in R_1 \mid (M_1, M_2) \in R_2 \text{ 或} (M_2, M_1) \notin R_2\}$$

$$Ord(-d_1) = \{(m_2, m_1) \mid (m_1, m_2) \in R_1\}$$

9.4.2　偏好的 owl 表示

描述逻辑是语义网 owl 层的基础，为了叙述的方便和严谨，下面使用描述逻辑来描述偏好。

1. 分级知识库的构造

在构造的过程中，应当本着如下原则：偏好的分级知识库不需要对原有的知识库进行

修改,并且当不需要进行偏好计算时,对原有的知识库的操作尽量保持不变。构建偏好知识库的方法如下:

首先,在 TBox 中增加两个概念 PC, MC 和一个角色 PR。概念 PC 表示偏好,即所有的具体偏好都是 PC 的子概念,比如用户对加工精度的偏好要求(Prefrenceofprecision)就是一个具体的偏好;概念 MC 用以表示所有的可能世界模型,即用户选择的对象,比如汽车零件,蜗杆减速器,光刻胶等;角色 PR,用以表示所有的分级知识库,比如对于一个企业选择零件的偏好知识库,其中包括对零件的各个属性的偏好,价格,送货时间等要求,可在知识库中可增加偏好角色:零件偏好(Preferenceofpart),并且设置 Preferenceofpart $\sqsubseteq PR$。

其次,为偏好设置偏好值。在分级知识库中,以 (F_I, V_I) 来表示偏好值,用描述逻辑来表达之时,分为如下两步:

如果 F_I 没有对应的概念,在 TBox 中增加相应的概念 C,并令 $C \sqsubseteq PC$,比如切削精度,运输费用等。并建立与概念 C 相关的概念,比如夹具,运输目的地,运输方式等。

在 ABox 中增加两个断言,$C(F_I)$ 和 $R(F_I, V_I)$,R 为该分级知识库对应的偏好角色。

由于 V_I 是一个非负整数,并且需要进行比较和计算,因此需要具体域(Concrete Domain)的支持,关于具体域的研究可以参见①,②。现在的 DL 推理器,如 Jena,FaCT++,Racer,Pallet 等,对具体域都有了较好的支持。

如果企业没有分级知识库,可以通过对企业以往的采购,工艺知识进行分析,并结合企业在定购时的偏好来获取偏好知识库,比如企业在进行材料、零部件采购时,设置的过滤条件和偏好等。有关偏好的提取可参考文献③,④。

根据上面的描述,形成如下的定义:

定义 描述逻辑分级知识库

用描述逻辑所描述的分级知识库(DLRKB)是一个 (R, C, I, D),其中 R 是一个偏好角色,其值域为 C,定义域为 D,C 是一个概念的集合,I 是一个实例集合,D 是整数域上的具体域。并且 R 是偏好角色 PR 的子角色,C 是 PC 的子概念。

2. 模型的表示

由于变量集 V 是一个布尔变量,背景 B 中的命题公式一般定义为 $f \leqslant 1 \leqslant i \leqslant n(e_i)$,其中 e_i 为 f_i 或者 $\neg f_i$,$f_i (1 \leqslant i \leqslant n)$ 构成变量集 V。首先在 TBox 中添加如下公理:$M \sqsubseteq MC$,其中 MC 是一个概念,是所有可能世界模型的父概念,M 是一个新概念,表示一个新的模型集合;其次对于每一个模型 m_j,在 ABox 中添加 $M(m_j)$;然后,对于每一个模型 m_j,如果 e_i 为 f_i,那么根据 f_i 代表的属性,有一个角色 R,在 ABox 中添加 $R(m_j, f_i)$,如果 e_i 为 $\neg f_i$,那么添加 $\neg R(m_j, f_i)$;最后,如果 TBox 中不存在 $R \sqsubseteq MPR$,那么添加 $R \sqsubseteq MPR$,其中 MPR 表示

① Franz, B. and Diego C.. The description logic handbook: Theory, implementation, and applications, Cambridge University Press, 2003.

② Straccia U.. Towards a fuzzy description logic for the semantic web. In: Proceedings of the 2nd European Semantic Web Conference, Springer Berlin/Heidelberg, pp. 167－181, 2005.

③ Huang H. Q., Zhang P., Zhang X. W.. Modeling of user preference based on MDP. Journal of National University of Defense Technology, 28(6): 81－85, 2006.

④ 余力.电子商务个性化—理论、方法与应用.北京:清华大学出版社,2007.

所有偏好属性的集合。

3. 基本偏好的描述逻辑表示

构造了分级知识库之后,需要进行比较和选择偏好。为此下面定义和说明基本偏好的描述逻辑表示。

定义 1　基本偏好描述

一个基本的偏好描述是一个二元组(S, DK),其中 S 是一个基本策略算子,DK 是一个用描述逻辑表示的分级知识库。也常常用 DKS 来表示基本的偏好描述。

令(S, DK)是一个基本偏好的描述逻辑描述,其中 DK 是一个用描述逻辑表示的分级知识库。再令 DM 为用描述逻辑表示的分级知识库上的一个模型。那么:

在模型中获取偏好值为 N 的偏好可以表示如下:

$$DK^N(DM) = \exists MPR^-.\{DM\} \bigcap C \bigcap \exists R. = N$$ 其中 R 为分级知识库构造时新增的角色 R。

获取 DM 中偏好值最大的偏好可以表示如下:

$$MAXSAT^{DK}(DM) = -\infty,$$ 如果不存在实例 A,使得 $ABox| = (\exists MPR^-.\{DM\} \bigcap C)(A)$

$$MAX(\exists R^-.(\exists MPR^-.\{DM\} \bigcap C)),\ else.$$

MAX 是具体域上的聚集函数(AGGREGATION FUNCTION),R^- 是 R 的逆角色。

定理 1　$MAXSAT^{DK}(DM) = MAXSAT^K(M)$,其中 DK 是根据 K 构造的一个描述逻辑表示的分级知识库,DM 是根据 M 构造的一个模型。

证明: 如果 $MAXSAT^K(M) = -\infty$,即 $\forall (F_I, V_I) \in K$,都有 $M |\neq F_I$,假设存在实例 A,满足 $ABox| = (\exists MPR^-.\{DM\} \bigcap C)(A)$,那么显然有 $ABox| = \exists MPR^-.\{DM\}(A)$,$ABox| = C(A)$,即 $MPR(DM, A)$ 在 ABox 中,同时 A 也是概念 C 的一个实例,那么根据 $DLRKB$ 的构造过程,A 对应的 $F_I \in K$,同 $M | = F_I$,矛盾。因此 $MAXSAT^K(M) = -\infty$ 时,$MAXSAT^{DK}(DM) = -\infty$。反之可证 $MAXSAT^{DK}(DM) = -\infty$ 时,$MAXSAT^K(M) = -\infty$。

否则 $MAXSAT^K(M) = MAX\{I \mid (F, I) \in K, M | = F\}$,因此存在 N,$(F, N) \in K$,$M | = F$,并且对于任意 $T > N$,如果$(F', T) \in K$,那么有 $M|\neq F'$。根据 $DLRKB$ 的构造过程,$C(F)$ 和 $MPR(DM, F)$ 成立,并且有 $R(F, N)$,因此 $MAXSAT^{DK}(DM) >= N$,如果 $MAXSAT^{DK}(DM) > N$,即存在 $T > N$,$MAXSAT^{DK}(DM) = T$,那么根据构造过程,有 $R(F', T)$,$C(F')$,$MPR(DM, F')$,矛盾。所以 $MAXSAT^{DK}(DM) = N$。反之可证,$MAXSAT^{DK}(DM) = N$ 时,$MAXSAT^K(M) = N$。

证明完毕。

如果聚集函数 $MAX(D)$ 当 D 为空时返回 $-\infty$,那么 $MAXSAT^{DK}(DM) = MAX(\exists R^-.(\exists MPR^-.\{DM\} \bigcap C))$,算式得以化简。另外,当 D 为空时,$MAX(D)$ 返回 0 或者负整数,并不影响计算的结果。

值得注意的是,由于描述逻辑的开放世界假设(Open World Assumption),$MAXSAT^{DK}(DM) = -\infty$ 的条件不能简化为 $\exists MPR^-.\{DM\} \bigcap C = \perp$。

获取 DM 中偏好值最大的不被满足的偏好定义如下:

$$MAXUNSAT^{DK}(DM) = -\infty$$ 如果 $\exists MPR^-.\{DM\} \subseteq C.$

$MAX(\exists R^-.(\neg \exists MPR^-.\{DM\} \bigcap C))$, $else.$

定理2 $MAXUNSAT^{DK}(DM)=MAXUNSAT^K(M)$，其中 DK 是根据 K 构造的一个描述逻辑表示的分级知识库，DM 是根据 M 构造的一个模型。

证明同上述定理1。

获取偏好值为 N 的偏好的个数方法如下：

$|DK^N(DM)|=COUNT(\exists MPR^-.\{DM\} \bigcap C \bigcap \exists R.=N)$. COUNT 可以通过获得 $\exists MPR^-.\{DM\} \bigcap C \bigcap \exists R.=N$ 这个概念的实例，然后进行计算。

虽然 COUNT 也能通过聚集函数来实现，但是效率比较差。这里通过得到实例后计算个数，也能方便地进行计算。

4. 偏好策略算子

在描述逻辑表达的分级知识库上的四个算子的运算定义如下：

为了描述的证明和方便，如果 DM_I 是一个模型，用 CDM_I 表示 $\exists MPR^-.\{DM_I\}$；

$DM_1 \geqslant_T^{DK} DM_2$ 当且仅当 $MAXSAT^{DK}(DM_1) \geqslant MAXSAT^{DK}(DM_2)$；

$DM_1 \geqslant_{\dagger}^{DK} DM_2$ 当且仅当 $MAXUNSAT^{DK}(DM_2) \geqslant MAXUNSAT^{DK}(DM_1)$；

如果分级知识库中的每个级别只包含一个公式，那么：

$DM_1 \geqslant_{\subseteq}^{DK} DM_2$ 当且仅当 $MAX(CDM_1 \bigcap C \bigcap \neg(CDM_2)) \geqslant MAX(CDM_2 \bigcap C \bigcap \neg(CDM_1))$；

$DM_1 \geqslant_{\#}^{DK} DM_2$ 当且仅当 $MAX(CDM_1 \bigcap C \bigcap \neg(CDM_2)) \geqslant MAX(CDM_2 \bigcap C \bigcap \neg(CDM_1))$；

定理1 当且仅当 $M_1 \geqslant_T^K M_2$ 时，$DM_1 \geqslant_T^{DK} DM_2$。

证明：当且仅当 $MAXSAT^K(M_1) \geqslant MAXSAT^K(M_2)$ 时，$M_1 \geqslant_T^K M_2$；而根据定理1，$MAXSAT^{DK}(DM)=MAXSAT^K(M)$，结论成立。

定理2 当且仅当 $M_1 \geqslant_{\dagger}^K M_2$ 时，$DM_1 \geqslant_{\dagger}^{DK} DM_2$。

证明：当且仅当 $MAXUNSAT^K(M_2) \geqslant MAXUNSAT^K(M_1)$ 时，$M_1 \geqslant_{\dagger}^K M_2$；而根据定理2，有 $MAXUNSAT^{DK}(DM)=MAXUNSAT^K(M)$，因此结论成立。

定理3 如果分级知识库中的每个级别只包含一个公式，当且仅当 $M_1 \geqslant_{\subseteq}^K M_2$ 时，$DM_1 \geqslant_{\subseteq}^{DK} DM_2$。

证明：先证当 $M_1 \geqslant_{\subseteq}^K M_2$ 时，有 $DM_1 \geqslant_{\subseteq}^{DK} DM_2$。根据定义，$M_1 \geqslant_{\subseteq}^K M_2$（当且仅当对于所有的 N），有 $K^N(M_1)=K^N(M_2)$；或者存在 N 使得 $K^N(M_1) \supset K^N(M_2)$，并且对于所有的 $J>N$，有 $K^J(M_1)=K^J(M_2)$；

(1) 对于所有的 N，都有 $K^N(M_1)=K^N(M_2)$；根据 $K^N(M)$ 的定义 $K^N(M)=\{F \mid (F,N) \in K, M \models F\}$，可得对于任意一个 N，如果有 $F_I \in K^N(M_1)$，那么有 $F_I \in K^N(M_2)$，并且 $M_1 \models F_I$，$M_2 \models F_I$，根据模型定义，有 $CDM_1(F_I)$，$CDM_2(F_I)$，因此 $CDM_1 \bigcap C \bigcap \neg(CDM_2)=\varnothing$，$CDM_2 \bigcap C \bigcap \neg(CDM_1)=\varnothing$，从而 $MAX(CDM_1 \bigcap C \bigcap \neg(CDM_2))=MAX(CDM_2 \bigcap C \bigcap \neg(CDM_1))$，得证。

(2) 如果存在 N 使得 $K^N(M_1) \supset K^N(M_2)$ 并且对于所有的 $J>N$，有 $K^J(M_1)=K^J(M_2)$；对于 $J>N$，根据上面的证明，如果有 $F_I \in K^J(M_1)$，那么有 $F_I \in K^J(M_2)$，并且 $M_1 \models F_I$，$M_2 \models F_I$；对于 N，由于每个级别只有一个公式，所以从 $K^N(M_1) \supset K^N(M_2)$ 可以

得知，存在 F_I，$F_I \in K^J(M_1)$ 并且 $M_1 \models F_I$，但是 $M_2 \not\models F_I$，因此 $MAX(CDM_1 \bigcap C \bigcap \neg(CDM_2)) = N$，而 $MAX(CDM_2 \bigcap C \bigcap \neg(CDM_1)) < N$。得证。

再证当 $DM_1 \geqslant_{\subseteq}^{DK} DM_2$ 时，有 $M_1 \geqslant_{\subseteq}^K M_2$。

（3）设 $MAX(CDM_1 \bigcap C \bigcap \neg(CDM_2)) = N$，$MAX(CDM_2 \bigcap C \bigcap \neg(CDM_1)) = M$，当 $N > M$ 时，对于 $J > N$，如果在 ABox 中，有 (F_I, J)，由于每个级别只有一个公式，那么 $CDM_1(F_I)$，$CDM_2(F_I)$ 要么都在 ABox 中，要么都不在 ABox 中，此时有 $K^J(M_1) = K^J(M_2)$。当 $J = N$ 时，存在 F_I，在 ABOx 中有 (F_I, N)，并且 $M_1 \models F_I$，但是 $M_2 \not\models F_I$，此时有 $K^N(M_1) \supset K^N(M_2)$，因此 $M_1 \geqslant_{\subseteq}^K M_2$ 成立。

（4）设 $MAX(CDM_1 \bigcap C \bigcap \neg(CDM_2)) = N$，$MAX(CDM_2 \bigcap C \bigcap \neg(CDM_1)) = M$，当 $N = M$ 时，此时必然有 $N = M = 0$，否则 $N = M = J$，那么根据 $MAX(CDM_1 \bigcap C \bigcap \neg(CDM_2)) = J$，存在 F_I，在 ABox 中有 (F_I, J)，并且 $M_1 \models F_I$，但是 $M_2 \not\models F_I$；根据 $MAX(CDM_2 \bigcap C \bigcap \neg(CDM_1)) = J$，有 (F_n, J)，并且 $M_1 \models F_n$，但是 $M_2 \not\models F_n$；如果 $F_I = F_n$，显然矛盾，如果 $F_I \neq F_n$，跟每个级别只有一个公式矛盾，因此有 $N = M = 0$。

因此，$DM_1 \geqslant_{\subseteq}^{DK} DM_2$ 当且仅当 $M_1 \geqslant_{\subseteq}^K M_2$。证明完毕。

引理：如果分级机知识库中的每个级别只包含一个公式，那么 $DM_1 \geqslant_{\#}^{DK} DM_2$ 当且仅当 $M_1 \geqslant_{\#}^K M_2$。

证明方法同上。

5. 联结算子

四个联结算子 $\wedge$，$\vee$，$>$ 和 — 的含义在语义网的表示方法中按照联结算子的定义依然保持不变。

在使用 LPD 语句进行查询时，LPD 语句经过词法、语法分析，形成一棵查询树，每一个树节点是一个基本的偏好描述，或者是一个联结算子。基本的偏好描述通过 DIG（DL Implementation Group，http://dl. kr. org/dig/）接口得到模型之间的偏好关系，然后根据联结算子的定义，进行复杂偏好之间的计算。每个基本偏好描述的结构一般都很简单，因此用描述逻辑推理器进行推理时，时间复杂度并不高。

9.4.3　条件偏好

分级知识库并不是一成不变的，这主要表现在两方面，一方面是命题公式 F 以及对应的偏好值 K 可能需要依据其他的条件变化，比如不同的工艺师，有着不同的设计偏好；另外一方面是在一定的条件下，部分模型将不被选择，比如寻找机床时，可以过滤某些企业生产的机床。用描述逻辑来表达偏好的一个好处就是，在选择模型时，可以增加条件限制，对于第一种情况，分级知识库将被改造；对于第二种情况，在定义模型上的序时，增加概念限制，模型上新的序可以定义为：

$DM_1 \geqslant_T^{DK} DM_2$ 当且仅当 $(MAXSAT^{DK}(CDM_1 \bigcap LLC) \geqslant MAXSAT^{DK}(CDM_2 \bigcap LLC))$ && $(CDM_1 \bigcap GLC)$；

$DM_1 \geqslant_K^{DK} DM_2$ 当且仅当 $(MAXUNSAT^{DK}(CDM_2 \bigcap LLC) \geqslant MAXUNSAT^{DK}(CDM_1 \bigcap LLC))$ && $(CDM_1 \bigcap GLC)$。

如果分机知识库中的每个级别只包含一个公式，那么：

$DM_1 \geqslant_{\sqsubseteq}^{DK} DM_2$ 当且仅当 $(MAX(CDM_1 \cap C \cap \neg (CDM_2) \cap LLC) \geqslant MAX(CDM_2 \cap C \cap \neg (CDM_1) \cap LLC))$ && $(CDM_1 \cap GLC)$；

$DM_1 \geqslant_{\#}^{DK} DM_2$ 当且仅 $(MAX(CDM_1 \cap C \cap \neg (CDM_2) \cap LLC) \geqslant MAX(CDM_2 \cap C \cap \neg (CDM_1) \cap LLC))$ && $(CDM_1 \cap GLC)$。

其中 LLC 表示一个限制概念，在选择模型用作去掉某些不感兴趣的因素；GLC 是一个全局限制概念，表示被选择的模型需要达到一定的要求。

例如，在某一次选择机床时，如果对厂家没有偏好，那么 LLC 可以定义为 $\neg (\exists PRODUCE^- . COMPANY)$，其中 $PRODUCE$ 角色表示生产，概念 $COMPANY$ 表示制造商；如果只选择杭州机床生产的机床，那么 GLC 可以表示为 $\exists PRODUCE^- . \{杭州机床厂\}$。限制条件可以是描述逻辑所能进行表示的任意概念，因此，具有较强的表达能力，能够帮助用户在选择目标的时候，更好地表达其愿望。

9.4.4 实例

甲企业需要一批传动轴零件，其加工特征示意图如图 9-6 所示，(注：其中轴两端外圆 Φ24 表面粗糙度要求 12.5(IT12)，中间轴段 Φ52 和各端面表面粗糙度要求为 6.3(IT8)，其余各轴段表面粗糙度要求均为 0.8(IT6))。

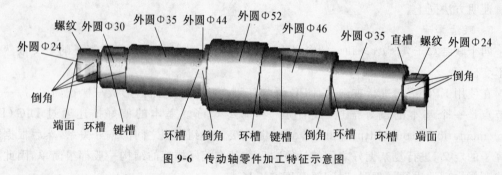

图 9-6 传动轴零件加工特征示意图

但该企业没有加工生产能力，因此通过网络寻找能够加工该零件的工厂，主要要求包括对该零件的加工精度，以及加工的费用和运输的费用。该零件的工序及每道工序都可以用 owl 来描述，下面是传动轴零件加工工艺的部分描述：

```xml
<? xml version= " 1.0 " ? >
<rdf: RDF xmlns= " http://localhost: 8080/example/part.owl# "
xmlns: rdf= " http://www.w3.org/1999/02/22-rdf-syntax-ns# "
xmlns: rdfs= " http://www.w3.org/2000/01/rdf-schema# "
xmlns: owl= " http://www.w3.org/2002/07/owl# "
xml: base= " http://www.localhost: 8080/example/part.owl ">
   ...
   <manufacturingProfile: maxWorkPieceSize>
      <manufacturingConcept: CylindersSize rdf: ID= " CylindersSize ">
        </manufacturingConectp: length
rdf: datatype= " xfd;float "> 700.0</manufacturingConectp: length>
```

```
    <manufacturingConcept: diamether rdf: datatype= " xfd;float "> 300.0
</manufacturingConcept: diameter>
    </manufacturingConcept: cylinderSize>
    </manufacturingProfine: maxWorkPieceSize>
    <manufacturingProfile: precision>
    <manufacturingConcept: surfaceRoughness rdf: datatype= " xfd;float ">   0.00002
    </manufacturingConcept: surfaceRoughness>
    <manufacturingConcept: dimensionalTolerance rdf: datatype= " xfd;float ">   0.001
    </manufacturingConcept: dimensionalTolerance>
    </manufacturingProfile: precision>
    <manufacturingProfile: batchSize rdf: datatype= " xfd;int ">   200
    </manufacturingProfile: batchSize>
    ...
    </rdf: RDF>
```

通过 web service 搜索之后,找到所有符合或者比较符合要求的服务(以 web service 方式提供),根据该企业以前的选择结果以及搜索时的设置,可得到属性相应的偏好值,对于同一道工序,按照工艺属性的偏好,比如表面光滑度,精度,装配时间,费用,加工能力等计算出符合程度。

在进行服务匹配之后,有 5 个加工单位可以提供这些服务,如表 9-6 所示。在匹配的过程中,有两个匹配和排序需要进行推理:

(1) D 企业并没有明确提供外圆 Φ52 所需要的粗加工(Roughing)工序,但是 D 企业提供了铣削(Milling)的功能,而根据机械加工中的知识,粗加工是铣削的一个子功能,因此描述逻辑推理器能够推理得到,D 企业能够进行外圆 Φ52 的加工。

(2) E 企业并没有提供对各道工序加工能力的描述,但是 A 企业在其服务中声明了其拥有 MAZAK 高速精密车床以及其他型号车床,描述逻辑推理器在知识库中得到车床生产产家属性,并在车床产家提供的服务中得到机床各项属性,经过推理可得到该车床满足加工要求。

另外,在匹配和排序的过程中,需要考虑同一概念,不同表达方法的问题,比如单位,表面光洁度和表面粗糙度问题等,这些是 LPD 以及基于逻辑链的偏好表示方法无法解决的。

此时,可以得到该符合该企业加工需求的一个偏好结果 $K_1^{\subseteq}$: $A >_{\subseteq}^K E >_{\subseteq}^K B >_{\subseteq}^K D >_{\subseteq}^K C$ 。

如果该企业有另外一个零件 2 同时需要外协,那么该零件的偏好可以用 $K_2^{\subseteq}$ 来表示,企业希望由同一家工厂进行加工,因此两零件的共同偏好可以表达为, $K_1^{\subseteq} \wedge K_2^{\subseteq}$ 。如果零件 2 的选择权大于零件 1,则可表示为 $K_2^{\subseteq} > K_1^{\subseteq}$ 。在多个零件的情况下同样可以根据企业的需求,用条件算子进行计算。偏好算子的应用可以构造复杂的偏好,能够更好的表达拥护的需求。

表 9-6　企业的各项加工属性与服务需求者偏好企业的匹配程度

偏好属性　　　企业	总加工时间	企业信誉	Φ35	Φ52	两端环槽位置精度
A	5	5	5	3	3
B	4	5	5	3	3
C	3	4	4	3	4
D	4	4	3	2	4
E	5	4	5	4	5

　　用户在选择资源时,需要对某些资源进行过滤,比如对某些不信任的企业,使用条件偏好可以方便地表达此类需求,并且可以对用户选择的条件进行推理,比如企业及其下属企业,企业的地域等。

9.5　小结

　　随着网络的发展,网络的规模急剧的增加,使用传统的描述逻辑推理方式很难处理这些大规模的知识库,为了提高描述逻辑的处理效率,基于网络搜索的特点,本章提出了基于描述逻辑的知识推理优化的方法,总结如下:

　　提出了基于个体的概念包含判断优化。基于个体的概念包含判断优化的思想基于利用以前推理的信息来帮助优化后面的推理。可以利用的信息包括判断 ABox 一致性时产生的推理树,判断 TBox 一致性的推理树。这种方法能够较好地改善小规模的本体库(比如 wine 本体)。并分析了这种方法不适合大规模、高复杂度的描述逻辑知识库的原因(比如 Galen 本体)。其原因在于对于高复杂度的概念表达式,属于该概念表达式的个体相对较少,并且不能够很好地代表该概念表达式的各方面的特征。

　　提出了基于语义计算的个体获取,该部分个体可以快速地返回给个体获取计算请求者,并且该部分结果具有正确性、语义清晰性的特点。提出了基于个体的概念包含近似化计算,提出了基于最大子概念集的概念包含近似计算。为了避免那些高复杂性的可满足性的判断,通过对 TBox,ABox 可满足性计算时间的估算,在计算进行到一定的时间之时,给予终止,来提高计算的效率。并分析了如何在分布式描述逻辑中进行通信、协调,来进行近似化计算。

　　提出了如何利用近似化的方法来处理目前还不能完全处理的描述逻辑 SHOIQ(D) 中的查询问题。对于不同的用户,其个性可以表述为不同的知识,根据这些知识,查询中的不同概念将赋予不同的优先级。针对查询查询图,提出了基于优先级的遍历方法,这种方法,能够有效地提高结果与用户期望的符合程度。介绍了概化技术,概化技术能够有效地减小 ABox 的规模,从而提高描述逻辑推理器的效率,提出了基于概化的近似化技术,并描述了其过程。

描述了定性偏好语言以及分级知识库。定性偏好语言能够较好的描述不同用户的个性和偏好。提出一种将分级知识库从定性偏好语言转化为用描述逻辑表示的方法。使用描述逻辑来表示偏好，能够很好把偏好表示和推理结合在一起，并且条件偏好等可以增加用户的查询能力，提高了用户查询的方便性。

第*10*章 知识服务

　　网络化协同工作环境下,知识管理的重要特征之一是为分散在异地的组织或企业提供了一个结盟和协作环境,通过分工协作,敏捷地适应市场变化,快速提供迎合用户个性化需求的服务,从而实现协作的"共赢",并进而提高区域内组织群体的整体竞争力。在当今的知识经济时代,企业的核心竞争力更多地体现在企业拥有的知识产权上,企业提供的生产能力从深层次来说是知识创造力的外在表现,因而此时的知识管理在一定程度上可以看作是企业之间的知识协作,或者称为知识协同。另一方面,通过知识这个媒介参与协作,可以使得参与知识管理的个体更加广泛,很多小型的研究所、实验室及个人等先进知识的拥有者也可以加入到协作中来,先进的知识及经验得以全面共享,充分体现了网络化协同工作环境的优势。

　　技术上的创新往往会对产业界的生产形态产生积极影响。作为一种松散耦合、可复用的分布式计算模型,日趋成熟的 Web 服务(Web Service)技术在开放性、互操作性、适用性等方面具有强大的优势,已经得到行业的广泛支持,成为企业分布式应用的主流实现标准之一。Web 服务提供的这种分布式计算能力,可以很好地满足知识管理过程中知识协作的需求,因而将知识封装成 Web 服务的形式,即知识服务,就成为了实现上述网络化知识协作的一个非常好的切入点。

　　本章首先给出基于 Web 服务的知识服务概念,接着阐述服务管理实现的关键技术,包括知识服务建模及其有关本体与知识服务的分类、聚类和排序。

10.1　Web 服务与网络化协同工作

　　Web 服务是指一种部署在 Web 上的对象或组件,提供能够完成某种功能的应用和服务,其他应用程序能够通过 Internet 来访问并使用这项在线服务[1,2]。

　　Web 服务统一地封装了数据、消息、行为以及业务逻辑流程等,包括封装遗留系统的各种功能,屏蔽应用系统所使用的设备和环境,从而提供了一个与平台和语言无关的、松散耦合的系统集成环境。同时,Web 服务把一切看成服务,服务的提供方和使用方相互独立,可为企业应用提供粒度较小、松散的业务对接,并且服务接口可动态改变,从而可实现动态、即时的企业应用组合。相比传统的分布式对象模型,如 DCOM、CORBA 等,Web 服务具有互

---

① W3C. W3C Web Services Activity. http://www.w3.org/2002/ws/, 2004.
② 董颖. 知识服务机制研究,博士学位论文,中国科学院研究生院,2003.

操作性好、适用面广、进入屏障低等特点。

Web 服务流程包含了三种角色(服务提供者、服务请求者和服务注册库)和三种操作(发布、查找和绑定)[①]。为了服务请求者便于查找并知道具体使用方法,服务提供者在服务注册库中发布以某种接口形式提供的服务信息,包括服务相关描述和调用接口。当需要使用某种服务时,服务请求者先到服务注册库中去查找是否存在相应的可用服务,如果存在,则根据注册信息中的相应服务接口和提供服务的位置,将自己的应用与其绑定后调用。

为了实现上述流程,XML 需要一系列的协议标准作为支撑。为此,W3C 组织给出了一套 Web 服务标准协议栈,其中最主要的协议有四个:XML、SOAP(Simple Object Access Protocol)、WSDL(Web Service Definition Language)和 UDDI(Universal Description Discovery & Integration)。XML 是协议以及数据的编码基础;SOAP 用于交换 XML 编码信息,即起到线路传输作用;WSDL 用来定义 Web 服务以及如何调用 Web 服务,将 Web 服务描述定义为一组服务访问点,客户端可以通过这些服务访问点对包含面向文档信息或面向过程调用的服务进行访问;UDDI 提供一组用于服务描述和发现的标准规范,提供了在 Web 上描述并发现商业服务的框架。

Web 服务提供的这种基于 Web 的动态信息交换模型[②],已经引起了电子商务领域界的高度重视并得到了广泛应用。同时,它对于网络化协同工作环境下的企业协作来说也具有较高的应用意义,也获得了学术界和工业界的广泛关注。知识管理中有必要引入 Web 服务技术,这是对现有网络化协同工作模式的一种有益补充和扩展。通过这种跨越企业边界的服务方式,能够很好地实现企业间的协作,这是一种新型的企业间网上协作模式,与传统的企业协作方式(如外购、外包、委托设计、委托加工、工序级合作)相比,具有更高效、更便捷的特点,从某种意义上说,是一种更纯粹意义上的网络化协同工作。

目前在网络化协同工作中应用 Web 服务的形式多是将企业的某些业务逻辑组件化,封装成 Web 服务在网上发布,有应用需求的企业在付出相应费用后在线调用这些服务完成自身任务,因而网络化协同工作是通过企业业务逻辑的整合来实现的。基于应用服务提供商(Application Service Provider,ASP)的网络化协同工作服务平台是这种协作方式的典型体现。例如,重庆大学制造工程研究所提出的基于 ASP 的网络化制造平台的构成方案中包括六个层次:网络与数据库层、协议标准层、应用协调层、公共服务层、应用软件工具层和应用系统层[③];浙江大学计算机学院开发的基于 ASP 的网络化制造应用集成服务技术与系统——绍兴轻纺区域网络化制造系统包括六个层次:构造层、连接层、资源层、汇聚层、应用层和门户层[④]。

在网络化协同工作领域中,知识密集型活动占有相当重要的地位。决定企业竞争力高

---

① W3C. W3C Web Services Activity. http://www.w3.org/2002/ws/, 2004.

② Paolucci M., Kawamura T., Payne T. R. and Sycara K.. Semantic matching of Web Services capabilities. In: Proceedings of the 1st International Semantic Web Conference (ISWC2002), Lecture Notes in Computer Science, 2342: 333 - 347, 2002.

③ 范玉顺,刘飞,祁国宁. 网络化制造系统及其应用实践. 北京:机械工业出版社,2003.

④ 郑小林. 基于应用服务提供商(ASP)模式的网络化制造系统若干关键技术研究. 浙江大学,博士学位论文,2004.

低的重要因素之一就在于其拥有先进知识的多寡,而这种知识资源的分布很不平衡,先进的、关键的知识大多集中在研究所、高校、少数企业,甚至少数个人中,其中的某些资源(例如专家头脑中的经验知识)只有以知识的形式提供网上服务参与协作才能比以业务逻辑的形式更加方便、直观和有效。显然,基于 ASP 的网络化协同工作方式未能充分考虑这部分先进知识或经验拥有者参加协作的方式。解决方案是为网络化协同工作环境提供一个知识共享的平台,参与网络化协同工作的个体可以通过这个平台将其拥有的知识封装成知识服务的形式进行发布,这实际上是一个基于知识服务提供商(Knowledge Service Provider,KSP)的网络化协同工作模型。与目前的基于 ASP 的网络化协同工作方法相比,KSP 强调的是知识服务的表达、封装、获取、组合和优化。利用 KSP 技术,知识拥有者,特别是包括没有条件提供业务逻辑实现的知识拥有者,可以通过发布知识服务参与协作,企业由此可以打破由地域引起的"知识壁垒",及时获取并掌握新产品开发所需的各种技术知识,通过组合成知识服务链实现智力资源向经济效益和社会效益的转化,同时实现企业知识资产的增加。这也迎合了知识经济下网络化协同工作环境的本质需求。从本质上讲,基于 ASP 的方法中业务逻辑也是建立在知识的基础上,利用知识进行协作,因而 KSP 可以看作是基于 ASP 网络化协同工作方法的扩展和外延。

10.2 知识服务的运行模式

基于 KSP 的知识服务运行模式主要包括两种。

(1) 知识服务注册(注销)模式。图 10-1 描述的是知识服务注册过程,注销过程与之类似。其中,知识服务提供商(KSP)将发布的知识提交给服务引擎,由后者将其封装成知识服务的形式,并在知识服务目录中注册。为提高网上知识服务检索的准确度,实现对知识服务的自动识别、理解和处理,可以采用语义 Web 上的 Web 服务技术来增强知识服务能力的描述,通过引入本体概念(包括知识本体和服务本体),为知识服务赋予了机器可理解的语义信息。知识服务目录对 UDDI 注册中心进行了语义上的封装,从注册信息中分离出语义信息

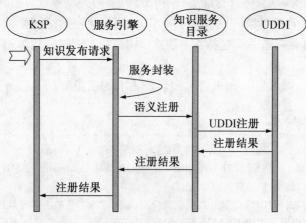

图 10-1　基于 KSP 的知识服务注册模式

并保存在知识服务目录中,同时创建 UDDI 的标准数据结构如 tModel、businessService 等并在 UDDI 注册中心注册,这样既满足了对知识服务能力的语义度量要求,又充分利用了 UDDI 已有的服务注册优势。

（2）知识服务请求模式。图 10-2 描述了这一过程。其中,服务引擎在受理用户提交的服务请求后,对服务进行分解,形成一系列的子服务,然后根据用户输入的各种有关参数,在知识服务目录中对子服务进行语义上的匹配。服务引擎在获取服务请求者对匹配结果的确认后,交由知识服务目录从 UDDI 注册中心获取服务定位信息,并将其反馈给服务引擎。根据定位信息,服务引擎分别调用远程的知识服务,并最终将各服务执行结果进行合成,返回给服务请求者。

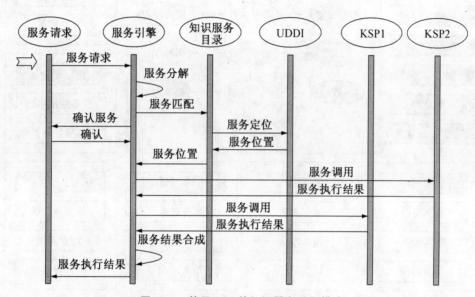

图 10-2　基于 KSP 的知识服务运行模式

10.3　知识服务管理

如图 10-3 所示,知识服务管理包括服务建模、服务注册、服务相似度计算、服务分类、服务聚类、服务排序、服务查找、服务过滤、服务匹配、服务定位、服务组织、服务执行、服务加密、服务监控、服务计费、服务性能维护和服务事务等模块。

服务建模主要内容是 Web 服务的知识化,对该 Web 服务进行语义描述,以及建立相应的服务本体。服务建模是知识服务管理的基础,它完成了以下功能:(1)提供了知识服务的工作部件——Web 服务;(2)提供 tModel 和 BindingTemple 为服务定位、服务执行提供了相应的信息;(3)对 Web 服务进行语义描述并生成了相应的服务本体,为知识服务赋予了机器可理解的语义信息。

服务注册主要维护一个服务注册中心和服务质量数据库。服务注册中心保存 WSDL、XSD、DTD 等服务数据或企业数据。服务数据库保存来自供应商、用户和第三方的服务质

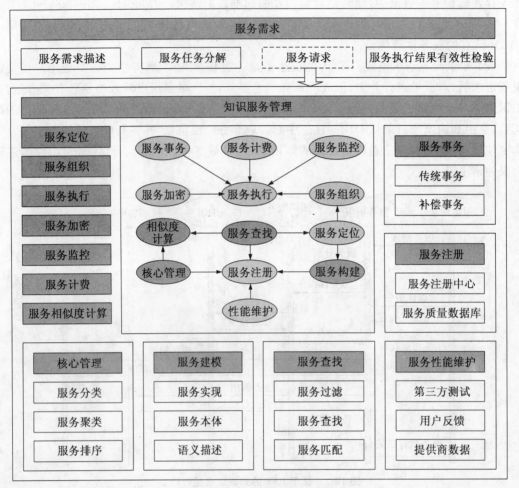

图 10-3　知识服务管理框架

量测试数据,以维护服务的可用性和可靠性。

服务相似度计算为服务管理、服务查找提供可以度量的指标。服务注册后计算服务间的相似度,可以对服务进行聚类、分类操作;服务查询匹配时计算服务和需求间的相似度,可以用相似程度为结果集里的服务进行排序,为用户提供最符合其需求的服务。

服务分类提出一个分类函数或分类模型(分类器),将知识服务映射到给定的分类中。知识服务分类、聚类、排序模块是提高服务查询效率、提高服务查全率、提高服务匹配准确率的核心模块。

服务聚类使得在同一个类中的知识服务之间具有较高的相似度,而不同类间的知识服务差别较大。

服务排序在服务注册中心将注册服务与同一类的知识服务按服务质量、服务安全等排序是数据预处理中重要的一项,可以提高知识服务查找匹配的效率;在知识服务查找匹配时对检索结果中的知识服务按其与所需服务间的相似程度进行排序,可以提高知识服务查找匹配的质量。

　　服务查找可以分为三个过程,首先进行服务过滤,粗略的对服务进行一次筛选,缩小服务搜索空间,提高搜索效率;接着按照用户需求进行服务查找;搜索结果往往会有许多服务满足用户需求,此时进行服务匹配工作,挑选最合适的服务组合。

　　服务定位帮助用户下载已选定的服务 WSDL 或 owl－S 文档,指明服务物理位置及调用方法。

　　服务组织将多个服务组合成工作流,既能组合分散在各企业的服务获得强强联合的优势,又能分散和简化应用逻辑。

　　服务执行模块确认服务执行所需各参数到位,减少服务异常发生;保存服务执行前后的各参数状态,以备异常发生后进行补偿操作。

　　服务加密为服务间传送数据提供加密服务,使数据具有不可复制、不可抵赖、不可篡改等特性。

　　服务监控确保服务正常运行,或在遇到异常时及时发消息给异常处理模块。

　　服务计费为高商业价值服务提供计费使用;欠费终止服务功能。

　　服务事务在发生异常时按需要及时终止服务的执行进行服务回滚或者待服务结束后进行补偿服务。

　　服务性能维护收集来自供应商、用户和第三方的服务质量数据,为服务查询匹配提供重要参考指标;当服务质量小于某个阀值时,对服务供应商提出警告,有利于维护服务的可用性可靠性。

　　服务事务机制使得知识服务在分布式环境中相互协同工作并保持一致,得到可靠的结果和输出。知识事务涉及的实体是分布在网络中不同位置、不同平台上的服务参与者,因此知识服务事务比传统事务更松散,更灵活,更复杂,并不严格地遵循传统事务 ACID 原则。

　　服务建模、服务相似度计算、服务分类、服务聚类、服务排序和服务查找匹配是服务管理的核心功能。在本章的后续几节,作者将对服务建模、服务相似度计算、服务分类、服务聚类、服务排序方法进行探讨。

10.4　知识服务建模

　　知识服务的概念是随着知识经济和服务经济的发展而跃入人们视野的,并且结合语义Web、知识网格(Knowledge Grid)[①]的发展,展现了广阔的发展前景,与知识服务相关的研究工作正在逐步开展起来。

　　董颖[②]从 IT 角度对知识服务的概念作了界定:指将知识资产转化成知识产品及服务,通过 Internet 对知识产品和服务加以销售和推广,并且在同用户进行交互的过程中,基于知识为用户提供服务;同时,给出了知识服务包模型,研究了由知识模型向知识服务模型映射

---

　　①　Zhuge H.. Semantics, Resource and Grid. Future Generation Computer Systems, 20 (1): 1－5, 2004.

　　②　董颖. 知识服务机制研究,博士学位论文,中国科学院研究生院,2003.

机制。Woitsch 等人[①]给出了一个基于 KM - Service 的知识管理系统,其中强调了语义服务(Semantic Service)的重要性。Chen 和 Wu[②] 研究了一个开放式的知识服务架构,可以用来在语义 Web 上构建大规模知识系统。Chen 等人[③]开发了一个通用的知识服务体系结构,为分布式计算提供知识支持。

目前知识服务研究的主要方向之一是同语义 Web 技术结合,实现知识服务的深层次语义表达,赋予机器可以理解的语义,使得知识服务的主动发现、有效检索、智能推理成为可能,从而克服了以往 SOAP - WSDL - UDDI 架构下的 Web 服务语义层次低,服务检索以关键字匹配为主,准确率低等不足。通过本体来驱动知识服务的表达、获取、检索,完全可以覆盖知识服务构造和管理的需求,因而为基于 KSP 的网络化协同工作模型建立了一个很好的平台,提供了良好的实现支撑。

10.4.1 知识服务模型定义

本节定义了一个比较通用的知识服务模型,主要从以下三方面考虑:

(1)采用服务本体对知识服务的服务内容、服务功能和服务能力进行描述,使之语义清晰化,利于机器理解并实现智能推理。

(2)采用知识本体对封装的知识进行语义概念描述,支持语义检索,提高服务检索的准确率。

(3)充分利用和整合现有 Web 服务机制的优势,对服务调用接口、调用格式、使用协议等底层信息加以详细描述。

下面,整合 owl - S 本体结构[④]和知识服务内在特点给出知识服务模型的形式化定义。

基于对 Web 服务的知识化扩展,知识服务是一个由知识本体概念实例构成的三元组 KS =(Service_Profile,Process_Model,Service_Grounding),其中:

Service_Profile 描述服务功能,即服务能做什么,定义为 Service_Profile =(General,Input,Output,Preconditions,Operation,Effect),General 为总体信息,包括服务名称、服务描述、服务创建者信息、服务有效时间、费用等;Input 为服务输入;Output 为服务输出;Preconditions 为服务执行的先决条件;Operation 为知识处理操作,Operation ∈{ 知识浏览,知识计算 },知识浏览将知识的描述反馈给用户,知识计算则是利用知识对服务输入进行问题求解,得到服务输出的操作,这两种知识处理操作还可以进一步细分,知识浏览包括

---

① Woitsch1 R., Höfferer P. and Karagiannis D.. A Meta-service framework for knowledge management. In: Proceedings of the 5th International Conference of Practical Aspects of Knowledge Management (PAKM 2004), Vienna, Austria, December 2 - 3, pp. 433 - 440, 2004.

② Chen H. J. and Wu Z. H.. OKSA: an open knowledge service architecture for building large scale knowledge system in semantic Web. In: Proceedings of the IEEE International Conference on Systems, Man and Cybernetics, pp. 4858 - 4863, 2003.

③ Chen L., Cox S. J., Goble C., Keane A. J., Roberts A., Shadbolt N. R., Smart P. and Tao F.. Knowledge services for distributed service integration. In: Proceedings of UK e-Science all-hands meeting, pp. 27 - 29, Sheffield, UK, 2002.

④ http://www.daml.org/services/owl-s/1.0/owl-s.html,2003.

"信息提供"、"知识出版"、"报告"、"新闻提供"等,知识计算包括"统计"、"计划"、"建议"、"记录"、"解决问题"、"问题回答"等[①];Effect 为服务效果。

Process_Model 描述服务的实现过程,是由 AtomicProcess、SimpleProcess 和 CompositeProcess 组成的序列,该序列包含以下控制结构：Sequence、Split、Split＋Join、Choice、Unordered、Condition、IF-Then-Else、Iterate、Repeat-While 和 Repeat-Until 等。

Service_Grounding 描述一个软件 Agent 如何访问知识服务,在本章给出的基于 KSP 的网络化知识协作模型中,Service_Grounding 采用 WSDL 协议作为服务访问接口协议,具体采用 Types、Message、Operation、PortType、Binding、Port 和 Service 7 类元素。

在上述定义中,Service_Profile 描述了知识服务的能力,是知识服务搜索和匹配的依据;Process_Model 和 Service_Grounding 确定了知识服务的运行机制,为支持机器理解的自动处理提供实现基础。

在模型中主要存在四种本体：知识本体、知识服务本体、服务质量本体、服务计量与统计本体。如图 10-4 所示,知识服务本体用于对知识服务进行服务能力上的语义标注;知识本体对封装的知识中所涉及的概念、关系进行综合,抽象出对知识概念及关系的一致的看法;服务质量本体用于评价服务的可靠性;服务计量与统计本体用于服务记帐计费。知识本体的有关内容已经在前面的章节中探讨过了,下面具体介绍其他三类本体。

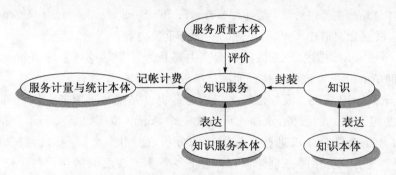

图 10-4　知识服务模型中的本体、知识、知识服务

10.4.2　知识服务本体

知识服务本体的目标是对知识服务进行语义上的标注,以刻画其服务能力,并使之拥有机器可以理解的语义,弥补现有 Web 服务机制的缺陷。现有 Web 服务机制存在缺陷是因为其在服务表达上存在着先天不足,直接导致 Web 服务理解、检索、推理等多方面的欠缺。具体来说,WSDL 对 Web 服务具体调用接口方面的表达较为细致,但没有提供高层的服务描述信息;当 Web 服务在 UDDI 注册中心发布时,虽然能够提供一些关于企业概况和服务所属的行业分类信息,但对于 Web 服务功能方面的表达不足,尤其缺乏如服务能力等方面的描述,因此当需要查找具有某种功能的 Web 服务时就很困难,搜索的准确率低,需要大量的人工干预。

---

　　① 　Dong Y. and Li M..　HyO－XTM：a set of hyper-graph operations on XML Topic Map toward knowledge management.　Future Generation Computer Systems,20 (1)：81－100,2004.

目前,研究为 Web 服务提供语义标注能力的典型项目有:Swiss 系统,是浙江大学学者蔡铭开发的制造资源检索系统,用于在网络化制造环境下制造资源智能发现,其中给出了一个网络化制造服务本体[①];DAML - S,是由 DAML Service Coalition 开展的基于 DAML + OIL 语言,旨在为软件代理提供可理解的 Web 服务本体,从而使 Web 服务的自动定位、选择、组合、调用和监控成为可能[②];DAML - S 的后续版本 owl - S,在服务描述、服务处理过程、服务通信等方面进行了改进和加强[③]。

经过分析比较,在所提出的知识服务模型中,作者采用了 owl - S 作为知识服务本体,主要基于以下考虑:

(1) owl - S 是目前影响最广的语义 Web 上的服务语义描述标准,语义表达能力强,被广泛应用到语义 Web 的智能应用上,因而有利于网络化协同工作环境中知识服务模型与其他应用的集成。

(2) owl - S 不仅支持简单服务的调用,而且擅长于支持由多个基本服务组合成的复杂服务的自动发现、自动调用、自动组合和互操作等功能,因而适应于处理形式灵活多样的网络化协同工作知识服务;

(3) owl - S 重用了 WSDL 的已有工作和基于 WSDL 的消息传递机制,因而有利于对已有 Web 服务的提升和重用。

owl - S 本体结构主要包括 3 个类,即:ServiceProfile、ServiceModel 和 ServiceGrounding[④]。这 3 个类的实例根据分别描述了 Web 服务的一部分重要内容:

(1) ServiceProfile 描述"服务做了什么",主要是为一个寻找服务的 Agent 提供有关信息类型来帮助 Agent 决定该服务是否能满足 Agent 的需求。

(2) ServiceModel 描述"服务是怎么工作的",也就是描述了服务在执行时将会发生什么。对于那些组合形式的服务,该描述可能被一个 Agent 依照以下 4 种不同的方式使用:① 对于该服务是否符合要求进行更深层次的分析;② 由多个服务给出组合服务的描述用于完成一个任务;③ 在服务创建阶段,完成多个参与者之间的协同;④ 监控一个服务的执行。

(3) ServiceGrounding 指定了一个 Agent 如何访问一个服务的细节,包括消息格式、通信协议以及其他如端口号等和服务相关的细节。

可以看出,知识服务模型是整合 owl - S 本体结构和知识服务内在特点而构成的,因而非常适于使用 owl - S 来表达。例如,对于工艺知识服务"热轧圆钢车削加工余量计算",使用 owl - S 表达如下(Service_Profile 部分):

```
<rdf:RDF xmlns:rdf= " http://www.w3.org/1999/02/22 - rdf - syntax - ns# "
        xmlns:rdfs= " http://www.w3.org/2000/01/rdf-schema# "
        xmlns:owl= " http://www.w3.org/2002/07/owl# "
```

---

① 蔡铭,林兰芬,董金祥.制造资源智能检索系统研究与实现.计算机辅助设计与图形学学报,16(4):542 - 548,2004.

② http://www.daml.org/services/daml-s/2001/05/,2001.

③、④ http://www.daml.org/services/owl-s/1.0/owl-s.html,2003.

```
                  xmlns:profile= " http://www.daml.org/services/owl-s/1.0/Profile.owl# "
… …
<profileHierarchy: yuliangComputing rdf:ID= " Profile_xialiao_Service ">
  <service:presentedBy rdf:resource= " http://localhost/Service.owl# yuliangService " />
  <profile:has_process rdf:resource= " http://localhost/Process.owl# yuliangProcessModel " />
  <profile:serviceName> 热轧圆钢车削加工余量计算</profile:serviceName>
  … …
    <profile:hasInput rdf:resource= " http://localhost/Process.owl# 零件外圆直径" />
    <profile:hasInput rdf:resource= " http://localhost/Process.owl# 零件长度" />
    <profile:hasPrecondition rdf:resource= " http://localhost/Process.owl# 外圆粗糙度" />
  <profile:hasEffect rdf:resource= " http://localhost/Process.owl# 精车" />
  <profile:hasOperation rdf:resource= " http://localhost/Process.owl# 知识计算" />
  <profile:hasOutput rdf:resource= " http://localhost/Process.owl# 车削加工余量" />
</profileHierarchy: yuliangComputing>
… …
</rdf:RDF>
```

与通常应用服务概念不同的是,知识服务 KS 在采用本体描述服务能力外,将知识处理操作也纳入服务描述中,这不仅澄清了服务的知识属性,也增加了知识服务的可利用程度。例如,在上述服务实例中,如果提供者提供的是"热轧圆钢车削加工余量计算知识浏览"服务,在系统在检索不到"知识计算"服务时,可以将该"知识浏览"服务推送给用户,用户可通过学习并掌握获得的知识,解决自己的设计问题。

10.4.3　服务质量本体

服务质量(QoS)是知识服务可用性和可靠性评价的重要指标。Internet 的动态性和不可预知性引起通信模式的变化、拒绝服务攻击、基础构造失效及 Web 协议的低性能,迫使应用程序争用不足的网络资源,产生了对 QoS 标准的需求。知识服务中 QoS 主要指的是知识服务的非功能性属性,主要表现在以下几方面:

(1)可用性。可用性是质量的一个方面,指知识服务是否存在或是否已就绪可供立即使用,表示服务可用的可能性。较大的值表示服务一直可供使用,而较小的值表示无法预知在某个特定时刻服务是否可用。与可用性有关的还有修复时间(Time-To-Repair,TTR),表示修复已经失效的服务要花费的时间。理想情况下,较小的 TTR 值是合乎需要的。

(2)可访问性。可访问性是服务质量的一个方面,表示能够为知识服务请求提供服务的程度。它可以表示为一种可能性尺度,用来表示在某个时间点上成功地实例化服务的成功率或机会。知识服务可用但却无法访问这种情形是可能存在的,可以通过构建一个可高度伸缩的系统使知识服务得到很高的可访问性。可伸缩性是指不管请求量如何变化,都能够始终如一地为请求服务的能力。

(3)完整性。完整性是质量的一个方面,指知识服务如何维护交互相对于最初情况的正确性。适当地执行知识服务事务会实现正确的交互。一个事务是指一系列将被当作单个工作单元的活动。要使事务成功,必须完成所有的活动。如果一个事务未完成,那么所做的全部更改都被回滚。

（4）性能。性能是知识服务质量的一个方面，可以根据吞吐量和延迟对其进行测量。吞吐量的值较大且延迟的值较小表示知识服务性能良好。吞吐量表示在给定时间段内被服务的知识服务请求数。延迟是发送请求和接收响应之间的往返时间。

（5）可靠性。可靠性是知识服务质量的一个方面，表示能够维护服务和服务质量的程度。每月或每年的失效次数是衡量知识服务可靠性的尺度。在另一种意义上，可靠性是指服务请求者和服务提供者发送和接收的消息的有保证和有序的传送。

（6）常规性。常规性是质量的一个方面，指知识服务与规则、法律一致，遵循标准和已建立的服务级别协议。知识服务使用许多标准，例如 SOAP、UDDI、WSDL 和 owl‐S。要正确调用服务请求者请求的服务，就必须严格遵守服务提供者所提供的正确版本的标准（例如，SOAP 版本 1.2）。

（7）安全性。安全性是知识服务质量的一个方面，通过验证涉及的各方、对消息加密以及访问控制来保证机密性和不可抵赖性。由于知识服务调用是发生在 Internet 上，其安全性更加重要。根据服务请求者的不同，服务提供者可以用不同的方法来提供安全性，所提供的安全性也可以有不同的级别。

纵观国内外出现的众多服务质量评价模型，对上述方面的评价或多或少的存在着不足。一些方法[1,2,3,4]中只提及了描述服务质量众多参数中时间（Time）这一个参数。一些方法[5,6,7]中除了时间参数，还提到了耗费（Cost）。一些方法[8,9]中构建的模型已经考虑了三

---

[1] Kao B. and GarciaMolina H.. Deadline assignment in a distributed soft real-time system. IEEE Transactions on Parallel and Distributed Systems，8（12）：1268－1274，1997.

[2] Bussler C.. Workflow instance scheduling with project management tools. In：9 th Workshop on Database and Expert Systems Applications DEXA'98, Vienna, Austria, IEEE Computer Society Press，pp. 753－758，1998.

[3] Marjanovie O. and Orlowska M.. On modeling and verification of temporal constraints in production workflows. Knowledge and Information Systems，1（2）：157－192，1999.

[4] Son J. H., Kim J. H. and Kim M. H.. Deadline allocation in a time-constrained workflow. International Journal of Cooperative Information Systems（IJCIS），10（4）：509－530，2001.

[5] Klingemann J., Wasch J. and Aberer K.. Deriving service models in cross-organizational workflows. In：Proceedings of RIDE-Information Technology for Virtual Enterprises（RIDE－VE'99），Sydney，Australia，1999.

[6] Damen Z., W. Derks, Duitshof M. and Ensing H.. Business-to-business e-commerce in a logistics domain. In：The CAiSE＊00 Workshop on Infrastructures for Dynamic Business-to-Business Service Outsourcing, Stockholm, 2000.

[7] Grefen P., Aberer K., Hoffner Y. and Ludwig H.. CrossFlow：cross-organizational workflow management in dynamic virtual enterprises. International Journal of Computer Systems Science & Engineering，15（5）：227－290，2000.

[8] Stalk G. and Hout T. M.. Competing Against Time：How Time-Based Competition is Reshaping Global Markets, New York：Free Press，1990.

[9] Rommel G.. Simplicity Wins：How Germany's Mid-Sized Industrial Companies Succeed, Boston，Mass.：Harvard Business School Press，1995.

个参数：时间、耗费及质量（Quality）。Garvin 方法[①]中将参数质量细分为八个参数，包括性能和可靠性等。Cardoso 等人的方法[②]中提及的模型与 Swpcsmms 比较相似，有时间、耗费、可信度（Fidelity）和可靠性（Reliablility）四个参数。

本节中作者给出了更综合、全面的服务质量模型定义，如图 10-5 所示。

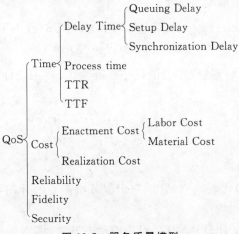

图 10-5　服务质量模型

服务质量本体定义如下：

QoS＝＜Time，Cost，Reliability，Fidelity，Security＞，其中：

（1）Time：时间是衡量服务质量的一个重要指标，一般情况下总是希望一个服务耗费时间越短越好。配置时间的缩短，意味着可以在更短的时间得到新产品，增强企业竞争力。同时，缩短服务时间也意味着可以提高系统的响应速度。缩短服务时间可以从以下几方面入手：

● 缩短延迟时间（Delay Time，DT）。延迟时间包括队列延迟时间（Queuing Delay，QD）、初始化延迟时间（Initializing Delay，ID）和同步延迟时间（Synchronization Delay，SD）。队列延迟时间是新的请求在请求队列开始排队到允许执行该服务之间的延迟，该延迟没有任何价值，应该尽量缩短。初始化延迟时间是指从允许开始执行该服务到完成初始化工作真正开始执行服务之间的延迟，该延迟属于必要开销。同步延迟是指服务进行中等待其他参数或其他进程结果所耗费的时间，该耗费属于必要开销，调整分布系统和改进同步进程关系可以有效缩短该延迟。

● 服务执行时间（Process Time，PT）。服务执行时间是真正开始执行服务到服务执行结束所耗费的时间。

● 修复服务时间（Time To Repair，TTR）。修复服务时间指服务执行中出现异常后，修复该异常所需耗费的时间。修复异常所耗费的时间跟异常的种类有关，此处修复服务时间

---

①　Garvin D. A.. Managing Quality：The strategic and Competitive Edge，New York：Free Press，1988.

②　Cardoso J.，Sheth A. and Miller J.. Workflow Quality Of Service，Technical report，LSDIS Lab，Computer Science，Univiersity of Georgia，USA，March 2002.

取修复异常的平均时间。统计异常修复时间只计算最终能被修复的异常所耗费的时间,不包括修复异常,但最终该异常未能修复所耗费的时间。

● 修复失败时间(Time To Failure,TTF)。未能修复的异常所耗费时间定义为修复失败时间。

综上,服务耗费时间可以定义如下:

$$Time(t) = DT(t) + PT(t) + TTR(t) + TTF(t)$$

$$DT(t) = QD(t) + ID(t) + SD(t)$$

(2) Cost:知识服务执行过程中会消耗一些资源,Cost 中统计除时间以外其他资源的消耗,定义如下:

$$Cost(t) = EC(t) + RC(t)$$

$$RC(t) = LC(t) + MC(t)$$

其中,

EC(Enactment Cost)代表建立、管理知识服务所需要的开销,该开销为静态开销,可以视为常量;

RC(Realization Cost,RC)是与 EC 对应的动态开销,即初始化、执行、监控知识服务所需的开销。其消耗的资源包括,人力资源(Labor Cost,LC)、系统资源(Material Cost,MC)。人力资源消耗是指在知识服务执行过程中需要人工执行或需要人机交互执行部分的人力资源消耗,如可行性验证服务中人工验证部分需要专家参与,其消耗的人力资源计算在 RC 中;系统资源消耗统计知识服务执行过程中占用系统资源的数量,包括占用 CPU 时间、占用内存数、占用端口数等。

(3) Reliability:知识服务执行结果可以分为两类,执行成功(done/committed)或执行失败(failed/aborted)。按 krishnakumar 与 Sheth 方法[1]中模型,故障率可表示为一个给定的连续时间段内,故障发生的的频率:

$$Reliability(t) = 1 - failureRate(t)$$

Goel[2] 指出故障率可以用领域模型、时间模型、失败统计模型、失败种子模型来模拟得到。Ireson 等人[3]介绍了可以用于 QoS 的多种软件可靠性模型。在另一种意义上,可靠性是指服务请求者和服务提供者发送和接收的消息的有保证和有序的传送。

(4) Fidelity:可信度是衡量知识服务执行效果的指标,因为执行效果评价是感性的、主观的,可信度很难度量。鉴于将主观问题数值化比较困难[4],在领域专家的帮助下,一个数值

---

① Krishnakumar N. and Sheth A.. Managing heterogeneous multi-system tasks to support enterprise-wide operations. Distributed and Parallel Databases Journal 3 (2):155 - 186,1995.

② Goel A. L.. Software reliability models:assumptions, limitations, and applicability. IEEE Transactions on Software Engineering, 11 (12):1411 - 1423,1985.

③ Ireson W. G., Jr. C. F. C. and Moss R. Y.. Handbook of Reliability Engineering and Management, New York:McGraw Hill, 1996.

④ Tversky A. and Kahneman D.. Judgement under uncertainty:heuristics and biases. Science, 185:1124 - 1131,1974.

到主观评价之间的映射表①是一个不错的解决方案。

表 10-1 安全性映射表

用户级别	安全级别
Level 1	Low
Level 2	Medium-Low
Level 3	Medium
Level 4	Medium-High
Level 5	High

（5）Security：安全性依用户级别不同，其安全级别也不同，如表 10-1 所示，如根据个人用户、企业用户、政府用户、军工用户等提供相应级别的安全保证。

知识服务的服务质量管理系统体系结构如图 10-7 所示，可以分为三层：用户层、代理层和服务提供商层。用户层和服务提供商层即所有用户和服务提供者的集合。而代理层由三个部分组成：UDDI 注册中心、模糊排序服务和第三方评测机构。

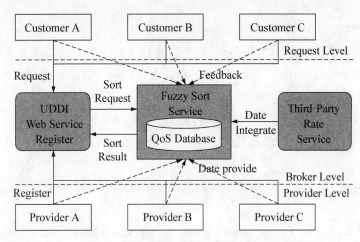

图 10-7 知识服务质量管理系统体系结构

服务质量模型中的数据来源于三个方面，在图 10-7 中用虚线箭头表示：知识服务提供者注册到服务质量数据库中的数据，用户执行知识服务后的实测数据和反馈意见，第三方评测数据。

知识服务提供者在把知识服务注册到 UDDI 上时，同时也将该知识服务的服务质量参数注册到模糊排序服务所用的数据库上。在服务端测试统计服务质量的几个参数具有便利、准确、及时和完备等优势。可以要求服务提供者为其提供的数据签署服务级协议（Service Level Agreement，SLA），更好地确保服务提供者和用户的双方的权益。

---

① Miles M. B. and Huberman A. M.. Qualitative Data Analysis：an Expanded Sourcebook，Thousand Oaks，California：Sage Publications，1994.

用户执行知识服务后将实测数据和反馈意见及时提交到服务质量数据库也是服务质量模型中数据的重要来源。用户实测数据随着用户数增大和知识服务执行次数增多越来越接近真实值,具有很高的参考价值,尤其是用户反馈意见,可以让后续用户做出更为实际的判断。

第三方评测数据是服务质量模型中数据的重要来源,由专业评测机构取得的数据具有客观、公正、可比性强等优势。

10.4.4 服务计量与统计本体

当前发布的知识服务基本上都是免费的,因此尚无法对其价值进行衡量。随着知识服务的进一步发展、可用知识服务的急剧增加、能提供更高价值的服务的出现,面向商业知识服务提供者的商业模型会受到越来越多的瞩目和讨论。由于知识服务并不依赖于浏览器,因此用点击率模型、完成交易模型、广告模型来计量和统计的方法在这一新环境中或多或少会失去意义,必须使用一个新的模型来完成计量统计任务。

1. 计量统计本体

计量统计本体定义如下:

Acct=<PR, RE, CO, MT, PRO>,其中:

PR:服务提供者(Provider),提供服务,并将它们通过注册方进行发布。

RE:服务请求者(Request),通过服务中介者查找所需的服务并通过服务提供者绑定到服务。

CO:合同(Contract),涵盖了服务惯例的所有属性以及提供者和请求者如何对其进行使用,它的订立为计量服务的使用建立了基础。合同还可包含使用知识服务的环境先决条件。

MT:计量收费模式(Meterage Type),包括点击付款/付费使用模式、预定模式、租用模式

PRO:服务级别协议(Service Level Agreement)或其等效协议(Protocol)订立合同的,这表明双方对合同达成一致意见。合同可以表示为一个五元组:

Contract=<TY, POV, CA, LA, SE>,其中:

TY:合同的类型(Type),长期的、临时的、限期的、无限期的等。

POV:合同有效期(Period of Validity),合同的生效日期和终止日期。

CA:日历模型(Calendar),服务使用高峰时间段、服务使用低谷时间段、工作日、休息日、优惠时段、免费计划等对计量统计有影响的时间因素在日历上的表示。

LA:提供服务的数量限制(Limits to the Amount),规定了所提供服务的数量限制。

SE:加密(Security)与认证的签名或证书。计量与统计服务通过证书的内部使用将合同中详细说明的请求者与提供者之间的关系存储起来。这对于记账用途来说特别重要,从而可以避免对服务请求者的错误收费。服务请求者在使用有合同的服务时必须同时使用一个带签名的 SOAP 消息。

2. 计量统计组件系统构架

计量统计系统构架图如 10-8 所示,由以下组件构成:知识服务器(Knowledge Server)、应用服务器(Application Server)、SOAP 服务器(SOAP Server)、计量与帐单服务器(Accounting and Bill presentment Server)、计量数据库(Account Database)、网络服务合同(Web Service Contracts)和能完成各种功能的知识服务。其大致工作机理如下:

知识服务器接受用户请求,将其发送给应用服务器。应用服务器中的 SOAP 服务器分析请求涉及哪些知识服务器,并查看是否存在合同;如果存在合同,并且调用的服务不是免费的,服务提供者就会向计量服务发送一个"记录用户起始时间"的请求。这一请求携带着服务请求者的用户标识,可供计量服务作为关键字用来为该用户查找统计模型及当前计量数据。作为对"记录用户起始时间"的响应,计量服务可能会指出当前不允许客户使用请求的服务,或者已经超过了最大使用量。在得到肯定的响应时,服务提供者会执行请求的服务,并且会在执行结束后用"记录用户结束时间"的请求通知计量服务。计量结果存储于数据库中,备日后查询。服务提供者可以随时通过请求统计和账单服务器得到客户方的统计数据供记账使用。

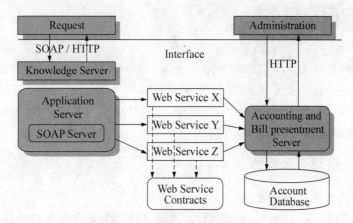

图 10-8　计量统计组件系统构架

3. 服务计量统计执行步骤

如图 10-9 所示是一个经过认证的服务请求者是如何请求可记账的服务的。服务请求者与服务提供者之间有一个有效合同。服务提供者利用过滤器来检查请求者的权限,并与计量服务提供者进行交互,然后该过滤器在 SOAP RPC 调用过程中集成数字签名。服务请求计量过程中执行了下列步骤:

(1) SOAP 绑定(SOAP Bind)请求服务提供者提供的知识服务。

(2) 服务提供者过滤器使用提供的签名来检查服务请求者的认证,并在万一没有认证的情况下给出一个 SOAP 错误(SOAP Fault)响应 2.1。

(3) SOAP 请求被发送给计量服务提供者,请求其对知识服务进行计数,而计量服务提供者根据合同的详细信息验证服务提供者的请求 3.1,并开始计数。

(4) 服务提供者执行服务。

(5) 知识服务完成。

（6）SOAP 请求消息被发送到资源计数器以停止计数。

（7）SOAP 响应消息被发送到服务请求者，表明服务已经完成，并返回结果。

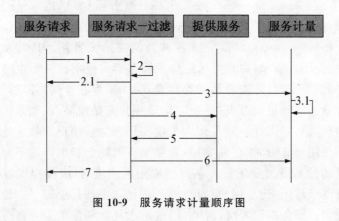

图 10-9　服务请求计量顺序图

10.5　知识服务聚类

将知识服务分组成为由类似的服务组成的多个类的过程称作知识服务聚类。知识聚类使得在同一个类中的知识服务之间具有较高的相似度，而不同类间的知识服务差别较大。知识服务聚类是知识服务管理中重要组成部分，可以减小知识服务查找的搜索空间，提高匹配精度，实现更准确而高效的知识服务查找。

10.5.1　知识服务聚类方法

知识服务聚类大体可以分为以下 5 种。

（1）划分聚类法（partitioning method）。将给定的 n 个知识服务划分到 k 个组中，其中 $k \leqslant n$，并满足：每个组至少包含一个知识服务，每个知识服务只属于一个组。初始时先将 n 个知识服务任意划分到 k 个组中，然后尝试在划分间移动知识服务来改进划分。好的划分的标准是：同一个组中的知识服务尽量相似；不同组的知识服务尽可能远离。为了达到全局最优，最坏情况下需要穷举所有可能的划分，通常可以采用 k-平均或 k-中心点这两个启发式算法来压缩搜索空间。k-平均算法中每个组的属性用每组中知识服务属性值的平均值来表示；k-中心点算法中每个组的属性用每个组中最接近聚类中心的知识服务的属性值表示。

（2）分层聚类法（hierarchical method）。通过一系列连续合并操作将相互之间接近的组合并在一起形成较大的组，直至最后所有知识服务包含在同一个组内，称为凝聚分层聚类。反之，先将所有知识服务放在一个组中，然后尝试将此组分类成更小的组，接着继续分裂那些更小的组，直至所有知识服务单独处于一个组中，称为分裂分层聚类。分层聚类的优点是不必事先给定划分的数量，可以取任意划分的分层聚类结果。

（3）密度聚类法（density-based method）。大部分划分方法基于对象之间的距离进行聚类,通常只能发现球状的组,而在发现任意形状的组上将遇到困难。密度聚类法可以发现任意形状的组,其主要思想是:只要临近区域的密度超过某个阀值,就继续聚类。计算某组中每个知识服务的 e-邻居(距离小于 e,e 为用户给定参数)的个数,如果一个知识服务的 e-邻居的个数大于阀值,那么就将这个知识服务引入当前组,继续刚才的步骤,直至没有新的知识服务可以引入,这个组就聚类结束了。当初始给定的 n 个知识服务都属于某个组时,整个密度聚类过程也完成了。

(4) 基于网格聚类法(grid-based method)。基于网格的方法把知识服务空间量化为有限数目个单元进行聚类,这种方法效率高,与知识服务的数目无关,仅和单元数有关。

(5) 神经网络聚类法(neural network)。神经网络方法将每个组描述为一个样本,样本作为聚类的"原型",不一定对应某个特定的知识服务。根据相似度计算新的知识服务可以分配到与某样本最相似的组。

这 5 种聚类方法各有优势:划分法简单易理解易操作,分层聚类无需预先指定划分的数量,密度聚类可以发现不规则形状的聚类,基于网格方法运行时间跟知识服务的数量无关,神经网络对二维或三维空间种可视化高维数据聚类非常有效。

限于篇幅,本书重点讨论知识服务模糊聚类,知识服务模糊聚类属于划分聚类法中的一种。模糊聚类方法在处理数据相似性系数时更精确,其聚类结果的解释更易于被人接受。

10.5.2　知识服务模糊聚类

模糊聚类是按照事物间的相似性进行区分和分类的过程,给出基于本体的知识服务模糊聚类算法的关键是确定知识服务间的相似性程度。在本书中知识服务语义化描述后,可用来聚类的参量数量过于庞大,因此作者仅以知识服务的服务描述 S_d、服务质量 QoS、输入参数 I_s、输出参数 O_s 间的相似程度来计算服务相似度。由此,服务间的相似度可表示为公式 1。其中,$\text{Similarity}_{S_d}(s_i,s_j)$、$\text{Similarity}_{QoS}(s_i,s_j)$、$\text{Similarity}_{I_s}(s_i,s_j)$、$\text{Similarity}_{O_s}(s_i,s_j)$ 分别对应 S_d、QoS、I_s、O_s 的相似度计算,w_{S_d}、w_{QoS}、w_{I_s}、w_{O_s} 为 S_d、QoS、I_s、O_s 间相似性权重。

公式 1

$$r_{ij} = \frac{w_{S_d}\text{Similarity}_{S_d}(s_i,s_j) + w_{QoS}\text{Similarity}_{QoS}(s_i,s_j) + w_{I_s}\text{Similarity}_{I_s}(s_i,s_j) + w_{O_s}\text{Similarity}_{Os}(s_i,s_j)}{4 \times (w_{S_d} + w_{QoS} + w_{I_s} + w_{O_s})}$$

$1 \leqslant i < j \leqslant n$(假设共有 n 个知识服务,r_{ij} 计算两知识服务 s_i 和 s_j 的相似度)。

公式 2

$$\text{Similarity}_{S_d}(s_i,s_j) = \begin{cases} \text{SemS}(s_i,s_j) & s_i(S_d.\text{Flag})=0, s_j(S_d.\text{Flag})=0 \\ \text{Similarity(} & s_i(S_d.\text{Flag})=0, s_j(S_d.\text{Flag})=1 \\ \quad s_i(S_d.\text{ServiceDescription}), & s_i(S_d.\text{Flag})=1, s_j(S_d.\text{Flag})=0 \\ \quad s_j(S_d.\text{ServiceDescription})) & s_i(S_d.\text{Flag})=1, s_j(S_d.\text{Flag})=1 \end{cases}$$

$\text{Similarity}_{S_d}(s_i,s_j)$ 计算两知识服务 s_i 和 s_j 服务描述间的相似度,如公式 2 所示,S_d 标

志位 Flag 取 0 表示 Sd 取值为服务名称(即找到相应本体),s_i 和 s_j 的 Sd. Flag 都取 0 时 $\text{Similarity}_{Sd}(s_i,s_j)$ 计算两本体 $\Omega(s_i)$ 和 $\Omega(s_j)$ 间相似度,本体相似度计算使用 SemS,详见公式 3。s_i 和 s_j 的 Sd. Flag 取值不全为 0 时,即 s_i 和 s_j 中至少有一个不能找到相应本体,Sd. ServiceDescription 中为服务语义描述,s_i 和 s_j 的相似度计算用公式 4。

公式 3

$$\text{SemS}(s_i,s_j)=\begin{cases} 1 & \Omega(s_i)=\Omega(s_j) \\ 1 & \Omega(s_i)>\Omega(s_j) \\ \dfrac{|p(s_i)|}{|p(s_j)|} & \Omega(s_i)<\Omega(s_j) \\ \text{Similarity}(s_i,s_j) & \Omega(s_i)\neq\Omega(s_j) \end{cases}$$

本体相似度计算公式 3 按照两本体间相互关系取不同值。本体 $\Omega(s_i)$ 和本体 $\Omega(s_j)$ 完全等价,即两本体为同义关系,相似度 $\text{SemS}(s_i,s_j)=1$;$\Omega(s_i)$ 和 $\Omega(s_j)$ 为上下位关系,且 $\Omega(s_j)$ 为 $\Omega(s_i)$ 的下位概念时,$\text{SemS}(s_i,s_j)$ 也取 1;$\Omega(s_j)$ 为 $\Omega(s_i)$ 的上位概念时,$\text{SemS}(s_i,s_j)=\dfrac{|p(s_i)|}{|p(s_j)|}$;$\Omega(s_i)$ 和 $\Omega(s_j)$ 彼此不相关时,相似度 $\text{SemS}(s_i,s_j)$ 用公式 4 计算。其中 $p(s_i)$ 为服务语义描述集合,$|p(s_i)|$ 为集合中元素数,如:

$p(\text{LunarCalender})=\{\text{month, day, year, dayOfTheWeek, monthOfTheYear, absoluteDate}\}$ $|p(\text{LunarCalender})|=6$

公式 4

$$\text{Similarity}(s_i,s_j)=\sqrt{\frac{|p(s_i)\bigcap p(s_j)|}{|p(s_i)\bigcup p(s_j)|}\times\frac{|p(s_i)\bigcap p(s_j)|}{|p(s_j)|}}$$

计算两互不相关本体的相似度可以近似为计算两者相似部分所占比例,$|p(s_i)\bigcap p(s_j)|$ 为两本体服务语义描述交集的元素数,$|p(s_i)\bigcup p(s_j)|$ 为两本体服务语义描述合集的元素数。

公式 5

$$\text{Similarity}_{\text{QoS}}(s_i,s_j)=1-\sqrt{\text{dcd}_{\text{Time}}(s_i,s_j)+\text{dcd}_{\text{Cost}}(s_i,s_j)+\text{dcd}_{\text{Reliability}}(s_i,s_j)+\text{dcd}_{\text{Fedelity}}(s_i,s_j)+\text{dcd}_{\text{Security}}(s_i,s_j)}$$

$\text{Similarity}_{\text{QoS}}(s_i,s_j)$ 计算两本体 s_i 和 s_j 的服务质量相似度,服务质量可从 Time, Cost, Reliability, Fidelity, Security5 个方面考虑,分别由如下 5 个公式计算相似度,$\text{dcd}_{\text{Time}}(s_i,s_j)$、$\text{dcd}_{\text{Cost}}(s_i,s_j)$、$\text{dcd}_{\text{Reliability}}(s_i,s_j)$、$\text{dcd}_{\text{Fedelity}}(s_i,s_j)$、$\text{dcd}_{\text{Security}}(s_i,s_j)$。本文仅给出公式 6 $\text{dcd}_{\text{Time}}(s_i,s_j)$,其余类同。用公式 6 计算前需要将原始数据进行预处理,一般用极值标准化将数据转换到 $[0,1]$ 闭区间内。

公式 6

$$\text{dcd}_{\text{Time}}(s_i,s_j)=\frac{1}{5}(s_i(\text{QoS. Time})-s_j(\text{QoS. Time}))^2$$

公式 7

$$\text{Similarity}_{\text{Is}}(s_i, s_j) = \begin{cases} \dfrac{\prod(s_i(\text{I}_\text{s}), s_j(\text{I}_\text{s}))}{|p(s_i(\text{I}_\text{s}))| + |p(s_j(\text{I}_\text{s}))|} & s_i(\text{I}_\text{s}) \neq \varnothing, s_j(\text{I}_\text{s}) \neq \varnothing \\ 0 & s_i(\text{I}_\text{s}) = \varnothing \text{ 或 } s_j(\text{I}_\text{s}) = \varnothing \\ 1 & s_i(\text{I}_\text{s}) = \varnothing, s_j(\text{I}_\text{s}) = \varnothing \end{cases}$$

公式 8

$$\text{Similarity}_{\text{Os}}(s_i, s_j) = \begin{cases} \dfrac{\prod(s_i(\text{O}_\text{s}), s_j(\text{O}_\text{s}))}{|p(s_i(\text{O}_\text{s}))| + |p(s_j(\text{O}_\text{s}))|} & s_i(\text{O}_\text{s}) \neq \varnothing, s_j(\text{O}_\text{s}) \neq \varnothing \\ 0 & s_i(\text{O}_\text{s}) = \varnothing \text{ 或 } s_j(\text{O}_\text{s}) = \varnothing \\ 1 & s_i(\text{O}_\text{s}) = \varnothing, s_j(\text{O}_\text{s}) = \varnothing \end{cases}$$

公式 7 算两本体 s_i 和 s_j 输入相似度。两本体中某一本体的输入为空集时,相似度为 0;两本体输入都为空集时,相似度为 1;两本体输入全不为空时,匹配两本体输入集合中的元素相似度,取相似度最大的匹配,如公式 9 所示。公式 8 为计算两本体 s_i 和 s_j 输出相似度公式,与公式 7 相似。两本体输入集合中的元素匹配用公式 10,两本体等价时用 SemS(x,y) 即公式 3 计算,不等价则用公式 4。

公式 9

$$\prod(m,n) = \begin{cases} \dfrac{2 \times \text{Max}(\prod(m-x, n-y) + \pi(x,y))}{m+n} & m \neq \varnothing, n \neq \varnothing, x \in m, y \in n \\ 0 & m = \varnothing \vee n = \varnothing \end{cases}$$

公式 10

$$\pi(x,y) = \begin{cases} \text{SemS}(x,y) & \Omega(x) = \Omega(y) \\ \text{Similarity}(x,y) & \Omega(x) \neq \Omega(y) \end{cases}$$

公式 11

$$R = \begin{cases} r_{ij} \in [0,1] \\ i,j = 1,2,\cdots,n \end{cases}$$

用公式 1 计算取得所有知识服务两两间相似度后,构建模糊相似矩阵,公式 11。得到模糊相似矩阵即可根据不同的值对知识服务聚类。

由上述公式,相似度计算大致可以分为三个层次:本体相似(公式 3)、语义相似(公式 4)、一般意义上的相似(公式 6)。S_d 及输入输出中的元素计算相似度时能考虑本体相似的用本体相似计算,否则选择语义相似。QoS 中不包含语义信息,用一般意义上的相似度计算(计算距离)即可。本体相似计算如公式 3 所示,如果两本体有关联如上下位关系时,以本体间距离作为相似度;如两本体彼此不相关则用公式 4 计算语义相似。

10.5.3 知识服务聚类实例

本节给出基于本体的知识服务模糊聚类方法的实例,知识服务中可供考查的参量较多,作者只以其中的服务描述、QoS 和输入参数为例。s_1, s_2, s_3, s_4, s_5 为 5 个制造资源匹配知识服务,其本体内各项参数取值如表 10-2 所示。

表 10-2 五个网络化制造知识服务实例

		s_1	s_2	s_3	s_4	s_5
S_d	Service Description	Manufactory Matching	Factory Produce Capability	Factory Produce Resource Capability	Factory Matching	Manufacture Resource Matching
	Flag	0	1	1	0	0
QoS	Time(s)	0.29	0.35	0.34	0.23	0.14
	Cost	91	28	36	77	180
	Reliability	0.98	0.92	0.90	0.95	0.96
	Fidelity	0.78	0.87	0.93	0.97	0.79
	Security	4	5	4	3	3
I_s		ModelNo	ModelNo	ModelNo	ModelNo	ModelNo
		Manufacture Object	Manufacture Object	Manufacture Object	Manufacture Object	Manufacture Object
		Period		Manufacture Task		Manufacture Task
		Manufacture Method		Manufacture Method		Period
				Period		Address
				Address		
O_s		Equipments	Equipments	Equipments	Equipments	Equipments
		BeginDate	BeginDate	BeginDate	BeginDate	BeginDate
		EndDate	EndDate	EndDate	EndDate	EndDate
		Capacity	Capacity	Capacity	Capacity	Capacity
		Location	Price	Price	AlternativeCo	Location
			Location	Location	Price	

　　至此，Sd 的相似度可以用词语相似度或义原相似度计算（见第 7 章），接着用上一小节中公式 2,3,4 计算可得 Similarity$_{S_d}$；经标准化后的 QoS 数据用上一小节公式 5,6 计算得 Similarity$_{QoS}$；用公式 7,9,10,3,4 计算得 Similarity$_{I_s}$；用公式 8,9,10,3,4 计算得 Similarity$_{O_s}$。

$$\text{Similarity}_{S_d} = \begin{bmatrix} 0.95 & 0.96 & 1 & 1 \\ & 0.97 & 0.95 & 0.94 \\ & & 0.95 & 0.93 \\ & & & 1 \end{bmatrix}$$

$$\text{Similarity}_{\text{QoS}} = \begin{bmatrix} 0.58 & 0.61 & 0.54 & 0.48 \\ & 0.29 & 0.58 & 0.82 \\ & & 0.45 & 0.80 \\ & & & 0.56 \end{bmatrix}$$

$$\text{Similarity}_{I_s} = \begin{bmatrix} 0.33 & 0.80 & 0.33 & 0.67 \\ & 0.50 & 1 & 0.57 \\ & & 0.50 & 0.73 \\ & & & 0.57 \end{bmatrix}$$

$$\text{Similarity}_{O_s} = \begin{bmatrix} 0.73 & 0.73 & 0.73 & 1 \\ & 1 & 0.83 & 0.91 \\ & & 0.83 & 0.91 \\ & & & 0.73 \end{bmatrix}$$

由上一小节公式 1 和公式 11 得模糊相似矩阵 $\boldsymbol{R}$（简便起见，权值 w_{S_d}、w_{Qos}、w_{I_s}、w_{O_s} 都取 1）：

$$\boldsymbol{R} = \begin{bmatrix} 0.65 & 0.78 & 0.65 & 0.79 \\ & 0.69 & 0.84 & 0.81 \\ & & 0.68 & 0.84 \\ & & & 0.71 \end{bmatrix}$$

取 $0.81 < \lambda \leqslant 0.84$ 时 5 个知识服务分为三类 $\{1\}\{2,4\}\{3,5\}$；$0.79 < \lambda \leqslant 0.81$ 时，可分为 $\{1\}\{2,3,4,5\}$ 两类；$\lambda \leqslant 0.79$ 所有知识服务合并为一类。

10.6　知识服务分类

10.6.1　UDDI 中知识服务分类

知识服务分类是知识服务管理中一个重要的部分，分类的合理性对服务查找响应速度、服务查找精度、服务查找结果的质量起着至关重要的作用。用户查找服务时可以由企业分类目录查找相关企业进而查找所需服务，也可直接由服务目录入手查找所需服务。UDDI 注册中心针对企业和服务提供多种不同分类法，其中最主要分类法有：

- North American Industry Classification System（NAICS – 1997）（北美行业分类系统）
- Universal Standard Products and Services Codes（UNSPSC – 7.03）（通用标准产品和服务代码）
- ISO 3166 Geographic Taxonomy（ISO 3166 地理分类）
- Standard Industrial Classification（SIC – 1987）（标准行业分类）
- GeoWeb Geographic Classification（GeoWeb 地理分类）

● UDDI Types Taxonomy（UDDI 类型分类）

目前 IBM、Microsoft、HP 和 SAP 掌管着最大的四家公共注册中心。例如，作者在微软的注册中心 https://uddi.microsoft.com/edit/frames.aspx 注册一个制造知识服务，可以得到以下分类信息，见表 10-3。

表 10-3　UDDI 中知识服务分类示例

CATEGORIZATION SCHEME Key Name Key Value	UBR – UDDI – ORG：ISO – CH：3166 – 2003 Zhejiang CN – 33
Categorization Scheme Key Name Key Value	ntis-gov：naics：2002 Internet Service Providers and Web Search Portals 5181
Categorization Scheme Key Name Key Value	VS Web Service Search Categorization Collaboration 2
Categorization Scheme Key Name Key Value	microsoft-com：geoweb：2000 Hangzhou 503692
Categorization Scheme Key Name Key Value	ntis-gov：sic：1987 Engineering services 8711
Categorization Scheme Key Name Key Value	Uddi-org：relationships Peer-peer Peer-peer
Categorization Scheme Key Name Key Value	unspsc-org：unspsc：3 – 1 Computer services 8111
Categorization Scheme Key Name Key Value	unspsc-org：unspsc：3 – 1 Manufacturing technologies 8114

UDDI 注册中心给出多种分类，但这些分类方法还不能完全满足用户需求，原因如下：（1）用户需要更细致的分类；（2）用户需要可定制的分类。因此，UDDI 从 UDDI2 开始就支持用户自定义的分类法。下面作者探讨多种分类方法：知识服务模糊 k 近邻分类、知识服务决策树分类、知识服务贝叶斯分类，以满足用户对可定制分类的需求。

10.6.2　知识服务模糊 k 近邻分类

模糊 k 近邻分类是一种类比学习，其核心思想是相互之间"接近"的对象其分类也相似。如图 10-10 所示中，按照可信度、可靠度对知识服务分类，假定训练集中知识服务已分为两类(图中用灰白两色区别),则待分类知识服务 S 其分类可以根据周围的知识服务来确定。

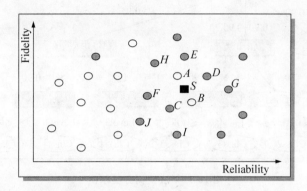

图 10-10　模糊 k 近邻分类示例

模糊 k 近邻分类的具体步骤是:

(1) 给出一个包含 m 个知识服务的训练集,并给出这 m 个服务所属的类别。

(2) 计算待分类的知识服务和训练集中 m 个知识服务的模糊相似度。

(3) 选取训练集中与待分类知识服务最为相似的 k 个知识服务。

(4) 统计选出的 k 个知识服务所属类别,选择包含知识服务最多的那个分类作为待分类知识服务的类别,并将该知识服务加入训练集。

(5) 反复执行步骤(2)~(4),直至所有知识服务都分类完毕。

如图 10-10 所示,取 k 为 10 时,与待分类知识服务 S 最为相似的知识服务大都属于灰色一类,因此,S 也可归到灰色一类。

模糊 k 近邻分类和人的认知方式比较相似,因此比较容易理解和使用,但在实施过程中还是会遇到一些困难,如:k 的取值对结果影响很大,上例中,如果 k 取 2,则 S 将分类到白色一类,而 k 取大于 2 的值时则会分类到灰色;因为要计算待分类知识服务和训练集中已分类知识服务的相似度,而且训练集随已分类知识服务的增加而增加,所以,当需要分类的数据集较大时可能会带来困难。

10.6.3　知识服务决策树分类

决策树分类是通过一系列规则对数据进行分类的过程。决策树的根节点是整个知识服务集合空间,每个分节点是知识服务一个属性的测试,该测试将当前知识服务集合空间分割成两个或更多块。每个叶节点都指向一个知识服务分类,多个叶节点可以指向同一个分类。

如图 10-11 所示,决策树按可信度、可靠度、安全性将知识服务分为 5 类,每个叶节点是一个类别。欲将新的知识服务分类,只需沿着决策树从上到下遍历,在每个节点都会遇到一个问题,对每个节点上问题的不同回答导致不同的分支,最后会到达一个叶子节点,即得该知识服务的分类。

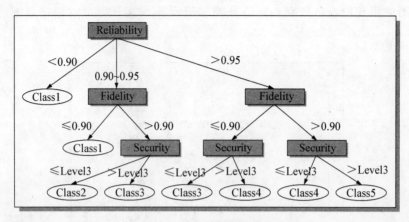

图 10-11　决策树分类示例

使用决策树分类有以下优点：能够生成可理解的规则；计算量与待分类的知识服务数量无关，只和决策树的层数相关；能够处理离散或连续的属性值；可以从决策树上直观地看出哪些属性更重要。

使用决策树分类的难点在于决策树的构建，建立决策树的过程，即树的生长过程是不断地把数据进行切分的过程，每次切分均对应相应知识服务的一个属性，切分几份就对应着生成几个节点。对每个切分都要求分成的组之间的"差异"最大。构建决策树的基本算法是贪心法，一般选择具有最高信息增益（或最大熵压缩）的属性作为当前节点的测试属性。

决策树一般的生成算法如下 GenerateDecisionTree(S,AttributeList)：

（1）创建节点 N。

（2）如果训练样本 S 都在同一个类 C，则返回叶节点 N，以类 C 标记。

（3）如果属性列 AttributeList 中不再存在可用属性，将 N 作为叶节点返回。

（4）选择属性列 AttributeList 中具有最高信息增益的属性 A。

（5）标记节点 N 为 A。

（6）对属性 A 可能的每个取值 a_i。

（7）由节点 N 长出一个条件为 $A＝a_i$ 的分支。

（8）设 s_i 为样本 S 中 $A＝a_i$ 的样本的集合。

（9）如果 s_i 为空集增加叶节点，标记为样本中最普通的类。

（10）加上一个由 GenerateDecisionTree(s_i,AttributeList－A)返回的节点。

决策树的生成有可能产生训练过度的情况，即对于历史数据的分类非常准确，但是应用于新数据时准确性却急剧下降，简而言之该决策树对历史数据依赖性增大，降低了树的可用性。为了避免训练过度，需要引入剪枝算法、限制决策树层高或者保证每个叶节点中样本数大于阀值。

10.6.4　知识服务贝叶斯分类

贝叶斯分类是一种统计分类法，用于海量数据分类时表现出高准确率和高速度，可以与决策树和神经网络分类算法媲美。从理论上讲，贝叶斯分类具有最高的分类精确度。

作者认为贝叶斯分类方法的以下几个特点使其非常合适于知识服务分类：(1)在操作海量数据时效率较高，可以达到决策树和神经网络分类算法的量级。但是决策树和神经网络分类都有剪枝过程，或有训练过度的烦恼，或有剪枝后聚类单元和链的操作，而贝叶斯分类没有这些麻烦。(2)可以同时操作离散值和连续值，而类似粗糙集分类法的分类方法只能操作离散值。知识服务的属性中既有离散值也有不少连续量，贝叶斯方法非常适用。(3)结合使用了先验概率和后验概率，提高了分类的精确度。

但贝叶斯分类也有其缺陷，使用先验概率和后验概率等统计方法给出的结果不具有可解释性，不能很好地被人理解。通常智能代理等检索匹配时，只需要得到结果为最为匹配的知识服务即可，并不需要结果具有可理解性。但如果需要通过可视化界面加入人工干预，则需要匹配结果具有一定的可理解性。贝叶斯分类的这个缺陷和神经网络分类、关联规则分类等有些类似。

贝叶斯分类算法如下：

(1)将知识服务的 n 维属性值表示为向量 $\boldsymbol{X}=\{x_1,x_2,x_3,\cdots,x_n\}$，$n$ 维属性为 $A_1A_2A_3\cdots A_n$，假定有 m 个分类 $C_1C_2C_3\cdots C_n$，s 为训练集 S 中总训练样本数。

(2)对所有的分类 $C_1C_2C_3\cdots C_n$，计算 $P(C_i|X)=\dfrac{P(X|C_i)P(C_i)}{P(x)}$，其中 $P(X|C_i)=\prod\limits_{k=1}^{n}p(x_k|C_i)$，概率 $P(x_1|C_i),P(x_2|C_i),P(x_1|C_i),\cdots,P(x_n|C_i)$ 可以由训练样本估计。如果 A_k 为离散值，则 $P(x_k|C_i)=\dfrac{s_{ik}}{s_i}$，其中 s_{ik} 为在属性 A_k 上具有值 x_k 的类 C_i 的训练样本数，而 s_i 是 C_i 中的训练样本数。如果 A_k 为连续量，则假定该属性服从高斯分布，$P(x_k|C_i)=g(x_k,\mu_{C_i},\sigma_{C_i})=\dfrac{1}{\sqrt{2\pi}\sigma_{C_i}}e^{\frac{(x_k-\mu_{C_i})^2}{2\sigma_{C_i}^2}}$，其中给定类 C_i 的训练样本属性 A_k 的值，$g(x_k,\mu_{C_i},\sigma_{C_i})$ 是属性 A_k 的高斯密度函数，而 μ_{C_i},σ_{C_i} 分别为平均值和标准差。

(3)选类 C_i 满足：$P(X|C_i)P(C_i)>P(X|C_j)P(C_j),1\leqslant j\leqslant m,j\neq i$，则 X 属于 C_i 类。贝叶斯分类将待分类知识服务 X 分类为 C_i，当且仅当 $P(X|C_i)P(C_i)>P(X|C_j)P(C_j),1\leqslant j\leqslant m,j\neq i$，即属于具有最高后验概率(条件 X 下)的类。

在 $P(C_i|X)=\dfrac{P(X|C_i)P(C_i)}{P(X)}$ 中，由于 $P(X)$ 对所有类 C_i 都为常数，因此只需要求 $P(X|C_i)P(C_i)$ 最大即可。如果类的先验概率未知，则通常假定这些类是等概率的，即 $P(C_1)=P(C_2)=P(C_3)=\cdots=P(C_m)$，于是只需求 $P(X|C_i)$ 的最大值。如果类的先验概率可以通过 $P(C_i)=\dfrac{s_i}{s}$ 计算，其中 S_i 是类 C_i 中的训练样本数，而 s 是总训练样本数。

10.7　知识服务模糊排序

知识服务排序在网络化协同工作环境应用很广，在服务注册中心将注册服务与同一类的知识服务按服务质量、服务安全等排序是数据预处理中重要的一项，可以提高知识服务查找匹配的效率；在知识服务查找匹配时对检索结果中的知识服务按其与所需服务间的相似程度进行排序，可以提高知识服务查找匹配的质量。

知识服务用本体描述后，其可供考查参量数量激增，本节中仅以服务质量为知识服务排序的考查对象。在以服务质量为重要参考指标的知识服务排序中，服务质量的值随着时间和资源消耗降低，可靠性、可信度和安全性的增加而增加；随着时间和资源消耗的增加，可靠性、可信度和安全性的降低而降低。但是，因为评价标准中几个参数并不相互独立，如"时间换空间"和"时间换资源"是比较常见的技巧，时间和资源耗费这两个参数相互间存在关联。构建精巧的程序想要进一步地缩短运行时间，不可避免地要增加其他资源的开销，反之亦然。因此，通常不会有一个知识服务，它的各项指标都是最佳的等待选择，实际情况是，拿任意两个知识服务比较，它们的各项指标可能都会互有优劣。排列大量符合要求的知识服务时需要综合考虑所有因素，并按照与用户查询的服务的相似程度来排序。

知识服务排序中最主要的工作是建立各参量的相似优先比矩阵，根据相似优先比矩阵可以确定排序的先后。将用户查询条件中定义的知识服务称为 $S_{request}$，将其他符合用户查询条件待排序返回的 n 个知识服务依次定义为 $S_{candidate} = S_1, S_2, S_3, \cdots, S_n$，建立服务质量中某指标如 Time 的优先比矩阵，在 $S_{candidate}$ 中选取某个知识服务和 $S_{request}$ 进行两两比较，确定哪个与用户需求更相似，从而选择与用户请求相似程度最大者。

S_i 和 S_j 与 $S_{request}$ 进行比较，其相似优先比 r_{ij} 满足以下要求：

若 r_{ij} 在 $[0.5, 1.0]$ 之间，则表示 S_i 比 S_j 优先；

若 r_{ij} 在 $[0.0, 0.5]$ 之间，则表示 S_j 比 S_i 优先。

在极值情形下有三种可能：如果 $r_{ij} = 1$，则表示 S_i 比 S_j 显然优先；如果 $r_{ij} = 0$，则表示 S_j 比 S_i 显然优先；如果 $r_{ij} = 0.5$，则 S_i 和 S_j 不分伯仲，优先无法确定。

$$r_{ij} = 1 - r_{ji}$$

相似优先比 r_{ij} 的测度可以选用海明距离、欧氏距离、数量积法、相关系数法、夹角余弦法和指数相似系数法等。本文采用海明距离 d_{ri} 和 d_{rj} 作为相似优先比中 r_{ij} 的测度。如对样本 S_i 和 S_j 与 $S_{request}$ 进行比较，海明距离可定义为

$$r_{ij} = \frac{d_{ri}}{d_{ri} + d_{rj}}$$

其中，$d_{ri} = S_i(Time) - S_{request}(Time)$，$d_{rj} = S_j(Time) - S_{request}(Time)$

在 $S_{candidate}$ 选取某个知识服务和 $S_{request}$ 进行两两比较，从而得到关于参数 Time 的模糊相关矩阵。

$$\boldsymbol{R}_{Time} = (r_{ij}) \begin{cases} r_{ij} \in [0,1] \\ i,j = 1,2,\cdots,n \end{cases}$$

首先，建立模糊相似矩阵，由 λ 水平集选出相似 S_i，亦即在相似矩阵中，从大到小地选定 λ 值，以在 λ 值下降过程中首先到达的除主对角线元素外全行都为 1 的那一行的 S_i 最相似。接着，删除矩阵相应的行和列，并降低 λ 水平值，继续寻找。依此类推，直至截距处理完毕。按照删除先后顺序给每个 S_i 一个序号值，序号从小到大，序号值越小的与 $S_{candidate}$ 越相似。然后，对知识服务的服务质量中其他指标——建立模糊相似矩阵。最后，将每一知识服务服务质量的各个指标得到的序号值相加，其结果便是该知识服务与用户查询的知识服务间相

似程度的综合反映。序号值的和越小,该知识服务与用户要求就越相似,但严格地说,各个因素对相似程度的影响是不一样的,因此有必要给各个因素赋予一定的权重,这样得到的结果将更符合实际情况。

10.8　小结

本章首先探讨了 Web 服务技术在网络化协同工作环境的应用,分析了基于应用服务提供商 ASP 的网络化协同工作技术的特点和不足,提出了基于知识服务提供商 KSP (Knowledge Service Provider)的网络化协同工作协作模式,支持个体以知识的形式参与网络化协同工作。然后,对知识服务的运行模式、知识服务管理框架、知识服务建模、知识服务本体、知识服务相似度计算以及知识服务的分类、聚类、排序等进行了详细探讨。

知识服务的运行模式包括知识服务注册(注销)模式和知识服务请求模式。

知识服务管理包括服务建模、服务注册、服务相似度计算、服务分类、服务聚类、服务排序、服务查找、服务过滤、服务匹配、服务定位、服务组织、服务执行、服务加密、服务监控、服务计费、服务性能维护和服务事务等模块。

知识服务模型包括三部分:描述服务能力的 Service_Profile、描述服务处理过程的 Process_Model 和描述服务底层通讯机制的 Service_Grounding。为使知识服务的语义清晰化,知识服务模型描述了四种本体:知识本体、知识服务本体、服务质量本体、服务计量与统计本体及其相互关系。

知识服务聚类方法主要包括划分聚类法、分层聚类法、密度聚类法、基于网格聚类法和神经网络聚类法。重点讨论了基于划分聚类法的知识服务模糊聚类,并给出了一个知识服务模糊聚类实例。

由于传统的服务分类方法不能很好地满足用户需要,作者详细讨论了三种新兴的知识服务分类方法:知识服务模糊 k 近邻分类、知识服务决策树分类、知识服务贝叶斯分类。

通过对知识服务模糊排序方法的探讨,针对知识服务质量给出了一个模糊排序实例。

第11章 知识服务工作流

在基于 KSP(Knowledge Service Provider)的网络化协同工作过程中,知识的提供者将知识封装成服务,在网上注册并发布,知识的需求者检索并获取与需求匹配的知识服务集,组合成服务链,通过运行服务链实现自身的工作任务。这个过程包含了一系列涉及知识服务的业务流程,构成知识服务工作流。知识服务工作流是基于传统的 Web 服务工作流发展起来的,是知识服务在 Web 服务工作流领域空间的投影。

知识服务工作流实现服务发现、服务合成、服务分解、流程定义和流程管理等功能,即根据接收的网络化协同工作任务,通过知识服务发现技术和服务查找策略,在流程定义和流程监控的支持下检索出完成任务所需的服务能力匹配的知识服务集,最后组合成服务级工作流来求解任务。

在第 10 章里作者已讨论了使用服务本体进行服务语义建模,知识服务能力可以被机器感知和理解。基于此,作者在该章将对知识服务工作流进行语义化描述,以实现知识服务流程的自动化、智能化管理。

11.1 工作流管理的历史和 Web 服务工作流简介

20 世纪 80 年代初期,在个人计算机尚未作为信息处理工具而出现的时候,人们为了提高信息收集、处理、储存、应用、传递、共享的效率,而希望建立一种无纸化的计算机工作环境,于是一些公司建立了自己专用的或可商品化的表单传递应用系统(Forms-rooting Application),这些系统通常运行在大型机或小型机上,用于实现日常表单处理的电子化和自动化,这种系统可以看成是现代工作流管理系统的一个雏型[1]。

工作流是企业业务流程完全或部分的自动化,它根据一定的过程规则集把业务所需的文档、信息或任务从一个参与人传递到下一个参与人。工作流管理系统是利用软件来定义、创建和管理工作流执行的计算机系统,该系统运行在一个或多个能理解流程定义并与流程参与人相互协作激活相应 IT 工具和应用系统的工作流引擎之上。

20 世纪 80 年代中期,FileNet 和 ViewStar 等图形图像处理公司率先开拓了工作流产品市场,成为最早的一批工作流产品供应商。他们把图像扫描、复合文档、结构化路由、实例跟踪、关键字索引以及光盘储存等功能结合在一起,形成了一种用于文档处理的图像处理系统,它可以把扫描得到的计算机文档,按照一定的规则发送给相关人员,这便是早期的工作

---

① 罗海滨,范玉顺,吴澄.工作流管理综述.软件学报,11(7):899-907,2000.

流管理系统。FileNet 推出的 Workflow Business System，ViewStar 推出的 ViewStar 以及 Action Technology 和 Coordinator，便是其中的典型代表[1],[2]。

进入 20 世纪 90 年代后，企业的信息化程度提高，企业信息资源越来越表现出一种异构分布、松散耦合的特点。企业的分散性、决策制定的分散性和对日常事物活动详尽信息的需求，以及 Client/Server 体系结构，分布式处理技术（CORBA，WWW，COM/DCOM，JAVA）的日益成熟，都说明了这样一个事实：集中式信息处理的时代已经过去，实现大规模、异构、分布式执行环境，使得相互关联的任务能够高效运转并接受密切监控成为一种趋势[3]。Internet 的发展和普及为电子商务（E-Commerce）提供了技术可能，电子商务的独特优势必将成为未来商务活动的新模式[4]。而电子商务的重要功能就是商务流程的管理和监控，如企业供应链管理系统 SCM（Supply Chain Management）和企业客户关系管理 CRM（Customer Relationship Management）[5]。在这种技术背景下，工作流管理系统也由最初的无纸化办公环境，转而成为同化企业复杂信息，实现业务流程自动执行的必要工具。这样的一个转变，也把工作流技术带入了一个崭新的发展阶段，使得人们对工作流从更深层次、更广领域上对工作流展开了广泛的研究工作。1993 年，工作流技术的标准化组织——工作流管理联盟 WFMC（Workflow Management Coalition）的成立，更标志着工作流技术在计算机应用领域之中被明确地划分出自己的一席之地，相应的概念与术语得到了人们的认可，把工作流的技术研究以及相关的产品开发带入了一个崭新的阶段。

虽然工作流产品已逐渐成为许多学者研究的热点被许多供应商看好的热点 IT 市场产品，但当前的工作流管理技术和产品，距理想工作流产品尚有较大的差距。尽管如此随着工作流理论研究的完善和技术产品的成熟，工作流系统必将成为知识管理环境中不可或缺的软件平台。Thomas Koulopoulos 预言，工作流系统将最终成为覆盖各类台式机与网络操作系统之上的业务操作系统 BOS（Business Operation System），将带来操作系统、信息管理软件的一次革命，从企业应用步入家庭应用，成为新时代的家庭信息平台 FIP（Family Information Platform）[6]。

Web 服务工作流（Web Service Workflow）可以看作是网格环境下的工作流技术，侧重于将分布在网络上的资源的动态配置、组合和充分利用。

Web 服务使用 HTTP 和 XML 作为通信手段，减少异构环境之间对适配器和连接器的需要，使系统各部分之间呈现一种松散关系耦合，并且具有高度的集成能力。Web 服务协议栈中的安全协议保障了交互的安全性和交互信息的完整性，这些特性使得 Web 服务可以完全屏蔽各种软、硬件平台的差异，很好地支持跨企业的、异构的、分布式工作流系统。

---

① 罗海滨，范玉顺，吴澄. 工作流管理综述. 软件学报，11(7)：899 - 907, 2000.

②,③ Alonso G., Agrawal D., Abbadi A. and Mohan C.. Functionality and limitations of current workflow management systems. http:www. almaden. ibm. com/cs/exotica/wfmsys. ps, 1997.

④ Hergula K. and Harder T.. Specification of constraints in business flow. In：Proceedings of the First International Conference on Web Information Systems Engineering，Vol. 1, pp. 26 - 33, 2000.

⑤ Anderson M., et al.. Workflow interoperability-enabling e-commerce. http://www. wfmc. org, 1999.

⑥ Koulopoulos T. M.. *The Workflow Imperative*. New York：Van Nostrand Reinhold, 1995.

目前,工业界有大量各具特色的 Web 服务工作流协议,其中最具行业标准潜力的当数 BPEL4WS 和 WSCI。BPEL4WS 是 IBM 的 Web Services Flow Language(WSFL)和微软的 XLANG 组合协议,定义企业内部、企业间的业务流程(订货作业、业务指示、处理客户提出的问题)如何相互协作。WSCI 来源于 BPMI(Business Process Management Initiative, Intalio 是其创始人),与 Microsoft 的 XLANG 以及 IBM 的 WSFL 非常类似。

2001 年 6 月,Sun 与 BEA、Intalio 和许多其他支持者一起,向 W3C 提交了 WSCI,仅仅一个月后,BEA、IBM 和微软联合发布了另一份规范 BPEL4WS。Sun、微软和 IBM 在为哪份规范能够成为行业标准而激烈斗争,其他一些公司如 BEA 和 Oracle 等则尽力促使这两种规范相互融合。对于用户来说,两个规范实质上并无太大区别,但 BEA、IBM 和微软已经明确声明对 BPEL4WS 拥有知识产权。简而言之,一旦 BPEL4WS 获准称为行业标准,以后用户需要为每次使用付费,而 WSCI 从诞生起就作为免费协议公布,两协议之争实质是利益之争。

在 Web 服务技术时代之前,OAGIS、RossetaNET、xCBL、UBL 都是一些使用 XML 定义业务流程的早期尝试,其中最成功的应该是 RossetaNET,当然 RossetaNET 不光是业务流程管理和定义,它还以此为基础延伸到了整个供应链管理的数据交换。ebXML 则是一项新的国际标准,其核心的 BPSS(Business Process Specification Schema)也是一个重要的业务流程管理规范。

随着技术的发展,无论是 WSFL、XLANG、WSCI 糅合原有的技术在 Web 服务时代逐步取代旧有的规范;还是 ebXML、RosettaNET 进一步发展并融合越来越多的 Web 服务特性,令 WSFL、WSCI 等无疾而终;或是彼此达到一个相对的平衡,即 WSFL、XLANG 和 WSCI 在轻量级应用中得到使用,而 ebXML、RosettaNET 更注重于重量级企业应用。它们都会向同一个方向努力,那就是基于服务的动态工作流,这个真正充分利用 Internet 的工作流模式。

表 11-1 给出了各 Web 服务工作流协议简介。

表 11-1 Web 服务工作流协议

协议	简述
WF - XML	WFMC 的 WF - XML 用于基于 XML 的工作流互操作信息的编码
WSFL	IBM 的 Web 服务流语言(IBM Web Services Flow Language):对两个层面上的工作流提出的一项 Web 服务规范标准,使用一个有向图模型来定义和执行商业流程,定义了一个公共接口,该接口允许商业流程把自己发布为 Web 服务。WSFL 与 SOAP、UDDI 和 WSDL 兼容
XLANG	Microsoft 的 XLANG:用于 BizTalk 的业务模型语言,该语言是可以运行的 EAI 的 .NET组件。BizTalk 编制(BizTalk)是工作流引擎,BizTalk 编制设计器(BizTalk Orchestration Designer)是基于 XLANG 的可视化业务流程模型工具
BPEL4WS	用于 Web 服务的业务流程执行语言(Business Process Execution Language for Web Services)为指定基于 Web 服务的业务流程行为定义了一种表示法,是用于 Web 服务编制、工作流和组合的 WSFL 和 XLANG 的融合

协　　议	简　　述
ebXML BPSS	电子商务过渡工作组(eBusiness Transition Working Group)继承了业务流程规范方案 (Business Process Specification Schema，BPSS)的 ebXML 层中的工作流对话和编制
WSCI	BEA/Intalio/SAP/Sun 联合开发的基于 XML 语言的 Web 服务编排接口(Web Services Choreography Interface)，用于描述 Web 服务在某一个过程中所交换的讯息 的流动情况，还描述了互操作的 Web 服务之间讯息交换的协作情况。WSCI 协议推动 开放型应用与协作型应用的开发，是未来 Web 服务工作流协议工业标准的最有潜力 的竞争者
WSCL	W3C 的 Web 服务对话语言(W3C's Web Services Conversation Language)，用于定义 Web 服务的抽象接口
PIPs	RosettaNet 的合作伙伴接口流程(Partner Interface Process)，用于贸易伙伴与指定系 统和系统间的基于 XML 的业务流程的定义
JDF	CIP4 的工作定义格式(Job Definition Format)是用于图形艺术(Graphics Arts)工业的 工作流工业标准，该标准用于简化不同应用程序和系统之间的信息交换

11.2　知识服务工作流的形式化描述

知识服务工作流是在基于 KSP(Knowledge Service Provider)的网络化协同工作过程中 发展起来的，是知识服务在 Web 服务工作流领域空间的投影。作者借鉴 Web 服务工作流 概念，提出采用知识服务工作流技术来实现知识服务流程的管理。

知识服务工作流是基于 KSP 网络化协同工作环境下知识服务流程完全或部分的自动 化，它根据一定的过程规则和领域知识把所需要的知识或服务从服务的提供者传递给服务 的请求者。下面对知识服务工作流的语义，包括活动、活动路由、活动转移函数和知识服务 工作流给出形式化描述。

(1) 活动。活动是一个十三元组 sfActivity ＝(Name，Type，IKS，OKS，State，sfEvent， Prior，Following，Begin，End，Role，Actor，Resource)。其中，Name 为活动名称；Type 为活 动类别，按活动性质分为自动活动和手动活动；IKS/OKS 为活动的启动/结束时准备输入/ 输出的知识服务；State 为活动可能处于的状态，State∈{初始，就绪，执行，挂起，终止，执行 后，完成}；sfEvent 为活动的激活事件；Prior 为当前活动的前趋活动集，与当前活动遵循上 行依赖关系，由活动路由定义；Following 为当前活动的后续活动集，与当前活动遵循下行依 赖关系，由活动路由定义；Begin 为活动开始条件；End 为活动结束条件；Role 为活动执行者 的角色；Actor 为活动执行者；Resource 为活动所需资源列表。

(2) 活动路由。活动路由是活动之间的关系抽象，是一个二元组 sfRoute ＝ (UpDepedency，DownDepedency)。其中，UpDepedency 为上行依赖，约束当前活动与其前 趋活动的路由关系，DownDepedency 为下行依赖，路由当前活动的后续活动。UpDepedency 和 DownDepedency 从集合{AND，XOR，K－AND}取值，AND 表示所有的上行(下行)依赖都满足时活动才能发生;XOR 表示活动发生只需要一个上行(下行)依赖满足;K-AND表示 K 个上行(下行)依赖满足时活动才能发生。

(3) 活动转移函数。活动转移函数是驱动知识服务工作流流转的条件抽象,分为静态转移函数和动态转移函数两种,区别在于是否得到领域知识库的控制。静态转移函数是一个三元组 sfStaticTrans $=$ (sfActivity$_i$, sfEvent, sfActivity$_{i+1}$),表示映射 Fi(sfActivity$_i$, sfEvent)$\rightarrow$ sfActivity$_{i+1}$;动态转移函数是一个四元组 sfDynamicTrans $=$(sfActivity$_i$, sfEvent, sfKB, sfActivity$_{i+1}$),其中,sfKB 为服务的领域知识库。动态转移函数的含义是当前活动为 sfActivity$_i$,在事件 sfEvent 触发下,根据 sfActivity$_i$.OKS,由领域知识驱动着服务工作流流转到活动 sfActivity$_{i+1}$。静态转移函数可以是知识服务工作流的通用部分,而动态转移函数则随不同领域知识的变化而变化。动态转移函数是知识服务工作流相异于一般工作流的重要特征。

(4) 知识服务工作流。知识服务工作流是一个八元组 KSF $=$ (sfActivity_Set, sfRoute_Set, sfStaticTrans_Set, sfDynamicTrans_Set, sfEvent_Set, As, Ae, sfRt)。其中,sfActivity_Set、sfRoute_Set、sfStaticTrans_Set、sfDynamicTrans_Set、sfEvent_Set 分别为活动集、活动路由集、静态转移函数集、动态转移函数集和事件集;As 为初始活动;Ae 为终止活动;sfRt 为知识服务工作流过程运行结果,sfRt $\in$ {成功,失败,NULL},其初始化为 NULL。

一个完整的知识服务工作流流以 As 活动开始,由输入事件 sfEvent$_i$ 触发,在 sfRoute$_i$、sfStaticTrans$_i$、sfDynamicTrans$_i$ 共同约束下,依此流转到后继活动 sfActivity$_1$, sfActivity$_2$, …, sfActivity$_n$,若 sfActivity$_n$ $=$ Ae,则称此次知识服务工作流成功完成了。

由上述定义可知,与一般意义上的工作流相比,知识服务工作流流具有以下显著特点:

(1) 一般工作流中流转的是文档和任务,而知识服务工作流流中流转的是知识和服务。

(2) 一般工作流中的流程是用户事先定义确定的,而在知识服务工作流中存在两种流程,静态流程和动态流程。前者由静态转移函数驱动,用户可事先定义,而后者由动态转移函数驱动,具体流转过程由领域知识确定。例如,以工艺设计为例,考虑用户有关某零件工艺路线设计知识服务的请求,图 11-1 给出了一个知识服务流程。其中,设备知识服务、夹具知识服务和切削刀具知识服务将根据加工方法链生成知识服务的结果确定自身的服务内容和服务数量,因此最终组合形成的知识服务流程是动态的、多变的。而加工方法链生成知识服务则根据输入的零件实体模型,依靠工艺设计知识库决定服务的结果。

图 11-1　零件工艺路线设计知识服务流程

(3) 与一般工作流强调企业业务流程的自动化相比,知识服务工作流更注重知识的利用过程,随着知识服务工作流的进行,其中流传的先进知识逐步地被企业人员获取、理解和消化，并转化成企业的知识资产，这实际上是一个知识增值的过程，也是提高企业核心竞争力的重要途径之一。

11.3　知识服务工作流执行过程

知识服务工作流按其查找匹配知识服务和执行知识服务的顺序，可分为静态知识服务工作流和动态知识服务工作流。静态知识服务工作流先将所有所需知识服务找齐，整合了所有的数据流和控制流后才开始执行知识服务工作流；而动态知识服务工作流查询到合适的知识服务即将其整合进工作流中，并立即执行，然后继续寻找下一个所需的知识服务，如此循环直至完成整个工作流。动态工作流有查找策略简单，执行迅速等优点；而静态工作流则具备查找策略多样、能找到知识服务组合的最优解等特点，并能减少因匹配不到合适的知识服务而导致异常的发生。

如图 11-2 所示，静态知识服务工作流执行过程具体可分为 4 个阶段：知识服务工作流创建、知识服务发现、知识服务整合和知识服务执行。

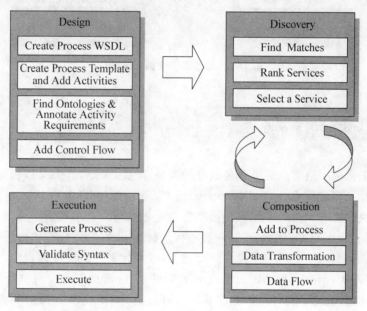

图 11-2　静态工作流执行过程

知识服务工作流创建阶段主要完成：新建一个服务描述文件（Process WSDL）、新建服务模板并添加需要的活动节点、标注活动节点语义信息、添加控制代码；知识服务发现阶段的主要工作是：服务查找匹配、服务相似度计算并排序、选择合适的服务；知识服务整合阶段首先将选定的服务添加到工作流中，并进行数据传递，整合数据流；不断重复服务发现和服务整合，直到所有需要的服务都已整合进知识服务工作流；最后，进入工作流执行阶段，在此阶段，实例化知识服务工作流，检验其有效性，并执行该知识服务工作流。

动态知识服务工作流的执行过程大致与静态知识服务工作流相同，其不同点在于动态知识服务工作流查询到合适的知识服务即将其整合进工作流中，并立即执行，然后继续寻找下一个所需的知识服务，如此循环直至完成整个工作流，见图 11-3。动态知识服务工作流边执行边寻找下一个合适的 Web 服务，因此要求服务查找匹配有较高的效率，尽量缩短相应时间。

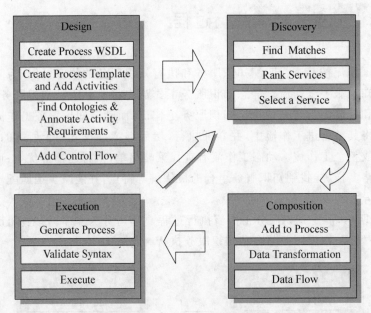

图 11-3　动态工作流执行过程

11.4　知识服务发现

知识服务工作流中最实质的部分是服务的发布、查找、绑定，其中又以服务查找为关键。服务查找（Find）[1]，也称服务发现（Discovery）[2]或服务匹配（Matching）[3]。通常我们将执行匹配的功能模块称为 Matchmaker，其主要功能就是根据用户要求检索出满足用户需求的知识服务。Matchmaker 与另一个名词——服务代理（Broker）容易混淆，因为服务代理也具有服务匹配功能。但两者从本质上来说是两个概念，服务代理完成服务匹配后，仍然参与服务供、需双方的实际执行环节，而 Matchmaker 不参与。Matchmaker 仅将符合用户需求的服务的地址和描述文件交给用户即退出，将认证、绑定、执行等任务交给服务供需双方处理，而监控、收费等任务留给面向服务的架构处理。

---

① 　Klein M. and Bernstein A.. Searching services on the Semantic Web using process ontologies. In：Isabel，C.（Eds.）Proceedings of the International Semantic Web Working Symposium（SWWS2001），Amsterdam：IOS Press，pp. 159－172，2001.

② 　Chakraborty D.，Perich F.，Avancha S. and Joshi A.. DReggie：semantic service discovery for M-commerce applications. In：Workshop on Reliable and Secure Applications in Mobile Environment，2001.

③ 　Payne T. R.，Paolucci M. and Sycara K.. Advertising and matching DAML-S service descriptions. In：Semantic Web Working Symposium（SWWS），2001.

　　知识服务发现的关键问题是如何进行服务相似度计算。在讨论前先对问题进行描述。如图 11-4 所示，在 Workflow1 中，已确定的知识服务有 A、B、C、D、E、X、Z，需要从候选服务（SC，Service Candidate）中选出服务满足服务请求（RS，Required Service）的需要：满足功能要求；满足输入输出要求；满足其他参量如服务质量、资源、组织等的要求。选择满足 RS 的 SC，其实质是在 SC 集合中寻找与 RS 相似度大于阀值的元素。

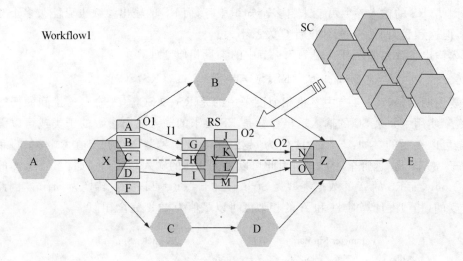

图 11-4　知识服务发现

　　下面，对如何满足 RS 这三个需要逐一讨论：

　　（1）满足功能要求。知识服务的功能一般由其服务名称、服务功能描述、服务分类来表现。服务名称一般由一个或多个关键词组成，如："万向传动器配置"和"ABS 执行机构配置"等。见图 11-5，服务名称的相似度一般可以使用词语相似度计算（见 7.3.2 节），如果服务名称包含的关键词具有多个义项，则可使用义原相似度计算（见 7.3.3 节）进一步确定相似度，但这种情况很少发生，产品配置领域的专有名词一般只有一个义项。

$$\mathrm{Sim}_{\mathrm{name}}(\mathrm{RS},\mathrm{SC}) = \mathrm{Sim}_{\mathrm{Word}}(\mathrm{RS},\mathrm{SC})$$

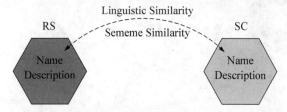

图 11-5　RS 和 SC 的服务名称和服务功能相似程度

　　服务功能描述，如："传动系统配置服务组合各型号离合器、变速箱、万向节、传动轴、主减速器、差速器、半轴，满足发动机前置后轮驱动、发动机前置前轮驱动、发动机后置后轮驱动、发动机中置后轮驱动、四轮驱动等模式的传动需求。"

　　用领域词典将 RS 和 SC 的服务功能描述中的关键词分别提取到 $\mathrm{RS}_i(i=1,2,\cdots,m)$，$\mathrm{SC}_j(j=1,2,\cdots,n)$。

服务描述相似度 $\text{Sim}_{\text{Description}}$ 可表示如下：

$$\text{Sim}_{\text{Description}}(RS, SC) = \underset{i=1,\cdots,m; j=1,\cdots,n}{\text{Max}} (\text{Sim}_{\text{Concept}}(RS_i, SC_j))$$

（2）满足输入输出要求。服务输入输出参数是服务相似度计算的重要考查对象，服务输入输出参数的完整性、匹配程度直接影响到服务的执行和是否产生异常。在图11-6中，RS 的前序和后序知识服务都只有一个，实际应用中 RS 的前序和后序知识服务都有可能有多个。因此，RS 的输入参数可能来自多个知识服务，而 RS 的输出参数也可能被多个知识服务使用，但这和我们的服务相似度计算关系不大。

输入输出参数相似度可以用7.7.4节中的参量相似度计算：

$$\text{Sim}_{\text{InputOutput}}(RS, SC) = \text{Sim}_{\text{Parameter}}(RS; SC)$$

需要说明的是，7.3.4节中参量相似度考虑的是 RS 和 SC 输入输出参量间的严格相似度，但实际使用中如果 SC 的输入输出参数是 RS 要求的输入输出参数的子类或可以无损转换，也是可以接受的。如：SC 的 H 值为"越野车底盘型号"，RS 的 A 值为"汽车的底盘型号"，由于"汽车"是"越野车"的父类，因此可以接受这样的输入参数。又如：SC 的 H 的数据类型为 Long，而 RS 的 A 的数据类型为 String，由于 Long 可以无损转换为 String，因此也是可以接受的，相似度计算时 H 和 A 的相似度可以赋值为1，即完全相似。

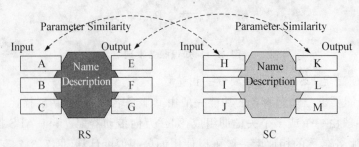

图 11-6　RS 和 SC 的输入输出相似程度

（3）满足其他参量如服务质量、资源、组织等的要求。

见图11-7分析 RS 和 SC 其他参量相似程度。

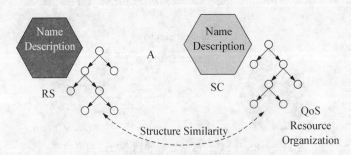

图 11-7　RS 和 SC 其他参量相似程度

服务质量相似度主要参考指标有 Time，Cost，Reliability，Fidelity，Security，由于是数字类型和枚举类型，同时也不需要考虑语义问题，因此只要标准化后直接求模糊相似度即可。

$$\text{Sim}_{\text{QoS}}(RS, SC) = \text{Sim}_{\text{Time}}(RS, SC) + \text{Sim}_{\text{Cost}}(RS, SC)$$
$$+ \text{Sim}_{\text{Reliablity}}(RS, SC) + \text{Sim}_{\text{Fidelity}}(RS, SC) + \text{Sim}_{\text{Security}}(RS, SC)$$

资源和组织相似度计算则有不同,每个知识服务都有各自的资源和组织本体,分别描述服务消耗、产生的资源和服务参与者之间不同的关系,因此可能会有较大的差异性。结合使用结构相似度和词语相似度是计算资源相似度和组织相似度的一个有效途径。

$$Sim_{Resource}(RS,SC) = Sim_{Structure}(RS.\,Resource, SC.\,Resource)$$

$$Sim_{Organization}(RS,SC) = Sim_{Structure}(RS.\,Organization, SC.\,Organization)$$

综上,RS 和 SC 间相似度可以表示如下:

$$\begin{aligned}Similarity(RS,SC) = {} &w_1 \times Sim_{name}(RS,SC) + w_2 \times Sim_{Discription}(RS,SC) \\ &+ w_3 \times Sim_{Inputoutput}(RS,SC) + w_4 \times Sim_{QoS}(RS,SC) \\ &+ w_5 \times Sim_{Resource}(RS,SC) + w_6 \times Sim_{Organization}(RS,SC)\end{aligned}$$

在获得语义描述和相似度计算的支持后,知识服务查询功能得到显著的加强:增加了查询可选项,对于同义概念不再忽略,增加了上下位、从属等语义关系就拥有了一定的推理能力,能够进行服务和需求间相似程度的度量,可以对查询结果进行排序找出最为合适的服务等,不一而足。

11.5　知识服务查找策略

无论是在静态还是动态知识服务工作流中,"服务发现"和"服务整合"这两个过程都会反复执行,每执行一次就查找出知识服务工作流中所需的一个知识服务并将其整合进工作流。不同的查找策略会产生不同的工作流,因此查找策略对知识服务工作流的生成有很大影响。

对于动态知识服务工作流来说,因为无法预知后面的知识服务,只能追求当前局部最优解了,因此服务查找匹配策略使用贪心法。

对于今天知识服务工作流来说,查找策略就有较大的变化空间,在此作者讨论其中三种:

(1) 从工作流起始点开始,使用贪心法,每次都寻找和现有工作流最为匹配的知识服务,即局部最优解,直至找到所有知识服务。

(2) 分别从工作流的两端,即起始点和终止点开始,使用贪心法,寻找最为匹配的知识服务,逐渐向工作流中间靠拢,最终汇聚到一起。

这两种查找策略都是建立在贪心法寻找局部最优解基础上的,因此,并不能保证发现全局最优解。

(3) 按功能需求给工作流上每个节点找到一组合适的知识服务,计算相邻节点两组知识服务间匹配程度,最后用最短路径或动态规划算法找出全局最优解。

如图 11-8 所示,工作流中 A 为起始点 G 为终止点,有数字下标的节点为符合工作流中该节点需求的可选知识服务,如 B_1、B_2 为符合工作流节点 B 需求的两个知识服务。节点间的连线为相邻两服务间匹配程度,匹配程度小于阀值的则不连线,图中设定阀值为 0.85。

这是图论中典型的最短路径问题,只不过这里求的是最长路径。因此,只要简单变换一下目标函数,最短路径算法即可很好地解决这个问题。

同时,这也可看作一个多阶段决策问题,即可以将其划分为若干个互相联系的过程,在

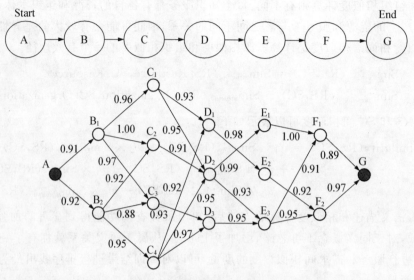

图 11-8　知识服务工作流示例

它的每个阶段都需要作出决策,并且一个阶段的决策确定后,会对下一个决策产生影响,从而影响整个过程决策的效果。多阶段决策问题要在允许的各阶段的决策范围内,选择一个最优决策,使整个系统在预定的标准下达到最佳的效果。因此,这个问题和动态规划中的经典问题——铺油管问题等价。铺油管也是求最短路径,其核心思想是:从最短路径上的一点到终点的那段路径是从该点到达终点的所有可能选择的不同路径中最短的一条。在作者的算法中求的是最长路径,只需做简单变换一下目标函数即可。

在图 11-8 中,工作流流程较为简单,没有涉及发散和聚合分支。图 11-9 中流程中出现发散和聚合的情况,其处理方法是将发散和聚合节点间的流程节点看作一个子流程,用递归方法对子流程进行求解。求解后,即将该子流程视为一个普通节点,如此就消去了发散和聚合分支。随后,仍可用最短路径或动态规划方法完成知识服务工作流的查找匹配和整合。

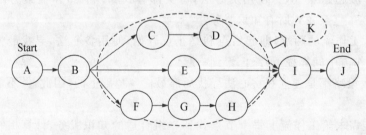

图 11-9　知识服务工作流示例

11.6　动态规划求解实例

问题描述　在图 11-8 中的问题中各阶段的可能状态表示如下:$s_1 = \{A\}, s_2 = \{B_1, B_2\}, s_3 = \{C_1, C_2, C_3, C_4\}, s_4 = \{D_1, D_2, D_3\}, s_5 = \{E_1, E_2, E_3\}, s_6 = \{F_1, F_2\}, s_7 = \{G\}$。

由每个阶段的决策 $u_i(x_i)(i=1,2,\cdots,6)$ 组成的决策函数序列称为全过程策略或简称策略，用 p 表示，$p=\{u_1(x_1),u_2(x_2),\cdots,u_6(x_6)\}$，由第 k 个阶段开始到终点的决策过程称为全过程的后部子过程，相应的策略称为后部子过程策略。用 $p_k(x_k)$ 表示 k 子过程策略，$p_k(x_k)=\{u_k(x_k),u_{k+1}(x_{k+1}),\cdots,u_n(x_n)\}$。每一个多阶段决策过程中，可供选择的策略有一定的范围限制，称为允许策略集合，其中达到最优效果的策略称为最优策略。$f_k(x_k)$ 表示从 x_k 出发到终点的最优策略指标，定义在后部子过程上。

从最短路径上的一点到终点的那段路径是从该点到达终点的所有可能选择的不同路径中最短的一条，这是最短路径问题的一个特性，也是动态规划基本思想的出发点。本题中求的是最长路径，可以将最长路径问题转换成最短路径问题，考虑到本题的特殊性，求有向图路径长而且没有回路，因此也可以直接求最长路径。

$k=6$ 时：$f_6(F_1)=0.89$，$f_6(F_2)=0.97$

$k=5$ 时：$f_5(E_1)=d(E_1,F_1)+f_6(F_1)=1.89$

从 E_1 出发最长路径是 E_1-F_1-G

$$f_5(E_2)=d(E_2,F_2)+f_6(F_2)=1.89$$

从 E_2 出发，最长路径是 E_2-F_2-G

从 E_3 出发，有两种选择，即到 F_1 或者 F_2，则：

$$f_5(E_3)=\max\left\{\begin{matrix}d(E_3,F_1)+f_6(F_1)\\d(E_3,F_2)+f_6(F_2)\end{matrix}\right\}=\max\left\{\begin{matrix}1.80\\1.92\end{matrix}\right\}=1.92$$

从 E_3 出发，最长路径是 E_3-F_2-G

$k=4$ 时：$f_4(D_1)=d(D_1,E_2)+f_5(E_2)=0.98+1.89=2.87$

从 D_1 出发，最长路径是 $D_1-E_2-F_2-G$

$$f_4(D_2)=\max\left\{\begin{matrix}d(D_2,E_1)+f_5(E_1)\\d(D_2,E_3)+f_5(E_3)\end{matrix}\right\}=\max\left\{\begin{matrix}0.99+1.89\\0.93+1.92\end{matrix}\right\}=2.88$$

从 D_2 出发，最长路径是 $D_2-E_1-F_1-G$

$$f_4(D_3)=d(D_3,E_3)+f_5(E_3)=0.95+1.92=2.87$$

从 D_3 出发，最长路径是 $D_3-E_3-F_2-G$

$k=3$ 时：$f_3(C_1)=\max\left\{\begin{matrix}d(C_1,D_1)+f_4(D_1)\\d(C_1,D_2)+f_4(D_2)\end{matrix}\right\}=\max\left\{\begin{matrix}0.93+2.87\\0.95+2.88\end{matrix}\right\}=3.83$

从 C_1 出发，最长路径是 $C_1-D_2-E_1-F_1-G$

$$f_3(C_2)=d(C_2,D_2)+f_4(D_2)=0.91+2.88=3.79$$

从 C_2 出发，最长路径是 $C_2-D_2-E_1-F_1-G$

$$f_3(C_3)=d(C_3,D_3)+f_4(D_3)=0.93+2.87=3.8$$

从 C_3 出发，最长路径是 $C_3-D_3-E_3-F_2-G$

$$f_3(C_4) = \max \left\{ \begin{array}{l} d(C_4,D_1) + f_4(D_1) \\ d(C_4,D_2) + f_4(D_2) \\ d(C_4,D_3) + f_4(D_3) \end{array} \right\} = \max \left\{ \begin{array}{l} 0.92 + 2.87 \\ 0.95 + 2.88 \\ 0.97 + 2.87 \end{array} \right\} = 3.84$$

从 C_4 出发,最长路径是 $C_4 - D_3 - E_3 - F_2 - G$

$$k = 2 \text{ 时}: f_2(B_1) = \max \left\{ \begin{array}{l} d(B_1,C_1) + f_3(C_1) \\ d(B_1,C_2) + f_3(C_2) \\ d(B_1,C_3) + f_3(C_3) \end{array} \right\} = \max \left\{ \begin{array}{l} 0.96 + 3.83 \\ 1.00 + 3.79 \\ 0.97 + 3.84 \end{array} \right\} = 4.81$$

从 B_1 出发,最长路径是 $B_1 - C_3 - D_3 - E_3 - F_2 - G$

$$f_2(B_2) = \max \left\{ \begin{array}{l} d(B_2,C_2) + f_3(C_2) \\ d(B_2,C_3) + f_3(C_3) \\ d(B_2,C_4) + f_3(C_4) \end{array} \right\} = \max \left\{ \begin{array}{l} 0.92 + 3.83 \\ 0.88 + 3.79 \\ 0.95 + 3.84 \end{array} \right\} = 4.79$$

从 B_2 出发,最长路径是 $B_1 - C_4 - D_3 - E_3 - F_2 - G$

$$k = 1 \text{ 时}: f_1(A) = \max \left\{ \begin{array}{l} d(A,B_1) + f_2(B_1) \\ d(A,B_2) + f_2(B_2) \end{array} \right\} = \max \left\{ \begin{array}{l} 0.91 + 4.81 \\ 0.92 + 4.79 \end{array} \right\} = 5.72$$

从 A 出发,最长路径是 $A - B_1 - C_3 - D_3 - E_3 - F_2 - G$

由此,我们得到组合成知识服务工作流的最佳候选知识服务 B_1 、C_3 、D_3 、E_3 、F_2 。

11.7　小结

本章首先给出工作流管理的历史、Web 服务工作流的简介和 Web 服务工作流相关标准,接着借鉴 Web 服务工作流技术,讨论通过知识服务工作流技术来实现知识服务的合成和分解。

然后,详细介绍了知识服务工作流执行的四个过程:知识服务工作流创建、知识服务发现、知识服务整合、知识服务执行。按照其执行过程的不同,将知识服务工作流分为静态和动态两种。

接着,通过对知识服务进行语义化描述和进行服务相似度计算,讨论了知识服务的发现方法,即如何从候选服务中选出服务满足服务请求的需要:(1)满足功能要求;(2)满足输入输出要求;(3)满足其他参量如服务质量、资源、组织等的要求。

最后,作者讨论了知识服务工作流中知识服务三种查找策略,并给出基于动态规划的知识服务查找策略的实例。

总之,知识服务发现是实现高效率和自动化的知识服务工作流的最关键因素,利用语义描述、服务本体论和相似度计算是达到该目标的有效途径。知识服务查找策略对知识服务工作流生成也有较大的影响,选择合适的服务查找策略是知识服务工作流问题求解的另一关键因素。

第三篇

实　践　篇

前面两篇分别对知识管理的基本概念、平台、系统和技术，特别是基于语义的知识处理技术做了较详细的探讨，为了能更好地将这些管理思想和知识处理技术应用于具体的智能知识管理实践，还需要对目前的知识管理产品和解决方案有一个较全面的认识。

　　本篇内容不仅将使读者对基于语义与面向服务的知识管理与处理方面的研究成果的实用性有一个深刻的了解与认识，而且将为读者在已有研究成果的基础上开发各应用领域的知识管理系统，并为实现进一步的知识管理与处理的理论和技术创新提供了空间。

　　目前，市场上涌现了许多商品化的知识管理系统和成功的知识管理实践项目，它们对知识管理的理解角度不同，解决方案也各有千秋。本篇对其中的几种基于语义的知识管理解决方案或实践项目进行介绍，从战略思想、系统实现或应用框架角度对它们进行探讨。

　　第12章详细介绍斯坦福大学开发的 Protégé 本体开发工具，以汽车故障诊断本体为例，介绍了如何利用 Protégé 工具来构建 owl 本体、使用推理机以及产生实例，使读者对基于本体的知识管理工具有一种直观的认识。

　　第13章首先介绍本体在汽车故障诊断知识系统中所起的作用，接着介绍基于本体的汽车故障诊断知识的建模，然后分别以汽车故障自诊断、Case-Based Reasoning（CBR，基于案例的推理）和汽车知识学习系统介绍如何利用本体构建与汽车故障诊断相关的知识系统，最后探讨了基于本体论的汽车故障远程诊断系统的实现方法。

　　第14章结合语义网技术对网络化制造环境下的制造资源获取、本体建模、语义标注、智能检索、语义查询前端等问题展开研究，实现了一个原型系统 MRISS（Manufactory Resources Intellectual Search System）。MRISS 的关键技术和创新点主要包括：适合网络化制造开放环境的共享资源本体建模技术、网络化制造信息智能获取技术、半自动化的语义标注技术、多层次的网络化制造资源检索融合技术以及易用、清晰、简洁的网络化制造资源检索语义查询前端技术。

　　第15章以复杂产品研制过程中产品知识在多个领域的传递、共享和重用为目标，融合本体论，以在概念层建立产品知识的形式化语义表达为基础，介绍一种语义驱动的集成产品知识建模方法和实践，能有效克服当前集成产品信息建模方法存在的局限性，支持各领域系统在知识重用基础上快速重构领域模型，实现多学科领域的产品知识集成。

　　第16章首先介绍基于知识服务的网络化产品配置过程。然后，引入一个基于知识服务面向网络化产品配置的本体结构。这为建立跨平台的、柔性的、高性能、支持大批量企业级用户的网络化产品配置系统支撑平台提供了一个明确的模型，从而提高了网络化产品配置系统实现的针对性。最后，以变速箱为例，按照试验环境的运行流程，具体说明网络化产品配置系统的各个部分功能。

第 *12* 章 Protégé 本体开发工具

斯坦福大学开发的 Protégé[①] 本体开发工具,由用户输入结构化或半结构化的实体概念和属性信息然后输出本体化、语义化的知识模型并基于知识模型进行语义推理。Protégé 是一个开放源码软件,由于其优秀的设计和众多的插件,成为目前使用最广泛的本体论编辑器之一。

Protégé 以树形的层次目录结构显示本体结构,通过点击相应项目来增加或编辑类、子类、属性以及实例等,用户可在概念层次上设计领域模型,无需了解具体的描述语言;支持多重继承,可对新数据进行一致性检查和扩展;可将内部表示转换成多种形式的文本格式,包括 XML、RDF(S)、OIL、DAML、DAML+OIL、owl 等系列语言;后台支持数据库存储,使用 JDBC 和 JDBC-ODBC 桥访问数据库;开放源码,使用简单,有详细友好的帮助文档,模块清晰,提供了完全的 API 接口。

12.1 使用 Protégé 构建 owl 本体

以下我们将使用 Protégé 3.1.x 版本,制作一个局部的汽车故障诊断本体以了解使用 Protégé 建立 owl 本体的基础用法及其相关概念。

12.1.1 owl 类

打开 Protégé,选择 File→New Project,再选择 owl Files(.owl or.rdf)创建一个新的 Protégé 本体项目,即发现图 12-1 所示的 Protégé 主用户界面。

Protégé 主用户界面包含有 owl Classes(owl 类)、Properties(属性)、Forms(表单)、Individuals(实例)和 Metedata(元数据)等编辑器,这里我们选择 owl Classes 来编辑。在空本体的 Asserted Hierarchy(用户定义类结构)中仅存在一个类,即 owl:Thing,它是所有类的父类,代表了包含所有实例的集合。点击 Asserted Hierarchy 旁边的 Create subclass 图标或者右击 owl:Thing 选择 Create subclass,会出现 Protégé 自动定义名为 Class_1 的类,我们可以将该类名修改为 Diagnose,如图 12-2 所示。

---

① Knublauch H., Musen M. A. and Rector A. L.. Editing description logics ontologies with the Protégé owl plugin. In: International Workshop on Description Logics, Whistler, BC, Canada, 2004.

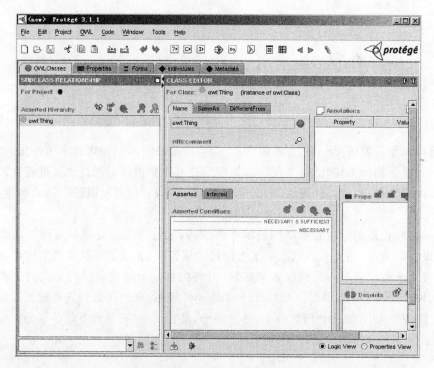

图 12-1　Protégé 主用户界面

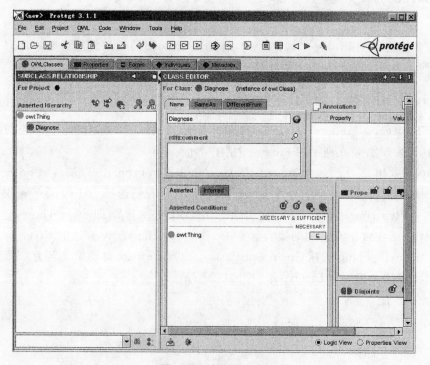

图 12-2　定义 owl 类

同上,我们可以定义 Diagnose 的一些子类,如 Phenomenon、Reason、RepairAndMaintenance、TroubleSource 等。需要说明的是,这四个子类具有互相排他性(owl:disjointWith),换句话说,其中任何一个类的实例不可能同时是另外一个类的实例。如图 12-3 所示,在选中 Phenomenon 后,点击右下角的 Disjoints 窗口中的 Add all siblings... 按钮。在弹出 Add sibling to disjoints(将互为兄弟节点的类设为排他关系)对话框中,选择 Mutually between all siblings(所有互为兄弟节点的类皆为排他关系)。这样,上面的四个子类就有互相排他性了。

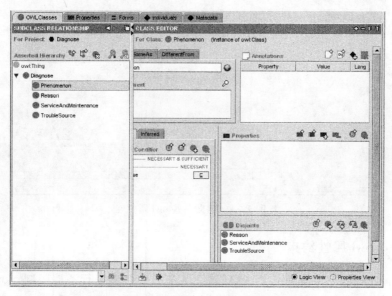

图 12-3 定义一些 owl 类的互为排他关系

12.1.2 owl 属性

owl 属性主要表示两个个体之间的关系,主要分为三类:对象属性、数据属性和标注属性。对象属性表示一个个体同另一个个体的联系;数据属性表示一个个体同一个数据值的联系;标注属性用于在类、个体和属性中添加元数据信息。如图 12-4 所示,在选择 Properties 编辑器后新建一个 ObjectProperty(对象属性),将 Protégé 自动定义的名字 objectProperty_1 改为 asResultOf(产生原因),在其 Domain(定义域)中定义该属性的主体的类是 Phenomenon(故障现象),在其 Range(值域)中定义该属性的客体的类是 Reason(故障原因)。同样,可以建立一个对象属性 resultedIn(产生结果),在其 Domain(定义域)中定义该属性的主体的类是 Reason(故障原因),在其 Range(值域)中定义该属性的客体的类是 Phenomenon(故障现象),它是属性 asResultOf 的逆关系(owl:inverseOf),故此在右下角 Inverse 框中选择 resultedIn 属性。为了便于下一小节的理解,我们继续建立了另一个对象属性 exhaust(排出)。

属性的 Domain(定义域)规定了该属性只能作用于所定义的作为主体的类实例;属性的 Range(值域)规定了该属性的值只能是所定义的作为客体的类的实例。owl 属性特征除了具有 Inverse(逆关系)外,还可以具备 Functional(函数关系)、Inverse Functional(逆函数关系）、Transitive（传递关系）、Symmetric（对称关系）等，由于篇幅关系，本书不一一介绍，读者可以参阅 Protégé 使用手册[①]。

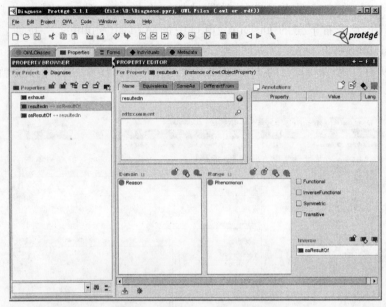

图 12-4　定义一些 owl 属性

12.1.3　owl 属性约束

对 owl 属性可以进行约束定义，即对属于某一类的个体进行条件限制。owl 属性约束主要包括：Quantifier Restrictions（量词限制）、Cardinality Restrictions（基数限制）以及 hasValue Restrictions（值限制）。

由于篇幅关系，我们主要讨论 Quantifier Restrictions（量词限制），读者可以参阅 Protégé 使用手册来了解其他的属性约束。

Quantifier Restrictions（量词限制）主要包括 Existential quantifier（存在量词）和 Universal quantifier（全局量词）。前者意味着"至少有"或"一些"；后者意味着"仅仅"。

作为示例，如图 12-5，我们建立一个 owl：Diagnose 的子类 Smog（气体），Smog 的子类 AbnormalSmog（异常气体）以及 AbnormalSmog 的子类 BlackSmog（黑烟）。接着，我们建立一个 owl：Phenomenon 的子类 offGasException（排气异常），并对其添加属性约束。在选中 offGasException 的状态下，点击中下方的 Asserted Conditions（添加条件）窗口中的第二个按钮 Create restriction…（建立限制）。在弹出的对话框中，选择 Restriction 中的 someValuesFrom，然后点击下方的 Insert class…，最后选择 AbnormalSmog，这样我们就对 owl：offGasException 类的 Exhaust 属性进行了 Existential quantifier 约束，即 ∃exhaust AbnormalSmog，它表示

①　Horridge M., Knublauch H., Rector A., Stevens R. and Wroe C.. A practical Guide to Building owl Ontologies Using the Protégé owl Plugin and CO - ODE Tools，edition 1.0，http://www.co-ode.org/resources/tutorial/ProtegeOWLTutorial.pdf，2004.

offGasException 类的所有实例至少要与 AbnormalSmog 类的一个实例发生 exhaust 关系——换句话说，它表示 offGasException 类的所有个体至少要排出一个 AbnormalSmog 个体。

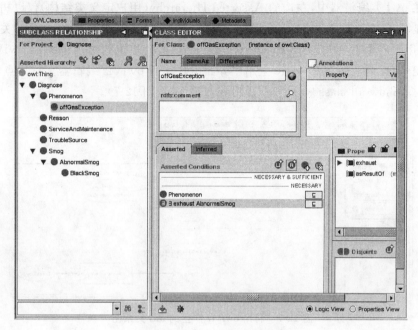

图 12-5　定义 owl 属性约束

为了便于下一小节的理解，如图 12-6 所示，我们继续建立了 owl : offGasException 的兄弟姐妹类 fewBlackSmog（排出少量黑烟）（此处故意不定义后者为前者的子类，以便在下一小节中验证 owl 推理工具 Racer 的推理能力），并对其 exhaust 属性进行了 Existential quantifier 约束，即∃exhaust BlackSmog。

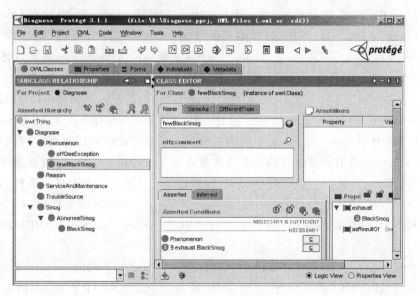

图 12-6　定义 owl 属性约束

12.1.4 owl 关系图

在前述 owl 类编辑器中,左边的 Asserted Hierarchy(用户定义类结构)仅以树形的层次目录结构显示了本体结构,我们可以使用 owlViz 查看能表达类之间关系的 owl 关系图。在 Protégé 主用户界面菜单中选择 Project→Configure 后,在弹出的对话框中的 owlVizTab 选项前打上记号,这样就会在 Protégé 主用户界面出现新的 owlViz 编辑器。然后点击 owlViz 编辑器,选择 Show all classes,就可以看到 owl 关系图(图 12-7)。

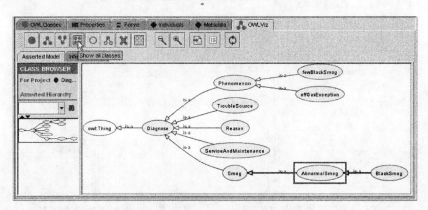

图 12-7 利用 owlViz 产生的 owl 关系图

12.1.5 充分必要条件

作者先前所定义的 owl 类都是利用必要条件来描述其属性约束的。必要条件意味着"如果一个个体是某个类的成员,则该个体必须满足这些条件"。但是,仅有必要条件时,并不能说"如果一个个体满足了这些条件,则该个体一定是该类的成员"。

在图 12-5 中,我们对 owl : offGasException 类的 Exhaust 属性约束(即 ∃exhaust AbnormalSmog)意味着"如果一个个体是 offGasException 类的成员,则该个体必须是 Phenomenon 类的成员且必须至少 exhaust(排出)一种 AbnormalSmog(异常气体)"。我们在此用了必要条件来定义。

现在假设我们已知一个个体是 Phenomenon 类的成员且至少 exhaust(排出)一种 AbnormalSmog(异常气体),但是根据目前对 owl : offGasException 类的定义,该知识并不能充分断定该个体就是 offGasException 类的成员。若要使此断言成为现实,我们必须把定义 offGasException 类的必要条件约束改为充分必要条件约束。这样,不仅该条件对一个个体作为 offGasException 类的成员是必须满足的,且能充分断定一个满足该条件的个体必定是 offGasException 类的成员。做法是把 Asserted Conditions(添加条件)窗口中的条件逐一从 NECESSARY(必要条件)拖拽到上方的 NECECSSARY & SUFFICIENT(充分必要条件)中。

图 12-8 显示出在 Asserted Conditions(添加条件)窗口中,∃exhaust AbnormalSmog 和 Phenomenon 已被从 NECESSARY(必要条件)拖拽到 NECESSARY & SUFFICIENT(充分必要条件)中。这意味着"如果一个个体是 offGasException 类的成员,则该个体必须是

Phenomenon 类的成员且必须至少 exhaust(排出)一种 AbnormalSmog(异常气体);反之,如果一个个体是 Phenomenon 类的成员且至少 exhaust(排出)一种 AbnormalSmog(异常气体),则该个体一定是 offGasException 类的成员"。

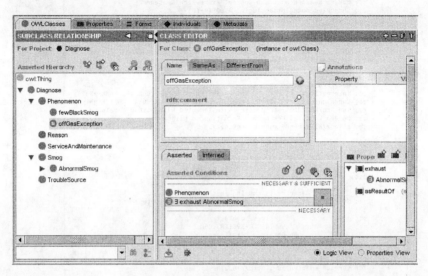

图 12-8　定义充分必要条件

12.2　本体定义的逻辑检查和推理

使用 owl-DL 语言构建本体的好处之一,是可以利用推理机来自动计算出类的结构。

例如,构建包含有数千个类的大型本体时,使用推理机如 Racer 系统来计算类之间的子类—超类关系显得尤其重要。Racer 系统是一个知识表示系统,提供了一个语义 Web 的实时查询推理引擎。作为第三方插件的 Racer,可用于 Protégé 建立本体过程中对本体库逻辑关系的推理验证,找出本体建立过程中类关系定义时的矛盾或缺陷,并用蓝色的字体标出合理的类关系定义。

又如,大型本体中当某些类有很多父类(多重继承关系)时,人们却习惯于仅仅把类结构构建成一棵简单的树。在 Asserted Hierarchy(用户定义类结构)中的类往往只有一个父类。推理机在此时便能帮助计算和维护多重的类继承关系,使得本体的类模块及其关系清晰化。推理机技术促进了本体的重用,并缓解了人们在构建、维护复杂的类之间多重继承关系时易产生的矛盾或缺陷。

下面是运用推理机自动计算出 owl:offGasException 类的一个子类的例子。选择菜单中 OWL→Classify taxonomy...。这时 Protégé 会连接 Racer,弹出 Racer 启动界面(图12-9),然后由 Racer 推理机进行推理。

推理机在数秒钟后计算出导出类结构,并在 Asserted Hierarchy(用户定义类结构)窗口右侧自动弹出 Inferred Hierarchy(导出类结构)窗口,如图 12-10 所示。其父类由于推理机的推理,发生改变的类的颜色将显示为蓝色。该图中显示出,fewBlackSmog 类已经从

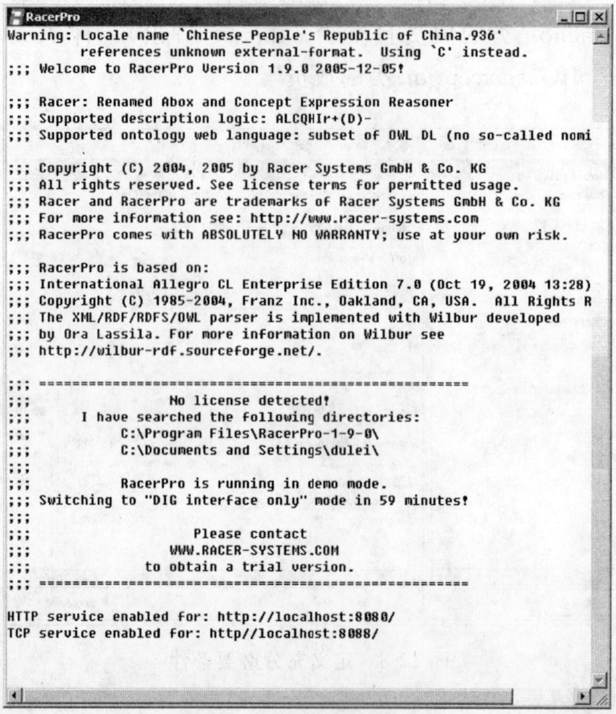

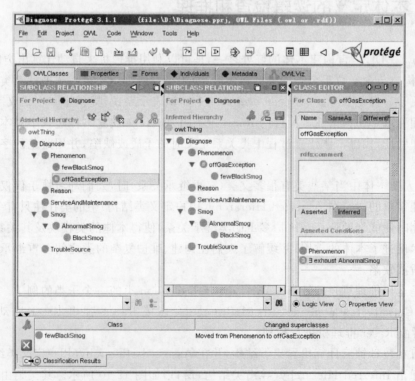

图 12-9 Racer 引擎启动界面

图 12-10 使用 Racer 对本体定义进行逻辑检查和推理

Phenomenon 类的子类变为 offGasException 类的子类,并在信息对话框中显示出 "fewBlackSmog Moved from Phenomenon to offGasException"。

此时,通过 owlViz 可以分别看到推理前和推理后的 owl 关系图所发生的变化(分别见图 12-11 和图 12-12)。

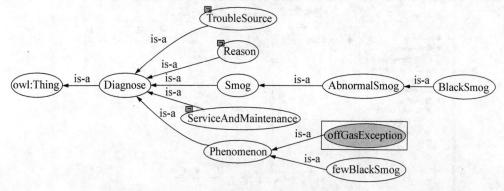

图 12-11　Racer 推理前的 owl 关系图

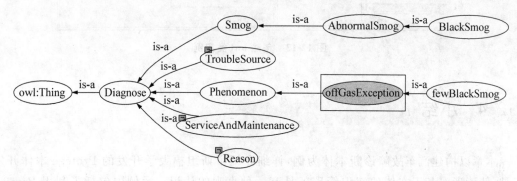

图 12-12　Racer 推理后的 owl 关系图

12.3　使用 Protégé 创建 owl 类实例

在先前构建的 owl 类的基础上,Protégé 还可以进一步创建这些类的实例(或称个体)。定义某个类的一个实例需要确定一个类,创建类的一个实例和给属性赋值。在该节中,作者将对先前小节中建立的 owl:fewBlackSmog 类进行实例化。为使描述简捷,我们假设 owl:Reason 和 owl:BlackSmog 类已经实例化并各有 3 个实例。

如图 12-13,在 Protégé 主用户界面选择 Individuals 编辑器,接着点击 Instance Browser (实例浏览窗)的 Create Instance 按钮,出现一个个体实例,可将其缺省名字 fewBlackSmog_1 改为"少量黑烟及嘟嘟声"。rdfs:comment 属性用于储存实例输入者的评论内容(不用于机器理解),如输入"少量黑烟,有时伴有嘟嘟声"。asResultOf 属性中可以输入 owl:Reason 类的两个实例,使其建立相互联系。exhaust 属性中可以输入 owl:BlackSmog 类的一个实例,使其建立相互联系。

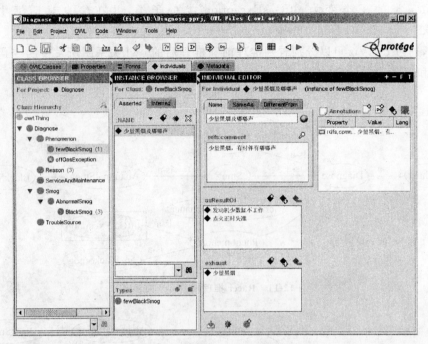

图 12-13　创建 owl 类实例

12.4　小结

本章以构建汽车故障诊断本体为例,详细介绍了斯坦福大学开发的 Protégé 本体开发工具,使读者对基于本体的知识管理工具有一种直观的认识。示例中包括了利用 Protégé 工具来构建 owl 本体、使用推理机进行本体逻辑检查和推理,以及创建 owl 类实例的过程。

第 *13* 章　基于本体论的汽车故障诊断知识系统

本章将本体概念引入汽车故障诊断系统,并利用本体论在人工智能、领域概念建设方面的优势,构建知识库系统,完成专家系统的逻辑推理机制的构建。同时,利用本体在问题求解方法(Problem-Solving Methods)上的独特优势,可大大减轻专家系统推理机设计过程的工作量,为汽车故障诊断系统的构建提供一条更为简洁的思路。本项目为浙江大学与杭州信雅达工程有限公司博士后联合工作站的博士后研究课题。项目旨在结合汽车故障诊断系统,利用本体论对汽车故障的领域知识进行研究与分析,对汽车故障诊断系统的结构进行定义以及对诊断的求解过程进行描述,构建合理而完备的汽车故障诊断的知识模型,使之能被多用户共享、重用及互操作。

基于本体的知识库的首要工作便是针对问题专业领域建构一个概念模块。知识建模主要有两种方法:领域本体论(Domain Ontology)与问题求解方法(Problem-Solving Methods),借由此两种方法呈现出领域专家在解决问题时所会运用到的知识与策略。已有的汽车故障诊断专家系统大多是利用启发式规则,将知识库与推理机制分别开发,知识的组织源于领域专家,因此系统的针对性强,但难以进行知识共享及互操作。本项目使用本体论(Ontology)相关概念与技术,建立深入分析了汽车故障领域内的知识内容,定义各知识概念间的关联,并依据分析后的知识关联架构,采用美国斯坦福大学开发的 Protégé 3.1. x 知识管理平台构建了领域本体论,呈现汽车故障诊断的基础知识内容;通过惠普(HP)实验室研发的 Jena 工具包,以规则(Rule)呈现领域专家问题求解的策略流程,对领域本体论内知识概念间的关联进行推论。在基于本体论的知识系统的基础上,本项目提出了一种基于移动网络的汽车售后服务系统框架及其运行机制。

本章首先介绍本体在汽车故障诊断知识系统中所起的作用;接着介绍基于本体的汽车故障诊断知识的建模;然后分别以汽车故障自诊断、Case-Based Reasoning(CBR,基于案例的推理)和汽车知识学习系统介绍如何利用本体构建与汽车故障诊断相关的知识系统;最后探讨了基于本体论的汽车故障远程诊断系统的实现方法。

13.1　本体在汽车故障诊断系统的知识建模中所起的作用

由于汽车维修服务网络的硬件设施是异构的,例如汽车可能来自不同的生产厂家,有的装备有计算机控制装置、故障诊断系统、导航系统、汽车音响及 DVD 等娱乐设施,而有的汽车则没有这些装备。道路辅助设施也可能是独立或依赖于汽车生产厂商的,在有的道路辅助设施中可能装备有一种或多种诊断工具,如台式电脑或个人数字助手。汽车驾驶员的个体差异也较大,他们中可能讲述不同的语言,有的驾驶员拥有个人掌上数字助手、移动电话或小灵通,有的则没有这些装备。因此,需要将这些异构的数据有效地组织起来,并能将汽车制造商、汽车维修组织、汽车故障诊断仪供应商、汽车配件商与汽车维修相关的各种信息联接在一起,本体论则使这样的知识建模成为可能。

针对解决汽车故障诊断系统各子系统的共享性和互操作性的问题,本体的意义主要体现在以下几个方面。

1. 利用本体翻译器实现知识共享

该方法在同一领域中充分利用已有系统的知识库,来构造可用性强和高度互操作的新系统。针对系统的异构性,可通过使用本体建立翻译器,实现系统间知识的共享,有效地解决现有子系统的异构问题,消除知识的二义性。汽车故障诊断系统是领域性比较强、比较复杂的系统,它涉及汽车零部件构成、汽车用户、汽车制造商、汽车维修商及零部件供应商等领域性的知识,这类知识同样适用于汽车的设计、制造及故障检测等智能系统中。因此,领域知识的共享和重用是非常必要的。

例如,在汽车远程诊断系统中,同时要构建汽车总体设计系统、汽车用户系统、汽车维修厂家信息系统、汽车零部件商信息系统以及其他相关的数据库管理系统,这些系统中要相互利用各自的一些信息与知识,这里我们采用如图 13-1 所示的结构实现知识的共享。该模型中,各个系统中的知识均采用数据库存储,并且不同数据库的结构是完全不同的,采用的知识表示方式也有一定的差别,因此两个系统之间不能直接共享信息。为此,我们可以通过利用本体建立翻译器来实现系统之间的共享,当设计系统需要用到诊断系统中的某些知识时,可以通过翻译器(一)将知识库(一)中的知识转化为可共享的形式,从而实现领域知识的共享;同理,我们也可将其他系统之间通过翻译器,将不同系统之间的数据与知识用共享的模型进行表达,反之亦然。

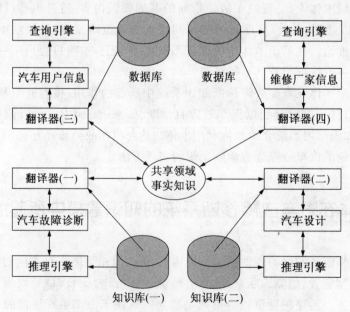

图 13-1 基于本体论的汽车故障诊断系统中的知识共享

　　该模型的关键技术就是翻译器的建立和实现,需要根据所使用的本体表示语言,对数据库与本体表示语言之间的转换进行研究,关键问题是建立不同结构层次之间的映射关系。因此,本体在其中起着十分关键的作用。

　　2. 利用本体论,诊断系统能为不同语言背景的驾驶员、不同的汽车制造与服务商提供一个共享的平台

　　每一个汽车制造商都有他们各自的词汇去描述汽车的零部件、故障和症状等,而且用以表达的语言也各不相同。为了能快速而准确地得到故障车辆相关的维修信息,需要将这些由不同语言、不同词汇表达的信息有机地整合在一起,并且使不同语言背景的用户、不同汽车制造商和汽车维修商之间能够实现无障碍的交流与理解本体在其中作为一个使他们能共同理解的平台,以下为通过本体语言描述的一段相关代码。

```
<owl:Class rdf:ID= " RepairProcedure ">
    <rdfs:label xml:lang= " cn "> 维修过程</rdfs:label>
        <rdfs:label xml:lang= " de "> Reparaturverfahren</rdfs:label>
        <rdfs:label xml:lang= " en "> repair procedure</rdfs:label>
        <rdfs:label xml:lang= " fr ">  procédé de réparation</rdfs:label>
        <rdfs:label xml:lang= " it ">  procedura di riparazione</rdfs:label>
        <rdfs:comment>
            rdf:datatype= http://www.w3.org/2001/XMLSchema# string>
        </rdfs:comment>
        <rdfs:subClassOf>
            <owl:Class rdf:about= "# RepairInformation "/>
        </rdfs:subClassOf>
        <owl:disjointwith>
            <owl:Class rdf:about= "# Maintenance "/>
        </owl:disjointwith>
        </owl:Class>
        Owl(ontology web language)
```

　　由于上述代码能够表达同一概念的不同语言表达,因此该系统能服务于不同语言背景的汽车用户。同理,我们也可通过本体,将不同汽车制造商或汽车用户联系起来,达到对汽车故障诊断或维修、汽车结构共同的理解。

　　3. 利用本体表示领域知识,并能以此为基础,抽象出诊断所需要的模型

　　对于汽车故障诊断系统而言,本体是一个词汇系统,它作为一个基本概念来描述要定义的任务及领域知识。这个词汇库也是领域专家和知识工程师之间的沟通基础。它针对特定的应用领域,对领域知识的结构和内容进行抽象,包括各种领域知识的类型、术语和概念,并对领域知识的结构和内容加以约束,形成描述特定领域中具体知识的基础。

　　如对上述汽车故障诊断专家系统,可以将故障诊断的知识用五元式 $DP=<D, M, C, A, M^*>$ 来描述,其中:

　　$D=\{D_1, D_2, \cdots, D_L\}$ 表示系统中各层次的所有故障的非空有限集合;

$M=\{M_1,M_2,\cdots,M_L\}$ 表示系统中各层次系统的所有故障现象的非空有限集合；

$C\subseteq D\times M=\{C_1,C_2,\cdots,C_L\}$ 表示 D 到 M 之间的因果映射关系集合；

$A\subseteq M\times D=\{D_1,D_2,\cdots,D_L\}$ 表示从 M 到 D 之间的因果映射关系集合；

$M^*\subseteq M$ 表示已知的观测故障现象的集合。C 和 A 分别表示故障和故障现象之间,故障现象和故障之间的因果映射关系；M^* 则给出了已观测到的故障现象集合,这样可以有效地表示出故障,故障现象之间的关系。

对故障现象和故障集合的定义以及两者之间的两类因果映射关系集合的定义,清晰地刻画了故障、故障现象之间的层次和因果关系,使得知识的表示达成一致,避免了表示的多样性。同时,由于本体是处于语义层次的知识表示方法,它可以对故障知识进行深层次的表示,有效地对推理进行解释；另外,本体提供了知识的共享概念模型,有利于系统间知识的共享和集成。因此,利用本体建立专家系统的领域本体知识基础,并将其作为开放型的知识进行共享,将有利于提高专家系统的共享性和互操作性。在基于汽车故障本体基础上,可抽象各种诊断模型,以形成各类汽车故障诊断方法。如基于规则的推理(Rule-based Reasoning)可利用领域内大量的语义方法求解问题；基于案例的推理(Case-based Reasoning)是利用领域内的案例构建知识库；基于模型的推理(Model-based Reasoning)则是利用领域内的知识结构与功能的表达构建相关的知识库。

4. 通过本体,不仅可得到汽车故障部位的信息,而且可以得到与不同层次的与汽车故障部位相关联的信息

图 13-2 为一个汽车故障诊断本体的示例,这个本体为车辆属性定义了类并确定了类与类之间的关系。在这个例子中,汽车故障诊断本体划分了以下 5 个大类:(1) 车辆构成与建模；(2) 产品供应商(允许构成/建模的信息与制造商关联在一起)；(3) 产品(如车辆系列)；(4) 产品的部件(包括车辆零部件子系统的标识以及替代部件的标识)；(5) 维修提供者(如道路辅助组织和汽车修理厂)。如果通过相应的诊断方法确定汽车故障部位后,通过该本体库,容易得到该故障零部件的供应商的信息、维修工具信息、维修工具的选择、属于哪一类车型等相关的信息。

13.2　基于本体论的汽车故障诊断知识的建模

一般来说,本体提供一组术语和概念来描述某个领域,知识库则使用这些术语来表达该领域的事实。例如,我们的发动机故障诊断系统的本体可能包含"燃油"、"汽化不良"、"点火"、"正时失准"等术语,但它不会包含对某一故障现象到某一故障源,甚至维修方式的推荐联系,而这正是知识库所要表达的内容。

实际上,如果本体和知识库用同一语言描述表达的话,两者之间并没有清晰的界限。区别仅仅在于知识库的哪一部分是可以共享和重用的以及哪一部分是针对特定应用的,这些区别往往还随着时间和具体的背景变化。

在建立作者的本体库之前,应该明确一点,因为作者的本体库将来要放在"故障诊断"这

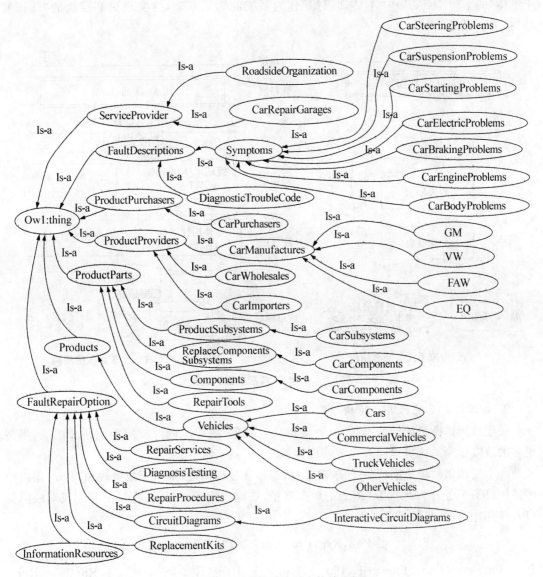

图 13-2 汽车故障诊断本体的示例

种外向型的应用领域,因而作者的本体更关注"类"以及"类间关系",对类的私有属性等微观概念的关注应当放在次要地位。

13.2.1 诊断系统基本结构研究

1. 基于本体的故障诊断系统

传统的专家系统的领域针对性很强,且知识库的扩展性和学习功能较差。由于推理机制和知识库结构的千差万别,诸多系统之前的知识共享问题从未真正得以解决;而本体论在人工智能领域的提出,正是为了提高异构系统间相互交流学习的能力、实现真正意义上的知识共享。图 13-3 的右侧显示了作者建立的故障诊断系统的结构图,其框架正好体现了"基于本体"的结构特点;其中"本体知识库"作为系统的知识基础,为实现更高层次的"知识共享"提供了保证。

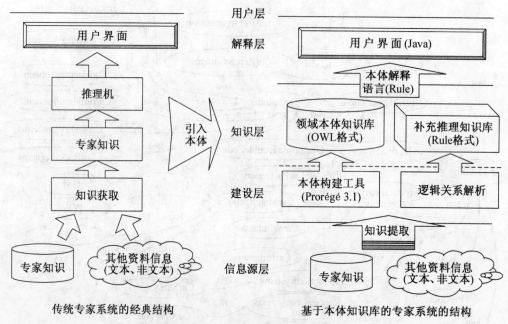

图 13-3　引入"本体建模"前后专家系统的结构比较

2. 故障诊断系统的定义结构

关于故障诊断系统的基本结构,一般由故障现象、故障原因及故障源三部分组成,当然更多的故障诊断系统可以同时完成修理推荐。

一个发动机故障诊断(FD)的单向过程,即诊断过程描述,是始于故障现象(Phn)指向故障原因(Rsn),止于修理推荐(Rpr)的单向路径,在寻找故障原因的同时,一并完成对故障源(Prt)的定位。作者用下式描述之:

$$FD = <Phn, Rsn, Prt (Rpr)>, \text{“( )”中的元素可选;}$$

其中,$Phn = \{ Phn_1, Phn_2, \cdots, Phn_L \}$,$Rsn = \{ Rsn_1, Rsn_2, \cdots, Rsn_L \}$,$Rpr = \{ Rpr_1, Rpr_2, \cdots, Rpr_L \}$,$Prt = \{ Prt_1, Prt_2, \cdots, Prt_L \}$ 分别表示系统中所有故障现象(Phenomenon)、故障原因(Reason)、修理推荐(Repair)和故障源(Parts)的非空有限集合。

可以看到,故障诊断系统的定义过程中,并没有形成一个如文献检索系统中"题目"那样的中心词汇来统领一个本体的主轴;或者说,是故障诊断系统中存在许多类似的中心词汇,至使整个诊断过程并不是一个单纯的匹配检索过程。正如定义所要表达的,发动机的故障诊断系统所要完成的任务,根本上就是通过一定的逻辑分析,寻找一条从故障现象到达故障源,甚至修理推荐的最可能的链接路径。而作者的系统恰好利用本体理论,将上述链接过程通过本体之间的关系描述出来;同时,当作者定义了基本的领域本体和本体关系以后,系统的框架即已建成。

本系统中所涉及的本体之间的基本关系及推理关系简图见图 13-4。

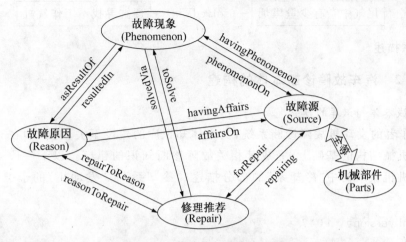

图 13-4　故障诊断系统关系图

既然作者的故障诊断系统是由故障现象、故障原因、修理推荐及故障源四部分组成,那么整个系统中所存在的"关系模型"也必然是在这四个子领域之间产生。

比如,三元组:

$$\boxed{\text{尾气中杂有乳白色烟雾}} \longrightarrow (\text{asResultOf}) \longrightarrow \boxed{\text{燃油气化不良}}$$

即一个

$$\boxed{\text{故障现象}} \longrightarrow (\text{asResultOf}) \longrightarrow \boxed{\text{故障原因}}$$

的实例。

本体知识库初始定义了三个基础域间关系,分别为:

asResultOf　　　　　: Phenomenon→Reason

reasonToRepair　　　: Reason→Repair

repairing　　　　　 : Repair→Parts

这三个关系包含了整个系统中所有概念的联系,即系统中所有发生关系的概念都已经通过这三个基本的关系定义关联在一起了;同时,根据本体关系结构,系统中所有其他的关系都可以通过这三个关系推理得到。而且在本体知识库中,这种推理的定义是可以随时扩展的,只需在推理库中增加推理知识就可以完成。

```
<fewBlackSmog rdf:ID= "_fewBlackSmog ">

    ......

    <asResultOf rdf:resource= "# _someEngineOutWork "/>

    <solvedVia rdf:resource= "# _searchForEngineOutWork "/>

    ......

</fewBlackSmog>
```

即是一段:

$$\boxed{\text{尾气中杂有少量黑烟}} \longrightarrow (\text{asResultOf}) \longrightarrow \boxed{\text{少数发动机缸不工作}}$$

$$尾气中杂有少量黑烟 \xrightarrow{\text{(solvedVia)}} 逐缸寻找不工作气缸$$

的实例关系描述。

13.2.2 汽车故障诊断本体的构建

1. 领域本体知识库的建立

针对作者的发动机故障诊断系统,其本体知识库的建设至关重要,须在充分分析整个发动机机械结构的基础上,完成其相关故障诊断知识的建模。以下一段 owl 代码即是对发动机机械结构中"冷却系"的部分描述("冷却系"是"发动机"的子类、"分水管"的父类)。

```xml
<? xml version= " 1.0 "? >
<rdf:RDF
    xmlns:rdf= " http://www.w3.org/1999/02/22-rdf-syntax-ns# "
    xmlns:xsd= " http://www.w3.org/2001/XMLSchema# "
    xmlns:rdfs= " http://www.w3.org/2000/01/rdf-schema# "
    xmlns:owl= " http://www.w3.org/2002/07/owl# "
    xmlns= " http://www.ecive.com/diagnosis.owl# "
  xml:base= " http://www.ecive.com/diagnosis.owl ">
  <owl:Ontology rdf:about= ""/>
  <owl:Class rdf:ID= "冷却系">
    <rdfs:comment rdf:datatype= " http://www.w3.org/2001/XMLSchema# string "
    > 冷却系</rdfs:comment>
    <rdfs:subClassOf>
      <owl:Class rdf:ID= "发动机"/>
    </rdfs:subClassOf>
  </owl:Class>
  <owl:Class rdf:ID= "分水管">
    <rdfs:subClassOf rdf:resource= "# 冷却系"/>
    <rdfs:comment rdf:datatype= " http://www.w3.org/2001/XMLSchema# string "
    > 分水管</rdfs:comment>
  </owl:Class>
    ……
```

2. 采用 owl 描述的本体

在 Protégé 系统中,主要支持 owl 这种本体描述语言,因此在设计本体存储的数据库结构时,首先需要研究 owl 语法。

owl 的语言组成包括:类、属性、实例、数据类型和一些注释信息。类通常对应领域知识中的概念,基本是一些名词。在 owl 中,最简单的类通过标签<owl:Class></owl:Class>即可定义,比如定义一个"Engine"类可以写成:<owl:Class rdf:ID=" Engine "/>。还可以通过枚举、属性约束(匿名类)、交、并、补等方式来描述类。类和类之间可以定义子类、等价类

和不相交类等公理(用于推理)。比如:

```
<owl:Class rdf:ID= " startingMachine ">
    <rdfs:subClassOf>
        <owl:Class rdf:ID= " startingSystem "/>
    </rdfs:subClassOf>
</owl:Class>
```

即,定义"startingMachine"(起动机)是"startingSystem"(起动系)的一个子类。

属性表达了一种二元关系,即 $P(x, y)$,x 的取值范围由 domain 定义,y 的取值范围由 range 定义。owl 支持的属性类型包括等价、互逆、传递、对称等。通过属性可以把类和类关联起来。比如:

```
<owl:Restriction>
    <owl:onProperty>
        <owl:ObjectProperty rdf:ID= " asResultOf "/>
    </owl:onProperty>
    <owl:hasValue>
        <owl:Class rdf:ID= " tooMuchOilOnCylinderWall "/>
    </owl:hasValue>
</owl:Restriction>
```

即,定义一种对称属性"asResultOf",它反映的是"phenomenon"和"Reason"之间的关系。

owl 中的数据类型参照的是 XML Schema 中定义的数据类型。

使用 owl 描述本体,就是用 owl 中定义好的元本体对概念和关系进行形式化表述。对于本系统而言,最重要的是定义类、子类、属性和类之间的关系。以下通过图例说明定义的类和属性,其中椭圆表示类,连线表示属性(属性名写在线上),"is-a"的属性表现了类的继承。由于篇幅有限,图中只描述了主要的类和类属关系(见图 13-5、图 13-6)。

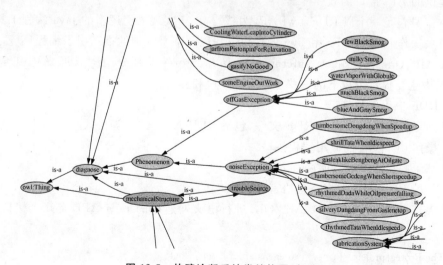

图 13-5　故障诊断系统类结构图(部分)

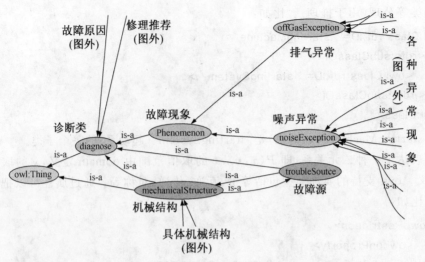

图 13-6　故障诊断系统类结构示意

目前初步建设的核心本体是本体的模式部分(Schema),主要包括 109 个类(基本概念,隶属于 4 个大类)、3 个基类关系(类间属性,引申出 12 个类间关系)、近 120 个类实例,其中机械结构(即故障源)类别概念比较完善。利用这些类和类间关系可以对文本进行标注,创建实例(Instance),或者进一步定义新的类和属性。另外,由于后续系统建设时软件支持的缺陷,整个本体库有英文和中文两个版本。

13.2.3　Jena 与基于 Rule 的推理描述

1. Jena-API

在构建本体和组织存储实例数据之后,就需要在应用程序中对其进行解析和应用。在本体数据读取、语义推理和信息检索时,作者主要采用了惠普(HP)实验室开发提供的 Jena 工具包提供的 API 接口函数[①,②,③]。

Jena 工具包是一个以 RDF/owl-API 为核心,用于实现语义逻辑的 Java 编程工具库,它提供了有关操作 RDF、RDFS 和 owl 的接口方法以及基于规则的推理引擎编程环境,Jena 由 Network-API、Query、Readers、Inference、Writers、Stores 几部分围绕 RDF-API 组成[④]。在 Jena 框架中主要提供了以下的一些 Java 包、接口和方法:

(1) RDF 应用编程接口。

(2) 读写各种语法形式的 RDF 文件,包括 RDF/XML、N3 等格式。

(3) 操作 owl 文件的应用编程接口。

(4) 基于内存和持久存储两种方式。

(5) 一种 RDF 实例数据查询语言——RDQL。

作为基于 W3C 的 RDF、DAML/OIL 进行语义网建模的 Java API,有几个接口函数包

①　The Protégéproject. http://protege. stanford. edu, 2006.

②　刑军,韩敏. 基于 Web 构造领域本体方法的研究. 小型微型计算机系统,27(6):1049-1053,2006.

③,④　胡鹤,刘大有,王生生. Web 本体语言的分析与比较. 计算机工程,31(4):4-17,2005.

是在面向语义 Web 的应用开发包中经常用到的：

（1）语义网应用开发人员使用 Jena 时的最重要的包是 com. hp. hpl. mesa. rdf. jena. model。这个包包含了用于表达 model、resource、property、literal、statements 以及其他 RDF 的关键的接口。

（2）com. hp. hpl. mesa. rdf. jena. tutorial 包包含了与 Jena 一同发布的指南中所使用的例子的源代码。

（3）com. hp. hpl. mesa. rdf. jena. mem 包包含了用于将整个模型状态装入内存的 Jena API 的实现。凡是创建基于内存的模型（最典型的是创建 ModelMem 类的实例）的实现都在本包中。

（4）com. hp. hpl. mesa. rdf. jena. common 包包含了对于诸多实现通用的实现类。例如，它定义了类 ResourceImpl、PropertyImpl、LiteralImpl。开发者一般不要直接使用这里的方法，例如不直接使用 ResourceImpl，而使用 createResource 方法，这是为了保证在实现发生优化后不需要进行类型转换。

2. 基于 Jena 的重要接口函数列举[①,②]

本体构建工具主要提供对本体的查询接口，包括对类、属性和实例的查询。另外，支持 owl 文件的输入输出。

（1）类查询。

查找指定类的子类：ClassSet * SubClass(ClassName class)，

输入：类名，输出：指向类集合的指针。

查找指定类的父类：ClassSet * SuperClass(ClassName class)，

输入：类名，输出：指向类集合的指针。

查找指定类的等价类：ClassSet * EquClass(ClassName class)，

输入：类名，输出：指向类集合的指针。

（2）属性查询。

查找指定属性的子属性：PropertySet * SubProperty(PropertyName prop)，

输入：属性名，输出：指向属性集合的指针。

查找指定属性的父属性：PropertySet * SuperProperty(PropertyName prop)，

输入：属性名，输出：指向属性集合的指针。

查找指定属性的等价属性：PropertySet * EquProperty(PropertyName prop)，

输入：属性名，输出：指向属性集合的指针。

查找指定属性的 domain：ClassName DomainOfProperty(PropertyName prop)，

输入：属性名，输出：类名。

查找指定属性的 range：ClassName RangeOfProperty(PropertyName prop)，

输入：属性名，输出：类名。

查找指定属性的特性：PropertyQuality QualityOfProperty(PropertyName prop)，

输入：属性名，输出：特性（transitive，symmetric，functional，inverseFunctional）。

① The Protégéproject. http://protege. stanford. edu，2006.

② 刑军，韩敏. 基于 Web 构造领域本体方法的研究. 小型微型计算机系统，27(6)：1049-1053，2006.

查找指定属性的约束：

PropertyConstraint RestrictionOfProperty(PropertyName prop)，

输入：属性名，输出：约束和值(allValuesFrom，someValuesFrom，cardinality)。

（3）实例查询。

查找指定实例所属的类：ClassName ClassOfIndividual(IndividualName Indi)，

输入：实例名，输出：类名。

查找指定实例的等价实例：IndividualSet * EquIndividual(IndividualName Indi)，

输入：实例名，输出：指向实例集合的指针。

查找与指定实例声明不同的实例：

IndividualSet * DifferentIndividual(IndividualName Indi)，

输入：实例名，输出：指向实例集合的指针。

3. 基于 Rule 的推理描述

在 Jena 结构中，除了基本的对文件数据内容的读写之外，还有对 Rule 文件中定义的推理规则的读取、理解和操作(如 Jena 中的 Inference-API)，而作者对本体关系的逻辑推理正是在 Jena 的这种性能的基础上完成的。例如，作者在 rule 中定义关系"solveVia"的推理描述如下：

① [solvedVia：(? a http://www.ecive.com/diagnose.owl♯asResultOf ? b)，

(? b http://www.ecive.com/diagnose.owl♯reasonToRepair ? c) ->(? a

http://www.ecive.com/diagnose.owl♯solvedVia ? c)]

同时，一个推广的关系 resultOfSameReason 可以由如下推理得到：

② [resultOfSameReason：(? a

http://www.ecive.com/diagnose.owl♯asResultOf ? c)，(? b

http://www.ecive.com/diagnose.owl♯asResultOf ? c)，notEqual(? a, ? b)->(? a

http://www.ecive.com/diagnose.owl♯resultOfSameReason ? b)]

基于以上推理过程，我们可以得到下面的简单关系：

由三元组：

尾气伴有蓝烟，且有焦臭气味 —(asResultOf)→ 机油被吸入燃烧室

及

机油被吸入燃烧室 —(resultToRepair)→ 检查气门及气门导管磨损情况

可得到三元组：

尾气伴有蓝烟，且有焦臭气味 —(solvedVia)→ 检查气门及气门导管磨损情况

即一个

故障现象 —(solvedVia)→ 修理推荐

的实例。

13.2.4 基于 JSP 网页的故障诊断本体查询器的设计

1. JSP 简介[①]

Java Server Page(JSP)是由 Sun Microsystems 公司倡导,并由许多公司一起参与建立的一种动态网页技术标准。在传统的网页 HTML 文件(* htm, * . html)中加入 Java 程序片段(Scriptlet)和 JSP 标记(tag),就构成了 JSP 网页(* .jsp)。Web 服务器在遇到访问 JSP 网页的请求时,首先执行其中的程序片段,然后将执行结果以 HTML 格式返回给客户。程序片段可以操作数据库、重新定向网页以及发送 E-mail 等,这正是建立动态网站所需要的功能。JSP 网页在第一次被请求时会被编译,随后的客户请求都是直接运行服务器上的.class 文件,由此提高了 JSP 的运行速度。所有程序操作都在服务器端执行,网络上传送给客户端的仅是得到的结果,对客户浏览器的要求最低,可以实现无 Plugin、无 ActiveX、无 Java Applet,甚至无 Frame 的运行。

2. 本体查询器的功能简介

图 13-7 显示了基于 JSP 网页技术的"故障本体查询"系统。在此 JSP 本体查询器的开发中,很好地使用了 Jena 函数包中的 RDF/owl-API 函数组,实现了本体查询过程中必不可少的基于 Rule 的简单推理。这个小型查询系统包含两种查看模式,即"故障诊断本体查询"(图 13-7)和"本体类关系检索"两个部分(图 13-8)。

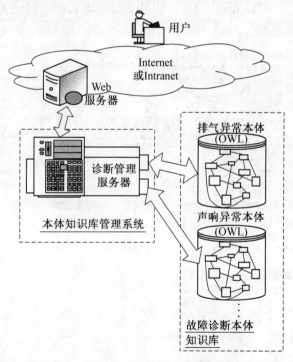

图 13-7 基于 JSP 网页技术的"故障诊断本体查询"系统

---

① 林建良. 以知识本体提供代理人建构共通之协商环境——以生产排程协商为例,台湾中原大学信息管理学系硕士学位论文,2005.

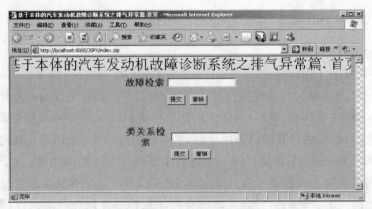

图 13-8　JSP 本体查看器首页

　　"故障诊断本体查询"中,实现故障诊断链接的领域本体查询,即"故障现象→故障原因→修理推荐→故障源"四大类概念之间的链接查询;其功能亦可以实现起于任意类实例的多方向查询,即近 120 个类实例在 3 个基类关系及由此引申出的 12 个类间关系方向上的类间链接。如图 13-9 和图 13-10 所示是两个故障查询的例子,分别是起于"故障现象"蓝烟或灰烟及焦臭味和起于"故障源"活塞的两个诊断链接。

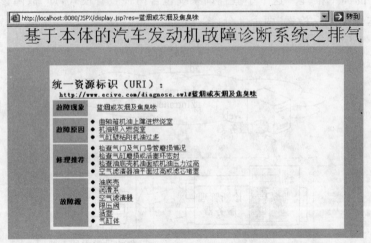

图 13-9　起于故障现象"蓝烟或灰烟及焦臭味"的诊断链接

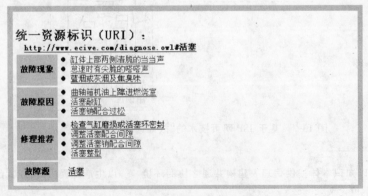

图 13-10　起于故障源"活塞"的诊断链接

　　"本体类关系查询"实现的是本体库中类的上下位关系的查询,即子类与父类之间的"is-a"关系的链接查询,如图 13-11 所示。

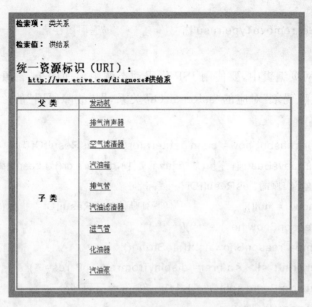

图 13-11　"供给系"的父类和子类链接

3. 本体关系推理编程中使用 Jena-API 的情况

　　由于故障诊断系统涉及对 owl 格式的本体知识库的查询,甚至简单的关系推理,前文所提及的 Jena-API 函数包的使用将是必不可少的。以下一段代码即摘自系统中的 Java 源程序头部,正好说明作者使用的大部分关于本体查询、检索,甚至推理的基础函数均来自 Jena 的函数包。

```
import com.hp.hpl.jena.rdf.* ;              //资源描述框架基础类包
import com.hp.hpl.jena.rdf.model.* ;        //针对 RDF 的本体资源类包
import com.hp.hpl.jena.ontology.* ;          //本体资源类包
import com.hp.hpl.jena.reasoner.* ;          //本体推理类包
import com.hp.hpl.jena.reasoner.rulesys.* ;  //推理类包中的推理规则类包
import com.hp.hpl.jena.util.* ;              //辅助应用类包
```

　　下面是本体查询器设计中,使用 Java 编写的一段应用程序代码,用以返回某资源(类事例:Resource res)的指定属性值(String item):

```
public String getValue(Resource res,String item){    //res 为类事例名,item 为属性名
    String result= null;
    Property searchProperty;
    searchProperty= model.getProperty(myGet.itemToProperty(item));//model 为指定本体
                                        // itemToProperty(item)得到属性值
    StmtIterator SearchResult= model.listStatements(res,searchProperty,(RDFNode)null);
                                        //得到 model 的某一描述组
```

```
while(SearchResult.hasNext()){
    result= SearchResult.nextStatement().getObject().toString();
}
return myGet.removeType(result);                 //返回属性值
}
```

在基于 JSP 的网页编辑中,要使用 JSP 代码动态调用前面的 Java 源函数。下面是一段用以显示起于某"故障现象"对应的"asResultOf"关系,即"故障原因"的诊断链接:

```
<%
    NodeIterator reasonShow= bean.getIterator(res," asResultOf ");
//调用名为 bean 的 JavaBean 程序块(某个.java 文件),getIterator()为 bean 中的一个公用函数
//得到某"故障现象"实例的" asResultOf "关系指向
    if(reasonShow! = null){            //罗列所有" asResultOf " 指向的"故障原因"
        while(reasonShow.hasNext()){
            temp= reasonShow.next().toString();
            out.print("<li> <a href= displayfromrsn.jsp? res= ");   //<li> list
            out.print(temp.split("# ")[1]);   //抓取# 后面部分
            out.print("> ");
            out.print(temp.split("# ")[1]);
            out.print("</a> ");
        }// while(reasonShow.hasNext())结束
    }// if(reasonShow! = null)结束
% >
```

13.3 基于故障自诊断码的诊断方法

为了详细说明本体论在知识建模中的作用及其在汽车故障诊断中的实现,接下来以韩国"现代"汽车故障诊断中的两种比较常见的诊断方法为例对本体在知识建模及故障诊断过程中的实现进行详细的说明。

"现代"汽车电控系统日趋复杂,对汽车维修技术人员的要求越来越高。为使汽车不致因为控制系统自身的突发故障导致失控,设计人员在进行汽车电子控制系统设计的同时,增加了故障自诊断功能模块[①]。它能够在汽车运行过程中不断检测电子控制系统各组成部分的控制情况,如有异常,则根据特定的算法判断出具体的故障,并以代码的形式存储下来,同时启动相应的故障运行模块功能。维修人员可以利用汽车故障自诊断系统给出的诊断建议,快速对故障进行定位和修复。

---

① 马春阳.基于专家系统的汽车故障诊断支持体系.客车技术,2007(1 月):46-48.

13.3.1　汽车故障自诊断系统

1. 汽车故障自诊断的基本原理[①,②]

故障自诊断模块监测的对象是电控汽车上的各种传感器(如空气流量传感器)、电子控制系统本身以及各种执行元件(如继电器),故障判断正是针对上述三种对象进行的。故障自诊断模块共用汽车电子控制系统的信号输入电路,在汽车运行过程中监测上述三种对象的输入信息,当某一信号的采集值超出了预设的范围值,并且这一现象在一定时间内不会消失,故障自诊断模块便判断为这一信号对应的电路或元件出现故障,并把这一故障以代码的形式存入内部存储器,同时点亮仪表盘上的故障指示灯,或是在车载电脑的显示器上显示出具体故障及其部位。针对三种监控对象产生的故障,故障自诊断模块采取如下不同的应急措施:

(1) 当某一传感器或电路产生了故障之后,其信号就不能再次作为汽车的控制参数来使用,为了维持汽车的运行,故障自诊断模块便从其程序存储器中调出预先设定的经验值,作为该电路的应急输入参数,保证汽车可以继续工作。

(2) 当电子控制系统自身产生故障时,故障自诊断模块便触发备用控制回路对汽车进行应急的简单控制,使汽车可以开到修理厂进行维修,这种应急功能就叫故障运行,又称"跛行"功能。

(3) 当某一执行元件出现可能导致其他元件损坏或严重后果的故障时,为了安全起见,故障自诊断模块采取一定的安全措施,自动停止某些功能的执行,这种功能称为故障保险。例如,当点火电子组件出现故障时,故障自诊断模块就会切断燃油喷射系统电源,使喷油器停止喷油,防止未燃烧的混合气体进入排气系统引起爆炸。

2. 汽车故障自诊断系统的组成

从上述基本工作原理分析来看,故障自诊断模块应该包括:监测输入电路、逻辑运算及控制、程序及数据存储器、备用控制回路、信息和数据驱动输出等模块[③]。

13.3.2　汽车故障自诊断系统及其本体库的设计

1. 构建故障诊断本体库的意义

随着汽车电子控制技术的发展,自诊断系统日益完善且趋于复杂。目前,汽车自诊断系统已成为新车出厂和维修企业检测诊断电控故障时不可缺少的手段。

自诊断系统的组成包括硬件和软件两部分。在故障自诊断系统研发的初始阶段,各个汽车制造厂家都在开发各自汽车的自诊断系统,各有一套自行采用的操控手段和程序。因此,各汽车制造厂家生产的自诊断系统,其故障代码形式、故障代码读取和显示方法等,往往并不相同,即同一个故障在不同汽车制造厂生产制造出来的汽车中,其故障代码也可能不相同。如果要维修检测某种车型,就必须熟悉该车型的自诊断系统的操作,掌握该车型故障代码方法,这包括故障代码的显示方法和故障代码的内容含义等。另外,某种故障诊断仪(或故障扫描仪)通常只能适用于某个或某几个车型,对另一些车型就可能不适用,即通用性较差,这样会给广大汽车维修工作者带来极大的不便,也会增加企业的投资。虽然在 1994 年以后,汽车行业开始逐步引入(On-Board Diagnose(OBD-Ⅱ):CS-Ⅱ)系统[④],但是该标准

①,③　杨利强,明平顺,张腊梅.汽车故障自诊断系统及使用.测试设备,3(12):55-56,2005.

②　王忠良,陈昌建.故障自诊断系统的原理与诊断.汽车电器,2004(1):28-31.

④　宋有.汽车故障自诊断技术及解码器应用.中国汽车维修市场,2001(4):49-51.

没有在全球范围内进行统一,对某些生产商生产的汽车故障诊断仍存在上述问题。

在了解本体的内容和优势之后,我们可以考虑使用本体来解决以上问题,方法为:对不同汽车生产商的汽车故障诊断作一个系统的规划,利用本体的优势来更好地对不同类型的汽车提供故障诊断服务。如图 13-12 所示,引入本体后,可以把原本杂乱无关的一一对应关系转变成有序的、有条理的对应关系,使得同一个故障现象可以对应到任意不同的汽车生产厂家。因此,一旦知道了汽车的故障码,那么就可以通过本体的属性关系连接到任意想要的汽车生产商,再通过该生产厂商的属性找出与此厂家相关的其他信息。比如,该生产厂商有关此故障现象的故障码、所生产的零部件的信息、车辆维修信息、维修价格信息等。

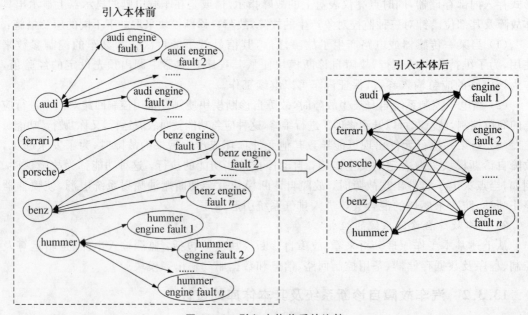

图 13-12　引入本体前后的比较

引入本体后,利用它来构建汽车故障发动机诊断系统的优势也就不言而喻了。其中,可以预见的是,该系统的关键就在于本体库的建设,本体库建设的成功与否直接关系到系统处理问题的能力,以及系统处理问题的速度。以下对该部分的本体库设计做相关探讨。

2. 发动机故障自诊断本体库的模型设计

在汽车发动机故障自诊断模块中,首先要明确的是:构建本体的意义和作用在于建立一个理论模型,其中包含的是汽车故障方面的数据结构和术语关系。这个理论模型相当于一个用户提取信息的数据包,为用户提供所需要的信息。

其次,要考虑的是本体库的内容。本体库内容应尽可能得详细,并尽可能多地包含用户感兴趣的信息。在故障自诊断系统中,主要反映在以下两点:

● 诊断能力的强大性:尽可能多地包含故障诊断和故障检修方面的信息。

● 关系属性的详尽性:术语之间的关系应尽可能得清晰易懂,相矛盾的关系应该避免。

结合以上两点,并在分析了发动机故障的实际诊断之后,构建出的汽车发动机故障诊断系统的本体库模型如图 13-13 所示。可以看出,汽车发动机的故障诊断系统共分成三大模块,分别是厂商零部件维修模块、汽车生产厂商模块以及故障诊断模块。

(1) 厂商零部件维修模块:主要处理故障部位的维修信息。该模块针对不同厂商生产

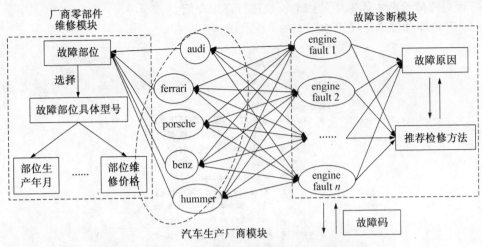

图 13-13　发动机故障自诊断本体库的模型设计

的不同种类、型号的零部件,用户可以简捷地查询出所需要的信息,例如零部件的维修费用,生产年月等。

(2) 汽车生产厂商模块:主要整合了不同生产厂家故障码的内在联系,使用户可以对任意生产厂家生产的汽车发动机进行基于故障码的故障诊断。

(3) 故障诊断模块:故障自诊断系统的核心。顾名思义,该模块便是用来对采集到的故障码进行故障原因分析和推荐故障检修方法的。

3. 利用 Protégé 构建故障诊断本体库

作者以 Protégé 软件来构建的汽车发动机故障诊断系统的本体库,如图 13-14 所示。

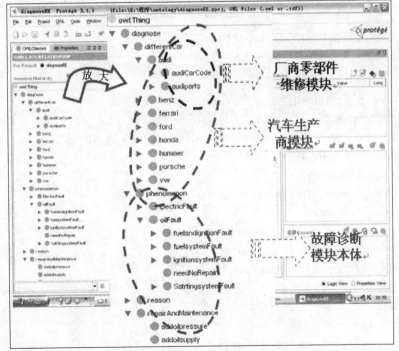

图 13-14　利用 Protégé 构建发动机故障诊断本体库

下面对故障诊断本体库中的三个模块进行详细介绍。

（1）厂商零部件维修模块如图 13-15 所示。

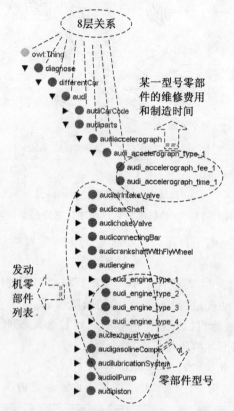

图 13-15　厂商零部件维修模块本体库设计

厂商零部件维修模块的部分 owl 代码如下：

```
......
......
<owl:Class rdf:ID= " audi ">
    <rdfs:comment
      rdf:datatype= " http://www.w3.org/2001/XMLSchema# string "
    > audi</rdfs:comment>
    <rdfs:subClassOf>
      <owl:Class rdf:ID= " differentCar "/>
    </rdfs:subClassOf>

      ......
      <owl:Class rdf:ID= " audiparts ">
    <rdfs:subClassOf rdf:resource= " audi "/>

    ......
    > audiparts </rdfs:comment>
  </owl:Class>
<owl:Class rdf:ID= " audiaccelerograph ">
```

```
<rdfs:subClassOf rdf:resource= " audiparts "/>
    ......
    > audiaccelerograph </rdfs:comment>
</owl:Class>
    ......
    ......
```

（2）汽车生产厂商模块如图 13-16 所示。

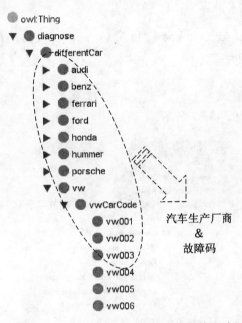

图 13-16　汽车生产厂商模块本体库的设计

汽车生产厂商模块的部分 owl 代码如下：

```
<? xml version= " 1.0 "? >
......         定义头文件
......
<owl:Class rdf:ID= " audi ">
    <rdfs:comment rdf:datatype= " http://www.w3.org/2001/XMLSchema# string "
   > audi</rdfs:comment>
    <rdfs:subClassOf>
      <owl:Class rdf:ID= " differentCar "/>
    </rdfs:subClassOf>
  </owl:Class>
  <owl:Class rdf:ID= " benz ">
      <rdfs:comment rdf:datatype= " http://www.w3.org/2001/XMLSchema# string "
    > benz</rdfs:comment>
<owl:Class rdf:ID= " benzCarCode ">
    <rdfs:comment rdf:datatype= " http://www.w3.org/2001/XMLSchema# string "
```

```
        >  benzCarCode </rdfs:comment>
     <rdfs:subClassOf>
        <owl:Class rdf:ID= " benz "/>
     </rdfs:subClassOf>
     ......
<owl:Class rdf:ID= " porsche ">
     <rdfs:comment rdf:datatype= " http://www.w3.org/2001/XMLSchema# string "
  > porsche</rdfs:comment>
<owl:Class rdf:ID= " vw ">
     <rdfs:comment rdf:datatype= " http://www.w3.org/2001/XMLSchema# string "
  > vw</rdfs:comment>
......
......
```

（3）故障诊断模块如图 13-17 所示。

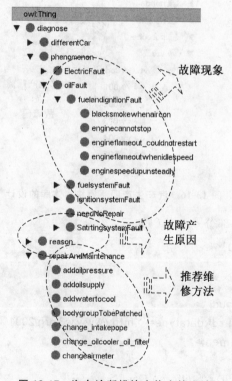

图 13-17　汽车诊断模块本体库的设计

故障诊断模块的部分 owl 代码如下：

```
......        ┊┊┊┈┈┐
              ┊┊┊┈┈┈> 定义头文件
......
<owl:Class rdf:ID= " oilFault ">
  <rdfs:comment
    rdf:datatype= " http://www.w3.org/2001/XMLSchema# string "
```

```
  > oilFault</rdfs:comment>
  <rdfs:subClassOf>
    <owl:Class rdf:ID= " phenomenon "/>
  </rdfs:subClassOf>
</owl:Class>
<owl:Class rdf:ID= " electricFault ">
  <rdfs:subClassOf rdf:resource= " phenomenon "/>
  ......
  > electricFault </rdfs:comment>
  ......
  <owl:Class rdf:ID= " reason ">
  <rdfs:comment
    rdf:datatype= " http://www.w3.org/2001/XMLSchema# string "
  > reason </rdfs:comment>
  </owl:Class>
  ......
<owl:Class rdf:ID= " addoilpressure ">
  <rdfs:comment
    rdf:datatype= " http://www.w3.org/2001/XMLSchema# string "
  > addoilpressure </rdfs:comment>
  <rdfs:subClassOf>
    <owl:Class rdf:ID= " repairAndMaintance "/>
  </rdfs:subClassOf>
</owl:Class>
  ......
```

4. 各模块属性定义

(1) 厂商零部件维修模块。该模块主要涉及的本体包括：汽车生产厂商、汽车零部件、零部件型号、零部件维修信息（包括维修时间以及维修费用等）。

各本体之间的推理关系如图 13-18 所示，其中涉及的属性意义具体如表 13-6 所示。

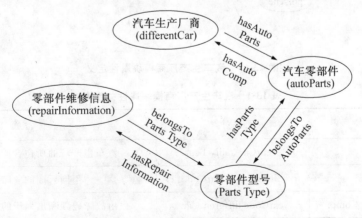

图 13-18　厂商零部件维修模块属性定义

表 13-6　厂商零部件维修模块属性关系表

厂商零部件维修模块属性关系表

属性名称	连接对象	具体含意
hasAutoComp.	autoParts'differentCar	由汽车零部件判断出汽车生产厂商
hasAutoParts	differentCar'autoParts	由汽车的生产厂商可推知汽车的零部件
hasPartsType	autoParts'partsType	由汽车零部件可获得其相应的各个型号
belongToAutoParts	partsType'autoParts	由零部件型号可推导出相应的厂商生产的部件
belongsToPartsType	repairInformation'partsType	由零部件的维修信息可推出该零部件的型号
hasRepairInformation	partsType'repairInformation	由汽车零部件型号可获得相应的维修信息

（2）汽车生产厂商模块。该模块较为简单,包含的本体主要是各个汽车生产厂商(包括：audi，benz，ferrari，ford，honda，hummer，porsche，vw 等)。

各本体之间的推理关系如图 13-19 所示,其中涉及的属性意义具体如表 13-1 所示。

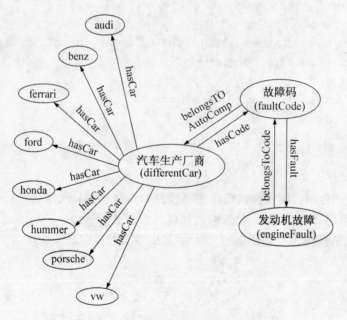

图 13-19　汽车生产厂商模块属性定义

表 13-1　汽车生产厂商模块属性关系表

属性名称	连接对象	具体含意
hasCar	differentCar'audi，benz...	汽车生产厂商所包含的汽车种类
hasCode	differentCar'carCode	不同厂商的故障码
belongsToAutoComp.	carCode'differentCar	由故障码判断出属于的生产厂商

属性名称	连接对象	具体含意
hasFault	faultCode'engineCode	由故障码推导出发动机故障
belongsToCode	engineCode'faultCode	由发动机故障可知故障码

（3）故障诊断模块。该模块主要涉及的本体包括：汽车生产厂商、故障自诊断码、汽车零部件、零部件型号、不同零部件的维修信息（包括维修时间以及维修费用等）。

各本体之间的推理关系如图 13-20 所示，其中涉及的属性意义具体如表 13-2 所示。

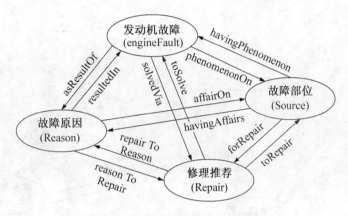

图 13-20 故障诊断模块属性定义

表 13-2 故障诊断模块属性关系表

属性名称	连接对象	具体含意
asResultOf	engineFault'engine	由发动机故障现象判断出故障原因
resultedIn	engine'engineFault	由故障原因可推知汽车的故障现象
repairToReason	Repair'Reason	由检修方法可推导出故障的原因
reasonToRepair	Reason'Repair	由故障原因可得出修理方法
forRepair	Source'Repair	由故障部位可间接推导出修理方法
toRepair	Repair'Source	由维修方法推导出故障的部位所在
havingPhenomenon	Source'engineFault	由故障部位可知发动机的故障现象
phenomenonOn	engineFault'Source	由故障现象可推导出故障部位
toSolve	engineFault'Repair	由检修方法可推导出发动机故障现象
solvedVia	Repair'engineFault	由故障现象可推导出故障的检修方法
affairOn	Reason'Source	由故障原因推导出故障的部位
havingAffairs	Source'Reason	由故障部位推导出故障的原因

（4）基于故障码故障诊断的总体属性图。在了解了整个系统各个模块的本体库建设以及各个模块关系属性之后，我们就能对系统中的所有本体的属性关系做出分析，具体如图13-21所示。

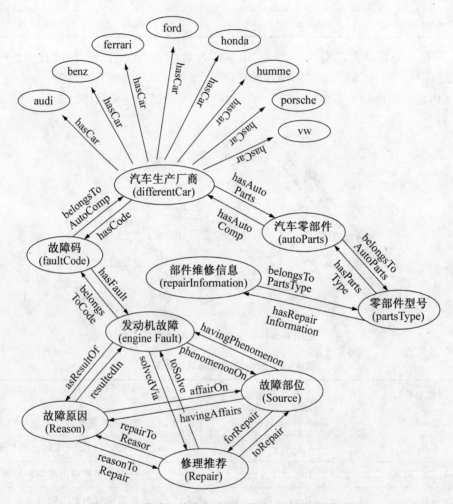

图 13-21　发动机故障自诊断本体库设计的总体属性图

13.3.3　发动机故障自诊断系统的实现

1. 发动机故障自诊断思路的设计

在发动机电子控制系统工作时，汽车 ECU 根据已编好的程序对电子控制系统的工作情况进行监测。正常的输入、输出信号都是在规定范围内变化。当监测到控制系统中的某一电路、某个传感器或某个系统出现信号异常，或送入 ECU 的信号不能被识别时，又或者专设的监测电路确认输入信号不合理时，ECU 就会认为汽车发动机运行不正常，并将其诊断为故障，以故障代码的形式存储到 ECU 的存储 RAM 中。随后，利用本体库进行故障诊断，自动判断出故障原因和故障部位，并提供相应的故障解决方法和维修信息。

　　根据上述的系统功能,作者把系统实现的思路绘制成流程图的形式,如图 13-22 所示。简而言之,就是 ECU 要在得到汽车故障码之后,与系统本体库中的故障码相比较,自动诊断汽车的故障,并且提示用户相应的故障原因、故障的检修方法以及发生零部件的维修信息等。其中,故障码的获取有以下两种方法。

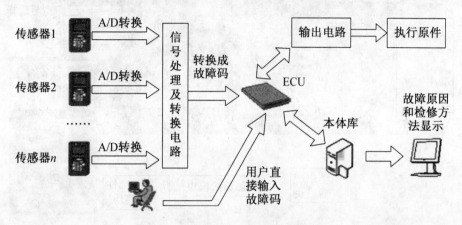

图 13-22　发动机故障诊断的基本思路

　　(1) 利用安装在汽车上的传感器,由传感器采集汽车发动机上特定部位的信号,经过 A/D 转换后存入汽车 ECU。ECU 根据一套固定的故障码编码方式对采集到的信号进行编码处理(参见图 13-23)。

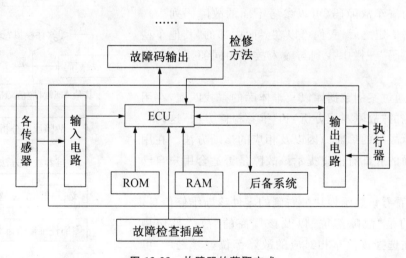

图 13-23　故障码的获取方式

　　(2) 由用户自己输入故障码。当然,这种方式需要用户对故障码的编码方式十分了解。

　　2. 基于本体的发动机故障自诊断系统的界面设计

　　根据上文提出的对系统功能的要求,作者设计出的基于故障码的汽车发动机故障自诊断系统的操作界面如图 13-24 所示。

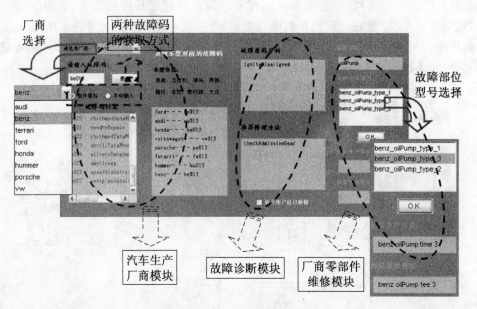

图 13-24　故障诊断操作界面

　　首先,用户需要选择自身的汽车生产厂商(audi, benz,ford 等),之后如上文所说,可以选择两种故障码的输入方式:软件模拟传感器数据采集以及用户手动输入某厂商的汽车故障码(可以参考下面的故障码列表)。选中并单击确定之后,我们可以在界面中部的"其他车型对应的故障码"一栏中找到与输入故障相同的其他车辆的故障码。

　　其次,通过案例数据库以及本体库的查找匹配,在用户界面右侧的"故障匹配分析"和"推荐检修方法"这两栏里可以显示故障的诊断原因以及相应的诊断方法。在用户操作界面的底部有信息提示该故障是否适合用户自己来检修。

　　最后,看看该显示模块最右侧的零件诊断维修信息,里面显示的是"故障部位"以及该厂商的"故障部位型号",用户在选择该汽车相对应的故障部位型号之后,可以查询到该故障型号的"生产年月"以及"维修费用"等信息。

　　图 13-25 是系统的诊断流程图。

　　为了方便读者了解该操作界面,表 13-3 列举了一个诊断示例(故障码获取为软件模拟)。

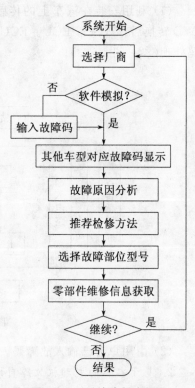

图 13-25　系统诊断流程图

表 13-3　故障诊断示例表

生产厂商	benz
检测到的故障码	be013
故障原因	igniteMisaligned(点火失准)
推荐检修方法	checkAdmissionGear(检查点火齿轮)
其他厂商对应的故障码	au013，fo013，ho013，vw013，po013，fe013，hu013
故障部位	oilPump(汽油泵)
故障部位型号	benz_oilPump_type_1 benz_oilPump_type_2 benz_oilPump_type_3　（选中）
部位生产年月	benz oilPump time 3
部位维修费用	benz oilPump fee 3

13.4　CBR 故障诊断系统

本章之前的各节介绍的诊断系统主要利用传感器采集数据信息，在得到故障码后，自动进行汽车的故障诊断，但如果汽车没有安装故障码采集装置，或当采集到的故障码不能有效地进行故障诊断时，就有必要开发一套全新的故障诊断系统。

本节中对基于本体的 CBR 故障诊断系统进行了介绍。

13.4.1　CBR 基本理论

1. CBR 基础

基于事例的推理首先来源于认知科学，它也是整个 CBR[①]（Case Based Reasoning）理论体系的逻辑起点。从认知科学的角度看，人类能够把感知到的信息传递给大脑，大脑则把这种信息存储和记忆起来。这种存储和记忆的信息为今后遇到相同或相似问题的求解提供了可以借鉴的经验和教训。认知科学和心理学的研究成果已证明，基于事例的推理和学习（即以前经历的事例所积累的经验和知识会影响以后在相同或相似的问题上所作的判断）是人类解决问题的一种常用方式，它属于类比推理的一个子集。

因此，从认知科学角度讲，CBR 系统的构建基于两个前提假设：

（1）相同或相似的情况有相同或相似的解法。

---

① Wang S. L. and Hsu S. H.. A Web-based CBR knowledge management system for PC troubleshooting. International Journal of Advanced Manufacturing Technology，23：532-540，2004.

331

（2）相同或相似的情况会重复发生。

2．CBR 技术优势

CBR 是人工智能研究的传统领域，所谓案例（Case）就是一次阅历、一条经验、一个故事或者一个过去的情景。领域专家对各种案例进行收集，并进行形式化描述，形成计算机可以操作的案例，再存入案例库中[①]。基于案例的推理就是对新案例在案例库（Case Base）中的所处位置进行定位。

CBR 模型的开发并最终建立一个有效的知识管理系的优势在于[②]：

（1）分散在各地的经验知识可以被规范成统一的格式（同一种 Case 的格式）。

（2）允许随时对数据库进行更新，以丰富数据库的储备。

（3）解决的问题越多，它能够处理问题的能力也就会越强，并且能够避免重复判断所带来的损耗。

（4）由于 CBR 的推理过程与人的思维过程很相似，因此专家对于问题的解决能力可以随着 CBR 的支持而提高。

（5）CBR 的 Web 功能，仿若一个实时网络咨询家，方便职员间知识的传递与共享，改善企业的学习氛围。

3．CBR 的推理过程

事实上，基于案例的推理是一种在现实生活中被人们大量采用的推理思想。

一方面，从系统的角度，需要首先对积累的原始数据（案例）进行优化预处理，并依靠合理的分类索引规则构建典型的案例库。

另一方面，从应用的角度，典型的 CBR 工作过程可归结为 3 个主要阶段循环：（1）检索（Retrieve），按照某种检索匹配策略从实例库中找到一个与当前问题最相似的实例；（2）修改（Modify），欲复用到新问题的旧实例所提供的求解结果不好时，需要对其进行修正；（3）存储（Store），新问题得到了解决，则形成了一个可能用于将来情形与之相似的问题，这时有必要把它加入到实例库中。

另外，还有必要提供实例推理评价模型对输出结果进行评价和解释。

13.4.2　CBR 汽车发动机故障诊断系统的设计

本小节以汽车发动机故障诊断的故障特点出发，提出 CBR 技术的故障诊断方法。

1．总体方案的设计

系统的主要目的是建立基于本体的 CBR 发动机故障诊断系统，将汽车维修专家有关发动机故障诊断知识（包括使用测试仪表的经验知识）收集起来，加以分析整理，以案例和案例解决方法的形式存于计算机数据库中。在实际进行故障诊断时，新的故障现象形成新的目标案例，系统检索类似案例的解决方法来解决新的故障诊断。若不存在类似案例，可以尝试新的解决方法。成功和失败的经验都将记录于数据库中，成为新的知识。

---

①，②　Wang S. L. and Hsu S. H.. A Web-based CBR knowledge management system for PC troubleshooting. International Journal of Advanced Manufacturing Technology，23：532-540，2004.

2. CBR 知识管理的系统模块介绍

在本项目中,所提出的 CBR 系统包含以下几个部分:

(1) 用户界面:用于查询以及案例知识的获取。

(2) 知识管理模块:用于获取与案例相关的知识,以建立和维护数据库,在本项目中的数据库包括案例数据库和本体数据库。

(3) CBR 引擎:当用户输入案例特征的时候,该引擎便可以根据计算算法来给出相似的案例给予参考。

(4) 案例知识共享转换标准:为领域知识元素提供标准。

在上述内容中,主要包含了如下几个部分,分别是:知识获取、知识发展、知识共享以及知识使用,每一部分都扮演着重要的角色。其中,案例数据库处理的是知识获取;CBR 引擎、知识分类和编码工具扮演着组织者的角色,使得知识能够被转换为合理的数据格式。案例知识共享转换标准则把来自于用户输入的术语信息转换成标准词汇,这样一来,来自各地的信息可以被用来交流与共享。另外,网络的应用有助于知识的分发,基于本体的用户接口也可以增强知识的共享与重用。

3. 案例数据库的设计与使用

在本章先前介绍的故障诊断中,作者对系统后台数据库的使用主要体现在本体库的构建上。与之不同的是,在本节中,作者引入了"案例故障库"和"本体库"相结合的方式作为系统后台数据库,这是基于如下两点原因的:

(1) 如果单单把本体库当作后台数据库,那么后台数据库的存储关系将进一步复杂化,不便于进行统一管理。如果引入案例数据库,那么可以把用户输入等信息转入案例库,然后再通过案例库来与本体库进行联系,简化了本体库中的结构。

(2) 在进行 CBR 的系统设计时,需要进行案例相似度的计算,这时便需要一个单独的数据库来存放案例的相关信息(这里指的是案例的特征信息),以便进行相关计算。

在本系统中,案例数据库的设计主要利用的是 Microsoft Access 数据库管理软件,其中主要包含的字段信息为案例信息、案例特征信息、案例的编码信息以及案例是否适合用户自身维修等。

4. 本体库的设计与使用

在本节中,本体库的设计与开发与本章先前介绍的"故障自诊断本体库设计"中的本体库的设计相类似,具体可见 13.3.2 节。

13.4.3　CBR 故障诊断系统的总体设计与实现

本项目中,系统实现方法包括了案例的检索、特征值及其抽取、案例的编码、案例的相似度计算以及系统故障诊断流程的设计。

1. 案例的检索

案例的检索和选择是 CBR 系统的一个关键步骤,也是 CBR 系统技术实现研究的首要问题。事例检索结果的优劣直接影响着系统的好坏[①]。

---

① Wang S. L. and Hsu S. H.. A Web-based CBR knowledge management system for PC troubleshooting. International Journal of Advanced Manufacturing Technology,23:532-540,2004.

CBR 系统对事例的检索,同一般意义上的基于关键词的检索有着很大的不同。它要在给定的领域内通过一定标准对事例进行分类(抽取事例的特征),通过建立索引目录搜索所需的事例。因此,事例特征的抽取是关键问题。在更复杂的多 Agent CBR 系统中,为使特征值的抽取更具有通用性,一些学者试图通过定义目录词汇表来解决这个问题。

一般说来,用来检索的特征应该具有可预见性、高度的区分性、可解释以及内省性(能识别低效的检索路径,避免将来检索时再次使用)等特征。在检索的匹配算法方面,目前比较通用的有最相邻算法和归纳引导策略[①]。本项目采用的是最相邻算法。

2. 特征值及其抽取

在汽车的发动机故障中,以下几方面因素是发动机故障的主要原因:车辆行驶的速度状态、故障的发生部位以及初始的故障现象。其中,车辆的速度状态具体包括:加速行驶、减速行驶、低速行驶、高速行驶和与速度无关特性等;故障的发生部位则表明了发动机具体的故障发生源,包括:配气机构(admissionGear)、空气滤清器(airFilter)、机体组(bodyGroup)、进气门(airIntake Valve)、曲柄连杆机构(crankLinkMachanisim)、汽油箱(gasoline Compartment)等;而初始故障现象说明的则是发生故障时,发动机的初步现象,如:冒烟、温度变化、有声响和其他等。因此,速度状态(Speed)、故障部位(KeyStruc)和故障现象(KeyPhe)成为本系统的三大案例特征,我们根据实际情况设定各个特征的特征权重,具体信息见表 13-10。

表 13-10　部分案例特征及案例特征指数

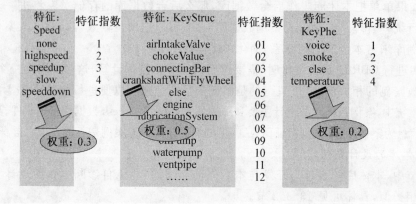

3. 案例的编码

在确定了案例特征后,让我们来确定案例的编码。在对案例进行编码之后,我们就能进行案例检索中最重要的一步,即案例相似度的计算(注意:这里所说案例的编码仅仅指的是故障案例的索引,而非前面说的故障码);在本文中,案例的编码是由案例的特征及其特征值所确定的,即是由速度状态(Speed)、故障部位(KeyStruc)和故障现象(KeyPhe)所决定的。换句话说,案例的编码体现了汽车故障的特征信息。

一般而言,对案例的编码方式没有特别的要求和具体的方法,其目的是为下一步的相似度计算提供方便。

---

① 李晓辉,刘妍秀.基于实例推理机制(CBR)综述.长春大学学报,16(4):68-71,2006.

本文对于案例的编码采用如下方法：

案例编码＝ 速度状态特征指数×1000＋故障现象特征指数×100＋故障部位特征指数

例如，案例编码 3207 中，3 表示的是：速度状态特征指数（Speed）为 3 的状态，即加速状态（Speedup）；2 表示的是：初步故障现象特征指数（KeyPhe）为 2 的状态，即冒烟；07 表示的是：故障部位特征指数（KeyStruc）为 07 的部位，即润滑系（lubricationSystem）（以上均可由表 13-10 查表获得）。

反过来，我们也可以根据已知的速度状态、初步故障现象和故障部位来确定案例的编码。图 13-26 所示的是如何在系统中为案例进行编码。

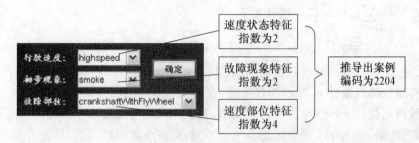

图 13-26　CBR 中故障编码的确定

4. 案例的相似度计算

相似度是相似元的数量以及每个相似元对系统相似度影响权系数等因素的函数，相似度的计算有许多方法，本文采用的是最相邻算法。最相邻算法实际上是通过累加目标事例与事例库中事例的每个域的相似度值来确定总的相似度，然后把超过相似度阈值的事例返还给用户[①]。它的计算公式为：

$$\text{Sim}(C_i) = \sum_{j=1}^{m} \omega_j \text{Sim}(C_{ij})$$

其中，$\text{Sim}(C_i)$ 表示第 i 个旧事例与问题事例的综合相似度，也就是通常所说的案例相似度；ω_j 为第 j 个属性或特征在参与匹配检索的属性或特征指标中所占的比重，且所有权重取值之和为 1，权重的确定可以通过专家评判法，概率分析法，层次分析法等方法来确定。在本文中，三种属性：速度状态（Speed）、故障部位（KeyStruc）和初步故障现象（KeyPhe）的权重分别设为：0.3、0.5 和 0.2，具体见表 13-10。$\text{Sim}(C_{ij})$ 表示第 i 个旧事例的第 j 个属性指标与问题事例的第 j 个属性指标的相似度。在本文中，$\text{Sim}(C_{ij})$ 的取值如下：

（1）对于故障部位（KeyStruc）属性，如两个故障案例的发生源不同，那么 $\text{Sim}(C_{ij})$ 为 0，如果相同则取 1；

（2）对于初步故障现象（KeyPhe）属性，如两个故障案例的初步故障现象不同，$\text{Sim}(C_{ij})$ 取 0，相同则取 1；

① 季赛，沈星，沈超. 基于粗糙集和相似度量的 CBR 检索方法. 计算机工程与应用，2006（13）：172－175.

（3）对于速度状态（Speed）属性，如两个案例在发生故障时的速度状态相同，那么 $Sim(C_{ij})$ 取 1；如果不同，那么只要其中之一为"与速度无关（none）"，则 $Sim(C_{ij})$ 取 0，否则取 1/4。

在计算中，Sim 的取值范围在 0 和 1 之间。如果 Sim 值越靠近 1，那么两个案例的相似性程度也就越高；同理，如果 Sim 值越小或者越靠近 0，那么两个案例相似性的程度也就越低。专家可根据案例的相似性值来判断新输入的案例是否与以往的旧案例相重复，或是相矛盾。

例如，有两个故障案例，旧案例的故障编码为 2311，新案例的故障编码为 3310。那么将式子 $Sim(C_i) = \sum_{j=1}^{m} \omega_j Sim(C_{ij})$ 展开如下：

$$Sim(C_i) = \omega_1 Sim(C_{i1}) + \omega_2 Sim(C_{i2}) + \omega_3 Sim(C_{i3})$$

其中，ω_1 为速度状态（Speed）的权重值，查表 13-10，可知 $\omega_1 = 0.3$；

ω_2 为初步故障现象（KeyPhe）的权重值，查表 13-10，可知 $\omega_2 = 0.2$；

ω_3 为故障部位（KeyStruc）属性的权重值，查表 13-10，可知 $\omega_3 = 0.5$；

速度状态（Speed）$Sim(C_{i1})$：由于 2 与 3 不同，且两个案例都不是"与速度无关（none）"，那么，$Sim(C_{i1}) = 1/4$；

初步故障现象（KeyPhe）$Sim(C_{i2})$：由于 3 和 3 相同，于是 $Sim(C_{i2}) = 1$；

速度状态（Speed）$Sim(C_{i3})$：由于 11 和 10 不同，于是 $Sim(C_{i3}) = 0$。

通过以上计算，得到

$$Sim(C_i) = 0.3 \times \frac{1}{4} + 0.2 \times 1 + 0.5 \times 0 = 0.275$$

即，这两种故障案例间的相似度为 0.275。

图 13-27 表示的是在系统中故障编码的确定以及两个案例相似度的计算方法：

图 13-27　故障编码的确定与案例相似度的计算

5. 系统故障诊断流程设计

图 13-28 为系统的故障诊断流程图。首先，用户在界面上选择案例的故障特征，系统自动计算该特征所对应的编码；然后，系统对案例库中的每一条旧案例与用户指定的案例编码进行逐条 CBR 计算，把相似度值在某一范围之上的案例显示在案例库中以供用户选择；最后，根据本体库中的信息进行下一步的故障诊断。

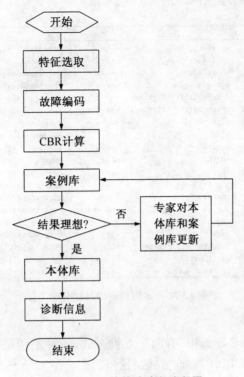

图 13-28　系统故障诊断流程图

13.4.4　CBR 用户模块的开发

1. 数据预处理模块

该模块主要从新增案例中获取特征指数以及描述性的案例特征词汇。重要的案例特征指数和描述性词汇在该步骤中被提取出来,然后存入到案例库中(如图 13-29 所示)。

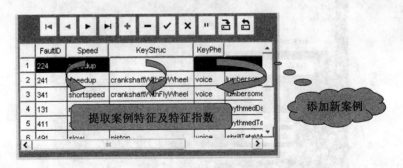

图 13-29　数据输入

2. 结构化案例知识

案例的结构化由两个步骤组成:

(1) 对案例进行初步描述并提取特征信息。

(2) 根据每一案例的特征指数,计算出案例的故障编码。

本文中整理好的案例分类结果见图 13-30。

FaultID	Speed	KeyStruc	KeyPhe	Case
1313	none	accelerograph	else	speeddidnotresponseafteroiled
4101	slow	airIntakeValve	voice	rhythmedTataWhenIdlespeed
1202	none	chokeValue	smoke	muchBlackSmog
1103	none	connectingBar	voice	rhythmedDadaWhileOilpresurefall
2104	speedup	crankshaftWithFlyWheel	voice	lumbersomeDongdongWhenSpeedup
3104	highspeed	crankshaftWithFlyWheel	voice	lumbersomeGedengWhenShortspeedup
1205	none	else	smoke	milkySmog
1305	none	else	else	needNoRepair
1206	none	engine	smoke	fewBlackSmog
2306	speedup	engine	else	engineflameout_couldnotrestart
3306	highspeed	engine	else	engineunstable_whenidlespeed
4306	slow	engine	else	engineflameoutwhenidlespeed
2406	speedup	engine	temperature	enginespeedupunsteadly
1406	none	engine	temperature	hardtostartincoldmorning
2106	speedup	engine	voice	loadknockvoicewhenspeedup
1306	none	engine	else	engineunstableafterignitionshut
1307	none	gasolineCompartment	else	waterVaporWithGlobule
1314	none	gasolineta	else	oilcomsumptionincrease
1208	none	lubricationSystem	smoke	blueAndGraySmog

图 13-30 案例知识的结构化分类

3. 界面设计

在发动机故障查询操作界面中,有两种查询方式,一种是传统的查询方式,即基于关键字的查询;另一种是基于 CBR 的查询方式。这里首先介绍传统查询方式的操作流程。

(1) 在基于关键字的查询过程中,首先列出的便是案例的特征:故障部位(KeyStruc)、初步现象(KeyPhe)和行驶速度(Speed)。选择好其中的某一种故障特征后(图 13-31 的案例特征为故障部位),选取并输入所感兴趣的特征值(图 13-31 所示的特征值为 airIntakeValve;进

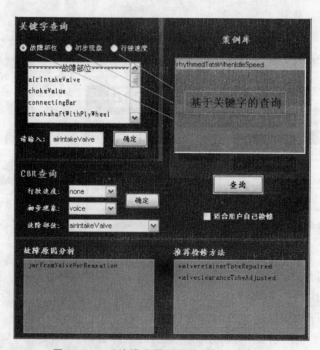

图 13-31 系统操作界面设计(基于关键字)

气阀）。关键字为初步现象和行驶速度的情况在此略。

（2）在选取好案例特征并输入所需要的特征值后,接下来的一步便是在案例库中选取自身所需要的案例了。图 13-31 选取的案例为：rhythmedTataWhenIdleSpeed（在息速行驶时有规律的嗒嗒声）。

（3）一旦选取好故障案例,便能进行故障原因和故障检修方法的查询。单击"查询"按钮后,可以在"故障原因分析"以及"推荐检修方法"栏内看到所需要的结果。作者对每个案例库中的案例都进行了"是否适合用户自己检修"判断,以帮助用户更好地进行故障检修。

下面介绍基于 CBR 的故障诊断步骤。

（1）首先,必须清楚所要查询的故障案例所对应的三个特征的特征值——故障部位（KeyStruc）、初步现象（KeyPhe）和行驶速度（Speed）,然后依次选取三个特征的特征现象（作者在此选取的是：与速度无关、有声响和水泵这三个特征现象,如图 13-32 所示）。

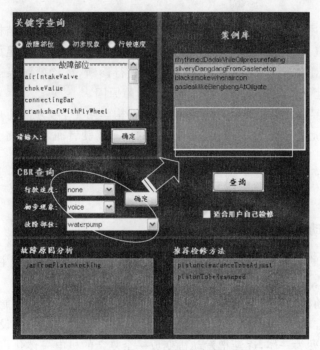

图 13-32 基于 CBR 的系统操作界面

（2）在系统的程序中,我们设定案例相似度的临界值为 0.5,所以单击"确定"后,在案例库中显示的案例为与输入案例相似度大于 0.5 的所有案例。

以下的步骤与基于关键字的查询模式相同,在此不再赘述。

通过比较两种不同的查询方式,我们可以得出以下结论：

（1）基于关键字的查询条件有限,只能依赖于某一条的特征值,不能把所有的案例特征进行综合利用,效率不高。CBR 的模糊查询虽然也是基于案例的特征值,但是由于故障编码的制定利用了所有的案例特征,因此查询的精确度更高,从而提高了效率。

（2）当案例库容量达到一定时,基于关键字的查询有一个相当明显的缺点——查询到的案例数太多,不方便用户进行选择。由于 CBR 利用的是相似度查询,而且可以在程序中很方便地设定案例相似度的门槛值,因此查询的灵活性更高。

(3) 值得一提的是,利用 CBR 来进行故障诊断可以提取案例库中不存在,但是与所要查找相关的案例。在图 13-32 中,由案例特征可以得出案例的编码为 1111,但是在案例库中并不存在案例编码为 1111 的故障案例,由此可知,CBR 系统查找的是与特定数据相关的所有数据。这样一来,可以方便那些知道汽车故障,但是对故障特征关键字不是很了解的用户了。这也正是引入"CBR"概念后所带来的好处之一。

综上所述,基于 CBR 的查询一定将取代目前的基于关键字的查询,在我们的生活、工作以及科学应用中发挥出更大的作用。

13.5 基于本体论的汽车知识自学习系统

由于本体可描述概念及概念间的关联,因此本体可将知识描述为结构化的元数据。利用这一特点,可对汽车结构知识进行建模。建立汽车结构知识后,可满足如下要求:

(1) 可以直接对汽车故障部位的组成零部件进行诊断,把诊断结果返回到用户显示界面,方便用户更好地了解故障部件的具体部位及故障原因。

(2) 如果用户界面能够提供一个友善的汽车结构学习平台,方便用户在系统提示的步骤下学习汽车的构造和维修方法,那么对于许多的汽车驾驶者而言,这将会是个很好的了解汽车的机会,也为日后维修提供了帮助。

本节以汽车的"心脏"——发动机为例,简要地介绍基于本体论的汽车发动机学习系统的设计与实现。

13.5.1 发动机简介

发动机是汽车的心脏,为汽车的行走提供动力。汽车发动机的性能主要体现在动力性、经济性和环保性上。

简单来讲,发动机就是一个能量转换机构,它将汽油(或柴油)的热能,通过密封汽缸内气体的燃烧膨胀,推动活塞做功,转变为机械能。100 多年来,发动机的设计者们,不断地将最新科技与发动机融为一体,逐渐把发动机变成一个复杂的机电一体化产品。

发动机是一种由许多机构和系统组成的复杂机器。要完成能量转换,实现工作循环,保证长时间连续正常工作,都必须具备以下一些机构和系统:(1) 曲柄连杆机构;(2) 配气机构;(3) 燃料供给系统;(4) 机体组;(5) 润滑系统;(6) 冷却系统;(7) 点火系统;(8) 起动系统。

13.5.2 汽车发动机本体库的设计

作者对汽车发动机构建的本体建模如图 13-33 所示。发动机结构信息列表如表 13-4 所示。

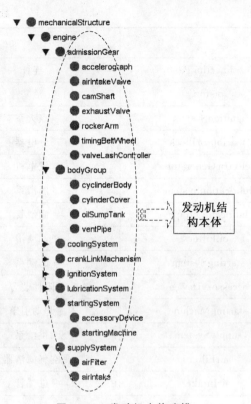

图 13-33　发动机本体建模

表 13-4　发动机结构信息列表

英　文	中　文
admissionGear	供给系
accelerograph	加速器
airIntakeValve	进气阀
camShaft	凸轮轴
exhaustValve	排气阀
bodyGroup	机体组
cylinderBody	气缸
oilSumpTank	机油箱
ventPipe	通风管
coolingSystem	冷却系
chokeValve	阻风门
fan	风扇
crankLinkMachanism	曲柄连杆机构

续　表

英　文	中　文
connectingBar	连杆
piston	活塞
ignitionSystem	点火系
distributorBlock	分电器
electricGenerator	发电机
lubricationSystem	润滑系
lubricantOilPipe	润滑管
oilFilter	机油滤清器
startingSystem	起动系
accessoryDevice	附件装置
startingMachine	起动引擎
supplySystem	供给系
airFilter	空气滤清器
airIntake	进气管
……	……

13.5.3　汽车发动机结构学习系统的设计

如图 13-34 所示为发动机结构学习系统的一个操作界面，界面左半部为 Protégé 本体库的发动机结构图，其中包含了各模块的父类图和子类图。通过该图可以清晰地看出汽车发动机的总体结构和各组成部分的结构。界面中部对需要查询的发动机结构部件进行详细介

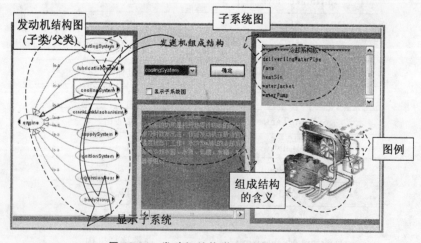

图 13-34　发动机结构学习系统操作界面

绍,使用户能够对该结构有一个清晰的了解。界面右部上层为查询模块的子系统信息列表,下层为模块结构图。

13.6　基于本体的远程故障诊断系统

在本章之前的各节中,作者逐步介绍了基于本体的汽车故障诊断系统的研究,其为汽车的故障诊断提供了一种全新的思维方式。但是,这种系统也存在着如下的不足:

(1) 随着汽车性能的不断提高,结构也开始日趋复杂。后台本体库的开发如果没有跟上汽车性能日新月异的发展,势必会引起诊断结果的不确定性。

(2) 汽车维修地点维修人员的维修水平参差不齐,不能保证所有的汽车故障都能够正确排除。

(3) 如果汽车驾驶者在试图自己维修故障时,没有很好地理解本体库所提供的维修信息,则会造成汽车故障的频繁发生。

因此,基于上述原因,作者在该节引入远程故障的诊断思路,从而构成一套先进的基于本体的汽车故障诊断系统,极大提高了车辆故障诊断的精确性、灵活性及工作效率,并有助于解决诊断中所遇到的各种疑难杂症;同时,远程故障诊断中心可以及时更新和维护技术资料,对数据库、本体库等进行升级,实现资源与信息的共享,避免了系统与软件的重复开发。

13.6.1　远程故障诊断的基本概念

所谓的汽车远程故障诊断系统(Remote Fault Diagnosis System,简称 RFDS),是将汽车故障诊断技术与计算机网络技术相结合的产物[1],通过在汽车上,或是汽车维修中心建立故障检测点,时时采集汽车状态数据,并在后台建立一个汽车远程故障诊断中心,为驾驶者或是汽车维修人员提供远程技术支持和服务。

远程故障诊断系统是一个开放的分布式系统,其内容主要包括远程监测、远程诊断和协同诊断等几个部分。汽车的远程监测与故障诊断系统基于监测设备、计算机网络及软件,用于实现监测信息的处理、传输、存储、显示和交互,使诊断专家无需到现场就可完成对远距离发生故障的诊断,并可以实现异地专家的实时协同会诊。现场监测系统是这一系统的起点,它完成对汽车的实时监测和对监测信息的采集、存储和处理,监测信息经处理后变成可以进行远距离网络传输的形式。远程监测诊断中心对异地传来的监测信息进行处理、分析,通过网络反馈至现场指导问题解决[2,3]。

本项目中所需要用到的远程故障诊断功能包括:

● 当汽车在任意地点发生故障时,需要与远程故障诊断中心进行联系,对汽车进行故障诊断。

---

① 孙培峰. 远程分布式车辆故障诊断系统. 机械与电子,2007(2):67-69.

② 梁芬,王改云,朱名日. 远程故障诊断技术的发展及应用研究综述. 机电工程,24(8):1-5,2007.

③ 张荣涛,孙宇,张军. 工程车辆的远程分布式智能监测、诊断、维护系统研究. 中国机械工程,13(12):1028-1031,2002.

● 当汽车发生故障并被送至维修地点时,需要维修中心实时对汽车进行远程故障诊断。

因此,通过分析以上背景,作者利用当今比较成熟的三种远程故障诊断模式,对基于本体的远程故障诊断系统进行了设计。这三种远程故障诊断模式为:

(1) 基于 B/S 模式的远程故障诊断。

(2) 基于 Multi-Agent 多智能代理的远程故障诊断。

(3)基于 GPRS 的远程故障诊断。

作者接着对这三种模式依据本体理念进行分析,并比较各个远程故障诊断模式的不同与优劣。

13.6.2　B/S 模式下基于本体的汽车远程故障诊断系统

1. B/S 结构体系

现代企业网络以 Web 为中心,采用 TCP/IP 技术,以 HTTP 为传输协议,客户端通过浏览器访问 Web 以及与 Web 相连的后台数据库,这种访问方式被称之为 B/S(Browser/Server)模式,是在 C/S(Client/Server)模式的基础上演化而来的。在 C/S 模式中,前台客户端工作站上必须安装相应的应用程序,而服务器则是单纯的数据库服务器,一旦应用程序发生变化,所有使用该应用程序的客户端工作站必须重装该应用程序,将造成很大不便。B/S 模式简化了客户端软件,只需以浏览器作为客户端应用的运行平台,并将所有的开发、维护和升级工作集中在服务器端,易于维护。用户使用浏览器访问服务器,向 Web 服务器提交请求;Web 服务器处理请求,查询数据库,将查询到的结果组织成 HTML 页面发送给客户,并在用户的浏览器上显示,组成了三层的 B/S 模式结构[1,2,3]。

三层结构的第一层为客户端表示层,即 Web 浏览器,它是整个应用系统的图形界面;第二层为应用服务层,即具有 CGI、ISAPI、ASP 等接口的 Web 服务器,负责对用户端应用程序的集中管理;第三层为数据中心层,即后端数据源,主要负责数据的存储和组织,数据库的分布式管理,数据库的备份和同步等。

2. 基于 B/S 远程故障诊断的工作原理

基于 B/S 的远程故障诊断系统进行故障诊断过程中,设备运行现场的数据采集系统根据设备运行特点,利用传感器在线获取设备运行的振动、温度等状态信息;计算机监测系统对采集回来的信号进行实时处理,显示各种信号的数值和图表,判断设备是否正常运行,一旦出现异常情况,即发出报警信号;用户只需打开浏览器,输入远程故障诊断中心的 URL 地址就可以访问到故障诊断中心服务站点,提出服务请求;该站点则向用户提供 Web 页面,指导用户交互输入待诊断的有关征兆或观测数据。用户提交后,系统对输入进行合法性检查,检查无误后发往服务器;接着,Web 服务器执行某一 CGI(ISAPI 或 ASP)程序与后端数据库

---

①　郭律,郭勇,程俊东.基于 B/S 模式的军事装备远程故障诊断系统研究.航空计算技术,34(1):72 - 75,2004.

②　李菊欢,林颖,陈忠.基于 B/S 的远程故障诊断系统.现代制造工程,2001(11):59 - 60.

③　代东升,李铮铮,李雅峰,李会杰.基于 B/S 结构的远程故障诊断模型研究.河北省科学院学报,24(3):17 - 19,2007.

相连,对用户请求进行处理,并将处理结果返回 Web 服务器,再由服务器把结果返回给客户端,用户即可在浏览器上看到诊断结果①。

3. 基于本体的 B/S 汽车远程故障诊断系统的设计

图 13-35 显示了基于本体的 B/S 汽车远程故障诊断系统的设计。

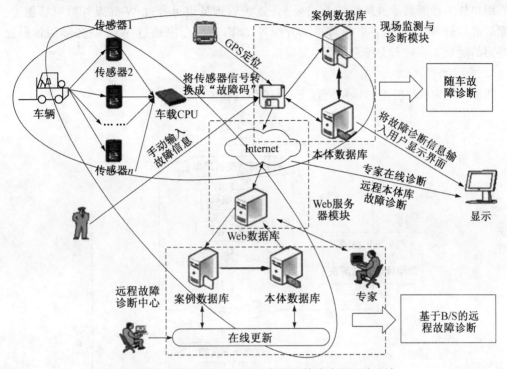

图 13-35　基于本体的 B/S 汽车远程故障诊断系统设计

4. 系统各部分模块及其主要功能介绍

在上述的基于 B/S 的汽车远程故障诊断系统中,包含了三个模块,分别是:现场监测与诊断模块、远程故障诊断中心模块和 Web 服务器模块。下面具体介绍一下这三大模块及其各自在系统中的作用。

(1) 现场监测与诊断模块。该模块主要是利用故障诊断本体库所包含的故障信息、零部件维修信息和汽车生产商信息来进行故障的诊断。故障诊断现场需要利用各类传感器提取车辆被测点的信号参数值并输送到计算机系统。因此,必须科学合理地选择监测点,使之能全面准确地反映车辆的实际工况。现场系统具备在线测试与诊断功能,并可通过与远程故障诊断中心的合作获得相应的技术支持,实现车辆故障的远程智能化诊断②。

(2) 远程故障诊断中心模块。该模块提供远程故障诊断的平台,建立资源共享与多故障诊断系统机制,协调控制现场计算机,亦可为现场监测设备提供技术支持③。

在本文中,远程故障诊断中心由诊断中心案例数据库、本体库以及诊断专家组成。在接受用户的诊断请求后,服务器根据内部控制模块对请求指令译码,然后通过更新过的本体库

①　李菊欢,林颖,陈忠. 基于 B/S 的远程故障诊断系统. 现代制造工程,2001(11):59-60.

②,③　徐振宁,张维明,陈文伟. 基于 MAS 的群决策支持系统研究. 管理科学学报,5(1):85-91,2002.

和案例数据库进行故障诊断。当然,必要时仍可由专家进行在线会诊。

(3) Web 服务器模块。在汽车现场,如果想要通过 Internet 与远程故障诊断中心相联系,就一定要通过 Web 服务器模块。因此,Web 服务器模块也成了远程故障诊断的核心。

Web 服务器负责与发动机故障诊断现场的连接,是联系诊断中心与客户之间的纽带,它接受用户故障诊断请求并反馈诊断结果[①]。系统管理员也可通过 Web 服务器对数据库、知识库等进行管理维护、内容更新与系统升级等工作,在线专家通过 Web 服务器对诊断过程中遇到的疑难杂症进行会诊和指导。

5. 系统工作流程

图 13-36 为系统模型的诊断流程图,其工作过程如下:

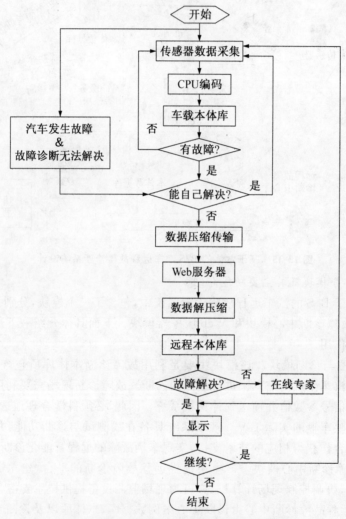

图 13-36　基于本体的 B/S 远程故障诊断流程图

---

①　代东升,李铮铮,李雅峰,李会杰. 基于 B/S 结构的远程故障诊断模型研究. 河北省科学院学报,24(3):17-19,2007.

（1）采集系统负责对汽车进行监控，采集汽车的车速、发动机温度等状态数据。当采集系统发现可疑数据后，将数据送入基于本体的车载故障诊断系统进行故障自诊断；

（2）如果车载故障自诊断系统能够对汽车故障做出正确的诊断，则用户或是汽车维修员便可对汽车进行相应的维修；

（3）如果车载故障自诊断系统所做出的诊断信息是错误的，那么通过客户端 Web 浏览器登录到 Web 服务器；

（4）在线输入汽车的故障信息，例如汽车故障码、关键字等信息后，由网络数据库和本体库对故障进行再一次的诊断，并且输出诊断结果；

（5）如果诊断正确，那么该诊断过程结束，如果诊断结果仍然不正确，则通过在线专家进行现场咨询；

（6）网络案例数据库和本体库都可以随时进行数据更新。

13.6.3 基于本体的 Multi-Agent 汽车远程故障诊断系统

随着现代制造业向虚拟化、网络化发展，对远程诊断与维修系统的智能性要求进一步提高，Multi-Agent 技术具有分布式人工智能的特点，适合用于远程故障诊断系统[①]。

1. Multi-Agent 诊断系统模型

宏观上，Multi-Agent 系统是对社会的模拟，微观上是针对不同的用途开发的功能各异的实体。

针对复杂的汽车故障建立 Multi-Agent 的远程故障诊断系统模型包含以下几个模块（如图 13-37 所示）：

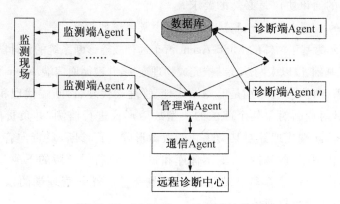

图 13-37 Multi-Agent 诊断系统模型

（1）监测 Agent 模块：监测端 Agent 主要是对监测现场进行数据采集，然后将数据信息通过以太网总线传输给管理端进行数据处理。

（2）管理端 Agent 模块：管理端 Agent 模块主要是对监测端传送过来的数据进行整合处理，将处理好的数据为下一步传输给诊断端做准备；同时，有必要的话，为诊断端的诊断信

---

① 蒋志忠，冯玉光，奚文骏．基于多 Agent 系统的远程故障诊断系统模型．计算机工程，33(5)：278-280，2007．

息发送给诊断中心做准备。

（3）诊断 Agent 模块：诊断 Agent 模块对管理端送过来的数据进行分析，并与故障库中的数据相比较，从而得出故障诊断信息。

（4）通信 Agent 模块：通信 Agent 模块的功能为把数据发送给远程诊断中心做准备。

2. 工业以太网

在上述的模块中可知，数据监测端与管理端、管理端与诊断端的数据交换与共享是通过工业以太网进行的。下面来介绍一下工业以太网及其特点。

所谓工业以太网，一般来讲是指技术上与商用以太网（即 IEEE 802.3 标准）兼容，但在产品设计时，在其材质的选用、产品的强度、适用性以及实时性、可互操作性、可靠性、抗干扰性和本质安全等方面能满足工业现场的需要[1]。

以太网传输速率的提高和以太网交换技术的发展，使其全面应用于工业控制领域成为可能。TCP/IP 的简单实用亦已为广大用户所接受，而基于 TCP/IP 协议的以太网技术从办公自动化（OA）及企业上层网络，走向工业现场控制领域的趋势更是越来越明显。有调查显示，在遍及全球的过程工业和离散制造业领域，有 80% 的公司及工厂在制造平台采用或者倾向于采用工业以太网作为控制总线[2,3]。

由于工业以太网具有传输速度高、耗能低、易于安装和兼容性好等方面的优势，并且支持几乎所有流行的网络协议，所以在商业及办公自动化系统中被广泛采用。近年来，随着网络技术的发展，以太网进入了控制领域，形成了新型的以太网控制网络技术，表现出传统现场总线所无法比拟的优势。这主要是由于工业自动化系统向分布化、智能化控制方面发展，使用开放的、透明的通讯协议是必然的要求[4,5]。

3. 基于本体的 Multi-Agent 汽车远程故障诊断系统的设计

如图 13-38 所示为基于本体的 Multi-Agent 汽车远程故障诊断系统的设计图。该诊断系统以本体知识库为知识基础，以以太网总线结构完成物理连接，并遵循通信端 Agent 的通信协议。

系统中存在着四种代理，分别是监测端代理、管理端代理、诊断端代理和通信端代理。

监测端代理针对诊断对象某个部位的典型故障形式进行监测，并负责向管理端代理发送诊断请求；每个诊断端代理针对某类单独的故障形式进行诊断，负责向管理端代理提交诊断结果；而通信端代理则负责对系统的本体库和案例库进行最新版的下载。

整个以太网总线上连接着多个代理端口，分别是监测端与管理端的以太网通信以及管理端与诊断端的以太网数据通信。

监测端代理监测到故障后，将故障以诊断请求包的形式报告给管理端代理，由管理端代理对诊断任务进行解析，重新打包产生诊断任务包，然后分配给相应的诊断端代理进行诊

① 许晓东. 基于 TCP/IP 网络的远程视频监控系统. 山东大学硕士学位论文,2004.
② 许晓东. 基于 TCP/IP 网络的远程视频监控系统. 山东大学硕士学位论文,2004.
③ 张宏福. 现场总线与工业以太网应用于煤矿综合监控系统的探讨. 煤矿安全,6：55-56,2006.
④ 陈献锋,孙国锋,韩学岗. 工业以太网的发展及其技术特点. 山东化工,35：47,52,2006.
⑤ 徐皑冬,王宏,杨志家. 基于以太网的工业控制网络. 信息与控制,29(2)：182-186,2000.

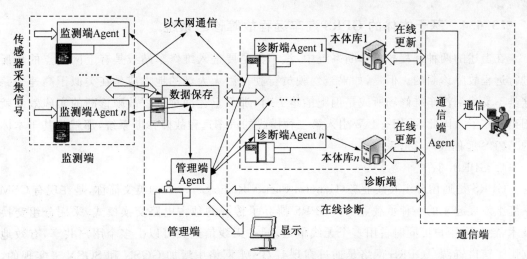

图 13-38　基于本体的 Multi-Agent 汽车远程故障诊断系统的设计

断。诊断任务返回后，经管理端代理重新排列组织给出诊断报告。如果诊断结果不正确，还可以通过下载最新版本的数据库来进行重新诊断。这就是作者开发的基于本体的 Multi-Agent 远程故障诊断的思路。

图 13-39 为系统诊断流程图。

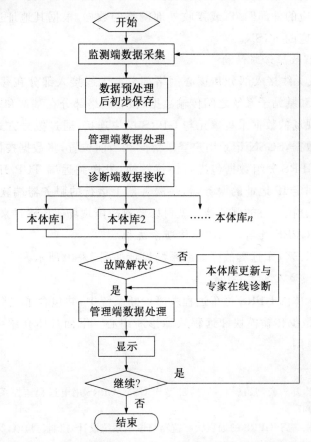

图 13-39　基于本体的 Multi-Agent 汽车远程故障诊断流程图

13.6.4 基于本体的 GPRS 汽车远程故障诊断系统

在上述的两种远程故障诊断系统中,汽车都是要进入维修车站或是有上网地点的场所进行远程故障诊断的。但是,如果当驾驶员行驶在渺无人烟的地方或是在类似于高速公路这类不易找到汽车维修场所或是网吧的地方时,那么上述两种远程故障诊断的实施效果就相当于零了。因此,我们有必要引入第三种模式的汽车远程故障诊断系统,那就是基于本体的 GPRS 远程故障诊断系统。

1. GPRS 简介[①,②]

GPRS 是通用分组无线业务(General Packet Radio Service)的英文简称,是在现有 GSM 系统上发展起来的一种承载业务。GPRS 摒弃了传统的独占电路交换模式,采用分组交换技术,使每个用户可同时占用多个无线信道,同一无线信道又可以由多个用户共享,有效地利用了信道资源。GPRS 网络是通过在现有 GSM 网络中增加 GGSN 和 SGSN 来实现的,使得用户能够在端到端分组方式下发送和接收数据。其中,SGSN 是 GPRS 网络的业务支持节点,主要任务是对 MS(移动台)进行鉴权和移动性管理,如记录 MS 的位置信息以及在 MS 和 GGSN 之间完成数据处理和交换。GGSN 是 GPRS 网络与外部数据网络相连的边界节点,主要起网关作用。对外部网络来说,GGSN 相当于子网路由器,负责存储已获得 GPRS 服务的用户的路由信息,同时也负责与外部网络的协议转换。GGSN 接收移动台发送的数据,选路到相应的外部网络;或接收外部网络的数据,根据其地址选择 GPRS 网内的传输信道,传送给相应的 SGSN。

2. GPRS 的远程故障诊断结构[③]

GPRS 网络分成无线接入部分和核心网络部分。无线接入部分在移动终端(汽车等需要监测的移动物体)和基站子系统之间传输数据,核心网络部分在基站和边缘路由器之间继续传输数据。故障现场的数据采集单元与 GPRS 模块连接,通过拨号方式连接 GPRS 网络并发送需要传输的数据,SGSN 记录用户登录情况和当前位置,将数据按协议封装后发送给 GGSN。GGSN 将 GPRS 分组数据包进行协议转换,发送到远端 TCP/IP 协议网络。在监控中心有一台带有固定 IP 地址的服务器,在服务器上运行的服务器端软件负责接收数据。建立通讯连接后,在监控中心的服务器上就可以监测故障现场所传输过来的运行参数了。

3. 基于本体的 GPRS 汽车远程故障诊断系统构思

基于本体的 GPRS 汽车远程故障诊断系统设计如图 13-40 所示。

4. 系统各部分模块及其主要功能

在上述的基于本体的 GPRS 汽车远程故障诊断系统中,共包含了三个模块,分别是:故障监测模块、GPRS 数据传输模块和远程故障诊断中心。下面具体介绍一下这三大模块及其各自在系统中的作用。

---

① 李玉萍,陈瑞琦,郑辑光,张良祖,马红飞. 基于 GSM/GPRS 用电远程监控系统. 计算机测量与控制,15(8):989 - 991,2007.

②,③ 杨帆,张彩丽. 基于 GPRS 的远程状态监测与诊断系统设计. 控制与检测,2006(8):49 - 51.

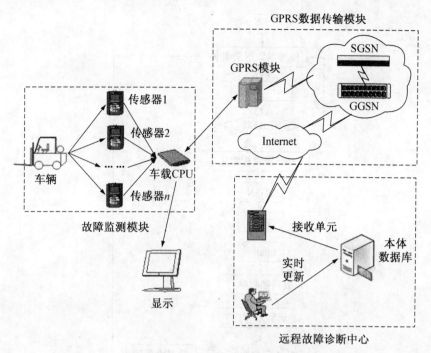

图 13-40　基于本体的 GPRS 汽车远程故障诊断系统设计

（1）故障诊断模块。故障诊断模块的功能在之前已经提到,主要是对汽车在行驶过程中的信号进行采集,同时进行数据的处理并把处理结果存入车载 CPU。当然,在 GPRS 系统中,需要 RS232 接口把车载 CPU 内的故障数据传送到 GPRS 模块进行下一步的处理。

（2）GPRS 数据传输模块。简单来讲,GPRS 数据传输模块的功能就是把从车载 CPU 内传来的汽车诊断数据传输到远程故障诊断中心。其中包括了如下的步骤:首先,对 GPRS 进行初始化;然后,建立拨号连接,设置好通讯网络、用户名以及用户 IP;最后,车载 CPU 向 GPRS 模块传输数据,即通过 SGSN、GGSN 和 Internet 传入远程故障中心的接收单元[①]。

（3）远程故障诊断中心。由于 GPRS 网络的工作方式是以 IP 地址寻址为基础的,所以监控中心通信网关服务器作为网络的服务器端,指定固定的 IP 和端口号,而各监测点作为终端,只需要简单接入 Internet,具备公网动态分配的 IP 地址即可。终端接入 Internet,具备 IP 之后,主动向监控中心通信网关服务器发送数据,进行连接。当连接通道建立以后,监控中心和终端即可以进行双工数据传输。

另外,在远程故障诊断中心内,配备了本体库和案例库,方便进行故障的诊断。诊断中心内的专家也可以随时对本体库和案例库进行在线更新。

系统的诊断流程如图 13-41 所示。

---

① 金振华,卢青春,阎东林,魏红军.基于 GPRS 的汽车道路试验远程监控系统.自动化测试,14(10):1312-1315,2006.

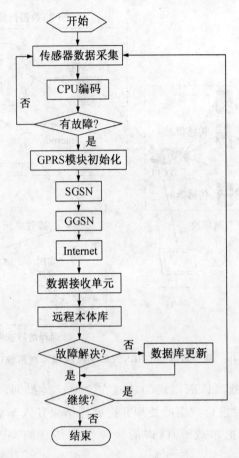

图 13-41 基于本体的 GPRS 远程故障诊断的流程图

13.6.5 三种模式的远程故障诊断的比较

上述的三种远程故障诊断系统各有各的特点,应用的场合也不尽相同。下面通过表格的形式来具体比较一下这三种远程诊断系统的优缺点(如表 13-5 所示)。

表 13-5 三种模式的远程故障诊断比较

	B/S	Multi-Agent	GPRS
维修地点	可以登录 Internet 的地方	维修厂家	任何地方
诊断速度	较快	快	慢
诊断费用	较低	高	低
实施容易度	一般	低	容易
结构	简单	复杂	简单
诊断精确性	较高	高	较高
实时性	高	较高	一般

13.7　小结

本章主要分析故障诊断系统的特点,尤其是汽车故障诊断系统的推理特点。根据基于本体论的知识建模的原理,对领域本体知识库的建设、故障诊断系统的结构定义,以及系统推理描述等方面做了必要的分析研究,并在此基础上完成了汽车故障诊断领域本体知识库的构建及系统的实现。

利用 Protégé 本体编辑工具,构建汽车故障诊断本体库、维修本体库以及汽车结构本体库,旨在为汽车用户提供一种新的汽车故障诊断思路,并且把汽车生产商,汽车零配件供应商、汽车维修商、汽车专家等信息进行动态链接,使与汽车故障诊断的知识模型能够被多用户共享、重用及互操作。

利用 Jena 的 owl-API 及 Inference API 工具,实现了部分汽车故障知识库的描述及其驱动逻辑,并为用户对知识库进行操作提供了各种要求的接口函数。成功使用 JSP 网页编程完成了用户接口的制作,构建起一个针对"汽车故障本体"的小型"JSP 本体查看器"。

分析讨论了利用多智能代理系统(MAS)理论模型建设多 Agent 系统协同检索的可行性;对建立在工业以太网(Ethernet)总线结构上遵循 TCP/IP 通讯协议的 MAS 的构架过程,及其相对于其他现场总线协议的应用优势加以讨论。

以 CBR、故障自诊断代码及汽车知识学习系统为实例,对基于本体论的汽车故障诊断方法进行了实例验证。

第14章 基于语义的网络化制造资源获取与智能检索系统

随着 Internet 的快速发展,网络技术对于制造业的影响已经渗透到相关的各个领域,并且还在不断地迅速扩大,由此形成了一种新的制造模式,即网络化制造。所谓网络化制造,是在网络上实施先进制造技术,它吸收了计算机辅助设计、集成制造、虚拟制造、协同设计等方面的最新技术成果(尤其是计算机网络技术),并将其综合应用于基于 Internet 的产品开发与设计、制造、检测、管理及售后服务的制造全过程,实现优质、高效、低耗、清洁、敏捷制造①。相对于传统方式,网络化制造跨越了企业间的空间差距,实现企业间的信息集成、业务过程集成、资源共享,实现产品商务、设计、制造的协同,缩短产品的研制周期和研制费用,提高整个产业链和制造群体的竞争力。

目前,我国网络化制造系统的发展还不尽如人意,还存在着制约网络化制造技术发展的一系列瓶颈问题。其中的一个核心问题是如何实现网络化制造资源的智能获取和智能检索。

网络化制造资源的获取一般有两种方法:一是通过人工搜集并手工输入数据库进行管理,其缺点是开放性和实时性较差,成本高;二是直接从 Internet 上获取网络化制造资源并进行集成管理,这种方法可以克服方法一的缺点。但方法二存在着一系列关键问题有待解决:能从 Internet 中直接获取到的网络化制造资源,其信息描述的复杂度高、一致性低、表现形式具有多样性、结构化程度低、互操作性差,同时获取的信息不包含语义。

而网络化制造资源检索,基于目前 Internet 信息表达主要以 HTML 等文本页面为主,其检索仍然存在着许多缺陷,主要表现在:信息是面向用户直接阅读的,不利于计算机直接阅读和处理;检索以关键字匹配为主,易出现不相关内容,准确率低,并遗漏大量与检索概念同义或相关的内容,查全率不高;检索粒度过大、精度不够,无法实现问答式查询,检索效率低;以页面为单位,无法跨越网页边界;难以进行推理,实现间接的信息内容检索。

在这样的背景下,作者结合语义网技术对网络化制造环境下的制造资源获取、本体建模、语义标注、智能检索、语义查询前端等问题展开研究,实现了一个原型系统 MRISS (Manufactory Resources Intellectual Search System),并在本章进行详细介绍。MRISS 的关键技术和创新点主要包括:适合网络化制造开放环境的共享资源本体建模技术,网络化制造信息智能获取技术,半自动化的语义标注技术,多层次的网络化制造资源检索融合技术以及易用、清晰、简洁的网络化制造资源检索语义查询前端技术。

---

① 江勇.基于 XML 的网络化制造资源应用平台的研究与应用.硕士学位论文,东南大学,2006.

14.1　MRISS 总体结构

14.1.1　功能分析

综合网络化制造资源的特点,作者认为,MRISS 应该具有如下功能模块。

(1) 网络化制造资源智能获取模块,简称聚焦 Spider 模块。

传统网络爬虫追求大的覆盖率,无目标性,如果应用于网络化制造资源信息获取,将会影响抓取效率,浪费存储空间,加重后期信息处理的负担,不适合网络化制造资源的智能获取。近年来人们提出了"聚焦 Spider 模块",其与通用爬虫不同之处在于,将目标定为抓取与某一特定主题内容相关的网页,为面向主题的用户查询准备数据资源。在 MRISS 中,设计一个定制的、适合网络化制造资源的聚焦 Spider,对网络化制造资源相关的网页进行自动的、智能的、高效的抓取。自动是指设定好 Spider 配置参数后,无需人工干预;智能是指能对网络化制造资源进行判断,对重复资源进行判断;高效是指抓取策略高效,存储结构好,方便后期的访问。

(2) 网络化制造资源的本体建模模块,简称本体建模模块。

对网络化制造资源进行本体建模的目的是使整个系统具有语义的基础。如果建立适用于各个领域的大本体,本体构建将十分复杂,各个领域的本体也失去灵活性;如果建立各种小本体,增加灵活性的同时,却带来了本体间的异构,导致信息共享和交流困难。因此,构建适合网络化制造开放环境的共享领域资源本体十分有必要,其必须符合网络化制造领域的特点,并具有清晰性、客观性、可扩展性及一致性。

(3) 网络化制造资源语义半自动标注模块,简称半自动标注模块。

在获取了网络化制造资源相关的网络信息,并且建立了网络化制造资源的本体之后,所获取的网络信息还是不具有语义的,尚需要对其进行标注,使其具有语义,为智能检索做基础。人工标注的工作量大,维护一致性的难度高,工作效率低;目前的标注工作存在一些缺陷,不适合本系统的工作[①]。而基于网络化制造资源这一领域的本体,针对一些有代表性的专业网站进行语义标注则是有可能的。本系统(MRISS)将设计实现针对典型网络化制造资源门户网站的半自动化标注。

(4) 网络化制造资源智能检索模块,简称智能检索模块。

传统搜索引擎主要针对用户提交的查询关键字进行匹配来返回搜索结果,不具有语义性。因此,提供具有智能检索能力的检索系统是十分有必要的,其除了具有一般的精确性查询功能外,还应具有语义查询、模糊查询和智能推理功能。

(5) 网络化制造资源智能检索语义查询前端模块,简称语义查询前端。

Baidu、Google 经常对其搜索引擎主页页面进行升级、改版,使用户使用更加方便、简洁,

---

① 陶皖,李平,廖述梅. 当前基于本体的语义标注工具的分析. 安徽工程科技学院学报,20 (2):52-55, 2005.

将用户想要的信息更加直接地展现,对颜色的设计也具有心理学的分析。足见前端交互技术的重要性,其极大程度地影响用户的体验,从而影响用户的粘度。基于语义的网络化制造资源智能检索的语义查询前端,应适用于网络化制造资源这一特定的领域,并且具有语义导向、界面直观、操作方便、结果直接的特点。

14.1.2　总体结构

1. MRISS 总体结构

作者提出了 MRISS 系统的总体结构图,如图 14-1 所示。整个系统分为 6 部分,即:聚焦 Spider、本体建模、半自动化标注、智能检索、语义查询前端和领域知识建模。系统处理流程为:首先构建网络化制造资源本体和相关的领域知识与常识,本体建模得到网络化制造资源本体库,领域知识建模得到领域知识库,常识建模得到常识库;然后,由聚焦 Spider 在 Internet 中自动获取与网络化制造资源相关的网络信息,再利用本体库、领域知识库、常识库对聚焦 Spider 获取的网络信息进行解析和半自动化标注得到个体库;最后,智能检索基于本体库、领域知识库和常识库的指导下对个体库进行语义检索和智能推理。

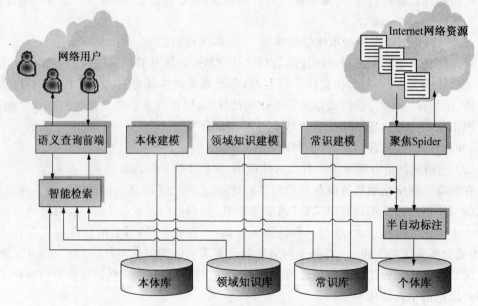

图 14-1　MRISS 系统总体结构图

2. MRISS 层次模型

层次结构模型是软件系统和协议工程中常用的重要分析手段,它采用了分而治之的思想,使不同层次的功能明确、接口清晰,因此对于复杂问题的解决可以大大简化。ISO/OSI 的网络协议 7 层参考模型、语义网的层次模型以及 W3C 的 Web Service 协议标准栈模型都采用了这种方法。

借鉴层次结构模型的思想,作者也采用层次结构模型描述 MRISS 系统功能的逻辑关系。

如图 14-2 所示,MRISS 的层次模型共分为 5 层结构,自下而上分别为数据层、本体层、

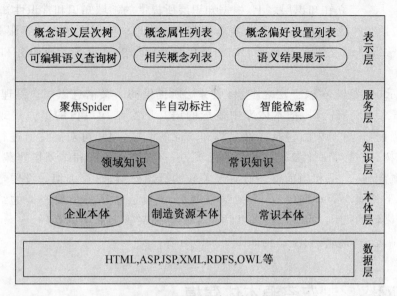

图 14-2　MRISS 系统层次结构图

知识层、服务层和表示层,该层次结构遵循了由数据到语义,再到知识和服务,最后到与用户交互的逻辑顺序,各层的具体功能及作用阐述如下。

(1) 数据层:该层是以 Internet 为载体,包括网络上所有的与网络化制造资源相关的网络资源。形式上可能是文本、图片、视频资源;结构上可能是结构化数据、半结构化数据或非结构化数据;从网页的类型看,可能是静态网页如 HTML,可能是动态网页如 JSP;从是否具有语义来看,可能是一般的网页,可能是已经标注过的网页,如 RDFS 或 owl 等(目前万维网上标注的网页相当得少,如果已经标注也未必能直接使用,还要看其标注语言,看其本体构建);内容上,包括制造资源信息,生产、加工、销售制造资源的企业信息,同时还包括领域知识信息和常识性信息。该层的数据特点是易于人理解,而机器不可理解的。

(2) 本体层:该层是使得整个系统具有语义的基础,是整个系统的关键层。其根据产品设计、制造开发过程中涉及的关键要素,将制造领域中的常用概念、术语,通过概念、概念的属性、概念间的关联、概念的约束、属性的约束、概念关联的约束及公理定义等,组织成具有网状结构的、可共享的形式化本体,揭示概念间的本质联系。非语义化的原始数据经过本体的标注后,也就是实例化后,可以实现数据的表现形式、结构和内容三者之间的分离,成为一种机器可理解的信息,从而为语义互操作、智能推理提供可靠的保障。

(3) 知识层:建立在本体层之上,为实现基于语义的信息检索和智能推理提供有力的支持。根据本体层构建领域知识库和常识性知识库。领域知识层通过提供经验性的信息,对本体层中概念及其相互间关系进行补充和扩展。拥有领域知识的支持,能够使系统具有领域特点,方便领域相关人员的使用,结合进领域权威知识,可以使该系统具有专家系统的功能,同时领域知识是开放的,通过标注得出的新的领域知识可以添加进入领域知识库中。而常识性知识库则从更广泛的角度出发提供深层的事实信息和知识,为推理提供基础。

（4）服务层：建立在知识层之上，根据知识层所提供的领域知识和常识性知识提供智能检索服务，包括精确检索、语义检索、模糊检索和智能推理的多层次智能检索服务。同时，以领域知识和常识知识为引导，提供了面向网络化制造资源的聚焦 Spider 服务和半自动化标注服务。

（5）表示层：建立在服务层之上，将服务层所提供的语义信息以用户易理解的形式展现，包括：概念语义层次树，把本体库中概念的语义层次结构以树的形式展现；概念属性列表，展示当前概念的属性，包括属性名称和属性的值域，用户可对属性值进行编辑；可编辑语义查询树，通过对属性和相关概念的编辑，用户将查询条件和结果集挂载到语义查询树上；相关概念列表，把和当前概念有直接关联的概念列出来；查询偏好设置，用户可以设置是否查询下位概念等查询设置；语义结果展示，准确表达用户所要查询的结果集，并且结果和信息来源的 URL 相关联。这些语义结构是语义查询前端的基础。

网络化制造资源本体模型结构如图 14-3 所示。

14.2 网络化制作资源本体建模

作者利用 Protégé[①] 建立、并通过 owl 完成描述的本体基本模型结构如图 14-3 所示。

通过分析，作者认为可以将网络化制造本体中所涉及的内容概括为三种抽象类型进行表达，即概念、概念的属性以及概念间的关系，在此基础上，根据制造领域特点，通过进一步细分和增加语义信息，并叠加公理定义，形成具有复杂语义关系、支持推理的网状结构，下面分别进行介绍。

14.2.1 概念

概念所描述的是那些制造系统中存在的实体对象或者活动。实体对象包括企业、加工设备、工艺装备、零件材料、毛坯等静态概念；而活动则表达针对某种对象所产生的动作序列，是动态概念的集合，如加工方法中的车削、铣削、刨削、磨削，以及工艺设计任务中的工艺参数选择和计算、资源选择等。概念间通过上下位、同义和反义等语义关系，组成概念网络，下层概念能自动继承上层概念的所有属性和关系，如加工设备各有一个设备型号属性和所属企业关系，车床是加工设备的下位概念，因此车床也具有这些特性。

在定义概念时，可以通过 owl 语言中的 owl：disjointWith 表达概念之间彼此互不相交的关系，这是一些可用于推理的公理，如下面阴影中所示。

```
<owl:Class rdf:about= "# 车床">
  <rdfs:subClassOf>
    <owl:Class rdf:ID= "金属切削机床"/>
  </rdfs:subClassOf>
```

① Knublauch H., Musen M. A. and Rector A. L.. Editing description logics ontologies with the Protégé owl plugin. In: International Workshop on Description Logics, Whistler, BC, Canada, 2004.

```
    <owl:disjointWith>
        <owl:Class rdf:ID= "铣床"/>
    </owl:disjointWith>
    <owl:disjointWith>
        <owl:Class rdf:ID= "刨床"/>
    </owl:disjointWith>
    <owl:disjointWith>
        <owl:Class rdf:ID= 磨床"/>
    </owl:disjointWith>
    ...
</owl:Class>
```

通过 rdfs : subClassOf 表达了车床是金属切削机床的子类。通过 owl : disjointWith 表达了车床是一种与铣床、刨床和磨床等几个概念都不相交的、独立的机床类型。此外,owl 语言中的 owl : intersectionof、owl : unionof 和 owl : complementof 还能表达概念间更为复杂的布尔关系,在此不一一列举。

在该系统中,共建立了 6 类概念。其中一类是基础概念,它定义了区域、度量等基本概念;在此基础上,建立了 5 类概念作为描述网络化制造系统特有的领域本体概念。在本体库中当需要增加新的概念类型时,必须继承其中的某一类或者是其子类的子概念才被认为是合法的。这 5 类领域概念实体分别是:企业、制造资源、制造对象、制造方法和制造任务,其中前 3 类概念属静态的实体概念,后 2 类则属于动态的活动概念,它们分别包含以下一些内容。

(1) 企业(Enterprise Profile)。描述企业的基本情况,以便于其他企业了解和联系,其属性具体包括企业名称、法人代表、联系电话、传真、电子信箱、联系地址、邮政编码、企业网址和行业类别。

(2) 制造资源(Manufacture Resource)。描述企业具备的、提供加工制造能力的资源集合,它所包含的子概念实体类别、层次和数量都非常多,就二级概念实体(指仅次于顶层制造资源的子概念)来说,主要有加工设备(包括机床、非机床)和工艺装备(包括刀、夹、量、辅、检具)。制造资源部分层次结构如图 14-3 所示。

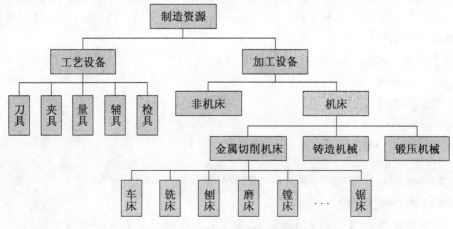

图 14-3　制造资源概念层次(部分)

（3）制造对象（Manufacture Object）。在制造系统中，其他概念实体都直接或间接地作用于制造对象。因此，制造对象是制造系统综合作用的集中体现。制造对象既包括制造系统的原始输入，又包括最终输出；既有宏观高层概念实体，又描述了微观底层概念实体。具体来说，属于原始输入的制造对象有材料、毛坯，属于最终输出和高层概念实体的制造对象是零件，属于微观底层概念实体的制造对象是制造特征。

（4）制造方法（Manufacture Method）。制造方法用于描述制造资源，面向制造对象所具有的各种制造手段和种类。制造方法属于动态概念集合，可以分为机加工制造方法和非机加工制造方法两类。机加工制造方法又可以分为车削、铣削、刨削、磨削、钻削、镗削、拉削等；非机加工制造方法也可以进一步分为热处理、冲压、锻造、铸造、焊接、涂装等。

（5）制造任务（Manufacture Task）。制造任务是一系列蕴含大量丰富知识和经验的活动，属于动态概念集合。作者将制造任务分为三类：制造资源选择、制造参数选择和制造参数计算。

上述 5 类概念实体都不是彼此完全孤立存在的，它们相互间存在着各种关联关系。制造对象处于中心地位，因为制造企业的所有资源、任务（活动），都是围绕着制造对象而展开的。产品制造过程就是采用制造资源、执行制造任务、对制造对象的初始状态施加各种制造方法，逐步改变其状态，使之最终成为合格产品的一系列过程。

14.2.2　概念的属性

概念的属性用于描述概念所具备的区别于其他概念的特性。对概念及其属性进行语义分析，可以进一步细分为以下一些类型：度量属性、材料属性、状况属性、外观属性、特性属性以及附属属性。

以上几类属性是网络化制造本体系统中预定义的顶层概念属性，因此在增加新的概念属性时，必须定义为其中的某一类或者是其子类的子类属性才认为合法。

概念属性之间的语义关系包括上下位关系和同义关系，如表面粗糙度是工作精度的下位属性，与表面光洁度是同义关系。概念属性之间通过上下位和同义关系，构成概念属性网络。此外，对概念属性可以进一步定义公理。如下面阴影中概念属性 owl 定义所示，表中定义表明"型号"是定义在设备和字符串之间的一种附属属性。其中，domain 域表示属性所属的概念实体，即属性的定义域；range 域表示值域。

```
<owl:DatatypeProperty rdf:about= "# 型号">
    <rdfs:domain rdf:resource= "# 机床"/>
    <rdfs:subPropertyOf>
        <owl:DatatypeProperty rdf:ID= "附属属性"/>
    </rdfs:subPropertyOf>
    <rdfs:range
    rdf:resource= " http://www.w3.org/2001/XMLSchema# string "/>
</owl:DatatypeProperty>
```

如下面阴影中概念约束 owl 描述所示，机床必须拥有且只有一个型号属性。其中，owl:

Restriction 是针对属性的约束; owl : cardinality 是针对属性数值个数的约束; owl : equivalentClass 是 owl 中的一个公理定义算子,表明机床的等价类。通过上述定义,表明机床必须拥有且只有一个型号属性。

```
<owl:Class rdf:about= "# 机床">
    <owl:equivalentClass>
        <owl:Restriction>
            <owl:cardinality
rdf:datatype= " http://www.w3.org/2001/XMLSchema# int "> 1
            </owl:cardinality>
            <owl:onProperty>
                <owl:DatatypeProperty rdf:ID= "型号"/>
            </owl:onProperty>
        </owl:Restriction>
    </owl:equivalentClass>
    <rdfs:subClassOf rdf:resource= "# 加工设备"/>
</owl:Class>
```

14.2.3　概念间的关系

概念间关系主要用于描述概念相互之间存在的一对一、一对多以及多对多的语义关系,它表达了一种跨越概念层次和类别的相互间约束或联系。如加工设备与企业,可以通过拥有设备这样一个关系进行连接;同时,企业又能与地域通过所属地域发生联系。概念间关系的语义类型非常丰富,目前主要归纳为以下几种:

整体—部分关系、活动—工具关系、工具—客体关系、活动—客体关系、归属关系、来源关系、关联关系、空间关系以及时间关系。

需要指出的是,这些概念间的语义关系大都存在反义关系,即定义域和值域互逆的情况,如加工设备与企业是一种归属关系,反过来企业与加工设备之间就是一种所有关系。因此,两者构成一种互为反义的关系。

以上几类关系及其反义关系是系统预定义的顶层概念间关系,在增加新的概念间关系时,必须定义为其中的某一类或者是其子类的子类关系才认为是合法。概念关系之间同样也能够通过上下位、同义和反义等语义关系形成复杂的概念间关系网络。

此外,概念间关系除了可以由 owl : cardinality 来约束定义域和值域相互间一一映射关系外,还可以定义更多的有助于推理的公理,如传递关系和对称关系。如下面阴影中传递关系 owl 描述所示是传递关系的一个例子。

```
<owl:TransitiveProperty rdf:ID= "所属地域">
  <rdf:type rdf:resource= " http://www.w3.org/2002/07/owl# ObjectProperty "/>
  <rdfs:range rdf:resource= "# 地域"/>
  <rdfs:domain rdf:resource= "# 地域"/>
</owl:TransitiveProperty>
```

"所属地域"是定义域、值域都为地域的空间关系,owl : TransitiveProperty 其具有传递性,即:X 所属地域 Y∩Y 所属地域 Z→X 所属地域 Z。

对称关系的表达可以采用 owl:inverseOf,如定义所有的关联关系都是对称的,如下面阴影中对称关系 owl 描述所示。

```
<owl:ObjectProperty rdf:about= "关联关系">
  <owl:inverseOf rdf:ID= "# 关联关系"/>
</owl:ObjectProperty>
```

14.3 网络化制造资源获取

网络化制造资源的获取分为两个步骤。第一步,聚焦爬虫从 Internet 中抓取和制造资源相关的网页;第二步,从这些网页中进行语义信息抽取,并且标注成语义实例。

14.3.1 网络化资源获取方式分析

网络化资源信息搜集的方式,目前主要有两种,一种是人工方式,另一种是资源自动搜集方式。人工方式是采用集中式的手工信息提交与管理,把所有信息通过用户手工按照规定好的格式提交入系统数据库,这种方法主要存在这样一些问题:工作量大,容易引起重复输入,不易保持数据的一致性;信息来源的广度和深度都不够;信息的表现形式单一、结构不灵活。

采用积极、主动的方式,从 Internet 上获取网络化制造资源相关的信息资源,开发和利用好这些现有的、极为广阔的信息资源,是很有意义的。而自动资源信息搜集方式能够适应 Internet 的这种发展趋势,目前主要有两种实现手段:一种是直接信息获取方式,即采用 Spider 利用 HTTP、FTP 等标准协议,沿着超链遍历 Web 文档集合,读取页面进行存储,并提取其中的相关信息建立索引,然后又沿着文档中的新超链继续访问新的文档,并如此继续进行;另一种是间接的方式,建立在元搜索基础上,通过向各个数据引擎的查询接口发送检索请求并获取信息,采用这种方式不需要为页面建立索引,也不需要维护庞大的索引数据库,这些自动资源信息搜集方式在信息获取的自动化程度、搜索广度方面都比第一种方式要优越。但由于目前计算机还无法从所搜集的页面中准确分离信息,更无法理解这些信息中所包含的语义,因此资源信息检索的查准率低,即信息的利用率不高。

基于上述分析,采用 Spider 方式进行网络化制造资源的获取,是一种可以考虑的方式,但是一般的网络爬虫,只关注于网页 URL 链接的获取以及网页或网页块的整体抓取,对网页内容基本不作分析与处理。同时,一般的网络爬虫的目标是尽可能大的网络覆盖率,这使有限的搜索引擎服务器资源与无限的网络数据资源之间的矛盾进一步加深。基于上述缺点,一般网络爬虫未能满足针对网络化制造资源这一专门领域资源获取的应用需要。因此,需要一种针对网络化制造资源这一领域而定制的具有智能、自动、高效等特性的 Spider。

14.3.2　聚焦爬虫

为了克服网络爬虫的缺点,人们提出了聚焦爬虫(Focusing Crawler)的概念。聚集爬虫是一个自动下载网页的程序,它根据既定的抓取目标,有选择地访问万维网上的网页与相关的链接,获取所需要的信息。与通用爬虫(General Purpose Web Crawler)不同,聚焦爬虫并不追求大的覆盖,而将目标定为抓取与某一特定主题内容相关的网页,为面向主题的用户查询准备数据资源[①]。

传统的网络爬虫的工作流程为:从一个或若干起始网页 URL 链接开始,在抓取网页信息的过程中,不断从当前页面上抽取新的 URL 链接,作为下一步执行的目标链接而不断循环下去,直到满足一定的停止条件才结束。

聚焦爬虫与传统的网络爬虫不同,其工作流程具体分以下几部分:

(1) 需要根据一定的网页分析算法,从超链接集合中过滤掉与主题无关的链接,保留有用的链接并将其放入等待抓取的 URL 队列,或者只是提取符合要求的新链接,加入到待抓取 URL 队列中去。

(2) 根据一定的搜索策略从待抓取 URL 队列中选择下一步要抓取的网页 URL,并重复上述过程,直到达到系统的某一条件时才停止。

(3) 所有被爬虫抓取的网页将会被系统存贮,进行一定的分析、过滤,并建立索引,以便之后的查询和检索。对于聚焦爬虫来说,这一过程所得到的分析结果还可能对以后的抓取过程给出反馈和指导。当然,也可以直接解析目标网页,提取并获得最终的结构化数据和元数据信息。

对于聚焦爬虫,需要处理的问题主要有:

(1) 对抓取目标的定义和描述。

(2) 对网页 URL 的搜索策略。目前主要包括如下几种方法:IP 地址或域名搜索策略、广度优先搜索策略、深度优先搜索策略、深度与广度综合的搜索策略、最佳优先搜索策略。

(3) 对网页的分析及信息的提取。目前主要包括如下几种算法:基于网络拓扑关系的分析算法、基于网页内容的分析算法、基于用户访问行为的分析算法。

聚集爬虫的内涵和处理流程都符合网络化制造资源智能获取的要求,下一节中,作者将通过定制 Heritrix 这一开源的 Spider,使其成为符合网络化制造资源智能获取的要求的聚焦 Spider。

14.3.3　网络爬虫 Heritrix

1. Heritrix 简介

如果自行开发一套 Spider,开发者需要自己实现一套爬虫调度及监控程序,不但成本高,且效果未必好,还必须解决类似多线程调度、抓取策略、相关数据库设计等棘手问题,大大增加了聚焦爬虫开发的难度。

[①]　周立柱,林玲.聚焦爬虫技术研究综述.计算机辅助设计与图形学学报,25 (9):1965,2005.

于是,作者对目前流行的开源的 Spider 进行了调查。如表 14-1 所示是目前流行开源 Spider 在 www. sourceforge. net 上的表现。

表 14-1　Spider 在 Sourceforge 上的表现

名　称	活跃程度	排　名	注册日期	最近更新日期	下载数目
Heritrix	99.65%	709	2003 - 02 - 11	2007 - 12 - 06	74230
JSpider	93.28%	13668	2002 - 10 - 25	2003 - 05 - 01	86281
WebLech URL Spider	89.74%	20877	2001 - 10 - 19	2002 - 06 - 09	22529
Sperowider	79.95%	40808	2003 - 09 - 14	2005 - 07 - 23	1056
Spidered Data Retrieval	80.93%	38805	2003 - 09 - 22	2003 - 10 - 19	1082
ASpider	72.26%	56443	2004 - 12 - 14	2005 - 06 - 08	1482
WebSPHINX	84.17%	32212	2002 - 03 - 12	2002 - 03 - 22	6228

如表 14-1 所示,Heritrix 和 JSpider 是在 www. sourceforge. net 上表现最好的两个 Spider。但是 JSpider 更新日期比较慢,最后一次更新是在 5 年前。于是,作者对 Heritrix 进行了详细的调研,分析其功能是否符合抓取网络化制造资源的要求。

Heritrix 是一个由 Java 开发的开源 Web 爬虫系统,它最出色之处在于强大的可扩展性,允许开发者任意选择或扩展各个组件,实现特定的抓取逻辑[1]。其默认提供的组件又完全支持传统爬虫的工作。可见 Heritrix 不仅是出色的全文搜索爬虫,而且还是可以用来扩展定制聚焦爬虫的控制系统的首选。而且 Heritrix 提供源码可以对相应的类进行定制修改,使其符合应用的需要,还可以配置硬件的运行参数来适合自己的硬件条件。

2. Heritrix 架构设计分析

Heritrix 的杰出特性都源自其优异的架构设计。Heritrix 的架构设计包括如下几个模块[2]。

(1) 中央控制器 CrawlController。该模块是 Heritrix 最核心的组件,它控制整个抓取任务的开始与结束。负责对抓取范围策略组件 CrawlScope、链接制造器 Frontier、处理器链 ProcessorChainList 和工作线程池 ToePool 进行初始化工作。

(2) 抓取范围策略组件 CrawlScope。CrawlScope 组件用于提供抓取网页链接范围选择的策略,它会影响 Frontier 和部分处理器(主要是预处理链和扫尾处理链内的处理器)行为,决定接受或是拒绝备选 URL 链接的处理。

(3) 链接制造器 Frontier。Frontier 是链接制造工厂,它专门负责为工作线程提供 URL,也是所有组件中最为重要的。Heritrix 提供一个高效实用的 Frontier,即 BdbFrontier 组件。BdbFrontier 是基于美国 Sleepycat 公司开发的一套高性能、可伸缩、事务保护的开源嵌入式数据库 Berkeley,用来解决"URL 等待队列"和"已处理链接哈希表"的存放问题,使

---

① Heritrix User Manual. http://crawler. archive. org/articles/user_manual/index. html.

② 邱哲,符滔滔. 开发自己的搜索引擎——Lucene 2.0＋Heritrix. 北京:人民邮电出版社,2007.

得 Heritrix 的数据存取具有较高的性能。

（4）多线程处理。线程池 ToePool 会根据用户设置的工作线程数目启动 ToeThread 工作线程；并且工作在线程池的管理下，按控制器规定的线程数，动态创建或回收线程。

（5）处理器 Processor 和处理器链。处理器是 Heritrix 中被最细化的组件，其可以被用户定制和扩展。处理器主要依次被划分为以下 5 大类：

① 预处理器 PreProcessor：作为整个处理器链的入口，主要负责对抓取时作一些先决判断。

② 获取器 Fetcher：主要用来抓取前解析网络协议。

③ 解析器 Extractor：用来解析各种 URL 的返回内容，包括 HTML、CSS、SWF、JS、PDF、DOC 和 XML 等不同类型信息，分析提取新的 URL 加入到候选队列去。

④ 记录器 Writer：负责保存 URL 内容。包括抓取内容完全镜像保存，压缩方式保存。

⑤ 后处理器 PostProcessor：负责进行最后的一系列扫尾工作，将不符合 CrawlScope 范围策略的候选 URL 过滤掉，或者将最终符合抓取规范的 URL 加入自身。

以上每种类型处理器都各自形成一种类型的处理器链（即 ProcessorChain），每条处理器链都包含若干同类型处理器，多条处理器链又形成处理器链列（即 ProcessorChainList）。所有处理器链被中央控制器 CrawlController 初始化后，在工作线程中被循环遍历执行。用户可以在 Web 控制台上任意组合选择，也可以自行定制它们，但是处理器链和处理器之间都有先后顺序，需要正确配置才能正常工作。

（6）抓取任务 CrawOrder。该模块是用来选择以上各种组件模块的结果反应，还包括任务的命名、初始种子链接以及抓取代理设置等基础配置。

3. Heritrix 的扩展点

组件化的 Heritrix 提供了很多的扩展点可供用户进行定制。依据实际开发经验，主要有如下四大扩展点：

（1）定制自己的 Extractor 处理器。Extractor 是用来解析各种 URL 的返回内容，分析提取新的 URL 加入到候选队列去。作者将根据网络化制造资源特定网站的网络拓步结构、网页内容 URL 的具体特征对 URL 进行解析，分析出与网络化制造资源相关的 URL。

（2）扩展 PostProcessor 中的 FrontierScheduler。FrontierScheduler 是用来决定最终哪些类型的 URL 将被过滤掉，哪些将被保留下来。

（3）定制链接制造器 BdbFrontier 的 URL 散列算法。由于 BdbFrontier 链接制造器的数据存储是基于近似哈希 Key/Value 方式保存的，它在构造 BdbMultipleWorkQueues 时会将一连串链接放在一起形成队列，并赋予一个 Key。该 Key 值的计算在默认 Heritrix 配置中是选择用 HostName 或 IP 生成策略的，因而在聚焦于个别网站抓取时，会产生只有一个线程工作的情况。因为每个线程从一个很长的队列中取出头部链接后，该队列进入阻塞状态，要直到此链接处理完后才恢复。所以，实际运用时，需要继承 QueueAssignmentPolicy 抽象类，实现一个有效的散列算法策略类，并配置到 heritrix. properties 中去。

（4）考虑 robots. txt 对个别 Processor 的影响。遵循 robots. txt 附加协议的聚焦爬虫不但牺牲了抓取速度，而且可能受到抓取目标站点的限制，因此在实际应用中，根据实际情况把相关的 Processor 中对 robots 的处理注释掉。

14.3.4 抓取对象及目标站点的分析

1. 抓取对象

作者选取中华机床网(www.22882.net)为样例,抓取企业信息和企业供应信息。该网站包括两万多家企业的信息,信息条目约十三万,并且企业供应信息丰富,网页信息相对规范。另外,作者选取中国机床商业网(http://www.machine-trade.com)为样例,抓取机床标准化参数信息,该网站信息丰富,拥有规范、翔实的机床分类信息以及每一类机床各种型号的标准化参数。同时,该网站还有机床精度参数信息,这是一些领域知识,对每种类型机床是处于国际先进、国内先进、国内一般还是国内落后水平,进行了标准的规范界定。

2. 目标站点分析——中华机床网

对中华机床网站的研究与分析表明,该站点具有以下抓取特征:

(1) 种子 URL。企业名录页面(http://www.22882.net/corporation/index.asp)保存了按行业分类的公司信息,包括"机床"分类和"机床附件"分类的所有企业信息。企业信息中有企业基本信息,同时还具有企业的供应信息,供应信息链接着机床信息。因此,可以以这个 URL 作为种子,分析出更多有用的待抓取的链接。

(2) 待抓取 URL。分析上述种子,目的是要抓取到企业的基本信息、企业的供应信息以及和通过供应信息得出企业具体供应的机床的信息。因此,需要分析能够链接到企业基本信息、企业供应信息以及机床信息所在页面的链接的特征,然后把这些链接提取出来,添加到待抓取 URL 中。

(3) 去除重复的网页。在网页抓取过程中,经常会抓取到重复的网页,这里的重复网页是指内容完全一样而 URL 不同的网页。重复的网页经常会引发新的抓取重复,导致恶性循环,从而严重地影响抓取的效率,也给后续的网页内容分析工作带来一定的麻烦。因此,在抓取过程中,就应将做好去除重复网页的工作,以提高抓取效率。去除重复的网页,可以通过分析各种重复情况,研究其链接特征,对待抓取的 URL 进行过滤,避免重复。

(4) 翻页的提取。网页的信息往往一页显示不下,而通过翻页来继续显示。因此,需要研究翻页的 URL 特征。不同页之间的 URL 前缀是一样的,区别只是在于后面的传递参数不同。翻页的提取也应作为待抓取的 URL。

3. 目标站点分析——中国机床商业网

对中国机床商业网站的研究与分析表明,其站点具有以下抓取特征:

(1) 种子 URL。该站点的机床参数页面(http://www.machine-trade.com/canshu/index.html)保存了被分类的机床参数信息,包括"金属切削机床""锻压机械"和"铸造机械"三大类,每一大类又有具体的细分类别。通过具体的细分类别就可以访问到具体的机床参数信息了。因此,可以以这个 URL 作为种子,分析出更多有用的待抓取的链接。

该站点的机床精度参数页面(http://www.machine-trade.com/canshu/jingdu.html)具有与机床参数页面相类似的结构,可以通过其找到需要的机床精度参数信息。这一部分信息用于做领域知识,作者也将其作为种子。

(2) 待抓取 URL。通过上述种子,目的是要抓取到各种类型机床参数信息和机床精度参数信息。因此,需要分析能够链接到具体机床参数信息以及机床精度参数信息所在页面的链接的特征,然后把这些链接提取出来,添加到待抓取 URL 中。

中国机床商业网包含机床参数和机床精度资源的网络拓扑结构相对简单,并没有出现重复 URL 和需要翻页处理的情况,因此可以认为对中国机床网的 Spider 抓取是对中华机床网的 Spider 抓取的子集。下面作者将集中介绍对中华机床网的处理。

14.3.5　网络化制造资源爬虫的设计与实现

1. Extractor 的定制

"中华机床网"定制抓取组件主要由定制化的 Heritrix 解析器 Extractor 和后处理器 FrontierScheduler 组成。定制的 Extractor 主要功能如下:

(1) 从种子 URL 分析出企业列表的 URL,加入候选 URL 队列。

(2) 从企业列表页分析出"下一页"的分页 URL,加入候选 URL 队列。

(3) 从企业列表页分析出一个企业的 URL,加入候选 URL 队列。

(4) 从企业页面,分析出企业基本信息 URL 和企业供应信息列表 URL,并加入候选 URL 队列。

(5) 从企业供应信息列表页分析出"下一页"的分页 URL,加入候选 URL 队列。

(6) 从企业供应信息列表页分析出一条供应信息的 URL,加入候选 URL 队列。

(7) 除种子 URL 和上述候选 URL 外、其余不作处理。

(8) 分析重复网页 URL 的特点,去除重复的网页。

2. FrontierScheduler 的定制

定制的 FrontierScheduler 主要功能如下:

(1) 将上述定制的 Extractor 种子 URL 和候选 URL 队列加入链接制造器的待抓取 URL 队列中。

(2) 除以上 URL 外的所有 Http 或 Http 请求 URL,不予加入链接制造器的待抓取 URL 队列,而 DNS 等辅助性 URL 则要加入。

作者采用 ELFHash 算法作为定制链接制造器 BdbFrontier 的 URL 散列算法。

以上定制的 Extractor 和 FrontierScheduler 是针对"中华机床网"网站的定制 Heritrix 组件。除此之外,还有一些需要小调整的抓取 Heritrix 组件变动(如消除 robot 附加协议影响的组件小变动),以避免 Heritrix 每次总要花时间多次抓取而造成低效率。

3. 定制抓取流程图

"中华机床网"定制抓取流程如图 14-4 所示,图中分析网页中所包含的某类信息的 URL 是通过对该类信息的 URL 进行特征分析,通过正则表达式来匹配,提取出符合条件的 URL。以企业基本信息为例,企业基本信息的页面,是通过单个企业页面链接过去的,其在单个企业页面(为 html 网页)的 href 都是形如 "/company/1/index.asp? id= 86757283810011"的,可以为其构造正则表达式 "/company/1/index\.asp\? id=[\d]+.*",在单个企业页面寻找符合上述正则表达式的字符串,然后为所找到的字符串加上前缀 "www.22882.net",这样就形成了完整的 URL,将此 URL 放入候选 URL 队列中。

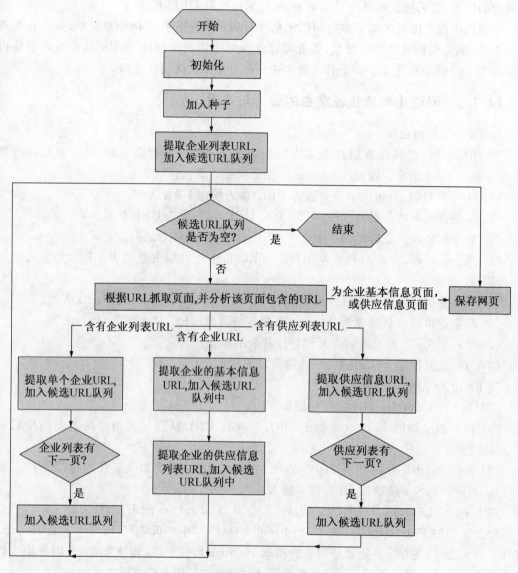

图 14-4　"中华机床网"定制抓取流程图

14.3.6　网络化制造资源语义标注

1. 语义标注工具分析

当前基于本体的语义标注工具有 SHOE Knowledge Annotator、Semantic Markup Plug-in for MS Internet Explorer、Annotea、Melita、GATE、Briefing Annotizer、SMORE 等。陶皖等[①]提出现有工具普遍存在以下不足：(1) 几乎所有标注工具的本体语言均使用

---

① 陶皖,李平,廖述梅. 当前基于本体的语义标注工具的分析. 安徽工程科技学院学报,20 (2)：52－55，2005.

RDF(S)、DAML、OIL、DAML＋OIL、SHOE 或 F-Logic,标注语言均使用 XML、RDF(S)、DAML、DAML＋OIL 或 SHOE,而没有工具支持最新的 W3C Web 本体语言 owl。(2)除少数工具如 SMORE 支持本体词汇的编辑、修改和扩充外,多数工具都不支持本体词汇扩充。(3)一个页面上的词汇往往涉及多个本体中的概念,少数工具如 SMORE 允许用户使用多个本体标注页面。(4)要建立全球共享的语义 Web,不同语言的用户都能使用自己的语言标注页面,然而所有工具只是英语标注,不支持多语言。(5)所有工具的标注对象为 HTML 页、Image、E-mail、Word、PowerPoint 及 PlainText,且以静态内容为主,而 Web 上含有大量动态内容。(6)大部分工具采用先创建内容、后进行标注的"两步法",只有少数工具支持内容写作与语义标注的同步进行。(7)语义标注过程中本体查询、辅助推理支持及元数据产生的自动化程度还不够。

最新版本的 SMORE[①] 支持 owl 语言的标注,但目前仅支持一部分,而且标注工具没有删除功能,操作十分不方便,并不适合在实际开发中使用。

2. 语义标注设计与实现

基于上述分析,当前没有合适的语义标注工具能够支持需要的标注工作。本体一般是领域本体,标注则是针对这一领域本体进行的,于是有可能根据领域的特征,实现标注的半自动化。另一方面,由于 Web 环境的数据不规范,要在短期内做到任何网页的领域化标注难度很大。作者以 14.3.4 节所选用的"中华机床网"和"中国机床商业网"为样例,研究其半自动化标注的设计与开发。作者将针对从中华机床网获取企业信息、企业供应信息相关的网页进行语义标注,得到企业的实例以及企业实例和机床实例的关联。针对从中国机床商业网获取的机床信息,进行语义标注,得到机床的实例。这些实例和关联构成了图 14-1 所述的个体库。

语义标注工作分成两个步骤,首先是对网页进行分析,抽取出所需的语义信息,然后再根据本体对抽取的信息进行标注。

目前,Web 信息的抽取方法主要有基于自然语言处理方式的信息抽取、基于 Wrapper 的信息抽取、基于 HTML 结构的信息抽取和基于视觉特征的信息抽取。基于自然语言处理方式的信息抽取,主要是针对大量文本的网页,首先将网页中的 HTML 代码过滤掉,再把网页当成一般的文本进行词性标注和语法分析来建立短语和语句元素间的关联,没有利用 HTML 的特征;其他三种方法则利用了 HTML 的特征。基于 Wrapper 的方法综合利用了 HTML 结构和属性特征。基于 HTML 结构的方法利用了 HTML 的结构特征;基于视觉特征的方法利用了 HTML 的属性特征,如字体的大小颜色,段落的长短等。基于 Wrapper 的数据抽取方法是目前广泛流行的数据抽取方法。一个 Wrapper 主要包括抽取规则和抽取器两部分。抽取规则主要描述网页结构、数据项位置、抽取步骤、转换规则、输出方式等;而抽取器是一个可执行程序,用来抽取规则,产生结果数据[②]。

作者借鉴基于 Wrapper 数据抽取方法的思想,设计了 MRISS 的半自动语义标注模块,

---

①　SMORE-Create owl Markup for HTML Web Pages,http://www.mindswap.org/2005/SMORE/,2005.

②　张成洪,古晓洪,白延红.Web 数据抽取技术研究进展.计算机科学,31(2):129－131,151,2004.

其信息抽取和语义标注流程如图 14-5 所示。

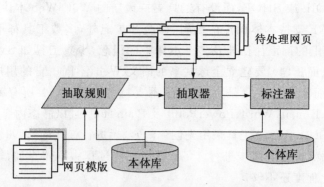

图 14-5　信息抽取和语义标注流程

（1）网页模板：经过分析大量网页信息分布的规律，提取出来的模板。作者将模板分成横向模板和纵向模板两类。这是因为根据网页信息分布的特征，信息规范的网站中的网页一般分为两类，一类是横向网页，一类是纵向网页。横向网页：信息以行表示，左边为信息的类别，右边是信息的具体内容，如图 14-6 所示。纵向网页：信息以列表示，上面为信息的类别，下面是信息的具体内容，如图 14-7 所示。横向网页中信息类别和信息具体内容的位置关系在同一行或者附近，比较容易确定；纵向网页中相对比较复杂，信息的类别往往以表头方式（html 的 table 标签）表示。而 table 的目的是为了让用户的阅读更加方便，列名和列的内容之间并没有没有直接的关联，网页中经常会有大量的 table 嵌套以及大量的＜tr＞、＜td＞标签嵌套。这需要根据实际情况解析出列名和列内容的对应关系。

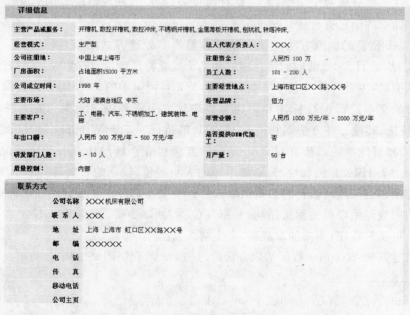

图 14-6　横向网页

机床参数>>金属切削机床>>车床类

普通车床(1)

产品名称	型号	最大工件直径/最大工件长度(毫米)	最大加工直径(毫米)		加工螺孔直径	加工螺纹				刀架行程(毫米)			主轴转速(转/分)		工作精度(毫米)				电机功率(千瓦)		重量(吨)		包装尺寸长×宽×高(毫米)
			床身上	刀架上		公制(毫米)	英制(牙/寸)	模数	径节	小刀架	纵向(毫米)	横向(毫米)	范围	级数	圆度	圆柱度	平面度	粗糙度Ra(微米)	电机	总容量	毛重	净重	
	WF30	3000×710	300	160	39	-	0.25-6	4-64	-	-	90	700	180	34-1800	12	-			-	1.5/2.2	-	1.2	1.035	2150×1100×1600
	QH2-300B	310×750	-	160	39	-	0.25-6	40-2						100-2000	0.01	0.015/155		-	2.5	3	1.3		
	C6132	320×500	320	180	36	500	-	-					12	31.5-1400	0.01	0.03	0.02	1.25	3	3.125	1.5	1	2000×1000×1450×2250

图 14-7　纵向网页

（2）抽取规则：基于本体库中的概念、概念的属性和概念间的关联，根据网页模板中HTML 的结构特征和属性特征构造的能够抽取信息的正则表达式。

例如，针对"企业"的属性，"企业注册资金"，其在某一具体网页中为，"<td width=30% bgcolor="＃F7F3F7"><span class="S">人民币 300 万</span></td>"。作者设定正则表达式为"<td\swidth=30%\sbgcolor=\"＃F7F3F7\"> <span\sclass=\"S\"> ([^万]＊万)</span></td>"，凡是匹配该正则表达式的就是可以找到要获取企业注册资金的位置。

（3）抽取器：根据抽取规则从大量待处理网页中抽取信息。

（4）标注器：将抽取出来的信息根据本体库进行标注。

下面举例说明属性标注，概念标注和概念间关联的标注。

● 属性标注。对图 14-6 所示中企业的注册资金用 owl 语言进行标注，如下面阴影中所示（概念属性 owl 标注）。

```
<注册资金 rdf: datatype= " http://www.w3.org/2001/XMLSchema# string ">
人民币 50 万</注册资金>
```

● 概念标注。对图 14-7 所示中的车床进行标注后，标注信息如下（"车床"概念 owl 标注）。

```
<车床 rdf: ID= " C6132 ">
    <名称 rdf: datatype= " http://www.w3.org/2001/XMLSchema# string "> 普通车床
</名称>
    <型号 rdf: datatype= " http://www.w3.org/2001/XMLSchema# string "> C6132</型号>
    <最大工件直径 rdf: datatype= " http://www.w3.org/2001/XMLSchema# float "> 320
</最大工件直径>
    <最大工件长度 rdf: datatype= " http://www.w3.org/2001/XMLSchema# float "> 500
```

```
</最大工件长度>
    <圆度 rdf : datatype= " http://www.w3.org/2001/XMLSchema# float "> 0.01</圆度>
    <圆柱度 rdf : datatype= " http://www.w3.org/2001/XMLSchema# float "> 0.03
</圆柱度>
    <平面度 rdf : datatype= " http://www.w3.org/2001/XMLSchema# float "> 0.02
</平面度>
    <粗糙度 rdf : datatype= " http://www.w3.org/2001/XMLSchema# float "> 1.25
</粗糙度>
</车床>
```

对图 14-6 所示的企业用 owl 语言标注后,标注信息如下("企业"概念 owl 标注)。

表 14-9 "企业"概念 owl 标注

```
<企业 rdf : ID= "上海恒力锻压机床有限公司">
    <企业名称 rdf : datatype= " http://www.w3.org/2001/XMLSchema# string ">
上海恒力锻压机床有限公司</企业名称>
    <法人代表 rdf : datatype= " http ://www.w3.org/2001/XMLSchema# string ">
陶家林</法人代表>
    <企业所属地域 rdf : resource= "# 上海"/>
    <注册资金 rdf : datatype= " http://www.w3.org/2001/XMLSchema# string ">
人民币 100 万</注册资金>
    <成立时间 rdf : datatype= " http://www.w3.org/2001/XMLSchema# string ">
1998 年</成立时间>
    <联系人 rdf : datatype= " http://www.w3.org/2001/XMLSchema# string ">
陶家林    先生(销售部 经理    )</联系人>
    <公司地点 rdf : datatype= " http://www.w3.org/2001/XMLSchema# string ">
上海 上海市 虹口区汶水东路 351 号</公司地点>
    <邮政编码 rdf : datatype= " http://www.w3.org/2001/XMLSchema# string ">
200434</邮政编码>
    <电话 rdf : datatype= " http://www.w3.org/2001/XMLSchema# string ">
0086 021 65611110</电话>
    <传真 rdf : datatype= " http://www.w3.org/2001/XMLSchema# string ">
0086 021 65363734</传真>
</企业>
```

● 概念间的关系标注。上海恒力锻压机床有限公司供应型号为 PG02K 的机床,作者对其进行如下(概念间关系 owl 标注)标注,其中"拥有机车"是企业概念和机床概念的关系。

```
<企业 rdf : ID= "上海恒力锻压机床有限公司">
    ...
    <拥有机床 rdf : resource= "# PG02K "/>
</企业>
```

14.4　网络化制造资源智能检索

14.4.1　智能检索总体结构

智能检索总体结构如图 14-8 所示。

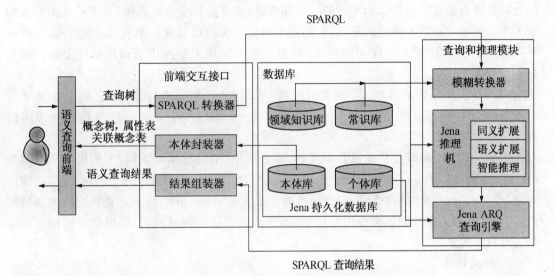

图 14-8　智能检索总体结构

（1）查询和推理模块：包括模糊转换器、Jena 推理机以及 Jena ARQ 查询引擎。模糊转换器在领域知识库和常识库中查询模糊量的精确值，把语义查询语言 SPARQL[①] 中的模糊量替换成精确值，生成精确查询的 SPARQL。Jena 是开源的，用于创建语义网应用系统的 Java 框架结构。其中，Jena 推理机实现了同义扩展、语义扩展和智能推理；Jena ARQ 对 Jena 推理机推理后的结果进行查询，得到 SPARQL 形式的查询结果。

（2）数据库：包括领域知识库、常识库、本体库和个体库。其中本体库和个体库是用 Jena 持久化接口进行存取和更新的。

（3）语义查询前端：传统的搜索引擎前端不适合语义查询，因此，作者为本系统设计了一个图示化的具有语义导向的查询前端。界面上包含了查询树、概念树、属性表、关联概念表以及语义查询结果等。

（4）前端交互接口：负责语义查询前端和查询推理模块的交互。包括向前端提供概念树、属性表、关联概念表的本体封装器；将 SPARQL 查询结果形式转换成适合用户阅读的语义查询结果形式的结果组装器；将用户提交的查询树转换成 SPARQL 查询语言的 SPARQL 转换器。

---

① Prud E. and Seaborne A.．SPARQL Query Language for RDF，http://www.w3.org/TR/rdf-sparql-query/，2008.

14.4.2 多层次智能检索的实现

1. 模糊扩展

用户在查询时,有时并不知道应该如何准确地描述其需求。比如,要查找"国际领先的车床"时,"国际领先"就是一个模糊概念,需要运用领域知识对查询中的模糊量明确化,并进行查询扩展的方式来实现,一般分为以下两种情况:

(1) 查询中出现的模糊量在工程领域中有较为明确的精确量可以对应,因此,这种类型问题的解决方法可以通过知识库中的映射规则,将模糊量替换为精确值,从而构造出有效的查询图。例如,"高加工精度的车床,它的加工精度中表面粗糙度一般应≤0.8微米"这样一条规则,就可以将"加工精度高的车床"映射到车床的加工精度中表面粗糙度上进行量化处理。

(2) 查询中出现的模糊量,在工程领域中没有很确切的对应量,但它的上下界是较为明确的,因此,可以将相关的模糊量划分为若干个词集,并分别映射到相应的区间值来处理。

由于需要为模糊量提供领域知识支持,作者选用"中国机床商业网"上的机床精度参数(http://www.machine-trade.com/canshu/jingdu.html)资源,其定义了"国际先进"、"国内先进"、"国内一般"及"国内落后"四个标准的主要参数限制。作者将上述资源提出成领域知识,用户可以直接在查询前端查询模糊量,服务器后台依据领域知识,将模糊量转换为标准量进行精确检索。

2. 语义检索

语义检索是在精确检索的基础上,通过语义扩展,实现同义、上下位和平级概念的检索。

同义,就是两个概念在语义上是完全等价的,当用户查找一个资源的时候,搜索引擎应该自动给出其同义资源。比如,用户查找"车床"的时候,除了返回"车床"的搜索结果,同时返回"用户加工各种回转表面和回转体的端面的机床"的搜索结果。在 owl 语言中,概念之间有 owl:equivalentClass,实例之间有 owl:sameAs,属性之间有 owl:equivalentProperty,这些都可以用来表示同义关系。

下位概念,也就是语义的蕴含。比如,用户查找"机床",除了返回"机床"的搜索结果外,同时还返回"车床"、"铣床"、"刨床"等概念。在 owl 语言中,概念之间有 rdf:subClassOf,属性之间有 rdf:subPropertyOf,这些都可以用来表示某个概念的下位概念。

上位概念,也就是语义的外延。比如,用户查找"车床",除了返回"车床"的搜索结果外,同时还返回"机床"等概念。在 owl 语言中,同下位概念一样,概念之间可用 rdf:subClassOf,属性之间可用 rdf:subPropertyOf,这些都可以用来表示上位概念与下位概念之间的关系。

平级概念,也就是语义的联想。比如,用户查找"车床",除了返回"车床"的搜索结果,同时返回"铣床"等。在 owl 语言中,没有直接的语法支持,可以通过自定义一个 brotherOf 的属性来表示,并且让 brotherOf 具有传递关系;也可以通过查找一个概念的所有儿子,则这些儿子之间就具有平级的关系。

语义蕴含、语义外延、语义联想,有些时候并不一定是用户想要的,系统在查询前端将会提供用户查询的提示,使用户可以自行配置。

3. 智能推理

在 owl 语言中,推理包括在语义检索中所提到的 owl: equivalentClass 等,还包括概念的 owl: disjointWith,实例的 owl: AllDifferent,owl: differentFrom,属性的 owl: TransitiveProperty 及 owl: SymmetricProperty。

支持 owl 的推理机有许多,包括 Racer、Pellet、Fact＋＋等,这些专业的推理机功能强大,并支持 owl DL。owl DL 计算能力完备,其推理具有可判定的最大表达能力,但是处理复杂,因而处理机大都运行速度比较慢,同时耗费资源比较大。

MRISS 系统采用 Jena 2 自带的推理机,其功能和上述专业推理机相比较弱。目前只支持 owl Lite,少部分的 owl DL 和 owl FULL,而面对 owl Lite 的推理能力,符合系统要求,在处理一些简单的推理问题上,具有较好的运行性能。同时 Jena 2 具有一系列的推理机,允许多种推理机迭代,以取得更优的性能,因而用户可以根据具体的实际情况选择合适的推理机进行推理。

Jena 2 包括如下几种推理机[①]: RDFS reasoner、owl reasoner、Transitive reasoner、General purpose rule engine。其中,owl reasoner 又包括针对 owl Full、owl DL、owl Lite 的多种推理机,可以根据实际需要选择;而 General purpose rule engine 允许自己定义规则来进行推理,这使得系统的推理机可定制,更加灵活、更加强大。

4. 精确检索

在 Jena 中,精确检学是通过 ARQ 模块完成的,其查询接口为

```
Query query = QueryFactory.create(rule);
Op op = Algebra.compile(query);
QueryIterator qIter = Algebra.exec(op, ontModel);
```

其中,rule 是 String 类型,为 SPARQL 的查询语句。

14.4.3　语义查询前端设计

查询前端为终端用户提供与系统交互的接口,它接受用户提交的查询参数,向检索引擎发出查询请求,并将检索结果集返回给用户。在一个检索系统中,提供方便、灵活的交互方式给用户是非常重要和关键的。传统的搜索引擎是基于关键字匹配搜索的,界面上只提供简单的文本输入框;针对某一行业的垂直搜索引擎,致力于抽取结构化数据,但仍是基于关键字匹配搜索的,界面上会有多条件组合搜索。这种基于关键字的搜索界面,不能体现语义关系,并不适合具有语义的智能检索系统。

MRISS 提供了界面友好的、具有语义导向的语义查询前端,如图 14-9 所示为界面的截图。其中,左边为"制造资源本体"树结构;中间采用 Tab 的形式,包括"当前概念的属性"Tab,与当前概念相关的"相关概念"Tab,"查询结果"展示的 Tab;右边根据中间"当前概念的属性"Tab 编辑生成的"概念查询树"图。用户可通过"制造资源本体"选择"当前概念"。通过"当前概念的属性"Tab 编辑要查询的条件和查询结果,并通过"相关概念"Tab

---

① Reynolds D.. Jena 2 Inference support,http://jena. sourceforge. net/inference/index. html.

关联到其他概念,然后把所有的查询条件和查询结果添加到"概念查询树"中,从"查询结果"Tab 查看查询结果。

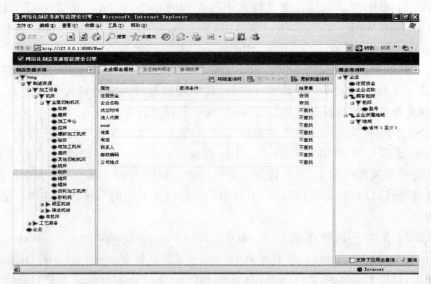

图 14-9　语义查询前端

14.4.4　前端交互接口

前端交互接口包括向前端提供概念树、属性表、关联概念表的本体封装器,将 SPARQL 查询结果形式转换成适合用户阅读的语义查询结果形式的结果组装器以及将用户提交的查询树转换成 SPARQL 查询语言的 SPARQL 转换器。其中,本体封装器、结果组装器的实现相对简单,下面作者着重介绍 SPARQL 转换器。

MRISS 系统采用 SPARQL 作为语义查询语言。但是,要求每个用户都懂 SPARQL 并使用 SPARQL 进行查询是不方便的,也是不合实际的。因此,需要提供一种用户易于理解和操作的方式进行查询,并且把这种查询转换成 SPARQL 语言。本节将设计一种数据结构——查询树,其可方便 web 前端用户查询。用户可以将自己所要查询的概念,属性和属性之间的关系,在查询树上清晰地展现出来。而从查询树到 SPARQL 的转换成了关键的一步,其转换是否等价,影响到查询语义是否完全传递给 SPARQL;其转换的效率高低影响到 WEB 服务的反馈速度。下面作者首先讨论查询树的形式化定义和结构设计;然后讨论查询树到 SPARQL 的转换;最后讨论换转后 SPARQL 查询语句的效率优化问题。

1. 查询树的定义

查询树的形式化定义:

<概念查询树> ∷= <查询子树> |(<查询子树> ,<关联> ,<查询子树>)

<查询子树> ∷= (<概念|概念> ,<属性> {<属性> })

<属性> ∷= (<属性名> ,<条件>)

<条件> ∷= (<约束条件> ,<约束值>)|<结果>

<约束条件> ∷= =>|<|≤|≥|≠|=|Like

<结果> ：：=　"?"
<属性名> ：：=　字符串
<关联> ：：=　字符串
<概念> ：：=　字符串
<约束值> ：：=　字符串|整型|浮点型

其中，<概念>对应 owl 语言中的 class，<属性>对应 owl 语言中的 DataProperties，<关联>对应 owl 语言中的 ObjectProperties。

2．查询树的实现

查询树是一棵树，具有三种类型的树节点，分别是概念节点、属性节点与关联节点。每个节点定义一个类，同时它们有一些共性，让它们都继承自共同的基类。其类图如图 14-10 所示，共包含四个类：QueryTreeNode、QueryTreeDataPropertiesNode、QueryTreeConceptNode 和 QueryTreeObjectPropertiesNode，每个类的类图分别如图 14-11、图 14-12、图 14-13、图 14-14 所示。

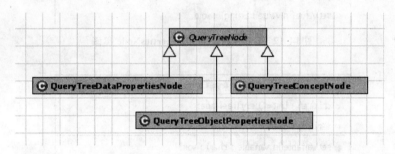

图 14-10　查询树相关节点类类图

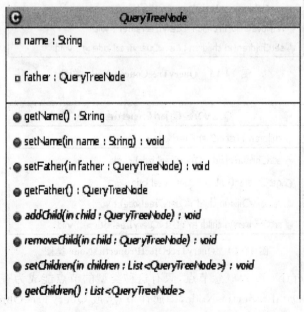

图 14-11　QueryTreeNode 类图

QueryTreeDataPropertiesNode
resultFlag : boolean
value : String
variable : char
setVariable(in variable : char) : void
getVariable() : char
addChild(in child : QueryTreeNode) : void
getChildren() : List<QueryTreeNode>
removeChild(in child : QueryTreeNode) : void
setChildren(in children : List<QueryTreeNode>) : void
isResultFlag() : boolean
setResultFlag(in resultFlag : boolean) : void
getValue() : String
setValue(in value : String) : void

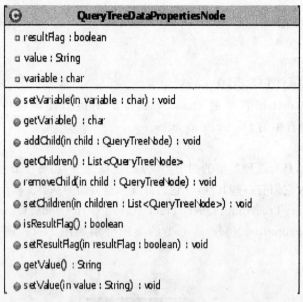

图 14-12　QueryTreeDataPropertiesNode 类图

QueryTreeConceptNode
children : List<QueryTreeNode>
variable : char
setVariable(in variable : char) : void
getVariable() : char
addChild(in child : QueryTreeNode) : void
getChildren() : List<QueryTreeNode>
removeChild(in child : QueryTreeNode) : void
setChildren(in children : List<QueryTreeNode>) : void

图 14-13　QueryTreeConceptNode 类图

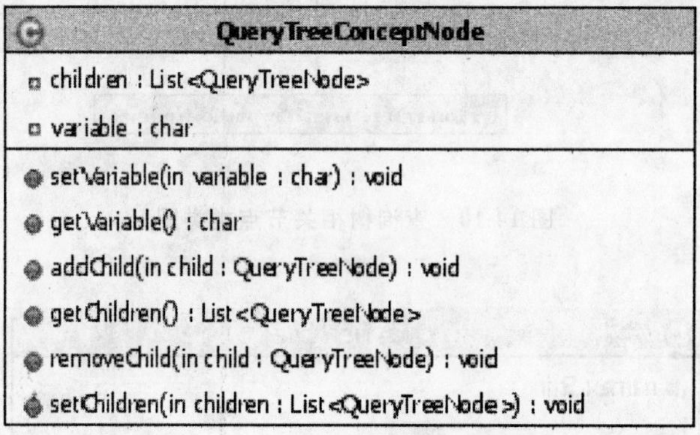

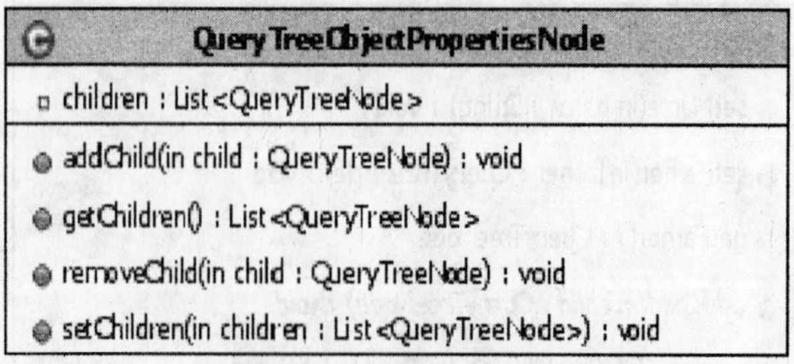

QueryTreeObjectPropertiesNode
children : List<QueryTreeNode>
addChild(in child : QueryTreeNode) : void
getChildren() : List<QueryTreeNode>
removeChild(in child : QueryTreeNode) : void
setChildren(in children : List<QueryTreeNode>) : void

图 14-14　QueryTreeOjectPropertiesNode 类图

QueryTreeConceptNode 为概念节点，只有这种类型的节点能成为查询树的根。其子节点可以为 QueryTreeDataPropertiesNode，即属性节点，或 QueryTreeObjectPropertiesNode，即关联节点。其父节点可能为空，也可能是 QueryTreeObjectPropertiesNode。

QueryTreeDataPropertiesNode 只能是 QueryTreeConceptNode 的子节点,并且没有子节点。

QueryTreeObjectPropertiesNode 只能是 QueryTreeConceptNode 的子节点,并且其子节点必须是 QueryTreeConceptNode。

如图 14-15 所示是一棵查询树。

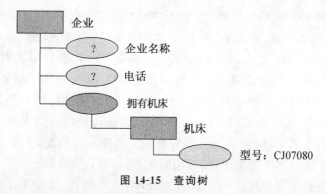

图 14-15　查询树

此查询树中,方形节点表示概念节点;椭圆形节点表示属性节点,节点中有"?"符号表示此属性将作为结果集的部分,没有"?"符号表示是查询条件。此查询树的语义是:企业拥有机床,且是机床型号为"CJ0708"的企业,查询该企业的企业名称和电话是多少。

3. 查询树到 SPARQL 的转换算法

SPARQL[①] 是 W3C 的 working draft,很可能成为推荐标准,其综合了各种查询语言如 RQL、D2RQ、SeRQL 等的优点,功能强大,得到 Jena 开发者的大力支持。在 W3C 的官方网站上明确提出,如果可能的话,应该尽量选择 SPARQL。

SPARQL 是通过图形化模式匹配实现对多个 RDF 图的查询的,其基本模式就是三元组匹配,通过匹配得到查询变量的数据值的对应关系。这种对应关系在 SPARQL 中成为"绑定"(binding)。

SPARQL 的语法形式与关系数据库中的结构化查询语言 SQL 比较相似,但仅仅是语法形式上的相似,两者是有本质区别的:SQL 是基于关系代数模型来构造查询的,而 SPARQL 是基于图的模型来构造查询。整体上来说,SPARQL 语句可以分成四个部分:声明部分、结果集、数据源与查询模式,下面以一个例子来简单说明。

例:SPARQL 查询

```
PREFIX mr : <http://www.owl-ontologies.com/Ontology1209445278.owl# >
SELECT DISTINCT ? y ? z ? x
FROM <http://www.owl-ontologies.com/Ontology1209445278.owl>
WHERE
{ ? x mr:拥有机床 ? z. ? x mr:企业所属地域 ? y. ? y mr:所属地域 mr:广东 }
```

(1) 声明部分。在 RDF 数据图中包含两种基本的数据类型:一种是 Literal(文字型),

---

① Prud, E. and Seaborne, A.. SPARQL Query Language for RDF, http://www.w3.org/TR/rdf-sparql-query/, 2008.

主要用来表示一些文字类型的值;另一种是 IRI (Internationalized Resource Identifiers,国际化资源标识符),用于表示 Internet 网络上的各种资源实体。IRI 的语法结构可以分为前缀和局部名称两部分,由于 IRI 的前缀比较长,因此通此使用简单的词作为前缀缩写。声明部分主要声明前缀的缩写。如前例中,可以通过 IRI 找到对应的资源,并从 IRI 子节点中获取资源的具体信息。

> PREFIX mr: <http://www.owl-ontologies.com/Ontology1209445278.owl# > 就是前缀声明。

(2) 结果集。SPARQL 查询语法中规定了四种结果集形式,分别是:SELECT,CONSTRUCT,DESCRIBE 和 ASK。SELECT 结果集以一张表的形式返回所有匹配的结果,表的列是变量名,每一条记录表示一个变量绑定。CONSTRUCT 结果集是每一条结果记录表示成为 CONSTRUCT 子句描述的图的形式。DESCRIBE 结果集是指 SPARQL 查询处理器对某一个变量进行描述,具体描述的内容由查询处理器的实现来决定,SPARQL 语法标准中没有规定。ASK 结果集询问当前查询是否能成功匹配,如果成功返回 YES,如果失败返回 NO。在这四种结果集中,最常用的是 SELECT 结果集。

(3) 数据源。数据源部分相当于 SQL 中的 FROM 子句,它规定了本次查询的 RDF 数据集。数据源中一般会给出几个 RDF 文件的 IRI 引用,SPARQL 查询处理器可以从相应位置获取这些 RDF 数据。数据源在 SPARQL 中通常是可以省略的。

(4) 查询模式。查询模式描述了一个查询子图,这个图中包含 SPARQL 变量和一些约束条件。查询处理器依据这个子图去搜索 RDF 数据集,并返回匹配的数据结果。与 RDF 图的表现形式一样,SPARQL 查询模式也是由三元组组成,另外,为了实现一些基本的查询约束,SPARQL 语法标准还规定了一组条件谓词,如 ORDER BY,DISTINCT,LIMIT,OFFSET,OPTION,等等。

SPARQL 查询语言中最重要的就是结果集和查询模式,下面结果集用 result 表示,查询模式用 condition 表示,并介绍从查询树到 SPARQL 转换的算法流程,如图 14-16 所示。

将图 14-15 中的查询树用上述算法进行转换,假设 variable 的初始值为"a",则转换后 result 为"? b ? c",condition 为"? a mr:企业名称 ? b. ? a mr:电话 ? c. ? a mr:拥有机床 ? d. ? d mr:型号 "CJ0708"^xsd: string"。同时,作者构造了常用的前缀声明,如下所示:

> PREFIX mr: <http://www.owl-ontologies.com/Ontology1209445278.owl# >
> PREFIX rdf: <http://www.w3.org/1999/02/22-rdf-syntax-ns# >
> PREFIX owl: <http://www.w3.org/2002/07/owl# >
> PREFIX rdfs: <http://www.w3.org/2000/01/rdf-schema# >
> PREFIX xsd: <http://www.w3.org/2001/XMLSchema# >

最终构造得到的 SPARQL 为:

> PREFIX mr: <http://www.owl-ontologies.com/Ontology1209445278.owl# >
> PREFIX rdf: <http://www.w3.org/1999/02/22-rdf-syntax-ns# >
> PREFIX owl: <http://www.w3.org/2002/07/owl# >
> PREFIX rdfs: <http://www.w3.org/2000/01/rdf-schema# >
> PREFIX xsd: <http://www.w3.org/2001/XMLSchema# >

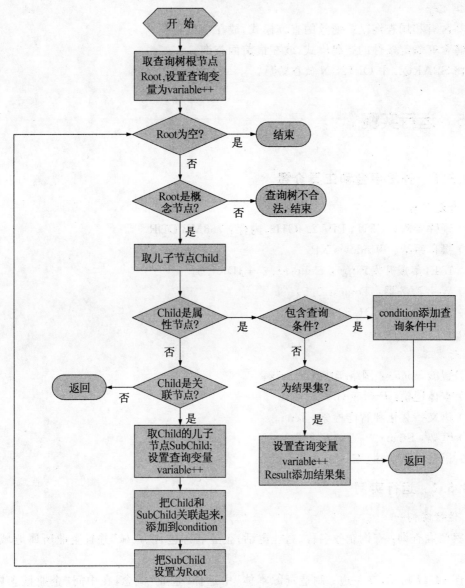

图 14-16　查询树到 SPARQL 转换算法流程图

SELECT　DISTINCT　? b ? c
WHERE {? a mr:企业名称 ? b. ? a mr:电话 ? c. ? a mr:拥有机床 ? d. ? d mr:型号 "CJ0708"^^xsd : string }

　　转换后的 SPARQL 的运行效率的好坏,严重影响到 Web 服务的反馈速度及用户的体验,所以对 SPARQL 语句的优化是十分重要的。依据 HumBoldt-University 的 Ralf Heese 和 Olaf Hartig 提出的观点[①],作者对查询树转换所得的 SPARQL 语句进行了如下调整,以

---

① Hartig O. and Heese R.. The SPARQL Query Graph Model for Query Optimization,Humboldt-Universit`at zu Berlin,Department of Computer Science,2007.

优化查询效率：

- 将含有相同查询模式变量的查询模式，放在一起。
- 将含有确定条件的查询模式，放在最前面查询。
- 将 SPARQL 中 OPTION 放在最后。

14.5　运行实例

14.5.1　开发平台和工具介绍

1. 开发平台

（1）硬件要求。CPU：PIV 2.4GHz，内存：768MB DDR。

（2）操作系统：Windows XP。

（3）IDE（集成开发环境）：Eclipse3.2 ＋JDK1.5。

（4）Web 服务器：Tomcat 5.5。

（5）数据库：MySQL 5.0。

（6）开发语言：Java。

2. 开发工具

（1）智能 Spider：网络爬虫 Heritrix。

（2）本体建模：Protege3.3。

（3）语义持久化和智能检索：Jena。

（4）框架：Struts。

（5）语义查询前端：Ext 2。

14.5.2　运行实例

1. 运行实例一

考察精确查询：查询企业名称、企业电话；企业名称包含"机械"并且企业所属地域是广东佛山。

如图 14-17 所示，在左边"制造资源本体"中选择"企业"概念，在中间"企业概念属性" Tab 中编辑企业名称属性，选择"企业名称"和"电话"作为查询条件，点击"构建查询树"。如图 14-18 所示，在中间"企业相关概念属性"Tab 找到"地域"概念，编辑"地域"概念属性，并且"添加到树"。如图 14-17 所示，此时右边显示当前的查询树，点击"查询"。如图 14-19 所示，查询结果以列表方式显示，每一列有具体的含义并且具有出处的 URL。

2. 运行实例二

如图 14-20 所示，考察模糊查询：查询企业名称、企业电话、车床的圆度、车床的名称；条件是企业名称包含"机械"，企业所属地域是广东佛山，企业和车床的关系是拥有，车床的圆度是一般。

如图 14-21 所示，查询结果如果是来自多个网页的，则 URL 会显示所有的，并且不同的结果字段关联到自己的出处。

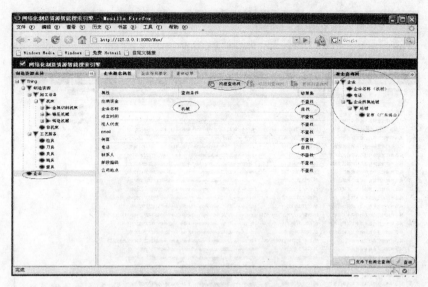

图 14-17　运行实例一(查询条件)

图 14-18　运行实例一(相关概念)

图 14-19　运行实例一（查询结果）

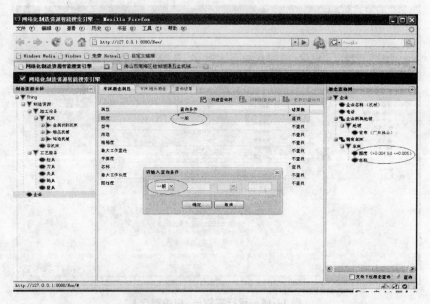

图 14-20　运行实例二（查询条件）

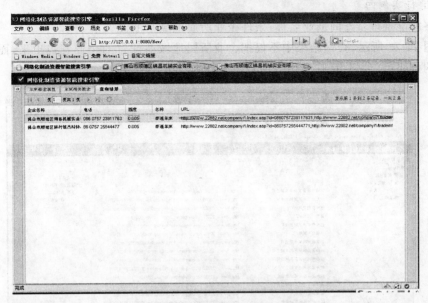

图 14-21　运行实例二(查询结果)

3. 运行实例三

考察语义蕴含：查询金属切削机床的型号和名称；条件是金属切削机床的型号包含数字 6，查询金属切削机床的下位概念。

如图 14-22 所示，从左边的"制造资源本体"可知车床、磨床、加工中心等都是金属切削机床的下位概念，界面的右边要选择"支持下位查询"，图中，显示了查询结果的第 11 页，包括了电加工机床、插床、齿轮加工机床、锯床。

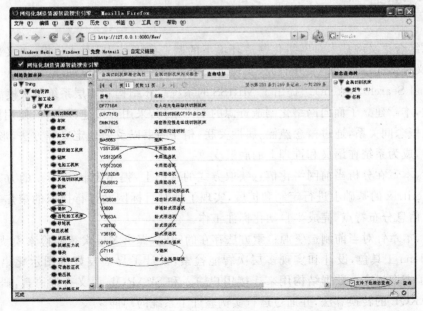

图 14-22　运行实例三

4．运行实例四

考察智能推理：查询企业名称；条件企业所属地域是浙江。

如图 14-23 所示，查询结果中不仅把企业所属地域浙江省的企业查找出来，而且把位于浙江省的杭州市、台州市、临安市等的企业全都查找出来。

图 14-23　运行实例四

14.6　小结

本章结合语义网技术对网络化制造环境下的制造资源获取、本体建模、语义标注、智能检索、语义查询前端等问题展开研究，实现了一个原型系统 MRISS（Manufactory Resources Intellectual Search System）。提出了 MRISS 的系统总体结构和四层系统层次模型。

其次，本章建立了面向网络化制造资源的本体结构，采用 owl 建模语言，使用概念、概念属性以及概念间关系，通过概念蕴涵、属性关联、相互约束以及公理定义等方法，形成复杂的网状结构，成为系统在语义和推理上的底层支撑。

随后，本章在分析当前网络化信息获取方式的基础上，提出定制 Spider 的方案，在开源 Spider Heritrix 的基础上进行定制和扩展，实现了针对目标网站进行抓取的聚焦 Spider，并根据网页信息分布特点，完成半自动化标注工作。

最后，本章针对当前制造资源检索方法存在的问题，提出多层次智能检索模块的总体结构；运用 Jena 工具包，设计和实现多层次智能检索，设计了界面友好的图示化语义查询前端；设计了查询树这一数据结构用来连接用户输入和 SPARQL 语义查询语言，研究了查询树和 SPARQL 的转换算法，并通过运行实例验证了系统的功能。

第15章 语义驱动的集成化产品知识建模系统

汽车、航天器等复杂产品的研发是一个多阶段并行推进的复杂系统工程,其开发过程通常由异地分布的功能交叉团队执行,需要进行系统设计、结构设计、分析与仿真、试验等多个环节的反复迭代,涉及机械、控制、电子、气动和软件等多个学科领域的协同。由于数字化产品知识模型是产品设计优化、性能评测、制造仿真和仿真运行的基础。因此,产品知识建模技术成为一项实现复杂产品迭代开发与多领域多学科协同过程中,产品相关知识共享和交流的重要使能技术。

在复杂产品研发过程中,产品知识的交流和共享是实现技术创新的关键。目前复杂产品的开发通常在大量的设计、分析和仿真方面的计算机应用系统支持下进行,这些专用软件建立了特定学科或者领域的固有描述方式;同时,产品开发组织模式呈现为由来自不同组织的人员有机、临时地构建而成,他们具有不同专业背景,对问题具有各自的理解角度。这些因素导致了大量需要集成的产品信息的异构程度很高,而如何进行异构信息的语义、知识层面的综合集成是实现产品知识的交流共享需解决的主要问题。

在当前各种集成化产品建模方法中,基于特征技术、信息标准如 STEP、UML、XML 等构建的集成模式均存在着产品信息语义集成的缺陷。特征通常限于表示依附于形状特征的工程语义;基于 STEP 的集成建模容易导致语义的缺失和模糊,因为 STEP 标准提出之时主要考虑产品几何、结构及配置等信息,且对集成资源中的相同概念在不同的应用协议中有多种解释[①];以 XML 和 UML 进行的信息集成模式仍然是基于语法层面的,局限于术语之间的交换。

本章以复杂产品研制过程中产品知识在多个领域的传递、共享和重用为目标,融合本体论,以在概念层建立产品知识的形式化语义表达为基础,介绍一种语义驱动的集成产品知识建模方法和实践,能有效克服当前集成产品信息建模方法存在的局限性,支持各领域系统在知识重用基础上快速重构领域模型,实现多学科领域的产品知识集成。

15.1 语义驱动的集成化产品知识建模方法

15.1.1 语义驱动的集成化产品知识建模方法

与传统的基于几何和基于特征的产品模型相比,面向集成的产品建模方法和模型已成

---

① Hoefling K. B.. Reuse of STEP product data for the generation of technical documentation. In: Proceedings of the Workshop on Knowledge Management and Organizational Memories, at the International Joint Conference on Artificial Intelligence (IJCAI-99), Stockholm, 1999.

为当前产品信息建模的主流,并由 CAD/CAM 集成向多学科协同、产品全生命周期集成、整个制造自动化系统集成的方向发展。针对集成化产品建模,根据产品信息集成的范围和需求不同,国内外研究人员提出了多种产品建模方法及模型,典型的如:Bronsvoort 等[①]提出了一种多视图特征建模方法,通过建立概念设计、装配设计、零件详细设计和零件制造规划等四个视图支持形状特征和概念特征的描述;Chin 等[②]提出了一个基于 STEP 的多视图集成产品模型,依据 AP214 构建,由几何模型、特征模型、产品定义模型和集成核心模型组成,基于 EXPRESS-X 语言建立产品定义模型与多个领域视图模型之间的映射;清华大学国家 CIMS 工程研究中心[③]提出了一个集成化产品生命周期模型的概念,从生命周期维、应用领域维和视图模型维等三个维度出发,对产品生命周期信息进行统一表达。

复杂产品研发的多阶段并行推进、反复迭代过程体现着由特定领域内不同应用系统的协同到多个领域间协同的推进,涉及的领域具有不断扩展的特性,同时伴随着软件支持工具的多样化。因此,产品建模系统需要以可扩充形式提供与 CAD、CAPP 等领域应用系统以及 PDM、PLM 等产品开发管理系统的交互集成。大量可共享的产品信息中除了结果信息之外均可充分利用,包括各种设计、分析活动产生的中间结果和操作等,如预装配模型中零件的离散操作或面片模型可以供给有限元分析及许多仿真领域使用。同时,信息的集成需要在语义层面上,以需求知识、设计意图、分析知识等在各阶段、各领域间的无损传递和共享为目标,进行知识层的模型信息快速重用。

考虑到上述需求,本章介绍了一种语义驱动的集成化产品知识建模方法,对产品知识协同的广度和深度进行扩展深化。语义驱动的集成化产品知识模型(Semantics-Driven Integrated Product Modeling,SDIPM)的建模总体框架如图 15-1 所示。

SDIPM 从概念层和模型层出发,利用多视图建模思想,在概念层开发多个产品知识本体,包括高层核心产品本体和领域本体,支持产品知识的形式化语义表达;模型层则依据产品知识的特性分为产品核心知识和领域相关知识,利用多本体建立的概念体系作为驱动源,指导获取和组织模型层中需要参与集成的模型知识,以可扩充方式构建起产品主模型和领域模型等一组模型,并以语义映射、语义推理等方式驱动多个异构模型间知识的交换与重用,实现多学科领域的知识集成。

主模型是整个集成建模框架的核心,在高层核心产品本体制约下构建,其知识的语义解释符合该本体的约束。按照语义的相对独立性,以元模型方式对知识进行组织,每个元模型表达一部分独立的产品核心知识和领域公共知识,包括几何、拓扑、总体约束、技术、管理等方面的知识,能有效避免知识的多余复制。在此基础上,将领域施加于模型上的操作及产生的领域模型之间关联关系进行管理,提高模型可重用性,并为产品模型知识的一致性保证提供支持。

① Bronsvoort W. F. and Noort A.. Multiple-view feature modeling for integral product development. Computer-Aided Design, 36 (10): 929－946, 2004.

② Chin K. S., Zhao Y. and Mok C. K.. STEP-based multiview integrated product modelling for concurrent engineering. International Journal of Advanced Manufacturing Technology, 20 (12): 896－906, 2002.

③ 黄双喜,范玉顺,徐志勇. 集成化产品生命周期模型研究. 航空制造技术,8:26－32,2003.

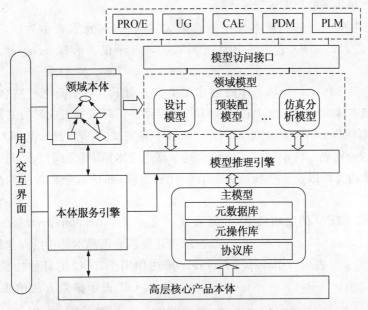

图 15-1　语义驱动的集成化产品知识模型的建模框架

领域模型适用于不同的学科领域,如产品设计、数字化预装配、动力学仿真分析等,旨在管理和提供复杂产品研发过程中涉及的不同领域的核心知识以及需要共享和协作的知识。领域模型对相关领域知识提供规范化的、通用的表达,具有平台无关的特性,具体的应用软件通过模型访问接口进行领域模型的访问和获取。

高层核心产品本体和各个领域本体采用分治策略迭代式地构建,由本体服务引擎管理和维护多本体之间关系,并提供语义映射和语义推理等服务,以解决产品模型知识在跨学科、领域集成时的语义模糊以及不一致性等问题。在本体服务引擎的驱动作用下,模型推理引擎实现多个异构领域模型之间的知识交换与重用,包括模型知识映射、模型知识关联关系维护等功能。

15.1.2　集成化产品知识模型语义描述

在集成建模中引入形式化语义信息,是建立语义共享机制的前提。通常意义上,本体是对公认的概念集以及概念间关联集的一种明确的形式化描述,提供了语义的机器可理解方式,从而为异构领域间的产品模型知识共享和集成提供强有力的手段。针对 SDIPM 建模框架中重要组成部分的多本体和主模型,给出形式化描述如下。

(1) 高层核心产品本体(Top-level Core Ontology,TCO)。高层核心产品本体,是与领域无关的通用本体,定义为一个四元组:$TCO = (C, R, M, L)$,分别表示概念集、关系集、与领域本体中概念的关联关系以及通用规则集等。其中:

C 为产品开发各阶段中最通用、广泛概念集,按抽象层次不同,限定为:$C = C_O \bigcup C_T$。C_O 是代表高层组织特性的概念集,各领域本体中任一概念均可追溯为 C_O 中的某一概念,其作用在于不仅可以指导所有领域本体中概念的分类结构,而且提供了建模不确定性时模糊概念的容纳机制;C_T 是代表适用于产品开发全生命周期的通用概念集,包含只被其他概念引用的原子概念和共享的词汇表。

M 为 TCO 中概念与各领域本体中概念的关联关系，其元素表示为：$< C_t, C_d, r >$，$C_t \subseteq C_{TCO}$，$C_d \subseteq C_{DO_i}$（DO_i 表示标记为 i 的领域本体），r 仅表示 $is\_a, is\_related$ 两种简单的关联特性。

高层核心产品本体为各领域本体的创建提供自上而下与自下而上相结合的策略，有助于各异构的领域本体在一定程度上达到关于产品模型知识跨领域集成时的共同理解。

（2）领域本体（Domain Ontology，DO）。领域本体定义为一个五元组：$DO = (C_D, R_D, M_{DT}, M_{DD}, L_D)$，分别表示特定领域或学科的基本概念及术语、概念间关系、与 TCO 的关系、与其他领域本体的关系以及一些领域所具有特性和规律，如仿真分析常用的公理、定律等。其中：

M_{DT} 为 DO 对 TCO 的重用关系，其元素表示为：$< c_d, con, IntepretExpress >$，$c_d \in C_D$，$con$ 为标识符，$con = \{<:, =:\}$（$=:$ 表示用高层核心产品本体中的概念能完全解释 c_d 的含义，反之则用 $<:$ 表示），$InterpretExpress$ 描述作用于 TCO 的具体抽象方式，形式化为：$InterpretExpress[OP, C_t, Statement]$，$C_t \subseteq C_{TCO}$，$OP$ 表示抽象方法的集合，其实例有 $Instance\_of(OP) = \{is\_a, equal, depend\_on, compute\_of, perspective\_of\}$，实例可以依据具体情况扩展，并可以同时在 TCO 的概念子集上应用多个抽象方法实例，$Statement$ 是对抽象方式的条件解释。

M_{DD} 为该领域本体与其他领域本体间的关联关系，其元素表示为：$< C_d, C_{di}, is\_related >$，$C_d \subseteq C_{DO}$，$C_{di} \subseteq C_{DOi}$。通过标识领域本体间存在对应的概念集，可以使本领域能理解其他领域产生的模型知识。M_{DD} 的建立由需求驱动，在领域间知识重用时动态产生。

领域本体用于指导和规范整个领域模型知识的获取，通过建立领域本体之间、领域本体与高层核心产品本体之间的映射关系，为模型知识的交流和重用奠定了基础。

主模型 P_m 承约高层核心产品本体构建，包含不同层次、各种类型的知识元，划分成产品特性的静态模型知识，模型构建中形成的元操作知识以及关联协议库，表示为：$P_m := (TCO, KB_s, KB_o, KB_p)$。其中：

KB_s 是主模型中所包含的静态对象库，$KB_s := (TCO, I(C_{TCO}), instC, instR)$，$I(C_{TCO})$ 代表主模型中的对象集，与 TCO 中 C 相对应；$instC$ 是将 C 与实例集关联的函数；$instC: C \rightarrow 2^{I(C_{TCO})}$，$instR$ 是将 R 与实例对象间关系关联的函数；$instR: R \rightarrow 2^{I(C_{TCO}) \times I(C_{TCO})}$。

KB_o 是描述施加于主模型对象集的元操作集，是多个领域系统对主模型知识抽取需求的共性部分的归纳，其元素表示为 $< OP_{ID}, OP, Input, Output, effect >$，$Inpute, Output \subseteq I(C_{TCO})$，分别代表元操作的标识符、操作函数、输入、输出和约束集。该操作集信息是面向过程的，由元操作组成的操作序列，可用于记录模型的演变历史。

KB_p 是表示主模型与领域模型间关联关系的协议库，$KB_p := (I_p, instM, A_p)$，$I_p$ 是关联对象集，$instM$ 是将 M 与关联对象关联的函数：$instM \subseteq 2^{I(C_{TCO})} \times 2^{I(C_{DO_i})}$，$A_p$ 代表在通用规则 L 基础上推理产生的一些用于判断关联存在或判定关联正确与否的知识库。在知识库引导下可以判别出除直接关联之外的隐性关联关系，例如 mass 与 coordinate 无关，而依赖于 volume 和 density。

15.2　模型实现

15.2.1　基于高层核心产品本体的主模型

主模型是 SDIPM 的核心模型,是各异构应用领域间产品知识的共享和交流的基础。主模型的构建在高层核心产品本体的指导和约束下进行,以自动或半自动的方式从多种形式的数据源综合获取,如 CAD 模型、数据库、需求文档与设计文档等。

由于高层核心产品本体描述产品知识中最抽象最广泛的那些概念,需要具有高度的抽象性和良好的扩展兼容性,能够得到广泛的支持,并能有效支持新的应用领域本体加入集成。因此,作者采用交替进行、逐渐进化方式创建高层核心本体,即首先定义关键概念集合,在此基础上综合不同领域本体的概念集合,分析抽取以扩展高层核心本体。

高层核心本体的关键概念提取和抽象的具体策略为:以 Guarino 等提出的建立形式化本体的理论为指导思想,充分利用国家或国际标准、已有的研究成果与可借鉴的项目等进行。目前,在制造知识的高层本体开发方面,相对有代表性的 CYC、TOVE、Enterprise、PSL 等[1],以企业应用集成 EAI 为主。因而,作者总结归纳已有的研究成果,选取已有的标准如 STEP、PDM Schema、行业术语以及权威机构的研究(如美国国家标准技术局的 CPM 本体[2]),作为高层核心产品本体构建的知识源。由于涉及概念的信息量大、面广,首先通过 Filtering 筛选出最关心的概念集,逐步用 Add new 操作从知识源中选取添加新的概念,且要求与已有概念不存在交集,否则按以下三种情况处理:只能作为概念的父概念添加;只能作为概念的子概念添加;不满足前两者情况下,需对其相交概念进行 Union、Intersection、Reconcile 操作,从而确定其正确的位置。

描述产品特性的静态模型知识是主模型构建的基础,与产品逻辑层次相对应,是一个层次化的元模型集合,依次描述为:

<静态模型知识> :: =<几何元模型> <拓扑元模型> <形状特征元模型> <精度元模型> <零件属性元模型> <部件结构元模型> <产品结构元模型> <管理元模型>

其中,形状特征元模型由非领域相关的形状要素组成,仅仅包含凹和凸的概念;管理元模型则作用于其他各元模型,主要侧重产品生命周期中的总体信息和标题栏信息,如产品代号、产品名称、零件代号、零件名称、零件类型、重量、件数、设计者和设计日期等。

主模型中静态模型知识的获取来自多种形式的数据源,其中 CAD 模型是产品结构和几何拓扑信息的主要来源,目前国内外商品化 CAD 系统大都提供 STEP 中性文件接口。STEP 采用 EXPRESS 语言作为核心描述工具,EXPRESS 语言具有与 UML 相同的对象建

---

①　Ciocoiu M., Nau D. S. and Gruninger M.. Ontologies for integrating engineering applications. Journal of Computing and Information Science in Engineering, 1 (1): 12 - 22, 2001.

②　Fenves S. J.. A Core Product Model for Representing Design Information, NISTIR 6736, National Institute of Standards and Technology, Gaithersburg, USA, 2002.

模机制,且与 UML 之间的映射机制已由 ISO 10303 - 25 规范所支持。因此,利用两者之间的映射规则,完成 STEP 物理文件向主模型中的结构、几何与拓扑元模型的转换。而其他诸如技术、约束等核心知识或多个开发阶段需共享的知识,则需由用户在高层核心产品本体中的相应概念及关系集指导下,利用多种资源如需求文档,设计说明等资源,以交互和系统自动推理方式获取(例如,结合 CAD 二次开发技术和特征识别技术创建形状特征元模型),作为高层核心产品本体中概念对应的实例存入主模型,进行模型语义的加强和明确。操作库与协议库信息则需要领域模型创建和共享过程中动态补充,本文不作细述。

15.2.2　语义驱动的领域模型重构

产品设计开发是一个多领域集成协作的过程,领域模型可以理解为产品在不同应用领域空间内的投影,是对同一产品的不同视图表示。为避免由于重复建模带来的低效和不一致问题,同时提高速度,领域模型采取重用已有模型知识,并补充必要的领域专用知识进行重构。重用对象不仅包括主模型,也包括其他已存在的领域模型。

由于领域模型是主模型的外层衍生模型,表示概念定义和约束的领域本体 DO 也是对 TCO 的重用和扩展,因而两者在概念层次是兼容的。根据领域本体 DO 定义中 M_{DT} 的表达,依据 $InterpretExpress$ 提供的概念层的抽象方式,领域模型对主模型的实际重用以元操作形式可以归纳成三类:读取、使能与分析。读取是关于获取属性值的基本操作,如材料、密度、比热、刚度等各种零件属性;使能与分析均产生成新的模型知识,区别在于分析不改变模型的性状,如工艺规划中的制造特征识别,而使能则使模型性状发生一定变化,如数字化预装配领域的表面离散操作。

虽然各个领域模型的知识存在共性部分,但是由于设计、分析、仿真、评估等环节所涉及的学科理论范畴不同,参与开发的人员背景知识也不全相同,各领域模型知识均从特定的视角进行表达和组织,即使对同一设计对象的语义定义表达也会存在很大差异,导致知识异构程度较高,这使得对已有领域模型的知识重用需要建立在语义理解基础之上。

这里以产品运动学动力学分析和数字化预装配涉及的构件约束和装配约束为例属于领域模型信息异构,如图 15-2 所示。运动学动力学分析模型中的构件间关节约束知识用于在

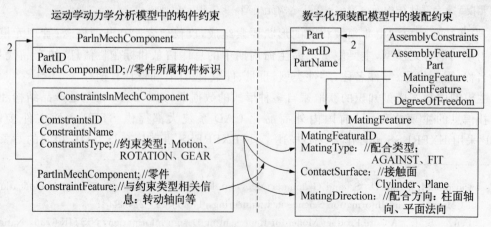

图 15-2　领域模型信息异构示例

虚拟环境中进行实时、高效的运动仿真,其约束类型 ConstraintsType 定义为两个构件所含的零件与零件间的移动副 MOTION、转动副 ROTATION、齿轮副 GEAR;数字化预装配模型中的零部件间装配约束知识用于支持装配序列与装配路径规划,其中配合约束 MatingFeature 定义为两个不同零件拓扑面 ContactSurface 之间的配合关系,由 MatingType 定义为面面配合 AGAINST 和轴孔配合 FIT。

这两个领域模型间的构件约束和装配约束知识,需要在概念层建立的概念映射以及领域规则驱动下进行可重用性识别。相应的领域本体中,概念与高层核心产品本体 TCO 中概念对应关系和领域规则如图 15-3 所示。

TCO 中概念 C_t	运动学动力学分析模型			数字化预装配模型		
	con	C_{d1}	OP	con	C_{d2}	OP
CorePart	<:	PartInMechComponent	is_a	=:	Part	equal
CoreSpatialRelation	<:	ConstraintsInMechComponent	is_a	<:	AssemblyConstraints	is_a

规则:

● PartInMechComponent(? x) ∧ PartInMechComponent(? y) ∧ ConstraintsType(? x, ? y, MOTION) → Part(? x) ∧ Part(? y) MatingType(? x, ? y, AGAINST)

● PartInMechComponent(? x) ∧ PartInMechComponent(? y) ∧ ConstraintsType(? x, ? y, ROTATION) → Part(? x) ∧ Part(? y) ∧ MatingType(? x, ? y, FIT)

图 15-3　多本体间的概念对应关系与领域规则示例

由图 15-3 提供的概念对应关系和领域规则可知,在领域协同建模过程中,数字化预装配模型可以重用运动学动力学分析模型中的构件约束知识,如两个构件间的移动副约束隐含了平面型拓扑面的 AGAINST 关系,转动副隐含了柱面型拓扑面的 FIT 关系,但并非所有的零件间配合关系可以由此得出,因为构件约束对应的 PartInMechComponent 概念比装配约束涉及的 Part 概念覆盖范围小,它仅指形成构件的零部件。

基于模型知识重用的思想,针对模型知识在跨领域时的语义异构特性,作者在多领域本体及高层核心产品本体基础上,进行由概念层语义驱动的领域模型快速重构,流程如图 15-4 所示。领域模型重构通过一系列的选择、转换、分析、评价实现,有效支持复杂产品研制过程中多学科领域间的知识协同,具体步骤如下。

(1) 领域建模 Agent 依据相应的领域本体定义模型知识需求 R,发送给建模推理引擎。

(2) 查询产生器首先确定相关的目标领域模型,将模型知识需求 R 转换成按照目标领域本体描述的需求 $R_1 \cdots R_n$,向各个领域模型发送请求。将源本体定义的需求转换成目标本体定义的需求的过程,在本体服务引擎提供的本体映射、推理支持下,以高层核心产品本体为中介,定义具体的映射规则实现。

(3) 各领域建模 Agent 按照查询要求进行搜索,返回结果。

(4) 结果综合/评价器在本体服务引擎支持下,分析和评价查询返回结果,如判定产品数据的语义相似程度以及约束是否满足等。

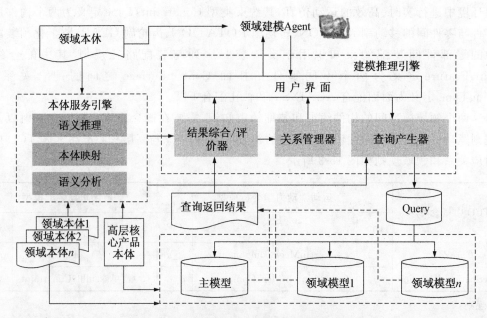

图 15-4　语义驱动的领域模型快速重构流程

（5）通过评价，在返回满足需求的知识的同时，关系管理器建立领域模型之间的数据关联关系以及领域本体中相应概念对应关系，以便保证知识的同步更新，进行一致性维护。

15.3　从 EXPRESS 模型到语义 Web 语言 owl 的映射

　　EXPRESS 语言作为产品信息模型表示语言，早已得到了工业界的认可。STEP part28 框架中给出了基于 Web 的产品信息表达的多种方法[①·②]，其中在 ISO10303－28 第一版制定了三种基于 XML DTD 的 EXPRESS 模式、数据表示法，分别是：迟联编、早联编和对象序列化早联编（LB/EB/OSEB）[③]。尽管从本质上说，EXPRESS 建模语言力图提供一致语义的模型，但实际上这个目的没有达到[④]。这是因为，最初在 STEP 标准建立的时候并没有考虑到要将 STEP 标准分成多个应用协议，后来在工程实践过程中发现无法建立各个领域都通

---

　　①　Kimber W. E.. XML Representation Methods for EXPRESS-Driven Data，Grant/Contractor Report 99－781，National Institute of Standards and Technology，USA，1999.

　　②　Lubell J. and Frechette S.. XML representation of STEP schemas and data. Journal of Computing and Information Science in Engineering，2 (1)：69－71，2002.

　　③　ISO10303－28. Industrial Automation Systems and Integration-Product Data Representation and Exchange-Part 28：Implementation Methods：XML Representations of EXPRESS Schemas and Data，ISO 10303－28，1998.

　　④　Metzger F.. The challenge of capturing the semantics of STEP data models precisely. In：Workshop on Product Knowledge Sharing for Integrated Enterprises，at the 1st International Conference on Practical Aspects of Knowledge Management，1996.

用的信息模型。于是,引入了应用协议的方法,将每个应用协议分别依照不同领域的特点建模。由于不同领域的专家在使用 EXPRESS 建模语言的时候对领域的理解不同,反映到产品信息模型上就产生了语义不一致。

作者认为,解决这个问题的方法是采用语义 Web 语言表达产品知识。Web 本体系列语言中的 owl 语言支持显式地标注信息源语义信息,包括事实、公理、约束和规则等,并且允许在已有知识的基础上进行推理以提供新的知识。owl 语言的这些特性满足了产品信息建模的复杂要求,为产品知识的共享与更新奠定了基础。

在 W3C 的推动下,正如今天大量的信息以 HTML 语言描述采用 Internet 共享一样,未来的企业将把应用系统的数据、信息、知识用 owl 描述,经由 Internet 通过计算机实现智能化的、面向知识的处理。产品信息也必将经历这一模式。本节给出 EXPRESS 语言描述的模型映射到语义 Web 语言 owl 的方法,以实现结构化产品信息的语义 Web 表达。

15.3.1　XML Schema 的数据类型

owl 语言建立在 XML、XML Schema 基础之上,其数据类型采用 XML Schema 表示。XML Schema 具有丰富的数据类型表示机制,内建有十几种原始数据类型,在原始数据类型的基础上另有内建导出数据类型。

1. XML Schema 简单数据类型

XML Schema 包括以下简单数据类型：string,boolean,decimal,float,double,duration,dateTime, time, date, gYearMonth, gYear, gMonthDay, gDay, gMonth, hexBinary, base64Binary,anyURI,QName,NOTATION。

对简单数据类型增加约束后还有如下导出数据类型：normalizedString,token,language,NMTOKEN,NMTOKENS,Name,NCName,ID,IDREF,IDREFS,ENTITY,ENTITIES,integer,nonPositiveInteger, negativeInteger, long, int, short, byte, onNegativeInteger, unsignedLong,unsignedInt,unsignedShort,unsignedByte,positiveInteger。

2. XML Schema 自定义类型

XML Schema 制定了一系列机制让用户自定义简单导出数据类型与复杂导出数据类型,前者实际上是 XML Schema 简单数据类型的扩展,后者则是 XML Schema 元素定义的基础。依照不同的扩展机制,XML Schema 简单自定义类型分为三类：一是在已有简单数据类型上加约束定义新的数据类型;二是自定义枚举类型;三是自定义列表类型。XML Schema 复杂数据类型也称作元素类型。

15.3.2　EXPRESS 到 owl 的映射方法

ISO10303 Part28 给出了 EXPRESS 到 XML 的映射方法,但是这种映射是基于语法的映射,其语法格式由 DTD 规定。在 Part28 中分别给出了 EXPRESS 模式定义和数据实例的映射方法,但 EXPRESS 模式的语义,则无法显式地表达。文献①中给出一个 EXPRESS 模式到 XML Schema 的映射方法,但由于 XML Schema 本质上是描述结构化文档,不具有

---

① 黄忠东.分布环境下基于 STEP 的产品数据和知识共享.浙江大学博士学位论文,杭州,2002.

EXPRESS 信息建模语言复杂的表示能力。同时，虽然该方法提出计算实例表达式的方式，但是这样的方式在模型的交换中必须用特别的算法而无法自然地表示 EXPRESS 中实体间的关系。

本节给出了 EXPRESS 到 owl 的映射方法，包括对 EXPRESS 的数据类型、实体声明、模式声明、界面规范、继承关系、约束声明及函数声明的映射方法，在这个映射方法中充分利用了 owl 的语义表达能力，为构建基于语义 Web 的产品数据模型提供了坚实的基础。

owl 的基础是 RDF 三元组的集合。owl 使用自己的词汇给 RDF 三元组以具体的意思表述。owl 中将整个领域划分为两个不相交的部分，一部分是由属于 XML Schema 数据类型的值所组成的，称作数据类型域；另一部分则是由对象所组成的，这些对象是 owl 中所定义的类的成员，此部分称作对象域。下面分别介绍将 EXPRESS 语言映射到 owl 的方法。

1. 数据类型

由于 XML DTD 的表达能力不够，ISO10303 Part28 对数据类型的支持十分有限。例如，对 EXPRESS 语言里面的数组数据类型（Array）就无法有效地映射为 XML DTD。owl 中通过 XML Schema 表示数据类型，与 XML DTD 相比，XML Schema 克服了 XML DTD 在表达能力上的缺陷，提供了强大的数据类型支持。EXPRESS 语言中数据类型包括简单数据类型，聚合数据类型，命名数据类型，构造数据类型，广义数据类型都可以采用相应的 XML Schema 的数据类型来加以表示。

（1）简单数据类型。EXPRESS 语言的简单数据类型中的数（number）、实数、整数、字符串、布尔数和二进制数可直接在 XML Schema 中的原始数据类型上定义。数、实数可以映射为 xsd：float 或 xsd：double，二进制数可以映射为 xsd：hexBINARY。与 EXPRESS 不同的是，XML Schema 中采用的为十六进制表示法。

XML Schema 提供了强大的扩展机制 xsd：restriction，利用它灵活地给数据添加各类约束。这些约束通过 XML Schema 加以标准化后，其语义可以明确表达。

下面是一个 product_name 类型声明的例子，在后面的例子中命名空间 xsd 为 xmlns：xsd＝"http：//www.w3.org/2001/XMLSchema♯"。通过采用 xsd：restriction 机制用 base 属性直接在 xsd：integer 上定义了类型 product_name。

```
TYPE product_number =  STRING (10);
END_TYPE;
<xsd:simpleType name= " product_number ">
<xsd:restriction base= " xsd:string ">
<xsd:maxLength value= " 10 "/>
</xsd:restriction>
</xsd:simpleType>
```

简单数据类型中的逻辑（LOGICAL）类型可运用 XML Schema 中的联合（union）机制来表示，在下面的示例中逻辑类型可以是布尔值或不确定值，同时也可以是一个 1 到 0 之间的小数。可以看出 XML Schema 的表达机制十分灵活，这种方法也为产品模糊信息表达提供了一种解决途径。

```
<xsd:simpleType name=" LOGICAL ">
<xsd:union>
    <xsd:simpleType>
    <xsd:restriction base=" xsd:decimal ">
    <xsd:minExclusive value=" 0 "/>
    <xsd:maxExclusive value=" 1 "/>
    </xsd:restriction>
</xsd:simpleType>
<xsd:simpleType>
<xsd:restriction base=" xsd:string ">
<xsd:enumeration value=" UNKNOWN "/>
</xsd:restriction>
</xsd:simpleType>
<xsd:simpleType>
<xsd:restriction base=" xsd:boolean "/>
</xsd:simpleType>
</xsd:union>
</xsd:simpleType>
```

（2）聚合数据类型。EXPRESS 语言的聚合数据类型是运用一组关键字数组、列表、包和集在基本数据类型的基础上组合而成。聚合数据类型在 EXPRESS 中有表 15-1 所示的规则与限制。这些限制都是隐含于 EXPRESS 的语义约束里，通过使用 XML Schema 将这些约束语义显式表达出来，便于在产品数据交换中保持一致的语义。

表 15-1　聚合数据类型的规则与限制（注：？表示不确定值）

	上下界定义域				关　键　字		全序关系	缺　省
	＋	－	0	？（上/下界）	Optional	Unique		
Array	Y	Y	Y	N/n	Y	Y	上界＞＝下界	N
List	Y	N	Y	Y/n	N	Y	上界＞＝下界	[0：？]
Bag	Y	N	Y	Y/n	N	N	上界＞＝下界	[0：？]
Set	Y	N	Y	Y/n	N	N	上界＞＝下界	[0：？]

下例中通过使用 XML Schema 将上表中数组的语义信息以显式方式表达，表中的语义信息原本是通过 EXPRESS 语言的语法隐式表达的。需要指出的是，尽管 XML Schema 表达能力很强，但对于语义约束却没有提供很完善的验证机制，例如数组的上下界的全序关系是通过使用 XML Schema 扩展机制 xsd：appinfo 然后使用 ISO/IEC 19757 part3 schematron[1,2]

---

① ISO/IEC19757. Document Schema Definition Languages，ISO/IEC19757，2002.

② ISO/IEC19757 - 3. Document Schema Definition Languages Part 3，Rule-Based Validation-Schematron，ISO/IEC19757 - 3，2003.

对上下界之间的关系进行约束。

```
<xsd:complexType name= " ARRAY ">
    <xsd:annotation>
      <xsd:appinfo>
        <sch:pattern name= " check upboud is great than downbound ">
          <sch:rule context= " ./BOUND/* /">
          <sch:assert test= "@upboud;&gt;@downbound" diagnostics= " smallthan "/>
          </sch:rule>
        </sch:pattern>
        <sch:diagnostics>
          <sch:diagnostic id= " smallthan "> Upbound shoud great than Downbound.
Upbound=
          <sch:value-of select= " express:@upbound "/> Downbound=  <sch:value-of
select= " express:@downbound "/>
          </sch: diagnostic>
        </sch : diagnostics>
      </xsd : appinfo>
    </xsd : annotation>
```

<! - - 在上面的 xsd：appinfo 元素中通过使用 Schematron 扩展 XML Schema 来表达约束
关系。其中 sch：pattern 是一个约束的模式声明，一个约束模式又可以由多条规则构成，sch：rule
元素中 context 属性使用 Xpath 表达式用以定位被约束的元素或属性最后可以使用 sch：assert 来
测试表达式的值，测试的出口可以用 sch：diagnostics 给出- - >

```
<xsd : sequence>
<xsd : element name= " BOUND ">
<xsd : complexType>
<xsd : choice>
<xsd : element name= " DEFINE ">
<xsd : complexType>
<xsd : attribute name= " upbound " type= " xsd : integer " />
<xsd : attribute name= " downbound " type= " xsd : integer " />
</xsd : complexType>
</xsd : element>
<xsd : element name= " DEFAULT ">
<xsd : complexType>
<xsd : attribute name= " upbound " type= " xsd : integer "/>
<xsd : attribute name= " downbound " type= " xsd : integer "/>
</xsd : complexType>
</xsd : element>
</xsd : choice>
</xsd : complexType>
```

```
</xsd : element>
<xsd : element name= " KEYCONSTRAINS ">
<xsd : complexType>
<xsd : attribute name= " UNIQUE " type= " xsd : boolean "/>
<xsd : attribute name= " OPTIONAL " type= " xsd : boolean "/>
</xsd : complexType>
</xsd : element>
<xsd : element name= " VALUE " minOccurs = " 0 " nillable = " true " maxOccurs = "
unbounded " type= " xsd : anyType "/>
</xsd : sequence>
</xsd : complexType>
```

（3）广义数据类型。EXPRESS 语言中的通用类型是任何数据类型的总和,聚合类型是所有聚合类型的总和。这可以使用 XML Schema 抽象机制实现。如下所示 GENERIC 的实现：

```
<xsd : complexType name= " GENERIC " abstract= " true ">
<xsd : sequence>
<xsd : element type= " xsd : anyType " name= " GENERIC "/>
</xsd : sequence>
</xsd : complexType>
```

实例化的时候用 xsi : type 指定数据类型,如下所示：

```
<GENERIC xsi:type= xsd:decimal>
3.1415926
</GENERIC >
```

（4）构造数据类型。EXPRESS 语言中的枚举类型和选择类型可以分别用 XML schema 中的 xsd : enumeration 和 xsd : union 来表示。如下所示：

```
<xsd:simpleType name= " ENUMERATION_OF_COLOR ">
<xsd:restriction base= " xsd : string ">
<xsd:enumeration value= " red "/>
<xsd : enumeration value= " green "/>
<xsd : enumeration value= " blue "/>
</xsd : restriction>
</xsd : simpleType>
<xsd : simpleType name= " SELECT_OF_COLOR ">
<xsd : union>
<xsd : simpleType>
<xsd : restriction base= " xsd : string ">
<xsd : enumeration value= " transparent "/>
</xsd : restriction>
```

```
</xsd : simpleType>
<xsd : simpleType>
<xsd : restriction base= " ENUMERATION_OF_COLOR "/>
</xsd : simpleType>
</xsd : union>
</xsd : simpleType>
```

2. 实体声明

EXPRESS 语言的实体声明可直接对应于 owl 的类声明，映射方法如下所示：

```
ENTITY point;
x,y : REAL;
END_ENTITY;
```

首先定义数据类型，与 EXPRESS 语言不同，在 owl 中类的定义与类的属性定义是分开的。由于目前的 owl 版本中并没有提供解决属性本地作用域的机制，可能会产生冲突。需要一种机制来避免属性名称的冲突，作者采用在定义实体的属性时添加上前缀信息的方法。例如本例中的 point，属性名可以在 owl 中设为 point. x。

```
<xsd : simpleType name = " point.x ">
<xsd : restriction base = " xsd : double "/>
</xsd : simpleType>
<xsd : simpleType name = " point.y ">
<xsd : restriction base = " xsd : double "/>
</xsd : simpleType>
```

然后定义实体，owl 中类与属性的关系是通过继承联系起来，下例中 owl : restriction 元素分别定义了两个拥有属性 point. x，point. y 的匿名类，point 类是对这两个类的多重继承。

```
<owl:class rdf:ID= " point ">
<owl:subclassof> <owl:restriction onproperty rdf:resource = "# point.x "/>
</ owl:subclassof>
<owl:subclassof> <owl:restriction onproperty rdf:resource = "# point.y "/>
</ owl:subclassof>
</owl:class>
```

3. 模式声明

EXPRESS 模式是一个实体与类型定义的一致集合，这可以与 owl 中的 ontology 对应。

```
SCHEMA product;
END SCHEMA;
```

可以在 http://www. example. com/product. owl 中做如下定义：

```
<owl:ontology rdf:ID= " product "/>
```

4. 界面规范

EXPRESS 中的界面规范有两类,分别是使用界面规范与引用界面规范。对于使用界面规范,可以用 owl 中的 rdf : about 来定义,这相当于在新的本体中重新定义;引用界面则可以采用 owl : imports 表明是对原有的模式的引用关系。

```
SCHEMA geometry;
   USE FROM product (product AS prod);
   REFERENCE FROM product product_name;
END SCHEMA;
http://www.example.com/geometry.owl
<owl : ontology rdf : ID= " geometry ">
<owl : imports rdf : resource= " http://www.example.com/product.owl# product_name ">
<owl : class prod rdf : about= " http://www.example.com/product.owl# product ">
</owl : ontology>
```

5. 继承关系

目前,owl 中的子类、超类关系除 subclassof 关键字外,表达能力还没有 EXPRESS 丰富,在本文中采取为类定义一个反向属性来解决这个问题,用 owl 的关键字 subclassof 定义其反向属性 superclassof。在下例中,利用建立匿名中介匿名类的办法来表达子类、超类之间的复杂关系。

```
ENTITY person
SUPERTYPE OF (ONE OF (male,female)AND ONE OF (citizen,foreign));
END_ENTITY person
<owl : ObjectProperty rdf : ID= " superclassof ">
<owl : inverseOf rdf : resource= " owl : subclassof "/>
</owl : ObjectProperty>
<! - -   以上为属性的定义   - - >
<owl : class rdf : ID= "person">
  <owl : subClassOf>
    <owl : Restriction>
        <owl : onProperty rdf : about= "# superclassof "/>
    <owl : toClass rdf : about= "# anonymous ">
    </owl : Restriction>
  </owl : subClassOf>
</owl : Class>
<! - -   以上为 person 类的定义,下面是引入的中介匿名类,匿名类又是两个类的子类,在这两个类中分别用 owl : oneof 关键字指出了在 EXPRESS 中的 oneof 关系,并用 rdf : parseType= "owl : collection"指出对下属的类的操作模式是作为一个集合来对待- - >
<owl:class rdf:ID= " anonymous ">
<owl : subClassOf>
  <owl : Restriction>
```

```
<owl:one of rdf:ID= "firstpart" rdf:parseType= " owl:collection ">
<owl:class rdf:about= "male"/>
<owl:class rdf:about= "female"/>
</owl:oneof >
   <owl:Restriction>
</owl:subClassOf>
<owl:subClassOf>
   <owl:Restriction>
<owl:one of rdf:ID= " secondpart " rdf:parseType= " owl:collection ">
<owl:Class rdf:about= " citizen "/>
<owl:Class rdf:about= " foreign "/>
</owl:oneof >
   </owl:Restriction>
</owl:subClassOf>
</owl:Class>
```

6. 规则、约束、函数与过程

EXPRESS 语言的规则、约束、函数与过程映射到 owl 的时候,可能有如下问题:

由于 EXPRESS 语言规则,约束,函数与过程的表达的能力很强,无法直接映射到 XML Schema 中,但可以像上面 ARRAY 例子里面的方法采用 XML Schema <xsd：appinfo>元素扩展机制运用 Schematron 来表示。采用扩展机制后可大大增强 XML Schema 的表达能力,表达各种约束关系。灵活的扩展能力也是 XML Schema 的重要优点之一。下面给出一个表达函数的例子。

```
FUCTION smallthan (a:integer;b:integer):BOOLEAN;
LOCAL
   result:BOOLEAN= ture;
END－LOCAL;
IF a> = b Then
   Result:= false;
   RETURN(result);
END－IF;
RETURN(result);
END－FUCTION;
```

下文用 XML Schema 表示的 EXPRESS 函数模型,其中用 Schematron 表示了 IF 从句中的逻辑表达式。

```
<xsd:complexType name= " FUNCTION ">
  <xsd:sequence>
  <xsd:element name= " PARA_LIST ">
  <xsd : complexType>
  <xsd:sequence>
```

```
<xsd:element name= " a " type= " xsd:integer "/>
<xsd : element name= " b " type= " xsd:integer "/>
</xsd : sequence>
</xsd : complexType>
</xsd : element>
<xsd : element name= " RETURN_VALUE " type= " xsd : boolean "/>
<xsd : element name= " LOCAL_CLAUSE ">
<xsd : complexType>
<xsd : sequence>
<xsd : element name= " result " type= " xsd : boolean " fixed= " ture "/>
</xsd : sequence>
</xsd : complexType>
</xsd : element>
<xsd : element name= " IF_CLAUSE ">
<xsd : complexType>
<xsd : sequence>
<xsd : element name= " LOGICAL_EXPRESSION ">
<xsd : annotation>
<xsd : appinfo>
 <sch : pattern name= " logical_expression ">
<sch : rule context= " ./FUNCTION/PARA_LIST/">
<sch : assert test= " express : a;&gt;express : b "/>
</sch : rule>
</sch : pattern>
</xsd : appinfo>
</xsd : annotation>
</xsd : element>
<xsd : element name= " STATEMENTS ">
<xsd : complexType>
<xsd : sequence>
<xsd : element name= " result "/>
<xsd : element name= " RETURN_CLAUSE ">
<xsd : complexType>
<xsd : sequence>
<xsd : element name= " result " type= " xsd : boolean "/>
</xsd : sequence>
</xsd : complexType>
</xsd : element>
</xsd : sequence>
</xsd : complexType>
```

```
    </xsd : element>
    </xsd : sequence>
    </xsd : complexType>
    </xsd : element>
    <xsd : element name= " RETURN_CLAUSE ">
    <xsd : complexType>
    <xsd : sequence>
    <xsd : element name= " result " type= " xsd : boolean "/>
    </xsd : sequence>
    </xsd : complexType>
    </xsd : element>
    </xsd : sequence>
    <xsd : attribute name= " fuction_name " type= " xsd : Name " use= " required " fixed=
" smallthan "/>
    </xsd : complexType>
```

15.3.3　知识模型实例

下面给出一个运用 owl 来表达产品本体的实例,并与 EXPRESS 建模语言相比较,指出 owl 表达的优点。

```
SCHEMA owl_EXAMPLE
ENTITY product;
  name: STRING;
  frame_of_reference:SET [1:?] OF product_context;
END_ENTITY;
END_SCHEMA;
```

上面是一个用 EXPRESS 语言描述的实体,但是实际上如果不参考 EXPRESS 手册是无法理解这个定义的意思的。对于计算机也是这样,如果没有 EXPRESS 的解释器,计算机是无法理解上面这个模型的语义的。但是,如果用 owl 来构建这个实体(在 owl 中通常称作"类")就可以明确定义这个模型中的语义,也就是正如前文所提到的将隐藏在信息模型中的潜在语义转变为显式语义。这样,在 owl 实体中表达了语义,也就是说语法可以变化,语义却可以保持。

在下面的例子中最开始是头定义给出了命名空间。

```
<rdf:RDF
xmlns:rdf = " http://www.w3.org/1999/02/22-rdf-syntax-ns# "
xmlns:rdfs= "http://www.w3.org/2000/01/rdf-schema# "
xmlns:xsd= " http://www.w3.org/2000/10/XMLSchema# "
xmlns:owl= "http://www.w3.org/2002/07/owl# "
>
<owl:ontology rdf:ID= "owl_example">
```

```
<owl:imports rdf:resource= "http://www.w3.org/2002/07/owl# ">
</owl:ontology>
```

下面的部分是"name"的定义，从中可以明确地看出"name"的含义，它是一个数据类型，这个类型是在 owl 得到了定义的。通过参考"type"和"range"，还可以明确地知道它是一个 UniqueProperty，然而这个语义在 EXPRESS 模型中实际上是隐藏在 EXPRESS 建模语言的语义中的，也就是说是潜在语义，通过用 owl 将这个语义明晰化了。

```
<owl:DatatypeProperty   rdf:ID= " name ">
  <rdfs:comment>
    name is a DatatypeProperty whose range is xsd:string.
    name is also a UniqueProperty (can only have one name)
  </rdfs:comment>
  <rdf:type   rdf:resource= " http://www.w3.org/2001/10/owl# UniqueProperty "/>
  <rdfs:range   rdf:resource= " http://www.w3.org/2000/10/XMLSchema# string "/>
</owl:DatatypeProperty>
```

从对"frame_of_reference"的定义中可知它是 owl 的一个对象属性，而且还可以知道这个联系的下界是 1。但是在 EXPRESS 描述的模型中必须对"SET[1,？]"含义了解才可以知道这个语义，通过使用 owl，智能代理可以对"minCardinality"有一个一致的理解，这种一致的语义正是知识交换和共享的基础，如下所示。

```
<owl:ObjectProperty   rdf:ID= " frame_of_reference ">
<owl:Restriction>
<owl:toClass rdf:resource= "# product_context "/>
<owl:minCardinality> 1</owl:minCardinality>
    </owl:Restriction>
</owl:ObjectProperty>
```

实体"product"的定义同样可以很明确其中的语义，如下所示。

```
<owl:Class rdf:ID= " product ">
  <rdfs:subClassOf rdf:resource= "# Thing "/>
  <rdfs:subClassOf>
    <owl:Restriction>
<owl:onProperty rdf:resource= "# name "/>
<owl:onProperty rdf:resource= "# frame_of_reference "/>
</owl:Restriction>
  </rdfs:subClassOf>
</owl:Class>
```

最后是结束 rdf 的标记：

```
</rdf:RDF>
```

15.4 产品知识语义移植

XML DTD 和 XML Schema 作为 W3C 的标准已被许多领域和应用系统作为产品数据交换的中间语言。但它们只停留在语法层次上,并没有提供统一的描述数据语义的机制。因而即使在相同领域中的各个系统都采用 DTD 或 Schema 作为信息表示方式,由于各系统中采用的词汇和语义表达方式的差异,应用间相互信息集成仍无法完成。基于这个现状,作者认为目前产品信息表达急需解决的一个重要问题是:如何将现有的半结构化产品信息移植到语义 Web 上去。为此,作者提出了产品知识语义移植的框架,通过 XML Schema 构建面向语义 Web 的领域本体,并且将基于 XML 的产品数据转换为面向语义 Web 的语义化数据(如图 15-5 所示)。

图 15-5 产品语义移植框架

在这个产品语义移植框架中,XML 模式和实例作为被转换的知识源,首先通过模式语义化生成局部本体,接着在多个局部基础上进行本体语义调和,构建全局本体,最后进行 XML 实例到 owl 语言实例的语义数据迁移。

15.4.1 语义移植步骤

1. 模式语义化

XML Schema 的语义化过程又可以分成两步实现(如图 15-6 所示):

● X-R 转换:XML Schema 到 RDF/RDF Schema (RDF(S))语义模型的转换。

● R-O 转换:RDF(S)语义模型到 owl 本体的转换。

(1) X-R 转换。X-R 转换为将 XML Schema 的结构树转换为 RDF(S)的语义图,并将 XML Schema 无法显式表达和区分的潜在语义用 RDF(S)显式表达。

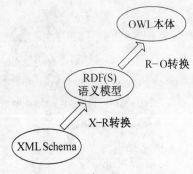

图 15-6 模式语义化过程

XML Schema 给出了原始数据的语法格式定义,是模式语义化过程的基础和起点,通过分析元素内部结构及其各元素间的潜在语义,可得到相应的语义模型,从而完成从结构化模型到语义化模型的转换。对于 XML Schema 已经表达出的部分语义信息,如命名和粒度等,在此过程中予以保留。X-R 转换目的在于解决 XML Schema 结构上的异构性,并将数据的语义表达与物理表达相分离。步骤如下:

① 对应 XML Schema 每个元素到 RDF(S)类或 RDF(S)属性。若该元素是 XML Schema 数据类型,则定义该元素为一个属性,直接用属性名 propertyname 建立 RDF 陈述 (Statement);否则定义该元素为一个 RDF(S)类,创建属性 hasClassname 建立 RDF 陈述。

② 明确 RDF(S)类之间的语义关系,建立 RDF(S)属性。可分成两步:

首先,元素与子元素关系的确定。XML Schema 无法明确表达元素与相应子元素之间的语义关系,一个子元素可能在语义上是父元素的子类,也可能是父元素的组成部分。需要利用 RDF(S)提供的语义机制(如 subClassOf)明确区分这些语义关系。

其次,明确多重语义关系。有时候两个元素之间的语义关系比较复杂,要明确多重语义关系。

③ 以第 ② 步得到的属性为基础,建立属性之间的语义关系。RDF(S)提供了 subPropertyOf 来表达属性之间的关系。

(2) R-O 转换。R-O 转换指将 RDF(S)语义模型转换为 owl 本体,将 RDF(S)无法表示的潜在语义用 owl 显式表达。

通过 X-R 转换将 XML Schema 转换为了 RDF(S)语义模型,消除了结构失配现象,使得信息的表达方式不再与具体数据结构有关;但并没有显著增强模型的语义表达能力。R-O 转换就是对已生成的语义模型在语义上进一步明确和丰富,具体包括以下几个方面:概念与概念之间语义关系的进一步表达和细化,属性与属性之间语义关系的进一步表达和细化,以及属性自身特性的进一步表达和细化。步骤如下:

① 明确和定义 RDF(S)类之间的语义关系。RDF(S)只能表达类与类之间的父/子关系,通过采用 owl 关键字,除上述父/子关系之外,owl 还能明确表达类与类之间诸如互补、不相交等语义关系。

② 明确和定义 RDF(S)属性(关系)的语义特性。owl 具有比 RDF(S)更完善的属性描述机制,可以表示对称、传递和单值等属性特性,利用这些关键字对已有的 RDF(S)的属性作进一步的语义加深。

③ 定义属性约束机制。通过 owl 的属性约束机制描述属性的值约束,如全值约束、部分值约束和基数约束等。

2. 本体语义调和

实际应用中,对特定的领域,一般都有数个不同的 XML Schema。通过上述模式语义化过程,可以将这些不同的 XML Schema 分别转换为面向 owl 的不同语义模型,作者称之为"局部本体"。本体语义调和就是将这些局部本体集成为统一的"全局本体",此过程中需要进行必要的本体融合,使得本体的语义更加丰富,同时保证本体的一致性(如图15-7所示)。步骤如下:

(1) 将多个局部本体进行集成。令各个局部本体分别为 $Q_1 = <C_1, R_1, L_1>$,$Q_2 = <C_2, R_2, L_2>$,…,$Q_n = <C_n, R_n, L_n>$(其中,C 是一个领域内所有概念的集合,R 为建立在 C 上的关系(属性)的集合,L 是对关系(属性)R 的约束集合),集成后的全局本体为 $Q = <C, R, L>$(其中 $C = C_1 \cup C_2 \cup \cdots \cup C_n$,$R = R_1 \cup R_2 \cup \cdots \cup R_n$,$L = L_1 \cup L_2 \cup \cdots \cup L_n$)。

(2) 全局本体的后处理。分析集成后的全局本体 $Q = <C, R, L>$ 中的 RDF(S)类和属性之间的关系。

图 15-7　本体语义调和

① 若类和类、属性和属性之间存在共性,属于更抽象的父类,则定义未定义的父类或父属性,并用 SubClassOf、SubPropertyOf 建立关联。

② 若类和类、属性和属性之间直接存在父子关系,则直接用 SubClassOf、SubPropertyOf 建立关联。

③ 若类和类、属性和属性之间是完全相同的,则用 owl 提供的 equivalentClass、equivalentProperty 定义"等价类"、"等价属性"的关系。

语义移植的模式语义化和本体语义调和两个阶段,需要有掌握领域知识的人的参与,机器无法自动完成所有的工作。对于类之间的关系和属性之间的关系的指定都需要领域专家的参与。

3. 语义数据迁移

通过上述两个阶段,生成了基于 owl 的全局本体后,就可以进行语义数据迁移,从而实现基于 XML Schema 的结构化数据转化为基于 owl 本体语义模型的语义化数据。

语义数据迁移也可以分成两步实现(如图 15-8 所示):

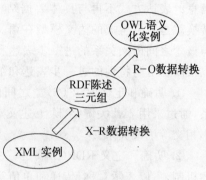

图 15-8　语义数据迁移

● X-R 数据转换:XML 实例到 RDF 陈述三元组的转换。

● R-O 数据转换:RDF(S)语义模型到 owl 本体的转换。

(1) XML 实例到 RDF 陈述的转化(X-R 数据转换算法)。

① 令当前资源(active_resource) = XML 文档实例。

② 用深度优先算法遍历整个 XML 实例树的每一元素,树根为遍历的起点,对每一个元素,查找本体中对应的定义。设本体名称为 prefix。

③ 如果该元素和一个属性相关联,设其属性、值分别为(Propertyname,Propertyvalue),则创建一个新的 Statement 的 Subject 和 Predict,如下所示:

Subject	Predict	Object
active_resource	prefix : Propertyname	Propertyvalue

④ 如果该元素和一个类相关联

如果 XML 文档本身是 active_resource,令 $i = 1$,创建如下三元组

Subject	Predict	Object
Document_URI	rdfx : describes	anonymous$_i$
anonymous$_i$	rdf : type	prefix : Classname

然后 active_resource = anonymousi

否则 $i = i + 1$, 根据类名创建如下三元组

Subject	Predict	Object
active_resource	rdf : hasClassname	anonymous$_i$
anonymous$_i$	rdf : type	prefix : Classname

然后 active_resource ＝ anonymous$_i$

按上述方法一直遍历整个 XML 文档树，当回溯到一个元素时，如果该元素和 Ontology 中某一个类相关联时，active_resource ＝ 该元素。

（2）RDF 陈述表达为 owl 实例（R-O 数据转换算法）

设本体名称为 prefix，初始化：当前资源 active_resource ＝ Document_URI，插入位置指针 active_resource $\rightarrow$ pInsert ＝ NULL。

第一遍扫描：生成文件头、所有类定义以及每个类的插入点。

① 如果遇到如下 RDF 三元组

Subject	Predict	Object
Document_URI	rdfx：describes	anonymous$_i$

则生成头信息：

```
<? xml version= " 1.0 "? >
<rdf : RDF
xmlns : prefix =  " Document_URI# "
xmlns : rdf =  " http://www.w3.org/1999/02/22-rdf-syntax-ns# "
xmlns : rdfs =  " http://www.w3.org/2000/01/rdf-schema# "
>
```

② 如果遇到如下 RDF 三元组

Subject	Predict	Object
anonymous$_i$	rdf：type	prefix：Classname

首先，在文档结尾处生成如下 owl 实例：

```
<prefix: Classname   rdf:ID = "classname_gid()">
p →
  </ prefix: Classname>
```

其次，令 pInsert[anonymous$_i$] ＝ p；

随后，令 active_resource ＝ anonymous$_i$.

最后，在哈希表插入一项（anonymous$_i$, classname_gid()）

第二遍扫描：

① 如果遇到如下 RDF 三元组

Subject	Predict	Object
active_resource	prefix：hasClassname	anonymous$_i$

首先，在 active_resource $\rightarrow$ pInsert 处插入如下 owl 实例

```
<prefix:hasClassname   rdf:resource = "# findid(anonymous_i)">
p →
```

其次，active_resource $\rightarrow$ pInsert ＝ p。

② 如果遇到如下 RDF 三元组

Subject	Predict	Object
active_resource	prefix：propertyname	propertyvalue

首先，在 active_resource → pInsert 处插入 owl 实例

```
<prefix:propertyname> propertyvalue</prefix:propertyname>
    p→
```

其次，active_resource → pInsert ＝ p
③ 如果所有项目扫描完毕，在文档结尾处生如下 owl 实例

```
</rdf:RDF>
```

15.4.2 语义移植实例

设有如下三个 XML Schema 文档分别为表例 1（表 15-2）、例 2（表 15-3）、例 3（表 15-4），我们分别探讨它们的语义移植过程。

表 15-2　XML Schema 例 1

```
<? xml version= " 1.0 "? >
<xsd:schema xmlns:xsd =  http://www.w3.org/2001/XMLSchema/1# ">
           <xsd:element name= " Workshop ">
<xsd:complexType>
<xsd:sequence>
<xsd:element ref= " Name " minOccurs= " 1 " maxOccurs= " 1 "/>
<xsd:element ref= " Place " minOccurs= " 1 " maxOccurs= " unbounded "/>
<xsd:element ref= " Writer "/>
<xsd:element ref= " Begindate " minOccurs= " 1 " maxOccurs= " 1 "/>
<xsd:element ref= " Enddate " minOccurs= " 1 " maxOccurs= " 1 "/>
</ xsd:sequence>
</ xsd:complexType>
</ xsd:element>
<xsd:element name= " Name " type= " xsd:ID "/ >
  <xsd:element name= " Place " type= " xsd:string "/ >
<xsd:element name= " Begindate " type= " xsd:date " />
<xsd:element name= " Enddate " type= " xsd:date " />
<xsd:element name= " Writer ">
<xsd:complexType>
<xsd:sequence>
<xsd:element name= " Name " type= " xsd:ID " minOccurs= " 1 " maxOccurs= " 1 "/>
<xsd:element name= " Paper " minOccurs= " 0 " />
</xsd:sequence>
<xsd:complexType>
```

```
</ xsd:element>
<xsd:element name= " Paper ">
<xsd:complexType>
<xsd:sequence>
<xsd:element name= " Name " type= " xsd:ID " minOccurs= " 1 " maxOccurs= " 1 "/>
<xsd:element name= " Appeardate " type= " xsd:date " minOccurs= " 1 "
  maxOccurs= " 1 "/>
</xsd:sequence>
<xsd:complexType>
</ xsd:element>
</xsd:schema>
```

表 15-3　XML Schema 例 2

```
<? xml version= " 1.0 "? >
<xsd:schema xmlns:xsd = http://www.w3.org/2001/XMLSchema/2# ">
<xsd:element name= " Conference ">
<xsd:complexType>
    <xsd:sequence>
  <xsd:element ref= " Name " minOccurs= " 1 " maxOccurs= " 1 "/>
        <xsd:element ref= " Place " minOccurs= " 1 " maxOccurs= " unbounded "/>
  <xsd:element ref= " Year " minOccurs= " 1 " maxOccurs= " 1 "/>
  <xsd:element ref= " Author "/>
</ xsd:sequence>
</ xsd:complexType>
</ xsd:element>
<xsd:element name= " Name " type= " xsd:ID "/ >
<xsd:element name= " Place " type= " xsd:string "/ >
<xsd:element name= " Year " type= " xsd:year " />
<xsd:element name= " Author ">
  <xsd:complexType>
  <xsd:sequence>
    <xsd:element ref= " Name " minOccurs= " 1 " maxOccurs= " 1 "/>
<xsd:element ref= " Affiliation " minOccurs= " 0 " maxOccurs= " unbounded "/>
  </xsd:sequence>
</ xsd:complexType>
</ xsd:element>
<xsd:element name= " Affiliation " >
<xsd:complexType>
  <xsd:sequence>
  <xsd:element name= " Industry " minOccurs= " 0 "/>
<xsd:element name= " Institution " minOccurs= " 0 "/>
```

```
</xsd:sequence>
</xsd:complexType>
</ xsd:element>
</xsd:schema>
```

表 15-4　XML Schema 例 3

```
<? xml version= " 1.0 "? >
<xsd:schema xmlns:xsd =  http://www.w3.org/2001/XMLSchema/3# ">
<xsd:element name= " Person ">
<xsd:complexType>
<xsd:sequence>
<xsd:element ref= " Name " minOccurs= " 1 " maxOccurs= " 1 "/>
<xsd:element ref= " Age " minOccurs= " 1 " maxOccurs= " 1 "/>
<xsd:element ref= " Friend "/>
<xsd:element ref= " Sibling "/>
    </xsd:sequence>
</xsd:complexType>
</ xsd:element>
<xsd:element name= " Name " type= " xsd:ID "/ >
<xsd:element name= " Age " type= " xsd:string "/>
<xsd:element name= " Friend " type= " xsd:string " minOccurs= " 0 ">
<xsd:element name= " Sibling ">
  <xsd:complexType>
<xsd:sequence>
<xsd:element name= " Brother " type= " xsd:string " minOccurs= " 0 "/>
<xsd:element name= " Sister " type= " xsd:string " minOccurs= " 0 "/>
</xsd:sequence>
</xsd:complexType>
</ xsd:element>
</xsd:schema>
```

1. 模式语义化

（1）XML Schema 到 RDF(S)语义模型转换（X-R 转换）。按照 15.4.1 小节中的 X-R 数据转换算法，将上述表 15-2、表 15-3 和表 15-4 中的 XML Schema 分别转换为如下的 RDF 图 15-9、图 15-10 和图 15-11。

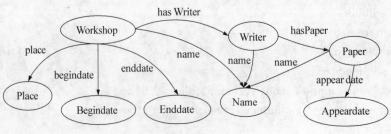

图 15-9　RDF 图例 1

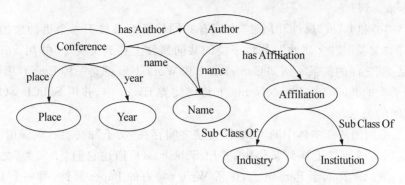

图 15-10 RDF 图例 2

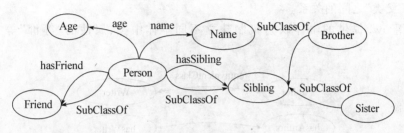

图 15-11 RDF 图例 3

（2）RDF(S)语义模型到 owl 本体的转换（R-O 转换）。按照 15.4.1 小节中的 R-O 数据转换算法，在上面 RDF(S)语义模型基础上，进一步利用 owl 的语义机制作语义表达加深。具体到本例中可添加如下语义：

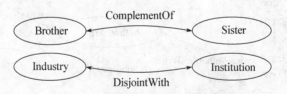

图 15-12 类之间的语义关系示例

① RDF(S)类之间的语义关系（如图 15-12 所示）。因为 Brother 和 Sister 的并集就是 Sibling，所以用 ComplementOf 来描述补集的关系；而 Affiliation 不可能同时是 Industry 和 Institution，所以只能用 DisjointWith 描述它们不相交的关系。

② RDF(S)属性的语义关系。

owl: SymmetricProperty：例如 hasFriend，表示朋友关系是对称性的，即如果 A 是 B 的朋友，则 B 也是 A 的朋友，这一语义无论是 XML 或 RDF(S)均无法显式表达。

owl: TransitiveProperty：例如 hasSibling，表示兄弟姐妹关系的传递性，即如果 A 是 B 的 Sibling，B 是 C 的 Sibling，则 A 也是 C 的 Sibling，这一语义 XML 或 RDF(S)也无法显式表达。

owl: FunctionalProperty：例如 age，这里用"函数属性"来表示年龄的取值只能有一个。

③ 利用 owl 提供的属性约束机制进一步描述属性取值的约束

owl: Cardinality：例如 age 的 Cardinality 值取 1，表示人的年龄只能恰好有一个值，这一语义 XML 或 RDF(S)也无法显式表达。

2. 本体语义调和

（1）如果"类和类"或"属性和属性"之间有共同特征而隶属于一个更抽象的类，则定义没有被定义的"父类"或"父属性"，并将子类的共同属性上移到父类中，并用 SubClassOf 描述它们"子父类"之间的关系。例如 Conference 和 Workshop 都是一种 Event，因而定义父类 Event，并将子类的共同属性 Place、Name 上移到父类 Event 中，并用 SubClassOf 描述它们"子父类"之间的关系。

（2）如果不同的局部本体中的类、属性直接之间存在"父子"的关系，则保留子类特有的属性，将其他共有的属性上移到父类中，并用 SubClassOf 描述它们"子父类"之间的关系。例如 Author、Writer 都属于 Person 类，保留 Writer 特有的 Paper 属性，每一个 Person 都应该有 Affiliation，所以将 Author 的 Affiliation 属性上移到父类 Person 中，并用 SubClassOf 描述它们"子父类"之间的关系。

（3）利用 owl 提供的本体映射机制建立不同本体中类、属性的"等价"等关系（如图 15-13 所示）。

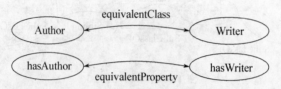

图 15-13　类与属性的等价关系

由上面几个步骤得到最后的全局本体如图 15-14 所示。

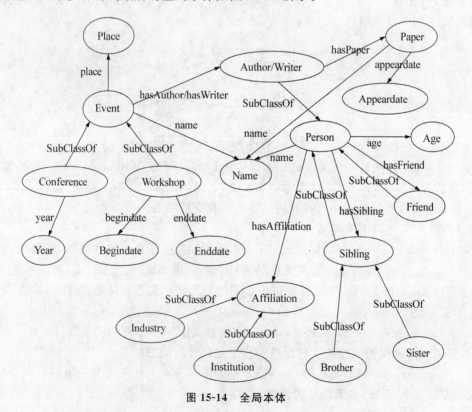

图 15-14　全局本体

3. 语义数据迁移

表 15-5 是描述 Workshop 的一个 XML 实例,下面以此为例说明 XML 实例到 owl 实例的语义数据迁移的整个过程。

表 15-5　描述 Workshop 的一个 XML 实例

```
<? xml version= " 1.0 "? >
<Workshop>
  < Name > 17th International Conference on Advanced Information Networking and
Application </Name>
  <Place> Xi'an,China</Place>
  <Writer>
  <Name> Ming Guo</Name>
  <Name> Shanping Li</Name>
  <Name> Jinxiang Dong</Name>
  <Paper>
  <Name> Ontology based product data integration</Name>
  <Appeardate> 12/03/2002</Appeardate>
  </Paper>
  </Writer>
  <Begindate> 03/27/2003</Begindate>
  <Enddate> 03/29/2003</Enddate>
</Workshop>
```

(1) XML 实例到 RDF 陈述三元组的转换(X - R 数据转换)。完成语义模型转化后,描述 Workshop 的 XML Schema 的每一个元素都对应于本体(Ontology)中的类或属性,这是实现实例数据自动语义转换的基础。

表 15-6　描述 Workshop 的 XML Schema 的元素和本体的对应表

```
Class Workshop
Property name
Property place
Class Writer
Class Paper
Property appeardate
Property begindate
Property enddate
```

用前面介绍的算法来完成 Workshop 的 XML Schema 的实例转换为 RDF 陈述的过程,得到的 RDF 陈述三元组都在表 15-7 中,它的图示表示如图 15-15 所示。这里作者假设该 XML 文档的 URI 是 http://cs.zju.edu.cn/workshop♯paper。

表 15-7　RDF 陈述三元组表

Subject	Predict	Object
♯paper	rdfx:describles	anonymous1
anonymous1	rdf:type	onto:Worshop
anonymous1	onto: name	" 17th International Conference on Advanced Information Networking and Application "
anonymous1	onto:place	" Xi'an,China "
anonymous1	onto:hasWriter	anonymous2
anonymous2	rdf:type	onto:Writer
anonymous2	onto:name	" Ming Guo "
anonymous2	onto:name	" Shanping Li "
anonymous2	onto:name	" Jinxiang Dong "
anonymous2	onto:hasPaper	anonymous3
anonymous3	rdf:type	onto:Paper
anonymous3	onto:name	" Ontology based product data integration "
anonymous3	onto:appeardate	" 12/03/2002 "
anonymous1	onto:begindate	" 03/27/2003 "
anonymous1	onto:enddate	" 03/29/2003 "

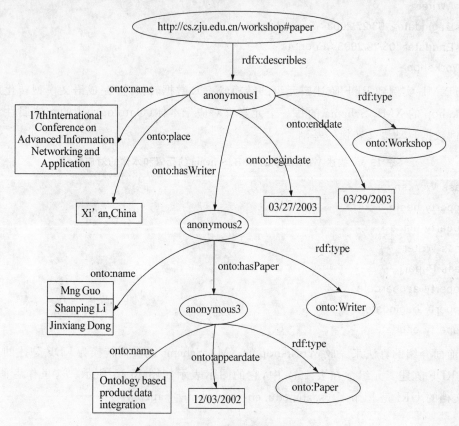

图 15-15　RDF 陈述三元组的图示

（2）从 RDF 陈述 Triples 到 owl 实例数据（R-O 数据转换）。作者已经通过深度遍历算法将 XML Schema 实例转化为 RDF 陈述了，接下来作者只需从上到下线性扫描 RDF 陈述线性表 15-7，根据表中的 RDF 陈述三元组及按照 15.4.1 小节中的 R-O 数据转换算法，生成 owl 实例即可。表 15-8 是由 Workshop 的 XML Schema 实例生成的 owl 实例。

表 15-8　owl 实例

```
<? xml version= " 1.0 "? >
<rdf:RDF
xmlns:onto = " http://www.cs.zju.edu/nsf/Ontology# "
xmlns:rdf = " http://www.w3.org/1999/02/22-rdf-syntax-ns# "
xmlns:rdfs= " http://www.w3.org/2000/01/rdf-schema# "
>
<onto:Workshop   rdf:ID= " Workshop_id1 ">
< onto: name > 17th International Conference on Advanced Information Networking and
Application </onto:name>
    <onto:place> Xi'an,China</onto:place>
    <onto:hasWriter   rdf:resource= "# Writer_id2 ">
    <onto:begindate> 03/27/2003</onto:begindate>
    <onto:enddate   > 03/29/2003</onto:enddate>
</onto:Workshop>
<onto:Writer rdf:ID= "Writer_id2">
<onto:name> Ming Guo </onto:name>
<onto:name> Shanping Li</onto:name>
<onto:name> Jinxiang Dong</onto:name>
<onto:hasPaper   rdf:resource= "# Paper_id3 ">
</onto:Writer>
<onto:Paper rdf:ID= "Paper_id3">
<onto:name> Ming Guo </onto:name>
<onto:name> Shanping Li</onto:name>
<onto:name> Jinxiang Dong</onto:name>
<onto:appeardate> 12/03/2002</onto:appeardate>
</onto:Paper>
</rdf:RDF>
```

15.5　实践

在语义驱动的建模方法与框架指导下，作者基于 ACIS 3D Toolkit 已初步设计开发了一个集成建模原型系统 SCC-ProModeling（如图 15-16 所示）。目前，SCC-ProModeling 正针对 CAD 系统（Pro/E™）、数字化预装配系统（Deneb™）和结构分离仿真分析系统

(Adams™)进行试验。概念层的本体开发在斯坦福大学开发的建模工具(Protégé)支持下进行,在重用高层核心产品本体的基础上,进行领域本体的构建,表 15-9 表示了 TCO(高层核心产品本体)与数字化预装配领域本体的部分概念定义片段。SCC-ProModeling 能有效克服以往领域系统间重复建模的弊端,例如对产品结构的重复建模等,增强了模型可重用性,提高了领域模型的重构速度。但由于产品知识的复杂性,进行多个领域本体某些复杂概念间的自动映射存在一定困难,因而针对产品知识集成的目标,原型系统尚需要不断改进。

表 15-9　高层核心产品本体和数字化预装配领域本体片段

高层核心产品本体	```<owl:Class rdf:ID= " CoreAssyPart ">```
	 ```<rdfs:subClassOf> <owl:Class rdf:ID= " CoreComponent "/> </rdfs:subClassOf>```
	 ```<owl:equivalentClass>```
	 ```<owl:Restriction>```
	 ```< owl: minCardinality rdf: datatype = " http://www. w3. org/2001/XMLSchema # int " > 2 </owl:minCardinality>```
	 ```<owl:onProperty> <owl:ObjectProperty rdf:ID= " hasSubPartofDirect "/> </owl:onProperty>```
	 ```</owl:Restriction>```
	 ```</owl:equivalentClass>```
	 ```</owl:Class>```
	 ```<owl:Class rdf:ID= " CorePart ">```
	 ```<rdfs:subClassOf rdf:resource= "# CoreComponent "/> </rdfs:subClassOf>```
	 ```......```
	 ```</owl:Class>```
	 ```<owl:ObjectProperty rdf:about= "# hasSubPartofDirect ">```
	 ```<rdfs:domain rdf:resource= "# CoreAssyPart "/> <rdfs:range rdf:resource= "# CoreComponent "/>```
	 ```</owl:ObjectProperty>```
	 ```<owl:Class rdf:ID= " CoreConstraints ">```
	 ```<rdfs:subClassOf> <owl:Class rdf:ID= " CoreObject "/> </rdfs:subClassOf>```
	 ```</owl:Class>```

数字化预装配领域本体	```<owl:Ontology rdf:about= ""> <owl:imports rdf:resource= " http://www.ProModeling.com/TCO.owl "/> </owl:Ontology>```
	 ```<owl:Class rdf:ID= " PrePart ">```
	 ```<rdfs:subClassOf rdf:resource= " http://www.w3.org/2002/07/owl# Thing "/>```
	 ```< owl: equivalentClass > < rdf: Description rdf: about = " http://www. ProModeling. com/ TCO. owl # CorePart ">```
	 ```<owl:equivalentClass rdf:resource= "# PrePart "/> </rdf:Description>```
	 ```</owl:equivalentClass>```
	 ```</owl:Class>```
	 ```<owl:Class rdf:ID= " AsmConnectRelationship ">```
	 ```<rdfs:subClassOf rdf:resource= " http:// www. ProModeling.com /TCO.owl# CoreConstraints "/>```
	 ```</owl:Class>```
	 ```<owl:Class rdf:ID= " Mating ">```
	 ```<rdfs:subClassOf rdf:resource= "# AsmConnectRelationship "/>```
	 ```</owl:Class>```

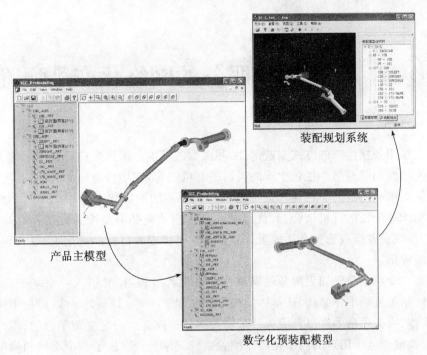

装配规划系统

产品主模型

数字化预装配模型

图 15-16　SCC-ProModeling 系统示例

15.6　小结

　　本章从复杂产品研发的多学科领域协同和多环节反复迭代的特性出发,对语义驱动的集成化产品知识建模系统进行研究和实践,通过建立高层核心产品本体和领域本体,对概念层的产品语义进行了形式化定义,减少了产品知识跨领域集成时由于环境异构导致的概念模糊性。提出的集成化产品知识建模框架由概念层和模型层构成,概念层包括高层核心产品本体和领域本体,模型层由主模型和领域模型等一族模型构成;给出了集成化产品模型的形式化语义描述;在构建高层核心产品本体的基础上建立主模型;基于多领域本体,进行由概念层语义驱动的领域模型快速重构,在语义理解基础上实现跨领域的产品知识重用;给出了信息建模语言 EXPRESS 到语义 Web 语言 owl 的映射方法;给出了产品知识从传统 Web 移植到语义 Web 上的知识传递技术。

　　与传统产品信息建模方法相比,该建模方法减少了产品知识跨领域集成时由于建模环境、工具等异构而导致的产品语义信息的概念模糊性,支持产品模型知识的语义集成,并具有良好的可扩展性。

第16章 基于知识服务的网络化产品配置系统

产品配置用规模生产的方式制造部件,并根据需求组合部件形成符合要求的产品,从而实现大规模生产的效益与个性化生产的灵活的有机结合,在尽可能短的时间内,高效率低成本地为顾客提供高质量的个性化产品。基于知识服务的网络化产品配置是知识服务技术、网络技术和产品配置的有机结合,其优势是各制造企业将核心竞争力封装并以知识服务的形式发布,其他企业查找选择合适的服务并将其动态绑定到自己的应用中,以获得取长补短强强合作的效果。

本章首先介绍了基于知识服务的网络化产品配置过程,接着引入一个基于知识服务面向网络化产品配置的本体结构,该本体结构由产品配置本体、上下文本体、过程本体、资源本体、组织本体、服务质量本体以及服务计量统计本体构成。这为建立跨平台的、柔性的、高性能、支持大批量企业级用户的网络化产品配置系统支撑平台提供了一个明确的模型,从而提高了网络化产品配置系统实现的针对性。网络化产品配置系统的设计目标是结合语义Web、知识服务技术和服务网格技术,实现网络化产品配置服务构建、注册、管理和发现等功能。

16.1 基于知识服务的网络化产品配置过程

如图 16-1 所示,网络化制造企业进行产品配置时先将配置任务进行分解,然后寻找合适的知识服务对不同部件的配置问题进行求解,最后对配置结果进行有效性检验,通过则完成配置。反之,重复进行任务分解和配置问题求解过程,直到配置结果通过有效性检验。与传统产品配置过程不同的是,产品配置问题求解不再仅仅由一家企业完成,而是一个新产品由多家企业组成的动态企业联盟共同完成,参与协作的每家企业发挥本企业的核心优势完成相应部分,整合所有企业的配置结果即得满足用户需求的新产品。网络化产品配置的实质是将企业核心优势封装并以知识服务的形式发布,其他企业查找选择合适的知识服务并将其动态绑定到自己的应用中,以获得取长补短强强合作的效果,进而取得成本、质量、服务和响应时间方面的改善,在尽可能短的时间内设计出满足用户需求的产品。

由此,网络化产品配置研究重心从配置问题表达、配置问题求解、配置器实现等传统产品配置研究热点转移到产品配置知识服务的创建、查找、匹配、定位、加密与执行。

企业将核心竞争力封装成知识服务后需要到服务注册中心注册发布,如在 UDDI 中注册服务,企业需要提供描述该服务的 WSDL 文档,注册后产生一个 tModel 对象,该对象有一指针指向相应 WSDL 文档端口概要部分;同时产生一个 bindingTemplate 结构,有一

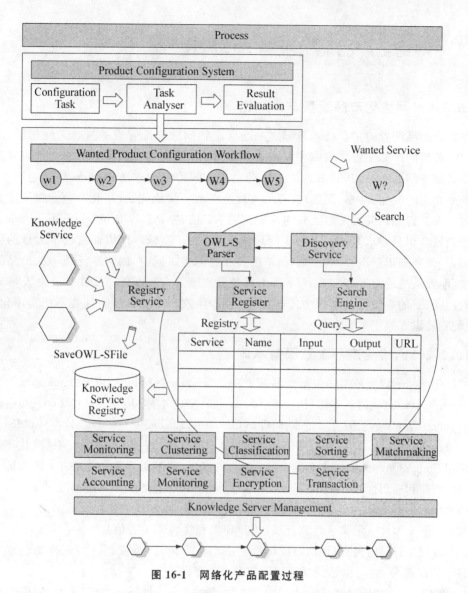

图 16-1　网络化产品配置过程

指针指向相应 WSDL 文档绑定部分。注册服务的同时,企业需要提供该服务的服务质量(QoS)数据,存入服务质量数据库。服务质量数据库给服务查找匹配提供重要参考数据,如服务可靠性、服务可信度等。服务质量数据来自供应商注册、第三方测试和用户反馈三个渠道。

服务管理工具对已注册服务使用多种方法进行服务聚类、服务分类、服务排序等操作,为查询匹配提供快速准确的服务。服务查找时计算所需服务和已注册服务间的相似度,选择相似度最大的服务进行定位并动态绑定。将所有所需服务找齐后组织这些服务并按一定的顺序执行,获得配置结果。服务执行时按用户要求对服务进行加密、监控、或计费操作。服务执行发生中如异常,还需执行事务处理、进行回滚或补偿。

16.2　网络化产品配置服务本体构建

16.2.1　网络化产品配置与本体论

网络化产品配置的主要技术基础之一是对配置问题和配置服务进行柔性建模,建立统一、柔性、灵活的产品配置知识库和配置服务知识库。现有的产品配置方法和约束表达方式往往是针对专门的产品,其知识表达方法局限于一些特定的方法和技巧,缺乏通用性,不能适应产品知识的演化、共享、交换,在很大程度上背离了集成化、共享化的企业集成计算环境的要求。人工智能研究者一般也较为注重问题求解方法(PSM,Problem Solving Method),而对于领域知识只要求其能满足特定问题求解方法的需求即可,因而造成了大量的领域知识重用,并带来知识获取、PSM 共享和系统集成等困难。同时,因为缺乏统一的产品知识表述方法,配置系统的设计和实现往往要由系统开发专家、产品专家及软件开发人员共同协作,经过"漫长"的系统定制过程才能够投入使用,导致产品配置系统往往不能实用化、通用化,使配置知识库难于共享和扩充。

16.2.2　网络化产品配置服务本体

网络化产品配置服务本体包括产品配置本体(Product Configuration Ontology)、上下文本体(Context Ontology)、过程本体(Process Ontology)、资源本体(Resource Ontology)、组织本体(Organization Ontology)、服务质量本体(QoS Ontology)以及服务计量与统计本体(Metering & Accounting Ontology)。在建立网络化产品配置本体时,以上 7 个子本体类和网络化产品配置本体采用 Frame Ontology 中的 class/subclass 方式联系,这样处理的优点在于:既保证了顶层概念的抽象性和通用性,又通过类属关系保证了网络化产品配置本体的建模能力。

(1) 产品配置本体:定义了产品配置部件、部件属性、配置关系以及评价关系。

(2) 上下文本体:定义了计算环境、用户环境和物理环境等信息。

(3) 过程本体:由流程(Process)与流程活动(Activity)组成;其中,流程活动定义了流程的各个组成部分,它可以是元活动也可以是嵌套子流程。

(4) 资源本体:用于描述产品配置执行所需配备的各种支撑条件,如工具、设备、机器等信息。

(5) 组织本体:用于建立完善的组织资源模型,由人员(User)、组织(Organization)、职位(Position)、角色(Role)、部门(Department)与项目(Project)等实体组成。

(6) 服务质量本体:用于考查知识服务可用性可靠性,由多个时间参量、耗费、可靠性、可信度和安全性等实体构成。可以参照 10.4.3 小节,本章不再赘述。

(7) 服务计量与统计本体:由用于度量服务使用统计和计量的实体构成。可以参照第 10 章中的 10.4.4 小节,本章不再赘述。

14.2.3　产品配置本体

1. 产品配置知识表达方法的种类

现有产品配置知识表达方法大致有以下几种。

（1）基于连接（Connection-Base）的表达方法[①]：以部件间端口（port）作为主要研究对象，用端口上的约束和端口之间的连接关系来定义部件的属性和部件间的相互关系。该表达方式有很多局限性，与该方法产生于 COSSACK – Xerox 公司的个人计算机配置项目有关。该表达方法中的端口、连接等概念衍生于个人计算机的组件关系，将其应用到其他领域时，很难直观描述部件之间的相互关系，如：用 port 很难完全描述机械部件之间的相对连接关系（如齿轮副及其他运动机构）。

（2）资源平衡（Resource Balancing）的表达方法[②]：用一个全局概念 resource 替代局部概念 port，跟基于连接的方法相似，只是侧重点不同。同基于连接的表达方式一样，其表达能力也是有限的。

（3）面向对象（Object-Oriented）的配置知识表示法：对表达的概念及其相互关系以对象之间的泛化（Generalization）、特化（Specialization）、继承（Inherence）、聚集（Aggregation）、使用（Reference）等关系来描述[③,④,⑤]。

（4）基于规则（Rule-based）[⑥,⑦]的方法：采用单纯的规则表示，是一种常用的知识表示法，VT 和 XCON 等系统中都使用到它，其缺点也是很明显的：① 领域知识和求解的策略知识相互混杂；② 单个部件的知识往往要使用多条独立的规则来表示；③ 规则更擅长于推理，不适于配置模型中大量的描述知识；④ 大量的规则的一致性维护困难。

综合以上产品配置知识表达方式，作者提出基于本体的产品配置知识表达方法。本体论强调知识的共享和重用，提供了异构系统间数据共享和数据交换的新途径。

2. 产品配置本体的定义
产品配置本体可定义为：

---

① Mittal S. and Frayman F.. Toward a generic model of configuration tasks. In：Proceedings of the 17th International Joint Conference on Artificial Intelligence (IJCAI-89)，Calilfornia，pp. 1395 – 1401，1989.

② Heinrich M. and Jüngst E. W.. A resource-based paradigm for the configuring of technical systems from modular components. In：Proceedings of the 7th IEEE Conference on AI Applications (CAIA)，pp. 257 – 264，1991.

③ Hedin G.，Ohlsson L. and McKenna J.. Product configuration using object oriented grammars. In：Proceedings of the 8th International Symposium on System Configuration Management，Brussels，pp. 107 – 126，1998.

④ Branchman R. J. and Schmolze J. G. An overview of the KL-ONE knowledge representation system. Cognitive Science，9（2）：171 – 216，1985.

⑤ Cunis R.，Günter A.，Syska I.，Peters H. and Bode H.. PLAKON-an approach to domain-independent construction. In：Proceedings of the 2nd International Conference on Industrial and Engineering Applications of Artificial Intelligence and Expert Systems (IEA/AIE-89)，Tullahoma，TE，Vol. 2，pp. 866 – 874，1989.

⑥ Sabin D. and Weigel R.. Product configuration frameworks-a survey. IEEE Intelligent Systems & Their Applications，13（4）：42 – 49，1998.

⑦ Studer R.，Eriksson H. and Gennari J. H.. Ontologies and the configuration of problem-solving methods. In：Proceedings of the 10th Knowledge Acquisition for Knowledge-base Systems Workshop，Banff，pp. 257 – 289，1996.

ProductConfOnto：＝{PS，AS，RC，ERS}，其中：

PS：部件集(Parts Set)，描述标准部件及部件间可能的逻辑关系，见下面阴影部分。标准部件信息包括 Port(端口)、Resource(资源)、Constraint(约束)信息。Port(端口)：表明了部件上可以与其他部件相连接的"地方"，这在描述部件之间的拓扑连接关系时特别有用，这种关系是诸如 HasPart 等所不能替代的。一个端口根据 Compatible(兼容)关系确定与其他端口可能的连接关系，由 Join(连接)指定某些一定要满足的连接关系，端口还具有自己的属性定义；一个端口不能连接到自身。Resource(资源)：产品配置中往往需要描述生成/消耗一定量的某种抽象实体的概念，如磁盘空间占用、能量消耗等，这些可以通过资源类型来描述。资源是一个全局的概念，在配置中，一种类型的资源只能对应一个资源个体。对于资源，可以通过满足/平衡来推理部件之间的关系。另外，资源还可以由 HasAttribute 指定属性。Constraints(约束)：主要指几何约束。部件几何形状关系到是否能装配、装配顺序、装配难度。部件间可能的逻辑关系有上下位关系、整体部分关系、同义/反义关系、归属关系。

```
<owl:Class rdf:ID= "产品配置本体">
    <owl:subClassOf rdf:resource= "# 产品配置服务本体"/>
</owl:Class>
<owl:ObjectProperty rdf:ID= "部件信息">
<rdfs:domain>
    <owl:Class rdf:about= "# 产品配置本体"/>
</rdfs:domain>
</owl:ObjectProperty>
<owl:ObjectProperty rdf:ID= "部件关系">
<rdfs:domain>
    <owl:Class rdf:about= "# 产品配置本体"/>
</rdfs:domain>
</owl:ObjectProperty>
<owl:Class rdf:ID= "端口">
    <owl:subClassOf rdf:resource= "# 部件信息"/>
    <owl: disjointWith rdf:resource= "# 资源"/>
</owl:Class>
<rdf:Property rdf:ID= "兼容">
    <owl:subClassOf rdf:resource= "# 连接方法"/>
</rdf:Property>
<owl:Class rdf:ID= "资源">
    <owl:subClassOf rdf:resource= "# 部件信息"/>
    <owl: disjointWith rdf:resource= "# 端口"/>
</owl:Class>
    <owl: TransitiveProperty rdf:ID= "上下位关系">
    <rdfs:domain rdf:resource= "# 逻辑关系"/>
    <rdfs:range rdf:resource= "# 部件关系"/>
```

```
    </owl:Class>
        <owl: TransitiveProperty rdf:ID= "整体部分关系">
        <rdfs:domain rdf:resource= "# 逻辑关系"/>
        <rdfs:range rdf:resource= "# 部件关系"/>
    </owl:Class>
        <owl: TransitiveProperty rdf:ID= "同义关系">
        <rdfs:domain rdf:resource= "# 逻辑关系"/>
        <rdfs:range rdf:resource= "# 部件关系"/>
    </owl:Class>
        <owl: TransitiveProperty rdf:ID= "反义关系">
        <rdfs:domain rdf:resource= "# 逻辑关系"/>
        <rdfs:range rdf:resource= "# 部件关系"/>
    </owl:Class>
        <owl: TransitiveProperty rdf:ID= "归属关系">
        <rdfs:domain rdf:resource= "# 逻辑关系"/>
        <rdfs:range rdf:resource= "# 部件关系"/>
    </owl:Class>
```

AS：部件属性集（Attributes Set），描述部件在某方面的特性，见下面阴影部分。HasPart/PartOF：描述部件之间的复合关系，部件 A 由部件 B 及其他部件复合而成，则称 A HasPart B，B is a PartOf A。HasPort/PortOF：描述部件与端口之间的关系，如果部件 A 含有一个端口 B，则称 A HasPort B，B is a PortOF A。HasAttribute：描述类型具有的某些种属性。Require：描述当某个个体出现在配置结果中的时候，必须要求某些个体也必须同时出现在配置结果中。Require 是非自反、非对称的[1]，能够表述一些非结构性的关系，弥补了 HasPart 的不足，同时又比基于 Port、Resource 等的拓扑连接关系直接。IndispensablePart：有些部件取舍对构成的最终的产品的功能没有影响，往往是出于某些特定需求的考虑，这类部件成为可选部件。Join：指明如果两个端口出现在配置结果中，则它们必须是拓扑相连的。Join 是自反的。Incompatible/Compatible：是一个全局的关系，指定如果某种类型的个体出现在配置结果中时，另外类型的个体不允许出现在配置结果中。Incompatible 提供一个从全局的视点去保证配置结果的正确性的约束条件。Compatible 关系则是 Incompatible 的否定。Produce：当某个类型的个体在配置结果中时，该个体生成了一定数量的、某种类型的资源。Consume：当某个类型的个体在配置结果中时，该个体消耗了一定数量的、某种类型的资源。IsConcrete：描述某个类型是否是具体的。只有具体类型的直接实例可以出现在配置结果中。IsIndependent：表明一个部件是否是可以独立出现在配置结果中。IsExclusive：表明一个子部件不能被多个子部件共享，只能被某个部件独占。

---

① Gruber T. R.. Towards principles for the design of ontologies used for knowledge sharing. International Journal of human-Computer Studies，43：907－928，1995.

```
<owl:部件属性>
    <owl:distinctMembers rdf:parseType= " Collection ">
    <owl rdf:about= "# hasPart "/>
    <owl rdf:about= "# partOf "/>
    <owl rdf:about= "# hasAttribute "/>
    <owl rdf:about= "# require "/>
    <owl rdf:about= "# indispensablePart "/>
    <owl rdf:about= "# join "/>
    <owl rdf:about= "# incompatible "/>
    <owl rdf:about= "# compatible "/>
    <owl rdf:about= "# produce "/>
    <owl rdf:about= "# consume "/>
    <owl rdf:about= "# isConcrete "/>
    <owl rdf:about= "# isIndependent "/>
    <owl rdf:about= "# isExclusive "/>
    </owl:distinctMembers>
</owl:部件属性>
```

RC：配置关系（Relationship of Configuration）可视为三元组 RC：＝{RA,BS,RP}。RA(Relationship of Assemble)：不同行业的产品有不同装配关系，见下面阴影部分。如：机械类产品装配关系有配合、对齐、偏置、连接和接触。对齐还能细分为：重合对齐、同轴对齐、平行对齐、垂直对齐、相距对齐、角度对齐、相切对齐等。连接能分为：螺纹连接，销连接，键连接，联轴器连接，焊接，粘接和铆接等。接触还能分为：平面贴合、平面对齐、柱面贴合、点面接触等。而电子类产品的装配关系就没那么复杂。BS(Benchmark Set)：基准部件集。基准部件给配置结果中其他部件建立坐标系，使其能正确描述在系统中的位置以及和其他部件之间的关系。RP(Relative Position)：相对位置关系。指在配置结果的主视图中部件之间的相对位置关系。系统中所有部件及其相互关系可以看作有向图 G＝<V,E>。V(G)是图 G 中顶点的有穷非空集合，即所有部件的集合；E(G)是 V 中顶点偶对（称为边）的有穷集，即部件间相对位置关系。任意两点 V_i,V_j 间如有边连接，则一定有两条边，如：$<V_i,V_j>$：＝{atBottomOf}，则$<V_j,V_i>$：＝{atTopOf}。通过计算该部件与基准部件间最短路径上相关部件在各方向上的相对位置关系及部件尺寸来确定某部件和基准部件间的相对位置关系。通过几何判别，可以用 Touching, Inclusion, Crossing, PassThrough, Overlapping, Equality 来定义部件接触方式，用 Completely,partially 定义接触程度，用 atTopOf, atRightOf, atBottomOf, atLeftOf, atTopRightOf, atBottomRightOf, atBottomLeftOf, atTopLeftOf, Above, Below 定义接触方向。使用时，考虑到用户查询时选择的基准部件可能会与系统确定的基准部件有所不同，此时需要使用映射算法将分别由用户和系统确定的基准部件集下的相对位置进行转换。计算任意两部件间相对位置关系则可通过此两部件关于基准部件的相对位置关系来确定，同时考虑该两部件的尺寸，以确定接触程度。

　　ERS：评价规则集合（Evaluation Rule Set），对产品配置结果是否满足产品的组件构成及相互关系进行评价。如果配置结果与需求模型一致，则认为该配置结果是合适的。如果配置结果是合适的，并且与配置模型一致，则认为该配置结果是正确的。

```
<owl :Class rdf:ID= "装配关系">
    <owl:subClassOf rdf:resource= "# 配置关系"/>
    <rdfs:domain rdf:resource= "# 逻辑关系"/>
    <rdfs:range rdf:resource= "# 装配关系"/>
</owl:Class>
<owl :Class rdf:ID= "基准部件">
    <owl:subClassOf rdf:resource= "# 配置关系"/>
    <rdfs:domain rdf:resource= "# 部件集"/>
    <rdfs:range rdf:resource= "# 所有部件"/>
</owl:Class>
<owl :Class rdf:ID= "相对位置关系">
    <owl:subClassOf rdf:resource= "# 配置关系"/>
    <rdfs:domain rdf:resource= "# 逻辑关系"/>
    <rdfs:range rdf:resource= "# 相对位置关系"/>
</owl:Class>


<owl:装配关系>
<owl :distinctMembers rdf:parseType= " Collection ">
    <owl rdf:about= "# 重合对齐"/>
    <owl rdf:about= "# 同轴对齐"/>
    <owl rdf:about= "# 平行对齐"/>
    <owl rdf:about= "# 垂直对齐"/>
    <owl rdf:about= "# 相距对齐"/>
    <owl rdf:about= "# 角度对齐"/>
    <owl rdf:about= "# 相切对齐"/>
    <owl rdf:about= "# 螺纹连接"/>
    <owl rdf:about= "# 销连接"/>
    <owl rdf:about= "# 键连接"/>
    <owl rdf:about= "# 联轴器连接"/>
    <owl rdf:about= "# 焊接"/>
    <owl rdf:about= "# 粘接"/>
    <owl rdf:about= "# 铆接"/>
    <owl rdf:about= "# 平面贴合"/>
    <owl rdf:about= "# 平面对齐"/>
    <owl rdf:about= "# 柱面贴合"/>
    <owl rdf:about= "# 点面接触"/>
```

```
        </owl:distinctMembers>
    </owl:部件属性>

    <owl :Class rdf:ID= "相对位置">
        <owl:subClassOf rdf:resource= "# 相对位置关系"/>
        <rdfs:domain rdf:resource= "# 逻辑关系"/>
        <rdfs:range rdf:resource= "# 接触方式"/>
    </owl:Class>
    <owl:接触方式>
        <owl :distinctMembers rdf:parseType= " Collection ">
            <owl rdf:about= "# Touching "/>
            <owl rdf:about= "# Inclusion "/>
            <owl rdf:about= "# Crossing "/>
            <owl rdf:about= "# PassThrough "/>
            <owl rdf:about= "# Overlapping "/>
        </owl:distinctMembers>
    </owl:接触方式>
    <owl:接触程度>
        <owl :distinctMembers rdf:parseType= " Collection ">
            <owl rdf:about= "# Completely "/>
            <owl rdf:about= "# partially "/>
        </owl:distinctMembers>
    </owl:接触程度>
    <owl:接触方向>
        <owl:distinctMembers rdf:parseType= " Collection ">
        <owl rdf:about= "# atTopOf "/>
        <owl rdf:about= "# atRightOf "/>
        <owl rdf:about= "# atBottomOf "/>
        <owl rdf:about= "# atLeftOf "/>
        <owl rdf:about= "# atTopRightOf "/>
        <owl rdf:about= "# atBottomRightOf "/>
        <owl rdf:about= "# atBottomLeftOf "/>
        <owl rdf:about= "# atTopLeftOf "/>
        <owl rdf:about= "# Above "/>
        <owl rdf:about= "# Below "/>
        </owl:distinctMembers>
    </owl:接触方向>
```

16.2.4　上下文本体

上下文本体是网络化产品配置本体中一个重要组成部分,通常包含计算环境、用户环境和物理环境等信息[①]，见下面阴影部分。简单地说上下文就是"你是谁，你在哪里，什么资源在你旁边"[②]。上下文大量应用于企业级信息系统[③,④,⑤]。

上下文本体定义如下：

Context：＝{T，S，WRI,CRI}，其中：

T：时间（Time），时间不是产品配置中的必要元素，但在工作流中却不可或缺。

S：状态（Status），描述当前情况下的物理或逻辑状态。

WRI：工作流相关数据（Workflow Related Information），保存工作流输入输出、启动条件、终止条件、上行依赖、下行依赖等。

```
<owl:Class rdf:ID= "上下文本体">
  <owl:subClassOf rdf:resource= "# 产品配置服务本体"/>
</owl:Class>
<owl :Class rdf:ID= "时间">
    <rdfs:domain rdf:resource= "# 产配置本体"/>
    <rdfs:range rdf:resource= "# 可用时间"/>
</owl:Class>
<owl :Class rdf:ID= "状态">
    <rdfs:domain rdf:resource= "# 产配置本体"/>
    <rdfs:range rdf:resource= "# 工作流状态"/>
</owl:Class>
  <owl :Class rdf:ID= "工作流相关数据">
      <rdfs:domain rdf:resource= "# 产配置本体"/>
      <rdfs:range rdf:resource= "# 工作流数据"/>
</owl:Class>
<owl :工作流数据>
```

①　Dey A. K. and Abowd G. D.. Towards A Better Understanding of Context and Context-Awareness，GITGVU-99-22，College of Computing，Georgia Institute of Technology，ftp：//ftp. cc. gatech. edu/pub/gvu/tr/1999/99‐22. pdf，1999.

②　Shilit B. N.，Adams N. I. and Want R.. Context-aware computing applications. In：Proceedings of the Workshop on Mobile Computing Systems and Applications，IEEE Computer Society，Santa Cruz，CA，pp. 85‐90，1994.

③　Wilikens M.，Feriti S.，Sanna A. and Masera M.. A context-related authorization and access control method based on RBAC. In：Proceedings of the 7th ACM Symposium on Access Control Models and Technologies，pp. 117‐124，2002.

④　Kern A.，Kuhlmann M.，Schaad A. and Moffett J.. Observations on the role life-cycle in the context of enterprise security management. In：Proceedings of the 7th ACM Symposium on Access Control Models and Technologies，pp. 43‐51，2002.

⑤　Covington M. J.，Long W. D.，Srinivasan S.，Dey A. K.，Ahamad M. and Abowd G. D.. Securing context-aware applications using environment roles. In：Proceedings of the 6th ACM Symposium on Access Control Models and Technologies，pp. 10‐20，2001.

```
<owl :distinctMembers rdf:parseType= " Collection ">
    <owl rdf:about= "# 输入参数"/>
    <owl rdf:about= "# 输出参数"/>
    <owl rdf:about= "# 启动条件"/>
    <owl rdf:about= "# 终止条件"/>
    <owl rdf:about= "# 上行依赖"/>
    <owl rdf:about= "# 下行依赖"/>
</owl:distinctMembers>
</owl:工作流数据>
```

16.2.5　过程本体

过程本体是工作流模型的核心,其规约出工作流元素类型的一个基本集合,主要定义了流程(Process)和活动。这些元素类型适合于相对简单的过程定义,开发人员根据需要可以对该本体进行适当的扩展。

1. 流程

流程模型由名称描述等基本属性和实例化属性构成。基本属性包含:名称、描述、字符集、输入参数、输出参数、启动条件与结束条件。实例化属性只有在实例化时才使用,包括:相关数据、人员设置、流程时间、优先级与流程激活应用。有嵌套流程存在,同时不需要对子流程分析时,可以视子流程为一个活动。

流程本体定义如下:

Process：＝{IP, OP, SC, EC, RP, U, PT, P, A}(见下面阴影部分),其中:

IP：输入参数(InputParameters),流程实例启动所需的所有参数。此处参数分为必须和可选两类。输入参数是流程匹配时计算相似度的重要参考指标,必须输入参数的缺少可导致两流程相似度为零。

OP：输出参数(OutputParameters),流程结束时对外输出的所有参数。类似输入参数,此处也分必须和可选两类。输出参数同样是流程匹配时计算相似度的重要参考指标。

SC：启动条件(StartConditions),流程实例开启的条件。

EC：结束条件(EndConditions),流程实例结束的条件。

RP：相关数据(RelativeParameters),实例化流程时所需的数据。

U：人员设置(Users),过程人员配置信息,表示有那些用户可以作为过程的执行人、管理者、参与者等。

PT：流程时间(ProcessTime),流程时间包括日历定义、启动时间、实际工作时间、等待时间。

P：优先级(Priority),流程优先级为非负自然数,数字越大优先权越小。

A：流程激活应用(Applications),描述所有在此流程中可能被激活的应用。

2. 活动

活动是流程的基本构成单位,是网络化产品配置的核心,也是业务过程中的一个处理步骤,是业务过程执行的单位实体。不同的活动通过各不相同的 ID 来唯一标识,TYPE 则指明相应活动的类型。同一个业务活动在工作流运行时可能具有多个实例(instance),作者将活动的实例称为任务。

活动本体定义如下:

Activity：=｛TS，US，RN，RC，RCO，SI，IL｝,其中:

TS：活动时间设置(Time Setting),如活动的开始时间、工期、结束时间等;当活动被实例化时,它还包括实例的实际开始时间、实际工期、实际结束时间与最早开始时间、最迟开始时间、最早结束时间与最迟结束时间。

US：活动人员设置(User Setting),活动的各种人员设置,包括参与人、管理人、执行人等。

RN：活动所需资源(Resource Needed)指出进行活动所需要的资源,可以提高资源利用率和支持并行工程。

RC：活动产生资源(Resource Created),给出活动结束后产生资源列表。

RCO：活动消耗资源(Resource Consumed),活动中消耗的资源。

SI：活动调度信息(Schedule Information),活动的优先级、活动分布信息(指定实例的物理处理地)、活动实例发送地(如通过 E-Mail 或系统任务盒等等)。

IL：活动激活应用(Implement List),活动激活应用列表,是本活动流程定义中激活应用集合的一个子集。

```
<owl:Class rdf:ID= " Process ">
<rdfs:comment> The most general class of processes</rdfs:comment>
    <owl :disjointunionOf rdf:parseType= " Collection ">
        <owl:Class rdf:about= "# AtomicProcess " />
        <owl:Class rdf:about= "# SimpleProcess " />
        <owl:Class rdf:about= "# CompositeProcess " />
    </owl:unionOf>
</owl:Class>

<owl :Class rdf:ID= " AtomicProcess ">
    <owl:subClassOf rdf:resource= "# Process "/>
</owl:Class>

<owl :Class rdf:ID= " SimpleProcess ">
    <rdfs:subClassOf rdf:resource= "# Process "/>
</owl:Class>

<rdf :Property rdf:ID= " realizedBy ">
    <rdfs:domain rdf:resource= "# SimpleProcess "/>
    <rdfs:range rdf:resource= "# AtomicProcess "/>
    <owl:inverseOf rdf:resource= "# realizes "/>
</rdf:Property>
```

```xml
<rdf :Property rdf:ID= " expandsTo ">
    <rdfs:domain rdf:resource= "# SimpleProcess "/>
    <rdfs:range rdf:resource= "# CompositeProcess "/>
    <owl:inverseOf rdf:resource= "# collapsesTo "/>
</rdf:Property>

<owl:Class rdf:ID= " CompositeProcess ">
  <owl :intersectionOf rdf:parseType= " Collection ">
      <owl:Class rdf:about= "# Process "/>
      <owl :Restriction owl:cardinality= " 1 ">
            <owl:onProperty rdf:resource= "# composedOf "/>
    </owl:Restriction>
  </owl:intersectionOf>
</owl:Class>

<rdf :Property rdf:ID= " composedOf ">
    <rdfs:domain rdf:resource= "# CompositeProcess "/>
    <rdfs:range rdf:resource= "# ControlConstruct "/>
</rdf:Property>

<owl:Class rdf:ID= " ControlConstruct ">
</owl:Class>

<rdf:Property rdf:ID= " components ">
  <rdfs:comment>
    Holds the specific arrangement of subprocesses.
  </rdfs:comment>
  <rdfs:domain rdf:resource= "# ControlConstruct "/>
</rdf:Property>

<owl:Class rdf:ID= " ProcessComponent ">
  <rdfs:comment>
    A ProcessComponent is either a Process or a ControlConstruct.
  </rdfs:comment>
  <owl:unionOf rdf:parseType= " Collection ">
    <owl:Class rdf:about= "# Process "/>
    <owl:Class rdf:about= "# ControlConstruct "/>
  </owl:unionOf>
</owl:Class>
```

16.2.6　资源本体

网络化产品配置中的资源是指完成产品配置活动所需要的所有物质和服务。按照面向网络化产品配置的分类方法,资源可以分为静态资源、动态资源;可重用资源、不可重用资源;共享资源和不可共享资源[①]。

资源本体定义如下:

Resource:＝{AP, O, RT, D, RA, AL, WL}(见下面阴影部分),其中:

AP:可用阶段(Available Period),给出资源可用的时间段。

O:操作(Operation),定义可以对资源进行的操作。

RT:资源类型(Resource Type),表明资源是共享还是互斥,是静态还是动态,是可重用的还是不可重用的。

D:分布(Distributed),给出访问控制中的资源(包括组织本体类)在系统中的位置,包括物理分布和逻辑分布。

RA:资源数量列表(Resource Amount List),记录当前剩余的可用资源数量,当前正在使用的不可重用资源数量不记入可用资源数量。

AL:使用资源的活动实例列表(Activity List),记录正在使用该资源的所有活动实例集。

WL:等候资源的活动实例列表(Wait List),记录正在等候该资源的所有活动实例集。

```
<owl:Class rdf:ID= "资源本体">
  <owl:subClassOf rdf:resource= "# 产品配置服务本体"/>
</owl:Class>
  <owl:Class rdf:ID= "可用阶段">
  <owl:subClassOf rdf:resource= "# 资源本体"/>
  <rdfs:domain rdf:resource= "# 时间"/>
<rdfs:range rdf:resource= "# 可用时间"/>
</owl:Class>
<owl:Class rdf:ID= "资源类型">
  <owl:subClassOf rdf:resource= "# 资源本体"/>
  <rdfs:domain rdf:resource= "# 资源"/>
  <rdfs:range rdf:resource= "# 资源分类"/>
</owl:Class>
<owl:资源分类>
<owl:distinctMembers rdf:parseType= " Collection ">
    <owl rdf:about= "# 共享资源"/>
    <owl rdf:about= "# 互斥资源"/>
```

---

① 尹建伟.基于 web 架构智能分布式柔性工作流管理系统-WideFlow 研究及实现.浙江大学博士论文,2001.

```
            <owl rdf:about= "# 静态资源"/>
            <owl rdf:about= "# 动态资源"/>
            <owl rdf:about= "# 可重用资源"/>
            <owl rdf:about= "# 不可重用资源"/>
        </owl:distinctMembers>
    </owl:资源分类>
    <owl:Class rdf:ID= "资源分布">
        <owl :disjointunionOf rdf:parseType= " Collection ">
            <owl:Class rdf:about= "# 资源物理分布
            <owl:Class rdf:about= "# 资源逻辑分布
    </owl:unionOf>
    </owl:Class>
```

16. 2. 7　组织本体

组织本体描述系统参与者间相互关系,由层次化的组织单位构成,在网络化产品配置中起非常重要作用。从简单到复杂,有如下几类典型的组织模型[①]。Windows 和 Unix 中,组织模型由用户、用户组和域组成。面对通用应用的操作系统的组织模型相对简单,参与者间不需要复杂关联。PDM 和 Workflow 系统如:FlowMark,WorkParty,WIDE,WideFlow 等提供较为复杂的组织模型,包含用户、角色、职位、动态组织、静态组织和关联器等概念。分布式访问控制系统[②]中组织模型由职位、用户、部门、项目、软代理、单组织及角色等组成。

由上述模型,我们可以获得一个基本概念:"组织的基本单位是用户,组织模型描述用户间关系,组织模型可以是树状、网状或动态关联的。"在产品配置应用中,用户间关系相对较为复杂,用户隶属于不同部门,在各部门中担任不同职位,扮演不同角色,既隶属于静态组织,也隶属于因项目而调整的动态组织。综上所述,我们的组织本体由以下类组成:用户、部门、职位、角色和项目。

组织本体定义如下:

Organization:{US,DP,PO,RO,PR}(见下面阴影部分),其中:

US:用户(User),是构成组织本体最基本的单位。用户类包含以下信息:名称、住址、邮件、电话等。

DP:部门(Department),构成了组织本体中的静态组织部分,一般呈树状结构。部门是区别用户的属性中信息熵差别较大的一个属性。

PO:职位(Position),揭示了组织本体中的权力关联,一般呈网状结构,因为一个用户可以拥有多个职位。职位中有名称、描述等属性。

RO:角色(Role),是组织中非实例化的概念,表示参与某个活动的实体。角色可以是人、某个组织机构或某个应用程序,其主要属性有名称、组织实体和角色能力等,它描述的是

---

①.②　韩伟力.分布式环境下的约束访问控制技术研究.浙江大学博士论文,2003.

一个工作流程中参与操作的一切实体。

PR：项目（Project），构建组织本体中动态组织部分，其内容与部门相似。

```
<owl:Class rdf:ID= "组织本体">
    <owl:subClassOf rdf:resource= "# 产品配置服务本体"/>
</owl:Class>
<owl:Class rdf:ID= "用户">
    <owl:subClassOf rdf:resource= "# 组织本体"/>
</owl:Class>
<owl:Class rdf:ID= "部门">
    <owl:subClassOf rdf:resource= "# 组织本体"/>
</owl:Class>
<owl:Class rdf:ID= "职位">
    <owl:subClassOf rdf:resource= "# 组织本体"/>
</owl:Class>
<owl:Class rdf:ID= "角色">
    <owl:subClassOf rdf:resource= "# 组织本体"/>
</owl:Class>
<owl:Class rdf:ID= "项目">
    <owl:subClassOf rdf:resource= "# 组织本体"/>
</owl:Class>
```

16.3　网络化产品配置系统体系结构

如图 16-2 所示，网络化产品配置系统体系结构大致可分为四层：应用程序层、服务管理层、知识服务层和资源层。

应用程序层是系统的功能实现层和服务提供层。网络化产品配置运行过程从产品配置需求获取开始，经过配置任务分解将产品配置需求中涉及的配置任务分解为多个子任务，即将产品分解为多个部件组合，分别对这多个部件的配置问题进行求解，查询并匹配到网上合适的产品配置服务后进行配置结果有效性检验，通过检验则完成该产品配置过程，否则重新寻找合适的配置服务进行求解。

服务管理层是网络化产品配置系统的核心，产品配置服务除创建和消亡外的其余生命周期服务管理层都提供管理操作。产品配置服务创建后进行服务注册，服务注册不仅需提供服务类型（tModel）、服务提供者信息、服务绑定信息（bindingTemplate）、服务类别信息等，还需要提供服务性能信息、服务质量信息（QoS）等。服务质量信息随服务注册产生，在服务消亡前从服务提供者、服务使用者、第三方评测者处得到即时数据进行修正。服务注册后进行一系列服务管理操作：服务分类、服务聚类、服务排序。当服务使用者提出查询请求时，服务管理层进行服务相似度计算、服务过滤、服务匹配、服务排序等操作，找到合适的服务提交用户。经用户认可后，服务管理层提供服务定位、服务组织、服务加密、服务执行操

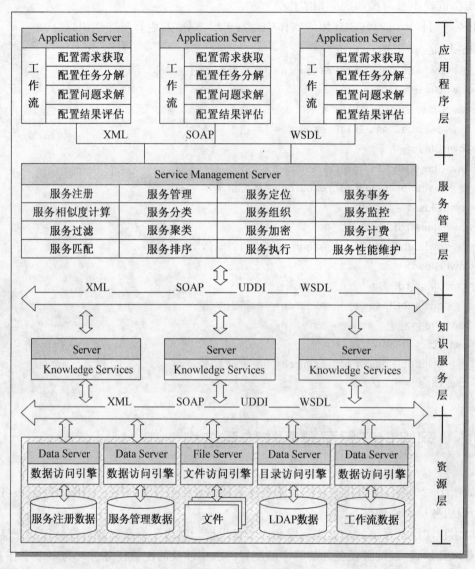

图 16-2　网络化产品配置系统体系结构

作,同时进行服务监控、服务计费和服务事务处理。

　　知识服务层提供动态的、有状态的和可管理的知识服务,知识服务物理上分布于不同企业各自知识应用服务器上。知识服务层用诸如 XML 与 WSDL 描述知识服务为所有知识服务指定标准的接口、行为与交互。知识服务层主要管理知识服务生命周期中构建、部署和消亡阶段。知识服务构建阶段包括开发和测试知识服务实现、定义服务接口描述和定义服务实现描述。构建知识服务可以通过创建新的知识服务、把现有的应用程序变成知识服务和将多个知识服务和应用程序组成新的知识服务等方式实现。知识服务部署阶段包括向服务请求者或服务注册中心发布服务接口和服务实现的定义,以及把知识服务的可执行文件部署到执行环境(网络应用程序服务器)中。知识服务消亡阶段的主要任务是从服务注册中心清除服务相关信息。

资源层提供网络化产品配置系统的数据引擎,它的好坏也是影响系统性能的一个重要方面。数据引擎分为两类:数据访问引擎和文件访问引擎。资源层可以看作是物理资源和逻辑资源的总合,物理资源包括服务注册数据、服务管理数据、LDAP 数据、工作流数据以及一些文件数据;物理资源之上是逻辑资源,通过虚拟化和聚合物理层的资源来提供额外的功能。服务注册和服务管理数据分布在多个 UDDI 上,UDDI 提供同步机制,因此只需访问其中任意一个即可。文件数据和工作流数据分布在不同企业各自的数据库中,由数据访问引擎提供对数据的透明访问。

网络化产品配置的核心功能是知识服务的构建、注册、管理、查找和执行。对于服务的构建,各企业可用各自熟悉的知识服务开发工具自行开发;对于服务的执行,企业在取得服务的 WSDL 文件后也可以很容易地绑定并执行该服务,因此应重点关注的是服务注册、管理、查找。

现在最为常用的服务注册是 UDDI。但目前注册中心还不支持对知识服务的语义查询,因此对知识服务本体建立、维护需要在我们的系统平台上完成,UDDI 仅为我们提供服务名称、描述、分类、tModel 等信息。获取注册信息并建立相应的知识服务本体后,该系统按用户需要进行服务的聚类、分类和排序等服务管理,并根据需要对服务进行查找。

16.4　系统运行实例

本节以变速器为例,按照图 16-2 所设计的运行流程,具体说明系统所提供的功能及所起的作用。

变速箱输入轴通过离合器跟引擎的曲轴连接,变速箱输出轴和汽车的传动装置连接,使得变速箱能够输入引擎的动力并经过齿轮组合调整扭矩及转速后把动力输出使用。变速箱是一个精密度相当高且复杂的机械,目前大多数的车厂不自己生产变速箱,都交由专门在设计变速箱的公司生产,如戴姆勒-奔驰全部采用德国 ZF 公司的变速箱。

想要查找或匹配变速箱配置服务,我们首先要对变速箱进行语义描述。系统对产品配置本体的维护,主要体现在对部件集、部件属性集和配置关系集的维护上,三者间的关系见16.2.3 小节产品配置本体。作者设计了一个面向汽车配置的支持本体的上下位关系的简单本体结构,其中部件 112 个,部件属性 21 个,配置关系 4 大类共计 19 个。部件集的本体维护界面见图 16-3。

如图 16-4 所示,在系统内查找符合配置变速箱要求的知识服务时,尽管使用了上下位概念,将电控变速箱、机械变速箱、液压变速箱等的配置服务列入可选范围,但查询结果只有一个,而且跟系统要求的配置服务相似度相差较远。查询结果如图 16-5 所示。

为获得更多的选择,作者通过 UDDI 搜索相关服务,如图 16-6 所示。服务搜索可按照UDDI 的多种目录顺序一次寻找或直接以关键字查找服务名称、企业名称、tModel 等。以北美行业分类系统为例,按照制造业——机械制造业——引擎涡轮和动力传输——机械动力传输分类,我们可以找到 3 家企业的 5 个服务。按此方法,收集其他分类方法和关键词查询找到的服务,共计查到 24 个相关服务。

图 16-3　本体维护界面

图 16-4　查找变速箱配置服务

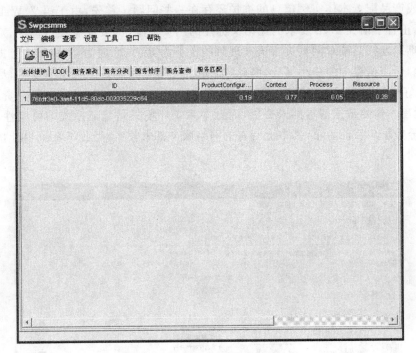

图 16-5 变速箱配置服务查询结果

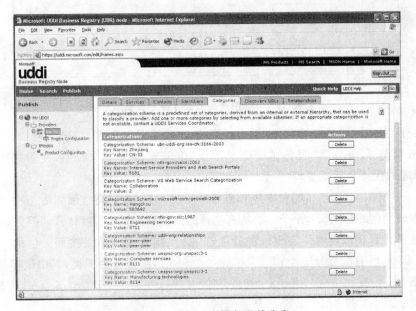

图 16-6 UDDI 上服务及其分类

按照 UDDI 上对服务的介绍及作者对服务的一些实测数据,继续维护产品配置服务本体实例的服务质量相关信息,如图 16-7 所示。就目前而言,用 Spider 等网上搜索代理代替人工来完成产品配置本体实例信息的维护还存在一些问题。首先,由于语义 Web 是一项新兴技术,真正合乎语义 Web 要求的经语义标注的网页很少,网页没有经过标注,对智能代理来说依然难以发挥其能对网页进行语义理解的优势。其次,目前为止,UDDI 上提供的信息还只是我们所需信息中的一小部分,因此,如 QoS 等信息就需要作者实测取得,尽管作者认为 QoS 最好能由服务供应商提供、第三方检测修订、用户反馈调整。因为服务资源本体、组织本体、过程本体的数据基本都未提供,而且本系统环境只是验证系统的可用性,所以系统设定了部分数据。目前为止,基本上所有的网络服务都未收费,因此本系统中计量本体中的数据都相同。

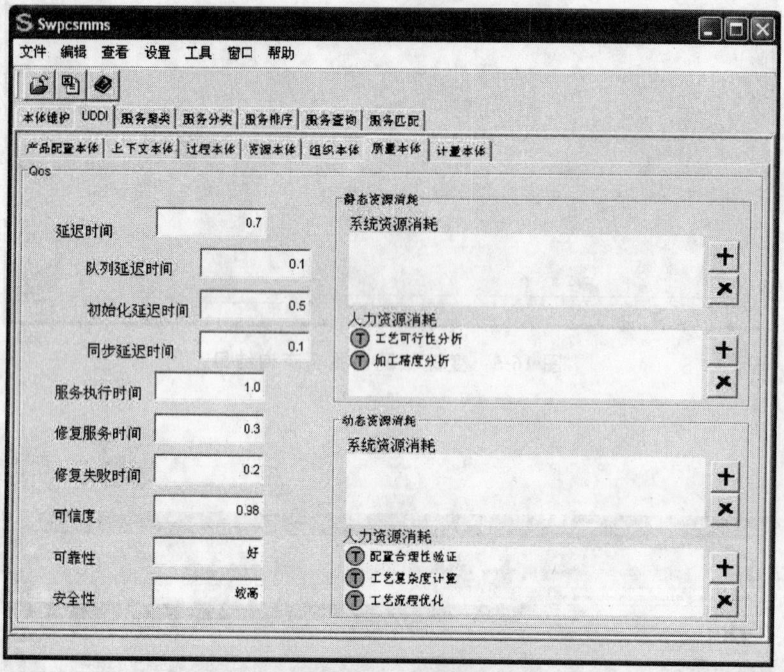

图 16-7 维护产品配置服务 QoS 信息

维护完所有实例的信息后,可以对以上服务进行管理。虽然,对于目前 20 多个知识服务来说服务聚类、服务分类、服务排序略显多余,但随着服务质量增加,搜索效率会慢慢下降,服务管理的优势会逐渐显现。

如图 16-8 所示,按照产品配置本体和服务质量进行聚类,聚类结果如图 16-9 所示。系统中使用模糊聚类(参照 10.5.2 小节),将所有选择的属性按其相关程度计算两服务间的相似度,简单起见这里计算相似度时所有属性的权值取 1。模糊聚类的结果按照 λ 值的不同有所不同:$\lambda \geqslant 0.95$ 时所有服务分三类;$0.75 \leqslant \lambda < 0.95$ 时,服务分为 7 类,其中最多的第 2 类中包含 6 个服务,见图 16-8;$0.54 \leqslant \lambda < 0.75$ 时,服务可分为 5 类;$0.37 \leqslant \lambda < 0.54$ 时,服务可分为 2 类;$\lambda < 0.37$ 时,服务全部合并为同一类。

服务管理中服务的分类也是最常用的操作,如图 16-10 所示,作者用决策树方法进行服务分类,以剩余属性中信息熵最大的属性作为分类对象。但本例中服务数量较少,没有足够的样本进行训练和交叉训练。因此,作者只选服务描述进行分类,分类结果大致可归在传动系、行驶、冷却等 13 类中,如图 16-11 所示。

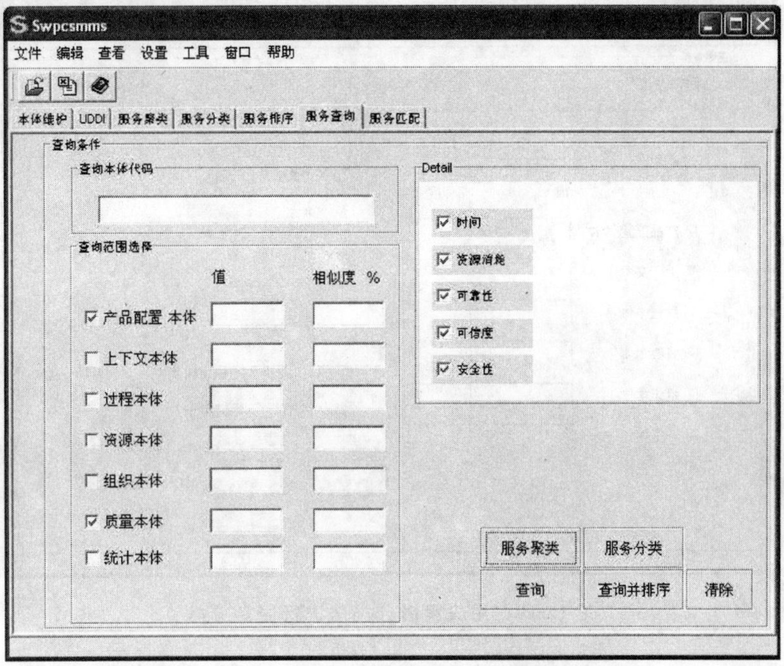

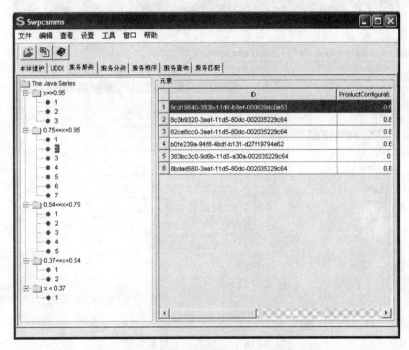

图 16-8　按产品配置本体和服务质量进行聚类

图 16-9　按产品配置本体和服务质量聚类结果

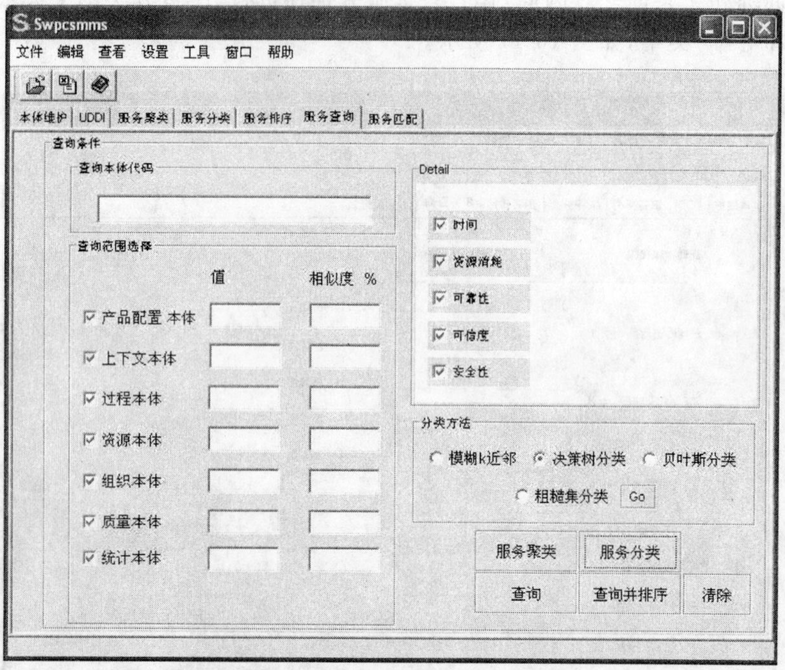

图 16-10 用决策树分类法进行服务分类

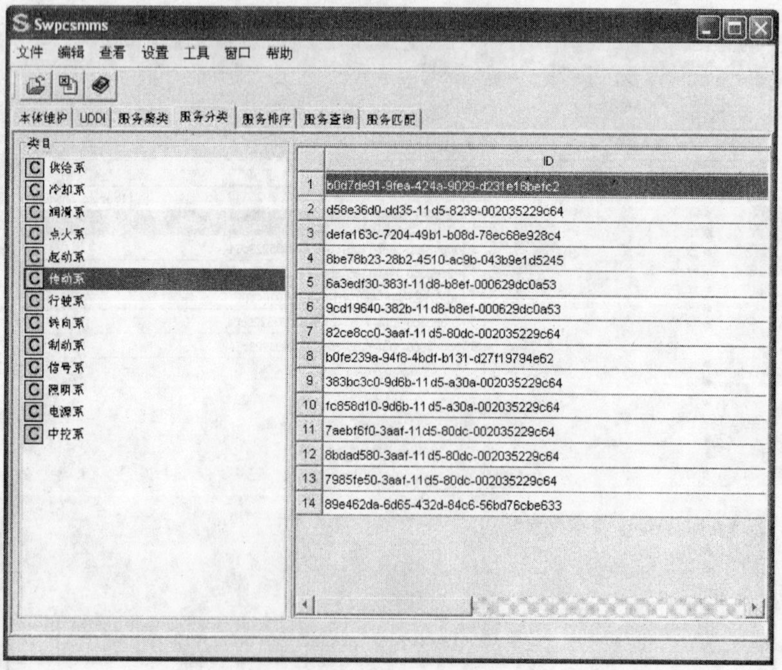

图 16-11 服务分类结果

系统中我们还可对服务进行排序操作,如图 16-12 所示。作者给出一个服务,并将其他服务按与该服务的相似程度排序。例如,给出服务的 UDDI 值为 8bdad580-3aaf-11d5-80dc-002035229c64,按照所有本体属性的相似程度将所有服务进行排序,所得结果如图 16-13 所示。

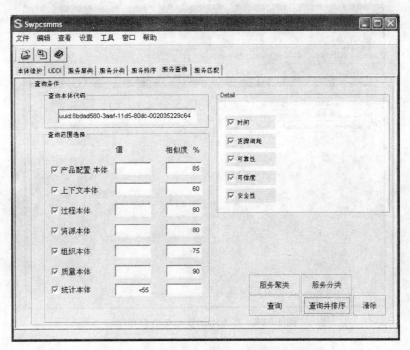

图 16-12　按给定服务进行服务相似度排序

	ID	Produ...	Context	Process	Resou...	Organi...	Qos	Security	Accounti...
1	8bdad580-3aaf-11d5-80dc-002035229c64	0.63	0.96	0.87	0.97	0.74	0.84	0.83	0.83
2	8c5b5020-3aaf-11d5-80dc-002035229c64	0.84	0.72	0.92	0.83	0.63	0.23	0.62	0.43
3	b0fe239a-94f8-4bdf-b131-d27f19794e62	0.66	0.82	0.87	0.93	0.87	0.86	0.95	0.86
4	772e0490-3aaf-11d5-80dc-002035229c64	0.98	0.92	0.45	0.82	0.83	0.74	0.03	0.34
5	9a5a5b7b-1973-49c1-9d53-8c8ab17739a0	0.98	0.33	0.98	0.83	0.82	0.02	0.83	0.23
6	defa163c-7204-49b1-b08d-78ec68e928c4	0.38	0.84	0.87	0.99	0.31	0.49	0.83	0.95
7	8c3b9320-3aaf-11d5-80dc-002035229c64	0.89	0.27	0.94	0.98	0.97	0.93	0.85	0.45
8	9cd19640-382b-11d8-b8ef-000629dc0a53	0.59	0.83	0.83	0.82	0.89	0.92	0.83	0.84
9	67db1474-a6a3-4698-8c1c-21cb614957f4	0.95	0.34	0.83	0.93	0.73	0.9	0.76	0.42
10	8b8c52bc-b176-4886-b7a0-0ec595b95e50	0.74	0.75	0.87	0.68	0.37	0.95	0.76	0.94
11	383bc3c0-9d6b-11d5-a30a-002035229c64	0.9	0.91	0.88	0.28	0.97	0.84	0.96	0.94
12	82ce8cc0-3aaf-11d5-80dc-002035229c64	0.89	0.23	0.78	0.89	0.72	0.95	0.83	0.87
13	d58e36d0-dd35-11d5-8239-002035229c64	0.61	0.54	0.72	0.9	0.71	0.038	0.69	0.96
14	fc858d10-9d6b-11d5-a30a-002035229c64	0.57	0.06	0.98	0.99	0.92	0.02	0.93	0.63
15	8be78b23-28b2-4510-ac9b-043b9e1d5245	0.33	0.94	0.82	0.42	0.24	0.53	0.53	0.9
16	d8ca9dbf-89a9-4759-80a3-5dadd274f85c	0.34	0.7	0.45	0.86	0.82	0.05	0.82	0.28
17	6a3edf30-383f-11d8-b8ef-000629dc0a53	0.52	0.54	0.56	0.67	0.82	0.82	0.26	0.83
18	b0d7de91-9fea-424a-9029-d231e16befc2	0.89	0.19	0.78	0.38	0.88	0.97	0.34	0.69
19	7985fe50-3aaf-11d5-80dc-002035229c64	0.63	0.38	0.93	0.18	0.52	0.93	0.23	0.93

图 16-13　服务相似度排序结果

至此,作者可以继续本节开始时对变速箱的配置查找了,查询结果如图 16-14 所示。需要说明的是,网络化产品配置运行时,所有服务查找、服务管理都由智能代理执行并不需要可视化界面的支持。

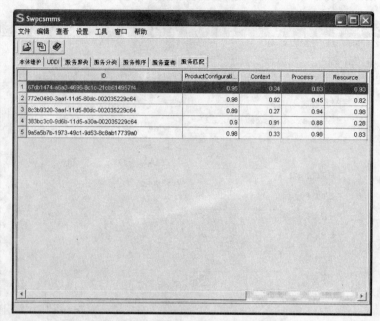

图 16-14　变速箱配置服务查找结果

16.5　小结

本章首先分析了基于知识服务的网络化产品配置过程,接着讨论了网络化产品配置服务本体的组成结构。

网络化产品配置服务本体由产品配置本体、上下文本体、过程本体、资源本体、组织本体、服务质量本体和服务计量统计本体构成。产品配置本体通过给出与产品配置相关的各种概念实体、属性的语义及其关系的形式化描述,使分布在不同企业的产品配置模型具有可重用性、一致性、可访问性。上下文本体记录网络化产品配置工作流运行时的计算环境、用户环境和物理环境等信息。过程本体给出网络化产品配置工作流中两个主要概念流程和活动的语义描述。资源本体描述在网络化产品配置过程中可以利用的所有物质及服务。组织本体主要用于描述系统的参与者及其相互间关系,它揭示了网络化产品配置过程中的人与人,人与工作、决策、职权之间的联系。服务质量本体和服务计量统计本体可以分别参阅10.4.3小节和10.4.4小节。

网络化产品配置服务本体为建立跨平台的、柔性的、高性能、支持大批量企业级用户的网络化产品配置系统支撑平台提供了一个明确的模型,从而提高了网络化产品配置系统实现的针对性。最后,本章以变速箱为例,按照试验环境的运行流程,具体说明网络化产品配置系统的各个部分功能,包括服务信息获取、服务本体维护、服务聚类、服务分类、服务查找排序、服务匹配。